Hessisches Hausbuch

BIBLIOTHEK ROMBACH

Hessisches Hausbuch

Geschichten und Gedichte,
Lieder, Bilder und Berichte
aus dem alten Hessen

Ein Hausbuch der
BIBLIOTHEK ROMBACH
Herausgegeben von Diethard H. Klein

Konzeption und Produktion: Bücher-GmbH., Bayreuth
Redaktion, Textzusammenstellung und Bildauswahl: Herbert Grohmann
unter Mitarbeit von Renate Bennemann und Ulrike Weiss
Schutzumschlag: HF Ottmann
Herstellung im Druckhaus Rombach + Co GmbH, Freiburg im Breisgau
© Rombach + Co GmbH, Freiburg im Breisgau 1982
ISBN 3-7930-0738-3

Vorwort

Dieses nunmehr schon achte Regional-Hausbuch innerhalb der BIBLIOTHEK ROMBACH ist dem Lande Hessen gewidmet – in seinen heutigen Landesgrenzen, die ja so mancherlei historische Territorien in sich schließen: neben Nassau und dem ehemaligen Kurfürstentum Hessen-Kassel (zur preußischen Provinz Hessen-Nassau vereinigt) das ehemalige Großherzogtum Hessen-Darmstadt, das Fürstentum Waldeck, die Freie Stadt Frankfurt und jene Gebiete, die allmählich in den vorgenannten aufgingen. Sie alle werden wieder lebendig in den hier vereinigten Texten, in denen die Zwecke der Unterhaltung und der Information sich verbinden. So stehen neben Sagen und Liedern, Orts- und Burgendarstellungen und Rezepten Schilderungen romantischer Reisen und Wanderungen, Beschreibungen des Lebens in den hessischen Bädern und Residenzen, aber auch der politischen Zustände sowie Berichte über Sitten und Bräuche, über für bestimmte Regionen typische Gewerbe und Handwerkszweige, die Entfaltung der hessischen Industrie usw. Daneben finden sich Gedichte und kurze Erzählungen heimischer Autoren, unter denen natürlich Goethe, Grimmelshausen, Gutzkow, Friedrich Stoltze, der Struwwelpeter-Hoffmann oder Ernst Elias Niebergall mit einem Auszug aus dem „Datterich" nicht fehlen dürfen. Aber wenn es auch das Hauptziel dieses Buches ist, die Atmosphäre vergangener Zeiten (mit einem gewissen Schwergewicht auf dem 19. Jahrhundert) wiedererstehen zu lassen, so wurden doch – um die Kontinuität literarischen Schaffens in diesem Lande aufzuzeigen – auch Texte von Zeitgenossen aufgenommen, unter denen wir hier nur Kasimir Edschmid, Ernst Glaeser, Ernst Kreuder, Karl Krolow und Gabriele Wohmann nennen.

Bei allen bisherigen Bänden dieser Reihe hat die Kritik – weil dies so grundsätzlich und systematisch tatsächlich ungewöhnlich ist – lobend die gleichmäßige Behandlung aller Gebietsteile hervorgehoben, und dies war uns auch für diesen Band wieder eine Verpflichtung. Daß dennoch der eine Leser vielleicht gerne seine engere Heimat noch ausführlicher dargestellt gesehen hätte, der andere den oder jenen von ihm besonders geschätzten Autor vermißt, liegt in der Natur der Sache: der vorhandene Raum von immerhin 640 Seiten zwingt dennoch angesichts eines so großen und vielfältigen Raumes zu Auswahl und Beschränkung, zumal ja auch die verschiedenen Aspekte des kulturellen, politischen und Alltagslebens ausgewogen zur Geltung kommen sollten.

In diesem Zusammenhang sei gleich verwiesen auf die Zusammenstellung geschichtlicher Daten am Schluß des Bandes, die in manchem auch Erläuterung und Ergänzung zu den Texten sind und in denen viel an Information zusammengetragen wurde. Gleiches gilt von den Stichworten zu den Autoren auf den letzten Seiten (wo sich auch ein Quellenverzeichnis und ein ausführliches Ortsregister finden). Diese Stichworte haben wir ausgebaut zu einer Art von Inhaltsverzeichnis – das in der üblichen Art einer seitenweisen Aufzählung bei der Fülle von Einzelbeiträgen nur ermüdend wäre – dadurch, daß wir am Schluß der jeweiligen Angaben über die Autoren jene Seiten nennen, auf denen sich Beiträge aus ihrer Feder finden; am Ende stehen dann die Verweise für Lieder, Rezepte, Sagen und Texte, die aus Sammelbänden stammen oder nicht bestimmten Verfassern zugeordnet werden können. Zur Herkunft der zahlreich eingestreuten Illustrationen sei – soweit sie nicht dem volkstümlichen Ludwig Richter zu verdanken sind – ebenfalls auf das Quellenverzeichnis hingewiesen.

Die Anordnung der Texte erfolgte in Form einer imaginären Reise durch das Hessenland: von Wiesbaden aus über Rheingau, Taunus, Bergstraße und Odenwald in das großherzogliche Darmstadt, die Lederstadt Offenbach, die Wetterau und das Fürstentum Hanau; weiter über Fulda und die Rhön nach Kassel, dann über Werra und Weser in das ehemalige Fürstentum Waldeck, über die Schwalm und das Marburger Land an die Lahn und dann wieder zurück über den Taunus nach Frankfurt.

Im allgemeinen haben wir zwar die Texte heutiger Schreibweise angepaßt, doch schien es uns oft richtig, zugunsten des Zeitkolorits typische und auch heute nicht mehr so ganz geläufige Ausdrücke und Redewendungen stehenzulassen; diese haben wir dann entsprechend erläutert. Bei den Mundartbeiträgen ist natürlich zu berücksichtigen, daß sie aus weit auseinanderliegenden Gebieten stammen und meist in älteren Fassungen vorliegen; andererseits werden – ganz abgesehen davon, daß ja oft schon innerhalb sehr enger Räume Ausspracheunterschiede an der Tagesordnung sind – bestimmte Laute vom einen Verfasser so, vom anderen eben wieder anders wiedergegeben.

Alles in allem hoffen wir, daß es hier gelungen ist, auch für Hessen einen Band zusammenzustellen, in dem auf unterhaltsame und doch zugleich informative Weise die bewegte Vergangenheit dieses Landes mit seiner vielfältigen und reichen Kultur wieder gegenwärtig wird; daß er eine gute Aufnahme findet und seinen Lesern Freude macht, wünschen

Herausgeber, Redaktion und Verlag

Eigentümlichkeiten, durch welche der Hessengau sich von dem einen oder andern seiner Nachbarn unterscheidet

Es sind nicht bloß die Überlieferungen der Geschichte, welche uns die dauernde Einheit, man kann sagen die Familienverwandtschaft der einzelnen Volksstämme bezeugen, es bieten sich dem Forscher auch heute noch Erscheinungen dar, welche bald mit größerer, bald mit minderer Schärfe den Zeugnissen der Geschichte zur Seite treten und nicht selten die Lücken, welche diese lassen, auf wahrhaft überraschende Weise ausfüllen. Auch der Hessengau liefert mehrfache Belege hierfür, und ich habe dieselben aufgespart, um sie hier in einem Rahmen zusammenfassen zu können.

Was zuerst ins Auge fällt, wenn man an der Grenze des Sachsenlandes hinwandert, ist der Wechsel in der Bauweise des Bauernhofs. Diesseits sehen wir den Hof, wie wir ihn im allgemeinen durch das ganze mittlere Deutschland finden: Haus und Scheune, wenn auch oft zusammengefügt, bilden zwei selbständige Gebäude. Jenseits dagegen tritt uns der sächsische Hof entgegen, wie er sich allenthalben weiter gegen Norden findet: Wohnhaus und Scheune sind eins. Das große Scheunentor ist zugleich auch die Haustür, die Scheunentenne zugleich Hausflur. Der Unterschied ist scharf in die Augen fallend und nur hin und wieder an den Grenzen durch neue Bauten verwischt. Wahrscheinlich reicht die in Hessen sich zeigende Bauweise bis an die Grenze von Schwaben. Sie erstreckt sich aber auch noch über die Grenzen Thüringens und des Grabfelds hinaus, ob aber nur über Teile dieser Länder oder über deren ganzen Bereich, darüber zu bestimmen fehlt es mir bis jetzt noch an den erforderlichen Nachweisungen.

Keineswegs mit einer gleichen Bestimmtheit hat die Sprache sich in den alten Marken des Landes gehalten.

Es ist schon mehrfach hervorgehoben worden, daß der (nieder-)hessische Dialekt einen ganz besondern Stamm bilde, der sich von den benachbarten ebenwohl fränkischen Idiomen durch seine zahlreich in ihm sich findenden sächsischen Laute unterscheide. Tritt auch das Hochdeutsche sichtlich als die eigentliche Grundlage hervor, so ist dasselbe doch mit einer starken sächsischen Färbung durchzogen. Die Geschichte bietet uns hierfür eine einfache Erklärung. Wie bekannt, ist der sächsische Hessengau von den Chatten unterworfen worden und hat beinahe ein Jahrtausend hindurch mit dem eigentlichen Hessengaue eine politische Einheit gebildet. Indem durch die Einheit der Herrschaft die beide

Stämme trennende politische Scheide aufgehoben war, fanden sich viele Sachsen veranlaßt, herüberzuziehen und sich auf hessischem Boden niederzulassen. Wir finden 812 namentlich in Wolfsanger eine gemischte hessisch-sächsische Bevölkerung, und so wie hier war dies sicher noch in vielen andern Orten der Fall. Daß dies nicht ohne Einfluß auf die Sprache bleiben konnte, leuchtet ein, und daß dies in der Tat der Fall war, zeigt eben das noch heute in Hessen gebräuchliche Idiom.

Indes fällt die hessisch-sächsische Sprachgrenze keineswegs allenthalben mit der politischen Grenze zusammen, es tritt vielmehr die sächsische Sprache an mehreren Punkten auf den hessischen Boden über. Gleich die Stadt Münden, obwohl noch auf hessischem Boden liegend, spricht sächsisch, jedenfalls deshalb, weil sie ihre ersten Bewohner aus dem sächsischen Hessen und wohl auch aus dem Leinegau empfing. Auch in den Dörfern des Amts Münden hört man viele sächsische Laute, was sich teils durch den Einfluß der Stadt, teils aber auch durch die nun schon sechs Jahrhunderte dauernde Verbindung mit den rein sächsischen Landen des braunschweigischen Fürstenhauses erklärt.

Links der Fulda läuft die Sprachgrenze mit der politischen, bis wir jenseits des Dörnbergs in das Quellgebiet der Diemel treten. Hier ist die sächsische Sprache in besonders auffallender Weise über die Grenze vorgedrungen. Es gehören ihr hier nicht nur die beiden Städte Zierenberg und Wolfhagen, worauf ich allerdings weniger Gewicht legen will, sondern auch die Dörfer Oberelsungen, Notfelden, Alten-, Wenigen- und Burghasungen, Ehlen, Oehlshausen, Istha, Bründersen und Ippinghausen. Die Sprache der Bewohner dieser Orte ist ganz und gar die des angrenzenden Sachsenlandes, und selbst Bezeichnungen, wie z. B. Forling und Gard, die sonst nur im Sachsenlande üblich sind, findet man mit übergegangen und kommen schon in der ersten Hälfte des 14. Jahrhunderts vor, ein sicheres Zeugnis dafür, daß die sächsische Sprache schon damals hier festen Fuß gefaßt hatte. Wie das geschehen, ist jetzt nicht mehr zu erklären, und nur von Ippinghausen ist bekannt, daß es nach langem Wüstliegen durch Kolonisten aus dem westfälischen Sauerlande wieder angebaut wurde. Doch geschah dies erst spät, und ich führe diese Tatsache deshalb auch nur beispielsweise an. Indes ist auch die im hessischen Dialekte hervorgehobene sächsische Färbung keineswegs über den ganzen Gau bemerklich und verschwindet mehr und mehr, je weiter man sich von der sächsischen Grenze entfernt.

Sonst tritt nach keiner andern Seite hin eine wirklich scharfe Grenze hervor; es finden vielmehr nur Übergänge statt. Es ist das sowohl im Osten als im Westen der Fall, und auch im Süden wird dies bemerklich, wo man namentlich an das Idiom des obern Fuldatals und des Vogelsbergs erinnert wird, was schon in der Aussprache der Ortsnamen zu erkennen ist, z. B. Bingern- oder Ingernjoß (Niederjossa), Kla (Kleba), Hattebach (Hattenbach) etc., sowie in den Namensformen wie Machtlos, Friedlos und Reilos, welche nur südlich sich fortsetzen.

Eine andere Eigentümlichkeit des Hessengaues, durch welche derselbe sich von seinen westlichen, nördlichen und südlichen Nachbarn unterscheidet, ist die Bezeichnung des Landmaßes. Während sonst unter

Acker stets nur ein zusammenhängendes Stück Land von jedweder Größe verstanden und die Größe desselben nach Morgen ausgedrückt wird, bedient man sich im Hessengaue für die Bezeichnung des Maßes Acker, und zwar von jeher.

Um nur ein Beispiel anzuführen, so heißt es 1347 vom Dorfe Elfershausen „zehen gemessen Hube Landes, je zu der Hube drissigkh Akker". Selbst da, wo mit dem sächsischen Dialekte auch die sächsischen Bezeichnungen von Forling und Gard eingedrungen sind, ich meine die Umgegend von Wolfhagen, hat sich dessen ungeachtet die Bezeichnung „Acker" erhalten.

Dagegen zeigt sich im sächsischen Hessengaue gleich zu Niederelsungen „Morgen" als Landmaß-Bezeichnung und in derselben Weise auch im sächsischen Leinegaue, nämlich dicht an der hessischen Grenze zu Hedemünden. Dasselbe ist auch im Lahngaue der Fall, und zwar ebenwohl bis an die hessische Grenze, und ebenso finden wir es auch durch die ganze Wetterau. Die Bezeichnung Acker beschränkt sich keineswegs auf Hessen, dieselbe setzt sich vielmehr auch über Thüringen und das

9

Grabfeld fort, und wie in Hessen, so ist auch dort diese Bezeichnung noch heute die allgemein gebräuchliche.

Nicht minder bestimmt tritt die Verschiedenheit des Volkstums in den Bezeichnungen der Fruchtgemäße hervor, wobei man jedoch ebenwohl weniger die Gegenwart als die Vergangenheit zu Rate ziehen darf. In Hessen hatte man Malter, Scheffel, Viertel (¼ Malter), Limetz (Limodium), Metze und Mäßchen oder Becher, von denen aber nur Viertel, Metze und Mäßchen jetzt noch allgemein im Gebrauche sind.

Im Lahngaue und namentlich im Oberlahngaue hat man bis heute Malter, Mött, Meste, Sester und Mäßchen; in der Wetterau Achtel, Simmern, Sechter und Gescheid; im hessischen Sachsen Malter, Spint oder Scheffel und Schüsseln; im Leinegau Malter und Himten; in Thüringen Malter, Scheffel, Limetz (Limodium) und Metze und im Grabfeld Malter, Maß und Köpfchen.

Das Limetz, welches eine Urkunde des 14. Jahrhunderts auch Lynmetz, eine andere von 1374 aber Lymyz nennt, findet sich außer Hessen nur noch in Thüringen, wo es an der Werra in ältern Rechnungen zahlreich vorkommt, und im Grabfelde.

Nach dem Limetz nannte man in Hessen auch das Rodland (Limetzacker oder Limetzland); diese Bezeichnung aber verschwindet, sobald man auf den lahngauischen Boden tritt, und an dessen Stelle tritt die Bezeichnung Medums- oder Medemsland.

Auch im Pfluge zeigt sich wenigstens gegen den Lahngau eine wenn auch nur teilweise Verschiedenheit. Durch ganz Hessen ist der Beetpflug gebräuchlich, im Lahngaue aber, und zwar bis zum Rheine hin, der Wendepflug, und nur die lahngauische Gegend von Rosenthal, Gemünden und Frankenberg macht davon eine Ausnahme, indem in dieser ebenwohl der Beetpflug sich findet.

Sogar die Geldwährung erscheint je nach den Gauen als eine wesentlich verschiedene. Im Oberlahngaue waren im Jahre 1392 50 Pfund hessische Währung gleich 32 Pfund 6½ Schilling und 1 Pfennig Marburger Währung. Daß auch die Wetterau eine ihr eigentümliche Währung hatte, sieht man aus den häufig vorkommenden wetterauischen Pfennigen. Obgleich das thüringische Werratal schon früh unter die Herrschaft der hessischen Landgrafen gelangte, so blieb es doch in bezug auf seine Münzwährung fortwährend thüringisch, und sogar die landgräfliche Münze zu Eschwege prägte noch im fünfzehnten Jahrhundert nicht in hessischer, sondern nur in thüringischer Währung. Schon im vierzehnten Jahrhundert berechnete man im hessischen Thüringen die Mark zu 4 Pfund Heller, in Hessen selbst dagegen nur zu 3 Pfund Heller.

In gleicher Weise hatte auch das hessische Sachsen eine von der hessischen verschiedene Währung und selbst einige kleine Münzen, welche in Hessen niemals vorkommen.

Endlich ist auch noch insbesondere in bezug auf den Lahngau zu bemerken, daß in vielen Bezirken desselben volle Leibeigenschaft bestand, welche im eigentlichen Hessen gänzlich fremd war.

Alle diese Dinge, welche sich unzweifelhaft noch vermehren lassen, bestätigen in nicht geringem Grade die Tatsache, daß der Hessengau nicht nur von jeher als ein in sich abgeschlossenes Ganzes bestanden, sondern daß auch die Eigentümlichkeiten des ihn bewohnenden Stammes trotz allen Stürmen, welche in der langen Reihe der Jahrhunderte über ihn hingegangen, in mannigfacher Weise noch bis heute fortdauern. Es ergibt sich daraus aber zugleich noch ein weiterer Beleg dafür, wie wenig die Nationalität eines Volkes durch die Unterwerfung unter das Gebot eines andern unmittelbar berührt wurde, denn ungeachtet ihrer tausendjährigen Verbindung mit Hessen unterscheiden sich sowohl das sächsische Hessen als der Oberlahngau zum Teil in schärfster Präge noch gegenwärtig von dem Hessenlande und tragen noch die unverkenntlichsten Zeichen der Verwandtschaft mit ihren alten Stammlanden. Ich habe mich schon anderwärts über die bisher gewohnte Anschauung der s. g. Völkerwanderung ausgesprochen und kann nicht umhin, gestützt auf die sich hier bietenden Tatsachen, dasselbe zu wiederholen. Daß ein seßhaftes Volk, gedrängt durch ein anderes, seine Heimat verlassen und jenes andere Volk sich an dessen Stelle gesetzt, ist schon an und für sich aller Natur widerstreitend. Das läßt sich höchstens nur von einem Nomadenvolke annehmen, dessen Wohnung das Zelt oder der Wagen ist, bei seßhaften Völkern, und mit solchen haben wir es hier zu tun, ist ein solches Wandern aber schlechterdings unmöglich. Es ist nichts anderes als Eroberung, ein Volksstamm unterwirft einen anderen und macht sich ihn dienstbar. Der Stoß traf zunächst nur die herrschende Klasse. Wurde diese besiegt, mußte sie sich dem Sieger unterwerfen oder in der Fremde eine andere Heimat suchen. Die Masse des Volkes aber blieb.

Aus: G. Landau, Beschreibung des Hessengaues, 1857

Idiom – Mundart / Forling – altes Landmaß / Gard – altes Landmaß

11

Wiesbaden

Die Hauptstadt des Herzogtums, Mitresidenz des Herzogs und mit Ausnahme der beiden Hof- und Appellationsgerichte der Sitz der höchsten Landeskollegien, liegt in einem reizenden und fruchtbaren Talkessel der Salzbach, der zwei Nebentäler hier mit sich vereinigt, in der Umgebung von Obstgärten, Weinbergen und nördlich von bewaldeten Höhen, 100 rheinl. Fuß über dem mittleren Wasserspiegel des Rheins bei Biebrich und 322 Fuß über dem Meere... Die Stadt war bis Ende des 17. Jahrhunderts von nur geringem Umfange und hatte außerhalb der Mauer noch eine kleine Vorstadt. Erst unter dem Fürsten Georg August erhielt sie ihre erste bedeutende Erweiterung. Dieser ließ von 1690 an die alte Mauer abbrechen, legte die Neugasse, Webergasse und Saalgasse an und umschloß die also erweiterte Stadt mit einer neuen Mauer, die aber mit ihren Toren der Anlegung der neuen Straßen in diesem Jahrhundert auch wieder hat weichen müssen, so daß Wiesbaden dermalen eine von allen Seiten offene Stadt ist. Sie zählt jetzt siebenundzwanzig Straßen ohne die kleinen Verbindungsgäßchen. Unter denselben zeichnen sich die von 1803 an nach und nach angelegten: die Friedrichs-, Wilhelms-, Taunus-, Schwalbacher-, Luisen-, Rheinstraße durch ihre Regelmäßigkeit und besonders durch ihre schönen Gebäude von den ältern vorteilhaft aus. — Bedeutende öffentliche Plätze hat die Stadt nicht, denn der Marktplatz, Kranz, Schloßhof, Wilhelmsplatz etc. sind nur von geringem Umfange. — Die Hauptgebäude sind: Der Kursaal, vom Bauinspektor Zais von 1808 bis 1810 erbaut, dessen Vorderseite einen von sechs hohen jonischen Säulen getragenen Portikus und daran auf beiden Seiten Hallen hat, deren jede auf zwölf niedrigen dorischen Säulen ruht. Der Saal, in welchen man durch eine freundliche Vorhalle gelangt, ist 130 Fuß lang, 60 breit und 50 hoch und hat oben zu beiden Seiten Gallerien, von 28 ganzen und vier halben Säulen von inländischem Marmor von Villmar nach der korinthischen Ordnung getragen. In den Nischen der Seitenwände stehen Bildsäulen und Büsten von weißem carrarischem Marmor, Nachbildungen von Meisterwerken des Altertums, von Ghinard in Rom und Franzoni zu Carrara gearbeitet, worunter sich ein Apollo von Belvedere und die Büsten von Menelaus und Achilles auszeichnen. Vor dem Kursaale laufen auf beiden Seiten zwei von 1825 und 1839 an erbaute Kolonnaden 400 Fuß voneinander parallel, deren jede 500 Fuß lang auf 46 jonischen Säulen ruht und 50 Läden zum Verkaufe und Handel enthält. — Das neue Residenzschloß des Herzogs am Markte ist nach einem Plane des Oberbaurats Moller in Darmstadt von

1837 an in einem einfachen und edlen Stile aufgeführt; das sogenannte Schlößchen an der Ecke der Friedrichs- und Wilhelmsstraße wurde um 1812 erbaut; das Theater auf dem Wilhelmsplatze 1826 aufgeführt; das Ministerialgebäude, das sich neu und großartig in der Luisenstraße erhoben hat und mit dessen Vollendung man jetzt noch beschäftigt ist; die Militärkaserne in der Schwalbacherstraße, 1817 erbaut, das neuere Militär-Spital und die Artillerie-Kaserne in ihrer Nähe; das ältere Schloß, 1596 vom Grafen Johann Ludwig erbaut und später vom Fürsten Georg August erweitert, worin jetzt die Landesregierung ihre Sitzungen hält; das Rathaus, 1609 erbaut; das Hospital und Waisenhaus, beide um 1732 erbaut; die Herzogliche Münze; das Pädagogialgebäude usw. Seit einigen Jahren sind auch in der nächsten Umgebung der Stadt mehrere große und schöne Landhäuser angelegt worden.

Wiesbaden hat nur zwei Pfarrkirchen. Die evangelische, welche 1488 erbaut, 1560 nach einem Brande erneuert und 1716 erweitert worden ist, hat in ihrem Bau nichts Ausgezeichnetes und außer einigen alten Grabsteinen und der schönen Orgel, die aus dem aufgehobenen Kloster Eberbach hierhergekommen ist, nichts weiter Bemerkenswertes. Die katholische, die ursprünglich gar keine kirchliche Bestimmung hatte und längere Zeit zu einer Freimaurerloge diente, entspricht auch schon lange ihrem Zwecke nicht mehr und soll darum durch eine neu zu erbauende ersetzt werden.

Die Bevölkerung der Stadt bestand im Jahre 1629 aus 915, im Jahre 1814 aus 4 092, im Jahre 1820 aus 5 466 und im Jahre 1842 aus 12 269 Seelen und hat also in den letzten dreißig Jahren um zwei Drittel zugenommen.

Die gesamte Amtsverwaltung der Stadt ist mit Ausnahme der Ziviljustizpflege von der übrigen Verwaltung des dasigen Amtes ausgeschieden und dafür ein eigenes Stadtpolizeiamt errichtet.

Eine Hauptnahrungsquelle der Stadt besteht neben Ackerbau und Gewerbebetrieb in ihren Thermalquellen, deren sie nach neuester Angabe 22 benutzte und zwei unbenutzte besitzt, unter welchen der seit 1826 mit einer geschmackvollen Fassung umgebene und an seinem Zugang mit zwei Säulen verzierte Kochbrunnen als Haupt- und Zentraltherme gilt. Zur Benutzung derselben sind in allen Badehäusern zusammengenommen über siebenhundert Badebehälter angelegt. Zu den Gast- und Badehäusern, worin zugleich Bäder und Beköstigung sich bieten, gehören: die Vier Jahreszeiten, der Adler, die Rose und der Schützenhof; ebenfalls gute Häuser sind der Kölnische und Pariserhof und der Hof von Holland. – Die vorzüglichsten Badehäuser, in welchen man nur Wohnung und Bad findet, sind: der Englische Hof, das Römerbad, der

Europäische Hof, der Schwarze Bär, Stern, Engel, die Krone, welchen sich die übrigen, der Weiße Schwanen, Spiegel, Schwarze Bock, Reichsapfel, die Goldene Kette, das Weiße Roß usw. anreihen. — Zu den ersten Gasthäusern gehören: der Nassauerhof, das Taunus-Hotel, der Alleesaal, das Einhorn, der Grüne Wald, Wilde Mann, neben welchen auch noch zwei Restaurationen bestehen.

Die Stadt hat eine beständige Besatzung, die aus dem zweiten Regimente der Infanterie und der Artillerie-Division bestehen.

Unterrichtsanstalten sind: das Pädagogium, die Realschule, die Elementarschule in vier Abteilungen, neun private Erziehungs- und Lehrinstitute und eine Kleinkinderschule. Eine besondere Armenanstalt ist das Hospital, welches der Graf Gerlach mit seinen beiden Söhnen Adolph und Johann von Nassau im Jahre 1353 gegründet hatte und das von dem dritten Bruder, dem Erzbischofe Gerlach von Mainz, bestätigt und mit einem vierzigtägigen Ablaß für alle seine Wohltäter versehen wurde. Es hat seine besonderen Einnahmen und zunächst die Aufnahme armer, kranker und bejahrter Bürger zum Zweck; in seine Badeanstalt werden jedoch auch Auswärtige aufgenommen.

Als literarische-, wissenschaftliche- und Kunstsammlungen bestehen: die Landesbibliothek, die mehr als 50 000 Bände, darunter manche Inkunabeln von 1460 an, mehrere interessante Membrankodices, wie die Visiones sancte Hildegardis & s. Elisabeth in Schoenau, auch Prachtkupferwerke enthält und mit welcher ein Lesezimmer für das Publikum verbunden ist; das historische Museum, welches außer der im Jahre 1824 angekauften von Gerningischen Altertums- und Kunstsammlung auch die sehenswerte Sammlung des Vereins für Nassauische Altertumskunde und Geschichtsforschung enthält; das naturhistorische Museum, obgleich erst im Jahre 1829 entstanden, beurkundet durch seine bereits erlangte Ausdehnung und Reichhaltigkeit die große Tätigkeit des Vereins für Naturkunde im Herzogtum, der seine Sammlung darin niederlegt. Alle diese Sammlungen sind im Schlößchen aufgestellt und der Zugang dazu stehet an bestimmten Tagen und Stunden für Einheimische und Fremde offen.

Eine große Annehmlichkeit der Stadt sind ihre schönen Spaziergänge, vor allem die 1838 durch die Kunstgärtner Rinz aus Frankfurt erneuerte und erweiterte Anlage hinter dem Kursaale; die Alleen von Platanen und Kugelakazien, die an den Seiten der Wilhelms- und Taunusstraße hinziehen.

Als kaiserliche Pfalz oder Saal wird der Name Wisibad im Jahre 882 zum ersten Male erwähnt. Wann dieselbe aber unter der Fränkischen Monarchie hier aufgekommen und wie lange sie bestanden, wissen wir nicht. Noch 1617 konnte man von diesem Gebäude Überreste und 1708 die Fundamente bei Anlegung einer neuen Gasse sehen. — Der alten Burg, die 1837 bei der Erbauung des jetzigen Residenzschlosses abgebrochen wurde, wird zuerst um 1200 gedacht. Die Grafen von Leiningen teilten damals ihren und auch den Besitz der Stadt mit Nassau, was vermutlich in einer Verpfändung seinen Grund hatte, und gaben den Rheingrafen ein Burglehen darin. Die Burgmannschaft stellten von 1427–1433 die Adeligen von Heppenhefft, Knebel von Katzenellenbogen, Geroldstein, Schenck von Mainz, Lindau, Hude von Sonnenberg, Reiffenberg, Aldendorf, Kobel von Reiffenberg und von der Hese. Zu den besonders unglücklichen Begebenheiten, die über die Stadt ergangen, gehört ihre Eroberung und Zerstörung durch die Dynasten von Eppenstein im Jahre 1283; ihre Beschädigung durch dieselben 1419 und der große Brand, welcher 1547 die ganze Stadt bis auf die Burg und 20 Häuser verzehrte. Im Jahre 1318 wurde sie vom Kaiser Ludwig vergeblich belagert. Ihre Einnahme durch den Grafen Otto von Solms im Jahre 1469 war nur von kurzer Dauer und scheint nicht bedeutenden Schaden gebracht zu haben. Ein höherer Flor der Stadt begann im Jahre 1744, als alle höheren Landeskollegien von Usingen hierher verlegt wurden, und sie seitdem der Zentralpunkt aller diesseitigen Nassau-Usingischen Lande war.

Die ehemalige Stadtkirche, die vermutlich auf der Stelle der jetzigen evangelischen stand, war in uralter Zeit von den deutschen Königen erbaut und dotiert worden. Von diesen trugen sie die Grafen von Nassau zu Lehen, als sie dieselbe nebst allen Zehnten und Einkünften im Jahre 1215 mit kaiserlicher Zustimmung an den deutschen Orden schenkten. Durch den Zehnten aber, den dieser 1237 an das Kloster Elisabethen oder Tiefental vertauschte, kam dieses in den Mitbesitz des Patronatrechtes der Kirche, das es seitdem abwechselnd mit demselben übte. 1465 zedierte der Orden seinen Anteil an den Grafen Johann von Nassau, der den Plan hatte, an dieser Kirche eine Kongregation von Kugelherrn zu errichten, welche aber nicht zustande kam. Auch das Kloster überließ 1507 seinen Anteil an Nassau. Dem Orden und dem Kloster gehörte auch die Muttergotteskapelle auf dem Sande, die aber der Orden im Jahre 1286 an das Kloster ganz abtrat, das nach einem Entscheide von 1316 dreimal wöchentlich darin mußte Messe lesen lassen. — Den Altar in der Michaelskapelle im Beinhause begiftete 1330 Betheide, Witwe des Ritters Dietrich Hud von Sonnenberg. Außer diesen waren noch Kapellen des Heiligen Georgs in der Burg und im Hospitale vorhanden. Von 1540 an ist die evangelische Konfession hier eingeführt worden und seitdem herrschend geblieben. Seit dem 16. Jahrhundert ist auch eine lateinische Schule hier, die 1817 in das jetzige Pädagog verwandelt wurde. Von 1791 bis 1817 bestand eine reformierte und seit 1800 besteht auch eine katholische Kirchengemeinde hier. Über die Bäder kommen nur wenige urkundliche Nachrichten vor. 1502 hatte Graf Adolph IV. von Nassau das gemeine Bad auf elf Jahre für jährliche vier Gulden an einen Bürger verliehen. — Die adelige Familie von Wisebaden, die zum Teil den Zunamen Bode oder Poto führte, kommt schon vom Jahre 1200 an vor und ist am Ende des 14. Jahrhunderts ausgestorben.

Zu den reizenden Punkten in der Umgebung der Stadt und in ihrer Gemarkung gehören: der alte und neue Geisberg, wovon der erstere der Sitz des landwirtschaftlichen Instituts und der letztere ein Vergnügungsort mit Wirtschaft ist, und die beide eine herrliche Aussicht in die Nähe und Ferne darbieten; die Dietenmühle, wohin vom Kursaale aus freundliche Spaziergänge führen und deren Gartenwirtschaft sehr besucht ist; der Hof Adamstal; die Fasanerie; die Walkmühle mit Garten- und Tanzwirtschaft; die Platte, ein herzogliches Jagdschloß, das an der Stelle eines seit 1776 bestandenen Jagdhauses im Jahre 1823 erbaut wurde und wegen seiner Lage auf hohem Gebirgsrücken weithin ins Land schaut und eine entzückende Fernsicht gewährt.

C. D. Vogel, 1843

Portikus – Säulenhalle / Inkunabel – Frühdruck vor 1500 / Membrankodexices – Pergamenthandschriften / zedieren – eine Forderung an Dritte abtreten / begiften – beschenken

Im Wald bei der Amsel

Langsam.   Aus dem Heſſen-Darmſtädtiſchen (Dreieichenhain), 1853.

Ge-ſtern A-bend in der ſtil - len Ruh hört ich in dem Wald ei-ner Am - ſel

zu. Als ich nun da ſaß, mei-ner ganz ver-gaß, kam mein

Schatz und ſprach: Jetzt hab ich dich, und küß-te mich.

1. Gestern Abend in der stillen Ruh'
   Hört' ich in dem Wald einer Amsel zu.
   Als ich nun da saß,
   Meiner ganz vergaß,
   Kam mein Schatz und sprach: Jetzt hab ich dich,
   Und küßte mich.

2. Kam daher und schmeichelt mir so schön,
   Ließ so zärtlich ihre Treuheit sehn;
   Schmieget sich an mich,
   Drückt' und küßte mich,
   Schwur bei ihrer Lieb: mir ganz allein
   Getreu zu sein.

3. Ei du Schmeichler, sprach ich unerschreckt,
   Wer hat dir mein' Einsamkeit entdeckt?
   Dieser grüne Wald
   Ist mein Aufenthalt,
   Wo ich oft vergnügt im meinem Sinn
   Gewesen bin.

4. Soviel Laub als auf der Linden ist,
   So vielmal hat mich mein Schatz geküßt;
   Doch ich muß gestehn,
   's hat's niemand gesehn;
   Nur die Amsel in dem Wald allein
   Könnt' Zeuge sein.

Speckpfannkuchen

Zutaten: 250 g Mehl; ½ l Milch; 4 Eier; 1 Prise Salz; 200 g durchwachsenen Bauchspeck; 100 g Lauch; 100 g Tomaten; 100 g Butter;
Pfeffer; Petersilie.

Mehl, Eier, Milch und Salz zu einem Pfannkuchenteig verrühren. To-
maten mit heißem Wasser überbrühen, schälen und würfeln, Lauch in
Ringe schneiden. Speck in Streifen schneiden und anbraten, Lauch und
Tomaten zugeben, mit Pfeffer abschmecken und weichdünsten. Vom
Feuer nehmen und in vier Portionen teilen.

Butter in Pfanne erhitzen und eine Portion Gemüse hineingeben,
dann mit einem Viertel des Teiges übergießen und auf beiden Seiten ca.
drei Minuten goldbraun anbraten. Mit frisch gehackter Petersilie bestreuen.

Ein Brief Ludwig Börnes

Wiesbaden, Samstag, den 27. Mai 1820
Abends 10 Uhr

Freundin meiner Seele! Ich nenne Sie so, weil die Seele unsterblich ist.
Ganz zerschlagen und schlaftrunken wie ich bin, will ich doch versuchen, was das Herz über die Hände und die Augen vermag....Vielleicht
gehe ich nach Rüdesheim und weiter, so weit meine Gulden und meine
Stiefeln reichen. Letztere sind geplatzt und haben eine fürchterliche
Spalte. Zwei Gewitter haben mich überfallen, um drei Uhr nachmittags
und abends um acht Uhr. Ich darf mir wohl, ohne mir zu schmeicheln,
vorstellen, daß Sie Angst um mich gehabt haben werden, denn auf ein
bißchen Angst mehr kommt es Ihnen bei solchen Gelegenheiten nicht
an, doch ich war beide Male geborgen.

Ich werde Sie, wenn wir wieder einmal nach Eppstein gehen, überre-
den, mit auf dem Marktschiffe zu fahren, das geht recht gut an.

Es waren mehrere Frauenzimmer von Stande darauf, von mehreren
Bekannten, die ich da traf, bezeichnete mir einer einen herrlichen Weg
nach Wiesbaden, sonst wäre ich in meiner Dummheit wie ein Frachtwa-
gen auf der Chaussee fortgerollt. Ein junger starker Mann, der auf dem
Schiffe war, führte einen reich gepolsterten Lehnsessel mit. Wie lachte
ich der Verzärtelung! Als er aber den Stuhl aufs Verdeck stellen ließ und
ganz gemächlich darin saß und die Aussicht genoß, da dachte ich: der
Mann ist klug. Wahrscheinlich macht er die Rheinreise auf diese Art.

L. Börne.

Wie schnell man bekannt wird auf einem Schiffe! Die trockene Welt ist aber auch gar zu groß, wie soll man einen Menschen lieben? Es sind ihrer so viele. – Ja, wenn man so auf der Reise, unter dem Gehen, Schiffen und Fahren arbeiten könnte, wenn sich die Gedanken, sobald man sie gedacht, von selbst hinschrieben, ganz fertig und gefeilt im schönsten Stile, dann wäre es eine Freude, Gelehrter zu sein! Aber zwischen vier Wänden auf der Döngesgasse – pfui!

Mein Weg führte mich über Hofheim unter der Kapelle vorbei. Als ich das herrliche Tal wiederfand, das sich wie Freundesarme öffnet, den Nahenden zu empfangen, und ich ihm tief ins Herz sehen konnte, da erinnerte ich mich so lebhaft, wie froh wir hier vor wenigen Tagen waren. – – Morgens 6 Uhr. Es war zwei Uhr nachmittags, da ich von Hofheim weitergehen wollte. Als ich einige hundert Schritte über dem Orte hinaus war, kommt mir eine unzählige Schar Bauern und Bäuerinnen, alle laufend, entgegen. Es waren Wallfahrer, die nach dem nahe gelegenen Gimbach wollten. Sie sagten mir, ein fürchterliches Wetter sei im Anzuge. Ich hatte es früher nicht bemerkt und wäre ohne diese Warnung fortgegangen. Nach Hofheim zurück, wo sich das Wirtshaus mit Pilgern und recht sehr schönen Pilgerinnen anfüllte. Ihr Lärm überschrie den Donner. Sie aßen, tranken, lachten, scherzten und hatte ja einer seinen Gott im Herzen, so war es ein lebensfroher Gott, der sich freut mit den Freudigen. Ich ließ mir erzählen, daß sie in dem dem Wallfahrtsorte nahe gelegenen Dorfe, wo sie heute übernachteten, alle Scheunen und Scheuern ausfüllten, Männer, Weiber und Kinder in bunter und in so großer Menge, daß sie nebeneinander kaum Platz hatten. Wie es die Schlauen verstanden, die spendende Andacht reizend zu machen! Einem wunderschönen jungen Bauernmädchen nahm ich das Gebetbuch aus der Hand. Darin das katholische Glaubensbekenntnis, worin es heißt: „Ich glaube, was im Konzilium zu Trient erkannt und beschlossen worden." Wer ein Schelm wäre – dachte ich – was könnte der dem guten Kinde nicht weiß machen, was alles das Konzilium zu Trient erkannt und beschlossen habe. Zu Hofheim wurde mir beim Mittagessen eine ungeheuer dicke Forelle aufgetischt. Als ich sie aufschnitt, – denken Sie sich mein Erstaunen – da lag die Bouteille, die wir vor acht Tagen in den Bach geworfen, dem Fische im Bauche. Die Pilger schrieen Wunder! und kreuzigten sich.

Um 7 Uhr kam ich hier an, kurz vorher, ehe das zweite Ungewitter losbrach. Viele hinkende Gäste sieht man hier. Zwei Frankfurter Maurermeisterinnen gingen gar stolz im Kursaale auf und ab. Das Wetter diesen Morgen ist trübe. Ich weiß nicht, was ich machen soll, ich kann mit meinen geplatzten Stiefeln weder vor- noch rückwärts. Bessert sich das Wetter, dann gehe ich nach Biebrich, wo nicht, zurück. Verirrt habe ich mich auch mehrere Male. Auf der breiten Landstraße, wo man den Weg nicht verfehlen kann, steht überall ein Wegweiser, aber auf Fußpfaden nicht. Die Welt, liebes Kind, ist nicht für uns Fußgänger gemacht. – Ich muß den Brief schließen, erstens weil die Post abgeht und zweitens weil ich zu einem Schuhmacher gehen muß, meine verwundeten Stiefeln heilen zu lassen. „Das ist ein vergnügter Weg", sagte mir gestern abend ein weinlustiger Bürger, der sich auf einem Spaziergange zu mir gesellte. Ich wünsche Ihnen vergnügte Wege durch das ganze Leben. Grüßen Sie das liebe Publikum. Von Venedig mein nächster Brief.

Ludwig Börne

Die alten Chatten

Der Hessengau ist das Stammland des Volkes der Chatten.

„Die Hessen sind" – sagt J. Grimm – „außer den Friesen der einzige deutsche Volksschlag, der mit behauptetem altem Namen bis auf heute unverrückt an derselben Stelle haftet, wo seiner in der Geschichte zuerst erwähnt wird."

Alles weist darauf hin, daß das chattische Volk von jeher in jenen Grenzen seinen Hauptsitz gehabt, auch, daß dasselbe nie von einem andern Volke unterjocht worden ist. Wohl haben die Heere der Römer mehrere Male das Land durchzogen, aber nie ist es ihnen gelungen, darin festen Fuß zu fassen. Der Pfahlgraben von seinem Beginne am Rheine bis in die Wetterau war insbesondere gegen die Chatten aufgeführt und ist als die Grenze der römischen Herrschaft zu betrachten. So zahlreiche Denkmale sich jenseits dieser Befestigung auch heute noch finden, diesseits hat sich bis jetzt nirgends eine Spur irgendeines dauernden römischen Besitzes nachweisen lassen. Es zeigt sich nirgends ein Befestigungswerk oder überhaupt der Rest irgendeines andern Baues, an welchen Zeichen römischen Ursprungs bemerklich sind.

Die Chatten gehörten zu dem mittelgermanischen Stamme der Herminonen, zu dem auch die Bewohner der Wetterau und des Lahngaues und wahrscheinlich auch die der Gaue zwischen Main und Neckar zu zählen sind. Es ist dasselbe Volk, welches uns Cäsar unter dem Namen der Sueven vorführt, und wiederum dasselbe, welches nachher unter dem Namen der Franken, d. h. der freien Männer, in der Geschichte auftritt.

Die Chatten waren wie gesagt ein Stamm des Suevenvolkes. Cäsar kennt sie nur unter dem Namen der Sueven, also unter dem Namen des gesamten Stammes, und erst durch Livius und Strabo lernen wir den Spezialnamen kennen, nämlich Chatti und Χαττοι. Ebenso nennt sie Dio Cassius, Ptolemäus aber Χάτται.

Viele Jahrhunderte unseres Volkes liegen für immer im Dunkel, und als die Geschichte dasselbe uns zuerst vorführt, wird es bereits als mächtig geschildert, als der gefürchtetste unter den germanischen Stämmen. Cäsar hat augenscheinlich zunächst die Chatten im Auge, wenn er sagt: „Das Volk der Sueven ist bei weitem das größeste und am meisten kriegerische unter den Germanen." Sicher aber sind unter jenen Sueven nur die Chatten gemeint, deren die ubischen Gesandten vor Cäsar erwähnen. „Sie räumten" – sprachen dieselben – „nur allein den Sueven den Vorrang ein, denen aber auch sogar die unsterblichen Götter nicht gleich sein könnten; sonst gäbe es auf dem weiten Erdboden kein Volk,

21

welches sie zu überwältigen sich nicht getrauten". Nicht minder rühmend spricht Tacitus von den Chatten. „Dieses Volk", sagt er, „ist ausgezeichnet durch seine größere Abhärtung, seinen festen Gliederbau, seinen trotzigen Blick und seine größere Lebhaftigkeit des Geistes. Groß ist nämlich für Germanen ihr Verstand und ihre Gewandtheit. Sie folgen den Befehlen ihrer Vorgesetzten, sie kennen die Schlachtordnung, wissen gelegentliche Vorteile zu nutzen, sie verschieben den Angriff, befestigen für die Nacht ihr Lager, betrachten das Glück als unsicher und nur die Tapferkeit als gewiß und vertrauen, was so sehr selten ist, mehr dem Heerführer als dem Heere. Ihre ganze Kraft liegt im Fußvolke, welches außer seinen Waffen auch noch mit eisernen Werkzeugen und dem nötigen Mundvorrate belastet wird. Man kann sagen: Andere ziehen zur Schlacht, die Chatten zum Kriege. Nur selten lassen sie sich auf Streifzüge und unvorbereitete Gefechte ein."

Ein Brauch, der sich zwar auch bei andern germanischen Völkern findet, aber nur selten und dann nur stets bei den Verwegensten, ist bei den Chatten allgemeine Sitte. Sobald der Jüngling streitbar geworden, läßt er Haar und Bart wachsen und legt beide, an die ihn ein Gelübde bindet und wodurch er sich der Tapferkeit verpfändet, nicht eher ab, bis er einen Feind erschlagen hat. Nur erst über Blut und Beute entledigen sie sich jener Zeichen; dann erst, sagen sie, sei der Preis für ihre Geburt getilgt, dann erst seien sie würdig des Vaterlandes und der Väter. Den Trägen und Feigen bleibt dagegen Haar und Bart (wörtlich der Schmutz, squalor). Die Tapfersten tragen außerdem noch einen eisernen Ring, ein Zeichen der Schande in den Augen des Volkes, gleich einer Fessel, bis sie durch die Tötung eines Feindes sich davon befreien. Viele unter den Chatten folgen dieser Sitte, und viele derselben stehen schon im Greisenalter und werden von Freund und Feind achtungsvoll betrachtet. Sie sind es, die jede Schlacht beginnen und darum stets das erste Treffen bilden; ein befremdender Anblick, da auch der Friede ihr kriegerisches Wesen nicht mildert. Keiner von ihnen besitzt Haus oder Land oder kennt eine andere Sorge. Wohin sie kommen, finden sie gastfreie Aufnahme. Vom Fremden zehrend, verschmähen sie eignen Besitz, bis das Siechtum des Alters der harten Aufgabe ihres Lebens Schranken setzt.

Aus: G. Landau, Beschreibung des Hessengaues, 1857

Livius – römischer Historiker (59 v. Chr.–17 n. Chr.) / Strabo – griechischer Geschichtsschreiber (um 63 v. Chr.–23 n. Chr.) / Ptolemäus – alexandrinischer Geograph (um 100–180 n. Chr.) / Tacitus – römischer Geschichtsschreiber (um 55–120 n. Chr.)

Ein weiterer Brief Börnes

Wiesbaden, Sonntag, den 28. Mai 1820
Morgens 9 Uhr

Ich wollte Ihr Glück nicht dem guten Willen eines Bedienten anvertrauen und habe daher den Brief soeben selbst auf die Post getragen. Aber damit war auch die Geduld meiner Stiefel zu Ende und sie wurden fürchterlich aufgebracht, so daß meine Strümpfe ans Fenster liefen und erschrocken fragten: was der Lärm bedeute? Ich habe meine Stiefel zum Schuhmacher schicken müssen und wenigstens eine Stunde muß ich darauf warten. Da sitze ich nun gefangen und barfuß. – Gestern abend legte mir der Kellner das Fremdenbuch vor, daß ich mich hineinschreibe. Ich tat es. Er bemerkte mir, ich hätte meinen Charakter vergessen. Mit der Polizei ist nicht zu spaßen, man darf sich keine Lüge erlauben. Ich bezeichnete meinen Charakter: edelmütig, wohltätig, sanft, beständig, angestrengt, tätig, aufrichtig, liebenswürdig, geistreich, treu, verliebt. Zwei Zehnteile Wahrheit, das ist ehrlich genug und Ende gut, alles gut.

Der Weg von Hofheim nach Wiesbaden ist herrlich. Durch Wald, über Höhen. Ich machte ihn aber mit großer Mühe. Der Regen hatte den Boden durchgeweicht und keuchend arbeitete ich mich die Berge hinan. So klein auch das Bündel war, das ich auf dem Rücken zu tragen hatte, es fiel mir doch schwer, denn es war das erste Mal in meinem Leben. Ich habe meine Lasten nur immer auf der Brust getragen.

Zu Hofheim schnitt ich mich sehr stark in den Daumen und ein ganzer Strom meines unschätzbaren Blutes floß zur Erde. Soeben kommen meine Stiefel und endigen für jetzt mein dummes Geschwätz. – Den Hofrat Weitzel habe ich besuchen wollen, der wohnt aber in Johannisberg. Vielleicht sehe ich ihn dort. – Der Park, der den Kursaal umgibt, ist so labend und frisch als Durstige wie wir ihn nur wünschen können. Ganz überquellend von Blumendüften, Nachtigallgesängen und kühlem Schatten. Da schlängelt sich der Weg längs einem meistenteils unsichtbaren, hinter dichten Bäumen und Gebüschen murmelnden Bache wohl eine halbe Stunde weit. Überall Ruhebänke und Tische. Im Teiche des Parks ist ein allerliebstes Entendörfchen aufgebaut; jede Ente hat ihr eigenes Häuschen. Am Ende des Parkes liegt rechts eine Mühle, wohin die Kurgäste häufig hinken. Dann eine Viertelstunde weiter, sanft aufsteigend liegt das Dorf Sonnenberg und über ihm die alte Burg gleichen Namens. So malerisch habe ich noch nie eine Ruine gesehen. Die meisten solcher alten Gebäude haben den Mangel, daß sie zu vollständig sind. Das Schloß Sonnenberg ist wirklich zerstört. Nichts hängt zusammen.

Für Sitze und schützende Geländer hat die Kunst freundlich gesorgt, so daß man ohne Gefahr sich durch jede Öffnung hinaus über jede Tiefe hinabneigen kann.

Es ist jetzt Nachmittag 4 Uhr. Ich schließe den Brief und wandere dann nach Biebrich. Dort oder in Ellfeld übernachte ich. Gehe ich bis nach Bingen, so können Sie erst in zwei Tagen den dritten Brief von mir erhalten.

Hier an den Badehäusern ist Bad überall mit zwei a geschrieben, das kränkt mich sehr.

Ludwig Börne

„Wie schwitzen Sie?"

Wiesbaden, zwei Stunden von Mainz, die Hauptstadt des Herzogtums, Sitz der Regierung, eines Hofgerichts (ein zweites ist zu Dillenburg), des Oberappellationsgerichts und überall offen, liegt in einer starken Vertiefung am südlichen Fuße des Taunus. Wiesbaden, die größte Stadt des Landes, ist so groß und schön geworden, daß man es kaum mehr kennt. Die Friedrichs-, Wilhelms-, Nero-, Taunus-, Schwalbacher- und Luisenstraße sind neue schöne Straßen und bilden die kalte Stadt, das alte Wiesbaden aber, wo die Bäder sind, heißt die warme, wo man im Sommer recht schicklich statt: „Wie befinden Sie sich?" fragen könnte: „Wie schwitzen Sie?". Die Bevölkerung steht zwischen 7 000 und 8 000 Seelen, und in der Kurzeit sind gewiß 10 000 Fremde hier, darunter vielleicht die Hälfte eigentliche Kurgäste. Die alte Burg (gegenwärtig Magazin) steht auf unzerstörlichen Römermauern, und hier konstituierte sich auch 1376 der berüchtigte Löwenbund, an dessen Spitze ein Graf Nassau stand. In dem geschmackvollen sogenannten Palais ist eine recht hübsche Bibliothek, und die oberen Stocke sollen für die Landstände bestimmt sein.

Die Sommerresidenz des Herzogs ist das nahe Biebrich am Rhein (das alte Biburg) und im Winter Weilburg. Dieses von roten Sandsteinen im französischen Geschmack erbaute Schloß Biebrich hat eine der reizendsten Lagen, Mainz schräg gegenüber, man kann sie aber nur vom Söller des Schlosses gehörig würdigen. Hinter demselben ist ein schöner Park, der große Teich belebt mit Wasservögeln, und in der neu erbauten Burg auf der Grundlage der alten Mosbacher Burg findet sich eine Sammlung Altertümer, besonders aus dem aufgehobenen Kloster Eberbach. Die

Dörfer Biebrich und Mosbach sind jetzt zusammengeflossen und machen mit dem Schlosse 2 000 Seelen.

Wiesbaden gehört unter die recht eigentlichen Badeorte, denn man besucht es wie den Teich Bethesda, das Wildbad in Württemberg oder Pfeffers in der Schweiz – nicht um des Vergnügens, sondern um der Gesundheit willen, und daher mußte man früher, wo noch wenig für das so wirksame Bad geschehen war, durchaus Kranker oder wenigstens Frankfurter sein, wenn man nicht vor Langeweile krank werden wollte; ein Fremder war wie ein Fisch auf trockenem Boden und wie der Regentropfen im Rhein. Pfeffers findet man übrigens in allen Bädern wieder, denn die Leutchen haben dreiviertel Jahr lang keinen Pfeffer, wenn sie solchen nicht im Sommerviertel sammeln. Wiesbaden ist unser deutsches Pisa. Ob es wahr ist, daß ein Brite, der gerne noch vor Ablauf des Sommers in Italien gewesen wäre, die gewöhnlichen 30 Bäder auf einmal eingenommen, indem er 15 Stunden im Bade sitzen blieb?

Der große neue Kursaal im antiken Stil, getragen von 58 jonischen Säulen vom Limburger Marmor, mit der goldenen Inschrift: Fontibus Mattiacis 1810, mit Wand- und Deckengemälden von Haideloff, mit Büsten und Statuen nach Antiken, ist jetzt der Vereinigungspunkt der Gäste, an dem es früher durchaus nicht fehlte, und an Sonntagen ist selten Platz an der Tafel. Die Mainzer fahren in einer Stunde dahin und weilen recht gerne jenseits der blaugelben Schlagbäume. Der Kursaal, der 150 000 Gulden kostete, steht auf dem Wilhelmsplatz, der groß und schön ist, und hier ist auch das Gasthaus zu den vier Jahreszeiten, die Kolonade mit Buden hat 500 m Länge, der Nassauer Hof und das Theater, wo die Mainzer Gesellschaft spielet (eigentlich zu den vier Fassaden). Jener stattliche Gasthof ist nur für Reiche – andere befinden sich besser im Adler, Schützenhof und der Rose. Hier wie zu Darmstadt tragen Schlangen, die sich den Pfahl hinaufwinden, die Laternen – eine Idee, mit der ich mich nicht befreunden kann. Oder soll man dabei an die eherne Schlange Mosis denken, nach Theologen Weise ein Vorbild Christi, und an die Sünde, die durch eine Schlange in die Welt kam, als sie Eva verführte, und darüber Sprache und Waden verlor, die kein Bad wiedergibt? Und warum Akazien, Platanen und Pappeln? Warum nicht auch Linden, Kastanien und Walnußbäume? Warum die beiden Veneres, die mediceische und badende, größer als im Original, während Apollo weit kleiner ist? In Bädern scheinen mir die griechischen und römischen Götter nicht an rechter Stelle, weit eher aber eine Statue St. Cyprians, des Schutzpatrons gegen das Zipperlein, weil sein Name schon zippert oder ziehet!

Dieser stattliche Kursaal war übrigens eine recht glückliche Idee zur Beförderung der Geselligkeit, da fast alle Wohnungen ihre Bäder haben, wohin das siedend heiße Wasser geleitet ist, so bilden sich sonst ebensoviele Koterien als Wohnungen, und ich hatte 1802 schrecklichere Langeweile als auf einem Dorfe unter meinen Büchern und gewohnten Geschäften. Der Saal ist wirklich schön, daher er auch in dem alten schlecht gebauten Wiesbaden als das achte Wunder der Welt angesehen wird, und welcher honnette Gast wird widersprechen?...

Der Kochbrunnen, der Sprudel Wiesbadens, verbreitet eine solche dichte Dunstwolke über Stadt und Gegend, daß ich ihn für die heißeste Quelle Deutschlands halte. Die Wärme steigt auf 120–150 Grade Fahrenheit, und das Badewasser muß geraume Zeit vor dem Gebrauch angelassen werden, um gehörig abzukühlen, denn bekanntlich sind heiße oder kalte Bäder, das heißt über dem Grad der menschlichen Blutwärme (97 Grad) und tief unter solchem, der Gesundheit nicht so zuträglich als lauwarme. Das Wasser ist erprobt in Gicht und Rheumatismus, Hautkrankheiten, Schlag und Lähmungen wie gegen die Schmerzen übel geheilter Wunden. Medea verjüngte alte Leute, indem sie solche kochte, d. h. in warme Bäder setzte, und so macht es auch die Nymphe Wiesbadens!...

Der Abfluß des Kochbrunnens gibt einer Straße den Namen Sommergasse, weil man hier nie Schnee und Eis findet, und die heißen Quellen, deren vierzehn sind, werden auch in der Küche zum Backen, Brühen usw. gebraucht, aber zum Waschen des Linnen taugen sie nicht wegen des Ockers, man müßte sich denn in die Isabellfarbe verliebt haben, allerliebst aber waschen sich blaue Zeuge und Nanking. Die Quellen sind so reich, daß ihr Abfluß vier Mühlen treibt und dann in den schönen, fischreichen warmen Teiche sich sammelt, wo den Karpfen die große Blutmasse zustatten kommt, die von den Schröpfmeistern in die Abzugsgräben geschüttet wird. Wer vor fettem Gottesacker-Obst und vor Blutwurst nicht ekelt, dem ekelt auch nicht vor den fetten Blutkarpfen – es ist ja Menschenblut!

Als ich (1802) das Bad eigentlich gebrauchte, war ich noch jung und daher ein Überall und Nirgends, mehr zu Mainz als zu Wiesbaden und mehr auf den Höhen, als im Tale, wo Helios von oben und Vulkan von unten einheizte – aber in dem heißen Sommer 1826 machte ich mich als Sechziger auch wieder davon, denn die Hitze schien mir westindisch. Wiesbaden ist wie gemacht für Leute, die nie warm werden, und für das Alter. Maupertuis paßte nicht dahin, der bekanntlich unter seinen komischen gelehrten Hypothesen auch die aufstellte, daß wir es wieder zum Patriarchen-Alter bringen könnten mittelst Verstopfung der Schweißlöcher! Wiesbaden und verstopfte Schweißlöcher wären schon die Hölle hienieden! Und nirgendwo bekommt man hier – Glatzes, selbst die Getränke schienen mir matt, die heißen Quellen scheinen keine guten Keller zuzulassen, vielweniger Eiskeller, aber die Preise der Weine sind desto stärker – mitten im Gebiete des Bacchus – dünkt mich, könnten solche doch billiger sein? Seereisende haben bei Wassermangel sich fleißig gebadet und gefunden, daß die reskrebierten Feuchtigkeiten sie so gut erquickten als ein Trunk – die Landnatur muß verschieden von Seenatur sein, ich habe nicht bemerkt, daß in diesen Rheinbädern darum weniger getrunken werde! . . .

Im ganzen geht es zu Wiesbaden ziemlich stille zu, Sonn- und Feiertage ausgenommen, indessen haben zwanzig Jahre einen großen Unterschied gemacht. Man badet nicht bloß, sondern trinkt auch, weil es die Mode will, und diese Mode erzeugte nächst dem Kursaal größere Geselligkeit. Am Sonntag führt das leidige Spiel viele aus Mainz und Frankfurt herbei – an Wochentagen aber sind die Spielzimmer meist leer, da Nassauern das Hasardspiel löblichst verboten ist. Vieles hat sich ins bessere gestaltet, nur nicht die Volkssprache, die gerne die Vokale verwechselt, und so war Erzherzog Karl – Erzharzog Kerl, und zum Beweis, daß man auch etwas im Französischen getan habe bei der nahen Nachbarschaft, heißen Seitenstraßen Rülchen (ruelles). Zu Wiesbaden ist ein Genuß, der in andern Bädern fehlt, die herzogliche Bibliothek in einem freundlichen Lokale, die bereits 40 000 Bände zählt, darunter die Visiones St. Hildegardis mit Miniaturgemälden. Die Grundlage der Kunstsammlung macht das Gerningische Museum, das der Herzog kaufte, man sieht hier die in der Gegend ausgegrabenen römischen Altertümer, und die kleine Gemäldegalerie hat neben altdeutschen Bildern, z. B. Hemmelinks Maria Heimsuchung, Schoreels Heilige Familie etc., selbst einen Raphael und sein und seines Freundes Castiglione Bildnis. Zu Paris sah ich dasselbe Bild – welches ist nun das Original?

Leider gibt es auch zu Wiesbaden Hasardspiele, dessen Verpachtung 11 000 Gulden abwerfen soll. Ob noch kein Nassauer Landstand dagegen aufgetreten ist? Aber der Ausfall von 11 000 Gulden? Kleinigkeit, „Weniger Kurgäste?" Möglich! Aber da das Hasardspiel in größern Bädern verfolgt wird, so würden bald die Sachen ins Gleichgewicht kommen wie das Burschenwesen. Wenigstens trüge ich darauf an, daß jedesmal das Theater mit Regnard und Iffland und Moores Spielern eröffnet würde – sie haben schon mehr genutzt als Kanzelpredigten. In jeder Badbibliothek sollte die Histoire des Grecs ou de ceux qui corrigent la fortune au jeu. Londres 1758 zu finden sein, doch wer weiß, ob denn die Glücksritter ohne Karten und Würfel nicht noch schlimmere Dinge anfingen in den Wäldern des Taunus und des Spessarts? Unsere Zeit weiß unmoralische Dinge durch Worte zu veredeln, so wie Raubdruck bloß Nachdruck heißt! Lebte nicht selbst eine hohe Ritterschaft des Mittelalters vom Sattel und Stegreif? Welcher Unterschied zwischen Hasardspielern und Spielern zur Erholung, die ihren Gewinn wohl gar den Armen schicken? Die Leibfarben des Teufels sind – rouge et noire. Die goldenen Worte des Korans sollten über allen Bädern stehen: „O Ihr Gläubigen! Der Wein, das Hasardspiel und die Bilder (Weibsbilder weit mehr) sind eine abscheuliche Erfindung des Teufels, enhaltet euch davon, damit ihr nicht verkehret werdet!" Muhamed suchte als ein großer Prophet alles zu verhindern, was Leidenschaften erregen und die Vernunft gefangennehmen kann, und wenn er das größte Hasardspiel, die Liebe, nicht verbot, – es war sein Leibspiel – so muß man bedenken, daß im Morgenlande die Vielweiberei das wahre Gegengift gegen leidenschaftliche Liebe ist, zwanzig eingesperrte Damen weniger Jammer machen als eine, die frei herumläuft, und physische Liebe sich von selbst gibt, jedoch in Bädern nachteilig ist!

Es ist nicht uninteressant an einem Regentage allenfalls einen Blick auf das alte Buch: Les Amusements des Eaux de Schwalbach, Wisbade et Schlangenbad, Liége 1739 zu werfen, um zu sehen, wie es da vor 100 Jahren zuging. Der Verfasser war ein Schauspieler Lavoy... Der Franzose macht sich lustig über die schwerfällige Kleidertracht, den kostbaren Schmuck und die Etikette im Bad, erzählt, daß man abends in den Alleen geplündert werde und nach Tische auf trunkene Barone stoße, denen man nicht schnell genug ausweichen könne; er klagt über Tisch, Wohnung und Betten, alles das ist nicht mehr, aber mit dem Spiel und der Galanterie mag es leicht schlimmer geworden sein.

Karl Julius Weber, 1834

Fontibus Mattiacis 1810 – Den Wiesenquellen, 1810 / Veneres – Mehrzahl von Venus, röm. Göttin der Liebe / Koterie – Kaste, Klüngel / Medea – griech. Sagenfigur, hilft bei der Gewinnung des goldenen Vlies / Isabellfarbe – graugelb / Visiones St. Hildegardis – Die Gesichte der Heiligen Hildegard / Histoire des Grecs ou de ceux qui corrigent la fortune au jeu. Londres 1758 – Die Geschichte der Griechen oder derjenigen, die das Glück im Spiel herausfordern. London 1758 / Rouge et nior – rot und schwarz / Les Amusements des Eaux des Schwalbach, Wisbade et Schlangenbad, Liége 1739. – Die Badefreuden in Schwalbach, Wiesbaden und Schlangenbad, Liége 1739 / Nanking – Baumwollgewebe / Maupertius – französischer Physiker undMathematiker (1698–1759) / Glatzes – Glac / Bacchus – Gott des Weines / reskribieren – / Hasardspiel – Glücksspiel

Holunderkuchen

Zutaten: 1 kg Kartoffeln; 100 g Mehl; 50 g Mondamin; 1 Ei; 1 Eigelb; Salz; Muskat.

Kuchenbelag: 500 g reife Holunderbeeren; 2 Eier; 2 EL Zucker; ¼ l Sauerrahm.

Die Vorbereitungen für diesen Kuchen beginnen schon einen Tag vorher, da die gekochten Kartoffeln über Nacht ruhen müssen. Am nächsten Tag schälen, durch die Kartoffelpresse drücken und mit Mehl, Mondamin, Eiern, einer Prise Muskat und Salz zu einem Teig kneten, der auf einem gut gefetteten Kuchenblech dünn ausgerollt wird. Die Holunderbeeren waschen, abtropfen lassen, abzupfen und auf dem Teig gleichmäßig verteilen. Eier und Zucker schaumig schlagen, Sauerrahm darunterheben und die Masse über die Beeren streichen. Bei starker Hitze ca. 20 Minuten backen.

Die Kniebeugen

„Stillgestanden!" „Die Augen rechts!" „Abzählen!" „Eins–Zwei–Drei–Vier–Fünf–Sechs–Sieben–Acht–Neun–"

„Zehn!" – das war Ferd.

„Elf!" – das war ich.

„Dreizehn!..."

„Halt!"

Die Augen des Dr. Brosius, Klassenführer und Turnlehrer der Quarta, suchen die Front ab. Er schiebt den Kopf etwas vor, macht den Hals, der immer ein wenig entzündet aus dem steifen Kragen herausschaut, lang wie ein Papagei, bevor er den Zucker schnappt; dann stampft er mit dem Fuß auf, daß der graublaue Steinschotter des Schulhofs hochspritzt. Sein scharfgeschliffener Zwicker wackelt bedenklich. Nur die silberne Kette über dem Ohr rettet ihn vor dem Absturz. Auf Dr. Brosius' Bakken schwellen die Schmisse. Zwischen unseren starr nach vorne gerichteten Köpfen wird ein Gesicht feuerrot.

„Silberstein! Natürlich Herr Silberstein aus Firma David Silberstein u. Co., Tuche en gros, kann nicht auf zwölf zählen. Tritt vor!"

Und Leo Silberstein, der einzige Jude der Quarta, tritt vor.

„Zurück!" brüllt Herr Dr. Brosius. „Mit welchem Fuß hast du anzutreten?!"

„Mit dem linken..."

„Was ist das wieder für eine unmilitärische Antwort?!" schreit Brosius und gibt Silberstein einen Stoß, daß er in die Reihe zurückfliegt.

„Zu Befehl, mit dem linken Fuß, Herr Dr. Brosius", schluckt der kleine Leo, der wie immer in solchen Szenen mit den Tränen kämpft.

„Tritt vor!" Diesmal gelingt es.

„Wie ist das mit dem Abzählen?"

Leo steht stramm vor der Front, puterrot das Gesicht, und salutiert: „Zu Befehl, ich habe mich geirrt..."

„Geirrt?" Herr Dr. Brosius bekommt einen seiner überlauten Lachanfälle.

„Geirrt? Beim Abzählen! Weiß nicht, welche Nummer er ist! Geschlafen hast du! In die Sonne geträumt!..."

„Ich behalte so schlecht die Nummern", sagt Leo leise und senkt den Kopf. Dabei kratzt er aus Verlegenheit den Boden mit seinem linken Fuß.

„Stillgestanden, wenn ich mit dir spreche!"

Leo zuckt zusammen und legt sofort Kopf, Fuß, Arme und Rücken in die befohlene Haltung. Über seine Backen laufen ein paar Tränen. Leo kann sie nicht wegwischen, weil er strammstehen muß.

Brosius grinst und schaukelt sich zweimal in den Hüften. Er geht um den armseligen Jungen herum und rümpft die Nase: „Na, zur Jarde wirst de man och nich kommen. . ." (Brosius berlinerte immer, wenn er jemand lächerlich machen wollte.) „Na, aber vielleicht langts zum Train. . .", sagt er in ironischer Aufmunterung zu Leo, den ein stilles Weinen dauernd in seiner militärischen Haltung erschüttert. Für einen deutschen Jungen des Jahres 1914 war Train die größte Deklassierung.

Dreimal geht Brosius um Silberstein herum und bewitzelt unter dem Grinsen der Front seine armselige Gestalt. Leo sah auch kläglich aus. In seinem abgeschabten Bleyleanzug saß immer der Brustlatz schief, seine dürren Beine endeten in übergroßen Füßen, die nach außen standen. Seine Schultern waren ängstlich hochgezogen, links gingen sie tief. Um seinen Hals lief ein dunkler Kranz; denn Leo wusch sich ungern außerhalb des Gesichts. Nur seine Augen und besonders sein Haar waren schön. Es war schwarz und glänzte wie dunkler Achat.

Plötzlich wackelt Brosius mit dem Kopf. Er stellt sich breit vor die Front und näselt: „Silbernes Steinchen, was soll das werden, wenn er nicht zählen kann? Was wird der Papa sagen, der doch den lieben, langen Tag nichts als Geld zählt. . .Nu. . .?"

Und Herr Brosius verrenkt seine Gestalt, zieht das linke Bein hoch, mimt einen Buckel, rutscht den Zwicker weit vor die Nase und reibt den Zeigefinger am Daumen, als zählte er in die darunter geöffnete, hohle Hand blanke Dukaten.

Aus der Front schnauben ein paar geziemende Lacher.

Herr Brosius war in der ganzen Stadt als Spaßvogel bekannt. Seine Reden, die er als Vorsitzender des Flottenvereins bei dessen Festen von sich gab, sprühten von Witz. Die Damen kamen aus dem Lachen gar nicht mehr heraus. Daneben war Brosius auch ein guter Tierstimmenimitator. Bei den Liebhabervorstellungen des Kasinos, wo man meistens ländlich-tirolische Stücke aufführte, war seine Mitarbeit hinter der Bühne unersetzlich. Am besten gefiel er jedoch bei den Landpartien. Da bannte seine naturgetreue Wiedergabe von Tierlauten manchen Ochsen zur Lust der Damen in eine lähmende Verwunderung. Brosius besaß die Gunst von Frl. Hainstadt, der reichsten Erbin unserer Stadt. Er war Reserveoffizier und hatte neben seiner Unschuld die unmännliche Glätte seiner Backen bei einer Verbindung in Heidelberg verloren. Mit Vornamen hieß er Heini. Der einzige in unserer Klasse, der es wagte, Brosius' Witze nicht zu belachen, war Ferd v. K. Dafür strietzte ihn dieser, wo er nur konnte.

Vor der Front steht der kleine Leo Silberstein und heult in militärischer Haltung. Nur seine Hände bewegen sich wie aufgeregte Vögel, die nicht fliegen können. Brosius betrachtet ihn mit spöttischem Mitleid. Er freut sich an der zimperlichen Not des Knaben. Plötzlich wirft er sich in seine Amtshaltung zurück, klemmt den Zwicker in die normale Lage und diktiert: „Fünfundzwanzig Kniebeugen für Silberstein, weil er das drittemal beim Abzählen geschlafen hat!"

„Rührt euch!" ruft er uns zu, dann stellt er sich scharf vor Silberstein und beginnt im Takt: „Eins, zwei, drei... Eins, zwei, drei..." Die ersten fünf Kniebeugen gelingen Leo korrekt. Danach bemerke ich, daß er zittert. Er wackelt mit den Knien. Sein Hals verliert die Spannung. Seine Fußspitzen, auf denen er in Tiefstellung hockt, bohren in kreiselnder Schwäche Löcher in den Boden.

Dr. Brosius lacht. „Hopp, hopp!", ruft er, „kleines Silbersteinchen, zeig, daß du ein deutscher Junge bist...!"

Leo bemüht sich verzweifelt darum. Es sieht sehr traurig aus, wie er das will, was er nicht kann.

Mit gespreizten Fingern greift er in den Sand. Sein Rücken krümmt sich. Aber Brosius boxt ihn ins Kreuz und ruft „Haltung!"

„Schuft!" murmelt Ferd v. K. neben mir.

Brosius hat sich neben den schwankenden Leo gestellt und vollführt nach eigenem Kommando eine Serie exakter Kniebeugen. Sicherlich empfand er das als den Gipfelpunkt seines Witzes. Aber keiner lacht unter uns. Die Quarta steht stramm und schweigt.

Plötzlich spüre ich, wie Ferd v. K. über das ganze Gesicht grinst. Sein schmaler Mund zieht sich fast bis an die Ohren. Durch die Nase schnaubt er Luft. Seine Wimpern sind feucht und glänzen von unterdrücktem Lachen. Er stößt mich an und nickt mit dem Kopf nach Leo hin. Der macht plötzlich Kniebeugen, als wäre er ein Stehaufmännchen aus Gummi. Neben ihm kommandiert Brosius gerade zum einundzwanzigsten Male: „Eins, zwei drei..." Aber Leo hüpft unverdrossen weiter.

Die Front der Quarta durchläuft ein gewaltiges Grinsen. Ich habe Mühe, vor Lachen nicht meine militärische Haltung zu verlieren. Denn kaum hatte Leo bemerkt, daß Brosius nicht mehr vor ihm stand und seine Übungen kontrollieren konnte, da konstruierte er sich schon eine Hilfsstellung. Er setzte sich einfach bei dem Kommando Drei auf seine Absätze und gewann dadurch eine Sicherheit in der Rumpfhaltung, überwand so die Schwierigkeit der Körperbalance und hatte zugleich einen guten Abstoß nach oben. Auf diese Art kann man 50 Kniebeugen machen, selbst wenn man Leo Silberstein heißt.

Brosius bemerkt nichts. Er ist viel zu verliebt in seine eigenen Übungen. Bei der fünfundzwanzigsten Kniebeuge springt er exakt hoch, klatscht in die Hände und sieht mit entsetzten Augen nach Leo, der rasch seine Hilfsstellung aufgibt und mit dem Einsatz seiner geschonten Kraft weiter auf und nieder geht. Brosius tut einen Schritt zurück und legt den flachen Handrücken vor die Augen.

28...," keucht Leo...„29...30!!...", dann fällt er triumphermattet um und schließt die Augen.

Brosius scheint erstarrt. Er räuspert sich dreimal und sagt „wie?" Er geht einen Halbkreis um den zusammengefallenen Leo und sagt nochmals „wie??"

Dann sagt er „Sapperlot!" und bleibt stehen. Er betrachtet Leo, der in der Ohnmacht seines Sieges auf dem Boden liegt, die Augen geschlossen, etwas Schweiß auf der Stirn. Herrn Brosius ist nicht wohl zu Mut. Vielleicht ist der Junge überanstrengt und hat einen Herzkrampf. Das kann böse Weiterungen geben, denkt der Dr. Brosius und fürchtet ein wenig für seine Karriere. Schließlich, man weiß es ja, wie solch ein harmloser Scherz mit einem jüdischen Schüler von einer gewissen Presse bereitwillig aufgegriffen und aufgebauscht wird. Nur keine Presse, denkt Herr Brosius, nur keinen Skandal. Denn wie alle Menschen seines Standes hatte er eine heillose Furcht vor der Öffentlichkeit.

Er steht da und räuspert sich. „Hm!" macht er. Dreimal macht er „Hm!" Dabei stößt er mit nervöser Handbewegung seine vorgerutschten, gestärkten Manschetten in die Ärmel zurück.

„Silberstein!" ruft er, „was hast du? Steh' auf!" Leo rührt sich nicht. Brosius' Stimme wird fast zärtlich. „Silberstein, das hast du gut gemacht. Bravo, lieber Leo! Aber jetzt steh' auf... Sonst erkältest du dich vielleicht..."

Leos Gesicht ist grau wie der Boden, auf dem er liegt.

„Aber um Gottes willen, so war das doch nicht gemeint... Ich machte ja nur Scherz... Kannst du keinen Scherz vertragen? Komm, steh auf, Silberstein...!"

Und er faßt den armseligen Leo, den kleinen Juden und zukünftigen Trainsoldaten, unter den Rücken und will ihn hochheben. Der ist steif wie ein Stecken.

„Wasser! Holt Wasser!" Ich laufe zum Brunnen. Die anderen machen wichtige Gesichter.

„Daß mir das passieren muß!" murmelt Brosius und wackelt mit dem Kopf.

„Er hat sich überanstrengt," sagt plötzlich Ferd v. K. „er war immer schwach auf dem Herz und bekommt oft Anfälle..."

„Dann muß er von der Turnstunde dispensiert werden!" schreit Brosius und springt erleichtert hoch. „Woher soll ich das wissen! Mich trifft keine Schuld! Ich begreife die Eltern nicht! Zum Donnerwetter noch einmal!"

„Sie fürchten den Spott für den Bub, wenn er sich dispensieren läßt", sagt Ferd.

Aber er bekommt keine Antwort – denn alle starren auf Leo.

Der ist bei Brosius' lautem Fluch zusammengezuckt, seine Augen springen weit auseinander, mit taumelnden Gliedern geht er auf die Beine und, während sein Oberkörper dauernd hin und her schwankt, als stieße ihn eine unsichtbare Faust wider die Brust, schlägt er die Beine stramm, salutiert und sagt mit brüchiger Stimme: „Zu Befehl, Herr Dr. Brosius!"

Ferd v. K. ist herangesprungen und stützt ihn.

Brosius sieht auf den Jungen. Sein Gesicht beruhigt sich. Er wischt mit seinem Batisttuch die Stirn. Er schlägt sogar den Staub von den Knien und geht in gehobener Freundlichkeit auf Leo zu: „Ist dir nicht gut? Silberstein?"

Leo, dessen Gesicht käsebleich ist, unter dessen Augen dunkle Ringe hängen, Leo, der Held von dreißig Kniebeugen, der einzige Jude und Trainaspirant der Quarta, lächelt und antwortet fast heiter „Zu Befehl, nein!" Dabei taumelt er.

„Na, also," sagt Brosius, „dann ist ja alles halb so schlimm. Das nächstemal sagst du mir vorher, daß du etwas mit dem Herzen hast" . . . „Übrigens", setzt er hinzu, „rettet dich das sogar von dem Train. . ."

Leo hält den Kopf starr noch vorne, schluckt zweimal, dann spricht er breit und hell in das Gesicht seines lächelnden Lehrers: „Zu Befehl, ich weiß, daß ich nichts bin."

Brosius lacht. „Es braucht ja nicht jeder Soldat zu werden. Vielleicht wirst du ein guter Geschäftsmann. Silberstein A. G. . . ." Leos Gesicht wird feuerrot. Sein Rücken krümmt sich, als habe man ihn geschlagen.

Da hebt Ferd den linken Arm: „Melde gehorsamst, der Leo zittert immer mehr."

„Dann führt ihn nach Hause", entscheidet Herr Dr. Brosius und winkt mich noch herbei.

Wir führen Leo an die Mauer und ziehen ihm die Sandalen aus. Ferd hält ihn, und ich helfe ihm in die Stiefel.

„Ach laßt doch", sagt Leo, aber Ferd meint, vor uns brauche er sich nicht zu genieren, wenn ihm nicht gut sei.

Da lächelt Leo und hält sich an Ferds starkem Haar. Wir stützen ihn, und Ferd fragt: „Sollen wir dich tragen?"

„Nein", sagt Leo, aber er schwankt.

Gerade als wir durchs rechte Tor gehen und von der Mitte des Hofs die scharfen Kommandos des Dr. Brosius ungeschwächt die Luft durchschneiden und die Nummern der abzählenden Quarta exakt hochprasseln, fällt Leo steil vornüber und erbricht sich kurz vor der Zahl dreizehn zweimal sehr heftig über den äußeren Zaun in den Vorgarten des Direktors.

Wir tragen ihn nach Hause. Seine Mutter schenkt jedem von uns einen breiten Mazzen. Dann telephoniert sie dem Arzt.

Ernst Glaeser, aus „Jahrgang 1902"

Jarde – Garde / Train – Nachschub / dispensieren – befreien, freistellen / Mazzen – ungesäuerte Brote

Dippehas

Zutaten: 1 Wildhase; Salz; Pfeffer; 500 g frische Bauchlappen; 60 g Butter; 2 Zwiebeln; 1 Lorbeerblatt; Muskat; 6 Wacholderbeeren; 4 Pfefferkörner; 2 geschälte Tomaten; 1 Scheibe Schwarzbrot; herber Rotwein; ⅛ l Sauerrahm; Petersilie.

Den Hasen waschen, abtrocknen und in zwölf Stücke teilen. Mit Salz und Pfeffer einreiben. Bauchlappen in Würfel schneiden und mit den Hasenteilen in Butter von allen Seiten anbraten. Kleingeschnittene Zwiebeln, Lorbeerblatt, Muskat, Wacholderbeeren, Pfefferkörner und Tomaten zugeben und unter Rühren ebenfalls anbraten. Geriebene Schwarzbrotscheibe zugeben und mit Rotwein aufgießen, bis das Fleisch bedeckt ist. Zugedeckt im Backofen bei kleiner Hitze schmoren lassen. Garzeit zwischen zwei und drei Stunden. Nach dem Garen Sauerrahm unter die Soße mischen und mit kleingehackter Petersilie garnieren.

Abers Heiraten fällt mir nicht ein

1. Weine, weine, weine nur nicht!
   Ich will dich lieben, aber heiraten nicht.
   Ich will dich lieben, niemals betrüben,
   Will treu dir sein, will treu dir sein:
   Abers Heiraten, abers Heiraten, das fällt mir nicht ein!

2. Glaube, glaube, glaube nur fest,
   Daß meine Liebe dich niemals verläßt.
   Wenn ich auch wandre, soll keine andre
   Die Meinige sein, die Meinige sein:
   Abers Heiraten, abers Heiraten, das fällt mir nicht ein.

3. Hoffe, hoffe, hoffe mein Kind,
   Daß meine Wort' stets aufrichtig sind.
   Immer beständig, niemals abwendig,
   Will treu dir sein, will treu dir sein:
   Abers Heiraten...

Karl Simrock

Die Umgebung von Wiesbaden

Wir ruhten einen Tag in Wiesbaden aus und setzten dann unsere Wanderungen durch die Umgegend fort. Den Morgen brachten wir auf der Platte zu, wo der Herzog ein schönes Jagdschloß hat. Welch eine reizende Aussicht voll Lieblichkeit und Anmut in die von fröhlichem Leben bewegte Nähe! Das entzückte Auge schweift gegen Westen und Süden bis an die Gebirge unter Bingen, jenseits Kreuznach und an den Donnersberg. Mehr links erhebt sich der weitgesehene Melibokus, von dem in den Strahlen der Sonne der weiße Turm in die weite Ferne glänzt. Vor dir in der Tiefe brausen die Wälder und wogen im Sturme wie ein erzürntes Meer. Gegen Osten und mehr nördlich übersieht man die waldigen, romantischen Täler und Höhen bei Eppstein, und die Ruine Falkenstein steigt fast am Fuße des Altkönigs hervor. Ja, es ist ein herrlicher Punkt, und in der Wohnung des Oberförsters findest du eine freundliche Aufnahme und was nach den Anstrengungen des Weges die Notdurft des Leibes fordert. Wir bedurften der Erfrischung und ließen sie uns ins Freie, von dem Jagdschlosse einige hundert Schritte östlich bringen, wo man auf bequemen Sitzen unter dem Schatten dichtbelaubter Bäume die schönste Aussicht hat.

Gestärkt durch Speise und Trank setzten wir unsern Weg auf der Höhe fort, um eine Stelle, die eiserne Hand geheißen, aufzusuchen, von der ich die hohe Wurzel, auch Basilika genannt, zu finden wußte. Hier hat man eine größere Aussicht als selbst von der Platte. Am bequemsten und sichersten gelangt man dahin, wenn man die Straße von Wiesbaden nach Schwalbach verfolgt und auf der ersten Höhe hinter jenem Städtchen das Chausseehaus vorbeigeht, das aus dem Dunkel des Waldes weit gesehen schimmert. Doch nein! Ich rate nicht das Chausseehaus vorbeizugehen, sondern lieber bei dem Oberförster einzusprechen und dich in den niedlichen Stübchen, die gar wohlgefällig nach dem Rhein und dem freundlichen Wiesbaden herabsehen, mit einem guten Trunke und ländlicher Kost zu stärken. Hast du meinen Rat, für den du mir Dank wissen wirst, befolgt, dann magst du vergnügt von dannen ziehen. Merke dir nur, wo die Straße anfängt wieder tiefer zu gehen, verlasse sie und ersteige rechts den Berg, dessen Gipfel den höchsten Punkt der Gegend bildet. Bist du so glücklich diesen zu finden, dann blicke umher. Das unermeßliche Land, das der Hunsrück, der Donnersberg, die Bergkette, die sich hinter Neustadt und Landau hinaufziehet und die so Heidelberg und Aschaffenburg begrenzt, liegt in seiner Pracht und Herrlichkeit vor dir. Den majestätischen Rhein und den Main verfolgst du auf eine große Strecke in ihrem Laufe. Gegen Nordosten schließen der Feldberg und der Altkönig die bezaubernde Aussicht. Kannst du dich davon trennen und deinen Blick gegen Westen und Norden richten, dann erreicht dein Auge das Ende des Landes nicht, das mit fruchtbaren Ebenen, mit Wäldern und Bergen abwechselt; der ferne Himmel schließt die Aussicht. Schade, daß sie in einigen Jahren verwachsen sein wird! So wie die jungen Bäume, die diese herrliche Stelle umgeben, größer werden, erheben sie sich zwischen dem Blicke des Beschauenden und seinem Gegenstande. Man sollte daselbst eine Erhöhung von Erde anlegen, die über den Wald hervorragt und die Aussicht erhält. Auf diese Weise würde auch

den Fremden der Punkt bezeichnet, von dem man das weite, prächtige Land übersieht. Ich habe diesen Wunsch öfter ausgesprochen wie auch den, nach dem Bierstädter Warttume auf der östlichen Höhe von Wiesbaden, der schönsten Stelle in der Nähe dieser Stadt, einen Weg zu führen, einige Bäume um den Turm zu pflanzen und ihn selbst zu einem Belvedere einzurichten. Ich hoffe, dieser eben nicht unbescheidene Wunsch soll von Einheimischen und Fremden so oft wiederholt werden, daß er doch endlich in Erfüllung geht. Es fehlt hier keineswegs an Sinn für die Schönheiten der Natur oder an Geschmack, am wenigsten bei denen, die auf Verschönerung der Gegend Einfluß haben, und da die von mir vorgeschlagene Verschönerung nicht kostspielig sein kann, so wüßte ich nicht, was der Ausführung des Anschlags besonders im Weg stände.

Von der hohen Wurzel stiegen wir nach Schwalbach herab, das wie das nahe Schlangenbad wegen der Heilkräfte seines Wassers in großem Rufe steht. Wer sich darüber und über die Schönheiten des Landes und seine Eigentümlichkeiten auf eine angenehme Weise belehren will, der wende sich an den Sänger der Heilquellen des Taunus. Der Hilfsbedürftige hat die trefflichen Ärzte, die geheimen Räte Lehr und von Fenner und die Medizinalräte Peez und Rullmann in der Nähe. Lehr hat sich in der Dankbarkeit eines großen Teils seiner Mitbürger ein Denkmal gestiftet, das, rühmlicher und dauerhafter als von Erz, seinen Namen in gesegnetem Andenken erhalten wird.

Die anziehenden Geschichten, Sagen und Legenden, den Rhein, sein schönes Land, seine Burgen und Klöster, seine Sitten und Verfassung in einer denkwürdigen Vorzeit betreffend, hat der biedere Vogt am fleißigsten gesammelt, am lebendigsten erzählt und am treuesten dargestellt. Wen das Großartige, Geheimnisvolle, Gespenstische des dämmernden Alterums anzieht und erbauet, der vertraue sich diesem gemütlichen Geschichtsforscher an, der die Kunst mit der Wissenschaft, die Seele mit dem Geiste in schönem, seltenem Ebenmaß verbindet, und lasse sich von ihm den Rhein hinab begleiten. Auch lese er bei dieser Gelegenheit, was seine Geschichten, Sagen und Bilder von Sonnenberg, Klarenthal und Adolfseck erzählen.

Schwalbach selbst bietet, sein köstliches Wasser und die Annehmlichkeiten des Kurortes, Spiel, Musik, Tanz und gesellige Unterhaltung ausgenommen, wenig dar. Die gebirgige Umgegend ist ziemlich nackt und nur die dichtbelaubten Gänge in der Nähe gewähren Schatten und laden zu traulichen Spaziergängen ein.

Von Schwalbach setzten wir unsere Exkursion das Tal aufwärts nach den alten Festen Adolfseck und Hohenstein fort. Jene ist unbedeutend, diese aber auch dem noch merkwürdig, der die verfallenen Burgen an dem Rhein und Neckar gesehen hat. Man erstaunt über die Kühnheit, mit welcher hier Steinmassen auf Felsenmassen getürmt sind. Mit Grausen fällt der erste Blick von der Höhe der zum Teil zertrümmerten Burg, die mit ewiger, altdeutscher Festigkeit, welche der Zeit trotzt, gebaut war, in das freundliche, grüne Tal. Bei Adolfseck, das historisch wichtig ist, besuchen die Gäste aus Schwalbach einen Wasserfall als Merkwürdigkeit der Gegend. Wer den Rheinfall bei Schaffhausen und den Sturz des Deutschbachs und Staubbachs gesehen hat, der lächelt bei dem Geplätscher dieser spielenden Kaskade. Aber alle Größe ist relativ, und es kommt bei dem Gefühl und Urteil auf den Maßstab an, den man in sich findet. Vielleicht stände ein Mensch, der den Fall von Niagara oder Guayana sah, mit derselben Empfindung vor den berühmten Wasserfällen der Schweiz, mit welcher ich vor dem bei Adolfseck gestanden. Den Fall von Guayana in Südamerika bildet, nach dem Berichte von Don Felix de Azara, der Strom Paraná, welcher sich auf eine Fläche 2 100 Klafter tief herabstürzt, dann enger zusammenzieht und in einen Abgrund fällt. Sein donnerndes Brausen hört man sechs Meilen in der Runde. Die Felsen zittern und der schäumende Strom scheint die Erde in ihren Grundfesten erschüttern zu wollen.

Schlangenbad liegt einsam in dem Eingange eines dunkeln Tals versteckt, ein gar erfrischender Aufenthalt bei heißem Sonnenbrande. Mir ward es hier etwas eng, und ich sehne mich nach der freien, hellen Aussicht nach dem Rhein und seinem schönen Lande. Unterhaltung und Zerstreuung bietet deser Kurort wenig dar, weil der Besuch desselben selten zahlreich ist und seine Lage und Umgebung mehr für vertrauliche Partien, stille, geheimnisvolle Freuden und ruhige Betrachtung als für das laute Geräusch der Gesellschaft und lärmende Lust sich eignet.

Zu meinem Verdruß fiel, da wir kaum zu Schlangenbad angekommen waren, ein Regen ein, der uns die Erneuerung der Sündflut anzukündigen schien. Der Himmel soll hier fast so häufig und anhaltend wie zu Heidelberg und Königstein die Erde mit überflüssigem Wasser segnen. Da saßen wir nun in enger Haft, keinen Laut vernehmend als den unserer Stimme oder das eintönige Platschen des herabströmenden Regengusses, mit den Augen kaum einen der nächsten Berge erreichend, die sich hier so ängstlich aneinander drängen, als wollten sie die sparsamen Wohnungen, die in der Tiefe zerstreut liegen, erdrücken. Mit einem wilden Grimme sah ich in das Wetter, das uns in der engen Stube wahrhaft gefangen hielt. Indessen mußten wir geschehen lassen, was wir nicht ändern konnten und, waren wir anders klug, aus unserer Lage jeden möglichen Vorteil zu ziehen suchen. Wir fingen also, wie das gewöhnlich Völker und Individuen tun, zu philosophieren an und flüchteten uns in die Ideenwelt, da die wirkliche uns aufgegeben hatte.

Johann Ignaz Weitzel

Exkursion – Ausflug / Kaskade – stufenförmiger Wasserfall

Bad Schwalbach

Einer der bekanntesten Badeorte des Taunus ist Schwalbach. In den fünfziger Jahren des letzten Jahrhunderts war die Gattin des Zaren Nikolaus I. hier zur Kur und die Kaiserin Eugénie von Frankreich, die ja auch Biarritz berühmt gemacht hatte, führte einmal den ganzen französischen Hof in dieses von Wäldern umschlungene Tal. Schwalbach war als Ort angenehmer Zerstreuung so bekannt, daß die Patrizierinnen Frankfurts in ihrem Ehekontrakt sich eine jährliche Kur in diesem Bad zusichern ließen.

Es gibt zwei Bücher, die das gesellschaftliche Leben in Schwalbach (wie in dem nahen Schlangenbad) schildern, eines von einem unbekannten, französisch schreibenden Verfasser, das 1738 in Lüttich erschien – „Amusement des Eaux de Schwalbach" –, und eines, hundert Jahre spä-

ter verfaßt, von einem kanadischen Gouverneur und englisch geschrieben „Bubbels". Dem Franzosen schmeckten die Rheingauweine nicht,
dem Engländer waren die Speisen zu schwer. Aber beide schildern das
Bad als eines der besuchtesten des Kontinents. Der Spielsaal allein faßte
800 Personen.

Kasimir Edschmid

Schwalbach und Schlangenbad

Um Wiesbadens Nachbarbäder zu besuchen, müssen wir über den
Rücken des Gebirges, an dessen Fuß es gelegen ist. Die Taunushöhe, an
der die Landstraße vorbeiläuft, heißt die Hohe Wurzel, die nächste bedeutende Nachbarin des Trompeters, bei dem die Platte liegt. Wenn die
Volkssage den Namen dieses Gipfels auf einen Trompeter deutet, der,
von Räubern überfallen, so stark in das Horn blies, daß ihn sein Freund
auf der Brücke zu Mainz hören und ihm zu Hilfe kommen konnte, so
scheint sich hierin eine Erinnerung an König Rother erhalten zu haben.
Auf der Brücke zu Mainz war auch der Scharfhörigste zu entfernt, um
dem auf der Taunushöhe von Räubern bedrängten Freund noch recht-
zeitig Hilfe zu bringen. Der herbeigerufene Beistand muß also wie im

König Rother näher im Walde versteckt gewesen sein, um auf das gegebene Zeichen hervorzuspringen, da der Verurteilte von der ihm gewährten Erlaubnis, noch zum letzten Mal ein Stückchen zu blasen, Gebrauch macht.

Das herzogliche Jagdschloß, die Platte, wird weit und breit im Main-, Rhein- und Nahetal gesehen und muß daher auch ein umfassendes Panorama ihrer Prachtgefilde vor uns aufrollen. Von dem zinkbedeckten Dach des Schlosses genießt man den unbeschreiblichen Anblick in voller Sicherheit, und selbst der Schwindlige fühlt sich hier behaglich. Auch das Innere des Palastes wird man gern sehen. Zwei bronzene Hirsche hüten den Eingang, Hirschgeweihe zieren Flur, Treppen und Türen, Jagdgerätschaften hängen an allen Wänden, und in den reichen Gemächern sind alle Tische, Stühle, Spinde, Leuchter, Spiegelrahmen usw. aus Hirschhorn künstlich gearbeitet.

Noch umfassender als auf der Platte ist die Aussicht auf der Hohen Wurzel, an der die Straße von Wiesbaden nach Schwalbach links vorbeiführt. Zu dieser kehren wir zurück und haben bald das nassauische Hochland zwischen Main und Lahn erstiegen. Es gewährt durchaus den Eindruck eines ganz ebenen Landes, einer unübersehliches Feld- und Waldfläche. Erst aus näherer Betrachtung ergibt es Hochland von tiefen Tälern durchschnitten wird, in welchen klare Wiesenbäche gehen und Mühlräder sich drehen. Steigt man in eins dieser Täler herab, so starren seine Wände von schroffen Felsen oder grünen Wäldern, und der Bauer in dem verborgenen Dörflein unten glaubt mit Recht im Gebirge zu leben. Fänden sich auch Dörfer auf der Höhe, so würden diese in der Fläche zu liegen scheinen. Das Tal ahmt hier gleichsam das Gebirge, das Gebirge das Tal nach. Kaum haben wir von Wiesbaden aus die Hochebene erreicht, so zeigen sich uns zwei solcher tiefen Täler. Das erste, das sich links hinabsenkt, würde uns über Wambach nach Schlangenbad führen. Es ist das Tal der Waldaff... Das andere tut sich weiterhin gerade vor uns auf; es ist von der Schwalbach gebildet, die unterhalb Langenschwalbachs in die Arde fließt, denn diese soll ihre Wasser der Lahn zuführen. So geschwind ist hier (denn die Waldaff rauschte noch dem Hauptstrom zu) die Wasserscheide zwischen dem Rhein und seinem Nebenfluß überschritten. Man erreicht einen schön angelegten Felsenvorsprung, wo ein Blick in das Wiesental der Schwalbach vergönnt ist, in dem wir die Kurgäste schon umherwandeln sehen.

Die Straße wendet sich nun rechts, und alsbald sehen wir Schwalbach in seiner ganzen, schon im Namen ausgesprochenen Länge um den Berg herumliegen, von dem wir herabkommen. Die blauen Schieferdächer und die mehr ländliche als städtische Bauart der Häuser machen einen freundlichen Eindruck. Hier ist nichts von Wiesbadens Pracht, selbst das Badehaus mit der Kolonnade ist höchst einfach, und nur neuerdings scheinen einige neue Gasthöfe höher hinaus zu wollen.

Gleich beim Eingang liegt der Weinbrunnen, der wirklich wie Wein schmeckt, höher hinauf im Wiesengrund der Paulinenbrunnen, der erst 1829 zu Ehren der Herzogin angelegt und höchst reich und elegant gefaßt ist. Zu beiden Seiten führen Treppen hinab, alles ist mit rotem Sandstein ausgemauert, ein Zelt schwebt über der Rotunde. Noch weiter aufwärts liegt der Ehebrunnen, mit dem es aber nicht die sonst in Bädern gewöhnliche hoffnungsvolle Bewandtnis hat, sondern nur die, daß eine Eiche sich in seiner Nähe einer Buche vermählt hatte. Die übrigen Quellen, worunter der Stahlbrunnen als der wichtigste am besten gefaßt und mit schattigen Promenaden umgeben ist, liegen tiefer im Tal, der Brodelbrunnen fast wieder am Ausgang des Ortes. Von hier haben wir nur ein Viertelstündchen nach Adolfseck, das die Schwalbacher Gäste so fleißig besuchen. Der Weg geht auf dem Höhenzug, der erst die Schwalbach und nach deren Mündung die Arde begleitet. Unten der feuchte Wiesengrund beider Wasser, durch den der Weg gleichfalls genommen werden kann. Bei dem Dörfchen Adolfseck geht die Arde zwischen zwei hohen Felsen, die eine Brücke verbindet, hindurch und fällt hernach tief herab, dessen Wassersturz sich eine Mühle zunutze macht. Von Kaiser Adolfs Schloß sind nur die Ringmauern übrig. Die Sage berichten wir mit Nikolaus Vogts einfachen Worten: „Dort, wo die Schwalbach sich in ein Wiesental ergießt, hängen an zackigen Felsen die Trümmer jener Burg, wohin Kaiser Adolf von Nassau seine Geliebte aus einem Kloster entführte, als sie ihm nach einer Schlacht die Wunden zärtlich geheilt hatte. Sein Oheim aber, der Erzbischof von Mainz, Gerhard von Eppstein, der ihn auf den Thron erhoben hatte, sah diese heimliche Liebe als Kirchenraub an. Er tat ihn in den Bann und entsetzte ihn des Thrones. Als Adolf in dem darum entstandenen Krieg bei Gelheim gefallen war, kam sein Hund traurig zurück zu der Burg und zupfte die Geliebte bis zu dem Schlachtfeld fort, wo sie ihn unter den Leichen der Erschlagenen fand. Sie baute sich hierauf ein einsames Hüttchen, lebte aber, vom Schmerz erdrückt, nicht mehr lange. Der Hund grämte sich zu Tode auf ihrem Grab." Nach Schreiber hieß Adolfs Geliebte Imagina. Aber dies ist der Name seiner rechtmäßigen Gemahlin, mit der er sechs Söhne und drei Töchter zeugte. Unter letzteren war wieder eine Imagina. Nach anderen hieß jene Geliebte Amalgunde und Rosental das Kloster bei Straßburg, aus dem er sie entführte. Die abgeschiedene Lage des Ortes im Winkel der Arde mag die Sage von dieser heimlichen Liebe veranlaßt haben. Tiefer im Tal der Arde, die von Wehen und Bleidenstadt, dem ältesten Kloster dieser Gegenden, herabkommt, liegt Hohenstein, eine katzenellenbogische Burg, deren gewaltige Trümmer drohend über der Arde hängen. Die weitläufigen, noch ziemlich wohl erhaltenen Ruinen würden einen reinlichen, freundlichen Eindruck gewähren, wenn man da nicht von Hexentürmen und Folterkammern vernähme... Der Turm des Haupttors hat gegen innen keine Mauer; aus dem ersten Hof gelangt man durch ein zweites Tor in den eigentlichen Schloßhof, eine Wendeltreppe führt auf den Turm und aus diesem in die innere Burg, wo der tiefe, in den Felsen gehauene Brunnen und ein Gemach mit gemalten Wänden auffallen.

Seine Glanztage sah dieses Felsenschloß, als die Grafen von Katzenellenbogen bald dort, bald auf Hohenstein Hof hielten, als die jüngeren Söhne den Namen von Schloß Hohenstein führten, als es bei Diethers und Eberhards Teilung beiden Linien gemeinschaftlich blieb... Unter Hessen war es die Wohnung des Kellners, dann des Amtmanns; als dieser nach Langenschwalbach zog, wurde es vergessen und verfiel. Man pflegt den Weg dahin nicht in dem vielfach gewundenen Ardetal, sondern über die Höhen zu nehmen. Wer sich dabei der Esel bedient, dem ist zu raten, daß er den Tieren mehr als ihren Treibern glaube, denn letztere sind des Weges selten so kundig.

Ehe wir von Schwalbach Abschied nehmen, müssen wir noch einen etymologischen Irrtum berichtigen. Mehrere Reisebücher denken bei seinem Namen an Schwalben, mit denen es aber nichts zu schaffen hat. Er kommt von seinen Mineralquellen, die man sonst Schwalborn nannte.

Schlangenbad, zu dem wir uns jetzt begeben, ist allerdings von Schlangen genannt, nicht als ob es deren dort, auch außer der sogenannten Saison, so viele gäbe, wie der „Old man" in den „Bubbles" glauben machen möchte. Nicht Schlangen waren es, die seine Entdeckung herbeiführten, sondern eine kranke Kuh, die sich von der Herde verirrt hatte und an der lauen Quelle Genesung fand. Es ist von der Schlangenglätte der Haut genannt, welche dieses Schönheitsbad seinen von allen vier Enden der Welt herbeiströmenden Nixen verleiht. Schwalbachs Gäste pflegen hier eine Nachkur zu nehmen, um den Ocker des Stahlwassers abzuspülen. Wenn sie dies eine Zeitlang getan haben, wer darf dann noch mit Kirchner sagen, Schlangenbad leite den Namen von nicht gefährlichen Schlangen her, die im Dickicht der nahen Wälder hausen sollen?

In einer Bucht des engen, waldigen Tals der Waldaff klösterlich einsam gelegen, außer der sogenannten warmen Mühle nur aus Kur- und Gasthäusern bestehend, sagt Schlangenbad den wenigsten Geschmäkkern zu. Waldeinsamkeit, Abgeschiedenheit von der Welt haben ihre

Karl Simrock

Liebhaber; aber schwerlich wünschen sie solche in Gesellschaft zu genießen. Es wird uns daher wie der Landstraße ergehen, die erst in und durch den Ort zu wollen scheint; sie hat ihn aber kaum erreicht, als sie wie mit gesättigter Neugier umwendet und wieder hinausläuft. Wen freilich Not oder Eitelkeit zwingen, hier seinen Aufenthalt zu nehmen, dem bietet die Nähe des Rheingaus und der Nachbarbäder Ausflüge genug, auf der Höhe jenseits der Waldaff winkt ihm Georgenborn mit unermeßlicher Aussicht; und will er wie der „Old man" im Wald hinter Schlangenbad auf eine Eiche klettern, so kann er bei durchsichtiger Luft zwischen Bingen und Mainz das Dampfschiff stromauf klimmen und auf Rheinstein die Fahne wehen sehen. Solche Vergnügungen müssen ihn für die Langeweile in den langen, öden, altfränkischen Säulen der Kurhäuser entschädigen, wenn er nicht etwa wie der Jäger in dem nachstehenden Volkslied das Glück hat, ein Kronschlänglein zu erlösen:

Der Jäger längs dem Weiher ging,   Was plätschert in dem Wasser dort?
Die Dämmerung den Wald umfing.   Es kichert leis' in einem fort.

Was schimmert dort im Walde feucht?
Wohl Gold und Edelstein mich deucht.

Kronschlänglein ringelt sich im Bad,
Die Kron' sie abgeleget hat.

„Jetzt gilt es wagen, ob mir graut;
Wers Glück hat, führet heim die Braut."

„O Jäger, laß den goldnen Reif,
Die Diener regen schon den Streif.

O Jäger, laß die Krone mein,
Ich geb' dir Gold und Edelstein

Wie du die Kron' mir wieder langst,
Geb' ich dir alles, was du verlangst."

Der Jäger lief, als sei er taub,
Im Schrein barg er den teuren Raub.

Er barg ihn in dem festen Schrein:
Die schönste Maid, die Braut war sein.

Rotunde – Rundbau / etymologisch – die Wortgeschichte betreffend

Schwarzbraunes Mädchen hier

1. „Schwarzbraunes Mädchen hier, steh' auf, laß mich zu dir. Laß
mich nicht län = ger steh'n, sonst muß ich ganz ver=

1. „Schwarzbraunes Mädchen hier,
   Steh' auf, laß mich zu dir.
   Laß mich nicht länger steh'n,
   Sonst muß ich ganz vergeh'n
   Vor Liebespein."

2. Ich stieg die Wand hinauf:
   „Mach mir das Fenster auf,
   Daß ich kann reden mit dir,
   Daß ich kann küssen mit dir
   Schönster Schatz, mit dir."

3. „Ach Schatz, du kommst zu spat
   Ich hab' schon längst auf dich gewart't.
   Ich hab' gedacht, du kämest nicht,
   Ich hab mich nicht drauf gericht't.
   Hab' auch keine Lust."

4. „Wenn du mein Schatz willst sein,
   Mußt du mich lieben allein.
   Liebst du mich nicht allein,
   Sollst du auch mein Schatz nicht sein,
   Bist du auch nicht mein.

5. Nun adjes, mein Weg ist weit,
   Er geht wohl über die Heid',
   Er geht wohl über die Höh',
   Schönster Schatz, du tust mir weh,
   Du tust mir weh!

6. Nun adjes jetzt zum Beschluß,
   Weil ich abscheiden muß,
   Denn der Tambour schlägt Rewell,
   Und die Trommeln klingen in das Feld.
   Nun adjes, Madmamsell."

Tambour – Trommler / Rewell – Weckruf (Reveille)

Charakter des Volkes

Die Hessen sind im allgemeinen ein kräftiger Menschenschlag. Fleißig und ausdauernd, ringen sie im Schweiße ihres Angesichtes der meist undankbaren Scholle ihre Nahrung ab, und ein Sprichwort sagt:

„Wo Hessen und Holländer verderben
Kann niemand Nahrung erwerben."

Wie schon Tacitus den kriegerischen Sinn der alten Chatten hervorhebt, so behaupten ihre Enkel noch heute den Ruf ausgezeichneter Soldaten; der Spitzname „blinder Hesse" zeugt von ihrem festen Drauflosgehen. Noch überall haben die „blinden Hessen" eine gewisse zähe Tapferkeit bewährt, in Deutschland, in Frankreich und in Italien, auf Morea und in der neuen Welt; nur verspritzten sie leider ihr Blut meist im Solde für eine fremde Sache. „Der jetzige Hesse", bemerkt Arndt (in dem ‚Versuch in vergleichender Völkergeschichte‘), „der Nassauer und der Fuldaer in seiner sylva Buchonia darf sich wohl mit Recht rühmen, daß er und der Friese der Nordseeküsten und der Sachse Westfalens und der Weser und Leine bis an den westlichen Harz nachweisen kann, daß seit den ersten Zeiten der Römer auf deutschem Boden kein fremdes Blut in seine germanische Reinheit gemischt worden. Auch trägt er das Gepräge seiner echten Deutschheit in starken Zügen und eigentümlicher Art, die noch an Tacitus' Schilderung erinnert." — „Man findet," sagt er weiter, „eine ganz eigentümliche Ernsthaftigkeit und Ruhigkeit der stattlichen Männer. Nirgends in Deutschland sind die Menschen so wenig neugierig und gesprächig oder überhaupt nur dem Fremden zugänglich. Darin übertreffen sie, glaub' ich, noch die Friesen."

Übrigens gehören die Bewohner des zusammengestückelten kurhessischen Landes verschiedenen Stämmen an, und diese Stammesverschiedenheit tritt natürlich noch mehr oder minder hervor. Der fränkische Volksstamm ist vorherrschend, es zieht sich aber auch der niedersächsische und thüringsche ins Hessenland herein, außerdem sind Franzosen und Niederländer flämischer und wallonischer Zunge eingewandert, deren fremdes Element sich zum Teil noch wohl kenntlich zeigt. Der fränkische Stamm hat sich über Oberhessen, den größten Teil von Niederhessen, über die fuldische und hanauische Gegend ausgebreitet. Die in den Kreisen Hofgeismar und Schaumburg sowie im größeren Teile des Kreises Wolfhagen sind niedersächsischen Stammes. Im Werratale und im Schmalkaldischen hausen Thüringer. Von den Eigentümlichkeiten dieser verschiedenen Bewohner Kurhessens wollen wir hier eine flüchtige Skizze geben.

Wir beginnen mit dem Niederhessen. Bei ihm hat sich die eigentümliche Physiognomie schon größtenteils verwischt, nur hin und wieder in einzelnen Zügen, vor allem in der Sprache, hat sie sich treu bewahrt. Am entschiedensten prägt sich noch der altsächsische Stamm in den Kreisen Hofgeismar und Wolfhagen aus. Wenn auch die eigentümliche Tracht und das lange, gelbe Haar, dem die Bewohner des Kreises Hofgeismar den Namen Diemelfüchse verdanken, immer weniger gesehen werden, so herrscht doch die niedersächsische Mundart noch vor, das Haus ist noch ganz nach westfälischer Art eingerichtet, und im unteren Diemeltale (von Liebenau abwärts) finden wir noch den Meier auf seinem geschlossenen Hofe und den altsassischen Kamp. So zeigen sich auch bei den Bewohnern der Werratales noch die Spuren der thüringischen Abstammung.

Im allgemeinen neigt sich der Niederhesse, gehoben und gefördert durch zahlreiche Städte sowie durch Wasser- und Landstraßen, einem rührigen und gewerbtätigen Leben zu. Dagegen ist der Oberhesse, namentlich in den Tälern der Schwalm, der Ohm und der Lahn, nur Landbebauer. An Fleiß dem Niederhessen nicht nachstehend, an Ausdauer ihn selbst übertreffend, ist der Oberhesse noch grader und derber und auch wohlhabender als dieser. Ausgezeichnet durch seinen kräftigen Körperbau und seine einfache Lebensweise hängt er mit Liebe an dem Hergebrachten, von den Altvordern Angestammten und bewahrt darum auch noch eine Volkstümlichkeit, wie sie nicht häufig sich wiederfindet.

Insbesondere verdient der Schwälmer Erwähnung. Er ist von hoher kräftiger Gestalt, hat ein offenes Gesicht und meist bläuliche Augen. Das in der Regel blonde Haar fällt in langen Ringeln über den Nacken herab, erst in neuerer Zeit hat man hin und wieder begonnen, diesen Hauptschmuck zu kürzen. Grad ist er bis zur Grobheit, aber bieder und brav. Treu und Glauben ist bei den Schwälmern noch heimisch; machen sie sich einander Darlehen, so geschieht dies in der Regel auf das Wort oder einen einfachen Handschein, und es ist schon ein Zeichen von Kreditlosigkeit, wenn der Schuldner die Verbriefung gerichtlich machen muß. Der Schwälmer ist ferner überaus fleißig und sparsam, und fest hängt er am Alten. Noch ist der Kaffee bei ihm nicht eingebürgert worden, wie der Vater und Großvater getan, ißt er noch heute seine Hafersuppe, feiert er seine Hochzeit mit allen altväterlichen Förmlichkeiten. Ein solches Fest, an dem oft die ganze Umgegend teilnimmt, dauert mehrere Tage hindurch; die Kirchweihen sind noch wahre Volksfeste, und eine Menge alter Bräuche haben sich erhalten. So findet man an der

Schwalm den in den Alpen üblichen Kiltgang, hier das „Fensteren" genannt, wie im österreichischen Alpenland. Die Verlobung geschieht nicht durch einen Wechsel von Ringen, sondern der Bräutigam gibt der Braut eine Summe Geldes, mehr oder weniger, die Braut schenkt ihm dagegen ein feines Hemd. Noch findet man auch das „Lehenausrufen". In der Walpurgisnacht nämlich gehen die Burschen, alle mit Peitschen versehen, vor das Dorf, und einer trennt sich vom Haufen und stellt sich wo möglich etwas erhöht auf eine Anhöhe oder er klettert wohl gar auf einen Baum und ruft:

> „Hier steh' ich auf der Höh'n,
> Und rufe aus der Leh'n, das erste (zweite) Leh'n,
> Daß es die Herren recht wohl versteh'n,
> Wem soll das sein?"

Die übrige Versammlung antwortet dann mit dem Namen eines Burschen und eines Mädchens mit dem Zusatze: „In diesem Jahr noch zur Ehe." Bei jedem einzelnen Paare wird mit den Peitschen geschnappt und so fortgefahren, bis die ganze Reihe der Heiratsfähigen verteilt worden ist. Früher mag die Bedeutung dieses uralten Brauches ernstlich gewesen sein, jetzt beschränkt sich dieselbe allein noch darauf, daß die also Zusammengegebenen das ganze Jahr hindurch als Tanzpaar verbunden sind. Augenscheinlich vorchristlichen Ursprungs, war das Lehnausrufen ehedem sehr verbreitet, aber man findet es, außer in Hessen, nur noch an der Eifel; dort heißt es das Mailehen und stimmt mit der hessischen Sitte beinahe ganz überein. – Die Schwälmer haben einen eigenen Tanz, der auch der „Schwälmer" genannt wird; jetzt wird er indes immer seltener. Er besteht aus einer Reihe von Touren, jede mit bestimmten Gestikulationen und Bewegungen, die meist mit einem taktmäßigen Zusammenschlagen der Absätze und mit einem Gesange begleitet werden, der sich auf die Wiederholung gewisser Strophen beschränkt, wie:

> „Sind die Hosenbänder länger als die Strümpfe,
> Ist das rechte Bein viel kürzer als das linke".

Die Bauerngüter an der Schwalm sind alle geschlossen, nicht etwa durch Meierschaft, denn sie sind meist Allodien, sondern durch Herkommen. Der älteste Sohn folgt dem Vater; die nachgeborenen Kinder werden mit einem Geringen abgefunden. Auf diesem Verhältnisse beruht denn auch zum Teil der Wohlstand dieses Völkchens, unter dem es viele reiche Bauern gibt. Daß ein Bauer gänzlich zurückkommt, ist überhaupt selten. Geschieht es, daß einer sein Hauswesen gänzlich vernachlässigt, so daß sein Ruin offenbar wird, dann tritt das Dorf zusammen und erwirkt entweder ein Kuratel über ihn, oder er wird zum Verkaufe oder zur Verpachtung seines Gutes gezwungen. Alles bieten sie auf, Fremde von sich fernzuhalten; selten nimmt einer eine Fremde, d. h. eine Nichtschwälmerin zum Weibe. Von der Sparsamkeit des Schwälmers wird manches erzählt, doch mehr als alles drückt den aufs Zusammenbringen und Erhalten bedachten Sinn ein wenig erbauliches, barbarisches Sprichwort aus, das diesen Bauern wohl ganz eigentümlich ist:

„Wan di Parr sti, un de Weiver gi, kan mer zu 'nem Man gewärrn";
d. h., wenn die Pferde stehen (nicht stürzen, sterben) und die Weiber gehen (abgehen, sterben), kann man zu einem Manne werden.

Ein trübes Gegenbild bietet uns der Bewohner des nördlichen Oberhessens (des Kreises Frankenberg). Ohne charakteristisches Gepräge, das mancherlei Einflüsse schon früh verwischten, lebt er auf seiner rauhen, undankbaren Scholle, zu arm und unbefriedigt, um durch Industrie sich neue Erwerbsquellen öffnen zu können. Unfruchtbarkeit des Bodens, unglückliche Besitzverhältnisse der Güter, die durchweg schwer belastete, vom Hospital Haine abhängige kleine Leihegüter sind, kommen hier zusammen; deshalb finden auch häufige Auswanderungen statt. Selbst von den eben erst aus der Schule entlassenen Knaben gehen jährlich an hundert und mehr nach Westfalen und namentlich nach Elberfeld, um als Lehrlinge ein Unterkommen zu suchen und ein Handwerk zu lernen.

Der fleißige, doch meist arme hersfeldische Weber bildet den Übergang von dem Niederhessen zu dem Fulder. Am wohlhabendsten sind im Hersfeldischen die Landecker, die Leute im jetzigen Amt Schenklengsfeld; sie zeichnen sich durch ihr Festhängen am Alten aus, nehmen wie die Schwälmer selten eine Fremde zum Weibe, haben auch noch einen eigentümlichen Tanz, den Landecker, bei welchem ein Vortänzer die verschiedenen Touren durch die Worte: „Wie die Welt ist rund usw." angibt. — Die harte Sprache und die kräftige, hagenbüchene Gestalt des Fulders stehen mit der Rauhheit seines Klimas im Einklang. Er ist arbeitsam, noch wenig von der Kultur beleckt und hält streng an seinem katholischen Glauben. Streitlustiger als der Althesse, greift er rasch zum Messer, und es geschehen hier häufiger Totschläge als sonst in einer Gegend des Landes. In der Regel sind die Bauerngüter geschlossen, doch erbt nicht gerade der älteste Sohn, sondern es liegt in der Willkür der Eltern, den Erben unter ihren Kindern zu bestimmen. Alljährlich wandert der ärmere Teil bis zum Rheine, um einige Gulden als Tagelöhner zu verdienen.

Viel ähnliches mit dem Fuldaer hat noch der Schwarzenfelser, der zum Hanauer führt. Zwar ist anfangs im Kinzigtal und rechts und links im Gebirge buntes Gemisch, die Folge ehemaliger Vielherrschaft; aber von den Rebengeländen Gelnhausens an wird es lichter und noch mehr in der Mainebene. Ist da auch eigentümliche Tracht und Lebensweise verschwunden, so sticht doch der Charakter des Volkes um so mehr von dem der nördlichen Hessen ab. Empfänglich für das Neue, tätig und gewandt, leichtsinnig und leicht aufgeregt, so zeigt sich der Hanauer, in dessen Adern unverkennbar noch das französische und wallonische Blut fortwirkt; er nennt sich auch lieber einen Hanauer als einen Hessen.

Aus: Das Kurfürstentum Hessen, 1856

Physiognomie – äußere Erscheinung / Kamp – abgegrenztes Stück Land / Meierschaft – Pacht / Allodien – persönlicher Grundbesitz / Kuratel – Vormundschaft

Eltville

Ellfeld oder Eltville ist die Hauptstadt des Rheingaus. Sein lateinischer Name Alta villa verbürgt ihm römischen Ursprung nicht, und wenn auch das Beiwort deutsch wäre, so würde dieses Alter doch nicht über die karolingische Zeit reichen.

Der Ort beginnt mit dem Freihof, auf dessen schön durchbrochenem Kamin ein Storch sich ein Nest aus Reisern gebaut hat. Hierauf folgt der feste gotische Turm der alten, von Schweden und Franzosen zerstörten, erzstiftlichen Burg, worin die Erzbischöfe von Mainz, ehe diese Stadt ihre Freiheit verlor, ein Jahrhundert lang residierten. Hier wurde nach der „Limburger Chronik" ein deutscher König, Günther von Schwarzburg vergiftet: „Und das tat ein Arzt, der war genannt Freidank, und dem sollte darum geworden sein das Bistum zu Speyer. Als aber er dem König den Trank zu sehr gelobt, mußte derselbige Freidank antrinken, und so starb er mit dem König." Die Burg erbaute der kühne Balduin, der auch Ellfeld Stadtrecht verschaffte und den Handel von dem widerspenstigen Mainz dahin zu ziehen gedachte. Schon bald darauf wurde sie ein Raub der Flammen, welche zugleich eine unschätzbare Sammlung merowingischer Urkunden verzehrten. Ellfelds Kirche ist sehr alter Stiftung, ihr Baustil deutet aber auf das vierzehnte Jahrhundert. Außen vor dem Chor wurde der versunkene Grabstein Jakobs von Sorgenloch, genannt

Genssfleisch, eines Verwandten Gutenbergs, ausgegraben. Dieses Vetters Vermählung mit der Tochter des Heinrich Bechtelmünz von Ellfeld wurde dem Erfinder Veranlassung, sich am Abend seines Lebens dort niederzulassen. Bechtelmünz, dessen Grabstein man an derselben Stelle zu finden hofft, druckte mit Gutenbergs ihm überlassenen Werkzeug mehrere nun höchst seltene Werke. Das Druckhaus soll die jetzige Frühmesserei gewesen sein, die man für eins der ältesten Gebäude hält.

Karl Simrock

Erbensuppe mit Dampfnudeln

Zutaten: 200 g Erbsen; ca 1 l Wasser; 1 Bund Suppengrün; 1 Zwiebel; Öl; 1 EL Mehl; Salz; Fleischbrühwürfel; ½ l Milch; Hefe; Mehl; 125 g Butter; ⅛ l saurer Rahm; 2–3 Eier; 125 g Zucker; Salz; Schmalz; Milch oder Salzwasser.

Erbsensuppe: Erbsen über Nacht einweichen, mit Suppengrün weichkochen und durch ein Sieb streichen. Eine feingeschnittene Zwiebel im Öl anrösten, Mehl dazugeben und mit Kochbrühe ablöschen. Mit Erbsenbrei vermischen und nochmals kurz aufkochen lassen. Abschmecken mit Salz und Fleischbrühe.

Dampfnudeln: ½ l Milch, Hefe und Mehl zu einem steifen Teig verarbeiten und in einer Schüssel abgedeckt treiben lassen. 125 g Butter zerlaufen lassen und mit ⅛ l Sauerrahm, zwei bis drei Eiern, 125 g Zucker und einer Prise Salz verrühren. Alles zusammen in den Teig einarbeiten, bis dieser ganz von der Hand fällt. Den fertigen Teig wieder anderthalb bis zwei Stunden an warmem Ort treiben lassen. Kuchenbrett anwärmen, Teig leicht darauf auslegen und mit Trinkglas vorsichtig kleine Kuchen ausstechen. Den Teig dabei nicht drücken. Die Kuchen werden auf ein mit Mehl bestreutes, erwärmtes Kuchenblech gesetzt und müssen nochmals treiben. Nun in einer Pfanne Schmalz heiß werden lassen, die Kuchen hineinsetzen und die Zwischenräume mit heißer Milch oder Salzwasser auffüllen. Deckel drauf und die Dampfnudeln bei schwacher Hitze knusprig braun werden lassen (dauert ca. 30 Min.). Aber Vorsicht: Der Deckel darf nicht abgenommen werden. Wenn die Dampfnudeln „krachen" oder „singen" noch zwei Minuten ohne Hitze stehen lassen, dann Deckel öffnen und Dampfnudeln vorsichtig mit Backschaufel lösen. Heiß servieren.

Bäumlein steigen

Mäßig schnell.   Gegend von Darmstadt 1840 und Schwalbach (Kr. Wetzlar) 1890.

Ich wollt ein Bäum- lein stei- gen, das nicht zu stei- gen war; da

beug- ten sich die Ae- sti- cher und ich fiel in das Gras.

1. Ich wollt ein Bäumlein steigen,
   Das nicht zu steigen war;
   Da beugten sich die Ästicher
   Und ich fiel in das Gras.

2. Ach wenn es nur mein Schätzchen wüßt',
   Daß ich gefallen wär,
   Da tät sie gleich ein' weiten Sprung,
   Bis daß sie bei mir wär.

Kiedrich

Unser Weg führt uns an dem Waldhügel Himmelreich vorbei, von dessen rätselhaftem Gemäuer, die „alte Burg" genannt, auch wir keine Kunde zu geben wissen. Bald erscheint Kiedrich, ein zu Ehren des heiligen Valentin viel besuchter Wallfahrtsort. Wie ein Kind bei der Mutter steht die Michelskapelle neben der größeren Pfarrkirche, und doch ist das Verhältnis eher umgekehrt. Die Kapelle mit dem gotisch durchbrochenen Turmhelm und der künstlichen Schneckenstiege, deren Mittelpunkt drei dünne Säulchen bilden, zeigt den vollendeten Stil des vierzehnten Jahrhunderts. Auch das reiche Blätterwerk am Turm sowie die Spitzbogen der Fenster werden bewundert und vielfach nachgebildet. An der größeren Kirche lobt man Portal, Fassade und das kunstvolle Gewölbe des Chors. Eigentümlich ist das Schnitzwerk der Stühle, deren Meister, Erhart Salnecker von Abensberg, 1510 die mannigfaltigsten Formen aus flachem Grund herausgearbeitet hat. Beide Gotteshäuser liegen am Markt, wo man auch das Amtshaus mit zwei Erkern und das Wirthaus „Zum Engel" findet, dasselbe vermutlich, das aus den Steinen einer zweiten, gleich alten, der heiligen Margarete geweihten Kapelle gebaut wurde.

Der Name Kiedrich ist für die Vermutung seines römischen Ursprungs, auf die sein Hadenbrunn geführt hat – der überdies kein Hei-
denbrunnen zu sein braucht –, nicht günstig. Auch er deutet nur, wie der
Kedrich (Teufelsleiter) bei Lorch und der Kadrich bei Bingen beweisen,
auf die steile Lage des Ortes hin. Auch Scharfenstein, seine Burg, nehmen wir für Schroffenstein. Sie war eine der vier erzstiftischen Landes-
burgen im Rheingau, welche Mainz erst mit Burgmännern besetzte, hernach zu Lehen ausgab, endlich wohl gar in Allodialbesitz übergehen
ließ. Die raubsüchtigen Scharfensteiner trieben es aber so bunt, daß der
Erzbischof Peter eine zweite Burg Neuenhaus daneben bauen und im
Tal eine Kartause (Peterstal) anlegen mußte, um „die bösen Gesellen mit
weltlichen und geistlichen Waffen zugleich zu bekämpfen", welch letztere diesmal nichts fruchteten. Die Lage von Scharfenstein gleicht denen
von Frauenstein und Sonnenberg, die auch beide in einem Talwinkel
versteckt liegen; aber der Bergkegel, den Schroffenstein krönt, hebt sich
viel höher; auch ist sein runder, von mir unerstiegen gebliebener Turm
ansehnlicher, wie auch die noch stehenden Ringmauern auf beträchtlichen Umfang deuten. Die Aussicht, die ich aus dem Ritterschen Schau-
häuschen genoß, war beschränkt, reichte aber doch bis an die Türme
von Mainz, die hier überall eine große Rolle spielen. Eine französische
Gouvernante, die ich nach der Rittersruhe fragte, fand diesen Namen
nur allzu passend. Der freundliche Landsitz lag nebst jenem der Freifrau
von Nauendorf zu meinen Füßen. Den Freiherrn von Rittern gehört
auch der größte Teil des Gräfenbergs, ein berühmter, nur wenige Morgen haltender Weinberg, der seinen Namen von den Rheingrafen herlei-
tet.

Karl Simrock

Allodialbesitz – dem Lehensträger persönlich gehörender Besitz

Saure Brühe mit Blutwurst
Beliebtes altes Samstagsessen in ländlichen Gebieten

Kartoffeln schälen, in Scheiben schneiden und in Wasser mit einer
Prise Salz und einem Lorbeerblatt weich kochen, dann zerstampfen. Etwas Mehl mit Essigwasser anrühren, in die zerstampften Kartoffeln geben und nochmals aufkochen lassen. Dazu Blutwurst reichen.

Wasser und Wein

Es gingen einst zu streiten
Das Wasser und der Wein,
Wer sei der beste von beiden
Drum fingen sie an zu streiten.

Da sprach es der Wein: wie bin ich so fein,
Man schenkt mich in die Gläser hinein,
Man trägt mich vor Fürsten und Herren,
Sie trinken mich alle so gern.

Da sprach es das Wasser: Wie bin ich so fein,
Man trägt mich in die Küche hinein,
Man braucht mich zum Waschen und Kochen,
Man braucht mich die ganze Wochen.

Da sprach es der Wein: Wie bin ich so fein,
Man trägt mich in die Kirche hinein,
Man braucht mich zum Sakramente,
Ein jeder vor seinem Ende.

Da sprach es das Wasser: Wie bin ich so fein,
Man trägt mich in die Kirche hinein,
Man braucht mich zum Kindeleintaufen,
Fürs Geldchen laß ich mich nicht kaufen.

Da sprach es der Wein: Du hast Recht,
Du bist der Herr und ich bin der Knecht,
Hättest du mich nicht beregnet,
Hätte die Sonne mich nicht gesegnet.

Sulperknochen

Zutaten: 1 kg Schnauze, Ohren, Füße, Schwänzchen vom Schwein;
1 große Zwiebel; 5 Pfefferkörner; 4 Wacholderbeeren; 1 Lorbeerblatt.
Fleisch über Nacht in Wasser legen. Am nächsten Tag die in Ringe
geschnittene Zwiebel und Gewürze zugeben und zugedeckt garkochen.
Zu Sauerkraut, Salzkartoffeln und Erbspüree.

Aus meinem Leben

Oft waren wir in harter Not und litten an den ersten Bedürfnissen des Lebens Mangel. Eines Tages, erinnere ich mich, hatte ich meine Mutter auf das Feld begleitet, wo sie arbeitete. Ich sah sie im Stillen weinen. „Was fehlt euch?" Mutter, fragte ich. „Ach!" antwortete sie seufzend, „ich bin so hungrig und habe noch nichts gegessen." Mich hungerte selbst und ich weinte auch. Mein Blick fiel aus das Nonnenkloster Gottestal, das eine gute halbe Stunde von uns lag. „Ich will dahin", sagte ich, und zeigte mit der Hand nach dem Kloster. Meine Mutter verstand mich, weinte heftiger und antwortete halblaut: „Meinetwegen." Ich flog, fand gleich beim Eingang einige Nonnen, die eben heraustraten und spazieren gehen wollten. Diesen trug ich mein Anliegen vor und bestimmte sie durch die Art meiner Vorstellung und Benehmen, das ihnen zu gefallen schien, wieder zurückzukehren. Sie ließen mir Bier vorstellen; ich aber erklärte ganz aufrichtig, ich tränke lieber Wein. Man fand diesen Geschmack dem Lande und seinen Bewohnern angemessen und lachte über die unbefangene Offenherzigkeit. Ich erhielt ein wenig Wein und ein schönes Stück Brot. Sogleich machte ich mich wieder auf den Weg und war schnell bei meiner Mutter. Diese nahm das Brot, aß mit solchem Heißhunger unter Tränen, daß ihr Blut aus dem Zahnfleische floß und die Bissen färbte. Ich war sehr glücklich; denn ich liebte meine Mutter über alles. Den Besuch im Kloster habe ich öfter wiederholt und ward immer freundlich aufgenommen.

Johann Ignaz Weitzel

Die Abtei Eberbach

Von Kiedrich nach Eberbach hätte ich mich, von einem Eichkätzchen verlockt, beinahe im Wald verirrt; aber ein junges Reh mit klugen Augen brachte mich wieder auf den rechten Weg. Gewiß wollte es aus dem kleinen Eberbach trinken, der den Namen wohl eher hergeben mochte als der Saurüssel, der dem heiligen Bernhard nach der nicht sehr sinnigen Legende den Grundriß des Klosters vorgezeichnet hat. Noch steht vor demselben eine kleine Kapelle, Bernhardsruhe genannt, zur Bezeichnung des Ortes, wo der Heilige, auf einem Stein ruhend, jene Erscheinung hatte.

Der am Rhein gerade unter der Abtei liegende niedliche Flecken Erbach, urkundlich eigentlich Eberbach geheißen, war lange vor den Zeiten des eifrigen Kreuzpredigers gegründet. Nicht er selbst, sondern die Mönche, die er auf Verlangen Erzbischof Adalberts schickte, legten in dieser Wildnis das Kloster an, dessen Lage ganz jener von Clairvaux glich.

„Es war ein öder Platz zwischen dichten Wäldern, von Bergen eingeschlossen; wer von den Bergen herabkam, hörte hier, wo keiner müßig sein durfte, sondern mit dem ihm übertragenen Werk beschäftigt war, mitten am Tag die Stille der Nacht, nur unterbrochen durch das Geräusch der Arbeitenden und die Lobgesänge auf die Gottheit. Diese Stille erregte eine solche Ehrfurcht bei den vorübergehenden Laien, daß sie sich scheuten, andere als heilige Dinge hier zu reden."

Es befremdet vielleicht, hier von Arbeit – und gar von schallender – zu hören, da man sich in Klöstern nur faule Bäuche denkt. Aber die Zisterzienser legten die Hände nicht in den Schoß. Ihre Losung war Feldarbeit und Anbau des Landes, wodurch sie geistiger Kultur vorarbeiteten. Ihre Pflanzschule Eberbach hat um die frühe Blüte des Rheingaus und den Ruf seiner Weine die größten Verdienste. Diese frommen Väter, die in der strengsten Klosterzucht lebten, kasteiten doch ihren Leib nicht durch unfruchtbare Geißelungen, sondern durch Fleiß und Tätigkeit. Sie waren treffliche Haus- und Landwirte und in vielen bürgerlichen Gewerben der ganzen Nachbarschaft Muster und Vorbild. Den Weinbau lehrten sie zuerst gründlich; sie begnügten sich aber nicht mit der Erzeugung eines edlen Gewächses, sie wußten es auch zum Markt zu bringen. In Köln, wohin damals der Handelszug der Rheinweine ging, hatten sie ihre Niederlage, und die Stadt schenkte ihnen eine eigene Rheinpforte. Auch der Schiffahrt wandten sie sich zu, bauten Fahrzeuge, nahmen Schiffsleute unter ihre Laienbrüder auf, erwirkten sich von Kaisern und Fürsten Freiheit von allen Zöllen und ließen ihre eigenen Geschirre den Rhein auf- und niedergehen. Sie schickten auch das feine oberländische Mehl ins Niederland, richteten Mehl- und Walkmühlen, Gerbereien und Tuchmanufakturen ein. . .

Die Wiege der rheingauischen Kultur dient jetzt als Korrektionshaus und Irrenanstalt. Beide Einrichtungen sind wahrhaft musterhaft; ich würde aber den Leser nicht hineinführen, wäre es nicht, um ihm die zehn kurzstämmigen, schön mit Laub verzierten Säulen des Dormitoriums oder das auf einer einzigen Säule ruhende Kapitelhaus oder die Kirche mit ihren vielen für Kunst und Geschichte gleich wichtigen Denkmälern zu zeigen. In den vielen Kapellen ruhen meistens Äbte, der Chor zeigt die Epitaphien dreier Erzbischöfe von Mainz und eine Auferstehung Christi in sehr altem Stil. Von Denkmälern der Katzenellenbogener, die hier ihr Erbbegräbnis hatten, finden sich noch einige, andere hat das Ritterschloß zu Biebrich der Zerstörung entrissen, von noch anderen ist wenigstens die Inschrift erhalten.

Aber welches Aroma füllt diese heiligen Hallen? Weihrauch und Myrrhen, als Rauchopfer am Altar verbrannt, duften so köstlich nicht. Aus dem Abendmahlskelch kann diese Fülle des würzreichsten Lebensduftes nicht aufgestiegen sein. Und doch ist es Weingeruch, die Blume edelster rheinischer Reben. Das Rätsel löst sich, wenn wir erfahren, daß ein Teil der Kirche jetzt als Keller für die herzoglichen Domanialweine dient...

Was uns am meisten anzieht ist das Kabinett, und gerade dieses scheint sich neben der Kirche zu befinden, während zu dem großen Keller und seinem Kelterhaus eine ältere Kirche verwendet worden ist. Das Gewölbe derselben wird durch eine schöne Kolonnade getragen; rings an den Wänden, wo früher die Altäre standen, stehen jetzt zehn kolossale hölzerne Schraubenkeltern, daneben Zuber, Bütten und anderes Gerät. Ähnlich ist auch das Kelterhaus des Kabinetts beschaffen. Dieses ist nur eine Fortsetzung der Halle seines Kelterhauses, aber durch doppelte Mauern und außen angebrachtes Buschwerk vor dem Eindringen der äußeren Wärme geschützt. Auch ist in demselben ein laufender Brunnen, womit im Notfall der ganze Keller begossen werden kann. Die weißen Fässer sind zierlich mit Blechnummern und blanken Messingkranen versehen. Ein runder, steinerner Tisch um einen gewaltigen Pfeiler soll wie der Altan des Heidelberger Fasses zum Tanzen eingerichtet sein, wofern dies nicht eine Entheiligung dünkt. „Zur Zeit des Abstichs werden die Weine, welche nicht ins Kabinett kommen, stückweise versteigert und zwar unter sehr freigebigen Verhältnissen. Es wird nämlich allen Fremden, die am Tag der Versteigerung hier erscheinen, sie mögen Steigerer sein oder nicht, ein Gastmahl gratis gegeben, wobei an guten Weinen nicht gespart wird und sogar Kabinettsweine zum Dessert gespendet werden. Dieser Versteigerungstag ist für die Rheingauer sowie für die Umgebung, besonders für die Weinhändler von Frankfurt und Mainz, ein Freudentag, da sich immer ein großes Zusammentreffen von Freunden und Bekannten findet. Diese gastliche Freigebigkeit der Regierung, der natürlich Spekulation zugrunde liegt, gibt indessen durch das Zusammentreffen vieler Weinliebhaber dem ganzen bedeutenden Aufschwung und erhöht oft sehr die Steigerungspreise. Die Kabinettsweine werden nur aus der Hand oder in Bouteillen um hohe Preise verkauft."

Karl Simrock

Dormitorium – Schlafsaal eines Klosters / Epitaph – Grabmal / Domanialwein – Wein aus Staatsgut / Altan – Balkon

Bergwesen und Bergleute in Hessen

Einzelne Zweige des hessischen Bergbaus verschwinden mit ihren Anfängen in sagenhafter Ferne.

Uralt ist u. a. die noch jetzt in Blüte stehende Kochsalzerzeugung auf der Königlichen Saline zu Sooden an der Werra, deren Bergründung bis in die römische Zeit zurückreichen soll, während die ersten schriftlichen Aufzeichnungen aus den Jahren 744 bis 799, der Zeit Karls des Großen, stammen.

Ungefähr zu gleicher Zeit, um 800, sollen in der Frankenberger Gegend, namentlich bei dem Dorfe Haubern, reiche Goldbergwerke bestanden haben. Amtliche oder sonst verbürgte Nachrichten fehlen indessen aus jener Zeit. In der Tat befindet sich heute nordwestlich von Frankenberg noch ein verliehenes, aber unbetriebenes Goldbergwerksfeld, dessen Fündigkeit sich auf die zurückgebliebenen Spuren eines alten verlassenen Bergwerks stützt. Im übrigen sind die im Volksmunde verbreiteten Angaben und Erzählungen mit größter Vorsicht aufzunehmen. Sie bewegen sich, ähnlich wie es bei anderen erzführenden Gebirgen Deutschlands der Fall ist, meistens im Bereich der Sage und werden ihrer zweifelhaften Zuverlässigkeit auch durch die Inhalte alter Chroniken, die man zu Zeugen über jenen Goldbergbau anruft, nicht entkleidet. Daß aus dem Sande des Edder-Flusses, den man deswegen in alter Zeit „Goldbach" genannt haben soll, auf der ganzen Strecke von Frankenberg durch Waldeck bis zur Fulda durch Wäscherei Gold gewonnen wurde, steht allerdings fest. Die letzten dahin abzielenden Versuche erfolgten in den dreißiger Jahren des vorigen Jahrhunderts und scheiterten an dem mangelhaften Erträgnis.

Von sehr hohem Alter, überhaupt wohl einer der ältesten bergmännischen Betriebe in Deutschland, ist der Eisenerzbergbau im Kreise Schmalkalden. Die erste Kunde über ihn und die sich anschließende Metallhüttenindustrie im Thüringer Walde tritt um die Mitte des 7. Jahrhunderts auf, während zuverlässige Daten über den Bergbau in der engeren Umgebung Schmalkaldens erst aus dem Beginn des 12. Jahrhunderts herrühren.

Gegen Ende des 16. Jahrhunderts kam eine lebhaftere Bewegung in den hessischen Bergbau durch die erfolgte Auffindung lohnender Fundstätten vielartiger Bergwerksmineralien, darunter Kupfer mit Silber, Kobalt und Nickel (Richelsdorf, Bieber, Frankenberg), an sonstigen Mineralien und Metallen: Eisen- und Manganerze, Schwerspat, Jaspis, Marmor, Alabaster (an verschiedenen Fundstätten), namentlich aber Ton (Umgegend von Großalmerode) und Braunkohlen, deren Ausbeutung

am Meißner und am Habichtswalde derzeit im Aufblühen begriffen war.

Die Bedeutung eines ergiebigen Bergbaus für die Landeswohlfahrt erkennend, ließ Landgraf Moritz von Hessen, dem Beispiel der sächsischen und braunschweigischen Fürsten folgend, am 21. März 1616 eine öffentliche Urkunde über die „Bergfreiheit", durch welche die allgemeine Erlaubnis erteilt wurde, nach Bergwerksmineralien zu suchen und sich demnächst mit dem Ausbeutungsrecht belehnen zu lassen. Die Zuständigkeit der staatlichen Bergbeamten und die Rechtsverhältnisse der Gewerken wurden durch eine im gleichen Jahre erlassene „Bergordnung" desselben Landesherrn, die Rechtsverhältnisse der Bergarbeiter durch eine Verordnung des Landgrafen Wilhelm von Hessen vom 31. Mai 1652 geregelt. Im übrigen fanden die vielfach unsicheren und bestrittenen Grundsätze des gemeinen deutschen Bergrechts Anwendung.

Die Freierklärung des Bergbaus bezog sich auf alle Bergwerkssubstanzen mit Ausnahme der „Salzbronnen, Steinkohlen-' und Eisenbergwerke". Letztere drei blieben dem Landesherrn vorbehalten. Später (1735) wurde das Bergregal noch auf Schwerspat, Steine, Ton und Kies ausgedehnt und das Gewinnungsrecht an diesen von vorheriger Konzession abhängig gemacht. Nur in der Herrschaft Schmalkalden, welche vor ihrer Angliederung an Kurhessen zum Rechtsgebiete der Hennebergischen

Bergordnung vom Jahre 1566 gehört hatte, war das frühere Recht und damit die Bergfreiheit auch für Eisenerze bestehen geblieben.

Die Ausbeutung der dem Verfügungsrecht des Landesherrn vorbehaltenen Mineralien, besonders der Braunkohlen, wurde wie mehrfach in anderen Staaten ausnahmsweise auch an Privatpersonen gegen entsprechende Abgabe überlassen, erfolgte aber der Regel nach auf eigene herrschaftliche Rechnung.

Auf die der Bergbaufreiheit unterworfenen Mineralien durfte jedermann an allen Orten „ohne der Grundherrn und Besitzer der Güter Hinternuß" schürfen und suchen und hatte nach gemachtem Funde und eingelegter Mutung die bergübliche Belehnung mit einem Grubenfelde zu erwarten. Welchen Wert die Landesherren der Entwicklung eines blühenden Bergbaus beimaßen, erhellt aus einer Anzahl von Vorrechten, welche den Berg-, Hütten-, Hammer-, Salzwerks- usw. Arbeitern, überhaupt allen Personen, welche der „Bergjurisdiktion" unterstanden, verliehen waren. Die bevorzugte Stellung derselben ergab sich z. B. daraus, daß sie von allen Hand-, Wacht-, Jagd-, Fron-Wege- und gehenden Diensten, von der Kontribution und Akzise und die Bergleute auch vom Militärdienste befreit waren, Vergünstigungen, welche sich z. T. bis weit in die erste Hälfte des vorigen Jahrhunderts hinein erhalten haben.

Im übrigen war die Verwaltung der Bergwerke in diesen früheren Zeiten eine sehr bevormundete. Sie ruhte zum größten Teile in den Händen staatlich bestellter Beamter. Unter Oberaufsicht des Bergmeisters leiteten die Geschworenen und der Schichtmeister den Betrieb. Von diesen konnte der Schichtmeister zwar von den Gewerken gewählt werden; er durfte aber seine Tätigkeit nur mit behördlicher Bestätigung antreten und ausüben. Die Festsetzung der Löhne und die Führung der Rechnung lagen ausschließlich in den Händen dieser beiden Beamten. Wenn auch die Vorschrift bestand, daß hierbei die Interessen der Gewerken überall auf das Nützlichste gewahrt werden sollten, so hatten doch die Gewerken ihrerseits auf die Art des Betriebes keinen Einfluß und mußten sich mit gelegentlicher Einsichtnahme in die „Register" und vierteljährlicher Abgabe eines „Gutachtens" über das Erträgnis bzw. den erforderlichen Zuschuß begnügen. Wenn man daneben noch in Rücksicht zieht, welche Steuerlasten auf dem damaligen Bergbau ruhten, einen wie großen Teil des Erlöses der Staat in Gestalt von Schurfgeld, Rezeßgeld, Quatembergeld, Bergzehnten usw. seinerseits aus dem Bergbau vorwegnahm, so ist das je länger je mehr wachsende Bestreben der Beteiligten nach Abhilfe wohl verständlich. Man beklagte sich bei den Verhandlungen über die Bergrechtsreform im Jahre 1864 lebhaft darüber, daß der Staat, ohne irgendein Risiko des Bergbaus zu teilen, den besten Anteil für sich beanspruchte und dies sogar, wenn das Bergwerk nicht einmal einen Reingewinn trüge.

Gleichwohl blieb das hessische Landesgebiet bis zum Übergange in den preußischen Staat im wesentlichen auf die obengenannte Bergfreiheit und Bergordnung von 1616 bzw. Verordnung, das Berg- und Hüttenwesen betreffend, von 1652 angewiesen.

Die hessische Staatsregierung vertrat die Ansicht, daß das Bedürfnis nach einer durchgreifenden Änderung der Berggesetzgebung kein dringliches sei und daß man vor allen abzuwarten habe, wie sich die in anderen Staaten, besonders in Preußen, geplanten Neuerungen auf bergrechtliche Gebiete bewähren würden. Schwere Bedenken hegte sie gegen die landtagsseitig gewünschte Aufhebung der staatlichen Leitung der gesamten Bergwerksbetriebe. Sie hielt eine mit namhaften Befugnissen ausgerüstete Staatsaufsicht für erforderlich, um eine wirtschaftlich richtige Benutzung des der Privatindustrie durch Bergbelehnung anvertrauten Nationalgutes sicherzustellen, zumal die unterirdischen Güter oft sparsam zugemessen seien und nicht wieder nachwüchsen wie die Bäume des Waldes und die Früchte des Feldes.

So kam es, daß, als zu Anfang der zweiten Hälfte des 19. Jahrhunderts in Österreich, Sachsen und Preußen die Umgestaltung des Bergwesens durchgeführt und dem Privatbergbau eine freie und natürliche Bewegung zugestanden wurde, das Kurfürstentum Hessen mit der Mehrzahl der deutschen Mittelstaaten im Rückstande verblieb. Gelegenheit, die einer nicht mehr zeitgemäßen Gesetzgebung anhaftenden Übelstände zu überwinden, fand der hessische Bergbau erst nach dem Übergange Kurhessens in Preußen.

Die am 1. Juni 1867 erfolgte Einführung des Preußischen Allgemeinen Berggesetzes, welches am 1. Juli desselben Jahres in Kraft trat, beseitigte das Reservatrecht des Staates an den Solquellen, Stein-(Braun-)Kohlen und Eisenerzen. Auch diese Mineralien wurden der allgemeinen Bergbaufreiheit unterworfen. Den verleihbaren Mineralien trat in der Herrschaft Schmalkalden der Schwerspat hinzu.

Der im Berggesetz durchgeführte Grundsatz, daß die Staatsregierung in bezug auf den Betrieb des Bergbaus nur das öffentliche Interesse wahrzunehmen und nur insofern einzuschreiten habe, als überwiegende Gründe des öffentlichen Interesses dies erfordern, wirkte als mächtiger Antrieb auf die Hebung des Privatbergbaus in Hessen. Die Bevormundung der Gewerkschaften hinsichtlich der Führung des Betriebes hörte vollständig auf. Die Bergwerksbesteuerung hielt sich in mäßigen Grenzen. Überall regte sich infolgedessen alsbald die Bergbaulust in dem sicheren Bewußtsein, daß durch den Umschwung der Verhältnisse die

Schwierigkeiten, welche unter dem alten Rechte der Erwerbung von Bergwerkseigentum entgegenstanden, aufgehoben waren. Insbesondere war diese auf die im Lande am meisten verbreiteten Bodenschätze Braunkohle und Eisenstein gerichtet, deren bergbauliche Ausnutzung früher von Privatpersonen nur ausnahmsweise zu erlangen gewesen war.

Welche Entwicklung der Bergbau in seinen verschiedenen Zweigen seit der Geltung des Allgemeinen Berggesetzes im Regierungsbezirke Kassel genommen hat, ergibt sich aus der nachfolgenden tabellarischen Zusammenstellung, welche die Jahre von 1867 bis 1902 umfaßt und die in der preußischen Zeitschrift für Berg-, Hütten- und Salinenwesen veröffentlichten amtlichen Ziffern enthält.

Zur Ergänzung ist noch zu bemerken, daß in den Jahren 1867–1871 als Nebenprodukt einer Braunkohlengrube zusammen 5 584 t Schwefelkies im Werte von rund 91 000 Mark gewonnen sind, bei einer Belegschaft von rund 50 Mann.

Ferner fehlen in der Tabelle jährliche Angaben über den Tonbergbau zu Großalmerode; die amtliche Statistik verzeichnet nämlich nur einen Teil der Tonförderung und liefert daher kein erschöpfendes Bild. Um die Bedeutung des Tonbergbaus in seiner heutigen Gestalt zu veranschaulichen, sei hier nachgetragen, daß im Jahre 1902 die Gesamtförderung aller Großalmeroder Tongruben zusammen an Rohton sich auf 72 500 t stellte im ungefähren Werte von 440 000 Mark. 432 Arbeiter fanden dabei ihren Lebensunterhalt.

Wie hieraus hervorgeht, nimmt der Tonbergbau dem Produktionswerte nach hinter dem Braunkohlen- und dem Steinkohlenbergbau den dritten Platz ein.

An der Spitze steht im Kasseler Bezirke der Braunkohlenbergbau, dessen Beginn in das letzte Viertel des 16. Jahrhunderts fällt. Am Meißner wurde der noch heute blühende Betrieb der staatlichen Braunkohlengrube im Oktober 1571 eröffnet. Die nutzbaren Braunkohlenablagerungen gehören geologisch verschiedenen Stufen der Tertiärformation an, und zwar dem Miozän und dem Oligozän. Sie erstrecken sich im allgemeinen nicht über ausgedehnte Flächenräume, sondern bilden begrenzte, in der Regel muldenförmige Lager, welche früher zu größeren Gebieten vereinigt waren. Aus dem Erdinnern aufsteigende Eruptivmassen (Basalt) bewirkten an verschiedenen Stellen Hebungen und Durchbrechungen und bildeten, sich auf der Oberfläche ausbreitend, für die überdeckten Teile der Tertiärformation und mit diesen für die Braunkohlen eine Schutzdecke gegen die Erosionswirkung der fließenden Gewässer, während die zwischenliegenden geschützten Partien fortgeschwemmt wurden, stellenweise unter Zurücklassung tiefer Einschnitte und Einbuchtungen. Die Braunkohlenlager haben daher vielfach eine relativ bedeutende Höhenlage, sind begleitet von basaltischen Massen und sekundären Sedimenten der verschiedensten Art und besitzen oft eine unregelmäßige, dem Bergbau Schwierigkeiten bereitende Lagerung. Die Hauptfundorte liegen am Habichtswald und Möncheberg bei Kassel, im Reinhardswald am Gahrenberge, an den Abhängen des Lossetals bei Oberkaufungen, am Hirschberg bei Großalmerode, am Meißner, an der Söhre am Stellberg und an den Basalthöhen bei Homberg, Frielendorf und Malsfeld.

Infolge der Basalteinwirkung ist die sonst erdige, aber doch feste Braunkohle an einigen Punkten (Habichtswald, Hirschberg, Stellberg, Meißner) in Glanzkohle verwandelt worden. Von den geförderten Braunkohlen dienen zur Zeit $^1/_5$ zum Hausbrand und $^4/_5$ zu Industriezwecken, speziell zur Dampfkesselheizung. Das Absatzgebiet für Rohkohle liegt meist innerhalb eines Umkreises von höchstens 50 km um die Fundstätte. Nur die Werke (2), welche einen Teil ihrer Förderung zu Briketts verarbeiten, sind in der Lage, Abnehmer in entfernteren Gebieten aufzusuchen, z. B. gelangen hessische Briketts bis nach der Schweiz und Oberitalien.

Eine Abart der Braunkohle, mulmig, fein und stark abfärbend, das sog. Kasseler Braun, früher wohl auch als Umbra bezeichnet, findet sich auf den Braunkohlenlagerstätten am Ausgehenden der Flötze bei Frielendorf und am Gahrenberge. Das Mineral dient zur Farbenbereitung und findet zu diesem Zweck Absatz in fein gepulverter Form oder in dunkelbraunen Kristallen (Saftbraun), welche durch Behandlung des Rohstoffes mit Soda erzeugt werden. In letzterer Form dient die Farbe unter anderem zum Beizen von Holz und zum Färben von Papier, namentlich in der Tapetenfabrikation. Als Absatzgebiet kommt hauptsächlich das Ausland in Frage, England, Nordamerika, Spanien, Norwegen und die Balkanstaaten.

Steinkohlengewinnung erfolgt seit alten Zeiten in dem Gebiete der früheren Grafschaft Schaumburg, dem heutigen gleichnamigen Kreise des Regierungsbezirks Kassel und im Fürstentum Schaumburg-Lippe. Auf Grund des zwischen der Landgräfin Amalie Elisabeth von Hessen und dem Landgrafen Philipp zu Schaumburg-Lippe abgeschlossenen Exekutionsabschieds vom 12. Dezember 1647 wurde die Nutzung der dortigen Steinkohlenbergwerke beiden Landesherrschaften gemeinschaftlich vorbehalten und erfolgt noch heute auf gemeinsame Rechnung des preußischen Staates und des Schaumburg-Lippeschen Fideikommisses durch ein Gesamtbergamt, welches seinen Sitz in Obernkirchen hat ...

Manganreicher Braun- und Gelbeisenstein von stellenweise vorzüglicher Qualität wurde in den 1880er Jahren in Mardorf bei Homberg und
in Hohenkirchen bei Mönchehof gewonnen, an letzterer Stelle auch
reine Manganerze, die jetzt nur noch auf einer kleinen Grube im Berg-
revier Schmalkalden gebaut werden.

Der eigentliche Eisensteinbergbau, dessen hohes Alter bereits oben erwähnt wurde, beschränkt sich jetzt auf die Kreise Schmalkalden und Gelnhausen (Gruben Mommel, Stahlberg und Bieber). Manganhaltiger und bisweilen auch Spateisenstein und Sphärosiderit führender Brauneisenstein tritt dort als Umwandlungserzeugnis aus Zechsteindolomit auf, regelmäßig begleitet von Schwerspat, Flußspat, Kalkspat und Quarz. Vorhandene Eisensteingänge durchsetzen vielfach die Schichten vom kristallinischen Grundgebirge oder dem Rotliegenden an bis zu den Zechsteinletten und den untersten Lagen des Buntsandsteins. Die Erze enthalten bis 45 Prozent Eisen; diejenigen von Bieber sind stellenweise noch etwas reicher (50 Prozent bei 3–15 Prozent Mangan). Der Eisenerzbau an letztgenannter Stelle hat sich in den letzten 20 Jahren außerordentlich entwickelt, da das Eisensteinlager eine große räumliche Ausdehnung und z. T. erhebliche, bis 18 m anwachsende Mächtigkeit besitzt. Abnehmer der Erze sind hauptsächlich die Hütten in Rheinland und Westfalen.

Kupfer- und Kobalterze werden im Regierungsbezirk Kassel zur Zeit nur in geringen Mengen gewonnen.

Der mehrere Jahrhunderte alte Bieberer Bergbau, dessen Hauptgegenstand seit 1867 das Eisenerz ist, war früher auf die Gewinnung der im Zechstein-Kupferletten auftretenden Kupfer-, Kobalt- und Silbererze gerichtet.

Auch in Richelsdorf im Kreise Rotenburg ging einst ein blühender Bergbau auf Kupferschiefer um, dessen Beginn sich bis in das 15. Jahrhundert zurückverfolgen läßt. Der Rückgang des Kupferpreises brachte 1885 die Kupfererzgewinnung zum Erliegen, während der gleichzeitig betriebene Kobalt- und Nickelerzbergbau bis in die Jetztzeit erhalten geblieben, aber unbedeutend ist. Das Kobalt- und Nickelerz findet sich daselbst in Schwerspatgängen, welche das Zechsteingebiet des Richelsdorfer Gebirges in nordwest-südöstlicher Richtung durchsetzen und „Rücken" oder „Wechsel" genannt werden, eingebettet und besteht aus Speiskobalt, Weißnickelkies und Kupfernickel.

Eine geognostisch berühmte Fundstelle silberhaltiger Kupfererze befindet sich in der Umgebung der Stadt Frankenberg, woselbst in der unteren Abteilung des Zechsteins ein durchschnittlich 24–30 cm starkes Lettenflöz auftritt, welches neben vorwiegend Kupferglanz viele andere Kupfererze und gediegen Silber enthält. Träger der Erze sind Pflanzenreste in Form von Kornblumen, Kornähren, Tannenzapfen, Sterngraupen usw., welche regellos im Flöze zerstreut liegen und mit der Erzsubstanz imprägniert erscheinen. Der Frankenberger Bergbau begann im Jahre 1590, ruhte während des Dreißigjährigen Krieges und gelangte erst Ende des 17. Jahrhunderts wieder in einige Aufnahme. Die Arbeiten hatten aber unter der ungleichmäßigen Beschaffenheit der Erze, starken Wasserzugängen und anderen technischen Schwierigkeiten der Folgezeit viel zu leiden, Nachteile, die sich zu Anfang des 19. Jahrhunderts derartig verstärkten, daß 1818 der Bergbau zum vollständigen Erliegen kam. Eine in den Jahren 1874–1879 versuchte Wiederaufnahme des Werkes blieb ohne Erfolg.

Die Kupfererzfunde, welche auf dem Kupferschieferflöze im Zechsteingebiet bei Albungen an der Werra gemacht sind und eine beträchtliche Ausdehnung der Ablagerung erwiesen haben, sind trotzdem als Gegenstand dauernden Betriebes ohne Bedeutung geblieben, ebensowenig einige an gleicher Stelle im älteren Grauwackengebirge aufsetzende gangartige Kupfererzvorkommen. Alle dahin abzielenden Versuche, welche bereits im Jahre 1499 begonnen haben sollen und mit großen Zwischenräumen bis 1849 andauerten, auch in neuerer Zeit nochmals aufgenommen wurden, schlugen fehl.

Die ebenfalls bei Albungen auftretenden Schwerspatgänge werden dagegen heute noch ausgenutzt. Sie sind auf eine beträchtliche Längenerstreckung, vom Weidsche Kopf bei Albungen bis nach Karmshausen im Gelstertal bei Witzenhausen und darüber hinaus auf 12 bis 15 km Länge, bekannt. Ihre ausgeprägte Neigung zur Zersplitterung in streichender Richtung mit öfterem Auskeilen und Wiederauftun sowie der Umstand, daß sie nach der Tiefe zu sich erheblich verschwächen, wenn nicht ganz aufhören, lassen die Hoffnung auf einen nachhaltigen lohnenden Betrieb jedoch gering erscheinen.

Bedeutender sind die Schwerspatfundorte und -bergwerke bei Nentershausen und auf dem Richelsdorfer Gebirge, wo der Schwerspat gangförmig mit 5 bis 15 m Mächtigkeit auftritt, und im Kreise Schmalkalden, wo die Eisensteinlagerstätten in der Regel linsenförmige Einlagerungen oder vielfach verzweigte Schnüre von Schwerspat enthalten.

Der geförderte Schwerspat geht nach erfolgter Aufbereitung roh oder gemahlen größtenteils in das Ausland und findet Verwendung zur Bereitung von Farben und technischen Waren sowie in der chemischen Industrie.

Flußspat fällt als Nebenprodukt beim Abbau der Schmalkaldener Schwerspatgänge und dient als Schmelzzuschlag beim Eisenhochofenbetrieb, geht auch z. T., wohl zu gleichem Zwecke, in das Ausland.

Alabaster (dichter, feinkörniger, weißer Gips) wird von einer kleinen Stollengrube im Kreise Schmalkalden geliefert, wo im Zechsteindolomit ein stockförmiges Lager dieses Minerals auftritt.

Über den weltberühmten Tonbergbau bei Großalmerode finden sich die ersten geschichtlichen Nachrichten im Jahre 1443 in Verbindung mit der Glashüttenindustrie des Kaufunger Waldes, welche – wie die heutige – des feuerfesten Tones zur Herstellung der Glashäfen und zum Ofenbau bedurfte. Im Laufe des 16. Jahrhunderts entwickelte sich daneben die Fabrikation von Schmelztiegeln und im 18. Jahrhundert diejenige der irdenen Tabakspfeifen.

Der für diese Verwendungszwecke geeignete Ton entstammt den unter dem Schutze der Basaltdecke des Hirschberges vor der Erosion bewahrten reichentwickelten Schichten der Tertiärformation, zu deren Anhäufung das Niedersinken einer großen tertiären Gebirgsscholle an der Treffstelle zweier Grabenversenkungen bei Großalmerode mitgewirkt hat. Unter den verschiedenen sich vorfindenden Tonsorten werden der Tiegelton als der feuerbeständigste und der Glashäfenton mit seinem sehr hohen Schmelzwiderstande am meisten geschätzt. Nach erfolgter Reinigung des geförderten Tones und Beseitigung der sich mehrfach vorfindenden Wasserkiesnester wird derselbe entweder in rohem Zustande oder gebrannt als Schamotte in ganzen Stücken, geklopft oder gemahlen zum Verkauf gebracht. Das Absatzgebiet umfaßt nicht nur Deutschland und das europäische Ausland, sondern vorzugsweise auch die Vereinigten Staaten von Nordamerika.

Kochsalzerzeugung findet zur Zeit nur noch auf der Königlichen Saline zu Sooden a. d. Werra statt, welche den ältesten bergbaulichen Betrieb im Kasseler Bezirke bildet. Anzunehmen ist, daß die erste Art der Salzbereitung auch in Sooden eine sehr primitive, kostspielige und beschwerliche war, indem die aus dem Erdboden hervorquellende Sole auf glühende Holzkohlen geschüttet wurde, wobei ein unreines Salz zurückblieb. Dagegen bestand im Jahre 973, wo der Ortsname Sooden zuerst erscheint, sicher schon das Verfahren der Soleversiedung in Pfannen, wie es in vervollkommneter Form noch heute Anwendung findet. Die Sole wird aus zwei Bohrlöchern mit Pumpwerken entnommen und vor ihrer Versiedung auf einer Anzahl von Gradierwerken von dem ursprünglichen Kochsalzgehalt von 8 Prozent auf 23–25 Prozent angereichert.

Das hohe Alter der Hauptzweige des hessischen Bergbaus, beim Braunkohlen- und Eisensteinbergbau, außerdem die Abgelegenheit der meisten Betriebsstätten und beim Tonbergbau die Eigenartigkeit desselben haben die Entstehung und Erhaltung einer überwiegend seßhaften Bergarbeiterbevölkerung begünstigt. Einzelne Werke, welche in der Nähe großer, vielseitige Arbeitsgelegenheit bietender Orte (z. B. Kassel) oder an Haupteisenbahnstrecken gelegen sind, machen eine Ausnahme. Im übrigen bewohnen die verheirateten Bergarbeiter in den den Werken benachbarten, aber auch eine Stunde Weges und darüber entfernten Ortschaften vielfach eigene Häuser und ziehen sich den Bedarf an Kartoffeln, Gemüse, Viehfutter usw. auf eigenen oder gepachteten Ländereien. Die unverheirateten Arbeiter wohnen meist bei ihren Angehörigen.

Bei dem Braunkohlen- und Tonbergbau ist die bereits vor 1652 üblich gewesene zwölfstündige Schichtzeit mit zwei Stunden Pausen zum Teil bis auf den heutigen Tag erhalten geblieben. Auf anderen Werken besteht eine zehnstündige, beim Eisensteinbergbau von alters her eine achtstündige Schichtzeit mit je nach Bedarf täglich zwei- oder dreimaligem Arbeiterwechsel . . .

Bemerkenswert ist, daß die Kopfzahl der beschäftigten Arbeiter nicht die gleiche Steigerung aufweist wie die Produktionsziffern. Die Ursache liegt nicht an einer größeren persönlichen Arbeitsleistung des einzelnen Mannes, sondern in dem Einflusse der im Laufe der Zeit verbesserten Gewinnungsmethoden und der zunehmenden Anwendung maschineller Betriebskräfte. Alle derartigen Fortschritte sind neben denjenigen im Verkehrswesen für den Bergbau von hervorragender Bedeutung, und es besteht alle Aussicht, daß der hessische Bergbau sich auch in Zukunft einer gedeihlichen Weiterentwicklung erfreuen und fortfahren wird, zu allgemeinem Besten reichen Bergsegen zu schütten. Nicht am wenigsten wird die Kalibergwerksindustrie, welche im Gebiete der oberen Werra in aussichtsreichem Maße in der Entstehung begriffen ist, zu einem solchen Ergebnis beitragen.

Von G. Ernst, Bergrat
(Aus: Hessische Landes- und Volkskunde)

Gewerke – Mitglied einer bergrechtlichen Gewerkschaft / Regal – wirtschaftliches Hoheitsrecht / Mutung – Erhebung des Ausbeutungsanspruches / Kontribution – Militärsteuer / Akzise – Steuer, Abgabe / Rezeßgeld – Vertragsgeld / Quatembergeld – vierteljährliche Abgabe / Exekutionsabschied – Pfändungsabschied / Fideikommiß – unveräußerliches Erbgut / geognostisch – geologisch / Gradierwerk – Rieselwerk zur Salzgewinnung

Der fidele Bergmann.

Berg-leut sind die schön-sten Leut, ja, ja, ja! Das hö-ret man ja weit und breit, daß Bergleut sind die schönsten Leut, ja, ja, ja. Glück auf! Vic-to-ri-a!

Uraltes Frühlingslied der Kinder

1. Summer, Summer, Maje! die Hinkel lege die Aijer; sie le-ge se hinners
Loch, da fin-ne mer se doch. Horiro! der Sum-mer der ist do!

2. Bre-zel drein, Gil-le-wein, al-le gu-te Sa-che 'nein! Staab aus!
Staab aus! dem Win-ter gehn die Au-gen aus; die Vei-len und die Blu-men die
brin-gen uns den Sum-mer. Horiro! der Sum-mer der ist do.

3. Frau Mut-ter is en bra-ve Frau, sie giebt uns was aus ih-rem Haus,
Aa-jer e-ber Speck, so gehn mer gleich e-weck.

1. Summer, Summer, Maje!
   Die Hinkel lege die Aijer;
   Sie lege se hinners Loch,
   Da finne mer se doch.
   Horiro! der Summer der ist do!

2. Bretzel drein, Gillewein,
   Alle gute Sache 'nein!
   Staab aus! Staab aus! dem Winter geh'n die Augen aus;
   Die Veilen und die Blumen, die bringen uns den Summer.
   Horiro! der Summer, der ist do.

3. Frau Mutter is en brave Frau,
   Sie gibt uns was aus ihrem Haus,
   Aajer eber Speck,
   So geh'n mer gleich eweck.

Hinkel – Hühner / Aijer – Eier / Staab aus – Stäup aus! / Gillewein – verstümmelt aus
kühle Wein / epper, eber – oder

Johannisberg

Schloß Johannisberg ist durch das Abwerfen des hohen Klosterdachs und die geschmackvolle und gleichwohl einfache innere Einrichtung, die ihm Fürst Metternich geben ließ, seines stolzen Namens „Krone des Rheingaus" recht würdig geworden. Der Weg führt von Geisenheim aus durch den von dem Klingelbach bewässerten Johannisberger Grund, wie auch die Ortschaft – Weitzels Geburtsort – heißt, die sich darin angesiedelt hat. Dorf Johannisberg liegt dagegen auf der Höhe, nach Geisenheim gewendet, während das reizende Mummsche Landhaus nach Vollrats und Langenwinkel blickt. Der Eingang zum Schloß, das die Mitte des Berges einnimmt, wird von zwei einzeln stehenden Häusern bewacht, dann folgen zwei Flügel, die den Schloßhof umschließen. Durch mit Läufern belegte Gemächer tritt man in den Balkonsaal und heraus auf den Altan unter das goldstrahlende Metternichsche Wappen mit der Fürstenkrone, das jetzt an der Stelle des bischöflich-fuldaischen prangt. „Überrascht wird man aber doch, wenn man auf den Altan des Johannisberger Schlosses tritt. Denn wollte man auch alle schon genannten Orte und Gegenstände wiederholen, so würde sich doch nur dasjenige allenfalls in der Folge dem Gedächtnis darstellen, was man hier auf einmal übersieht, wenn man auf demselben Fleck stehend den Kopf nur rechts und links wendet. Denn von Biebrich bis Bingen ist alles einem gesunden oder bewaffneten Auge sichtbar. Der Rhein mit den daran gegürteten Ortschaften, mit Inselauen, jenseitigen Ufern und ansteigenden Gefilden, links oben die blauen Gipfel des Altkönigs und Feldbergs, gerade vor uns der Rücken des Donnerbergs! Er leitet das Auge nach der Gegend, woher die Nahe fließt. Rechts unten liegt Bingen, daneben die ahnungsvolle Bergschlucht, wohin sich der Rhein verliert." In dieser kurzen Schilderung Goethes vermißt man nur die Rochuskapelle auf ihrem langen Bergrücken jenseits.

Unter dem Balkon ist die Terrasse mit Orangenbäumen besetzt. Hier zeigen sich die Öffnungen des alten Klosterkellers, der jetzt nur im Notfall, den Gott bald sende – d. h. in sehr ergiebigen Jahren –, gebraucht wird, denn unter dem ganzen Schloß zieht ein anderer her, der 500 Stückfaß hält. Gewöhnlich sieht man aber in der großen Felsenhalle nur einige Stückfässer, mit Blechnummern bezeichnet, in drei Reihen nebeneinander liegen. An ihren Inhalt reicht keine Beschreibung, und nur wenigen Gaumen ist ein Urteil vergönnt. Es genügt zu sagen, daß ein Stückfaß 1822er um 12 500 Gulden an den preußischen Hof verkauft wurde. Was dem Johannisberger diese Güte gibt, ist nicht der Boden allein, nicht die geschützte Lage an den sonnigen Abhängen, die unseren

Süden vom Norden scheiden, nicht der Spiegel des Rheins, nicht die Rheingauer Erziehungsart, nicht die edle Rieslingrebe, nicht Bau und Dung, sondern mehr als das alles die späte Lese, auf deren Vorteil man durch einen Zufall aufmerksam wurde, da durch die Vergeßlichkeit des Fürstabts von Fulda die von ihm erbetene Erlaubnis zur Lese erst eintraf, als die Trauben schon ganz faul geworden waren. Seitdem wurde die Spätlese eingeführt und selbst noch bei dieser werden die faulen von den gesunden Trauben gesondert, denn jene geben die erste und feinste, die anderen eine geringere Sorte Wein.

Doch wir treten aus Metternichs Schatzkammer wieder ans Licht und werfen noch einen Blick auf die lachendsten, anmutigsten aller deutschen Gefilde. Gleich unter der Terrasse beginnen die etwa 60 Morgen haltenden Weinberge. Die beste Lage, der Oberberg, wird durch das Schloß vor jedem Luftzug, der die Wärme verwehen könnte, geschützt. Tiefer unten liegt die Klause, wohin die Johannisberger Nonnen, die anfangs auch hier mit den Mönchen unter einem Dach hausten, später versetzt wurden. Gesegnete Fluren bespült dann der breit ergossene Rhein, in dem vier grüne Auen sich spiegeln, eine fünfte ist im Werden begriffen. Dazu ist er oft mit Dampf- und Segelschiffen und unabsehbaren Flößen so bedeckt, daß man trockenen Fußes hinüberzukommen vermeint. Auch das jenseitige, weniger fruchtbare Uferland beleben doch zahlreiche Dörfer und Höfe, teils ans Ufer, teils an zwei gestreckte Vorhügel gebaut. Diesseits drängen sich die schon besprochenen Flecken und weiter unten Geisenheim, Eibingen und Rüdesheim so nahe zusammen, daß man wohl fühlt, hier sei von jeher ein Eldorado und gut Hüttenbauen gewesen. Wenn nun die Abendsonne die Höhen vergoldet und die Glocken so vieler Kirchtürme Feierabend läuten, der Rhein sich mit Kähnen Lustfahrender oder Heimkehrender belebt, hier und da gejochte Ochsen hohe Karren heimwärts ziehen, weilen die buntgekleideten Schnitter noch gern auf dem Feld, denn sie wissen wohl, für wen sie binden.

Ein andermal bevölkert ein Jahrmarkt die Straße, eine Prozession zieht mit flatternden Fahnen durch das Gewühl, den Bergen und Saaten Gedeihen zu erflehen, blasend und fiedelstreichend schreiten muntere Burschen voraus; aber andere nützen die Verwirrung und necken die wohlbekannten, jetzt fromm blickenden Mädchen, bis der Herr Frühmesser im weißen Chorhemd den Wader tiefers in Weihwasser taucht und statt der Rebstöcke das übermütige Mannsvolk bespritzt.

Oder wenn in der Weinlese sich alles geschäftig regt, Fässer und Bütten hin und her fahren, in guten Lagen mit Musik in die Berge gezogen wird, wo die fröhlichen Winzer aus dem falben Rebenlaub die alten

Volksweisen erschallen lassen: „Es kann ja nichts Schöners erfreuen" oder „Es waren drei Junggesellen"; während der rationelle Weinproduzent Gesang und Traubengenuß verbietet und nur mit wenigen Leuten sorgfältige Vorlese hält, damit man hernach bei seinem Gewächs desto besser singen und fröhlich sein kann – wenn dann unerwartet eine Wolke den nassen Schoß zu öffnen droht, die Helfleute lachend, doch ohne Schadenfreude mit ihren Kesseln Reißaus nehmen, während die Beteiligten ratlos hin- und herlaufen und das liebe Gut vor dem überflüssigen Segen nicht zu bergen wissen: solche Momente mag der Künstler gern festhalten, und mein anderthalber Vetter, der Maler Simmler zu Geisenheim, hält hier reichlich Ernte.

Die Weingarten Deutschlands, diese sanft geschwungenen Hügel, diese Gefilde voll ionischer Weiche, bewohnen gesunde, lebensfrohe Menschen; wer unter ihnen weilt, überzeugt sich bald, daß sie ein mehr als idyllisches Leben führen, daß sie noch Mark im Gebein und das Herz auf dem rechten Fleck haben, daß auch der Spruch ihnen nicht veraltet ist: Die Luft im Rheingau macht frei. Treu hängen sie an der Sitte der Väter, ohne sich gegen Besseres zu verstocken, dem alten Glauben bleiben sie zugetan, den Heiligen streuen sie Blumen und bekränzen die Bilder, der Mantel des heiligen Martin hat sie so lange warm gehalten; aber Kreuzigung des Fleisches, Selbstgeißelung, Wachen und Fasten vertragen sich mit der Landesart nicht. Erzbischof Ruthart von Mainz, der das Kloster Johannisberg stiftete und sein Schwager, Rheingraf Richolf, der es ausstatten half – sie taten es zur Buße einer schweren Schuld oder zur Vermeidung kaiserlicher Ungnade als Teilnehmer des von den Kreuzfahrern an den Juden zu Mainz verübten Raubes: immerhin, wenn sie dadurch ihr Gewissen erleichtert fühlten; aber unnatürlich war es doch, andere, Unschuldige, Männer und Frauen – anfangs unter einem Dach – zu bußfertiger, untätiger Entsagung mitten in einer Natur zu verdammen, deren Triebe allzu üppig wucherten. Es hat auch nie gut getan, nicht als Kloster, Abtei noch Propstei; St. Benedikt erlebte wenig Freude an seinen Jüngern, nach jeder Reformation brach die alte Sittenverderbnis wieder aus. Hätten hier wie zu Eberbach Zisterzienser gehaust, die sich tüchtig tummelten und mehr als Rosenkranz und Brevier, Hacke und Schaufel handhabten – es wäre viel Ärgernis erspart worden. Den sechs übrigen Klöstern des Rheingaus ging es nicht viel besser; aber sie taten frühzeitig dazu, bekehrten sich zum heiligen Bernhard und nahmen die Regel von Zisterz an.

Das von dem Fürstabt von Fulda erbaute Schloß schenkte Napoleon mit dem Gut dem Marschall Kellermann (Duc de Valmy). Im Jahr 1811 verkaufte dieser den ganzen bevorstehenden Herbst dem bekannten

Kaufmann Mumm für die Summe von 32 000 Gulden. Das geschah im Sommer, als noch niemand wissen konnte, ob der Wein auch nur reif werden würde. Es folgte der berühmte, in diesem Jahrhundert noch unübertroffene „Elfte Jahrgang", und Herr Mumm hatte ein Geschäft gemacht, wie es beim Wein wohl auch nur alle hundert Jahre vorkommt. Es waren 65 Stück, und ein einziges wurde um 11 000 Gulden verkauft. Der alte, sachverständige Pater Keller, ein Benediktiner, war der Unterhändler gewesen. Aus freien Stücken gab der Marschall auch noch die Fässer her. Das . . . Mummsche Landhaus am Johannisberg dankt wohl diesem Kauf den Ursprung.

Als im Jahre 1813 die alliierten Mächte diese Besitzung dem Kaiser von Österreich übertrugen und dieser den Fürst von Metternich gegen den Weinzehnten damit belehnte, da schien sich das Deutsche Reich allein noch im Johannisberg und seinem Wein erhalten zu haben. Worin könnte es wohl, nächst dem Herzen des deutschen Volks besser aufgehoben sein? Ist uns doch auch der Hort der Nibelungen nur im Rheinwein erhalten:

Zerronnen in den Wellen des Stroms, der drüberrollt,
Läßt er die Trauben schwellen und glänzen gleich dem Gold.

Wir aber, wie Emanuel Geibel singt:

Wir aber füllen die Römer und trinken in goldenem Saft
Uns deutsches Heldenfeuer, uns deutsche Heldenkraft.

Wenn freilich der edelste Johannisberger nur auf fürstlichen Tafeln prangt, so wünschen wir, daß nie ein Tropfen davon über Deutschlands Gaue hinauswandere, damit er unseren Fürsten allein verbleibe, sie mit deutschem Sinn und überschwenglicher Liebe ihres Landes und Volkes zu tränken.

Karl Simrock

Fastnacht in Hessen

Zu den fröhlichsten der in reicher Zahl die Frühlingszeit ausfüllenden
Feste gehört die Fastnacht...Ich will übrigens hier weder von der
kirchlichen Bedeutung des Festes noch von den grotesken Aufzügen reden, die ehemals in manchen großen Städten stattfanden und auch heute
noch fortbestehen, sondern werde mich nur an das halten, was ich aus
dem mir abgegrenzten Gebiet mitteilen kann.

Bezeichnungen wie die unsinnige taube Woche, die Narren-
Kirchweih, der Freßmontag und ähnliche bezeichnen auch schon für
frühere Zeiten den Charakter des Festes. Selbst die heute gewöhnliche
Benennung weist darauf hin, denn dieselbe ist ursprünglich nicht Fastnacht, sondern Fasnacht (Faselnacht), was soviel wie Schwärmnacht bedeutet, so daß das jetzt übliche Wort gerade das Gegenteil von dem bezeichnet, was man ursprünglich darunter verstand. Es war das Fest der
tollsten Ausgelassenheit. Alle Bande der Ordnung wurden gelöst. Sogar
die Pforten der Klöster öffneten sich, und Mönche und Nonnen überlie-
ßen sich den rohesten Ausschweifungen. In den Städten und den Dörfern sammelte man sich zu gemeinsamen Gelagen, auf denen es oft wild
genug herging, und allenthalben begegnete man vermummten Gestalten,
deren Treiben oft nicht nur die Grenze des Schicklichen überschritt,
sondern in frevelndem Übermut auch manches Unglück hervorrief.
Auch allerlei Spiele wurden aufgeführt, und selbst Seiltänzer zeigten im
16. Jahrhundert ihre Künste. In einem undatierten Bericht aus dieser
Zeit heißt es: Es würden in dieser Jahreszeit, bis auf die Fastnacht hinauf, allerhand Üppigkeiten, so in den letzten Jahren auch auf den Dörfern eingerissen, mit unterschiedlichen Fastnacht- und Affenspielen,
Schwert- und Bügeltänzen, Mummereien und dergleichen Dingen mehr
geübt.

Wie das Volk, so nahmen auch die Großen teil an der Lust. Man lud
seine Mannen und seine Nachbarn zur Fastnacht ein und turnierte und
tanzte, schmauste und trank. Schon im 15. Jahrhundert läßt sich dieses
von den hessischen Fürsten nachweisen, zahlreicher aber noch aus dem
16. Jahrhundert. Landgraf Philipp ließ selten eine Fastnacht ohne Einladung vorübergehen. Überhaupt sind die Fastnachts-Gastereien in jener
Zeit so legal, daß man nichts darin fand, die Kosten derselben sogar aus
den Gemeindekassen zu bestreiten. Jetzt ist man freilich bescheidener.
Auch jetzt wird auf den Dörfern noch Fastnacht gehalten, zuweilen sich
auch noch vermummt, aber mit alledem hat die Gemeinde nichts mehr
zu schaffen. Die zu einer Spinnstuben-Genossenschaft gehörigen Burschen und Mädchen gehen um und sammeln Brot, Wurst, Mehl usw.,

backen Kuchen und verzehren das bereitete Mahl bei Lust und Tanz. In Külte wird die Fastnacht sogar begraben. In feierlichem Zug wird eine Puppe auf einer Bahre durchs Dorf getragen und unter Gesang beerdigt. Nicht selten wird sie jedoch am nächsten Tag wieder ausgegraben, und nun geht die Lust nochmals los und dauert bis zum zweiten Begräbnis. Natürlich gehören zur Fastnacht vor allem auch Kuchen. Es ist das durch ganz Deutschland üblich. In Hessen, Thüringen usw. sind dieselben in ihrer Bereitung gleich und werden „Kreppeln" genannt.

Im nördlichen, insbesondere sächsischen Hessen und im Waldeckischen ziehen Kinder auf den Dörfern zahlreich herum, mit einem dolchähnlich geschnitzten, etwa einen Fuß langen Holz in der Hand, und erbitten sich singend Gaben (Würste usw.), die sie dann mit ihrem Holz aufspießen. Im südwestlichen Waldeck singen sie:

> Gitt mie watt up minen Spett (Spieß),
> Dann wären dütt Johr de Sügge (Säue) fett,
> Tüschker den Eikenbäumen.
> Datt weerd juch Gott verläunen.

Bei Arolsen hört man:

> Fastelåbend fast,
> Bist en guden Gast;
> Gif mi den langen,
> Låt den kurten hangen,
> Låt mik ni to lange stähn,
> Ik mot nau in ville Hüsser gähn.

In der Gegend von Zierenberg und Grebenstein:

> Fastelabendfast!
> Sin en gode Gast!
> Gif mi 'n Stückche Speck,
> Gang ik glick widder wegg!

oder:

> Fastelabend! Hoirt ji dit?
> Gif mik wat an meinen Spit (Spieß)!
> Lat mik nie so lange stahn,
> Denn ik mot noch witter gahn.

Selbst über das nördliche Oberhessen ist diese Sitte verbreitet. In Wetter (nördlich von Marburg) singen die Kinder:

77

Liebe, liebe Wose!
Steig se in die Ose (Esse, Rauchfang),
Lang' se me en Stück Speck armeslang;
Kann se's nit gescheire (schneiden),
Lang' se me die ganze Seire (Seite)!

Ja sogar in Marburg, wo der Brauch gänzlich verschollen schien, hat derselbe sich plötzlich im vorigen Jahr wieder belebt, so daß durch alle Gassen derselbe Gesang ertönte.

In der Gegend von Grebenstein erscheint auch der Mühlenbursch, klopft mit seinem mit einem Band geschmückten Mühlenhammer an die Türen seiner Kunden und empfängt, nachdem er einen Spruch hergesagt, einen Schnaps und eine Wurst oder, was jetzt gewöhnlicher ist, eine Geldgabe. Ebenso schmücken die Schäfer ihren Hirtenstab und ziehen bei den Schafherren, d. h. denjenigen herum, die Teil am Pfirchrecht haben, empfangen einen Schnaps und eine Knackwurst und hängen diese an ihrem Stab auf. Im siebzehnten Jahrhundert sammelten im Ebsdorfergrund sogar die Schullehrer Fastnachtsbraten und Eier, und es wird dies als eines der besten Stücke ihres Einkommens bezeichnet. Eine eigentümliche Fastnachtssitte besteht in der Grafschaft Schaumburg. Schon im sechzehnten Jahrhundert sieht man die Mägde zur Fastnacht vor den Grafen von Schaumburg mit Ruten sich einfinden, um sie zu „futteln", und diese sich mit einer Gabe, die „Futtergeld" genannt wird, loskaufen. In Süddeutschland nennt man es „fizeln", augenscheinlich dasselbe Wort, was nichts anderes bezeichnet als „mit Ruten schlagen". Im Schaumburgischen sagt man jetzt „fuёn". Man nimmt dazu die stacheligen Zweige der immergrünen Stecheiche, bindet diese zusammen und nennt diese Bündel „Fuёsträuße" oder auch „Hülsen". Am Fastnachtsabend ziehen die Burschen durch die Dörfer und peitschen, in die Häuser dringend und niemand, selbst die Gutsherrschaft und die Pfarrer und deren Angehörige nicht verschonend, Frauen und Mädchen die Waden unter dem Spruche:
Fuё, fuё Faßlahmt (Faselabend),
Wann du geeren (gern) geben wutt (willst),
Schast (sollst) du sau langen Flaß (Flachs) hebben,
wobei sie eine Bewegung machen, die die Länge des Flachses anzeigen soll. Es wird ihnen dagegen Wurst und Branntwein gereicht. Am nächsten Tag übernehmen aber die Mädchen das Fuёn, und es gibt dabei nicht wenige blutige Hände.

Wie es scheint, entstammt diesem Brauch das „Faselabend"-Geld, das die dortigen Forstbeamten früher von den adeligen Gütern, den Pfarrern und verschiedenen Küstern und Schullehrern bezogen, ja, das sogar die Stadt Oldendorf zahlte. Letztere zahlte einen halben Taler, bei den Gütern betrug es meist mehr, bei den Predigern 10–20 Silbergroschen, bei den Schullehrern 5 Silbergroschen.

Aschermittwoch

Wie man im Schaumburgischen durch das Futteln oder Fuën auf das Gedeihen des Flachses einwirkt, so sucht der Bauer an der Schwalm und in Oberhessen dasselbe, obwohl auf andere Weise, am Aschermittwoch zu erreichen. In der Schwalm bringt die Hausfrau wieder, und zwar in einem neuen Topf gekochte Erbsen mit Rippenbraten auf den Mittagstisch, und die Rippen werden wieder sorgfältig gesammelt und in die Leinsaat gesteckt. Auch wirft man sich gegenseitig irdene Töpfe an die Türen, eine Sitte, die durch ganz Hessen und bis zum Westerwald hin verbreitet ist. Alles das soll auf das Gedeihen des Flachses wirken.

Aus: G. Landau, Sitte und Brauch in Hessen

Schaumwein

Zutaten: 1 l Äbbelwoi; 200 g Zucker; 4 Eier

Alle Zutaten in einen Topf geben und bei kleiner Hitze unter ständigem Rühren einmal aufkochen lassen. Vom Herd nehmen und in Gläser füllen.

Geisenheim

Geisenheim, der volkreichste Ort des Rheingaus und doch nur ein Flecken, ist von den beiden Giesen genannt, zwei Rheinarmen, von Inseln im Strom gebildet, der hier die seltene Breite von 2 500 Fuß hat. Der Pfefferzoll der Rheingrafen, deren ältester Sitz hier gesucht wird, sowie der Name deuten darauf, daß der Ursprung Geisenheims, das schon im siebenten Jahrhundert vorkommt, sich an die Rheinschiffahrt knüpft. Jetzt ist es durch Weinbau und Weinhandel bedeutender. Sein Rothenberg, gleich dem Johannisberg ein kegelförmiger Vorsprung des Hauptgebirges, wird zu den besseren Lagen gezählt. Ein roter Tonschiefer gibt ihm den Namen. Ich weiß nicht, wem jetzt der Weinkeller der aufgelösten Firma Lade und Dresel gehört, den ich für alle Entbehrungen in Eberbach und Johannisberg völlig entschädigt verließ. Er hat zwei Stockwerke übereinander; die breiten Gewölbe, wo zwei Reihen Stückfässer noch einen geräumigen Weg frei lassen, laufen im Viereck zusammen. Nie machte ich an einem Abend so viele geistreiche Bekanntschaften. Da waren Feuer und Stärke bei Geist und Milde. Menschen selten, nur Schöpfungen der Kunst können so edle, feine Genüsse bereiten. Wer Schwelgereien des Gaumens verschmäht, der komme hierher, sich bekehren zu lassen. Er wird begreifen lernen, warum unsere Sprache den Sinn für das Schöne Geschmack nennt.

Gleich am östlichen Eingang Geisenheims liegt ein Haus, dem der Wanderer mit Ehrfurcht nahen sollte. Hier war es, wo der Kurfürst von Mainz, Johann Philipp von Schönborn, dessen Werk der Westfälische Friede war, das „Instrumentum pacis" entwarf. Hier auch arbeitete er mit Leibniz und anderen vorzüglichen Männern, die er an seinen Hof gezogen hatte, an Vorschlägen, wie die katholische und die evangelische Kirche zu vereinigen seien. Graf Schönborn zu Reichardshausen, der dieses Haus ererbt hat, beabsichtigt, es seiner historischen Bedeutung würdig wiederherzustellen. Ein dazu bestimmtes steinernes Portal habe ich in der Werkstätte des trefflichen J. Scholl in Mainz gesehen.

Unter den vielen schönen Landsitzen, die Geisenheim zieren, ist der des Freiherrn von Zwierlein auch durch die ausgezeichneten Glasmalereien älteren und neueren Ursprungs bemerkenswert, welche an den Fenstern angebracht sind. Die so erhellten Räume bewohnt auch unsere rheinische Nachtigall, deren klangvolle Kehle alle Ufer des Stroms und seiner Nebenflüsse mit Wohllaut füllt.

Karl Simrock

Instrumentum pacis – Werkzeug des Friedens

Glückliches Rüdesheim

„Der unbeschreiblich hohe Ruhm, worin bereits im 10. und 11. Jahrhundert der Rheingauer Wein allenthalben im Deutschlande stand, und die Begierde, womit er, Ausweis so vieler Urkunden, in den entferntesten Ländern ausgesucht ward, trug natürlich zur Erhöhung der Industrie und Bevölkerung in eben dem Maße bei, worin sich der Wohlstand der Rheingauer Winzer vermehrte. Und gerade, ja gar vorzüglich, war dies der Fall bei Rüdesheim. Gleichzeitig trat noch ein Kunstgewerb hinzu, welches diesem Flecken nicht minder Ruhm und Vorteil verschaffte, – ich meine das Schifferwesen. Ganz frühzeitig war man dort mit dem fahrbaren Rinnsale, Klippen, Sandbänken und anderen Rheinabenteuern bis in die entferntesten Gegenden des Stroms zu Tal und Berg innigst vertraut geworden; der Rüdesheimer Schiffer behauptete daher auch allenthalben einen so entschiedenen Vorzug, daß, wer die damals noch höchst gefährliche Rheinreise unternehmen wollte, sich ohne weiteres an Rüdesheimer Schiffer wandte, deren Kenntnis und Geschicklichkeit die Stelle der besten Assekuranz vertrat."

Aus: Bodmann, Rheingauische Altertümer, 1819

Assekuranz – Versicherung

Rüdesheimer Apfelauflauf

Zutaten: 1 Liter Milch; 1 Prise Salz; 50 g Butter; 4 Eßlöffel Zucker; 1 Päckchen Vanillezucker; 125 g Gries; 1 kg Äpfel; 0,2 Liter Weißwein; Saft einer Zitrone; 4 Eßlöffel Zucker; 50 g Sultaninen; 4 Eier; 4 Eßlöffel Sahne.

Milch aufkochen lassen, Salz, Butter, Zucker, Vanillezucker und Gries unter Rühren hinzugeben. Bei kleiner Hitze zehn Minuten aufquellen lassen.

Äpfel schälen und in feine Scheiben schneiden, Weißwein, Zitronensaft und Zucker darübergeben. Die Sultaninen mindestens einen halben Tag vorher im Wasser quellen lassen, mit einem Wiegemesser zerkleinern und ebenfalls zu den Äpfeln geben.

Eier trennen und Eiweiß zu Schnee schlagen. Zusammen mit Sahne und Eigelb unter den Griesbrei rühren. Mit den vorbereiteten Äpfeln vermischt in eine gebutterte feuerfeste Form füllen. Bei 180° C etwa 40 Minuten im Ofen backen. Zum Schluß mit Zimtzucker bestreuen und mit Vanillesoße servieren.

Rüdesheim

Rüdesheim ist eine Stadt und ein Amtssitz mit einer katholischen Pfarrei und einer überaus freundlichen Lage am Rhein, an dessen Ufer sich eine Reihe schöner Häuser von dem noch wohl erhaltenen gotischen Turme am Adler bis zur Niederburg herabzieht. Ihrer und ihres Weinbaues wird im Jahr 864 erstmals gedacht, wo ein Weinberg hier an das Kloster Bleidenstatt kam. Bei ihr kommt auch das älteste urkundliche Zeugnis von einer schon ins Große gehenden Weinbergsanlage vor. Denn der Erzbischof Siegfried I. besaß in der Gemarkung von Rüdesheim und Eibingen einen noch öde liegenden Distrikt, etwa tausend Morgen groß, den er beiden Gemeinden im Jahre 1074 gegen einen bestimmten jährlichen Weinzins zum Anroden überließ. – Das hiesige Centgericht, das 1260 zuerst vorkommt, war mit 14 Schöffen besetzt. Es hatte seinen Sitz im alten Saalhofe, den nachher das Amt und die Kellerei bezog. – Den Zehnten bezog das Victorstift in Mainz, dessen Hälfte 1442 vom Probste an das Kapitel überging. – Als König Albert im Jahre 1301 das Erzstift Mainz mit Krieg überzog, wurde der Ort verbrannt. – Die Schiffahrt war immer, wie noch jetzt, eine Hauptbeschäftigung vieler seiner Einwohner, und er hatte 1398 schon seinen Kran ...

Hier hatte des Rheingaus reichstes und ausgebreitetstes Rittergeschlecht, das von Rüdesheim, seinen Stammsitz. Es war in sieben Äste geteilt: 1) in den schlechthin von Rüdesheim genannten, der von 1125 an vorkommt und 1548 ausging; 2) die Fuchs von Rüdesheim, seit 1207, um 1378 ausgestorben; 3) die Kind von Rüdesheim, von 1207 bis 1386 blühend; 4) de Domo von Rüdesheim kommt 1276 vor, und 5) de Foro von Rüdesheim 1210 und 1219; 6) die Winter von Rüdesheim, von 1333 bis 1500; 7) schließlich die Brömser von Rüdesheim von 1354 bis 1668, beerbt von den von Bettendorf und Metternich. Es waren hier folgende Burgen und Burgsitze:

Die Niederburg, jetzt auch, obwohl fälschlich, die Brömserburg genannt. Sie ist die eigentliche Stammburg der von Rüdesheim, die sie seit uralter Zeit als Allodium besaßen. Wegen Friedensbruches und verübten Raubes aber mußten sie dieselbe im Jahre 1282 dem Erzstifte Mainz zu Lehen auftragen, und von da an als Erbburgmänner die Burghut in derselben übernehmen. Sie verloren ihre anderwärtigen Burglehne und ein Eid band sie, von dieser Burg aus die Kirche von Mainz nicht mehr zu befehden und die Straßen nicht mehr zu berauben. Nach dem Aussterben der von Rüdesheim kam sie an die Brömser und von diesen 1668 an die von Metternich, wo sie aber zum Teil schon Ruine war. Diese Ruine gleicht einem ungeheueren Steinwürfel und der Graf von Ingelheim, in

dessen Besitze sie 1812 durch Kauf gekommen, hat sie im Inneren in antikem Geschmacke wieder herrichten und oben auf ihr ein Gärtchen anlegen lassen, worin man eine der lieblichsten Aussichten des Rheingaues hat.

Die obere Boosen- oder Mittelburg stößt unmittelbar an die vorige und besteht aus zwei an Alter sehr verschiedenen Teilen: der ältere Teil ist ein viereckiger, unten breiter, oben spitz zulaufender, einem stumpfen Obelisken ähnlicher Turm; der übrige Teil ist neueren, jedoch gotischen Geschmacks und teilweise noch bewohnbar. Sie kommt 1276 schon vor, war Lehen der Grafen von Zweibrücken und soll von den Fuchs von Rüdesheim an die Bois von Waldeck gekommen sein. Letztere werden 1544 und 1571 damit belehnt. Von diesen kam sie in neuester Zeit durch Kauf an den Grafen von Schönborn, der sie wiederherstellen wollte.

Die Vorderburg, mitten in der Stadt gelegen, wo nur noch ein Turm von ihr übrig ist. Die de Domo von Rüdesheim sollen sie als Allodium besessen haben.

Die Brömserburg wurde vermutlich am Anfange des 15. Jahrhunderts von den Brömser von Rüdesheim erbaut. Sie kam nach deren Erlöschen an die von Bettendorf, 1770 an die von Erthal und von Frankenstein und von den ersteren an die Grafen von Coudenhofen.

Nahebei liegt der Mäuseturm, ein alter Turm auf einem Felsen mitten im Rheine und vermutlich in der Absicht gebauet, um darin den Zoll von den vorübergehenden Schiffen zu erheben. Daher auch sein Namen von Maus oder Mauth. Urkundliche Nachrichten darüber sind nicht vorhanden, und die bekannte Erzählung von seiner Entstehung gehört ins Gebiet der Erdichtung.

C. D. Vogel, 1843

Centgericht – Gericht für ein Gebiet,das ursprünglich einmal von etwa hundert Großfamilien (Sippen) bewohnt war / Zehnt – Abgabe von 10 % des Bodenertrags an die Kirche / Probst – Klostervorsteher / Kapitel – Körperschaft von Mönchen oder Domherren / Allodium – dem Lehensträger persönlich gehörender Grund und Boden

Trinklied am Rhein

1. Hans hat Hosen an und die sind bunt,
   Dran sind Nesteln viel und die sind rund.
   Das Gläselein muß wanderen
   Von einem zu dem anderen.
   So trink! so trink, und trink einmal herum!

2. Stoß an, Hänselein, mein Junge sauf!
   Zieh' ab die Höselein und nestle auf;
   S'ist besser ohne Hosen sein
   Als leiden grimmen Durstes Pein,
   Ich bin, ich bin, ich bin drob noch nicht krumm!

2. Auf Sankt Blasius mit Lichtern zwein
   Ließ die Gurgel ich segnen mir ein,
   Weshalb ich auch hier an der Kann
   So ganz vortrefflich schlucken kann,
   Ich bin, ich bin, ich bin noch gar nicht dumm!

4. Hab ich auch Durst so viel, so habt Geduld
   Ich kann nicht dafür, der Pfaff ist Schuld.
   Herr Wirt, mach frisch die Kanne voll,
   Und messe mir nur gut und wohl,
   Und biet', und biet' und biete sie herum!

Nesteln – Knöpfe

Die Rüdesheimer Bornbriefe

Einen weiten Einblick in das Volksleben des alten Rüdesheim gewähren die uns hinterlassenen Bornbriefe der dortigen Kellergasse und Steingasse, wie sie in den Jahren 1607 und 1608 erneuert worden sind und darum der Hauptsache nach uns ein viel älteres Herkommen vergegenwärtigen. Es ist ein gar wohltuendes christlich friedliches Zusammenleben, das nach diesen Briefen ehedem zu Rüdesheim geherrscht zu haben scheint.

Der erstgenannte Bornbrief lautet:

„Im Jahr 1607 haben sich die Nachbarn in der neuen Kellergasse, so zu dem Kellerborn gehören, vereinigt, ihren nachbarlichen Bornbrief zu erneuern, und wie sich auch ein jeder Nachbar gegen jeden Nachbarn verhalten und der Nachbarschaft zu Lieb und zu Leid sein soll, was Nachbarn zuständig ist, wie folgt:

Zum Ersten soll ein jeder Nachbar dem andern mit Ehrerbietung begegnen, es seie zu Wasser oder zu Land, in Schwachheiten, wie es sich nachbarlicher Weise zutragt, einander beispringen, dazu auch keinem etwas Übels nachreden.

Zum andern, wo es Sache würde, daß ein Altes stürbe, oder sich eine Hauptleiche in der Nachbarschaft ergebe, so soll ein jeder Nachbar gebührlicher Weise sich dazu machen und dieselbe helfen zur Erde bestatten, auch keine Entschuldigung suchen, es seie dann Leibschwachheit oder unser's gnädigsten Herrn Dienste halber, bei Strafe eines halben Viertel Weins.

Zum Dritten haben sich die Nachbarn vereinigt, wenn ein Kind eines Nachbarn in Schwachheit verschieden wäre, so soll sich ein jeder Nachbar geschickt machen, dasselbe zur Erden helfen zu bestatten, ohne einige Entschuldigung, bei Strafe einer Maß Wein der Nachbarschaft.

Zum Vierten ist es auch in jeder Nachbarschaft das alte Herkommen und Gebrauch, daß man die Born zu fegen pfleget, auch zween Mann aus der Nachbarschaft alle Jahr erwählt und zu Bornmeister macht. Dieselben sollen darauf sehen, wo etwan Schaden oder Irrtums seie oder geschehen würde, dasselbige alsobald anzeigen und handhaben, und wo das nicht geschehen würde, so sollen diese Bornmeister, wann es also befunden wird, der Nachbarschaft ein halb Viertel Wein zur Strafe geben.

Zum Fünften ist es auch ein altes Herkommen und Gebrauch, in jeder Nachbarschaft die Born zu fegen, welches auch unter uns geschehen soll. Aber zuvor sollen die Bronnenmeister sich besprechen und es der ganzen Nachbarschaft des Abends anzeigen, damit ein jeder Nachbar des andern Morgens frühe um 7 Uhr sich bei dem Born finden lasse und den Irrtum oder Anschlag anhöre und also nachbarlich sich erzeige. Wo nicht also und einer unter den Nachbarn nicht Gehorsam leisten würde und dächte vielleicht, es habe kein Not, und will seine Nutzen anderswo nachgehen, so soll derselbe Nachbar der ganzen Nachbarschaft in die Strafe eines halben Viertels Wein verfallen sein.

Zum Sechsten auch soll ein jeder Nachbar persönlich zugegen sein und nicht durch sein Gesind oder Weib ausrichten lassen, es seie dann ein Leibsnot oder sonst tüchtige Ursache nicht zu erscheinen. Wo aber nicht, so soll derselbe der Nachbarschaft mit drei Maß Wein zur Strafe verfallen sein.

Zum Siebenden ein jeder Nachbar ehe und bevor er verreist, soll sich selbst bei den Nachbarn zeigen und ansagen seine Not und Ursach' und dann mit Erlaubnis der Nachbarn verreisen, unter Straf eines halben Viertel Weins.

Zum Letzten ist es auch ein altes Herkommen und Gebrauch, daß die ganze Nachbarschaft einem Nachbarn sein Kreuz helfe beklagen, es wäre dann in Hauptschwachheiten oder sonst mit Kindersterben, und trinken eine Maß Wein mit denselben zu Trost, auch bis daß die Nachbarn zusammengehen im Bornfegen in eines Nachbarn Haus und sich nachbarlicher Weise fröhlich machen.

So weiß auch ein jeder Nachbar, daß dies das Gebot der Nachbarschaft ist, wo sich ein Nachbar unter den Nachbarn unnütz machen würde und einen Zank oder Streit anfinge, so soll derselbige Nachbar in Straf der ganzen Nachbarschaft verfallen sein und alles bezahlen, was dann die ganze Nachbarschaft denselben Tag verzehren wird. Wo nicht also, so soll er es mit Recht bei dem Herrn Schultheisen ausmachen und dannoch den Nachbarn in Straf verfallen bleiben."

Aus: Johann Philipp Schmelzeis, Rüdesheim im Rheingau, 1881

Born – Brunnen

Ich saß einstmals an einer Linde

1. Ich saß einst=mals an ei=ner Lin=be an ei=nem hei=ßen Sommer=tag, da kam ein Jüng=ling, wer weiß wie schön und setzt' sich nie=ber an mei=ne Seit'.

1. Ich saß einstmals an einer Linde
   An einem heißen Sommertag,
   Da kam ein Jüngling, wer weiß wie schön
   Und setzt' sich nieder an meine Seit'.

2. Er wollt' mich lieben, ich wollt's nicht leiden,
   Weil ich das Lieben nicht verstund.
   „Ach liebes Mädchen, laß dich nur lieben,
   Ich bin der Lehrbursch aus Paris.

3. Schenk mir dein Herzchen, ich dir das meine,
   Denn solch ein Tausch gefällt mir wohl."
   „Ach ich traue keinem Bürschchen,
   Es mag reden, was es will."

4. (Die Mutter:)
   „Wo ist der Heuchler, wo ist der Schmeichler,
   Der dich verführen will, mein liebes Kind?
   Ich will ihm geben wohl ein, zwei Tausend
   Mit einem Stubenbesenstiel!"

Von Pässen und Stempeln

Sonntag, den 31. August

Zu Rüdesheim mußten wir, Männer und Weiber, unsere Pässe vorzeigen, und darauf bekamen wir eine vierwöchentliche Erlaubnis, hier zu verweilen, die auf einem Stempelbogen, der 40 Kronen kostet, angefertigt ist. Wer länger als vier Wochen hierbleibt, muß dazu die Erlaubnis der Regierung in Wiesbaden erlangen. Wir lernten bei dieser Gelegenheit die Hierarchie der Rüdesheimer Gewalten kennen: Polizeidiener, Schultheiß, Stadtdirektor, Oberamt. Daß diese strengen Polizeimaßregeln mit dem türkischen Kriege zusammenhängen, ist nicht zu vermuten. Schumla ist weit von Rüdesheim und türkische Spione, die hier kundschaften wollten, würden sich durch Nichtweintrinken leicht verraten. Aber die Einrichtung hat sonst ihr schönes und gutes. In dieser paradiesischen Gegend verliert man sich zu leicht in luftige Schwärmerei, und es ist heilsam, daß man daran erinnert werde, daß Gott nicht allein in der Welt ist, sondern daß es noch eine Polizei, Pässe, Stadtdirektoren, Schultheiße, Justizräte und Stempelbogen gibt. So eine gestempelte Begeisterung hat dann etwas Nahrhaftes – das ist Brocken in der Brühe, und man gedeiht dabei.

Ludwig Börne

Das Niederwald-Denkmal

Der Niederwald ist ein mit Eichen- und Buchenwaldungen gekrönter, am Südabhange mit Reben bedeckter, 350 m hoher Bergrücken zwischen Rüdesheim und Assmannshausen mit Bahnen nach beiden Orten. Er bietet herrliche Aussicht, da um seinen Fuß der Rhein beim Binger Loch die Wendung von Westen nach Norden macht. Zur Verherrlichung der im deutsch-französischen Krieg von 1870–71 erfochtenen Siege steht in 300 m Höhe (225 m über dem Rhein) auf der Südseite, Bingen gegenüber, das am 28. September 1883 enthüllte deutsche Nationaldenkmal, gewöhnlich Niederwalddenkmal genannt, eine 10 ½ m hohe bronzene Kolossalfigur der Germania auf einem 25 m hohen mit Reliefs und allegorischen Figuren (Krieg und Frieden; Rhein und Mosel) geschmückten Sockel, ein Meisterwerk Schillings. Gelegentlich der in Anwesenheit des Kaisers und zahlreicher deutscher Fürsten stattfindenden

Einweihungsfeier hatten die Anarchisten eine Dynamitexplosion vorbereitet, die aber dank der feuchten Witterung mißlang; zwei der deshalb Angeklagten, der Sattler E. Küchler und der Schriftsetzer Fr. Aug. Reinsdorf, wurden am 7. Februar 1885 in Halle enthauptet. – Es führen zwei Zahnradbahnen auf den Niederwald zum Niederwalddenkmal. Die Strecke von Rüdesheim aus (2,3 km) wurde am 1. Juni 1884, die Strecke von Assmannshausen aus (1,45 km) am 10. Oktober 1885 eröffnet. Die beiden Gesellschaften haben sich 1886 vereinigt. 1893 wurden 181 167 Personen befördert und eine Einnahme von 113 523 Mark (1,25 Proz. Dividende) erzielt.

Aus einem Lexikon des 19. Jahrhunderts

Ehrenfels

Der Sage nach soll Karl der Große von seinem Palast zu Ingelheim aus beobachtet haben, daß alljährlich im ganzen Rheingau der Schnee nirgends früher als auf dem Rüdesheimer Berg geschmolzen sei, worauf er Befehl gegeben habe, Reben aus Orleans kommen und hier anlegen zu lassen. Es ist zwar urkundlich erwiesen, daß erst Erzbischof Siegfried I. den Rüdesheimer Berg Winzern zur Bepflanzung überließ, obgleich schon vor Karls des Großen Zeit Weinbau im Rheingau getrieben wurde; die Orleanstraube herrscht aber noch heute am Rüdesheimer Berg vor. Auch findet man den sogenannten Grünfrensch, vermutlich ein Überrest jener Franztraube, die meist mit der hunnischen den Hauptrebsatz bildete, bis beide durch die edle Rieslingrebe, ein Kind des rheingauischen Himmels, verdrängt wurden... Den hunnischen beziehe ich weder auf Hunnen noch auf Ungarn, sondern nehme ihn, da „Hun" Riese heißt, für eine großbeerige Traube.

...Wer im Rüdesheimer Berg wandelt, blickt hinab in den Strom und nach der jenseitigen Nahemündung und zurück in den lieblichen Rheingau, dessen sanfte Schönheit er mit der wilden Erhabenheit des engeren Tals so plötzlich vertauschen soll. Der Felsen, in dem die Burgruine wie ein Schwalbennest hängt, ist der Türpfosten des mächtigen Bergtors, das sich der Rhein nach dem Schauplatz seiner männlichen Taten gebrochen hat. In diesem Durchbruch selbst hat er sein Meisterstück gemacht, die vollgültigste Probe gereifter Heldenkraft abgelegt. Und doch ist das Werk nicht ganz vollendet, noch hat sich der Rhein sein Bett nicht völlig geebnet, noch stürzt er über Felsen brausend dahin, und sein Rauschen

tost erschreckend herauf zu dem Wanderer, der jetzt aus den efeubeklei-
deten Fensteröffnungen des Ehrensteins niederschaut. Glücklicher hätte
er seinen Standpunkt nicht wählen können, um das Binger Loch kennenzulernen: Bei der Durchfahrt ist er dem Nächsten zu nah, von dem Fer-
neren zu entfernt, um das Ganze zu überblicken, und oben hängt die
Rossel zu hoch über dem Ehrenfels: Das Bild verjüngt sich, und der
Donner des zürnenden Stroms verhallt. Wenn irgendeine der alten Burgen in den Uferfelsen des Rheintals Wiederherstellung verdiente, so wäre es diese; auch könnte es ohne großen Aufwand geschehen, da die
zierlich gekrönten Türme noch ganz wohl erhalten sind. Die Reisenden
würden dann diesen Punkt nicht übersehen, den wichtigsten am ganzen
Rheinstrom, gleichsam den Eckstein, der das obere und das untere, das
weitere und das engere Rheintal verbindet; sie würden einen Begriff vom
Binger Loch gewinnen und den noch jetzt unter dem Strom sichtbaren
Zusammenhang der Gebirge beider Ufer erkennen.

Das feste Gestein im Flußbett, das so manches Jahrtausend dem unab-
lässigen Anschlag der ergrimmten Flut widerstand, ist ein Quarzfels,
der, quer durch den Rhein streichend, gleichsam ein Wehr bildet. Die
Klippen treten mehr oder weniger sichtbar über dem mittleren Wasserspiegel hervor. Hattos Insel und Vogts Mühlstein sind nur hervorragen-
de Trümmer dieses Felsenriffs. Andere Überbleibsel desselben sind der
Farrenstein, der oberste von allen, die Wilde Broh (zwischen ihr und
dem Mühlstein fahren die Schiffe), die Brohbänke, die Fidel, der Schar-
festein, die Hohe Broh, der Große und der Kleine Wegstein, der Große

Lochstein und der Konkordienstein. Der gefährlichste von allen aber war der Große Lochstein. Zwischen ihm, den immer die Flut bedeckte, und den seichten Stellen oder Bänken des rechten Ufers ging der Fahrweg des Rheins in einer schmalen Rinne her, welche das Binger Loch hieß. Vor diesem brauchte sich also niemand zu fürchten; nur von der Klippe links und den Bänken rechts drohte Gefahr. Doch auch diesen hat die neueste Erweiterung des Binger Lochs fast alle Zähne ausgebrochen: Die Durchfahrt ist auf 210 Fuß, das Zehnfache der früheren Weite, verbreitert, was nicht geschehen konnte, ohne den Lochstein ganz wegzusprengen. Dennoch sprechen die Schiffer noch gern von den Gefahren des Binger Lochs, und noch immer bekränzen Blumen das Bild des heiligen Nikolaus.

Karl Simrock

Brunnen und Seen und Brunnenkultus in Hessen

Es ist bekannt, daß die Germanen sowohl dem Wasser als Element im allgemeinen als auch den Quellen, Seen und Flüssen insbesondere hohe Verehrung zollten. An Flüssen und Bächen, welche unwandelbar wie die Berge, denen sie entquellen und entströmen, die wechselnden Geschlechter der Menschen überdauern, brachten unsere Väter den Göttern Gebete und jährliche Opfer dar. Das Christentum hat in mehr als tausend Jahren diesen Kultus nicht ganz zu verdrängen vermocht. „Man hat aus langer Erfahrung", erzählt Winkelmann, „daß die Löhn gemeiniglich alle Jahr jemanden zu sich raffet." Auch die Fulda „hat die Art, daß gemeiniglich alle Jahr jemand darin ersäuft". Unzweifelhaft liegt diesen Stellen die Vorstellung von der Unabweisbarkeit des Opfers zum Grunde. Der Fluß erfaßt sein Opfer selbst, wo es ihm vorenthalten wird. In dem Dorfe Thale bei Quedlinburg pflegte man sonst alljährlich einen schwarzen Hahn in die Bode zu werfen, um den Nickelmann zu versöhnen, unterblieb es, so ertrank sicher jemand in dem Jahre. Dem Diemling wirft man jährlich Brot und Früchte hinab. Heilig ist zugleich der Lauf des Stromes. Der heilige Bach der Ehsten duldete keine Störung; Mühlen, die man daran erbaute, brannten wieder ab, und es kam Unfruchtbarkeit und Teuerung über das Land. — So auch die Haune im Fuldischen. Jahr für Jahr riß sie dem Müller das Wehr ein, bis ein Mann ihm den Rat gab, einen lebendigen Knaben in den Grund mit einzumauern. Der Müller starb kurz nachher aus Reue über die Untat und geht seitdem in der Gegend um. Er verlockt sorglose, der Gegend unkundige oder trunkene Wandersleute in den Fluß, dem jährlich ein Menschenleben zum Opfer fällt. Wenn bei Sturm und Gewitter die angeschwollene Haune durch das Tal braust, lauert der Müller auf seine Beute. — Jost von Mengersen, von den Schaumburgern gewöhnlich „das Jösteken" genannt, dessen Leichnam als Mumie in dem Gewölbe unter dem Turme zu Fischbeck noch zu sehen ist, dämmte den rechten Weserarm oberhalb Oldendorf bei Stau ab und fand darüber keine Ruhe im Grabe. In neblichen Nächten wandert er am Ufer hin und her, und immer streckt er einen Fuß aus dem Sarge, sooft dieser auch wieder hineingelegt worden. — Wenn ein Fluß in seinem Laufe stille stand oder versiegte, weissagte man daraus Teuerung und nahendes Landesunglück. Von der Fulda schreibt Winkelmann: „Wenn ein Fürst zu Hessen und sonderlich ein regierender Herr oder dessen Gemahlin starb, so blieb sie gemeiniglich einige Zeit vorher wider ihren natürlichen Lauf stille stehen, das Wasser versiegte, so daß man die Fische mit Händen greifen und fast trockenen Fußes durch den Fluß gehen konnte, worauf sich das Wasser nach einigen Stunden wieder einstellte."

Aber auch wunderbare Heilkraft schrieb man dem Wasser zu. In der heiligen Osternacht geschöpft, sollte es sich immer frisch erhalten und ein zuverlässiges Mittel gegen mancherlei Krankheit sein. In der Lahn suchte man Heilung von Grind und rauher Haut. In der Schwalm baden die Schwälmer ihre kranken Pferde und glauben, daß sie davon wieder gesund würden. Ein Bad im Druselwasser wird als heilsam gerühmt, doch muß es mit dem Lauf, nicht gegen den Lauf geschöpft werden.

Noch jetzt hat sich in der schnellhinschießenden Libelle, welche das Volk „Seejungfer", „Wasserjungfer" nennt, die Vorstellung von den spielend über Schilf und Wellen schwebenden, von schimmernden Gewändern umhüllten Wesen erhalten, mit welchen die Vorzeit die Ufer der Gewässer belebte. Eine Wassernixe will man noch im Jahr 1615 in Marburg auf der Lahn bei der Elisabether Mühle beobachtet haben, und bei der Nixenmühle unfern Niederklein läßt die Sage von Zeit zu Zeit Seemännchen und Seeweibchen aus dem Bache auftauchen und sich am Ufer sonnen.

Mannigfaltiger als in bezug auf Flüsse und Bäche war aber der Kultus, den das Heidentum mit Quellen und Seen verband.

Im Schatten heiliger Wälder lagen heilige Brunnen und Seen, in und an welchen wie bei den Völkern des klassischen Altertums höhere Wesen, Götter und Göttinnen, Schwanjungfrauen und Brunnengeister

wohnten. In der Quelle selbst, dem Symbol der Weisheit, glaubte man Weisheit und Weissagung zu finden. Um einen Trunk aus Mimis „klaren Brunnen" verpfändete Othin sein Auge. An „Urdas Brunnen", darin zwei Schwäne wohnten, stand die heilige Esche, und von dort kamen, „an Kunde reich", die Schicksalsgöttinnen: Urda, Werdandi und Skuld, deren Dreizahl es nicht allein ist, an welche wir in heimatlichen Sagen mehrfach bedeutungsvoll erinnert werden. Daher man der Quelle, dem Orte, „wo das wunderbare Element aus dem Schoß der Erde hervorspringt", vorzugsweise Verehrung zugewendet, und oft spricht sich diese schon deutlich in dem Namen aus, den man ihr beilegte.

Zunächst möge mir gestattet sein, wenige allgemeine Worte über die Natur der Quellen vorauszuschicken.

Es gibt stehende und fließende, zutage gehende und unterirdische Quellen. Die meisten unserer alten Seen und Teiche sind stehende Quellen. Wo hartes Gestein die durch Regen, Schnee und andere Niederschläge auf die Erdrinde fallende Feuchtigkeit verhinderte, tiefer einzudringen, da sammelte sich diese in dem nächsten natürlichen Becken, das sie erreichen konnte, und bildete Seen und Teiche, welche auf dieselbe Weise, wie sie entstanden sind, fortwährend Nahrung empfangen und entweder durch Überströmen abfliesen oder in einer dem Zufluß entsprechenden Menge verdunsten. Dies ist namentlich bei den auf Bergen vorkommenden Seen der Fall und erklärt den scheinbaren Mangel des Zu- und Abflusses. Der Frauhollenteich auf dem Meißner, der kleine See auf dem Burghasunger Berge, auf dem Wachholderberge bei Oberellenbach u. a. sowie fast alle durch Erdfälle entstandenen Seen sind als stehende Quellen zu betrachten. Manche in den Tälern liegende Seen steigen und fallen mit dem Spiegel der Flüsse, und es ist anzunehmen, daß hier eine unterirdische Verbindung stattfindet. So der kleine See unter dem Quellenberge hinter Wolfsanger nahe an der Fulda, auf welchem einen Teil des Sommers hindurch die prächtige Teichrose (Nuphar luteum) mit ihren großen Blättern und goldgelben Blüten herumschwimmt. Die Waag oder Waak, ein nicht mehr vorhandener Teich oberhalb Hersfeld im Tale der Fulda, stand auch mit diesem Flusse in Verbindung. Landgraf Karl ließ Versuche machen, den Teich durch Maschinen auszuschöpfen; allein der Wasserspiegel blieb immer derselbe. – Wo aber die Beschaffenheit des Bodens ein tieferes Eindringen des Wassers möglich machte, da entstanden am Fuße der Berge, in Tälern und Wiesengründen fließende Quellen. Diese ergießen sich zum Teil ungesehen unmittelbar in Flüsse und Seen, und dann ist ihre Mündung oft an dem Aufwallen, oft auch an dem Umstande, daß an der Stelle im Winter sich kein Eis bildet, zu erkennen, oder sie gehen zutage, vereinigen sich nach kürzerem oder längerem Laufe mit andern Quellen und bilden Bäche. Manche fallen kurz nach ihrem Hervortreten wieder unter die Erde, namentlich in bergigen, zerklüfteten Gegenden wie z. B. im Schmalkaldischen der stark quellende Spittelsbrunnen oberhalb Beierode, der Pflanzenfluß an der Mommel, die Quellen am Stahlberge und beim Hofe Atzelrode und mehrere Quellen bei Asbach. Andere versiegen in trockenen Jahren zeitweise (Hungerbrunnen) oder kommen nur während der Schneeschmelze zum Vorschein (Maibrunnen, Frühlingsbrunnen). Selten ist eine regelmäßige Abwechselung von Fließen und Stillestehen zu bemerken wie bei dem intermittierenden Brunnen zu Eichenberg bei Witzenhausen. Noch andere springen geräuschvoll empor mit größerer oder geringerer Wassermenge, oft stark genug, um sogleich Mühlen und Schleifkoten zu treiben, und viele quellen auf Äckern, Weiden und Wegen so spärlich, daß sie nur ihre nächste Umgebung feucht machen, wieder in die Erde dringen oder verdunsten; diese letzteren nennt man Seihquellen, in Hessen: Siegen-, Kummerquellen, Kummerbrunnen. Unterirdische Quellen endlich sind solche, welche durch Menschenhände, durch Aufgraben oder Bohren (Artesische Brunnen) nutzbar gemacht werden.

So verschieden wie ihre äußere Erscheinung ist auch der innere Gehalt, der Geschmack der Quellen. Man unterscheidet im gemeinen Leben hartes und weiches Wasser und versteht unter ersterem Quellwasser, unter letzterem das von mineralischen Auflösungen ganz freie Regen- und Flußwasser. Aus demselben Grunde nennt man auch das Wasser solcher Quellen, welche wenig oder gar keine Auflösungen mit sich führen, ein weiches. In der Regel haben die trinkbaren, guten sowie die heilkräftigen Quellen auch entsprechende Namen wie z. B. der gute Born, heilige Born, Heilborn, schöne, helle, reine Born usw., während umgekehrt diejenigen Brunnen, deren Wasser der Gesundheit schädlich ist, Namen wie der böse Born, faule Born usw. führen. Die schädlichen Brunnen empfangen ihr Wasser gewöhnlich aus Torf- und Moorgegenden und von solchen Orten, wo die Erde reich mit verwesenden Substanzen, mit Humus gesättigt ist.

Je tiefer das Wasser in den Boden dringen kann, um so reiner gibt die Quelle es wieder; auch die Temperatur des Quellwassers ist verschieden, je nachdem dasselbe in größerer oder geringerer Tiefe durch die Erde gedrungen ist. Die mittlere Temperatur der kalten Quellen in Norddeutschland ist 8° Reaumur, im Schmalkaldischen nur 6½° R. Das Wasser, welches oben auf Bergen quillt, kommt, weil es nicht tiefer eindringen kann, der Temperatur der Luft am nächsten, ist meist trüb, weil die Erde es nicht filtriert hat, und geschmacklos, weil es auf seinem kurzen

Wege nicht Gelegenheit hatte, die zu einem trinkbaren Wasser erforderlichen chemischen Bestandteile (Salze, Säuren, Kalkerde etc.), welche im Schoße der Erde aufgehäuft sind, in sich aufzunehmen.

Über die Eigentümlichkeit der Thermen kann füglich hinweggegangen werden, da sich in unserm Hessen deren keine finden. Die höhere Temperatur der Salzquellen aber ist meines Wissens nocht nicht genügend geklärt.

Die einfachste und häufigste Benennung ist bei uns Born, Börnchen, Brunnen, Brunn, Brünnchen, selten Quelle, in Oberhessen oft, hin und wieder auch in Niederhessen Brunnquell, meist in Brunkel korrumpiert. Im sächsischen Hessen kommt neben Born, Spring, Sprung und Ursprung, im Schmalkaldischen Brunn und Gespring vor. Siegen, welche sich fast in allen Dorffluren Niederhessens und vielfach auch in Oberhessen finden, sind eine besondere Art von Quellen, welche bei trocknem Wetter ganz verschwinden. Auch kommt, zusammengesetzt, Bornsiege vor. Seen und Teiche, welche teilweise wenigstens mit zu den Quellen gerechnet werden müssen, finden sich unter diesen Namen aller Orten in Hessen. Weiher ist wenig gebräuchlich.

Von Karl Lyncker
(Aus: Zeitschrift des Vereins für hessische Geschichte und Landeskunde)

Nickelmann – Nix, Wassermann / intermittierend – zeitweise aussetzend / Schleifkoten – Schleifmühle /korrumpiert – verderbt

Der Mäuseturm

Gewöhnlich rät man, den Niederwald bei Assmannshausen zu erklimmen und bei Rüdesheim herabzusteigen, was wir aber nur denjenigen empfehlen, die aus dem engeren Rheintal kommen; die anderen würden einen unnötigen Umweg machen, um ein verworrenes Bild zu gewinnen. Von Rüdesheim durch das Binger Loch nach Assmannshausen oder Burg Rheinstein in einem Nachen zu fahren, ist freilich hinreißender Zauber; oder man fahre von Bingen nach dem Mäuseturm, lasse den Fährmann an den Quarzfelsen harren, welche die Insel bilden und betrete das Innere der einsamen Warte. Bei einem solchen Besuch überzeugte ich mich, daß diese Felsen und festgefügten Quader niemals Mäuse bewohnten, Mäuse mithin dem verlassenen Turm den Namen nicht gaben noch die Anknüpfung der auch sonst vorkommenden Sage veranlaßten.

Wir müssen zu der Ableitung von Muserie-Waffen und Geschütz greifen, womit man freilich Musketen nicht zusammenbringen darf. Mushaus hieß auch ein Zeughaus bei Mainz und ein Teil des alten Braunschweiger Schlosses. Er war also ein Waffenturm, gleich jener Pfalz im Rhein zur Durchsuchung und Anhaltung der vorüberfahrenden Schiffe erbaut, die bei Burg Ehrenfels, dem Mausturm gegenüber, zollpflichtig waren. Seine mit Ehrenfels gleichzeitige Entstehung fällt in die Zeit der deutschen Könige Philipp und Otto. Wenn aber die Sage, die Trithemius zuerst berichtet, sie an Hattos unbarmherzige Härte knüpft, so sollten die Geschichtsforscher, statt die Zeit an ihre Widerlegung zu verschwenden, sich lieber ihren historischen Gehalt aneignen. Vergebens hält man ihr entgegen, welch ein trefflicher Erzbischof Hatto gewesen ist, in welchem Ansehen er schon als Abt zu Fulda bei Otto dem Großen gestanden und welche Verdienste er sich um Reich und Kirche erworben hatte. Nicht im entferntesten, meint Dahl, passe dieses Märchen auf diesen braven, allgemein verehrten Prälaten. Allein wer sagt denn, daß von Hatto II. die Rede sei? Der Name Hatto, aus Harto entstellt, scheint überhaupt nicht beliebt. Auch Hatto I. war ein trefflicher Erzbischof und hieß seines Königs Herz; aber das eben ist aus der Sage zu lernen, daß er keineswegs allgemeine Verehrung genoß, daß Strenge und Härte ihm den Haß des Volks zugezogen hatten, das noch nach Jahrhunderten sein Andenken schmähte. Sang doch auch das Volk Lieder von der Hinterlist, mit der er sich seines Gegners, Adalberts von Babenberg, entledigte.

Karl Simrock

Kirschenmichel

Zutaten: 5 Brötchen; 100 g Butter; ⅜ l Milch; 4 Eier; 125 g Zucker; Zimt; 1 Prise Salz; abgeriebene Schale 1 Zitrone; 1 kg entsteinte Sauerkirschen; 100 g feingehackte Mandeln.

Brötchen in Scheiben schneiden und in ca. 30 g Butter goldbraun anrösten, mit Milch übergießen und ziehen lassen. Restliche Butter, Eigelb, Zucker, eine Prise Zimt, Salz und Zitronenschale schaumig rühren und gut mit der Brötchenmasse vermengen, Sauerkirschen darunter heben. Eiweiß zu Schnee schlagen, und vorsichtig unter den Teig heben. Auflaufform ausfetten und mit Mandeln ausstreuen, Teig einfüllen und bei 180 Grad ca. 50 Minuten backen.

Assmannshausen

Über dieses katholische Pfarrdorf am Rheine wird schon aus den Jahren 1108, 1128 und 1173 berichtet, daß dort der Weinbau im Flor war. 1325 stand es noch unter dem Centgericht in Rüdesheim, hatte aber 1361 seinen eigenen Schöffenstuhl. – Das Kloster Altenmünster in Mainz besaß hier für seine Güter 1236 ein eigenes Hubengericht, das in seinem Hofe gehegt wurde. – Die hiesigen Boland-Sponheimischen Besitzungen trugen, als sie an Nassau-Saarbrücken gekommen, die von Sorgenloch 1494 und nach diesen 1512 und 1570 die von Molsberg, andere aber die Mosbach von Lindenfels zu Lehen, von welchen letzteren sie 1676 an die von Schönborn verkauft wurden, die noch in ihrem Besitze sind. – Die Pfarrkirche bestand 1352 schon und das Victorstift in Mainz hatten den Kirchensatz und großen Zehnten. – 1437 und 1478 waren Bergwerke hier im Betrieb. – Zur Aufsuchung der hiesigen warmen Quelle und des dabei bestandenen Bades, Römerbad genannt, wurde 1489 von Mainz die Erlaubnis erteilt. Neuere Versuche, dieses Bad wieder herzustellen wurden 1699 und 1829 gemacht.

C. D. Vogel, 1843

Lorch

Lorch, ein Flecken mit einer katholischen Pfarrei, an der Mündung der Wisper in den Rhein gar freundlich gelegen, ist ein uralter Ort, wo schon Ludwig der Fromme im Jahre 832 Weinberge an die Abtei Hasenried schenkte. Auch das Kloster Bleidenstatt besaß hier seit 879 Höfe, die es später erweiterte. Nicht unbedeutende Besitzungen erwarb von 1254 an Eberbach, das auch hier 1370 eine eigene Kapelle hatte. –Die zur erzbischöflichen Fronhube gehörigen Leibeigenen, die auf dem Einrich wohnten, waren 1248 an Dietrich von Blidenstat für 20 Mark verpfändet. – Der Ort war früher geteilt, und der höher gelegene Teil wird 1248 und noch 1393 und 1399 mit dem Namen Obirsdorf bezeichnet. – Ein freundlicher und gehobener Lebensverkehr war hier seit den früheren Zeiten heimisch. Er besaß einen zahlreichen Adel in seinem Inneren und viele Ritter, deren Burgen auf den Höhen des benachbarten Gebirges lagen, stiegen von da herab, legten sich hier Burgsitze an, worin sie, der Geselligkeit huldigend, einen Teil ihrer Zeit zubrachten ... – Der Ort hatte 1398 schon einen Kran. – Das Tempelhaus in Mainz hatte ein

Hubengericht hier, dessen Schultheißenamt es 1303 vergibt. – Vor allen rheingauischen Kirchen zeichnete sich die hiesige Pfarrkirche durch ihre schöne gotische Bauart und ihr starkes, harmonisches Glockengeläute sowohl wie durch die vielen reichen Stiftungen an ihr aus. Sie hatte im Jahr 1390 dreiundzwanzig Benefizien und ebenso viele Geistliche, die nach der Weise der Kollegiatstifter feierlich den Chor sangen, das Offizium beteten und das hohe Amt hielten. Hiermit waren auch, wie bei den Stiftern, Präsenzgefälle und Austeilungen an die Anwesenden verbunden. Neben mehreren Kapellen bestand auch ein Hospital für die Armen. Ein ausgezeichneter Sinn, diese frommen und wohltätigen Stiftungen zu erhalten und zu erweitern, zeigte sich noch im 14. und 15. Jahrhundert ... – Aus der Jugend des hiesigen Adels bildete sich die sogenannte Schuljunkerschaft, die in der Kirche ihre eigenen Stühle hatte, und an dem Chore zur Erhöhung der Feierlichkeit, und um den eigenen frommen Sinn zu wecken, teilnahm. Die aus Bacharach vertriebenen Kapuziner hatten von 1652 bis 1712 im hiesigen Präsenzhause ein Hospiz, und die von Breidbach räumten ihnen 1685 noch ihren Turm ein ...

C. D. Vogel, 1843

Fronhube – Landstück, das für den Lehensherrn bearbeitet werden mußte / Tempelhaus – Komturei des Templerordens, Ritterorden, 1118 begründet, 1312 aufgelöst / Benefizien – mit Pfründen versehene Kirchenämter / Kollegiatstift – Chorherrenstift; oft schlossen sich die Pfarrgeistlichen einer Stadt zu gemeinschaftlichem Leben zusammen

Abgewiesener Übermut

Ach wie scheint der Mond so schön,
Zu meinem Schätzchen da will ich gehn,
Vor dem Fenster muß ich stehn.

Wer ist denn draus, wer klopft denn an,
Der mich so leis' erwecken kann?
Frag' nur nicht lang, wer drauß mag sein,
Es wird der rechte Bursch wohl sein.

Herein, herein laß ich dich nicht,
Denn meine Eltern schlafen noch nicht.
Unsere Bettstell, die hat zwei Bände
Und die Liebschaft, die hat ein Ende.

Schatz, einen Taler schenk' ich dir,
Ich schlaf' jetzt alle Nacht bei dir.
Nimm dein Geldchen und geh' nach Haus,
Such' dir eine andere raus.

Hessisches Volkslied

Lorch mit dem Wispertal

Assmannshausen ist nur seines Rotweins wegen bemerkenswert, den es von Burgunderreben gewinnt, die, früher als die Rieslinge zeitigend, die Ungunst der durchschnittlich westlichen Lage verbessern. Doch bietet das Gebirgstal, das nach Aulhausen oder Düppenhausen, einer Kolonie geschickter Töpfer, und zum ehemaligen Nonnenkloster Marienhausen führt, eine rein südliche Wand, auf der sich die Rebe in ihr vortaunisches Paradies hinüberträumt.

Von Assmannshausen bis Lorch zeigt das rebenbebaute rechte Felsenufer keine Burg noch Ortschaft, während das jenseitige reich daran ist. Lorch ist wie so viele tiefer liegende Flecken und Städte – wie Bacharach, Oberwesel, Boppard – nur eine Ruine seines ehemaligen Glanzes. Als noch der Handelszug der Rheinweine nach Köln ging und Bacharach deren Stapel und Niederlage war, hob die Nähe dieses Orts seinen Kulturfleiß und Wohlstand zu einer seitdem nie wieder erreichten Höhe.

Wer hat, dem wird gegeben: Ein gut- und zahlreicher Adel ließ sich in Lorch nieder, dessen „Schuljunkerschaft" gleichsam für die Universität der edlen rheingauischen Jugend galt. Auf der linken Seite der Wisper stand über Lorch zum Schutz der Rheingauer Grenzen die längst verschwundene Burg Fürsteneck, deren Burgmänner aus den vielen Zweigen der alten Ritter von Lorch gewählt wurden. Ihr gegenüber erblickt man noch die gewaltige Warte, Nollingen genannt, die vielleicht zur Befestigung des Fleckens gehörte. Am lautesten zeugt von der ehemaligen Blüte Lorchs die mit vielen bedeutenden Denkmälern gezierte Kirche. Das von Philipp Hilchen von Lorch hat die Jahrzahl 1215; jünger, aber wichtiger ist das des Reichfeldmarschalls Johann Hilchen von Lorch, der – ein Freund und Waffenbruder Franz' von Sickingen – beide Erbfeinde, die Türken und die Franzosen, besiegt hat.

Das bei Lorch mündende Wispertal ist wegen seines scharfen Nordostwinds bei Schiffern und Winzern verschrien. Auch sollen allerlei Unholde darin gespenstischen Spuk treiben; doch kann ich dem widersprechen, da ich selbst erfahren habe, daß es nur von holden Geistern bewohnt wird. Ob der Kedrich, jener auch als Teufelsleiter bekannte steile Fels, den einst ein verliebter Abenteurer hinaufgeritten sein soll, im Rhein- oder Wispertal zu suchen sei, ließ sich nicht ermitteln. Nach Sattel und Zaum des Pferdes mag, wer gern ausgelacht ist, am Rathaus fragen. Übrigens wird die mit jener von Falkenstein verwandte Sage sehr abweichend erzählt. Seines wildromantischen Charakters wegen verdient das Wispertal mit seinen Zweigen – Sauer- und Werkertal – häufigeren Besuch . . .

Karl Simrock

Das Pfeifchen

Pfeifchen, wer hat dich erfunden,
Wem verdankst du dein Bestehn,
Ist sein Name längst verschwunden,
Sag' warum, sag' warum ist das geschehn?

Sollen Weiber uns verfluchen
Wegen Tabaksraucherei,

Nun so wollen wir's versuchen,
Ob das Rauchen, ob das Rauchen schädlich sei.

Komm' ich des Abends spät nach Hause,
Und die Tür' verschlossen ist,
So nehm' ich meine Pfeif' und rauche,
Bis die Tür', bis die Tür' geöffnet ist.

Lieg' ich einst im Sterbebette,
Reicht mir meine Pfeife her,
Rauch' ich mit jedem um die Wette,
Zug für Zug, Zug für Zug mein Pfeifchen leer.

Lieg' ich einst im Schoß der Erde,
Reicht mir meine Pfeife her,
Nehm' ich meine Pfeif' zur Seite:
Meine Pfeife, meine Pfeife raucht nicht mehr.

Volkslied

Rüsselsheim

Der Marktflecken Rüsselsheim liegt am Main, 2¼ Stunden von Dornberg, 2 Stunden von Mainz, ist sehr regulär gebaut ... Man findet eine 1790 erbaute Kirche, zwei Schulhäuser, eine Synagoge, eine Zichorien-, eine Pelzfabrik, eine Ziegelei und ein Grenznebenzollamt II. Klasse. Jährlich werden zwei Märkte gehalten. Hier wurde Anton Wolf von Todtenwart (Sohn des 1606 als Kammergerichtsassessor verstorbenen Leonhard Wolf von Todtenwart) den 5. Juni 1592 geboren, der nachher Amtmann zu Umstadt und Otzberg und 1637 zur Würde eines Statthalters erhoben wurde und den 7. April 1641 zu Frankfurt am Main im Privatstande gestorben ist. – Rüsselsheim wird 1211 erstmals urkundlich erwähnt; es kam von den Herrn von Münzenberg an die Herren von Heusenstamm, welche es von den Grafen von Katzenellenbogen zu Lehen trugen. Im Jahre 1323 kam der Ort durch Kauf an die Herrn von Kronberg. Nachdem aber Johann von Kronberg dem Grafen Eberhard V. von Katzenellenbogen die Lehenspflicht aufgekündet hatte, zog derselbe das Lehen ein, und 1422 entsagten die Herrn von Kronberg ihren Ansprüchen auf dieses Dorf. Kaiser Sigismund erteilte Rüsselsheim 1438 die Stadtgerechtigkeit. Schon ein Jahr vorher hatte er dem Grafen Johann III. von Katzenellenbogen erlaubt, den angefangenen Burgbau zu vollenden und das Dorf mit Mauern und Gräben zu befestigen. Diese Werke wurden aber erst im Jahre 1486 vollendet, weil Mainz deren Errichtung zu hindern suchte. Landgraf Philipp der Großmütige vermehrte im Jahr 1560 die Festungswerke. Im Jahr 1631 wurde das Schloß und Schanze den Schweden eingeräumt, und 1689 wurde beides von französischen Truppen durch eine Miene gesprengt und der größte Bau in Asche gelegt. Ganz nahe bei Rüsselsheim stand das Dorf Seilfurt, das 1534 durch einen Blitz abbrannte, worauf die Einwohner nach Rüsselsheim zogen. Die Mutterkirche stand in Seilfurt, eine zweite Kirche stand vor dem Schloß. Beide Kirchen brannten aber ab, worauf die Kirche nach Rüsselsheim verlegt wurde. Das St.-Alban-Stift in Mainz war der Patron der Kirche.

G. W. J. Wagner, 1829

Kindergebet aus Rüsselsheim

Bet', Kindlein bet',
Morgen kommt der Schwed',
Morgen kommt der Oxenstern,
Der wird die Kinder beten lern'.

103

Die Rüsselsheimer Zitadelle

Fährt man über Groß-Gerau oder Bischofsheim nach Rüsselsheim, der jüngsten Katzenellenbogischen Landesfestung, so bietet sich uns, sobald man aus dem Wald heraustritt, der Anblick von Rüsselsheim, und sobald wir den Ort durchschreiten, stehen wir vor der ehemaligen Zitadelle.

Über den tiefen, mit Gras und Schilf bewachsenen ehemaligen Graben, welcher heute beinahe einer Schlucht gleicht, gelangt man durch die dicken äußeren Ringmauern in den Hof und zu den inneren Bauten. Die gotischen Formen verraten zum Teil noch die alte Landesburg, welche Graf Johann III. und die alten Katzenellenbogener aufgrund des ihnen von Kaiser Sigismund 1437 verliehenen Festungsprivilegs sich als Schutzwehr hier errichteten. Als unter Philipp dem Großmütigen ein Blitzschlag zu Rüsselsheim einen Brand hervorrief, welcher den Ort in Asche legte, gab dieses dem Landgrafen Veranlassung, das Städtchen, welches ehedem die Burg umgab, in einer größeren Entfernung von dieser wieder aufzubauen. Die Burg selbst aber umgab er mit regelmäßigen Werken, welche nach den Grundsätzen der Befestigungskunst jener Tage angelegt waren. Diese Festung stellt sich heute als ein Quadrat dar, an dessen Ecken vier runde, jetzt verfallene Bastionen hervorspringen. Efeu rankt an den Umfassungsmauern empor, und eine reiche Flora gedeiht an der Erdbedeckung der Werke. Außen bespülen sie die Wellen des Mains, und jenseits bietet sich uns der Anblick jener freundlichen Dörfer, welche sich an die rebbewachsenen Höhen des rechten Rheinufers anlehnen.

Die von Landgraf Philipp geschaffene Festung stellte für die damalige Zeit eine mächtige Zitadelle dar, welche jedem Feinde Trotz zu bieten vermochte. Im Jahr 1552 stiftete der Landgraf noch ein mächtiges 15 Fuß langes Geschütz, den „Strauß", zur Verteidigung der Festung, dessen nicht sehr geistreiche Inschrift der alte Chronist Winkelmann, ein ehemaliger Offizier, der nach dem Dreißigjährigen Kriege, in dem er selbst mitgefochten hatte, zum Schutze gegen Räuber mit gewaltigem Raufdegen und Pistolen bewaffnet, das Land durchzog und Inschriften sammelte, uns überliefert hat. Sie lautete:

> Ich heiß der Strauß;
> Ich fliege zum Ende ein
> Und zum anderen aus.

Doch weder der „Strauß" noch die ganze Rüsselsheimer Burg hat dem Gerauer Land viel geholfen. Im Jahr 1631 erzwang Gustav Adolf von Landgraf Georg II. ihre Übergabe. Als Georg dann wieder in ihren Besitz kam, ließ er die Werke ausbessern und vergrößern. Abermals 1636 wurde sie von den Franzosen und Schweden, ungeachtet der Neutralität der Landgrafschaft, wiewohl vergeblich angegriffen. Erst gegen Ende des achtzehnten Jahrhunderts, als die Horden Mélacs die Rheinufer verheerten, schleuderte dieser die Brandfackel in das Schloß, und seine Banden sprengten die Rundtürme. Der Zahn der Zeit hat seitdem das seinige getan, das Zerstörungswerk zu vollenden. Regen und Wettern zerbröckeln die Mauersteine und waschen den Mörtel aus, der sie verbindet. Unkraut wuchert auf den Mauern, Stein auf Stein fällt in den Graben hinab, bis der Tag kommt, wo ihre Wälle dem Erdboden gleich sind und die Pflugschar des Landmanns die Erinnerung an eine Zeit verwischt, wo es der Burgen und Schlösser bedurfte, um die Früchte seines Fleißes zu schützen.

Ferdinand Dieffenbach

Ezechiel Comte de Mélac – französischer General, der 1688/1689 die Pfalz verwüstete

Ein Brief aus dem Jahr 1912

An den
Arbeiter-Ausschuß der Firma „A. Opel"
Rüsselsheim

Die aus der Abteilung Spenglerei vorgebrachten Klagen über das rigorose Verhalten des Meisters Trapp bei Festsetzung bzw. Reduzierung der bestehenden Akkordpreise wollen in letzter Zeit nicht mehr verstummen. Das veranlaßte die Arbeiter genannter Abteilung, in einer am 5. d. M. stattgefundenen Versammlung zu der Angelegenheit Stellung zu nehmen. In dieser Versammlung wurden die uns bis jetzt vorgebrachten Beschwerden bestätigt.

Versucht Meister Trapp irgendeinen Abzug durchzudrücken und ein Arbeiter weigert sich, im Hinblick auf die bereits niedrigen Akkordsätze die Arbeit zu dem noch niedrigeren Preise zu machen, so erklärt Trapp ganz einfach: „Wenn Sie die Arbeit für den Preis, den ich ansetze, nicht machen wollen, so hören Sie auf." Wo bleibt da die freie Vereinbarung, die bei derartigen Vorgängen stattfinden soll?

Folgende Einzelfällen dürften geeignet sein, das unrechte Vorgehen des Meisters zu kennzeichnen.

Trapp hat sich eine Akkordausprobier-Kolonne, bestehend aus einem Arbeiter und neun Lehrlingen, geschaffen und glaubt nun, daß er die Preise, welche diese Kolonne erhält, auch anderen alten Spenglern, die allein für sich arbeiten, anbieten kann. Eine Maßnahme, die wir in unserer bisherigen Praxis noch nirgends gefunden haben.

Eine Arbeit, Benzinbehälter anfertigen, wurde früher mit 1,70 Mark bezahlt. Die Probierkolonne bekam jedoch nur 1,10 Mark und brachte es bei äußerster Anstrengung auf einen für Lehrlinge entsprechenden Verdienst.

Für Abbiegen von 100 Verstärkungswinkel (No. 185) gab es bisher 80 Pfg., dem Spengler Karl Bauch wurde diese Arbeit für 20 Pfg. übertragen. Also ein Abzug, der durch nichts gerechtfertigt ist. Der Spengler Straub, der früher die Arbeit zum Preise von 80 Pfg. machte, erreichte bei angestrengter Arbeit einen Stundenverdienst von 60 Pfg.

Wir wurden von der Versammlung beauftragt, dem Arbeiter-Ausschuß von den Vorgängen in der Spenglerei Kenntnis zu geben und ersuchen Sie, bei der Betriebsleitung für Beseitigung der Mißstände zu sorgen.

Hochachtend
Deutscher Metallarbeiter Verband.

Die Opel-Werke

Nicht weit von Wiesbaden liegt Rüsselsheim und mit ihm das Opel-Werk, in dessen Ehrensaal die Bilder der Gründer hängen, die 1862 zuerst Nähmaschinen und dann Fahrräder bauten und die Opel-Werke zur größten Fahrrädfabrik der Welt machten. 1899 erschienen die ersten Opel-Kraftwagen. Bilder zeigen, wie der russische Zar und der hessische Großherzog mit ihnen spazierenfuhren. Die Automobile sahen damals noch wie Pferdewagen aus. Das Werk (nunmehr in amerikanischem Besitz der General Motors) ist gigantisch vergrößert worden. Der Betrieb benötigte schon vor dem 2. Weltkrieg in zwei Tagen mehr elektrischen Strom, als etwa Würzburg in einem ganzen Jahr für die öffentliche Beleuchtung verwendet. Es verbraucht soviel Wasser wie eine Provinzstadt ...

Kasimir Edschmid, Hessen

Der Rüsselsheimer Pfarrer Fuchs
in seinen Lebenserinnerungen

„Die Älteren von ihnen waren wohl noch Altersgenossen und Freunde der Gründer der Firma, redeten mit dem noch lebenden Bruder des alten Adam Opel per ‚Du'. Ja, sie redeten zum Teil die Inhaber der Firma mit ‚Du' an, da sie sie von Jugend auf kannten. Diese Schicht war unbedingt

loyal zur Firma, stolz auf ihren Aufstieg, fest überzeugt, daß dieser Aufstieg Rüsselsheim soviel Wohlstand gebracht hatte, wie sonst nie zu ihnen gekommen wäre.

Die Söhne dieser Leute standen zum Teil noch ähnlich, wenn auch in abgeschwächter Form. Die Klügeren und Energischeren unter ihnen aber verglichen ihre Lebensbedingungen in Rüsselsheim mit denen in Frankfurt, lasen sozialistische Zeitungen und begannen, kritisch zu werden.

Das war ganz und gar der Fall bei den Zugezogenen, besonders den geistig Lebendigeren dieses Kreises. Durch sie wuchs die sozialistische Gedankenwelt und die gewerkschaftliche Organisation. Eine ganz neue Geisteswelt war im Entstehen. Voller Unbehagen standen die älteren Arbeiter dem gegenüber – und wurden doch nach und nach hineingezwungen."

Trebur

Königlicher Glanz herrschte einst da, wo heute unweit des Rheins ein Zusammenfluß des Landgraben und der Schwarzbach ein schmuckloser Flecken sich erhebt, der sich auch in gar nichts von den anderen Riedorten unterscheidet. Keine Mauer, keine Inschrift, keine Säule gibt zu Trebur noch Kunde von den mannigfachen bedeutsamen, oftmals das Schicksal des Reiches tief berührenden Ereignissen, deren unmittelbarer Schauplatz ehedem das in der deutschen Geschichte vielgenannte Tribur oder Triburis war.

Erst mit dem zwölften und dreizehnten Jahrhundert, wo höfisches Leben sich entwickelt, sehen wir das Reichsoberhaupt und die mächtigeren Reichsfürsten zu feststehenden Residenzen den Grund legen, und an diesen Residenzen sammeln sich die wichtigsten Organe des Staatslebens um den Herrscher.

Anders in früheren Jahrhunderten, in der ersten Periode des deutschen Reichs. Da und dort in den verschiedenen Gauen des weiten Reichsgebiets besaßen die deutschen Könige größere Waldungen mit Jagdschlössern gleich dem Bann von Dreieich, einzelne Güter und Höfe, Paläste und Burgen. Nur an den hohen Kirchenfesten pflegten sie sich in einer der größeren Städte aufzuhalten, und ihre Gegenwart verlieh dann den kirchlichen Feierlichkeiten den Glanz und äußeren Prunk, dessen die Kirche schon in jener frühen Epoche bedurfte, um sich die Herrschaft über die Gläubigen zu sichern. Die übrige Zeit des Jahres hindurch verbrachten die römischen Kaiser und deutschen Könige auf ihren Kammergütern, wo sie deren Bewirtschaftung überwachten, den Freuden der Jagd oblagen und zugleich die Angelegenheiten der verschiedenen Provinzen an Ort und Stelle auf Grund eigener Wahrnehmungen ordneten. Sie entschieden Grenzstreitigkeiten, schlichteten innere Händel, sprachen Recht und versammelten auch an den Orten, wo sie sich aufhielten, die Großen des Reichs, um über wichtige Angelegenheiten des Staats und der Kirche Beschlüsse zu fassen. Einer dieser Reichspaläste, wie sie zu Speyer, Germersheim, Ingelheim, Kaub, Frankfurt, Goslar und anderwärts bestanden, war die königliche Pfalz zu Trebur.

Schon vor der Karolingischen Zeit war wohl das Gebiet von Tribur königliches Besitztum. Gleich Gerau und der Grafschaft Bessungen war es eine Reichsdomäne, und in den frühesten Zeiten stand dieses große Gebiet wahrscheinlich unter einer gemeinsamen Gerichtsverwaltung, unter der Centgerichtsbarkeit der Grafen von Bessungen, welche aber in diesem Territorium an Kaisers Statt Recht sprachen. Vielleicht waren es auch die Grafen von Henneberg, welche in einer frühen Epoche zu Bessungen ihr Grafenamt ausübten. Trebur scheint zuerst von diesem Hoheitsgebiet losgetrennt worden zu sein, und mit Errichtung des kaiserlichen Palastes wurden die umliegenden Domanialgüter (curtis, villa regia) zu den Gütern des kaiserlichen Palastes geschlagen. Unter Ludwig dem Deutschen, der sich wiederholt hier aufhielt, geschieht der Pfalz zum ersten Male urkundlich Erwähnung. 822 fand eine große Kirchenversammlung zu Tribur statt, welcher 22 Bischöfe beiwohnten. Ludwig der Fromme nimmt wiederholt 829 und 832, als er gegen seinen aufrührerischen Sohn Ludwig, der mit seinen Anhängern bis zum Kloster Lorsch vorgedrungen war, zu Felde zog, im Palaste zu Trebur seinen Aufenthalt. Der Sohn unterwarf sich damals, nachdem er vergeblich gehofft hatte, die Franken und Sachsen würden zu seinem Heere übergehen. 838 rief eine neue Empörung des Sohnes Ludwig den Frommen abermals nach Tribur. Sein bald darauf erfolgter Tod setzte den Streitigkeiten ein Ziel und verschaffte dem Sohn die ersehnte Herrschaft über Deutschland. Das Schicksal vergalt ihm durch seine Söhne, mit welchen er sich wiederholt entzweite, das Los, welches er seinem Vater bereitet hatte. Diese Zwistigkeiten sollte ein von ihm 871 nach Trebur berufener Reichstag endigen, allein erst zwei Jahre später (873) fand auf dem Reichsgut Birstatt bei Lorsch eine notdürftige Aussöhnung statt. Bei Gelegenheit einer Unterredung zu Trebur im folgenden Jahre, welcher viele Große des Reichs beiwohnten, kam es zu neuen heftigen Auftritten zwischen den anwesenden Franken und Sachsen, welche mit gezogenen Schwertern aufeinander losgingen, so daß nur mit Mühe durch Ludwig und seine Söhne der Ausbruch eines blutigen Kampfes im kaiserlichen Palaste verhütet wurde. Ludwig und seine Söhne, Ludwig der Jüngere und Karl der Dicke, wählten noch wiederholt das Palatium zu Tribur zum Aufenthalt, und das Schicksal fügte es auch, daß derselbe Palast, dessen Schicksale bisher mit dem Emporblühen der Macht der Karolinger eng zusammenhing, auch Zeuge sein sollte des Niederganges der Dynastie und des ruhmlosen Endes eines ihrer Sprößlinge. Aufgrund eines Spruches der 883 hier versammelten Reichsstände verlor Karl der Dicke Krone und Land an Arnulf von Kärnten.

Der Palast selbst war damals vernachlässigt, denn als sieben Jahre später eine Kirchenversammlung daselbst tagte, schrieb der Abt Gotwich zu Mainz folgendes: „Die königliche Besitzung nicht weit von Mainz am Rhein, welche fast verlassen, keinen merkwürdigen Ursprung außer verfallenen Befestigungen besitzt, ist zwischen Oppenheim und Mainz am Rhein und den umliegenden Orten auf der rechten Seite, ein Dorf, wo vorher die kaiserliche Besitzung mit einem Lager und einem Kloster gelegen." Diese Nachricht Gotwichs beweist zugleich die frühe Entstehung des Dorfes Trebur.

Auf dieser Kirchenversammlung des Jahres 895 waren 22 Bischöfe, 11 oder 12 Äbte, der deutsche König selbst und eine große Zahl weltlicher Großen und Herren anwesend. Der Geschicklichkeit des Klerus gelang es bei dieser Versammlung, eine Menge Beschlüsse durchzusetzen, welche seine Macht und sein Ansehen erheblich vermehrten. Es wurde damals das für Jahrhunderte hinaus unheilvolle Prinzip gesetzmäßig festgestellt, daß die weltliche Macht zur Unterstützung der Kirche verpflichtet sei, und zwar in der Art, daß 1. wer vom Bischof exkommuniziert sei und sich nicht zum Gehorsam unterwerfe oder wer vom Grafen nicht dazu gezwungen werden könne, vogelfrei und jeder, der ihn finde, wenn er ihn totschlage, straffrei sei. 2. Steht eine bischöfliche Verordnung einer gräflichen entgegen, so geht die bischöfliche Verordnung vor. 3. Kein Zeugnis eines Laien wider einen Geistlichen hat Gültigkeit und kein Richter soll einen Laien als Zeugen wider einen Geistlichen annehmen. 4. In Streitigkeiten zwischen Laien und Geistlichen übt der Bischof das Richteramt aus. 5. Ein Bischof kann nicht anders als nach dem Urteil von zwölf Bischöfen abgesetzt werden, ein Presbyter von sechs und ein Diakonus von dreien. 6. Nur der Laie schwört den Reinigungseid, der Geistliche empfängt zum Beweise seiner Unschuld das heilige Abendmahl. Noch eine Reihe ähnlicher Beschlüsse wurden gefaßt, alle ein Ausfluß pfäffischer Herrschsucht und Anmaßung, wie sie von da ab bis in unser Jahrhundert nicht erloschen ist. Niemals ist es gelungen, diese Grundsätze in ihrer vollen Ausdehnung zur Anwendung zu bringen, wohl aber hat der Klerus lange an denselben festgehalten, und mancher gefährliche Konflikt wucherte aus der Saat, die auf jenem Reichstag zu Tribur unter der Regierung des dem Klerus allzu gefälligen Königs Arnulf gesät ward.

Unter König Ludwig dem Kind, unter der vormundschaftlichen Regierung des Erzbischofs Hatto von Mainz, wurde Trebur wieder der Lieblingsaufenthalt der deutschen Könige. Unter Ludwig dem Kind wurden in den Jahren 900 und 905 zwei Reichstage nach Tribur einberufen. Der junge König hielt sich, wie aus von Tribur datierten Urkunden zu ersehen ist, nachmals noch in vier verschiedenen Jahren in dessen kaiserlicher Pfalz auf, und ebenso häufig ist dessen Nachfolger Konrad I. daselbst anwesend.

Auch Otto der Große, Otto II. und Otto III. hielten sich öfter in Tribur auf. König Konrad II. befand sich wiederholt zu Tribur; er berief 1031, 1035 und 1036 allgemeine Nationalkonzilien dorthin, und die königliche Pfalz verlor unter ihm nichts von ihrer früheren Bedeutung.

Ferdinand Dieffenbach

Domäne – Staatsgut / Domaninalgüter – Staatsgüter / Palatium – Pfalz / Klerus – Geistlichkeit / Presbyter – Priester / Diakonus – zweiter oder dritter Priester einer Gemeinde

Die Erscheinung in der Brautnacht

Heinrich schlief bei seiner Neuvermählten,
Einer reichen Gräfin an dem Rhein;
Schlangenbisse, die den Falschen quälten,
Ließen ihn nicht ruhig schlafen ein.

111

Zwölfe schlugs, da drang durch die Gardine
Plötzlich eine weiße kalte Hand.
Wen erblickt' er? Seine Wilhelmine,
Die im Sterbekleide vor ihm stand.

„Bebe nicht!" – sprach sie mit leiser Stimme,
„Ehmals mein Geliebter, bebe nicht!
Ich erscheine nicht vor dir im Grimme,
Deiner neuen Liebe fluch ich nicht.

Zwar der Kummer hat mein junges Leben,
Trauter Heinrich, schmerzlich abgekürzt;
Doch der Himmel hat mir Kraft gegeben,
Daß ich nicht zur Hölle bin gestürzt.

Warum traut ich deinen falschen Schwüren,
Baute fest auf Redlichkeit und Treu?
Warum ließ ich mich durch Worte rühren,
Die du gabst aus lauter Heuchelei?

Weine nicht, denn eine Welt wie diese
Ist der Tränen, die du weinst, nicht wert;
Lebe froh und glücklich mit Elise,
Welche du zur Gattin hast begehrt.

Lebe froh und glücklich hier auf Erden,
Bis du einst vor Gottes Thron wirst stehn,
Wo du strenger wirst gerichtet werden
Für die Liebe, die du konnt'st verschmähn!"

Friedrich August Katzner

Groß-Gerau

Die Stadt Groß-Gerau liegt an dem Schwarzbach, an der von Darmstadt nach Oppenheim ziehenden Chaussee, drei Stunden von Darmstadt, drei Stunden von Oppenheim, vier Stunden von Mainz, sechs Stunden von Frankfurt und eine viertel Stunde von Dornberg entfernt und ist von einem mit Wasser gefüllten Graben umgeben, hat breite freundliche Straßen und einige überbaute Tore. Man findet 235 Häuser und 1719 Einwohner, die fast alle lutherisch sind. Die Berufsgruppen unterteilen sich in 118 Bauern, 254 Handwerker und 67 Tagelöhner. Die Stadt ist der Sitz des Landgerichts, des Rentamts und des Steuerkommissariats. Groß-Gerau hat eine große alte Kirche, in welcher eine gräfliche Katzenellenbogensche Linie begraben liegt und deren hoher Turm wegen seines weißen Anstrichs weithin sichtbar ist, ferner zwei Pfarr- und fünf Schulhäuser, eine Synagoge, einen jüdischen Begräbnisplatz und eine Posthalterei. Es werden jährlich fünf Krämer- und zwei Viehmärkte gehalten. Das Hospital für die Hausarmen hat ein nicht unbedeutendes Vermögen. In der Gemarkung sind Torfgräbereien.

Groß-Gerau kommt schon zu den Zeiten Kaiser Heinrichs II. als ein Reichsdorf vor. Dieser Kaiser gab den Curtis Gerau, damals zur Grafschaft Adelberts gehörig, 1013 an Würzburg. Das würzburgische Eigentum verlor sich jedoch, und der Curtis kam an eine Linie der Grafen von Henneberg im Oberrheingau, welche schon im 12. Jahrhundert die Herrn von Dornberg damit belehnten. Nach dem Abgang der Herrn von Dornberg im Jahre 1259 kam Groß-Gerau an die Grafen von Katzenellenbogen, welche den Ort in die Würzburgischen Lehensbriefe einführten. Würzburg belehnte auch diese Grafen damit, bis die Grafen von Henneberg ihr Recht wieder geltend machten, jedoch demselben 1521 gegen den Landgrafen von Philipp den Großmütigen entsagten. Hauptsächlich erst unter den Grafen von Katzenellenbogen kam Groß-Gerau empor, und es war, ehe das Schloß zu Darmstadt erbaut war, gewissermaßen der Hauptort der Obergrafschaft Katzenellenbogen. Nicht minder trugen die vielen dahin eingepfarrten Orte und der nahe Aufenthalt der Grafen von Katzenellenbogen in dem Schlosse Dornberg vieles zum Flor bei. Im Jahr 1398 erhielt Groß-Gerau vom König Wenzel das Stadt- und Marktrecht. Die Kirche hatte früher neun Altäre und die Orte Dornberg, Kleingerau, Worfelden, Berkach, Wallerstädten, Büttelborn, Wixhausen, Gräfenhausen, Weiterstadt und Braunshardt zu Filialen, die aber bis auf die vier ersteren nun getrennt sind. Groß-Gerau war auch mehrmals der Sitz von Superintendenten. Im 30jährigen Kriege wurde der Ort so hart mitgenommen, daß nicht mehr als 50 Einwohner und 39 Häuser übrigblieben. Auch die Kirche war 1634 niedergebrannt worden, und im April und Mai 1647 war die Stadt das Hauptquartier des Marschalls Turenne.

Curtis – Pfalz, fürstliche Hofhaltung / Flor – Blüte / Superintendent – höherer evang. Geistlicher / Turenne – frz. Marschall, geb. 1611 als zweiter Sohn des Herzogs Heinrich von Bouillon; berüchtigt als Verwüster der Pfalz, gefallen 1675 bei Sasbach unweit Offenburg.

Das Gerauer Land

Das Gerauer Land, so unpoetisch es mit seinen Kartoffel- und Krautäckern auf den ersten Anblick erscheint, möchte man ein Land der Dichtung, der Wissenschaft und noch besser der dichtenden Wissenschaft nennen. Die wissenschaftliche Romantik hat seine Tannenwälder und Moorflächen belebt und gleich einer wahren Fata Morgana hat sie hier manchen wundersamen Spuk geschaffen, der selbst den nüchternen Geschichtsforscher mehr denn einmal geblendet und irregeführt hat. Der Archäologe wandert durch die Fluren, und er glaubt den Weg zu betreten, der zu dem sehnsüchtig gesuchten munimentum Trajani führt, das die einen bei Trefurt, die andern bei Rüsselsheim, andere bei Pfungstadt und wieder andere bei Wasserbiblos suchen, er folgt den grünen Wiesenflächen, und neben ihm rauscht der Neckar, auf welchem schwer beladene Schiffe nach Trebur fahren, das ehedem, wenn man Sauer und Winckelmann glauben will, eine gewaltige Stadt mit vielen Kirchen war, wohl zwei Meilen an Umfange groß. Es wurde daher das zweite Rom genannt und endlich von den Römern teils aus Neid, teils weil es Aufrührer schützte, zerströt.

An den Namen der Städtchen und der Dörfer selbst hat sich der rege Geist der Altertumsforscher abgemüht. Aus Trebur, wo nicht allein Rhein und Neckar, sondern sogar auch der Main vorbeigeflossen sein soll, hat er Dreistatt geschaffen, und Arnoldi, der mit Sauer und Winckelmann um die Wette sich um die Kultur von Phantasiepflanzen verdient gemacht hat, führt folgende in der Kirche zu Tribur angeschriebene lateinische und deutsche Inschrift an, welche vermutlich einen durch die Muse des Landlebens auf das Gebiet der Romantik verirrten Prediger zum Verfasser hat:

Cum Mogus et Rhenus, nec non Nicer inter utrumque,

Alluerint triplici Moenia nostra vade,
Jure Triurbs Italis, Graecisque τριβυρὶον immo
Si qua fides Chronicis, altera Roma fui.

oder:

Als Neckar, Rhein und Main vor Zeiten mich benetzten,
Und wie man sagt und sieht hier eine Drifurt setzten,
War ich ein Dreistatt recht auf Griechisch, Teutsch, Latein,
Und gar das andere Rom nach alter Zeugen Schein.

In Dornberg, wo man mit dem Vergrößerungsglase umhergehen und suchen muß, wenn man einen Berg finden will, hat man den Berg des Thor und in Dornheim den Hain des Thor erkennen wollen.

Bei Biebesheim, dem alten Bubenesheim, auf dem jetzigen Feld Flochheim, bespült von den Wellen des Rheins, lagen die ausgegangenen Dörfer Ober- und Nieder-Lochheim. Hier sucht man die Stelle, wo die Nibelungen ihren Hort in die Fluten des Rheins versenkten. Kriemhild, die nun die Gattin König Etzels, fragt dann nach der Versenkung des Schatzes Hagen von Tronje im Heunenland.

„Nun sollt Ihr eines Dinges mir weiter Rede stehen!
Den Hort der Niebelungen wohin tatet Ihr den,
Der war doch mein eigen, da ist Euch wohl bekannt;
Den hättet Ihr mir bringen sollen her in Etzels Land.“

„Meiner Treu, Frau Kriemhield, es ist schon mancher Tag
Seit des Hortes Pflege nicht mehr auf mir lag.
Den ließen meine Herren senken in den Rhein;
Da muß er in Wahrheit bis zum jüngsten Tage sein.“

Ferdinand Dieffenbach

munimentum Trajani – Trajanswall, Befestigung des Kaiser Trajan

Die Linde bei Nierstein

Wenn man von Nierstein gegen Schwabsburg hin geht, kommt man an einer schönen, großen Linde vorbei, bei der ehemals ein Kappelchen gestanden haben soll. Da holen die Frauen aus der ganzen Gegend die Kinder. Wenn man das Ohr an die Erde legt, hört man, wie die Kleinen unter der Erde jubeln und schreien. Andere sagen, man höre einen Brunnen in der Erde rauschen.

Mündlich

Gernsheim

Die Stadt Gernsheim liegt in einer ebenen Gegend am Einfluß des Winkelbachs in den Rhein, drei Stunden von Bensheim und viereinhalb Stunden von Darmstadt. Die Stadt hat mit den Höfen 322 Häuser und 2893 Einwohner... Man findet 52 Bauern, 21 Leineweber, 18 Bäcker, 11 Metzger, 5 Seiler, 28 Schuhmacher, 12 Schmiede, 44 Schiffer und Fischer, 5 Schiffsbauer, 2 Hutmacher usw. Die Häuser sind zum Teil schön und die Straßen ziemlich breit. Die Stadt besteht aus der Vorstadt und aus der eigentlichen Stadt, die teilweise noch mit Gräben und Wällen umgeben und in vier Quartiere geteilt ist. Zu den Hauptgebäuden gehören die 1753 vollendete schöne Pfarrkirche, welche mit einem hohen prächtigen Turm versehen ist, das 1700 erbaute Rathaus und die vormals Domkapitelsche Faktorei. Gernsheim hat eine Industrieschule und gute Torfgräbereien. Hier ist eine Rheinüberfahrt und alle Woche geht ein Marktschiff nach Mainz. Bedeutend sind die Fruchtmärkte, die wöchentlich hier gehalten werden; außerdem hält Gernsheim jährlich noch drei Vieh- und Krämermärkte. Hier ist Peter Schöffer geboren, Fusts Eidam, der vor 1454 die gegossenen Buchstaben erfunden hat.

Die Römer scheinen schon einen festen Standpunkt hier gehabt zu haben, wenigstens hat man schon viele römische Münzen in und bei Gernsheim gefunden. Indessen kommt der Ort zuerst im Jahre 773 in der Heppenheimer Marktbeschreibung namentlich vor. Mehrere Kaiser und Könige zählten ihn unter ihre Königshöfe. Im Jahr 1071 bestätigte Kaiser Heinrich IV. dem Kloster Lorsch mehrere Güterstücke zu Gernsheim. Nachdem dieses Kloster in völligen Besitz des Orts gesetzt war, errichtete es hier eine eigene Vogtei, womit die adelige Familie von Bikkenbach belehnt wurde. Mit dem Kloster Lorsch kam Gernsheim nebst dem Patronat, das das Kloster 907 durch Tausch erhalten, 1232 an das Erzstift Mainz, das Erbvogteirecht aber erst 1283. Im Jahr 1356 erteilte Kaiser Karl IV. dem Flecken Gernsheim Stadtrechte, später erhielt die Stadt noch Marktprivilegien. Das Erzstift blieb auch in Besitz von Gernsheim, bis der Kurfürst Adolf II. die Stadt und das Amt Gernsheim samt dem Rheinzolle um 40 000 fl. dem Grafen Philipp von Katzenellenbogen 1465 verpfändete. So kam die Stadt an Hessen und blieb dabei bis Kurfürst Albrecht von Mainz im Jahre 1520 das Ganze wieder einlöste. Die Rheinfahrt war nach dem Ausgang des Bickenbachischen Mannsstammes an Erbach, von diesem 1522 an Kurmainz und von da 1579 durch Vergleich an Hessen gekommen. Im 30 jährigen Kriege wurde die Stadt nach und nach von verschiedenen Truppen besetzt; 1647 mußten die Festungswerke geschleift werden und 1689 wurde die Stadt durch

Das Schäffer-Denkmal in Gernsheim

Mélacs mordgeübte Scharen fast gänzlich in einen Aschenhaufen verwandelt. Die Stadt war ehedem stark befestigt und hatte eine von der Stadt abgesonderte feste Burg, die mit breiten Gräben, einer Zugbrücke, starken Mauerwerken und einem hohen Turme versehen war. Vor Zeiten war in und bei Gernsheim eine Goldfischerei und Goldwäscherei. In der Nähe lag der beträchtliche nun ausgegangenen Hof Frenkenfeld. Im Jahr 1802 kam die Stadt von Mainz an Hessen.

G. W. J. Wagner, 1829

Faktorei – Handelsniederlassung / Vogtei – Sitz eines Verwalters / Patronat – Schirmherschaft

Der Wildfrevler

In der Umgegend von Biblis trieb sich einst ein berüchtigter alter Wilddieb umher, dem die Förster lang nachstellten, ohne ihn erwischen zu können. Das ging aber auch nicht mit rechten Dingen zu. Eines Abends hatten sich vier Jäger vorsichtig an ihn herangeschlichen, so daß sie nur noch ein paar Schritte von ihm entfernt waren und ihn sicher zu fassen vermeinten, da verwandelte er sich plötzlich in einen Schneisen-block. Die Jäger glaubten, er sei dennoch entwischt, blieben ein paar Minuten an dem Schneisenblock stehen und berieten sich, in welcher Richtung der Wildschütz wohl zu verfolgen sei; einer von ihnen benutzte diese Zeit, um seine Pfeife an dem Pfahl auszuklopfen. Eben dieser Jäger ging des andern Tages allein durch den Wald, da begegnete ihm der Wilddieb, grüßte ihn freundlich und sprach: „Es war aber doch nicht recht von dir, daß du deine Pfeife an meiner Nase ausgeklopft hast, sie tut mir heute noch wehe davon." Zugleich erinnerte er den Jäger an die Reden, die derselbe an dem Schneisenblock mit den andern geführt hatte. Als er das hörte, lief der Jäger fort, so schnell ihn die Beine tragen wollten, denn er merkte jetzt, daß er es mit einem Hexenmeister zu tun hatte. Die Förster ließen aber den Wilddieb fortan in Ruhe, weil sie einsahen, daß sie ihm doch nichts anhaben konnten.

Mündlich

Hofheim

Hofheim, eine sehr ausgedehnte und bekannte Irren- und Verpflegungsanstalt. Sie besteht aus mehreren Häusern und hat mit den hier bewahrten Kranken wohl 400 Bewohner. Die schon früher bedeutenden Gebäude sind in neurer Zeit noch vermehrt worden. Als Landesanstalt steht sie unter Leitung der Provinzialregierung und hat die Aufgabe,

Geisteskranke zu heilen oder, wenn dies nicht möglich, in sicherem Gewahrsam zu halten. Der Arzt der Anstalt, Medizinalrat Dr. Amelung, ist
durch viele glückliche Kuren in der Psychiatrie auch dem Auslande bekannt. Man rühmt die zweckmäßige Behandlung der Kranken und Irren, deren jährlich mehrere entlassen werden, sowie die in jeder Hinsicht ausgezeichnete Verpflegung.

Vor Alters war hier ein zwar kleines Dorf Hoven, das aber eine sehr
reiche Pfarrei hatte, zu welcher Krumstadt, Erfelden, Goddelau usw. gehörten. Jetzt hat die Anstalt zwar eine Kirche, ist aber Filial von Krumstadt. Letztere Veränderung trat ein, als Philipp der Großmütige nach
der Reformation 1533 dies Hofheim in ein Hospital verwandelte und
den Pfarrer nach Krumstadt versetzte. Die hessischen Häuser verwalte-
ten lange diese Anstalt gemeinschaftlich.

Aus: Das Großherzogtum Hessen

Filial – Nebenstelle, Tochtergemeinde

Die schlechten Gemeinderäte

Vor hundert Jahren (so erzählt eine Sage, und es ist also schon sehr
viel länger her) hatten die Gemeinden Reichenbach und Bensheim einen
Prozeß über eine schöne Waldung, die mitten zwischen den Gemarkungen beider Orte lag. Nachdem der Streit lange Jahre gedauert hatte, und
beide Teile es endlich müde waren, die Advokaten mit ihrem Schweiße
zu mästen, kam man dahin überein, daß die Sache auf dem Rathaus zu

Bensheim durch den schiedsrichterlichen Spruch von zwölf von beiden Parteien dazu erwählten Männern geschlichtet werden solle. Von den Reichenbachern wurden sechs Gemeinderäte erwählt, welche das Interesse ihrer Mitbürger aufs beste zu vertreten gelobten. Als aber die Herren zu Bensheim auf dem Rathaus ankamen, hatten die klugen Bensheimer ein Fäßlein ihres besten Weines als Frühtrunk bereitgestellt und tranken nun ihren Gegnern so lange daraus zu, bis dieselben von dem Recht ihrer Wirte ganz durchdrungen waren und den Wald durch feierlichen Spruch Bensheim zusprachen.

So waren die Reichenbacher schändlich betrogen, die falschen Gemeinderäte aber haben bis auf den heutigen Tag keine Ruhe. Auf Advent steigen sie aus ihren Gräbern heraus und tanzen in dem Walde umher, der durch ihre Schuld jetzt zu der Bensheimer Gemarkung gehört. Oft auch sind sie als sechs Irrwische bis in die Straßen von Reichenbach gekommen, sind vor den Fenstern der Leute herumgetanzt und haben sich gebalgt, daß die roten Funken davongefahren sind.

Bensheim

Bensheim liegt an der durch die Bergstraße ziehenden Chaussee, an einem Abhange und gute sechs Stunden südlich von Darmstadt. Die Stadt, durch welche der Winkelbach (Ziegelbach) fließt, ist mit alten Mauern, Türmen und Gräben umgeben, die jedoch größtenteils verfallen sind, hat zwei Vorstädte vor dem Heppenheimer und dem Auerbacher Tor und ist der Sitz des Landrats, des Landbaumeister, des Obereinnehmers und des Steuerkommissars . . . Bensheim hat eine Pfarrkirche zum heiligen Georg, die Hospitals, die Seminariums- oder vormalige Kapuzinerkirche, die St. Michaelskapelle auf dem Kirchhofe, ein ansehnliches, mitten auf dem Markte stehendes Rathaus, neun Mahlmühlen, davon eine in der Stadt, zwei Ölmühlen und zwei Ziegelhütten. Man findet hier ein katholisches Gymnasium, ein Schullehrer-Seminarium für katholische Schulen, schon 1804 entstanden und 1820 neu organisiert mit 20–30 Zöglingen in dem Gebäude des vormaligen Kapuzinerkonvents, eine aus zwei Klassen bestehende Trivialschule für Knaben, zwei Mädchenschulen, ein mit guten Einkünften versehenes Hospital, mehrere milde Stiftungen, eine Tabaksfabrik, mehrere Gerber. Die Einwohner bauen Wein und treiben damit sowie mit anderen Erzeugnissen der Gemarkung Handel.

Die Heppenheimer Straße in Bensheim

Schon 765 bestand Bensheim und kommt unter den Namen Basines-
heim, Basinsheim und Besinsheim vor und wurde schon früh durch viele
Schenkungen Eigentum des Klosters Lorsch, dem auch Kaiser Otto der
Große 956 die Marktgerechtigkeit für Bensheim erteilte. Schon 772 hatte der Ort eine Kirche, die Michaelskirche (Basilica), die im gedachten
Jahre dem Kloster Lorsch übergeben wurde. Im Jahr 1232 kommt Bensheim an Mainz und wird 1321 zur Stadt, obgleich es wahrscheinlich ist,
daß der Ort schon 1318 Stadtgerechtigkeiten hatte. In der bayerischen
Fehde im Jahr 1504 belagerte Landgraf Wilhelm II. die Stadt elf Tage,
bis sie vom Kurfürsten Pfalzgraf Philipp entsetzt wurde ... Im Dreißigjährigen Kriege hatten sich die Franzosen 1644 der Stadt bemächtigt. Sie
wurde aber von den Bayern belagert, weggenommen und alles niedergemacht, was bewaffnet war. Im Orleansschen Kriege 1689 hatte schon
Mélac, der berüchtigte französische Mordbrenner, die Brandfackel über
Bensheim geschwungen, da lag aber zum Glück für die Stadt im Kapuzinerkloster ein französischer General schwer krank darnieder, und die
Stadt war gerettet. Im Jahr 1802 kam Bensheim von Mainz an Hessen.
In neueren Zeiten ist die Stadt sehr oft durch Brand heimgesucht worden; der stärkste war den 12. Mai 1822 ...

G. W. J. Wagner, 1829

122

Die Nonnen in Jugenheim

Auf dem Heiligenberg bei Jugenheim sieht man noch die Ruinen eines vormaligen Nonnenklosters. Da erscheint in gewissen Nächten ein großer Zug von Nonnen, welche mit Kerzen in den Händen und unter frommen Gesängen den Berg umwallen.

Von dem Kloster führte ein unterirdischer Gang ins Dorf. Da, wo derselbe mündet, ist oftmals ein großer Hund gesehen worden.

Mündlich überliefert

Die Bergstraße

Die Bergstraße, strata montana, platea montana, ist eine ebene, an dem westlichen Abhange der Odenwäldischen Gebirge hinlaufende, auf sechs Meilen Wegs von Bessungen bis Heidelberg sich erstreckende, breite, mit hohen Nußbäumen und andern Obstbäumen auf beiden Seiten besetzte Landstraße, welche schon den Römern bekannt war. Sie soll den Kaisern Probus, Gratian und Valentinian ihren Ursprung zu verdanken haben. Daß sie zu Bessungen und nicht, wie einige glauben, erst zu Zwingenberg anfange, lehrt schon eine Urkunde von 1002, worin bei Bezingen der Name der Bergstraße anfängt. Es heißt, daß die Grenze des Forehahi auf der geraden Bergstraße nach Eberstadt hin fortlaufe (hinc rectam montanam plateam ad Herbestat). Diese Bergstraße gab dem umliegenden Land den Namen; man denkt sich unter ihr eine der schönsten und fruchtbarsten Gegenden des deutschen Landes, von Geographen sogar das Paradies von Deutschland genannt. Der Geschichtsforscher Wenck rühmt: „Es würde vergeblich und außer der Sphäre eines Geschichtsschreibers sein, diese Schönheit auch nur unvollkommen zu schildern. Man muß den wilden Anblick der Natur, durch so viele Schlösser noch wilder, die unaufhörlichen Schattierungen in unzählige Winkel gekrümmter, oben mit Wäldern, unten mit fruchtbaren Saaten und Weinreben überdeckter Berge, zu ihren Füßen das Land unter dem reichen Wechsel von Dörfern, wie ein grünender Garten verbreitet und vom Rhein durchschlungen; beinahe von jedem Hügel den Ausblick in die unabsehbaren Ebenen der Pfalz und übrigen Länder bis zum Donnersberg und den fernern Gebirgen hinter Mainz hin; man muß das alles selbst sehen, um hier die Natur im Feierkleid zu fühlen." Wir setzen ei-

An der Bergstraße

nige Worte zu dieser Schilderung hinzu. Die Bergstraße hat guten, wenn auch leichten Boden. Das Klima ist mild, weshalb die Vegetation schon im März beginnt, Mandeln und Kastanien sehr gut fortkommen und das Steinobst gewöhnlich schon zu Ende des März oder Anfangs April blüht. Die Kirsche reift in den ersten Junitagen, das Getreide bis zu Ende Juli. Beides, Getreide und Obst sind Haupterzeugnisse der Landschaft. Der Rebstock liefert gute Weine, die jedoch nur in die Nähe versandt werden. Die Viehzucht ist nicht unbedeutend.

Hier und dort hat man, wie wohl noch selten, Überreste urweltlicher Tiere gefunden. Westlich und nordwestlich an der Bergstraße liegt das sogenannte Ried. Das Bergsträßer Landvolk ist im ganzen schlank und gut gebaut; blaue Augen und volles, blondes Haar sieht man hier sehr häufig.

Aus: Das Großherzogtum Hessen

Der Bär

In den Ruinen des Bickenbacher Schlosses über dem Dorf Alsbach an der Bergstraße erscheint mittags mit dem Schlag zwölf eine weiße Dame. Ein junger Bauer, der nicht gerade einer von den ängstlichen war, begegnete ihr und grüßte sie freundlich, denn er glaubte, es sei irgendeine vornehme Frau aus der Gegend. Da trat sie ihm näher und sprach: „Willst du dein Glück machen, heut' ist der Tag dazu." „Dafür ist mir jede Stunde recht", erwiederte der Bauer, „aber wie soll ich's anfangen?" „Es ist leicht", sprach die weiße Frau, „komm nur die Nacht auf diesen Platz und gib mir drei Küsse, dann sind alle Schätze der Burg dein und ich bin erlöst, aber fürchte dich nicht, wenn ich dir in anderer Gestalt die Schlüssel zu den Schätzen bringe." „Fürchten ist meine Sache nicht", sagte der Bauer, versprach ihr alles und war nachts Punkt zwölf Uhr auf seinem Platz. Da kam eine große Schlange daher, welche die Schlüssel im Maul trug. Dem Burschen graute es zwar, aber er dachte an die Schätze, faßte Mut und blieb fest stehen, bis die Schlange bei ihm war. Eben wollte er ihr den Kuß geben, da trollte sich ein riesengroßer Bär daher, der war ganz mit Messern und spitzen Gabeln bedeckt, schrie: „Zerstechen und zerschneiden!" und ging geradewegs auf den Burschen los. „Ja so war's nicht gemeint", sagte der Bauer und lief weg; während die Schlange klagende Töne ausstieß und rief: „So muß ich denn wiederum warten, bis die Wiege aus dem kleinen Bäumchen fertig ist, darin mein Erlöser gewiegt werden muß!" Was das für ein Bäumchen ist, weiß man nicht, aber daß die Dame noch eine gute Zeit zu warten hat, ist gewiß.

Mündlich überliefert

Das Felsenmeer

Nur schwer trennten wir uns von dem alten Frankenstein und gingen auf dem gewaltigen Bergrücken bis zu dem Felsberg. Ein freundliches Forsthaus liegt auf seinem Gipfel und gewährt auf dieser Höhe, wo man durchaus kein Haus vermutet, einen überraschenden Anblick. Wir kehrten ein, fanden eine freundliche Aufnahme und, was hier jedem Wanderer sehr willkommen sein wird, eine gute billige Bewirtung. Die Aussicht aus dem oberen Fenster, zu deren Schilderung ich mich wirklich zu schwach fühle, ist groß und entzückend.

Bis jetzt hatten wir die Natur in ihrer schöpferischen Fülle bewundert, nun sollten wir sie auch in ihrer rohen Größe anstaunen lernen. Wir gingen nämlich zu der berühmten Riesensäule. Ein schmaler, von Gebüsch überhangener Bergpfad führt dahin.

Der steile Pfad tritt aus den Büschen hervor, und da steht man auf einmal überrascht, ergriffen, erschüttert vor einer breiten Lage furchtbarer, haushoher Granitblöcke, die bis ins Tal hinab einen tiefen breiten Strom bilden, auf dessen Rücken die 32 Fuß lange, aus einem einzigen Granitblock gehauene Riesensäule schwimmt.

Von dem Gefühle des Erhabenen wird man geradezu ergriffen. Es dauert lange, ehe man zur Besinnung zurückkehren und fragen kann: von wann die Masse, woher, wozu die Säule? Die erste Frage ist mit der anderen ganz gleich: von wann die Erde? Denn die Ahnentafel dieser Granitmassen reicht gewiß ebensoweit hinauf als die unserer Erde. Auf die zweite Frage läßt sich mit Wahrscheinlichkeit antworten: von den Römern. Aber wozu? Sollte die Säule als ein Denkmal hier aufgerichtet werden, daß die Römer bis hierher vorgedrungen waren, oder wollte man sie nach Rom schleppen und dort als ein Siegeszeichen aufstellen, daß die Römer über ein Volk gesiegt hätten, das ebenso unbiegsam und ausdauernd sei als diese Steinmasse?

Außer dieser Säule ist hier noch ein Altar, 24 Fuß breit, ebenfalls von den Römern aus einem einzigen Granitblock ausgehauen. Ich gestehe aber, daß ich ihn mit meinen Reisegefährten trotz allem langen, gefährlichen Herumklettern und Suchen nicht finden konnte, sei es, daß ich die Form als solche nicht erkannte oder die Masse wirklich nicht antraf.

Nach etlichen Stunden des Beschauens und Betrachtens stiegen wir in ein enges Tal hinab, um in ihm wieder auf die Bergstraße zu kommen. Hier unten ließ ich noch einmal den Gesamteindruck auf mich wirken. Ich gestehe, daß er noch gewaltiger war als von oben. Schon eine bedeutende Strecke von dem Riesendamm entfernt liegen noch einzelne Blöcke hier und da zerstreut, den Felsenstücken vergleichbar, die einst im Götterkrieg die Titanen zum Himmel schleuderten. Die Granitmassen am Brocken kommen gegen diese weder an Masse noch an Zahl in Betracht. Auch nicht an Härte, denn in ganz Deutschland findet man so keinen Granit mehr. Er ist vollkommen so fest wie der berühmte ägyptische und ist einer schöneren Politur als der Marmor fähig. In Mainz befindet sich ebenfalls eine Säule von diesem Granit. An ihrem Fußgestell steht der Name „Commodus". Es ist also mehr als wahrscheinlich, daß dieser römische Kaiser den Granit vom Felsberg holen ließ. Vielleicht war auch er es, der die Riesensäule dort aushauen ließ.

Der Talweg, den wir jetzt verfolgen – der gewöhnliche Weg von der Bergstraße her in den Odenwald – führte uns unter anderm durch den Flecken Schönberg mit einem auf einem steilen Berge, man dürfte sagen jähen Felsen liegenden einer Gräflich Erbachischen Nebenlinie gehörenden Schlosse. Von hier bis Bensheim führt der Weg durch das Schönberger Tal. Nie hat wohl der Name seinem Gegenstand so sehr entsprochen oder dieser jenen hinter sich zurückgelassen wie hier. Denken sie sich ein enges, von hohen steilen Bergen mit überragenden Felsen, auf deren Stirn schwarze Fichten stehen, gebildetes, unaufhörlich sich krümmendes Tal, alle hundert Schritte von einer reinlichen, laut klappernden Mühle unterbrochen, das sich endlich (bei Bensheim) zwischen zwei Herkulessäulen, die mit Reben bepflanzt sind, endigt!

Ludwig Bocle, 1813

Drei Ritter beschworen

In Stettbach (nicht weit von Jugenheim) wohnte ein Mann, der hieß Struwel und konnte zaubern. Eins der schwersten Stücke, die er gemacht hat, war folgendes.

Eines Abends saßen bei ihm in seiner Stube drei herzhafte junge Burschen, die befragten ihn über ihre Mädchen und über dies und jenes und endlich fragten sie ihn auch, ob er nicht die drei alten Ritter beschwören könne, die noch droben hausten im Burgverließ des Auerbacher Schlosses. Herschaffen könne er sie wohl, sagte der Struwel, aber wie er sie wieder fortbringen solle, das wisse er nicht; deshalb sollten sie abstehen von ihrem Verlangen. Die Burschen aber ließen ihm keine Ruhe und drangen in ihn, bis er endlich nachgab. Er zog nun mit einer Kohle einen Kreis auf dem Fußboden, nahm eine Weidengerte, die bog er und machte Zeichen damit und ging dabei immer rechts im Kreise herum. Auf einmal blieb er stehen und sagte: „Ihr Burschen, ich rat euch, laßt ab von eurem Verlangen, eben steigen die drei Ritter zum Keller heraus, jetzt kann ich sie noch zurückschicken." Die Burschen aber sagten: „Laß sie nur kommen, sie sollen nicht umsonst aus dem Keller gestiegen sein." Da ging der Struwel wieder eine Weile rechts im Kreise herum, dann blieb er wieder stehen und sagte: „Ihr Burschen, besinnt euch, so lang es noch Zeit ist, eben kommen sie droben aus dem Eichwald herausgegangen." Die Burschen meinten, wenn sie so weit gekommen wären, sollten sie auch noch weiter kommen. Der Zauberer ging wieder eine Weile rechts im Kreise herum, dann blieb er noch einmal stehen und sprach: „Ihr lieben Leut', ich bitt' euch, lasset uns abstehen von unserem törichten Beginnen, denn eben kommen sie zum Ort herein."

Die Burschen meinten aber, wenn sie so weit gekommen wären, so sollten sie auch noch weiter kommen. Der Struwel ging wieder ein kleines Weilchen rechts im Kreise herum, da tat es mit einem Male einen furchtbaren Schlag an die Haustür. „Jetzt stehen sie im Hof und warten", sagte der Zauberer, und jetzt kam auch den Burschen das Ding auf einmal ganz anders vor. Sie meinten, wenn die Ritter auch nicht gerade hereinzukommen brauchten, sehen könne man sie doch einmal. „Ich will sehen, was sich noch tun läßt", sagte der Zauberer und indem er noch sprach, sprang krachend die Türe auf und draußen vor der Schwelle standen drei hohe Totengerippe in verrosteten eisernen Rüstungen. Da drehte sich Struwel mit einem Male auf dem Absatz herum und fing an, links im Kreise herumzulaufen, zugleich drehten auch die Ritter sich steif herum, marschierten langsam wieder ab und warfen das Tor zu, daß das ganze Haus in seinen Grundfesten bebte.

Struwel aber lief fort im Kreis herum, endlich sprach er: „Gott sei gelobt, jetzt liegen sie wieder drunten", und stürzte hin wie tot. Die drei Burschen lagen schon längst da und rührten sich nicht. Es hat sie nicht mehr gelüstet, Geister zu sehen.

Mündlich überliefert

Die Muttergotteskapelle bei Dieburg

Auf der östlichen Seite Dieburgs, auf dem Gebiete des früheren Dorfes Altenstatt, das an der Stelle der römischen Niederlassung erbaut war, dem ehemaligen Kapuzinerkloster gerade gegenüber, steht die Muttergotteskapelle, eine Wallfahrtskirche, welche durch ihr wundertätiges Muttergottesbild in der gläubigen katholischen Welt eine große Berühmtheit erlangt hat, so daß am Fest Mariä Geburt Tausende von Wallfahrern zur Muttergotteskapelle ziehen. Man zählt bisweilen 10–12000 Menschen, so daß die Kirche nicht Raum genug bietet und die Schar der Gläubigen zum Teil die äußere Umfassung des Gotteshauses umlagert. Vor sechzig Jahren noch, wo die Gläubigkeit des Volks noch eine größere war, betrug die Zahl der Wallfahrer oft das Doppelte. Bereits 1232 stand hier vielleicht an der Stelle eines römischen Tempels eine Kapelle, welche damals der Mainzer Weihbischof Wilhelm der Muttergottes weihte. 1691 wurde die Kapelle zum Teil abgebrochen und 1701 der übrige Teil mit der alten Pfarrkirche zu den heiligen Aposteln Petrus und Paulus vereinigt, 1720 fand abermals eine Renovation statt und 1743 bis 1763 wurde der jetzige Hochaltar, ein echtes Denkmal des Zopfstils, erbaut. Von dem Muttergottesbild ist bekannt, daß es bereits 1491 vorhanden war. Über eine im Munde des Volkes lebende Sage erzählen die Pfarrakten, „daß eine fromme Königin aus Schweden vor alten Zeiten dieses mirakulose Bild zu Gesicht bekommen und darauf eine solche Lieb dazu gefasset, daß sie selbiges nacher Schweden transportiert, und als hernach sich solches Bild wunderbarlicher Weis verloren, und aber ermeldete Königin erfahren, daß solches wieder nach Dieburg gekommen, hätte sie es zum zweiten Male wieder nacher Schweden transportieren lassen, welches sie aber allda auch zum zweyten mahl verlohren, und mirakuloser Weis zurück anhero gekommen." Diese Sache erscheint denjenigen, welche die schwedische Geschichte kennen, als sehr ungeschickt erfunden. Nur eine Königin aus Schweden befand sich in Deutschland, welche die Macht gehabt hätte, einen solchen Gegenstand, der wie das Muttergottesbild zum Inventar einer Kirche gehörte und der gewiß nicht freiwillig hergegeben wurde, mit sich zu nehmen. Es war die Königin Sophie Eleonora, welche 1631 dem Heere ihres Gemahls Gustav Adolf folgte. Allein uns ist bekannt, daß sie keineswegs für den katholischen Kultus eine besondere Verehrung an den Tag legte, und meine Leser wissen bereits, was der katholische Pfarrer von Seligenstadt voll Entrüstung über ihren Einzug daselbst schrieb und wie er erzählt: „hatte sie vor ihrem Wagen her ihren auf einem Pferde sitzenden Leibaffen, welcher eine Kapuzinerkleidung trug, den Rosenkranz in der Hand und die Platte kahl geschoren hatte, zur Bezeigung ihrer Verachtung gegen die Katholiken."

Ferdinand Dieffenbach

Konfiskation – Einziehung, Beschlagnahme / Inauguraldissertation – wissenschaftliche Arbeit zur Erlangung der Doktorwürde / disputieren – ein Streitgespräch führen / miraculos – wunderbar

Sonnenaufgang auf dem Melibokus

Um zwei Uhr des Morgens – tiefe Stille und Ruhe herrschte noch überall – brachen wir, von einem Boten geführt, von Bensheim auf, verließen nach einer halben Stunde die Bergstraße und schlugen uns nach dem Walde hin. Der Weg wurde hier schon steil. Aber leicht, als wären wir entkörpert, gehoben von der Vorstellung des nahen Genusses – der Führer glaubte, wir wollten entfliehen und keuchte scheltend nach – flogen wir mehr hinauf als wir gingen. Dies war auch nötig, da die Sterne wie herabfallende Juwelen immer mehr schwanden und die noch blieben immer mehr verblaßten. Schon begann der Himmel von Osten sich zu röten. Doch bald hatten wir den Gipfel erstiegen. Tiefe Ruhe herrschte noch überall. Ein dunkles Nebelmeer, wasserrecht geebnet, deckte die ganze weite Gegend. Wir standen auf unserer Bergspitze wie auf einer einsamen Klippe im unermeßlichen Ozean. Voll heiliger Erwartung waren unsere Blicke nach Osten gerichtet. Der liebliche Stern des Morgens flimmerte allein noch am Himmel. Röter und röter wurde es nach dem Aufgange hin, bis sie auf einmal in einem unaussprechlich sanften Lichte

hervorquoll, die herrliche Sonne, das würdigste Symbol der Gottheit. Sie war mit ihrem Strahlendiadem noch nicht geschmückt, als wollte sie unserem Auge, an dem eine Träne des reinsten Entzückens glänzte, vergönnen, sie anzuschauen, ohne zu erblinden. Wahrlich ein Schauspiel – um mit Schiller zu reden – vor dem der üppigste Schwung der Künste verblaßt. O wie reich, wie beseligend kann ein Moment des Lebens sein! Man fragt sich in einem solchen Augenblicke des gesteigerten Daseins: Hast du auch wirklich schon früher gelebt oder lebst du jetzt erst? Ich fühlte es deutlich, wie sich Millionen Knie vor diesem herrlichen Gestirn anbetend beugen können.

Doch nur Augenblicke, da floß schon ein Strahlenmeer von der Sonne aus. Sie schwang sich höher und höher. Der Nebelozean senkte sich, von dem reinen Ätherspiegel über ihm scharf geschieden, wodurch seine Klarheit nur noch mehr gehoben wurde.

Aber noch war alles unter dem Nebel vergraben. Da erhob sich auf einmal der Gipfel des Donnersbergs, dann die Vogesen und das weite Flußbett zwischen ihnen und den Gebirgen des Odenwaldes wurde immer tiefer. Endlich stiegen wie Masten versunkener Schiffe die Turmspitzen von dem Dome zu Mainz, dann die von der Moschee zu Schwetzingen, die von Oppenheim und Worms hervor, bis zuletzt die zahllosen Städte und Dörfer, als würden sie hervorgezaubert, sich emporrichteten. Von dem stolzen Rhein aber ließ die Nebelhülle nur die Wendungen sehen, bis endlich sein Wasserspiegel wie flüssiges Kristall hervorblitzte. Das Feierliche des Ganzen wurde noch durch das Geläute der Morgenglocken gehoben, das aus dem Tale heraufscholl, um den Tag zu verkündigen.

Auf dem Scheitel des Melibokus erhebt sich ein Turm, einer Sternwarte ähnlich, welchen Landgraf Ludwig IX. von Hessen-Darmstadt zur Erweiterung der Aussicht erbauen ließ. Er ist durch eine eiserne Türe verschlossen, über welcher man auf einer Platte eingegraben eine Inschrift liest, die den Berg als den Ursitz der Chatten angibt, wie denn auch wirklich der Name Katzenellenbogen von „Kattemelibokus" entstanden ist. Von unserm Führer erfuhren wir, daß in Alsbach, einem Dorfe am Fuße des Berges, ein Mann wohne, welcher den Schlüssel zu dem Turme habe. Wir schickten ihn hin, und er brachte den Aufseher des Turmes, der nicht nur den Schlüssel, sondern auch ein Fernrohr bei sich hatte. Durch eine Art von Falltür tritt man auf den oben platten, mit einem sichern Geländer versehenen Turm und jetzt erst wird die Aussicht unbeschreiblich.

Ludwig Bocle, 1813

Die Zauberpfeife

In der Gegend von Lorsch lag vor Zeiten ein großer See. Die rings gelegenen Dörfer traf einst eine arge Plage, ein Emsenregen, der so dicht
war, daß die Felder von Ameisen wimmelten und in wenigen Tagen kein
grünes Hälmchen mehr zu sehen war. Die Bewohner wandten sich in ihrer Not an den Bischof von Worms, daß er durch seinen Segen und sein
Gebet die Plage abwende. Der Bischof hieß sie in Prozession die Felder
durchwandeln und Gott um Abwendung der Plage flehen. Als die Prozession in der Nähe des Sees an einem Feldaltar stillehielt, da trat ein
Einsiedler in die Reihen und sprach: „Mich schickt der Herr zu euch
und wenn ihr gelobt, zu tun wie ich euch sage, dann sterben die Emsen
im nächsten Augenblick. Gebet mir, jedes Dorf, welches die Plage traf,
hundert Gulden; ich werde davon dem Herrn eine Kapelle bauen." Das
gelobten alle gern und willig und sogleich zog der Einsiedler ein Pfeifchen aus seiner Kutte und pfiff. Da flogen alle Ameisen herbei, so daß
sich der Himmel von ihnen verdunkelte, und bald standen sie wie ein
schwarzer Turm vor dem Einsiedler, der sie mit einem letzten Pfiff sämtlich im See versenkte. Als aber der Einsiedler zu den Gemeinden kam
und den Gotteslohn verlangte, da schrien sie, er sei ein Zauberer und
verdiene eher verbrannt zu werden. Er sagte ihnen kurz, sie würden ihre
Strafe schon erhalten. Als er aber am letzten Hause des letzten Dorfes
war, zog er sein Pfeifchen aus der Kutte und pfiff und siehe da, die
Schweine der ganzen Gegend brachen unwiderstehlich aus Stall und
Hof und folgten dem Einsiedler, der so rückwärts die Runde in den
zehn Dörfern machte, ohne daß jemand gewagt hätte, ihn zu halten
oder auch nur ein Wort an ihn zu richten. So führte er die Herde bis
zum Lorscher See, wo er mit ihr verschwand.

Im nächsten Jahre verheerte ein Grillenregen die ganze Gegend. Da
sahen die Bauern wohl ein, wie groß ihre Sünde gewesen, und von neuem gingen sie in Prozession durch die Felder, um durch Gebet den Zorn
des Himmels zu versöhnen. Als sie so am Lorscher See anlangten, da
kam ein Köhler vom Gebirge daher, neigte sich tief vor dem Venerabile
und sprach zu der Menge gewandt: „Die Strafe, die euch getroffen hat,
wird alsbald von euch genommen sein, so ihr mir gelobt, daß jedes Dorf
mir fünfhundert Gulden zum Bau eines Klosters zahle. Die Dörfer gelobten es feierlich. Zugleich langte der Köhler ein Pfeifchen aus dem
Sack und pfiff und überall erhoben sich die Grillen und folgten ihm nach
dem Tannenberg, wo bald ein riesiges Feuer sie sämtlich verzehrte.
Doch als der Köhler seinen Gotteslohn forderte, erging es ihm in allen
zehn Dörfern nicht besser wie dem Einsiedler. „Nun, wie ihr wollt",

sprach er ruhig und setzte sein Pfeifchen wieder an und hinter ihm her zog alles Wollenvieh der ganzen Gegend. Er aber zog zum Lorscher See, wo er mit der Herde verschwand.

Das folgende Jahr kam und mit ihm ein solches Heer von Mäusen, als ob sie vom Himmel geregnet wären. Nun wo die Not wieder groß war, konnten die Bauern auch wieder beten und bereuen und die Felder flehend und klagend durchziehen. Als die Prozession wieder am Lorscher See hielt, stand plötzlich ein Bergmännchen in ihrer Mitte, das sprach: „Ich will die Plage schnell von euch nehmen, aber dafür muß jedes Dorf mir tausend Gulden zahlen. Und wenn ihr denn euer Geld nicht Gott zu Lieb' geben wollet, so gebt es wenigsten für euren eigenen Nutzen. Ich baue euch dafür einen Damm an der Bergstraße von Hendesheim (Handschuhsheim bei Heidelberg) bis Ramstadt, so daß die Gebirgswasser euren Fluren ferner nicht mehr schaden können." Wie schnell die Bauern wieder mit ihrem Eide waren! Ebenso schnell griff auch das gelbe Bergmännchen nach dem Pfeifchen, und dem Pfiff folgten die Mäuse zu Millionen. So ging's nach dem Tannenberg, der sich öffnete und als er sich wieder schloß, war weder vom Bergmännchen noch von den Mäusen eine Spur zu sehen. Aber Undank ist der Welt Lohn und den erntete das Bergmännchen nicht weniger als der Köhler und der Einsiedler; doch ließ es wie jene die Strafe auch auf dem Fuße folgen. Als es wieder pfiff, da folgten ihm alle Kinder selbst bis zu den Säuglingen, die sich von der Brust der Mütter losrissen und hinter ihm dreintrippelten. Als der Zug am Tannenberg anlangte, öffnete sich ein großes Felsstück, das Bergmännchen trat in den Berg, die Kinder mit ihm und der Felsen schloß sich wieder und nie sah man mehr eine Spur von den Kindern. Da waren die Bauern mürb, sie trugen, um nicht im nächsten Jahre eine neue Züchtigung zu erfahren, schnell das Geld zusammen und schickten es dem Bischof gen Worms. Seitdem erfuhren sie keine derartigen Plagen mehr.

Mündlich überliefert

Venerabile – Allerheiligstes

Viernheim

Der Marktflecken liegt vier Stunden von Heppenheim an der badischen Grenze, hat 373 Häuser und 2483 Einwohner; unter denselben sind 136 Bauern, 98 Handwerker und 230 Tagelöhner. Hier befindet sich ein Grenznebenzollamt II. Klasse. Das Hauptprodukt ist der Tabak, der von ziemlicher Güte ist und daher sehr gesucht wird. Die große Gemarkung ist sehr sandig, ein Teil besteht aus Flugsand, der beinahe nicht benutzt werden kann.

Der Ort wird 898 erstmals urkundlich erwähnt und gehörte zum Lobdengau. Das Kloster Lorsch erhielt nach und nach das volle Eigentumsrecht, das endlich mit dem Kloster an Mainz kam. Kuno von Falkenstein, Kurverweser zu Mainz, verkaufte diesen Ort 1348 einem Johann von Weinheim für dargeliehene 200 Pfund Heller. Später findet sich der Ort aber wieder abgelöst und bei Mainz: Denn 1439 verkaufte Erzbischof Dietrich das Dorf dem Kloster Schönau um 3000 fl. auf Wiederkauf. Dieses Kloster veräußerte aber Viernheim 1533 um 800 fl. dem Kurfürsten und Herzog Ludwig von der Pfalz, behielt sich aber die Wiederlösung für das Erzstift Mainz vor. In dem Rezeß von 1650 kam Viernheim von Kurpfalz an Kurmainz und 1802 an Hessen.

G. W. J. Wagner, 1829

Rezeß – Vergleich

Heppenheim

Heppenheim hat eine Eisenbahn-Nebenstation und ist Sitz des Kreis-
rates ... Im Jahr 1806 zählte die Stadt noch 3190 Einwohner in 400
Häusern, im Dezember 1843 dagegen über 4500 meist katholische Bewohner, die sich von Ackerbau und Weinbau, Gerberei, Blecherei und
Mühlengeschäften ernähren. Nur die Neustadt ist frei und schön, um
die Altstadt ziehen noch altertümliche Mauern.

Der alte Name ist Hephinheim; nach der Tradition wird dieser von einem römischen Ritter Heppius abgeleitet, der in dieser Gegend eine Villa gehabt haben soll. Früher war diese Stadt Reichsdomäne, zugleich befand sich unter den Frankenkönigen ein Königshof daselbst. Schon 755
wird eine Hauptkirche, Basilica St. Petri, dort erwähnt. Karl der Große
schenkte es aber 773 nebst der ganzen großen Mark und der Peterskirche dem Lorscher Kloster. An das Erzstift Mainz kam Kirche und Stadt
1232. Man hat bis jetzt nicht ermittelt, wann es Stadtgerechtigkeit erhielt, vermutlich besaß es dieselbe schon im 14. Jahrhundert. Im Jahre
1560 wurde die Reformation eingeführt, ein reformierter Prediger und
ein Diakon hatten ihren Sitz daselbst, allein im Dreißigjährigen Kriege
verdrängten die Bayern den protestantischen Kultus und brachten 1630
die Kapuziner. Dafür verjagten die Schweden 1631 die gesamte katholische Geistlichkeit, die erst 1642 wieder zurückkehren durfte, wo abermals den Kapuzinern die Pfarrei übertragen wurde. Zweimal erlitt die
Stadt während dieses Krieges Plünderung, 1643 von Hessen-Kassel,
1645 von Franzosen. Nachmals kam es 1802 von Mainz an Hessen-
Darmstadt ...

Heppenheim ist die letzte Poststation gegen Baden hin; zwischen der
Stadt und dem Dorfe Laudenbach zieht sich die Grenze der Großher-
zogtümer Baden und Hessen hin. Aus dem Odenwalde führt eine Landstraße, welche hier die Bergstraße durchkreuzt, hinüber nach Worms.

Ein bequemer Weg führt uns östlich der Stadt auf einem fast isoliert
stehenden Berge zur Ruine.

Starkenburg, nach welcher bekanntlich die Provinz Starkenburg ihren
Namen führt. Um diese Ruine finden sich Anlagen, die gar anmutig
sind; die Aussicht verlohnt der Mühe, zumal der Weg nicht beschwerlich
ist. Der noch erhaltene viereckie Turm steht mitten im Hofe. Von den
übrigen Gebäuden sind wenig Reste vorhanden ... Gegründet wurde
die Burg 1066 oder 1069. Sie hatte von 1267 bis 1796 ihre eigenen Burggrafen und Burgmänner. Der erste, in einer Urkunde von 1267 erwähnt,
hieß Schys, der letzte Franz Ludwig Freiherr von Breidenbach zu Bür-
resheim, nach dessen Tod 1796 die Stelle nicht mehr besetzt wurde. Un-

135

ter den übrigen finden sich bekannte Namen: Rüdesheim, Schenk v. Erbach, Gemmingen, Frankenstein, Wallbrunn usw. Die Burg litt mit dem
Kloster Lorsch wechselnde Schicksale; 1621 nahmen sie die Spanier in
Besitz, hierauf die Pfälzer, sodann die Bayern. Nach zehn Jahren besetzten sie die Schweden, 1645 belagerte sie Turenne. Mélac wurde mehrmals duch Ausfälle der Besatzung zurückgeworfen und mußte endlich
die Belagerung aufgeben. Im Jahre 1765 befahl der Kurfürst Emmerich
Joseph von Mainz den Abbruch, weil, „die von unseren Truppen nunmehr evakuierte Festung Starkenburg durch die dortigen Amtsuntertanen
zu deren großer Überlast annoch bewachet werde." Man solle, hieß
es dabei, „ohnverweilt gutächtlich berichten, ob die auf erwähnter Starkenburg befindlichen Gebäulichkeiten zu einem dienlichen Gebrauche
zu verwenden, oder in dessen Ermanglung sämtlich einzureißen und die
Materialien demnächst zu verkaufen seien." Der Abbruch begann 1766.
Der mittlere hohe Turm sollte erhalten werden, allein im Sommer 1768
schlug der Blitz in die Kuppel, welche sodann abbrannte. Schon war das
Schloß auf den Abbruch versteigert und man hatte die Festungswerke
und Gärten zu anderweitiger Benutzung verpachtet, da scheint man von
Mainzischer Seite diese Verfügung als einen Fehler angesehen zu haben,
daher kam 1776 der Befehl an das Oberamt Starkenburg, die verpachteten Zwinger und Gärten unbebaut liegen zu lassen, damit sie wieder zu
Festungswerken könnten angelegt werden. Dies ist jedoch nicht geschehen. Im Archiv für Hessische Geschichte und Altertumskunde finden
sich weitere interessante Informationen über die Starkenburg. Die Burggrafen wohnten nicht immer auf der Starkenburg, waren sie aber anwesend, so mußten die hinter Heppenheim gelegenen sechs Mainzischen
Ortschaften (Unter- und Oberhambach, Kirschhausen, Erbach, Sonderbach und Walderlenbach) alle Tage zwei Faß Wasser in das Schloß führen, wofür zwei Brötchen gegeben wurden; die Kellerei Heppenheim
hatte auch einen Esel zu unterhalten, um das Kochwasser in die Schloß-
küche bringen zu lassen. Die Starkenburg war nie ohne Besatzung, die
Unterhaltung derselben kostspielig, die Bewachung war nicht mehr so
notwendig wie in älteren Zeiten; die Kurfürstlich Mainzische Garnison
erhielt daher die Weisung abzuziehen. Der Abzug geschah im Mai 1765
unter einem Korporal über Gernsheim nach Mainz, das Kommando
nahm an Kriegsgerätschaften 120 Gewehre, 1 Faß Patronen, 9 Doppel-
haken, 1220 Pechkränze, 24 Steinkörbe, 9 Pechpfannen, 15 Kisten Kugeln, 44 Morgensterne, 1 leinene Fahne usw. mit nach Mainz. Dem
Oberstleutnant erlaubte auf seine Bitte die Kriegskonferenz zu Mainz,
wegen seines hohen Alters seine Tage in Heppenheim verbringen zu
dürfen und verwilligte ihm eine Pension von monatlich 35 Gulden. Eine

Kompanie mittlern Ausschusses, Unteroffizier mit sechs Mann, blieb zur Bewachung der Palisaden, Türen, Fenster usw. gegen Raubgesindel zurück. Aber schon nach vier Wochen liefen Beschwerden gegen diese ein, worauf jene erwähnte Entschließung des Erzbischofs Emmerich Joseph erfolgte. Das auf der Burg vorhandene Glöcklein kam an die Heppenheimer Pfarrkirche, in welcher es bei gefährlichen Kranken geläutet werden sollte. Altar, Kelch und Gewänder fanden sich in der Burgkapelle. Zum Abbruch: Der alte Barackenbau, das Backhaus, der alte Bau gegen Hambach, der Bau oberhalb des Tores und der Kapelle, das Kommandantenhaus, der Bau gegen die Stadt, das Gehäus der großen Zisterne, die drei großen Gattertore mit Überbau und der aufziehenden Brükke, das Holzwesen über der Wolfsgrube, der runde Turm und das Schilderhaus. – Bei dem Brande im Juli 1768 konnte man am Dachwerk nicht beikommen, weshalb das Feuer von Sonntag um 9 Uhr bis um dieselbe Zeit des folgenden Tages währte, was besonders bei Nacht ein schöner Anblick gewesen sein soll . . .

Aus: Das Großherzogtum Hessen

Hammelkeule aus dem Odenwald

Zutaten: 1,5 kg Hammelkeule; 100 g Speck.
Beize: ¼ l Essig; ¼ l Wasser; 1 Zitrone; 1 Bund Suppengrün; 1 Zwiebel; 6 Wacholderbeeren; 2 Knoblauchzehen; Thymian; Rosmarin.
Zum Braten: Salz; 60 g Butter; 2 Karotten; ⅛ l Beize; ⅛ l Wasser; ⅛ l Sahne; Mondamin.
Fleisch vom Knochen lösen und von Haut und Fett befreien. Speck in Streifen schneiden und die Hammelkeule damit spicken. Zitrone und Knoblauch in Scheiben schneiden und mit den anderen Zutaten für die Beize außer dem Rotwein zum Kochen bringen. Zehn Minuten ziehen lassen. Nach dem Erkalten Rotwein dazugießen und die Keule vier Tage darin liegen lassen. Mehrmals wenden.
Fleisch herausnehmen, abtrocknen und salzen. Butter auslassen, die geviertelten Karotten zugeben und die Keule anbraten. ⅛ l Beize angießen, während dem Braten hin und wieder etwas Wasser nachgießen. Garzeit ca. zwei Stunden bei mittlerer Hitze. 20 Minuten vor Ende der Garzeit den Braten mit Sauerrahm bestreichen. Soße durch ein Sieb streichen und mit Mondamin anbinden. Beilagen: Kartoffeln und grüne Bohnen.

Der Odenwald

Wie grünen die Eichen so frisch und so hold,
Wie glänzet so freudig das sonnige Gold,
Wie rauschen die Quellen so klar und so rein,
Hervor aus dem ahnungsdüstern Hain!
Wie bist du so schön! Dein Name allein
Ergreift schon das Herz mit Zaubergewalt,
Mein grüner, mein herrlicher Odenwald!

Es schmiegen sich zwischen den buschigen Höhn
Die Täler dahin so lachend und schön,
Es klappern die Mühlen am sprudelnden Bach,
Es winket des Kirchturms moosiges Dach,
Die hallenden Glocken rufen mir wach
Der Sehnsucht innige, heiße Gewalt,
Mein grüner, mein herrlicher Odenwald!

Und Herzen voll Liebe und Augen voll Lust,
Und Mädchen mit treubewahrender Brust,
Und freier Sinn, (kein zitternder Knecht!)
Und fröhliche Sitte und gastliches Recht —
Wie trägst du das alles so blühend und echt!
Es zieht mich nach dir mit stiller Gewalt,
Mein grüner, mein herrlicher Odenwald!

Im zerfallenen Schlosse beim Abendschein,
Da füll' ich den Becher mit funkelndem Wein!
Es weiden die Herden auf duftigem Hang,
Es tönet im Walde des Jägerhorns Klang,
Es schallt aus der Tiefe der Glocken Gesang —
Da ruf' ich hinaus mit Donnergewalt:
Hoch lebe mein herrlicher Odenwald!

Und muß ich einst scheiden, ach scheiden von hier,
Mein sehnendes Herz hängt ewig an dir!
Dein blühendes Tal und den düsteren Hain,
Die rauschende Mümling, sie lieb' ich allein;
Und schläft einst mein Auge für immerdar ein,
So schwebet mein Herz mit letzter Gewalt
Nach dir noch, mein herrlicher Odenwald!

C. Scriba

Neckarsteinach

Neckarsteinach ist mit einer Ringmauer umgeben und hat 143 Häuser und 1271 Einwohner. Unter den Handwerkern sind viele Rotgerber, von welchen einige ihr Gewerbe fabrikmäßig betreiben und namentlich ein sehr gutes Sohlenleder fabrizieren. Die Einwohner nähren sich stark von Schiffahrt, Schiffbau, Fischerei, Holzhandel und Steinbrechen. Auch werden jährlich drei Märkte gehalten.

Die Kirche ist zum Teil aus dem 15. Jahrhundert, zum Teil jünger. Sie enthält schöne Glasgemälde, ein schönes Monument und Grabsteine der Landschaden von Steinach, namentlich aus den Jahren 1369 und 1377. Die übrigen gehören einer späteren Zeit an. Hans Landschaden, der auch hier begraben liegt, nahm zufolge der Inschrift die lutherische Religion an. Die Landschaden von Steinach, ein weitberühmtes Geschlecht, hatten hier ihren Sitz. Sie kamen im 12. Jahrhundert aus Meissen, teilten sich in mehrere Linien, von denen die vier Burgen erbaut wurden, und erlosch 1653 mit Friedrich Landschad von Steinach mit Hinterlassung einer Tochter. Das mit diesem Geschlecht verwandte Haus Metternich ward der Erbe ihrer unmittelbaren Güter. Unter den Landschaden, die später diese Gegend von Worms und Mainz zu Lehen trugen, erhob sich der Ort, der zum Kanton Odenwald gehörte, in einer unbekannten Zeit zur Stadt. Der erste hiesige lutherische Geistliche soll von Luther selbst der Gemeinde vorgestellt worden sein. Die vier Burgen, die die Gegend so malerisch machen, liegen auf dem schroffen Abhange eines hohen waldigen Bergrückens. Sie sind: Schadeck, am entferntesten von Neckarsteinach, vom Volke das Raubschloß oder das Schwalbennest genannt; sie ist die kleinste und liegt höher als die übrigen über dem schwindelnd steilen Absturze eines Steinbruchs, hat zwei hohe runde Türme, Brustmauern und anderes Gemäuer und ist unbewohnt. Die Hinterburg, rechts von der vorigen gelegen, ist eine malerische Ruine mit doppelten Ringmauern, einem hohen viereckigen Turm und einem verschütteten Brunnen. Von dieser Burg genießt man die schönste Aussicht. Die Mittelburg ist neuer, geräumiger und wird noch bewohnt. Sie hat einen großen viereckigen Turm und ist von Ökonomiegebäuden umgeben. Am Eingang in den Hof befindet sich das Metternichsche Wappen. Die Vorderburg liegt neben der dritten, hat wenige Gewölbe, mehrere mit Efeu bewachsene Mauerreste und einen viereckigen hohen Turm. Am Tor sieht man das Wappen des Erbauers und seiner Gemahlin und die Jahreszahl 1568. Im Jahr 1802 kam Neckarsteinach von Mainz an Hessen.

G. W. J. Wagner, 1829

Der Baum im Odenwald

Es steht ein Baum im Odenwald,
Der hat viel grüne Äst';
Da bin ich schon viel tausendmal
Bei meinem Schatz gewest.

Da sitzt ein schöner Vogel drauf,
Der pfeift gar wunderschön;
Ich und mein Schätzlein lauern auf,
Wenn wir mitnander geh'n.

Der Vogel sitzt in seiner Ruh',
Wohl auf dem höchsten Zweig;
Und schauen wir dem Vogel zu,
So pfeift er allsogleich.

Der Vogel sitzt in seinem Nest,
Wohl auf dem grünen Baum;
Ach Schätzel bin ich bei dir g'west,
Oder ist es nur ein Traum?

Und als ich wiederum kam zu dir,
Gehauen war der Baum;
Ein and'rer Liebster steht bei ihr,
O du verfluchter Traum.

Der Baum, der steht im Odenwald,
Und ich bin in der Schweiz;
Da liegt der Schnee und ist so kalt,
Mein Herz es mir zerreißt.

Aus: Des Knaben Wunderhorn

Hirschhorn und Neckarsteinach

Wählt man von Lindenfels aus die Straße südwärst nach dem Neckartal, so bieten sich uns als Endpunkte zwei Hessische Besitzungen, gleichfalls reich an malerischen Schönheiten, zunächst Hirschhorn, der Sitz Mainzischer Lehensleute, der Edlen von Hirschhorn, eine der ältesten Städte des Neckartals, welcher König Wenzel 1391 Stadtprivilegien erteilte und dann 1404 König Ruprecht das Recht zur Abhaltung eines Wochenmarktes verlieh. Die Familie der Edlen von Hirschhorn starb mit Friedrich von Hirschhorn, welcher im Jahr 1600 den letzten der Edlen von Handschuchsheim im Duell erstach, nachdem ihm sein Sohn im Tode vorangegangen, aus. Sein Schicksal war dasjenige seines einstigen Gegners, auch er wurde zu Heidelberg im Zweikampfe erstochen. Ehedem war die Stadt der Sitz eines Karmeliterklosters, dessen heute noch vorhandene, im reinsten gothischen Stile erbaute Klosterkirche zu den kunstgeschichtlich merkwürdigen Baudenkmalen des Großherzogtums zählt. Das Kloster, zeitweise während der Reformation aufgehoben, bestand bis zum Jahr 1805. Die Stadt kam, nachdem die Edlen von Hirschhorn ausgestorben, wieder in den Besitz des Lehnsherrn, des Kurfürsten von Mainz, und ging 1802 in der Folge des Friedens von Lüneville an Hessen über.

Das Städtchen gewährt von dem badischen Ufer des Neckars aus mit seinen dicken Stadtmauern und Türmen, überragt von dem Schloßberg, auf dessen Spitze sich die zum großen Teil erhaltene merkwürdige Burg erhebt, einen ungemein malerischen Anblick, welcher nur noch überboten wird durch die Mannigfaltigkeit, welche die Landschaft neckarabwärts bei Neckarsteinach darbietet.

Neckarsteinach führt seinen Namen nach der Steinach, welche hier in den Neckar einmündet. Die Stadt war ehedem der Sitz einer kleinen Dynastenfamilie, der Bligger von Steinach, Mainzischer Lehensleute, nach deren Aussterben die Stadt an Mainz zurückfiel und gleich Hirschhorn 1802 an Hessen kam. Schon frühe, schon zu Ende des dreizehnten Jahrhunderts, treten Bligger oder die Blicker von Neckarsteinach als Blicker Landschade oder als Landschaden von Neckarsteinach auf. Folgende von A. J. Grimm mitgeteilte Sage knüpft sich an die Entstehung dieses schmähenden Beinamens.

Ein Blicker von Steinach, so lautet die Tradition, habe dem Lande großen Schaden getan und Reisende und Schiffe überfallen und geplündert. Weil aber nach einer Verordnung des Kaisers niemand eine Burg besitzen sollte, es sei denn „ohne des Landes Schaden", so habe man seine Burg „aus welcher des Landes Schaden hervorging," die „Landscha-

Blick auf Hirschhorn

denburg" und ihn den „Landschaden" genannt und er sei vom Kaiser mit
Namen geächtet worden. Über die weiteren Schicksale dieses geächteten
Landschadens bestehen nun zwei Versionen. Die eine Sage behauptet,
sein Sohn Ulrich sei aus Sehnsucht nach mannhafter Tat und von dem
Wunsche beseelt, die Schmach seiner Familie auszulöschen, mit Kreuzfahrern nach dem heiligen Lande gezogen und habe nicht nur bei der
Belagerung von Smyrna und in dem Feldzug von 1345 Wunder der Tapferkeit getan, sondern auch den Sarazenenführer erschlagen. Die andere
erzählt, geächtet und flüchtig sei der erste Landschaden nach der Türkei
gekommen, habe das Vertrauen des Sultans gewonnen und so einst die
Gelegenheit eines einsamen Spaziergangs benützt und dem Feinde der
Christenheit das Haupt abgeschlagen. Beide Sagen stimmen aber darin,
daß Ulrich mit dem Haupte des Sarazenenführers oder Türkensultans
nach Deutschland zurückgekehrt, worauf er vom Kaiser begnadigt worden sei und die Erlaubnis erhalten habe, den gekrönten Kopf im Wappen zu führen. Ein Grabstein in der Kirche zu Neckarsteinach wird als
das Grabmal jenes siegreich heimgekehrten Landschaden bezeichnet. Er
enthält die einfache Umschrift: 1369 in Sancti Michaelis obiit Ulricus
Landschad miles. Es genüge über diese Sage, daß wir in derselben eine

jener Familientraditionen vor uns haben, wie sie in ähnlicher Weise von einer Reihe adliger Familien zum Preise des Ahnherrn erzählt werden, und wir verweisen in dieser Beziehung nur auf das bekannte Uhlandsche Gedicht von den „Schwabenstreichen" und auf die Sage von jenem Egenolf von Rappoltsstein, der vor Damaskus einen Türken in der Mitte auseinanderhieb.

Berühmt ist Neckarsteinach durch seine Lage, seine vier Burgen, Schwalbennest, Mittelburg, Vorderburg und Hinterburg, welche die ehedem unüberwindliche Zitadelle Dilsberg gegenüber in malerischem Halbkreis das Neckarufer umlagern. Maler und Naturfreunde suchen das Städtchen, in dessen Gasthof „Zur Harfe" man ein treffliches Unterkommen findet, in der schönen Jahreszeit mit Vorliebe auf.

Ferdinand Dieffenbach

1369 in die Sancti Michaelis obiit Ulricus Landschad miles. – Am Tag des Heiligen Michael 1369 starb der Ritter Ulrich Landschad. / Epitaphium – Grabmal mit Inschrift

Neckarsteinach

Der letzte Hirschhorn

Zu Hirschhorn liegt im Sterben
Ein siecher Greis,
Zur Brust das Haupt gesenket
Wie Silber weiß.

Der spricht: „Vor dreißig Jahren
Da focht ich gut,
Da floß von meinem Degen
Des Gegners Blut.

Zu Heidelberg am Markte
Erlag er mir,
Der Handschuhsheim, noch seh' ich
Ihn selber schier.

Es warf sich seine Mutter
Wohl über ihn
Und fluchte mir, dem Mörder,
Als er dahin."

„So wie du mir getötet
Den einz'gen Sohn,
So soll auch dir geschehen
Zu blut'gem Lohn!

All deinen Kindern werde
Ein früher Tod!
Der Hirschhorn Letzter, ende
Du selbst in Not!"–

„Wohl sind seit jenem Tage
Im Lauf der Zeit
Elf Söhne mir gefallen
Im blut'gem Streit.

Noch aber lebt der Zwölfte
In Kaisers Heer,
Darum auch fällt das Sterben
Mir jetzt nicht schwer."

Drauf faltet er zum Beten
Die matte Hand;
Da kommt's hereingerasselt
Im Stahlgewand:

Vom Kaiserheer ein Bote,
In bleicher Hast.
„Was bringst du?" schreit der Alte,
Von Angst erfaßt.

„Ach! – euer Sohn" – so lautet
Des Kriegers Spruch.
„Ich weiß genug! Es hat sich
Erfüllt der Fluch."

Er rief's, da ist erlegen
Sein Herz der Pein;
So ging der letzte Hirschhorn
Zur Ruhe ein.

J. N. Vogl

Das weiße Mäuschen

Ein junger Mensch in Hirschhorn wurde allnächtlich vom Alb heimgesucht. Seine Mutter konnte das zuletzt nicht mehr ansehen und suchte
Rat dagegen, den sie auch bald fand. Sie verabredete sich mit ihrem
Sohn, er solle ihr ein Zeichen geben, wenn er des Albs Ankunft gewahre,
breitete, als er abends im Bette lag, ein weißes Tuch über ihn und hielt
sich in der Nähe. Es dauerte nicht lange, so schlupfte der Alb durch das
Schlüsselloch herein, der Sohn gab das Zeichen und war im selben Augenblick auch schon seiner unmächtig, fing an zu seufzen und zu wim-
mern. Da sprang die Mutter hinzu, schlug rasch die vier Zipfel des weißen Tuches zusammen und legte es in eine Schublade der Kommode;
den Schlüssel ließ sie stecken. Zugleich atmete ihr Sohn tief auf, als ob
eine zentnerschwere Last von seiner Brust genommen sei; daraus ersa-
hen sie, daß es ihnen geglückt war, den Alb zu fangen.

In derselben Stunde aber starb in Erbach plötzlich ein Mädchen, ohne
daß man wußte, was für eine Krankheit es gehabt haben könne. Es ward
gekleidet und auf die Bahre gelegt und sollte begraben werden. Da traf
sich's, daß der Bursche in Hirschhorn, der schon zwei Nächte vom Alb
frei geblieben war, am dritten Tage zufällig den Schlüssel von der
Schublade abzog, worin das Tuch lag. Sogleich schlupfte ein weißes
Mäuschen aus dem Schlüsselloch und lief zur Tür hinaus. Zur selben
Stunde wollte man den Sarg des Mädchens in Erbach schließen, da fuhr
ein weißes Mäuschen zur Tür herein und in den Mund der Toten, welche alsbald die Augen weit öffnete und nicht wenig erstaunt war, sich im
Sarge zu finden.

Mündlich überliefert

Des Müllers Töchterlein

Langsam.

Aus dem Odenwald, Franken u. Thüringen.

Mei-ster Mül-ler thut mal se-hen, was in sei-ner Müh-le ist ge-

sche-hen; denn das Rad das bleibt ganz stil-le stehn, es muß et-

*Var. in Schlesien.

was zu Grun-de gehn.

Meister Müller tut mal sehen,
Was in seiner Mühle ist geschehen:
Denn das Rad, das bleibt ganz stille stehn,
Es muß etwas zugrunde gehn.

Die Frau Müllerin sprang wohl auf die Kammer,
Schlug die Hände überm Kopf zusammen:
„Haben wir das einz'ge Töchterlein,
Und das muß uns ertrunken sein!"

„Frau, ich bitt dich um tausend Gotteswillen,
Laß nur Gott seinen Wunsch erfüllen;
Laß das Kind in seiner Qual und Pein,
Ihm hier und dort empfohlen sein!"

„Kommt, ihr Jungfraun, kommt gegangen!
Seht das Rad hat mich gefangen.
Kränzet mir mein Haupt mit Rosmarin,
Dieweil ich Braut und Jungfer bin.

Liebste Eltern, tuts dran wagen,
Laßt mich durch sechs Träger tragen;
Traget mich dem Kirchhof zu,
Daß ich schlaf in guter Ruh!

Dort in jenem Rosengarten,
Tut der Bräut'gam auf mich warten,
Ja, bei Gott in Ewigkeit,
Da steht mein Brautbett schon bereit."

146

Erbach

Die Residenz der Grafen von Erbach-Erbach in ausgezeichnet schöner Gegend an der Mümling hat ungefähr 2200 meist lutherische Einwohner, welche als Hauptgewerbe die Gerberei und Tuchmacherei treiben, auch rühmt man die hier gefertigten Jagdgewehre. Die meisten Fremden zieht die schöne Gegend und der Rittersaal an. Die Sammlungen, welche der im Jahr 1823 verstorbene Graf Franz von Erbach-Erbach hier mit großen Kosten aufgestellt, sind höchst schätzbar. Der Rittersaal sowie die Gewehrkammer und die Zimmer des obern Stockwerkes sind wichtig und sehenswert. Rechts vom Eingange liegt der im gotischen Stil erbaute und mit sehr schönen Glasmalereien in den hohen Fenstern gezierte Saal. Hier ist fast alles altertümlich, so. z. B. der Ofen vom Bergschloß Rodenstein. Ritterrüstungen aus verschiedenen Jahrhunderten, Panzer, Schwerter usw. setzen den Beschauer in Erstaunen und fesseln den Kenner solcher Schätze. Schon am Eingang stehen Ritter in ihren Rüstungen; einer derselben, ein berüchtigter Raufbold, Konrad Schott, der Feind Götz von Berlichingens, wurde mit dem nämlichen Schwert enthauptet, welches er noch in Händen hält. Alle hier befindlichen Rüstungen sind echt und beglaubigt. Wir machen aufmerksam auf die von Philipp dem Guten, Herzog von Burgund, von Kaiser Friedrich III., von Maximilian I. dem letzten Ritter, vom Markgrafen Albrecht von Brandenburg, vom Herzog Johann Ernst von Sachsen, von Gustav Adolf von Schweden und dem kaiserlichen General Wallenstein. Aus Heilbronn brachte man in diese Sammlung die Rüstungen von Franz von Sickingen und Götz von Berlichingen mit der eisernen Hand. Auch ist die kleine Rüstung aufbewahrt, welche Thomele, Leibzwerg des Erzherzogs Ferdinand v. Östreich getragen, als man ihn bei einem Hochzeitsfeste in einer Pastete auf die Tafel setzte. Sechszehn Ritter stehen, andere sind zu Pferde und die Turnierrosse haben gleichfalls die bei solchen ritterlichen Kampfspielen üblichen Rüstungen an. Die Waffen und Rüstungen von Grafen aus dem Hause Erbach sind aus verschiedenen Jahrhunderten zusammengestellt und geben einen belehrenden Überblick, wie sich Ritterwehr und Waffen mit der Zeit ändern mußten. An den Rittersaal stößt eine kleine Kapelle, wo man den Steinsarg zeigt, welcher anfangs die Gebeine von Eginhard, Emma und Gisela barg. Die Gewehrkammer bewahrt Feuerwaffen von ihrer ersten Erfindung und rohen Einrichtung bis zu der gegenwärtigen Vervollkommnung; einzelne erinnern auffallend an die sogenannten Höllenmaschinen, wie sie neuerdings wieder eine geschichtliche Rolle spielten. Der Waidmann erblickt hier mit wahrer Lust außer einigen seltenen Naturspielen von

Wild eine Geweihesammlung von großer Vollständigkeit, die mit dem Spießer beginnt und bis zum Zweiunddreißigender geht. Im obern Stock waren die Wohnzimmer des erlauchten Sammlers dieser Kunstschätze und Raritäten; drei Zimmer enthalten viele römische und einige griechische Altertümer. Eine Statue Hadrians, Trajans und Merkurs als Kind, etwa 20 Büsten und einige Hermen sind da aufgestellt; man zeigt ferner römische und griechische Waffen, Zenturien-Adler und einen Legions-Adler. Ein Schrank enthält allerlei römische Gefäße, Hausgeräte, Penaten u. dgl. Merkwürdig ist ebenso die Sammlung etrurischer Vasen, die durch Form und Zeichnungen den Schönheitssinn des Beschauers anziehen und befriedigen. Ferner bemerken wir die ägyptische Mumie, eine ganze Papyrusrolle und das Fragment einer andern mit zwei Kolumnen altägyptischer Schriftzüge, der Inschrift von Rosette ähnlich. Auch von fremden Völkern enthält diese Sammlung manches sehr Interessante.

Der Freund unserer altdeutschen Nationalliteratur findet in dem Gräflich Erbachischen Hausarchiv die älteste Pergamenthandschrift des „welschen Gastes", eines Gedichtes von Thomasin von Tirckeler. Dieser Dichter war aus Friaul und vollendete um 1216 sein für Kenntnis der Sitten und Ansichten jener Zeit höchst wichtiges Lehrgedicht, von welchem bis jetzt nur Bruchstücke gedruckt sind. Die Erbacher Handschrift mit Abbildungen ist von 1248, und ohne Zweifel die prachtvollste von allen, die bis jetzt von dem Gedichte aufgefunden sind ...

Erbach hat gute Schul- und Lehranstalten. Das jetzige Schloß ist erst seit 1736 erbaut, doch ist ein Turm in der Mitte Überrest des alten Schlosses, das schon 1146 erbaut, einem Herrn Eberhard gehörte, welcher Name in der gräflichen Familie gewöhnlich ist. Man weiß nicht, ob der Name Erbach, alt Erdbach, Erdtpach, von dem in der Nähe befindlichen Bache, welcher auf eine Strecke von einer kleinen halben Stunde unter der Erde fließt und am Fuße des Berges bei Stockheim wieder hervorsprudelt, also mit Recht ein Erdbach heißt, abzuleiten sei. Als Ludwig

Der Rittersaal zu Erbach

der Fromme 815 an Eginhard den Ort Michlinstadt mit dem Gebiete von zwei Meilen im Umkreis schenkte, muß auch diese Gegend inbegriffen gewesen sein. Eginhard gab diese Besitzung nachher an Lorsch. Ich habe vorhin die Erbauung des Schlosses erwähnt. Ein Breuberger Dynast hatte dies später zur Hälfte gekauft, worüber die Stammverwandten stritten. Ludwig der Bayer belehnte 1320 einen Eberhard wieder mit dem Schlosse. Nach seinem Tode wollten auch die weiblichen Erben eintreten, da gab es neuen Streit bis 1365, wo nach dem Ausspruch des Kurfürsten von der Pfalz Eberhards Erben allen Ansprüchen auf das

Schloß Erbach entsagten. Seit 1498 wurde Erbach, von Michelstadt getrennt, eigene Pfarrei. Zuletzt kam es 1806 unter die Hoheit von Hessen-Darmstadt.

Aus: Das Großherzogtum Hessen

Hermen – Büstenpfeiler / Zenturie – altrömische, hundert Mann starke Sonderabteilung / Penaten – Hausgötter / Dynast – kleiner Fürst

Der Schlapper

In einem sehr alten Hause zu Erbach wohnte früher ein Geist, welcher Schlapper genannt wurde. Er schlappte geräuschvoll die Treppen auf und ab und klapperte an den Türklinken. Er hat sich nie in menschlicher Gestalt gezeigt, wohl aber haben ihn die Hausbewohner zu wiederholten Malen nachts in der Küche alles durcheinanderwerfen hören (obgleich man morgens nichts außer seinem Platze fand) und in der Gestalt eines schwarzen Katers Waschschüsseln aussaufen sehen. Ein junger Arzt, der in dem Hause wohnte und einen Fremden bei sich hatte, wachte nachts darüber auf, daß ihn dieser mehrmals bei Namen rief. Als er ihn fragte, was er wolle, erwiederte der: „Ob er denn noch nicht bald fertig mit anziehen sei?" „Ich bin ja noch nicht aus dem Bette gekommen", erwiederte der Arzt. Da erzählte ihm der Fremde, wie seit einer halben Stunden eine Gestalt, die er für seinen Freund gehalten, geräuschvoll in dem Zimmer auf und ab gegangen sei, so daß er nicht anders geglaubt, als daß er zu einem Kranken verlangt werde und sich im Auf- und Abgehen anziehe. Wie er seinen Freund bei Namen gerufen habe und der aufgewacht sei, wäre die Gestalt augenblicklich verschwunden.

Mündlich überliefert

Michelstadt

In einer der anmutigsten Gegenden an der Mümling liegt Michelstadt. Diese Stadt mit 3300 meistens lutherischen Bewohnern ist im Innern altertümlich, besonders zeigt dies der Marktplatz. Sie hat sehr viel Gewerbfleiß und Betriebsamkeit. Weithin bekannt sind: Die Tuchfabrik von den Gebrüdern Rexroth und Arzt, die Zeugdruckerei von den Gebrüdern d'Orville und das nahe bei der Stadt zu Steinbach befindliche Hütten- und Hammerwerk von Kröber und Comp. Letzteres bearbeitet im Durchschnitte jährlich 10 000 Zentner Stabeisen, 1000 Zentner gewalztes Eisen, d. h. Eisenblech, wobei 200 Fuder Holz und 12 000 Zentner Steinkohlen verbraucht werden. Außer den gewöhnlichen Schulen, die in gutem Stande sind, hat die Stadt eine Realschule, um deren Gründung und Blüte der Graf von Erbach-Fürstenau sich große Verdienste erwarb. Zum Flore der Stadt trägt auch die seit wenig Jahren errichtete und immer mehr in Aufnahme kommende Wasserheilanstalt von Dr. Scharfenberg bei; die Wohnungen derselben sind vor der Stadt; Fremde und Reisende besuchen sie und verweilen sehr lange, zumal wenn in günstigen Jahren wie 1846 die Kurzeit schon im Monat April anfangen kann. Seit kurzem hat Michelstadt eine Postexpedition.

Schon der Name Michelstadt verrät ein hohes Alter; er wird jedenfalls nicht von Vetter Michel; den man im Odenwalde kennt, nicht vom deutschen Michel, sondern eher von dem altdeutschen michil, michel groß (als dessen Gegensatz luzil, lüzel = klein gilt, das sich auch bei einigen odenwäldischen Orten, z. B. Lützelbach oder in Zusammensetzung Lützel-Rimbach noch erhielt) abzuleiten sein. Grimm vermutet, daß zur Zeit der Schenkung an Eginhard eine dem Erzengel Michael geweihte hölzerne Kirche hier gestanden und dem Ort seinen Namen gegeben habe. Auch Schneider leitet den Namen von dem alten Kirchenpatron Michael ab. Doch läßt sich für diese Vermutung kein Zeugnis beibringen, vielmehr ist nur zu wahrscheinlich, wenn die hölzerne Kirche dem Michael geweiht war, so würde dies die Schenkungsurkunde gewiß angeführt haben. Wir leiten also lieber von michil groß ab. Der Schenkung Ludwigs an Eginhard haben wir mehrmals gedacht. Die Worte sind: „Einen Ort in Deutschland, der Michlinstadt heißt, in dem sogenannten Odonewald, in dessen Mitte eine hölzerne Kirche sich befindet und wozu auf jeder Seite hin an Feld und Wald eine Strecke von zwei Stunden oder einer Meile gehört. Dabei sind 14 Knechte mit ihren Weibern und Kindern und über dieses 40 Leibeigene männlichen und weiblichen Geschlechtes." Der neue Besitzer ... stiftete statt der hölzernen Kirche eine steinerne, vermutlich an derselben Stelle, wo jetzt die gotische Kirche steht. Die in der alten Kirche verwahrten Bücher rühren von einer Bibliothek her, welche Niklas Metz, der Heiligen Schrift Doktor und Sechspfründner zu Speyer, im Jahr 1499 hierher schenkte. Er war entweder hier geboren oder sonst der Stadt Dank schuldig. Sie bestand aus 170 angeketteten Büchern und wurde in der Folge durch Geschenke der gräflichen Familie ansehnlich vermehrt. Von jener ersten Stiftung rühren

Der Marktplatz zu Michelstadt

noch die hier befindlichen, mitunter sehr alten und seltenen Druckschrif-
ten her. Die Kirche wurde, wie deutliche Spuren zeigen, im 15. und 16.
Jahrhundert erweitert. Sie hat verschiedene Grabstätten, z. B. die Gruft
der Grafen von Erbach. Michelstadt kam vermutlich durch die Vogtei

der Pfalzgrafen über das Kloster Lorsch an die Schenke von Erbach. Die dasige Burg hatte in früherer Zeit eigene Burgmannen. Im Jahr 1806 kam Michelstadt unter hessische Hoheit.

In der Gemarkung hat man Brüche von Kalk und rotem Sandstein, besonders aber ein Eisenbergwerk, dessen Erze zu Steinbach geschmolzen werden.

Kaum eine Viertelstunde von Michelstadt, nahe bei dem gräflich Erbachischen Schloß Fürstenau stehen die Reste des ehemaligen Klosters Steinbach in dem Dorfe gleichen Namens ... Es war ein der Ordensregel des heiligen Benedikt zugetanes Frauenkloster und der Jungfrau Maria geweiht. Nur sehr spärliche Nachrichten von den Klosterfrauen zu Steinbach sind erhalten. Zeit der Erbauung, Stifter oder Stifterin sind gänzlich unbekannt; nicht einmal sämtliche Besitzungen und Einkünfte lassen sich angeben, was man doch sonst wohl bei den meisten Klöstern genau weiß. Die Stelle, auf welcher das Kloster steht, gehört zu der mehrerwähnten, dem Eginhard geschenkten Besitzung, deren Mittelpunkt Michlinstadt bildete. Im Schenkungsbriefe wird Steinbach nicht erwähnt. Die Begründung einer Probstei zu Steinbach fällt zwischen 828 und 1089 ... Durch Graf Franz von Erbach wurde 1810 eine Untersuchung des eingestürzten Teils der Kirche befohlen; es ergab sich, daß die Kirche ihrem Baustil nach zu den ältesten kirchlichen Bauwerken in Deutschland gehörte... Die Nonnen bewahrten Zucht und Sittenreinheit. Späterhin kamen wenig Stiftungen oder Schenkungen zu Gunsten dieses Klosters vor, es blieb arm; ja man entzog ihm Güter. Gegen die Mitte des 15. Jahrhunderts war Mekela von Rodekem die „meynstereyn" (Meisterin, Vorsteherin) des Klosters; auch eine Maria, Schenkin von Erbach starb 1470 als Konventualin daselbst. Die letzterwähnte Meisterin, Katharina Weylerin, schloß 1525 mit Schenk Eberhard von Erbach einen Vertrag über Gütertausch. Dieser Eberhard verfügte nachher über Besitzungen des Klosters; er hob es 1535 gänzlich auf und verwandelte es in ein Hospital. Dies ging im Dreißigjährigen Kriege auch ein, und die Zehnten wurden an Michelstadt und Erbach verliehen ...

Unfern von Michelstadt liegt auch das Schloß Fürstenau ganz stattlich im Tal, die Residenz des Grafen von Erbach-Fürstenau. Zwei der vier Ecktürme des alten Schlosses waren schon 1356 vorhanden. Das Schloß umgibt den Hof auf drei Seiten; vorne werden die beiden vorspringenden Flügel durch einen Torbogen verbunden, der sich fünfzig Fuß breit und vierzig Fuß hoch öffnet. Das neue Palais ist diesem merkwürdigen und hochgeschwungenen Torbogen gegenüber erbaut. Die englischen Gartenanlagen, jedem Gebildeten zum Besuche offen, sind mit Denkmälern geziert und prangen durch üppigen Pflanzenwuchs. Der Name Fürstenau hat wohl ähnlichen Ursprung wie die Talnamen Blumgau und Rosenaue. Dies Schloß kam wahrscheinlich von Lorsch an Kurmainz. Im Jahre 1316 machte ein Mainzer Bischof den Schenk Eberhard zum Schirmherrn des Schlosses Fürstenau. Auch dieses kam 1806 unter hessische Hoheit.

Das gleich hinter Fürstenau liegende große Eisenwerk, das ich oben erwähnte, war sonst gemeinherrschaftlich und gehört jetzt Kröber. Das Tal wird nun wieder enge und erweitert sich erst wieder bei Zell, einst Mangolds Zelle, Mangoldi Cella, genannt. Es liegt an der von Erbach nach Höchst ziehenden Chaussee und gehört dem Grafen von Erbach-Erbach. Man darf es nicht mit einem andern Dörfchen Zell verwechseln, das eine halbe Stunde von Bensheim, drei Stunden von Lindenfels liegt und dem Erbach-Schönbergischen Hause gehört. Beide Dörfer sind 1806 unter hessische Hoheit gekommen.

Nicht ganz anderthalb Stunden unterhalb Michelstadt an einer freundlichen Stelle des Tales liegt das Städtchen König mit ungefähr 1900 lutherischen Bewohnern. Es ist wohlhabend, hat ein gräfliches Schloß und eine Rentkammer; auch wohnen einige Beamte hier. Man findet Tuchmacher, Gerber, Leinweber; die Märkte sind besucht; der Sandsteinbruch ist ansehnlich. Die Kirche, bis auf den Turm 1750 neu gebaut, ist gleichfalls sehenswert. Schon in der Lorscher Grenzbeschreibung wird ein Wald Köntig erwähnt, nachher hieß der Ort Kuntich, Künnich. Erbach trug seit ältester Zeit die eine Hälfte von Mainz zu Lehen und erhielt später die andere. Sonst hatte die Äbtissin des Nonnenklosters zu Höchst den Pfarrer zu präsentieren. Jetzt steht dies Recht dem Grafen von Erbach-Schönberg zu ...

Eine kleine Stunden von da erreicht man Höchst. Der Weg führt durch Mümling-Krumbach, dessen auf einem Hügel gelegenes trautes Kirchlein aus alter Zeit Filialkirche von Höchst ist. Es hat einen Bruch von roten Sandsteinen.

In der Kirchhofsmauer zu Mümling-Krumbach ist ein merkwürdiger Stein mit drei sitzenden, weiblichen Figuren, welche Körbe oder Schalen mit Baumfrüchten vor sich halten, eingemauert. Archivrat Kehrer zu Erbach ... vermutete, die Figuren möchten die keltischen Gottheiten, die sogenannten Deae Mairae sein, welche auch auf andern römischen Denkmälern vorkommen ... Die Deae Mairae (d.h. wohl verwaltende Göttinen) sollten vielleicht die Jahreszeiten vorstellen, deren die alten Germanen nur drei annahmen, Winter, Frühling, Sommer.

Aus: Das Großherzogtum Hessen

Konventuale – stimmberechtigtes Klostermitglied

Die Residenz Darmstadt

Ich machte einen Ritt nach Darmstadt, einem kleinen, aber allerliebsten Ort. Man beschrieb mir zu Frankfurt die Einwohner als steif; allein ich fand den Zirkel, worin ich geriet und der aus einigen Räten und Offizieren bestand, ungemein artig, belebt und unterhaltend. Ich wünschte mir zur Würze meines Lebens keine andere Gesellschaft, als die mir Darmstadt darbot, wie dieser Ort auch überhaupt einer von denen wäre, worin ich meine Zelte für immer aufschlagen würde, wenn das Schicksal mich den Ort meines Aufenthalts frei wählen ließe. Man ist in der Mitte zwischen vielen großen Städten, die alle nicht weit entfernt sind, hat eine Gesellschaft so gut, als sie nur die größte Stadt geben kann, kann das Ländliche mit dem Städtischen ungemein schön verbinden, genießt eine sehr gesunde Luft und die ausgesuchtesten Lebensmittel um den wohlfeilsten Preis. Die Popularität des Hofes, der niedliche, für jedermann geöffnete englische Garten, die schönen Wachtparaden, die hübschen und muntern Mädchen, die Jagdpartien, die man ohne besondere Kosten mitmachen kann, kurz, alles bietet Unterhaltung und Vergnügen im Überfluß dar.

Der regierende Fürst, dessen Talente vorzüglich die militärischen sein sollen, hält sich sehr wenig in Darmstadt auf. Der Erbprinz, der immer daselbst residiert, ist der artigste und beste Mann von der Welt. Er weiß nichts von dem Dunst affektierter Hoheit, der viele andere Fürsten Deutschlands umgibt, und die Fremden von ihnen verscheucht. – Man schätzt die Einkünfte des Landes auf 1150000 rheinische Gulden, wovon aber ein guter Teil zur Verinteressierung und Tilgung alter Schulden verwendet werden muß, welches das Schicksal fast aller deutschen Höfe ist.

Dieser Teil der darmstädtischen Lande, welcher zwischen dem Rhein, dem Main, der Bergstrasse und dem Odenwald liegt, ist zwar im Umfang der beträchtlichste aber doch nicht der beste von denselben. Er besteht größtenteils aus Sandfeld und dicker Waldung, wovon der ansehnlichste Teil Schwarzholz ist. Einige Bezirke an der Bergstrasse und dem Odenwald sind ungemein ergiebig; allein im ganzen sind die in der Wetterau gelegenen Besitzungen dieses Hauses ungleich reicher als dieser Teil der sogenannten Grafschaft Katzenellenbogen. Dessen ungeachtet herrscht hier durchaus unter den Bauern ein hoher Grad von Wohlstand. Ihr Fleiß und die kluge und tätige Regierung ersetzen das, was die Natur ihren Nachbarn vorausgegeben hat. Die Dörfer dieses Landes sehen ungemein reinlich und munter aus. Das Korn, welches dieser Sandboden trägt, vergütet durch die Schwere, was ihm an der Menge gebricht, und

Das Schloß zu Darmstadt

das viele Holz und die ungeheure Menge von Zugemüsen, welche man erzieht, tragen nebst dem Getreidebau dem Land eine große Summe ein. Der Flecken Gerau verkauft im Durchschnitt jährlich für vier- bis fünftausend Gulden Kappes, welcher der berühmteste in diesen Gegenden ist. Die Spargeln von Darmstadt sind wegen ihrer Größe und Feinheit durch ganz Deutschland bekannt. Man gewinnt auch an einigen Orten einen trinkbaren Wein.

Die Bauern dieses Landes sind ein sehr schöner und starker Schlag Leute. Sie sind alle schlank von Wuchs, knochig und sehnig. Schönere und geübtere Truppen als die drei Darmstädtischen Infanterieregimenter sind, sieht man in Deutschland nicht, die preußischen Truppen selbst nicht ausgenommen. Sie machen zusammen gegen 6000 Mann aus. Das zu Pirmasens einquartierte Regiment wird von unseren Offizieren von Straßburg, Landau, Fortlouis und anderen Plätzen stark besucht und bewundert. Es ist ein Muster von Taktik, Ökonomie und guter Unterhaltung. Wegen den vortrefflichen militärischen Grundsätzen des Fürsten von Darmstadt verspricht man sich bei unserer Armee viel von dem Regiment, dessen Inhaber nun derselbe ist und welches vormals Royal-Baviere hieß, besonders da Herr von Pirch Kommandant desselben ist. Man macht dem Fürsten Vorwürfe wegen seinem Militäre; allein seine Truppen sind keine Last für das Land, weil sie unglaublich wenig kosten, auf Urlaub gehen können und der Ackerbau also nicht darunter lei-

157

det. Sie sind nur eine Art reglierter und wohlgeübter Miliz. Diese militärische Verfassung hat auch ihre sehr gute Seite. Man sieht allen Bauern an, daß sie gedient haben. Eine gewisse Regelmäßgikeit, Reinlichkeit und Tätigkeit, die eine Folge ihres Dienstes ist, zeichnet sie auffallend von ihren Nachbarn aus. Sie sind auch keine Ware zum Verhandeln wie die Truppen anderer deutscher Fürsten. Der englische Negoziateur Faucitt bot dem Darmstädtischen Hof ein beträchtliches mehr an als der Fürst von Hessen-Kassel bekam; allein man schlug ihm sein Gesuch rund ab, obschon man in Betracht der drückenden Landschulden das Geld sehr wohl gebrauchen könnte.

Aus: Briefe eines reisenden Franzosen über Deutschland, 1784

Kappes – Weißkohl / regliert – etwa: ständig, ordungsgemäß, offiziell / Negoziateur – Händler, Geschäftsmann

Ode an mein Vaterland

O könnt' ich dich, mein Darmstadt, wieder küssen,
Wo nie ein Schneider mir die Ruhe wehrt
Und wo beim eignen Wein mich nie in meinen Schlüssen
Ein Konto stört,
Wo mich, gleich weit vom Geizen und vom Borgen,
Kein steiles Glück und nicht Verachtung drückt,
Wo Amor nie, straft er mich gleich mit Sorgen,
Pedellen schickt.

Georg Christoph Lichtenberg

Pedell – Hausmeister einer Universität

Ein Brief an Goethe

Einer der unglücklichsten Menschen, der Ihnen ehedem wert war, ruft Ihre Hilfe in der drückendsten Lage an. Ich habe eine weitläuftige Kottonfabrik übernommen, wovon ich nichts verstanden habe, bin mit rohen und verarbeiteten Waren überladen, die im Preise gefallen sind, ich soll bezahlen und habe kein Geld. Man wird alles angreifen, alles

Am Marktplatz in Darmstadt

wird in der Verwirrung verloren geh'n, meine Frau und Kinder kommen an den Bettelstab, und mit mir wird's werden wie Gott will. Meine Frau und meine Freunde bereden mich, ich hätte mächtige Freunde, die mich unterstützen könnten. Einige tausend Taler bares Geld zu rechter Zeit im dringendsten Fall ohne Interesse einstweilen vorgeliehen, würde wenigstens den nahen Umsturz verhüten. Noch vor der Messe muß mir geholfen sein, sonst ist alles zu spät.

Es ist mir unmöglich, mich näher zu erklären. Kein Unglück ist in der Welt ohne eigene Schuld. Und hier liegt viel verborgen. Ich kann nichts für mich anführen als die dringendste Not meiner armen Familie und daß ich als ein Mensch menschliches Mitleiden verdiene.

Wenn Ihnen dies verwirrte Blatt einiger Aufmerksamkeit wert scheint, so antworten Sie mir entweder selbst, oder richten Ihre Antwort an den Herrn Kabinettssekretär Schleirmacher des Herrn Erbprinzen, der von meiner ganzen Lage unterrichtet ist.

Vielleicht wäre der Herzog und die Herzogin Mutter geneigt, etwas für mich zu tun.

Ich bin so mutlos geworden, daß ich diesen Schritt der Bitte und zwar der ungestümsten nicht würde gewagt haben, wenn ich nicht dem Flehen meiner Frau nachgegeben hätte. Diese Unschuldige mit ihren armen

Kindern verdient Rücksicht jetzt und in der Folge, von Ihrer Hilfe, wenn nicht mehr von mir die Rede sein wird.

Meine Tochter stand auf dem Punkt, die beste Heirat im Lande zu tun, die dadurch zugrunde geht. Mein Schwager Arpeau ist soeben abgereist, mich mit seinem Sohn zu besuchen, weil er mich in den blühendsten Umständen glaubt. Und vielleicht ist, indem er ins Haus tritt, alles verwüstet in den Händen der Gläubiger, – wenn nicht bald Hilfe und zwar vom Himmel erscheint. Lassen Sie sich indessen durch das Unmögliche nicht abschrecken und tun Sie wenigstens einen Schritt, sich mir in diesem Falle zu nähern. Das zuverlässigste wäre, wenn Sie mir unter Adresse des Herrn Schleirmacher etwas, wenn es auch nur Nachricht und einfache Antwort wäre, wollten zukommen lasssen.

Es ist schmerzlich, daß meine Bewillkommnung nach der Wiederkehr aus dem glücklichen Lande an einen glücklichen und so verdienten glücklichen Mann von einem höchst verdient unglücklichen Menschen geschehen muß, begleitet mit einer Bitte um Geld oder vielmehr Almosen.

Leben Sie bis in das späteste Alter umgeben mit allem dem Segen des Himmels, der in so reichem Maße auf Ihnen ruht. Für mich bleibt nichts übrig als ein Abgrund von Elend, der nur mit meinem Leben für mich sich endigen kann und für die Meinigen noch auf lange, lange Jahre fortdauert.

Darmstadt, den 3. August 1788

Johann Heinrich Merck

Von Frankfurt bis Darmstadt

Diesen Morgen verließen wir mit dankbarem Herzen das liebe Frankfurt. Wir besahen im Vorbeigehen in Sachsenhausen das große Deutsche Haus, welches am linken Ufer des Mains liegt und sowohl wegen seines Umfangs als wegen seiner Bauart merkwürdig ist. Vor dem Sachsenhäuser Tor teilt sich die Landstraße in zwei. Die linke führt nach Aschaffenburg, die rechte, die wir einschlugen, nach Darmstadt. Anfänglich wandelt man zwischen Weingärten hin. Dann hebt sich der Weg allmählich zur Sachsenhäuser Warte. Wer hier in einem Wagen sitzt oder, ohne sich umzudrehen, vorübergeht, der verliert unbeschreiblich viel. Denn Frankfurt mit seinen mannigfachen Umgebungen von diesem Standpunkte aus betrachtet, gewährt einen ebenso gewaltigen als reichen Anblick. Wie eine mächtige Herrscherin auf ihrem Throne, umringt von einem glänzenden Hofstaat, so erhebt sich das stolze Frankfurt in der Mitte seiner lachenden Gärten und seines reichen Gebietes.

Bei Neu-Isenburg, eine starke Stunde von Frankfurt, glaubte ich einen ganz neuen Weg zu gehen, ob ich ihn gleich drei Jahre vorher gekommen war. Ich fand nämlich jetzt eine gute Landstraße, wo ich damals einen Sandsee angetroffen hatte, in welchem die Wagen bis unter die Achse, die Pferde bis an den Leib versanken, und welchen selbst die Fußgänger nur mit Mühe durchwateten.

Bei Langen, einer Poststation auf der Hälfte des Weges nach Darmstadt, hatte ich das Vergnügen, unter den zerschlagenen Chausseesteinen eine Menge der schönsten Steine mit Abdrücken zu entdecken. Die Abdrücke waren von Heide und so deutlich und treu, als wenn sie die geschickteste Hand gezeichnet hätte. Der Stein, worauf sie sich befanden, war Kalkschiefer. Die Geburtsstätte solcher Steine ist interessant. Deswegen erkundigte ich mich angelegentlich, wo sie gebrochen wurden, und erfuhr: am Kahlenberge, mehrere Stunden von dort, im Odenwalde. Jene Gegend mag eine große Revolution durchs Wasser erlitten haben. Es tat mir leid, daß sie weit entlegen war, sonst hätte ich sie besucht.

Zwei Stunden hinter Langen erhält man den Vorgeschmack des Genusses, der einem bis Heidelberg zuteil wird – man steht gleichsam auf der Grenze eines Wunderlandes. Dort blickt das freundlich schöne Darmstadt über seinen Park hervor, und in brüderlicher Eintracht erheben sich im Hintergrunde der Felsberg und Melibokus. Mit steigender Erwartung kommt man in einer stolzen Pappelallee Darmstadt näher, geht an dem einladenden großherzoglichen Park vorüber und tritt durch ein gastliches Pallisadentor in diese Residenz. Ein freundlicher Genius, den Geist verkündend, der einem in dieser Stadt wie im ganzen Lande begegnet, nimmt den Wanderer in wohltuenden Anspruch, und man glaubt nicht in eine Stadt, sondern auf einen weiten, von einzelnen Palästen und geschmackvollen Häusern eingeschlossenen Zirkus zu treten. Dies ist nämlich die neue Vorstadt, die noch täglich erweitert und verschönert wird und Darmstadt ein modernes, prächtiges Ansehen gibt.

Ludwig Bocle, 1813

Einen guten Kirschenbranntwein zu machen

Nimm Wein-Kirschen von dem Stiel, anderhalb Pfund, vom guten ge-
stoßenen Zucker ein Pfund, 3 Quint Zimmet, 3 Quint Näglein grobge-
stoßen, leg die Kirschen in ein Zuckerglas, das Gewürz und den Zucker
darzwischen, schütte 3 Schoppen Branntwein daran. Stelle es in eine
mittelmäßige Sonne, 10 oder 12 Tag, schüttele es oft untereinander bis
der Zucker geschmolzen ist, hernach stelle es an einen kühlen Ort.

Aus dem Kochbuch von Goethes Großmutter, 1724

Näglein – Nelken

Das Gewölbe auf dem Heiligen Kreuzberg bei Darmstadt

Auf diesem Berg stand in katholischen Zeiten die Kapelle zum heiligen Kreuz. Als man einmal an der Stelle grub, fand man einen Altar und
als die Arbeiter weitergraben wollten, stürzten sie plötzlich in ein unterirdisches Gewölbe, worin ein steinerner Tisch stand, auf dem ein Handschuh lag und neben dem Handschuh eine große Schlange. Was dies zu
bedeuten hatte und wovon der Handschuh herrührte, das weiß niemand.

Darmstadt und seine Sammlungen

Darmstadt mit seinen Merkwürdigkeiten gäbe hinlänglichen Stoff zu
einer besonderen Schrift. Indes dürfen Sie von mir keine weitläufige
Schilderung erwarten, obgleich ich keinen interessanten Punkt übergehen werde. Mein junger Freund Pabst, der schon zwei Jahre hier einhei-
misch ist, will die Güte haben, uns zu führen. Begleiten Sie uns daher in
Gedanken in das Schloß, wo die Gemäldegalerie, die Bibliothek, das
Naturalienkabinett, das sogenannte alte Museum und der Antikensaal
sich befinden.
Die Gemäldegalerie wurde durch die vortreffliche Sammlung des

Grafen Truchseß ansehnlich vermehrt und enthält mehrere herrliche Stücke von berühmten Meistern. Unter andern einen „Johannes Baptista" von Raphael, dem größten Meister der römischen Schule (geboren 1483, gestorben 1520); ferner einen Hirtenknaben von Karl Antonius Allegri (geboren 1494, gestorben 1534), nach seinem Geburtsorte Corregio genannt, dem unübertroffenen Künstler der lombardischen Schule; ein Bauerngelage von Adrian von Ostade. Das herrlichste Stück der hiesigen Sammlung aber ist nach meiner Überzeugung die „schlafende Venus" von dem großen Tizian (geboren 1477, gestorben 1576) aus der venetianischen Schule. Da Sie doch bald Darmstadt besuchen wollen, wozu ich Sie sehr aufmuntere, so nenne ich Ihnen bloß die gefeierten Namen der Meister, von denen sich außer jenen Stücke hier befinden: Albrecht Dürer, Lukas von Leiden (Stifter der niederländischen Schule) und Rembrandt!

Von den jungen Künstlern, von welchen sich hier Stücke befinden, verdienen Schönberger, Schütz und besonders Schmitt, ein Darmstädter, genannt zu werden. Letzterer befindet sich jetzt auf Kosten Seiner Königlichen Hoheit des Großherzogs zu Rom und seine „Artemisia", „Adam und Eva" in Lebensgröße dürfen neben den Meisterwerken jener Großen betrachtet werden, ohne zu verlieren. Ferner gehören hierher Seekatz („die heiligen drei Könige", ein Löwe in Lebensgröße und mehrere Stücke aus der profanen und heiligen Geschichte), Löwenstern aus Darmstadt (wegen einiger Schlachtenbilder), Morgenstern aus Frankfurt und Fiedler aus Darmstadt. Von letzterem sind die „vier Jahreszeiten".

Außerdem befindet sich in der Gemäldegalerie ein wahrer Schatz für den Freund der Altertümer, nämlich Modelle der merkwürdigsten öffentlichen Gebäude aus dem alten Rom, aus Korkholz in Rom gefertigt. Auch findet sich hier ein Modell des berühmten Brandenburger Tores mit dem Siegeswagen, den hoffentlich Preußens tapfere Söhne von Paris wiederholen werden. Endlich sieht man hier Gipsabgüsse der römischen Kaiser, alter Gottheiten, berühmter Griechen und Römer.

Die Großherzogliche Bibliothek enthält gegen 80 000–100 000 Bände und mehrere wichtige Handschriften. Indes ist sie noch nicht vollständig geordnet und nicht für jeden zugänglich.

Das Naturalienkabinett, obgleich noch im Entstehen, enthält viele interessante Stücke, besonders eine reiche Sammlung in- und ausländischer Vögel. Unter anderem einen jungen Flamingo, der am Rhein gefangen wurde, da doch sein eigentliches Vaterland die wärmeren Gegenden der Erde, besonders die Küsten des Mittelländischen Meeres, sind. Ausgewachsen ist er wegen seiner langen Beine mit ausgerecktem Halse gegen sechs Fuß hoch. Ferner fand ich hier einen gut erhaltenen Paradiesvogel, mehrere Kolibris, alle Arten Raubvögel, zwei Krokodile, einen Sägefisch, Schlangen, eine Haut von einer Riesen- oder Abgottschlange, viele ausländische Amphibien in Spiritus, gewaltige Walfischknochen, Seegewächse, Muscheln, Mineralien und mehrere Versteinerungen.

Im alten Museum befinden sich viele römische Altertümer als Gefäße und Opferschalen aus Herkulanum, Lampen, römische Laren, etrurische Gefäße, Münzen, besonders mehrere herrliche Vasen, die sonst Hackert besaß, ferner Götzen der Chinesen und anderer Völker, eine wohlerhaltene ägyptische Mumie, das Modell eines Kriegsschiffs, ein großer Apparat physikalischer Instrumente, die berühmte Rechenmaschine des Obristen von Müller, ein außerordentlich großer Brennspiegel, viele künstliche Arbeiten aus Bernstein, Elfenbein, Korallen, ein großer prächtiger Kredenzteller aus Kristall mit echten Steinen besetzt, mehrere Humpen von Glas und Metall, viele musivische Arbeiten, unter andern eine schöne Madonna, zwei sehr künstliche Brustbilder, das eine gestickt, das andere gewebt, eine Statue der mediceischen Venus und eine andere des belvederischen Apollo aus carrarischem Marmor in Italien verfertigt. Zuletzt eine reiche Sammlung von Waffen, Harnischen und Kleidern aus dem Mittelalter sowie eine vollständige Sammlung von Schießgewehren von der Erfindung bis zur höchsten Vervollkommnung dieses Werkzeugs.

Der Antikensaal enthält schöne Gipsabgüsse der vorzüglichsten Überreste der plastischen Kunst im Museum Napoleon, wie die Gruppe des Laokoon, des vatikanischen und belvederischen Apollo, der Niobe, der Ceres und der Pallas.

Diese Kabinette zusammengenommen bilden das Museum, worüber der Geheime Kabinettssekretär Schleiermacher, ein klassisch gebildeter, liberaler Mann, die Oberaufsicht hat, dem das Museum schon viel verdankt. Ein Beweis der humanen Gesinnung des Großherzogs ist wohl, daß dies Museum alle Mittwoch von 9–11 Uhr für jeden offensteht.

Ludwig Bocle, 1813

Laren – altrömische Schutzgeister / musivisch – eingelegte Arbeit / mediceisch – einem florentinischen Geschlecht entstammend / Laokoon – griechische Sagengestalt / Apollo – griechisch-römischer Gott der Dichtkunst / Niobe – griechische Sagengestalt / Ceres – römische Göttin der Feldfrüchte / Pallas – Beiname der Athene, der griechischen Göttin der Weisheit

Erinnerung beim Wein

Es dunkelt auf jenem Berge,
Nach Hause wollen wir gehen;
Den Wein, den wollen wir trinken,
Den wir gewohnet sein.

Ich hör' ein Hirschlein rauschen,
Wohl rauschen durch den Wald;
Ich hör' ein feines Lieb klagen,
Klagen, es hätt' die Ehr' verloren.

Hast du deine Ehr' verloren,
Hab' ich die meine noch;
So gehen wir miteinander
Und tragen die Kränzelein.

Ein Kränzelein von Rosen,
Ein Kränzelein von Klee;
Zu Straßburg auf der Brucke,
Da liegt ein tiefer Schnee.

Wenn der Schnee tut schmelzen,
So lauft das Wasser in See;
Darauf bin ich gesessen
Und gefahren bis hieher.

Aus: Des Knaben Wunderhorn

165

Beachtenswerte Darmstädter Bauten

Von den herrschaftlichen Gebäuden erwähne ich zuerst das Großherzogliche Schloß, von Landgraf Georg I. angefangen, aber nicht ganz vollendet. Der Flügel, welchen der Großherzog nebst seiner Gemahlin jetzt bewohnt, wurde erst später erbaut. Auf einem besonders dazu erbauten Turme befindet sich ein schönes Glockenspiel, welches den Fremden, da Glockenspiele in Deutschland sehr selten sind (in Holland findet man sie in jeder Stadt und in Brabant und Flandern sogar in jedem Dorf), angenehm überrascht. Es läßt sich jede Stunde einige Minuten hören. An Geburtstagen der fürstlichen Personen spielt es aber oft eine Stunde lang Melodien geistlicher Lieder. Landgraf Ludwig VI. schaffte es 1671 an.

Das Palais des Großprinzen, das des Landgrafen Christian, das Kollegienhaus sind große, aber in architektonischer Rücksicht sich nicht sehr auszeichnende Gebäude.

Ein äußerst merkwürdiges und in seiner Art einziges Gebäude indes ist das Exerzierhaus, welches Landgraf Ludwig IX. von dem geschickten Baumeister Schuknecht – sein Werk beschämt seinen Namen – 1772 erbauen ließ. Es steht an dem Paradeplatz und ist trotz seiner 314 Fuß betragenden Länge und seiner Breite von 152 Fuß durch keine einzige Säule unterstützt, sondern wird nebst seinem gewölbten Dache nur durch gewaltige eiserne Schraubwerke und Banden gehalten. Gegenwärtig ist es aber durch bretterne Wände in drei Abteilungen geschieden. Eine ist zur Reitbahn eingerichtet, in der anderen stehen die Munitionswagen, und die dritte ist in ein Zeughaus des Todes verwandelt, d. h. in ihr steht die Artillerie, und von den Kanonieren wird daselbst die Munition für die Artillerie sowie für die übrigen Truppen verfertigt. Auf dem großen Boden sind zu beiden Seiten Kammern für Militäreffekten.

Der neue Marstall am Maintor, der noch nicht vollendet ist, darf gewiß mit allen seinen Kollegen in Deutschland um den Rang streiten. Er ist ein äußerst schönes, solides Gebäude. In hellen, hohen, geräumigen, netten Ständen – man dürfte sagen Kabinetten – stehen zweihundert der edelsten Rosse, unter welchen acht weißgeborene herrliche Schimmel der Großherzogin (in kann unmöglich sagen: Frau Großherzogin, Herr Großherzog, denn vor so hohen Titel noch das gewöhnliche Herr oder Frau zu setzen, klingt lächerlich) vor ihren Mitrossen hervorstrahlen wie die Venus am Abendhimmel vor den übrigen Sternen. Nur an großen Galatagen fährt sie mit allen vier Paaren; gewöhnlich nur mit einem. Im oberen Stock des Marstalls wohnt der Stallmeister und das übrige Marstallspersonal.

Schade, daß die große lutherische Stadtkirche durch Bogen und Säulen zu sehr verbaut ist, sie würde sonst zu den vorzüglichsten Gebäuden dieser Art gehören. Die Kirche der Reformierten liegt vor dem Bessunger Tor auf dem Totenhof. Für die Katholiken ist in einem Nebengebäude des Gasthauses zum Darmstädter Hof ein Saal zur Gottesverehrung eingerichtet. In der Schloßkirche wird jeden Sonntag zweimal gepredigt, gewöhnlich von dem allgemein beliebten Herrn Oberhofprediger von Stark.

Darmstadt vergrößert und verschönert sich alle Tage. Besonders prächtige, im italienischen Stil erbaute Häuser stehen in der neuen Stadtanlage, durch welche der Weg von Frankfurt nach Heidelberg führt. Auch die alte Vorstadt und der Birngarten sind Straßen, welchen man das Beiwort „schön" nicht absprechen kann. Spott würde es aber sein, den alten Teil der Stadt schön nennen zu wollen, da die meisten Straßen dunkel, eben nicht gerade und, was doch abgeändert werden könnte, bei Regenwetter sehr schmutzig, bei trockenem Wetter außerordentlich staubig sind.

Ludwig Bocle, 1813

Darmstadts Umgebung

Für Ihre „Gesegnete Mahlzeit!" danke ich Ihnen aufs verbindlichste und sage Ihnen, daß wir jetzt in dem Begriff sind, in den nahen Herrngarten oder in das Boskett zu gehen. Kein Cherub mit einem Schnurrbart verwehrt Ihnen durch vorgehaltenes Bajonett oder durch einen gezogenen Säbel den Eingang. Nach Westen zu stößt dieser Garten, der seine schönsten Anlagen dem Herrn Oberhofmarschall von Perglas verdankt, an die Frankfurter Chaussee und nimmt ein beträchtliches Gelände ein. Schattige Alleen, dunkle Irrgänge, einladende Ruheplätze, Eremitagen, Teiche mit niedlichen Gondeln und stolzen Schwänen, englische Partien wechseln miteinander ab. Wirklich verdient dieser Park mehr besucht zu werden als dies, besonders von den Honoratioren, geschieht. Wäre er entfernter, so würde er gewiß häufig besucht; so aber wird er vernachlässigt, weil er zu nahe ist. Denn was die Menschen ohne alle Mühe und täglich haben können, verliert bald, und wäre es auch das Köstlichste, allen Wert für sie. Und dann muß man ja auch zu Fuß hineingehen, was sich ja für vornehme Leute gar nicht schickt.

An einem schaurig stillen Platz eines dunklen, einsamen Tannenhains zeigt eine Urne aus weißem Marmor das Grabmal der Landgräfin Karo-line.

An dem Ausgang des Gartens, nach dem Sporer Tor hin, kommt man an die herrschaftliche Meierei, in der sich Kühe befinden, vor denen so-gar die sieben fetten Pharaonischen schamrot werden müßten.

Der Garten des Landgrafen Christian vor dem Jägertor an der Straße nach Dieburg verdient besonders seiner vortrefflichen Lage wegen be-sucht zu werden. Da er an eine beträchtliche Anhöhe sich lehnt, so ist die Aussicht von da, vorzüglich bei Sonnenuntergang, entzückend: Darmstadt, die ganze Gegend nach Groß-Gerau, der stolze Rhein, die Gebirge an der Bergstraße, alles in der mildesten Abendbeleuchtung.

Einen angenehmen Spaziergang kann man auch vor das Bessunger Tor nach dem Garten des Herrn Oberforstmeisters von Riedesel ma-chen. Ein schönes, von ihm bewohntes Landhaus nebst den dazugehöri-gen Ökonomiegebäuden umschließt dieser Garten, der sich bis an die Heidelberger Landstraße hinabzieht.

Von hier hat man nur wenige Schritte nach dem Bessunger Herrngar-ten, der mit englischen Partien, Bassins, Pavillons, Ruhebänken und der-gleichen geschmückt ist. Der Adel macht nicht selten an heiteren Som-merabenden Landpartien hierher.

Aus diesem Garten geht man durch das Dorf Bessungen, das, eine Viertelstunde von Darmstadt entfernt, die Kaserne für das schöne Regi-ment Garde-Chevauxleger enthält, nach dem oberen Bessunger Herrn-garten. Er hat viele Vorzüge vor seinem Namensverwandten, und man findet dort eine Orangerie, ein Treibhaus und drei Springbrunnen. Ob-gleich es etwas altmodisch aussieht, so nehmen sich doch die starken Hecken von Nadelholz gut aus.

Zu den Umgebungen Darmstadts gehören ferner der Karlshof, eine reizende Villa des Herrn von Barkhaus mit einem prächtigen Garten und großen landwirtschaftlichen Gebäuden. In fünfzehn Minuten kann man dies anziehende Landgut erreichen, welches nach Frankfurt zu et-was von der Landstraße entfernt liegt. Am Sonntag belustigen sich hier die niederen Klassen bei Musik und Tanz. Doch wallfahrten an Nach-mittagen auch zuweilen Honoratioren hierher.

Haben Sie Lust – ich denke mir nämlich, daß Sie uns nach Geistersit-te, d.h. unsichtbar, begleiten – und ihre Schenkel noch Spannkraft ge-nug, so können wir von hier aus in vierzig und fünf Minuten das alte Jagdschloß Kranichstein erreichen, das Georg I. erbaute. Auch hierher werden nicht selten Ausflüge gemacht. Die alten Landgrafen pflegten sich sonst hier mit der Jagd zu belustigen, welches gewaltige Hirschge-weihe, die in einer langen Reihe die Wände zieren, beurkunden. Unter

Blick auf Darmstadt von der Rosenhöhe aus

jedem liest man den Tag und den Ort, woran, und die fürstliche Hand, durch welche der ehemalige Besitzer erlegt wurde. Jetzt besucht der Hof diesen romantischen Ort nicht mehr.

Das Eldorado der eleganten und nichteleganten Darmstädter Welt scheint aber hauptsächlich die Fasanerie zu sein; denn nach ihr wird am häufigsten gefahren, geritten und gegangen. Diese Fasanerie ist nämlich ein von einer Mauer umgebener Wald, in dem sich ein Försterhaus befindet, wo man Erfrischungen in flüssiger und fester, in kühlender und erwärmender Form haben kann. Wenn Sie eine halbe Stunde auf der Straße nach Dieburg fortwandeln und dann links abwenden, so können Sie ohne Führer dorthin gelangen. In dem schattenreichen, kühlen Buchwalde sind häufig Gänge und Ruhebänke angebracht.

Ludwig Bocle, 1813

Datterich

Lustspiel in sechs Bildern
(Auszug)

Erste Szene

Morgens. Wirtsstube. Datterich, Knerz, Bennelbächer und Spirwes spielen im Vordergrund Solo. Lisette ist im Hintergrund mit Aufräumen usw. beschäftigt.

Datterich (resigniert): Mer sin geschwolle, Freindche!

Bennelbächer: Ich kumm heit uff kahn grihne Ast. Wann sie die Spitz zu dritt gehatt hette –

Datterich: Ja, „wann" ist kah Keeskorb.

Spirwes: Geld will ich sähe, meine Herrn! – Des leer Stroh dräsche duschur bin ich dick! – *(Zu Datterich)* Von ihne krie ich jetz zwelf Kreizer, soviel mache grood mei zwah halwe Schoppe.

Datterich: Glei, Freindche. – Lisettche!

Lisette: Was steht zu Dienste?

Datterich: Kenne se mer en breißische Dahler wächsele?

Lisette: Warum dann net? –

Datterich: Schee von ihne! – Des wollt ich nor wisse, – gehn se nor widder: – ich wollt nor emol ihne ihrn gute Wille sähe.

Lisette (kehrt ihm ärgerlich den Rücken, für sich): Der Siwwesortelump braucht ahm aach noch zu foppe!

Spirwes: Ich kann ihne aach wächsele, gäwwe si nor her.

Datterich: Losse se nor! Die muß als e bisje geuhtzt wern! *(Er rasselt in der Tasche)*

Knerz (zu Bennelbächer): Wos Schlissel!

Datterich (zu Spirwes): Valihrn se nor die Fiduz net: Sie krijje hernach ihne ihr Geld. Awwer jetz: kabutt odder en Ranze! – Solo!

Bennelbächer: Wie schreibt er sich?

Datterich: Schippebihk!

Spirwes: Der wackelt aach!–

Datterich: E Eselsohr wackelt aach, will ich ihne sage, un browirn se's emal un roppe se sich's aus. Eraus mit de wilde Katze!

Knerz: Was spielt mer dann do am beste?

Datterich: Nor eraus! E Katt oder e Scheit Holz! Komme se, wie se wolle!

Knerz: Kreiz Aß!

Datterich: Des hat kahn Vadda! Un jetz! Gewwe se Owacht, meine Herrn! Von oben herab, sprach Bonabatt! Drumb!Drumb! Drumb! Un do is noch e ganzer Hut voll Drimb! Ganjeh! Vier Madador un die Bremjeh! – Geriwwelt! Drei Batze à Person! Kitt, Herr Spirwes! Lisettche, noch e halb Scheppche!

Spirwes: Sie howwe aach mehr Glick, als –

Datterich: No? als –?

Spirwes: ...als wie gewehnlich.

Bennelbächer (sieht auf die Uhr): Glei zwelf nooch dem Glockespiel! Die Frah werd mi'm Esse worde: es is Zeit, daß mer in de Schoos seiner Famillje zurickkehrt.

Datterich: Bleiwe se da un esse Se im Wertshaus, do werd ihne ihr Dahl in der Haushaltung gespart. – Herzsolo!

Knerz (will aufstehen): Ich glab, ich bin äwe geruffe worn.

Datterich: Bleiwe se nor! Ihne ihr Gägewatt is hier notwenniger. Do guk-ke se her: – ich will en auflehje – siwwe Drimb, meine Herrn, riwwele se gefelligst – vier Knepp à Person! – Lisettche, e halb Portion kalde Ham-melsbrade un noch e halb Scheppche! – Hier lijje achtzeh Kreizer. –

Bennelbächer: Sie kenne nix Besseres duh, als spiele; se vadiene sich ihne ihr Läbsucht.

Datterich: Ach, Freindche, des Glick is gor verennerlich. Wer zuerscht gewann, werd zuletzt e Bettelmann. Was bin ich erscht gästert ge-schleimt worn!

Lisette (bringt das Verlangte): Wo hawwe se dann des Geld?

Datterich: So is Recht, sie kleine Unschuldslose! Des haw ich gern, wann's in der Wertschaft pinktlich hergeht: – da gedrunke un da des Geld: hier! *(Indem er sich über den Braten hermacht.)* Lasse se sich net stehrn, meine Freinde, des Spiel erleid't kah Stehrung dorch mei Esse; des geht bei mir all wie e Uhrwerk.

(Sie spielen weiter. Ein kleiner Junge kommt schüchtern herbei und zupft Bennelbächer am Arme.)

Junge: Vaddache, du sollst doch ham kumme, hot die Mudda gesogt, des Esse deht ganz kalt wern.

Bennelbächer: Do braucht-ersch aach net zu blosse! – Herr Knerz, haw-we se äwe noch Drumb bekennt?

Knerz: Nah, mir sinn mei poor Wermercher abgenumme worn.

Datterich (zu dem Jungen): Siehst-de net, daß die Menschheit Katt spielt? Sag deiner Frah Mudda, dei Vadda deht sparn, er deht heit nix esse.

Bennelbächer: Da, Pederche, do host de en neie Kreizer, mach der en gute Daak un soog daham iwwer die Mudda, ihr sollt nor als eweil esse, hett ich gesagt, du wehrscht mer am Mack begäjent – hehrsch de am Mack! – ich hätt noch en bressante Gang. *(Der Junge ab.)*

Datterich: Der Bub werd gut! –

Bennelbächer: Wann ich ihne en Rot gewwe soll, meine Herrn: – heirote se net! Sie sähe, wie's geht. – Geht mer aus, do brummt die Frah, kimmt mer widder, do werd aach gebrummt; bleibt mer daham, do hot mer des Gebrumm von der Frah und des Gemaunz von dem klahne Gezäwwel de ganze Daak um sich erum: dann wann aach noch so e Raß Kinner ohmaschirt kummt, wie die Orjelpfeife, do is der Deiwel ganz los. Des ah' braucht des, des anner des, des ah' will e Klahd, des anner will Schuh, des anner will Bicher, des anner will Schulgeld – es deht Not, mer deht sein Rock ausziehe: do hobt er'n, dahlt eich! Zickt mer die Haut iwwer'm Kopp zamme!

Datterich: Des is aach bleeslich der Grund, warum ich net heirat. Wer heidiges Daags ehrlich un geacht' dorch die Welt komme will, der hat iwwerrensig mit sich zu schaffe.

Zweite Szene

Mehrere Handlanger setzen sich an einen Tisch, links im Vordergrund. Datterich usw. spielen fort.

Erster Handlanger (zu Lisetten): Gäwwe se uns emol e Vertelche.

Lisette: Wir verzappe kahn Schnaps.

Erster Handlanger: Net? *(Sieht seinen Kameraden an. Zu Lisetten:)* No, was howwe se dann?

Lisette: Nix als Wei.

Erster Handlanger: Als en Schoppe herwachse lasse, ahn for acht Kreizer!

Lisette: Unsa geringsta is zu zwelf.

Erster Handlanger: No, wann's net annerschter is, do hole se ahn.

Zweiter Handlanger (heimlich zu den andern): Gell, ich hob's eich gedermt?! – Wehrt er mit ins Betze gange, do hette mer dem Scheppe do sein Geburtsdook äwe so gut feiern kenne: jetzt kannst de bleche, Hannes.

Erster Handlanger: Ich wern mich doch, hol mich der Deiwel, net lumbe losse solle?! Mammesell, was kann mer dann zu esse krijje? –

Lisette: Ich will ihne die Speiskatt bringe.

Dritter Handlanger (zum ersten): Du werscht die Krenk krijje!

Erster Handlanger (liest halblaut die Speisekarte): Sponsau – Hahne – Be-af-steek – wos Deiwel is dann des, des laut jo wie e eigebahzt Kellerdihr! – Haas – Gans – do mach ich mer all nix draus! – Howwe se gute Hankees? – Bringe se jedwedem ahn. – Brod brauche Se kahns dabei. *(Er schenkt ein.)* Alleh, jetzt singe mer ahns! –

Zweiter Handlanger: Do duhn mer owwer die dort in ihrm Spiel stehrn.

Erster Handlanger: Des leit mer näwe enanner: mir vazehrn unser Geld grood so gut wie die. Alleh! *(Sie singen.)*
Lustig ihr Brihda?
Lustig wos Dammstädta sein!
Setzet eich nieda,
Trinkt ein Glas Wein! *(Sie stutzen.)*

Knerz (sieht grimmig herüber): Wann die Kerl nor all Klees im Hals hette mit ihrm Gebrill! –

Datterich: Des wehr en wahß Gott kah Bosse.

Erster Handlanger: Kennt er aach Bertrams Abschied? *(singt.)*
Leb wohl , du deires Land, was mich geboren –
Ihr habt owwer aach werlich nor Stimme zum Keesfresse! – *(singt)*
Ich war in Rom un Glickstadt sein Gefährte,
Drum will ich's nun in Ulrichstein ihm sein.

Datterich: Der Stich ist mei, – ich haw en gedrumbt!

Bennelbächer: Langsam! – Erlauwe se: Sie howwe vohrt kahn Drumb mehr bekennt. Ihne ihr Spiel ist drunne!

Datterich: Mei vadammte korze Aage! – Ich hatt's for Kreiz gehalte! – –
–

Knerz: Wie mer sich ehrlich dorch die Welt schafft, net wohr, Herr Datterich?

Datterich: Gott behiht, Freindche! Uf Ehr! Des war mei Absicht net. Ich will net hawwe, was recht is, des wisse se.

Erster Handlanger: Awwer etzt ufgemuckst! – Jetzt kimmt des schenst: des how ich uf der Spachbricker Kerb zum erschte Mol singe herhn. *(singt)*
– Ridda, dreie Schwestaliebe, Schwestaliebe,
Widmet eich dies Herz, juchhe!
Widmet eich dies Herz.
Fodert keine andre Liebe, andre Liebe,
Denn es macht mir Schmerz, juchhe!
Denn es mach mit Schmerz.

Datterich: Gott, wos gehn die Limmel mit dem scheene Gedicht um! So ebbes sollt mer vabiete: kah Orjelmann un so Mensche derfte mer dem Schiller odder sonst ehm von unsere Dichter sei Lieder erunner dudele, sonst deht ich en de Takt dazu uf dem Buckel kloppe losse! –

Bennelbächer: Mir zu Gefalle derfte se singe, wos se wolle, nor sollte se unser Spiel in Ruh losse.

Datterich: Jetz sinn en Gottlob die Meiler gestoppt: sie fresse Hankees, daß en der Staab zum Hals eraus kimmt. –

Bennelbächer: Iwwringens spiel ich jetzt net mehr. Mei Frah springt mer an de Kopp, wann ich noch lenger ausbleib. Lisettche, was how ich vadient?

Lisette: Sechs halwe Schoppe – des macht sechsundreißig, e Breedche – zusammen siwwenundreißig.

Bennelbächer: Do hett ich mei Haushaldung zwah Daag mit fihrn kenne. Adjes, meine Herrn, en vagnihgte Nochmiddag!

Datterich: Komme se nach Drahse?

Bennelbächer: Ehr wie net! *(ab)*

Erster Handlanger: Wos sinn mer schullig, Mammesell?

Lisette: Drei Kees un en Schoppe Wei – achtzehn! –

Erster Handlanger: Hier! *(Zu den andern, welche ebenfalls Miene mache, zu bezahlen.)* Ihr laßt eier Geld im Sack! – Heit loß ich kahn bezohle! – –

(Die drei Handlanger ab.)

Ernst Elias Niebergall

Mer sin geschwolle – Wir sind in der Klemme. / Ja, „wann" is kah Keeskorb – „Wann" ist kein Käskorb, nichts Positives. Redensart beim Kartenspiel / Siwwesortelump – Sieben-Sorten-Lump / Fiduz – Vertrauen (von lateinisch fiducia) / Bonabatt – Bonaparte / Bremjeh – Premiere / Kitt – quitt / worde – warten / Dahl – Teil / Gägewatt – Gegenwart / riwwele – Se! – Zählen Sie das Geld hin! / Läbsach – Lebensunterhalt / gästert – gestern / Wermerchen – Würmchen / Mack – Markt / Raß – Race / des ah' – das eine / Klahd – Kleid / dahlt – teilt / zickt – zieht / bleeslich – ausschließlich / iwwerrensig – genug / Vertelche – ein viertel Schoppen Schnaps / gedermt – angedroht / eigebahzt Kellerdihr – eingebeizte Kellerassel / Des leit mer näwe enanner – Das ist mir egal. / Klees – Klöße / werlick – wirklich, wahrlich / Der Orginalrefrain aus „Bernhards Abschied" lautet: „Ich war im Ruhm und Glück stets sein Gefährte, / Ich will es nun im Unglück auch ihm sein." Ulrichstein im Vogelsberg war Strafstelle für Beamte.
vohrt – vorher, vorhin / Spachbricker – Spachbrucken bei Darmstadt / Kerb – Kirmes / Das zweite Lied („Ridda, dreie Schwestaliebe…") ist Schillers „Ritter Toggenburg". / Staab – Staub

Georg Büchners letzte Zeit im Elternhause

Büchner konnte nicht ahnen, als er mit aller Intensität seiner jugendlichen Energie und Phantasie an der Revolutionierung Hessens und ganz Deutschlands arbeitete, daß an den stolzen Baum seiner Hoffnungen bereits die Axt des Verrates gelegt war, daß sein Geschick, das seiner Genossen und des ganzen „Männerbundes" in den Händen eines gemeinen Angebers lag. Dieser hessische Judas war ein Butzbacher Bürger, Johann Kuhl, ein Jugendbekannter und Vertrauter Weidigs. Er hatte durch Vermittlung des Ministers du Thil mit dem Großherzog selbst einen Vertrag geschlossen, demzufolge ihm Straffreiheit zugesichert wurde und für jede Angabe über die revolutionäre Bewegung ein ansehnlicher Geldlohn. Als ein zäher Schacherer verkaufte er nun die Verschworenen Kopf für Kopf, und zwar sparte er sich die Führer der Bewegung bis zuletzt auf, da ja das möglichst lange Fortbestehen der Revolution für ihn bares Kapital war; unterdessen arbeitete er in dem Geheimbund als eifriger Hetzer und Lockspitzel weiter. Dieser Mann hatte die Existenz des „Hessischen Landboten" der Regierung verraten und bewirkt, daß einer der Verschwörer, der Student Minnigerode, der Exemplare der Schrift nach Gießen bringen sollte, am 1. August 1834 am Stadttore verhaftet und vor den Universitätsrichter geführt wurde. Büchner sah mit Entsetzen, wie der gefangene Freund, mit dem zugleich auch der „Landbote" in die Hände der Polizei fallen mußte, an seinem Fenster vorbeigeschleppt wurde. Er dachte nicht im entferntesten an Verrat, glaubte vielmehr an eine Unvorsichtigkeit Minnigerodes; nichtsdestoweniger beschloß er, die anderen sofort zu warnen und eilte sogleich zu Weidig, dann nach Offenbach zu dem Studenten Schütz, der eben weitere Exemplare des „Landboten" nach Gießen bringen wollte. Während Schütz die Flucht ergriff, wanderte sein Warner weiter nach Frankfurt, um auch den Vorständen des „Männerbundes" die Schreckenskunde mitzuteilen; er blieb dort bis zum 4. August, weil er zufällig seinen alten Straßburger Freund Böckel traf. Eine eigenartige Spiegelung hat diese in Hast und Entsetzen ausgeführte Reise in den Briefen nach Hause erfahren, wo sie als eine idyllische Fußwanderung im weichen Sternenlicht erscheint. Büchner verbarg sein böses Gewissen und seine Aufregung hinter möglichst harmlos gefärbten Schilderungen, die bald darauf sogar in die Tonart des ungerecht Verfolgten und in seiner Unschuld Gekränkten übergingen, da er selbst in die Untersuchung hineingezogen wurde.

Als er nämlich aus Frankfurt in seine Wohnung zurückkehrte, fand er seine Türe versiegelt: es war strenge Haussuchung bei ihm gehalten worden. Glücklicherweise bewahrte er damals gerade keine kompromittierenden Papiere bei sich auf und fühlte sich so sicher, daß er sich bei dem Disziplinargericht der Universität über dies widerrechtliche Verfahren beschwerte. Er wäre wohl weniger stolz und trotzig gewesen, hätte er gewußt, wie die höchste Gefahr um Haaresbreite an ihm vorübergegangen war. Seine Freundschaft mit Minnigerode und sein Verschwinden nach dessen Verhaftung hatten einen dringenden Verdacht auf ihn gelenkt, und die Polizei war so fest von seiner Mitschuld überzeugt, daß du Thil dem Kuhl eine bedeutende Summe anbieten ließ, wenn er bestimmte Angaben über Büchner machen könne. Der Verräter aber scheint wie alle anderen Mitglieder der Verschwörung etwas von der Größe dieses jungen Mannes verspürt und in seinem Bann gestanden zu haben. Vielleicht wollte er sich auch diesen „fettesten Bissen" bis zuletzt aufsparen, jedenfalls antwortete er diesmal, wie auch später noch einmal, er kenne diesen Herren Studenten nicht. Die Eltern aber konnten sich, nachdem das Gerücht einer Verschwörung in Gießen und Umgebung sich immer mehr bestätigte und durch Kuhls Denunziationen stets neue Nahrung erhielt, über den radikalen Feuerkopf nicht mehr beruhigen; trotz der beschwichtigenden Briefe, die der Sohn schrieb, ahnte der strenge mißtrauische Vater etwas Schlimmes und befahl ihm daher, als er Ende August nach Darmstadt kam, unter seinen Augen im elterlichen Hause zu bleiben. Der düstere Schlußakt von Büchners Revolutionsdrama vom September 1834 bis zu seiner Flucht im Februar 1835 spielte sich also an der Stätte ab, wo er seine Kindheit verlebt. In dieser aufgeregt wilden Zeit ist er zum Dichter geworden: „Dantons Tod" entstand hier.

Wir sind über diese dunklen Monate fieberhafter Tätigkeit, furchtbarer seelischer Depression und aufreibender innerlicher Konflikte nur durch die Darstellung unterrichtet, die sein einziger damaliger Vertrauter, der siebzehnjährige Bruder Wilhelm, später Franzos gegeben hat. Ein kurzer Lichtstrahl fiel in diese schwere schwüle Gewitterstimmung durch den Besuch der Braut in Darmstadt, die sich im Spätherbst 1834 den künftigen Schwiegereltern vorstellte und rasch ihre Liebe errang. Als Minna wieder fort war, fühlte sich Georg mehr denn je in einem Kerker eingeschlossen, von dem argwöhnischen Aufseherblick des Vaters bewacht und von der Schwere der auf ihm lastenden, schweigend bewahrten Taten in tiefster Seele bedrückt. Für dieses innere Chaos und die äußere Unfreiheit gab es bei ihm, dem nervös aktiven Menschen, nur ein Mittel: rastlose unaufhörliche Arbeit, Betäubung durch Tätigkeit. So studierte er denn unermüdlich in des Vater Laboratorium vergleichende Anatomie und hielt im Winter in seinem Auftrage anatomische Vorlesungen für junge Leute, die sich der Chirurgie widmen wollten. Daneben las er unendlich viel, ganze Nächte durch, philosophische und dichterische Werke. Descartes' so unerbittlich folgerichtiges, starr unbeseeltes System zog ihn flüchtig an; er versenkte sich in Byrons von gespenstischen Schatten ungewiß verhüllte, von Verhängnis und Reue umwitterte Welt. Trat der Vater ins Laboratorium, wo Georg sich fast den ganzen Tag aufhielt, so mußte ein großer Atlas der Anatomie das Buch verdekken, in dem er gerade las, denn der alte Arzt duldete keine andere Beschäftigung als die mit den Naturwissenschaften. In dieser unheimlichen Einsamkeit, zwischen Skeletten und in Spiritus gelegten Präparaten, ist nun „Dantons Tod" entstanden, unter nicht minder strenger Aufsicht als Schillers „Räuber" in der Karlsschule. Die Begeisterung zum Schaffen, die düster schwelende Glut des Hasses und des verzweifelten Galgenhumors aber holte sich Büchner bei den nächtlichen Zusammenkünften der Verschwörer, die er mit fieberhaftem Eifer organisierte ...

In einem verfallenen kleinen Gartenhäuschen an der Dieburger Landstraße vor Darmstadt versammelte er des Nachts die von ihm gegründete „Gesellschaft der Menschenrechte", die bald an vierzig Mitglieder umfaßte, außer dem Vorsitzenden selbst nur zwei oder drei Studenten, sonst lauter junge Darmstädter Bürgersöhne. Man kam bewaffnet unter größter Vorsicht zusammen und trennte sich vor Morgengrauen. Die Ideen, die Büchner hier predigte, waren wohl hauptsächlich die der französischen Revolution und zwar die radikalsten jakobinischen. Alles hatte den phantastisch abenteuerlichen Reiz eines Geheimbundes; da gab es einen Aufnahmeeid, in dem die Schlußworte lauteten: „werde ich je zum Verräter, so mag mir mein Recht werden: der Tod" und als Programm eine „Erklärung der Menschenrechte".

Paul Landau, in: Georg Büchner, Gesammelte Schriften

Ländliches Fest

Überfluß
an Vogelschnäbeln und
stehengelassenen Körben,
in die eine Blasmusik fällt.

Reiter sprengen
über Badezuber.

Der Landstreicherschatten
beugt sich verliebt
über den Bach.

Ganz oben die Luft
trägt einen schönen Bart,
an dem der Wind zupft.

Kleine Mädchen verkaufen
ihre Zöpfe für einen Kuß
mit Himbeergeschmack.

Die Welt ist eine große Wiese
mit zertretener Wasserminze.

Karl Krolow

Der hessische Landbote

Erste Botschaft

Darmstadt, im Juli 1834

Vorbericht

Dieses Blatt soll dem hessischen Lande die Wahrheit melden, aber wer die Wahrheit sagt, wird gehenkt; ja sogar der, welcher die Wahrheit liest, wird durch meineidige Richter vielleicht gestraft. Darum haben die, welchen dies Blatt zukommt, folgendes zu beobachten:

1. Sie müssen das Blatt sorgfältig außerhalb ihres Hauses vor der Polizei verwahren;
2. sie dürfen es nur an treue Freunde mitteilen;
3. denen, welchen sie nicht trauen wie sich selbst, dürfen sie es nur heimlich hinlegen;
4. würde das Blatt dennoch bei einem gefunden, der es gelesen hat, so muß er gestehen, daß er es eben dem Kreisrat habe bringen wollen;
5. wer das Blatt nicht gelesen hat, wenn man es bei ihm findet, der ist natürlich ohne Schuld.

Friede den Hütten! Krieg den Palästen!

Im Jahre 1834 siehet es aus, als würde die Bibel Lügen gestraft. Es sieht aus, als hätte Gott die Bauern und Handwerker am fünften Tage und die Fürsten und Vornehmen am sechsten gemacht, und als hätte der Herr zu diesen gesagt: Herrschet über alles Getier, das auf Erden kriecht, und hätte die Bauern und Bürger zum Gewürm gezählt.

Das Leben der Vornehmen ist ein langer Sonntag, sie wohnen in schönen Häusern, sie tragen zierliche Kleider, sie haben feiste Gesicher und reden eine eigne Sprache; das Volk aber liegt vor ihnen wie Dünger auf dem Acker. Der Bauer geht hinter dem Pflug, der Vornehme aber geht hinter ihm und dem Pflug und treibt ihn mit dem Ochsen am Pflug, er nimmt das Korn und läßt ihm die Stoppeln. Das Leben des Bauern ist ein langer Werktag; Fremde verzehren seine Äcker vor seinen Augen, sein Leib ist eine Schwiele, sein Schweiß ist das Salz auf dem Tische des Vornehmen.

Im Großherzogtum Hessen sind 718 373 Einwohner, die geben an den Staat jährlich an 6 363 436 Gulden als

1. Direkte Steuern . . . . 2 128 131 fl.
2. Indirekte Steuern . . . . 2 478 264 fl.
3. Domänen . . . . 1 547 394 fl.

4. Regalien	46 938 fl.
5. Geldstrafen	98 511 fl.
6. Verschiedene Quellen	64 198 fl.
	6 363 436 fl.

Dieses Geld ist der Blutzehnte, der von dem Leib des Volkes genommen wird. An 700 000 Menschen schwitzen, stöhnen und hungern dafür. Im Namen des Staates wird es erpreßt, die Presser berufen sich auf die Regierung, und die Regierung sagt, das sei nötig, die Ordnung im Staat zu erhalten. Was ist denn nun das für ein gewaltiges Ding: der Staat? Wohnt eine Anzahl Menschen in einem Land, und es sind Verordnungen oder Gesetze vorhanden, nach denen jeder sich richten muß, so sagt man, sie bilden einen Staat. Der Staat also sind alle; die Ordner im Staate sind die Gesetze, durch welche das Wohl aller gesichert wird und die aus dem Wohl aller hervorgehen sollen. — Seht nun, was man in dem Großherzogtum aus dem Staat gemacht hat; seht, was es heißt, die Ordnung im Staate erhalten! 700 000 Menschen bezahlen dafür 6 Millionen, d. h. sie werden dafür zu Ackergäulen und Pflugstieren gemacht, damit sie in Ordnung leben. In Ordnung leben heißt hungern und geschunden werden.

Wer sind denn die, welche diese Ordnung gemacht haben und die wachen, diese Ordnung zu erhalten? Das ist die Großherzogliche Regierung. Die Regierung wird gebildet von dem Großherzog und seinen obersten Beamten. Die andern Beamten sind Männer, die von der Regierung berufen werden, um jene Ordnung in Kraft zu erhalten. Ihre Anzahl ist Legion: Staatsräte und Regierungsräte, Landräte und Kreisräte, geistliche Räte und Schulräte, Finanzräte und Forsträte usw. mit allem ihrem Heer von Sekretären usw. Das Volk ist ihre Herde, sie sind seine Hirten, Melker und Schinder; sie haben die Häute der Bauern an, der Raub der Armen ist in ihrem Hause; die Tränen der Witwen und Waisen sind das Schmalz auf ihren Gesichtern; sie herrschen frei und ermahnen das Volk zur Knechtschaft. Ihnen gebt ihr 6 000 000 fl. Abgaben; sie haben dafür die Mühe, euch zu regieren; d. h. sich von euch füttern zu lassen und euch eure Menschen- und Bürgerrechte zu rauben. Sehet, was die Ernte eures Schweißes ist!

Für das Ministerium des Innern und der Gerechtigkeitspflege werden bezahlt 1 110 607 Gulden. Dafür habt ihr einen Wust von Gesetzen, zusammengehäuft aus willkürlichen Verordnungen aller Jahrhunderte, meist geschrieben in einer fremden Sprache. Der Unsinn aller vorigen Geschlechter hat sich darin auf euch vererbt, der Druck, unter dem sie erlagen, sich auf euch fortgewälzt. Das Gesetz ist das Eigentum einer unbedeutenden Klasse von Vornehmen und Gelehrten, die sich durch ihr eigenes Machwerk die Herrschaft zuspricht. Diese Gerechtigkeit ist nur ein Mittel, euch in Ordnung zu halten, damit man euch bequemer schinde; sie spricht nach Gesetzen, die ihr nicht versteht, nach Grundsätzen, von denen ihr nichts wißt, Urteile, von denen ihr nichts begreift. Unbestechlich ist sie, weil sie sich gerade teuer genug bezahlen läßt, um keine Bestechung zu brauchen. Aber die meisten ihrer Diener sind der Regierung mit Haut und Haar verkauft. Ihre Ruhestühle stehen auf einem Geldhaufen von 461 373 Gulden (so viel betragen die Ausgaben für die Gerichtshöfe und die Kriminalkosten). Die Fräcke, Stöcke und Säbel ihrer unverletzlichen Diener sind mit dem Silber von 197 502 Gulden beschlagen (so viel kostet die Polizei überhaupt, die Gendarmerie usw.). Die Justiz ist in Deutschland seit Jahrhunderten die Hure der deutschen Fürsten. Jeden Schritt zu ihr müßt ihr mit Silber pflastern, und mit Armut und Erniedrigung erkauft ihr ihre Sprüche. Denkt an das Stempelpapier, denkt an euer Bücken in den Amtsstuben und euer Wachestehen vor denselben. Denkt an die Sporteln für Schreiber und Gerichtsdiener. Ihr dürft euern Nachbarn verklagen, der euch eine Kartoffel stiehlt; aber klagt einmal über den Diebstahl, der von Staatswegen unter dem Namen von Abgaben und Steuern jeden Tag an eurem Eigentum begangen wird, damit eine Legion unnützer Beamten sich von euerem Schweiße mästen! Klagt einmal, daß ihr der Willkür einiger Fettwänste überlassen seid, und daß diese Willkür Gesetz heißt, klagt, daß ihr die Ackergäule des Staates seid, klagt über eure verlornen Menschenrechte: Wo sind die Gerichtshöfe, die eure Klagen annehmen, wo die Richter, die Recht sprächen? − Die Ketten eurer Vogelsberger Mitbürger, die man nach Rockenburg schleppte, werden euch Antwort geben.

Und will endlich ein Richter oder ein andrer Beamter von den wenigen, welchen das Recht und das gemeine Wohl lieber ist als ihr Bauch und der Mammon, ein Volksrat und kein Volksschinder sein, so wird er von den obersten Räten des Fürsten selber geschunden.

Für das Ministerium der Finanzen 1 551 502 fl.

Damit werden die Finanzräte, Obereinnehmer, Steuerboten, die Untererheber besoldet. Dafür wird der Ertrag eurer Äcker berechnet und eure Köpfe gezählt, der Boden unter euren Füßen, der Bissen zwischen euren Zähnen ist besteuert. Dafür sitzen die Herren in Fräcken beisammen, und das Volk steht nackt und gebückt vor ihnen, sie legen die Hände an seine Lenden und Schultern und rechnen aus, wieviel es noch tragen kann, und wenn sie barmherzig sind, so geschieht es nur, wie man ein Vieh schont, das man nicht so sehr angreifen will.

Für das Militär wird bezahlt 914 820 Gulden.

Dafür kriegen eure Söhne einen bunten Rock auf den Leib, ein Gewehr oder eine Trommel auf die Schulter und dürfen jeden Herbst einmal blind schießen und erzählen, wie die Herren vom Hof und die ungeratenen Buben vom Adel allen Kindern ehrlicher Leute vorgehen und mit ihnen in den breiten Straßen der Städte herumziehen mit Trommeln und Trompeten. Für jene 900 000 Gulden müssen eure Söhne den Tyrannen schwören und Wache halten an ihren Palästen. Mit ihren Trommeln übertäuben sie eure Seufzer, mit ihren Kolben zerschmettern sie euch den Schädel, wenn ihr zu denken wagt, daß ihr freie Menschen seid. Sie sind die gesetzlichen Mörder, welche die gesetzlichen Räuber schützen, denkt an Södel![1] Eure Brüder, eure Kinder waren dort Brüder- und Vatermörder.

Für die Pensionen 480 000 Gulden.

Dafür werden die Beamten aufs Polster gelegt, wenn sie eine gewisse Zeit dem Staate treu gedient haben, d. h. wenn sie eifrige Handlanger bei der regelmäßig eingerichteten Schinderei gewesen, die man Ordnung und Gesetz heißt.

Für das Staatsministerium und den Staatsrat 174 600 Gulden.

Die größten Schurken stehen wohl jetzt allerwärts in Deutschland den Fürsten am nächsten, wenigstens im Großherzogtum. Kommt je ein ehrlicher Mann in einen Staatsrat, so wird er ausgestoßen. Könnte aber auch ein ehrlicher Mann jetzo Minister sein oder bleiben, so wäre er, wie die Sachen stehen in Deutschland, nur eine Drahtpuppe, an der die fürstliche Puppe zieht, und an dem fürstlichen Popanz zieht wieder ein Kammerdiener oder ein Kutscher oder eine Frau und ein Günstling oder sein Halbbruder – oder alle zusammen.

In Deutschland stehet es jetzt, wie der Prophet Micha schreibt, Kap. 7, V. 3 und 4: „Die Gewaltigen raten nach ihrem Mutwillen, Schaden zu tun, und drehen es, wie sie es wollen. Der Beste ist unter ihnen wie ein Dorn und der Redlichste wie eine Hecke." Ihr müßt die Dörner und Hecken teuer bezahlen; denn ihr müßt ferner für das großherzogliche Haus und den Hofstaat 827 772 Gulden bezahlen. Die Anstalten, die Leute, von denen ich bis jetzt gesprochen, sind nur Werkzeuge, sind nur Diener. Sie tun nichts in ihrem Namen, unter der Ernennung zu ihrem Amt steht ein L., das bedeutet Ludwig von Gottes Gnaden, und sie sprechen mit Ehrfurcht: „Im Namen des Großherzogs". Dies ist ihr Feldgeschrei, wenn sie euer Gerät versteigern, euer Vieh wegtreiben, euch in den Kerker werfen. Im Namen des Großherzogs sagen sie, und der Mensch, den sie so nennen, heißt: unverletzlich, heilig, souverän, königliche Hoheit. Aber tretet zu dem Menschenkinde und blickt durch seinen Fürstenmantel. Es ißt, wenn es hungert, und schläft, wenn sein Auge dunkel wird. Sehet: es kroch so nackt und weich in die Welt wie ihr und wird so hart und steif hinausgetragen wie ihr, und doch hat es seinen Fuß auf eurem Nacken, hat 700 000 Menschen an seinem Pflug, hat Minister, die verantwortlich sind für das, was es tut, hat Gewalt über euer Eigentum durch die Steuern, die es ausschreibt, über euer Leben durch die Gesetze, die es macht, es hat adlige Herren und Damen um sich, die man Hofstaat heißt, und seine göttliche Gewalt vererbt sich auf seine Kinder mit Weibern, welche aus ebenso übermenschlichen Geschlechtern sind.

Wehe über euch Götzendiener! – Ihr seid wie die Heiden, die das Krokodil anbeten, von dem sie zerrissen werden. Ihr setzt ihm eine Krone auf, aber es ist eine Dornenkrone, die ihr euch selbst in den Kopf drückt; ihr gebt ihm ein Zepter in die Hand, aber es ist eine Rute, womit ihr gezüchtigt werdet; ihr setzt ihn auf eueren Thron, aber es ist ein Marterstuhl für euch und eure Kinder. Der Fürst ist der Kopf des Blutegels, der über euch hinkriecht, die Minister sind seine Zähne und die Beamten sein Schwanz. Die hungrigen Magen aller vornehmen Herren, denen er die hohen Stellen verteilt, sind Schröpfköpfe, die er dem Lande setzt. Das L., das unter seinen Verordnungen steht, ist das Malzeichen des Tieres, das die Götzendiener unserer Zeit anbeten. Der Fürstenmantel ist der Teppich, auf dem sich die Herren und Damen vom Adel und Hof in ihrer Geilheit übereinander wälzen – mit Orden und Bändern decken sie ihre Geschwüre und mit kostbaren Gewändern bekleiden sie ihre aussätzigen Leiber. Die Töchter des Volkes sind ihre Mägde und Huren, die Söhne des Volkes ihre Lakaien und Soldaten. Geht einmal nach Darmstadt und seht, wie die Herren sich für euer Geld dort lustig machen, und erzählt dann euern hungernden Weibern und Kindern, daß ihr Brot an fremden Bäuchen herrlich angeschlagen sei, erzählt ihnen von den schönen Kleidern, die in ihrem Schweiß gefärbt, und von den zierlichen Bändern, die aus den Schwielen ihrer Hände geschnitten sind, erzählt von den stattlichen Häusern, die aus den Knochen des Volks gebaut sind; und dann kriecht in eure rauchigen Hütten und bückt euch auf euren steinigen Äckern, damit eure Kinder auch einmal hingehen können, wenn ein Erbprinz mit einer Erbprinzessin für einen anderen Erbprinzen Rat schaffen will, und durch die geöffneten Glastüren das Tischtuch sehen, wovon die Herren speisen, und die Lampen riechen, aus denen man mit dem Fett der Bauern illuminiert. Das alles duldet ihr, weil euch Schurken sagen: „Diese Regierung sei von Gott". Diese Regierung ist nicht von Gott, sondern vom Vater der Lügen. Diese deutschen Fürsten sind keine rechtmäßige Obrigkeit, den deutschen Kaiser, der vormals vom Volke frei gewählt wurde, haben sie seit Jahrhunderten verachtet und endlich gar verraten. Aus Verrat und Meineid und nicht aus der Wahl des Volkes ist die Gewalt der deutschen Fürsten hervorgegangen, und darum ist ihr Wesen und Tun von Gott verflucht; ihre Weisheit ist Trug, ihre Gerechtigkeit ist Schinderei. Sie zertreten das Land und zerschlagen die Person des Elenden. Ihr lästert Gott, wenn ihr einen dieser Fürsten einen Gesalbten des Herrn nennt, das heißt: Gott habe die Teufel gesalbt und zu Fürsten über die deutsche Erde gesetzt. Deutschland, unser liebes Vaterland, haben diese Fürsten zerrissen, den Kaiser, den unsere freien Voreltern wählten, haben diese Fürsten verraten, und nun fordern diese Verräter und Menschenquäler Treue von euch! — Doch das Reich der Finsternis neiget sich zum Ende. Über ein Kleines und Deutschland, das jetzt die Fürsten schinden, wird als ein Freistaat mit einer vom Volk gewählten Obrigkeit wieder auferstehn. Die heilige Schrift sagt: Gebet dem Kaiser, was des Kaisers ist. Was ist aber dieser Fürsten, der Verräter? — Das Teil von Judas!

Für die Landstände 16 000 Gulden.

Im Jahre 1789 war das Volk in Frankreich müde, länger die Schindmähre seines Königs zu sein. Es erhob sich und berief Männer, denen es vertraute, und die Männer traten zusammen und sagten, ein König sei ein Mensch wie ein anderer auch, er sei nur der erste Diener im Staat, er müsse sich vor dem Volk verantworten, und wenn er sein Amt schlecht verwalte, könne er zur Strafe gezogen werden. Dann erklärten sie die Rechte des Menschen: „Keiner erbt vor dem andern mit der Geburt ein Recht oder einen Titel, keiner erwirbt mit dem Eigentum ein Recht vor dem andern. Die höchste Gewalt ist in dem Willen aller oder der Mehrzahl. Dieser Wille ist das Gesetz, er tut sich kund durch die Landstände oder die Vertreter des Volks, sie werden von allen gewählt, und jeder kann gewählt werden; diese Gewählten sprechen den Willen ihrer Wähler aus, und so entspricht der Wille der Mehrzahl unter ihnen dem Willen der Mehrzahl unter dem Volke; der König hat nur für die Ausübung der von ihnen erlassenen Gesetze zu sorgen.“ Der König schwur, dieser Verfassung treu zu sein, er wurde aber meineidig an dem Volke, und das Volk richtete ihn, wie es einem Verräter geziemt, dann schafften die Franzosen die erbliche Königswürde ab und wählten frei eine neue Obrigkeit, wozu jedes Volk nach der Vernunft und der heiligen Schrift das Recht hat. Die Männer, die über die Vollziehung der Gesetze wachen sollten, wurden von der Versammlung der Volksvertreter ernannt, sie bildeten die neue Obrigkeit. So waren Regierung und Gesetzgeber vom Volk gewählt, und Frankreich war ein Freistaat.

Die übrigen Könige aber entsetzten sich vor der Gewalt des französischen Volkes, sie dachten, sie könnten alle über der ersten Königsleiche den Hals brechen, und ihre mißhandelten Untertanen möchten bei dem Freiheitsruf der Franken erwachen. Mit gewaltigem Kriegsgerät und reisigem Zeug stürzten sie von allen Seiten auf Frankreich, und ein großer Teil der Adeligen und Vornehmen im Lande stand auf und schlug sich zu dem Feind. Da ergrimmte das Volk und erhob sich in seiner Kraft. Es erdrückte die Verräter und zerschmetterte die Söldner der Könige. Die junge Freiheit wuchs im Blut der Tyrannen, und vor ihrer Stimme bebten die Throne und jauchzten die Völker. Aber die Franzosen verkauften selbst ihre junge Freiheit für den Ruhm, den ihnen Napoleon darbot, und erhoben ihn auf den Kaiserthron. — Da ließ der Allmächtige das Heer des Kaisers in Rußland erfrieren und züchtigte Frankreich durch die Knute der Kosaken und gab den Franzosen die dickwanstigen Bourbonen wieder zu Königen, damit Frankreich sich bekehre vom Götzendienst der erblichen Königsherrschaft und dem Gotte diene, der die Menschen frei und gleich geschaffen. Aber als die Zeit seiner Strafe verflossen war, und tapfere Männer im Julius 1830 den meineidigen König Karl den Zehnten aus dem Lande jagten, da wendete dennoch das befreite Frankreich sich abermals zur halberblichen Königsherrschaft und band sich in dem Heuchler Louis Philipp eine neue Zuchtrute auf. In Deutschland und ganz Europa aber war große Freude, als der zehnte Karl vom Thron gestürzt ward, und die unterdrückten deutschen Länder richteten sich zum Kampf für die Freiheit. Da ratschlagten die Fürsten, wie sie dem Grimm des Volkes entgehen sollten, und die listigen unter ihnen sagten: „Laßt uns einen Teil unserer Gewalt abgeben, damit wir das Übrige behalten." Und sie traten vor das Volk und sprachen: „Wir wollen euch die Freiheit schenken, um die ihr kämpfen wollt." — Und zitternd vor Furcht warfen sie einige Brocken hin und sprachen von ihrer Gnade. Das Volk traute ihnen leider und legte sich zur Ruhe. — Und so ward Deutschland betrogen von Frankreich.

Denn was sind die Verfassungen in Deutschland? Nichts als leeres Stroh, woraus die Fürsten die Körner für sich herausgeklopft haben. Was sind unsere Landtage? Nichts als langsame Fuhrwerke, die man einmal oder zweimal wohl der Raubgier der Fürsten und ihrer Minister in den Weg schieben, woraus man aber nimmermehr eine feste Burg für deutsche Freiheit bauen kann. Was sind unsere Wahlgesetze? Nichts als Verletzungen der Bürger- und Menschenrechte der meisten Deutschen. Denkt an das Wahlgesetz im Großherzogtum, wonach keiner gewählt werden kann, der nicht hoch begütert ist, wie rechtschaffen und gutgesinnt er auch sei, wohl aber der Grolmann, der euch um die zwei Millionen bestehlen wollte. Denkt an die Verfassung des Großherzogtums. — Nach den Artikeln derselben ist der Großherzog unverletzlich, heilig und unverantwortlich. Seine Würde ist erblich in seiner Familie, er hat das Recht, Krieg zu führen und ausschließliche Verfügung über das Militär. Er beruft die Landstände, vertagt sie oder löst sie auf. Die Stände dürfen keinen Gesetzesvorschlag machen, sondern sie müssen um das Gesetz bitten, und dem Gutdünken des Fürsten bleibt es unbedingt überlassen, es zu geben oder zu verweigern. Er bleibt im Besitz einer fast unumschränkten Gewalt, nur darf er keine neuen Gesetze machen und keine neuen Steuern ausschreiben ohne Zustimmung der Stände. Aber teils kehrt er sich nicht an diese Zustimmung, teils genügen ihm die alten Gesetze, die das Werk der Fürstengewalt sind, und er bedarf darum keiner neuen Gesetze. Eine solche Verfassung ist ein elend jämmerlich Ding. Was ist von Ständen zu erwarten, die an eine solche Verfassung gebunden sind? Wenn unter den Gewählten auch keine Volksverräter und feige Memmen wären, wenn sie aus lauter entschlossenen Volksfreunden bestünden?! Was ist von Ständen zu erwarten, die kaum die elenden Fetzen einer armseligen Verfassung zu verteidigen vermögen! – Der einzige Widerstand, den sie zu leisten vermochten, war die Verweigerung der zwei Millionen Gulden, die sich der Großherzog von dem überschuldeten Volke wollte schenken lassen zur Bezahlung seiner Schulden. – Hätten aber auch die Landstände des Großherzogtums genügende Rechte, und hätte das Großherzogtum, aber nur das Großherzogtum allein, eine wahrhafte Verfassung, so würde die Herrlichkeit doch bald zu Ende sein. Die Raubgier in Wien und Berlin würde ihre Henkerskrallen ausstrecken und die kleine Freiheit mit Rumpf und Stumpf ausrotten. Das ganze deutsche Volk muß sich die Freiheit erringen. Und diese Zeit, geliebte Mitbürger, ist nicht ferne. Der Herr hat das schöne deutsche Land, das viele Jahrhunderte das herrlichste Reich der Erde war, in die Hände der Fremden und einheimischen Schinder gegeben, weil das Herz des deutschen Volkes von der Freiheit und Gleichheit seiner Voreltern und von der Furcht des Herrn abgefallen war, weil ihr dem Götzendienste der vielen Herrlein, Kleinherzoge und Däumlings-Könige euch ergeben hattet!

Der Herr, der den Stecken des fremden Treibers Napoleon zerbrochen hat, wird auch die Götzenbilder unserer einheimischen Tyrannen zerbrechen durch die Hände des Volkes. Wohl glänzen diese Götzenbilder von Gold und Edelsteinen, von Orden und Ehrenzeichen, aber in ihrem Innern stirbt der Wurm nicht, und ihre Füße sind von Lehm. – Gott wird euch die Kraft geben, ihre Füße zu zerschmeißen, sobald ihr euch bekehret von dem Irrtum eures Wandels und die Wahrheit erkennet: „daß nur ein Gott ist, und keine Götter neben ihm, die sich Hoheiten und Allerhöchste, heilig und unverantwortlich nennen lassen, daß

Gott alle Menschen frei und gleich in ihren Rechten schuf, und daß keine Obrigkeit von Gott zum Segen verordnet ist als die, welche auf das Vertrauen des Volkes sich gründet und vom Volke ausdrücklich oder stillschweigend erwählt ist; daß dagegen die Obrigkeit die Gewalt, aber kein Recht über ein Volk hat, nur also von Gott ist, wie der Teufel auch von Gott ist, und daß der Gehorsam gegen eine solche Teufelsobrigkeit nur solange gilt, bis ihre Teufelsgewalt gebrochen werden kann; — daß der Gott, der ein Volk durch eine Sprache zu einem Leibe vereinigte, die Gewaltigen, die es zerfleischen und vierteilen oder gar in dreißig Stücke zerreißen, als Volksmörder und Tyrannen hier zeitlich und dort ewiglich strafen wird, denn die Schrift sagt: Was Gott vereiniget hat, soll der Mensch nicht trennen; und daß der Allmächtige, der aus der Einöde ein Paradies schaffen kann, auch ein Land des Jammers und des Elends wieder in ein Paradies umschaffen kann, wie unser teuerwertes Deutschland war, bis seine Fürsten es zerfleischten und schunden."

Weil das Deutsche Reich morsch und faul war, und die Deutschen von Gott und von der Freiheit abgefallen waren, hat Gott das Reich zu Trümmern gehen lassen, um es zu einem Freistaat zu verjüngen.

Er hat eine Zeitlang den „Satansengeln Gewalt gegeben, daß sie Deutschland mit Fäusten schlügen, er hat den Gewaltigen und Fürsten, die in der Finsternis herrschen, den bösen Geistern unter dem Himmel (Ephes. 6) Gewalt gegeben, daß sie Bürger und Bauern peinigten und ihr Blut aussaugten und ihren Mutwillen trieben mit allen, die Recht und Freiheit mehr lieben als Unrecht und Knechtschaft." — — Aber ihr Maß ist voll!

Sehet an das von Gott gezeichnete Scheusal, den König Ludwig von Bayern, den Gotteslästerer, der redliche Männer vor seinem Bilde niederzuknien zwingt und die, welche die Wahrheit bezeugen, durch meineidige Richter zum Kerker verurteilen läßt; das Schwein, das sich in allen Lasterpfützen von Italien wälzte, den Wolf, der sich für seinen Baals-Hofstaat für immer jährlich fünf Millionen durch meineidige Landstände verwilligen läßt, und fragt dann: „Ist das eine Obrigkeit von Gott zum Segen verordnet?"

> Ha! Du wärst Obrigkeit von Gott?
> Gott spendet Segen aus;
> Du raubst, du schindest, kerkerst ein.
> Du nicht von Gott, Tyrann!

Ich sage euch: Sein und seiner Mitfürsten Maß ist voll. Gott, der Deutschland um seiner Sünden willen geschlagen hat durch diese Fürsten, wird es wieder heilen. „Er wird die Hecken und Dörner niederreißen und auf einem Haufen verbrennen." Jesaias 27, 4. So wenig der Höcker noch wächset, womit Gott diesen König Ludwig gezeichnet hat, so wenig werden die Schandtaten dieser Fürsten noch wachsen können. Ihr Maß ist voll. Der Herr wird ihre Körper zerschmeißen, und in Deutschland wird dann Leben und Kraft als Segen der Freiheit wieder erblühen. Zu einem großen Leichenfelde haben die Fürsten die deutsche Erde gemacht, wie Ezechiel im 37. Kapitel schreibt: „Der Herr führte mich auf ein weites Feld, das voller Gebeine lag, und siehe, sie waren sehr verdorrt." Aber wie lautet des Herrn Wort zu den verdorrten Gebeinen: „Siehe, ich will euch Adern geben und Fleisch lassen über euch wachsen und euch mit Haut überziehen und will euch Odem geben, daß ihr wieder lebendig werdet und sollt erfahren, daß ich der Herr bin." Und des Herrn Wort wird auch an Deutschland sich wahrhaftig beweisen, wie der Prophet spricht: „Siehe, es rauschte und regte sich, und die Gebeine kamen wieder zusammen, ein jegliches zu seinem Gebein. — Da kam Odem in sie, und sie wurden wieder lebendig und richteten sich auf ihre Füße, und ihrer war ein sehr groß Heer."

Wie der Prophet schreibet, also stand es bisher in Deutschland: Eure Gebeine sind verdorrt, denn die Ordnung, in der ihr lebt, ist eitel Schinderei. 6 Millionen bezahlt ihr im Großherzogtum einer Handvoll Leuten, deren Willkür euer Leben und Eigentum überlassen ist, und die andern in dem zerrissenen Deutschland gleich also. Ihr seid nicht, ihr habt nichts! Ihr seid rechtlos. Ihr müsset geben, was eure unersättlichen Presser fordern, und tragen, was sie euch aufbürden. So weit ein Tyrann blicket — und Deutschland hat deren wohl dreißig — verdorret Land und Volk. Aber wie der Prophet schreibet, so wird es bald stehen in Deutschland: der Tag der Auferstehung wird nicht säumen. In dem Leichenfelde wird sich's regen und wird rauschen, und der Neubelebten wird ein großes Heer sein.

Hebt die Augen auf und zählt das Häuflein eurer Presser, die nur stark sind durch das Blut, das sie euch aussaugen, und durch eure Arme, die ihr ihnen willenlos leihet. Ihrer sind vielleicht 10 000 im Großherzogtum und euerer sind es 700 000, und also verhält sich die Zahl des Volkes zu seinen Pressern auch im übrigen Deutschland. Wohl drohen sie mit dem Rüstzeug und den Reisigen der Könige, aber ich sage euch: Wer das Schwert erhebt gegen das Volk, der wird durch das Schwert des Volkes umkommen. Deutschland ist jetzt ein Leichenfeld, bald wird es ein Paradies sein. Das deutsche Volk ist ein Leib, ihr seid ein Glied dieses Leibes. Es ist einerlei, wo die Scheinleiche zu zucken anfängt. Wann der Herr euch seine Zeichen gibt durch die Männer, durch welche er die Völker aus der Dienstbarkeit zur Freiheit führt, dann erhebet euch, und der ganze Leib wird mit euch aufstehen.

Ihr bücktet euch lange Jahre in den Dornäckern der Knechtschaft, dann schwitzt ihr einen Sommer im Weinberge der Freiheit und werdet frei sein bis ins tausendste Glied.

Ihr wühltet ein langes Leben die Erde auf, dann wühlt ihr euren Tyrannen ein Grab. Ihr bautet die Zwingburgen, dann stürzt ihr sie und bauet der Freiheit Haus. Dann könnt ihr euere Kinder frei taufen mit dem Wasser des Lebens. Und bis der Herr euch ruft durch seine Boten und Zeichen, wachet und rüstet euch im Geiste und betet ihr selbst und lehret eure Kinder beten: „Herr zerbrich den Stecken unserer Treiber und laß dein Reich zu uns kommen, das Reich der Gerechtigkeit. Amen."

1 Bei dem Dorfe Södel wurden die hessischen Aufrührer 1830 von den Truppen der hessischen Regierung geschlagen; auch Unschuldige wurden von den Dragonern niedergemacht.

Georg Büchner

Beschreibung eines sonderbaren Bettvorhanges

Im Jahr 1769 geriet ich auf den Gedanken, allerlei Gesichter auf einen Bogen Papier nebeneinander zu zeichnen, die meistens etwas Lächerliches an sich hatten. Wenige Personen, denen ich das Papier vorlegte, konnten sich des Lachens enthalten, durch kein Buch hätte sich dieses so bald erreichen lassen. Ich hatte aber noch nicht 40 Köpfe gezeichnet, als ich mich schon erschöpft fühlte. Die Zusätze kamen nur selten. Im folgenden Jahr legte mich ein kleines Flußfieber in ein Bette, das einen schrägen Himmel hatte, durch dessen nicht gar dichtes Gewebe, das noch dazu aus ziemlich ungleichen Fäden bestund, die weiße Wand durchschien. Hier zeigte sich eine unzählbare Menge der seltsamsten und drolligsten Gesichter. Ich konnte in einer Fläche, die kaum so groß als ein Quartblatt war, über 100 hervorbringen, und jedes hatte mehr Ausdruck und Eignes als sonst in den gezeichneten Gesichtern anzutreffen ist, die unverbesserlichen Köpfe des Hogarth ausgenommen mit denen sie viel Ähnliches hatten. Wenn ich einen Kopf hatte, so nahm ich seinen Mund zum Auge und den Augenblick stund ein neuer da, der mich bald anlächelte bald anfletschte, ein dritter lachte mich aus und ein vierter blickte ihn höhnisch an. Es ist unmöglich, alle die hustenden, niesenden und gähnenden Stellungen zu beschreiben, die sich mir vorstellten. Hätte ich sie mit eben der Kraft zeichnen können, mit welcher sie sich meinem Auge und meiner Einbildungskraft darstellten, ich würde gewiß diesen Vorhang verewigen. Leonardo da Vinci soll diese Beschäftigung jungen Malern empfehlen.

Georg Christoph Lichtenberg

Hessisch

Als ich kam zur Stube rein,
Da ist gut wohnen!
Ich hab' so lang draußen gestanden,
Daß Gott erbarm!

Ich seh' dies an deinem Hut,
Wie dein Hut tröpflen tut,
Von Regen ist er naß,
Von wegen meinem Schatz.

Ich ging wohl über Berg und Tal,
Wär mir kein Weg zu schmal,
Zu meinem Schätzchen wollt' ich gehn,
Alle Wochen siebenmal.

Dort steht ein schöner Lorbeerbaum,
Der steht schön da,
Und ein schöner Reitersbub,
Der steht mir an.

Herz mich ein wenig, küß mich ein wenig,
Hab mich ein wenig lieb,
Wenn's auch regnet oder schneit,
Wenn's unser Herz nur erfreut.

Aus: Des Knaben Wunderhorn

Essigtrauben

Zutaten: 1 kg blaue Trauben; Zimt; Nelken; ¾ l Weinessig; 350 g Zucker.

Trauben waschen, entstielen und mit Zimt und Nelken in großen Steinguttopf legen. Essig und Zucker aufkochen, abschöpfen und abkühlen lassen. Dann über die Trauben gießen, so daß diese bedeckt sind. Den Steinguttopf gut verschließen und an kühlem Ort eine Woche stehen lassen. Nun den Saft abgießen, aufkochen, abkühlen lassen und wieder über die Trauben gießen. Den ganzen Vorgang noch einmal wiederholen. Das Rezept kann sinngemäß auch für Zwetschgen angewandt werden.

Die Künstlerkolonie-Ausstellung 1901

Bei der Besichtigung habe ich besonders auf die Besucher geachtet. Es waren Darmstädter und Frankfurter, im Durchschnitt der wohlhabenden Mittelklasse angehörend. Wer weiß, wie in Mittel- und Süddeutschland diese und die etwas reichere Klasse eingerichtet ist, begreift die Stimmung freudigen Staunens, die sich meist in Bewunderung und Entzücken ausdrückte. Namentlich die Frauen waren hingerissen. Was kennen sie an Häusern als die absolute Banalität? Eins wie das andere für die nackte Notdurft eingeteilt, jeder Raum für jede Möglichkeit der Benutzung geeignet, heute Schlafzimmer, morgen Salon, übermorgen Kinderzimmer. Hier lernen sie eine Reihe von Häusern kennen, die jedes einen klaren Organismus umfangen. Jeder Raum ist für einen ganz bestimmten Zweck in Höhe und Breite zugeschnitten, in Farbe und Einrichtung durchgearbeitet. Das Kinderzimmer hat seine eigenen freundlichen Möbel und seine liebenswürdige helle Farbe; das Arbeitszimmer des Hausherrn ist geschlossen und traulich, das Wohnzimmer der Hausfrau ein Gedicht. Und dann die Speisezimmer. Daß es so viel Behagen, so viel Heiterkeit und Anmut auf der Welt geben kann, wo ein künstlerischer Geschmack die Wege weist, war ersichtlich den allermeisten ganz neu. Diese Speisezimmer waren stets belagert, und die jungen Mädchen und Frauen konnten von ihren männlichen Begleitern, deren Auge noch nicht so viel empfindet, nur nach wiederholten Bemühungen weitergeschleppt werden, und ich habe wiederholt gesehen, daß sie auf der Treppe noch einmal umkehrten, um im Husch noch einmal den Anblick des gedeckten Tisches mit seinem zierlich gemusterten Damast, den neuen Gläserformen, den neuen Servicen und dem lieblichen Blumenschmuck zu genießen. Am liebsten hätten sie sich gleich in die behaglichen Stühle gesetzt, die rund umher auf die Gäste zu warten schienen.

So lernten sie in den Schlafzimmern die Verwendung von Wandschränken und eine neue Art, Spiegel anzubringen, und mit Bewunderung nahmen sie das Bild der neben den Schlafzimmern gelegenen hellen und mit raffiniertem Geschmack eingerichteten Badezimmer auf und mit. Wie vielen mag diese notwendige Verbindung zum ersten Mal in dieser Folgerichtigkeit aufgedämmert sein. Wenn sie vor den Häusern standen und die fensterlosen Wände sahen, meinten sie, es würde drinnen trübe und finster sein. Und dann fanden sie alles viel heller, als sie jemals Häuser gekannt hatten und fingen an, die veränderte Gestalt der Fenster zu beobachten, die in die Breite statt in die Höhe gehen, sehr viel Licht hereinlassen und ein ganz anderes Bild der Landschaft geben. Die Landschaft hat ja kein Hochformat und wird von unsern üblichen

Fenstern im Gegensinne zerschnitten. Wie sie standen und starrten. Hier über den geschlossenen breiten Blick über das Tal bis zu den Waldbergen, dort über den Ausschnitt aus den Baumwipfeln, die sich im Winde bewegen. Dies Schauspiel hatten offenbar wenige jemals genossen, denn unsere Vorhänge verbergen es.

Was sie nun mitnehmen ist eine neue Idee vom Haus. Kommen sie in ihre Wohnung, so werden sie den ungeheuren Abstand fühlen, werden sich sehnen, werden fragen und werden hören, daß diese neuen Häuser mit all ihrer Traulichkeit, all ihrem Komfort und ihrem Behagen billiger sind als die haarsträubende Banalität, in der sie sich faute de mieux bisher wohlgefühlt haben.

So wird diese Ausstellung auch in meiner Erinnerung als erster Versuch stehenbleiben, den Deutschen an einem praktischen Beispiel zu zeigen, was ein Wohnhaus leisten kann. Alles, was im einzelnen verfehlt oder geschmacklos sein mag, zählt dagegen nicht mit. Dies sehen zunächst aus der Masse der Besucher wenige. Es wird eben der Menge das Brot des neuen Gedankens gereicht, des für sie neuen Gedankens. Denn für uns ist nicht viel Neues da, und es fehlt noch an vielem, wonach wir schon Sehnsucht haben.

Alfred Lichtwark

faute de mieux – in Ermangelung von etwas Besserem

Schlachten

Was Elsa anging: die war ganz und gar dagegen, daß sie das Kind mitnahmen. Doch konnte sie gegen den Vater nichts ausrichten, weil das Kind selbst darum bettelte, mit einem trotzigen Ernst, der sie abstieß.

– Metzgersblut, sagte der Vater. Das steckt ihm in den Adern. Außerdem handelt es sich um das Handwerk seiner Zukunft.

Gegen das Pathos des Vaters, ihres Herrn und Liebhabers, konnte sie erst recht nichts machen, und zwar weil sie es bewunderte und weil sie nicht nur der weichen, in Fett gewälzten Stimme, sondern auch den salbungsvoll-schicksalsschweren Worten, die diese zu finden pflegte, hörig war.

– Armes mutterloses Geschöpf, sagte sie, bevor sie das Kind aus dem Druck ihrer Umarmung in den Lieferwagen entließ, wo es, eingekeilt zwischen Vater und Gehilfen, scheu dem Gangknüppel ausweichend, auf der Fahrerbank Platz fand. Aber sie sagte das hauptsächlich, weil es sie mit ähnlich andachtsvollem Schauer berieselte wie die Äußerungen des Vaters; nichtsdestoweniger war sie dagegen, ganz und gar, ohne etwas für die Schweine übrig gehabt zu haben, das über normale Tierliebe hinausgereicht hätte, ohne gegen den Schlachtvorgang als solchen das Geringste einwenden zu wollen, nur mochte sie es nicht als Schaustellung und dann besonders nicht für ein Kind.

Das Kind sah nicht zurück zu Elsa, es blickte mit den Männern geradeaus durch die hellbraunen Tüpfel auf der Windschutzscheibe. Beim Abladen hielt es sich immer in der Nähe seines Schweins auf. Es erinnerte sich daran, wie es ihm am Mittag des vorangegangenen Tags die letzte Mahlzeit verabreicht hatte, an sein gründliches, aufklärendes Vorgehen bei dieser Beschäftigung. Es fühlte jetzt etwas, das der Schadenfreude glich; als es den Ausdruck beleidigter Furcht im schnupfigen Gesicht seines Schweins wahrnahm – denn warum hatte das Tier gestern mit unachtsamer Gefräßigkeit, ohne Verständnis für Gesten, die jetzige Schicksalsstunde zu leugnen versucht?

Es hielt sich an sein Schwein, unter hunderten hätte es sein Schwein erkannt. Voll mitleidiger Verachtung sah es zu, wie es sich von der Grobheit des Metzgers zum Schuldigen machen ließ, wie es wehrlos blieb, als hätte es ein Verbrechen begangen. Es duldete die Schlaufe am linken Hinterbein, trottete in den Schlachtraum, begehrte nicht dagegen auf, daß man es an den Eisenring band und den Schußapparat gegen seine schwitzende Stirn setzte. Das Kind fühlte Enttäuschung, als sein Schwein, vom Schußbolzen getroffen, betäubt und stumm fiel; der Atem bewegte den blassen Wanst kaum noch. Aber es verweilte nicht bei langatmigen Empfindungen, es achtete darauf, daß ihm nichts entging; später erzählten sie von ihm, es hätte niemals herumgestanden, sei niemandem im Weg gewesen; es blieb mit geschmeidiger Beharrlichkeit im engsten Kreis der Vorgänge um sein Schwein, es kümmerte sich um nichts anderes. Es sah dem Metzger zu, der, mit dem linken Knie in den Brustkorb des Tieres gebohrt, seine linke Hand um den linken Huf preßte und sein Messer seitlich der Gurgel in die Hauptschlagader des Halses säbelte. Jetzt schoß das Blut in fettem Strahl in die Schüssel, die ein Lehrling hinhielt; neue Schüsseln, Eimer: das Blut seines Schweines ließ sich rechts- und linksherum schlagen. Der verschmierte wunde Wanst schwebte indessen an einem Flaschenzug in den großen Bottich und hielt dort, auf den Rücken gebettet, eine fast zufrieden wirkende Ruhe. Pechpulver puderte Ausschlag über die Bauchunterseite, stülpte dem Kopf eine furchterregende Maske auf, wickelte dunkle Socken um die Haxen. Dampfendes Wasser klatschte gegen die Schwarte, das Schwein sah verkommen aus in seinem Überzug aus nassem Pech. Mit einer Kette, die quer im Bottich lag, wendeten die Metzger und die Gehilfen das Schwein, es wälzte sich träg auf den Bauch und ließ sich nun den verschrammten Rücken einpulvern und brühen.

Das Kind stand dicht neben dem Gehilfen, der den Ohren und dem Schwanz die Borsten abrupfte, aber es streckte seine Hand nicht aus um zu helfen. Die Glocke schabte Haxen, Bauch und Rücken ab: dem Kind hatte seit langem schon der Name dieses Werkzeugs gut gefallen und jetzt gefiel es ihm sehr gut, wie leicht die Glocke ihre Arbeit erledigte, es sah gern zu. Der Metzger zog das jetzt fast nackte Schwein auf den mächtigen Holztisch, bespritzte es mit kaltem Wasser, rasierte den letzten Flaum weg: das Messer strich in spitzem Winkel über die Haut. Eine gründliche, gewissenhafte, von keiner Nervosität gestörte Vorbereitung. Das Kind spürte große ruhige Zufriedenheit. Nach der Demütigung der Einleitungsszene schien es ihm jetzt eher um Befreiung zu gehen. Würde und Erlösung wuchsen bis zur endgültigen Zertrümmerung in blutiger leidenschaftlicher Steigerung. Die Gehilfen rissen fahle Sehnenstränge aus den geschlitzten Beinen; dem hängenden Schwein schien heftig daran gelegen zu sein, sich den Bauch aufschneiden zu lassen, damit die bunte Unruhe der Därme, all die feuchte Plage der Innereien hervorquellen könnte; den Schlund und sein kleines näßliches Herz spuckte es erleichtert weg.

Erst beim Auseinanderhacken packte das Verlangen nach Betätigung die Arme des Kindes. Es griff sich ein Beil und schlug in die stark duftende, glänzende Masse; es achtete so wenig auf die andern, war so sehr damit beschäftigt, seinem Schwein zu dienen, daß es ihnen später, als sie es der erschauernden Elsa erzählten, nicht glauben wollte: es ganz allein habe das Tier zerhackt, sie alle hätten darumgestanden, gebannt und belustigt von diesem wütenden und doch nicht nach planloser Zerstörung trachtenden Eifer.

– Gute Arbeit, Metzgerverstand, sagte der Vater.

Das Kind verließ die Küche, ging über den Hof in den Stall, wanderte auf und ab im Gang zwischen den Koben und brauchte lang mit der Wahl desjenigen Schweins, dessen Weg zur Befreiung es diesmal von Anfang an mit besonderer Aufmerksamkeit verfolgen würde.

Gabriele Wohmann

Die zwöf Männer

Zwischen Seeheim und Nieder-Beerbach liegt ein Stein am Weg, auf welchem man ein Hufeisen eingedrückt sieht; an der Stelle soll es nicht geheuer sein. Als im letzten französischen Krieg der preußische Stab in Seeheim lag, da mußte der Korporal Peterssee in einer Nacht als Ordonnanz nach Nieder-Beerbach reiten. Als er in die Nähe des Steins kam, stutzte sein Gaul und siehe da, der Wald war so hell wie am Tage, daß man jedes Reis auf den Bäumen zählen konnte. Er ritt dennoch weiter und fand an dem Stein einen schwarzbedeckten Tisch mit schwarzem Schreibzeug; daran saßen zwölf Männer, deren einer blutrot gekleidet war. Vor ihm lag ein Viertelsbogen Papier, diesen nahm er vom Tisch, gab ihn seinem Nebenmann und sprach: „Schreib du." Der aber schüttelte den Kopf und gab das Blatt weiter, indem er gleichfalls sprach: „Schreib du." So ging das Blatt herum, bis es wieder zu dem Blutroten kam. Dieser bot es jetzt dem Korporal mit den Worten: „Schreib du", doch der wagte vor Angst nicht, auch nur ein Glied zu rühren. Da rief der Blutrote in wehklagendem Tone, der dem Korporal ins Herz schnitt: „So will denn niemand schreiben!" und im selben Augenblick war alles verschwunden und ringsum herrschte wieder die finsterste Nacht; der Korporal aber sprengte so schnell er konnte gegen Nieder-Beerbach hin. Dort erzählte er am andern Tage dem Pfarrer Scriba die ganze Sache und der schalt ihn und sprach: „Wenn Du nur geschrieben hättest: Das Blut Jesu Christi macht uns rein von allen Sünden", dann wärest du ein reicher Mann und die Geister wären erlöst. Jetzt hast du nichts als den Schrecken und die Geister müssen um so länger wandern." „Ja", sprach der Korporal, „wer das gewußt hätte!"

Mündlich überliefert

Die Dieburger Hexenprozesse

Gibt uns Dieburg bei der Betrachtung seiner geschichtlichen Entwicklung kaum Veranlassung zu einer eingehenden Darstellung, so nimmt es nach der kulturgeschichtlichen Seite hin um so mehr durch Vorgänge, durch welche die Stadt beinahe einzig unter den Nachbarorten dasteht, ein besonderes Interesse in Anspruch. Dieburg war der Schauplatz jenes Wahnes, der vom Ende des sechzehnten Jahrhunderts an im katholischen und im protestantischen Deutschland tausende unglücklicher Op-

fer forderte und welcher besonders da, wo ihn die Landesherrn unterstützten, in wahrhaft furchtbarer Weise wütete, so daß in Braunschweig zum Beispiel, wie ein Zeitgenosse berichtet, die Brandpfähle vor dem Tore „dicht wie ein Wald" standen.

Dieser Wahn wurde damals genährt nicht nur von der Kirche, er wurde nicht nur von gewinnsüchtigen Landesherren, denen es um Besitzeskonfiskationen zu tun war, und geldgierigen Richtern unterstützt, er fand sogar eine Unterstützung in der freien Wissenschaft. Wir besitzen aus jener Epoche eine Reihe wissenschaftlicher Werke, von Universitätsprofessoren herausgegeben, öffentlich vereidigte Inauguraldissertationen, welche von dem krassesten Aberglauben diktiert sind. Unzählige Dissertationen, von der Gewalt des Teufels handelnd, weist jene Periode auf, über Hexen und Zauberer, über einzelne Zweige der Zauberei, vom Nestelknüpfen (Heidelberg 1672), von Liebestränken, vom Waffensalben und ähnlichen törichten Phantasiegebilden. Noch vom Jahr 1693 liegt eine Gießener philosophische Doktordissertation vor uns, welche von den nächtlichen Hexenversammlungen handelt; 1706 disputiert Michael Schilberg zu Rostock über die Frage, ob man den Sterbenden einen Gruß an die Seinigen im Jenseits mitgeben könne, und Michael Ranft schreibt noch 1725 eine Dissertation über „das Kauen und Schmatzen der Toten in den Gräbern."

Länger als ein Jahrhundert hat die Herrschaft dieses Wahnsinns gedauert, der als furchtbare Geißel über die Länder Deutschlands sich ausbreitete, und mit wahrem Wohlbehagen meidete man sich an dem Brandgeruch, der im Elsaß, in Lothringen, Westfalen, im Henneburgischen, in Schwaben und im Bistum Olmütz von den Scheiterhaufen ausging.

Keine ruhige Überlegung konnte Platz greifen, keine Vorstellungen besonner Männer, des Arztes Johann Weier und des Priesters Cornelius Loos (beide 1560 bis etwa 1610) und später des trefflichen Grafen Friedrich von Spee, der 1631 mit Feuereifer gegen jenen Irrwahn auftrat, fanden Gehör, und Benedikt Karpzov, ein Professer der Jurisprudenz, lehrte 1635 in seiner Kriminal-Praktik: „Die Strafe des Feuertods ist auch denjenigen aufzuerlegen, welche mit dem Teufel einen Pakt schließen, sollten sie auch niemand geschadet, sondern entweder nur teuflischen Zusammenkünften auf dem Blocksberg angewohnt oder irgendeinen Verkehr mit dem Teufel gehabt oder auch nur seiner Hilfe vertraut und sonst gar nichts weiter getan haben." Eine wahre Unsinnsliteratur wucherte von neuem empor, unbekümmert verfuhren die Richter nach Sprengers Hexenhammer, und das Werk des Johann Wier, medicinae Doctor: „de Lanmiis, das ist von Teufelsgespenstern, Zauberern und

Giftbereitern (Frankfurt 1586)", ein Buch, das niemand heutzutage lesen wird, ohne Schaudern und ein unbeschreibliches Gefühl des Ekels zu empfinden, fand nach wie vor allen Glauben!

Als sich Kurfürst Georg Friedrich 1626 zu Dieburg huldigen ließ, trat eine Deputation der Centmannschaft vor ihn und bat inständig und um Gotteswillen, er möge wegen Ausrottung des abscheulichen Lasters der Magie, das zu Dieburg und in der umliegenden Gegend so überhandgenommen, die nötigen peinlichen Untersuchungen befehlen, eine Bitte, welche am 6. Februar des folgenden Jahres schriftlich wiederholt wurde und welcher auch stattgegeben wurde, als die Hauptkläger durch Verpfändung ihres Vermögens Bürgschaft leisteten. Bald darauf wurde eine arme alte Person verhaftet, Anna Padt, des Martin Padt Witwe, welche nur ihren und ihres verstorbenen Mannes Namen kennt und auf die Frage nach ihrem Alter erklärt, sie wisse nicht, wie alt sie sei. Hoch und teuer verhieß sie sich, sie habe keine Hexerei getrieben, Gott im Himmel solle sich ihrer um dieser fälschlichen Angeberei erbarmen und Jesus Christus solle ihr Zeuge sein, daß nichts von dem wahr sei. Da werden der armen, gebrechlichen Person von dem Meister Scharfrichter die Schrauben am rechten Schenkel angeschraubt, und sie erklärt, nachdem sie den Schmerz nicht mehr überwinden kann, sie wolle bekennen. Sie bejaht alle die Fragen, die man ihr vorlegt und bekennt, wie sie mit dem Teufel Buhlschaft getrieben, wie sie mit ihm Hochzeit gehalten, wer ihre Brautjungfern gewesen, was gegessen und getrunken worden und wer alles dabei gewesen sei. Nun erzählt sie, wie sie in des Teufels Namen getauft worden und wie sie den Unsinn, den ihr die Richter einreden, nicht mehr recht begreifen kann, „beschraubt sie der Meister wieder ein Vaterunser lang," worauf sie von neuem eine Menge Dinge bekennt, von denen sie wohl nie in ihrem Leben etwas gewußt hat, Antworten, welche das ganze System enthalten, welches die deutsche Gelehrtheit, die auch den Wahnsinn, wenn es sein mußte, in eine Methode zu bringen verstand, sich über den Teufel, den Widersacher Gottes und sein Reich zurecht gemacht hatte. Am 7. Juli 1627 wurde die Unglückliche hingerichtet. Man untersuchte nun gegen die übrigen durch die Padtin verdächtig gewordenen Personen; bereits am 5. August wurden fünf Weiber, am 27. August eine Frau von Altheim, fünf Weiber und ein Mann von Dieburg, am 21. September fünf Männer und eine Frau, am 8. Oktober fünf Männer und fünf Weiber, darunter zwei Ratsgeschworene und ein Förster, am 4. November zehn Personen beiderlei Geschlechts, darunter eine Hebamme, sämtlich durchs Schwert hingerichtet und verbrannt. Mehrere Familien wurden damals beinahe völlig ausgetilgt. Auch in den folgenden Jahren fanden noch Untersuchungen gegen Hexen statt, allein es fehlten die Dokumente, aus welchen ersichtlich wäre, ob und wie viele Opfer der Wahnglaube einer finsteren Zeit damals forderte, allein im Gedächtnis des Volks hat sich das Andenken an jene Greuel erhalten, und noch heute nennt man einen der alten Rundtürme der Stadtmauer, in welchem diese Unglücklichen gefangen gehalten wurden, den Hexenturm. Den Ruhm, die letzte Hexe in Deutschland verbrannt zu haben, hat das Bistum Würzburg, wo 1749 die siebenzigjährige Nonne Maria Renata Sängerin als Hexe öffentlich verbrannt wurde. Die „freie" Schweiz gab noch einmal 1782 der Welt dieses Schauspiel, in welchem Jahr die Dienstmagd Anna Göldi zu Glarus wegen Hexerei öffentlich hingerichtet wurde.

Zur Ruhe bringen

Im alten Schulhaus in Seeheim erschien vor sechzig Jahren dem Lehrer jede Nacht eine weiße Gestalt wie die eines schönen Kindes, die trat vor sein Bett, winkte ihm bis es zwölf Uhr schlug und verschwand alsdann durch das Schlüsselloch der Tür. Er fragte den Pfarrer um Rat, was er machen könne, um den Geist loszuwerden und der Pfarrer riet ihm, demselben einmal zu folgen, um zu sehen, was er wolle. Das tat der Lehrer und der Geist führte ihn bis zum Herd, zeigte dort mit dem Finger auf eine Stelle und verschwand. Am folgenden Tag grub der Lehrer da nach, glaubte schon einen Schatz zu finden, fand aber nur das Gerippe eines kleinen Kindes, welches er auf des Pfarrers Rat auf den Kirchhof trug und begrub. Seitdem hatte er Ruhe und außerdem Segen bei allem, was er vornahm, so daß er als ein wohlhabender Mann starb.

Mündlich überliefert

Durch den Spessart

Auf meinem Weg hierher kam ich durch den Spessart, die dickste Waldung, durch die ich noch in Deutschland auf einer ordentlichen Straße gekommen bin. In neun Stunden Wegs sah ich nur ein einziges

Dorf und ein Jagdhaus. Alles übrige war fast ununterbrochenes Gehölze und guten Teils auch Gebirge. Dessen ungeachtet ist die Straße vortreflich, und der Kurfürst von Mainz, dem der größte Teil dieser Holzung zugehört, hält sie auch von Räubern sehr rein. Seit zwanzig Jahren weiß man kaum zwei Beispiele, daß jemand in dieser schauerlichen Waldung wäre angefallen worden. Sie ist jetzt so sicher, daß man ohne alles Bedenken sogar in der Nacht durchreiset.

Aus: Briefe eines reisenden Franzosen über Deutschland, 1784

Seligenstadt

Seligenstadt liegt am linken Ufer des Mains, an der von Frankfurt in das Königreich Bayern führenden Chaussee. Die Stadt ist teilweise noch mit Mauern, Türmen und Wällen umgeben, hat 409 Häuser und 2624 Einwohner. Seligenstadt ist der Sitz des Landrats, des Rentamts, des Steuerkommissars und des Forstinspektors; auch befindet sich hier eine Posthalterei, ein Grenznebenzollamt I. Klasse und eine Wasserzollerhebung. Unter den Gebäuden sind besonders bemerkenswert:

Die Ruinen eines kaiserlichen Palatiums, das Rote Schloß genannt. Daß dieses Schloß als ein kaiserliches Palatium erbaut worden, davon schweigt die Geschichte; daß aber damit ein Castrum verbunden war, ist um so eher anzunehmen, als viele Urkunden ein Castrum oder eine Burg zu Seligenstadt ausdrücklich benennen.

Die vormalige Benediktiner-Abtei mit ihrer nunmehrigen Pfarrkirche. Erstere besteht aus Gebäuden vom 11.–18. Jahrhundert und an den noch stehenden Hauptanlagen der uralten Kirche Eginhards findet sich der Geschmack mehrerer Jahrhunderte. Den 28. August 1825 wurde das tausendjährige Jubelfest dieser Kirche feierlich begangen. Die Kirche enthält in einem prachtvollen Marmorsarge Eginhards und Emmas Gebeine. Der ursprüngliche Sarkophag ist 1810 nach Erbach gekommen.

Das ganz neue schön gebaute Rathaus. Außerdem befindet sich hier eine Synagoge, eine Schneide- und mehrere Mahlmühlen und eine Sammlung von mehr als 200 Stück römischer, im Bachgau gefundener Münzen. In einem dortigen Wirtshause wird den Durchreisenden öfters ein großer hölzerner Löffel präsentiert, aus welchem schon sehr viele, zum Teil sehr hohe Gäste getrunken haben, wie aus einem Buche zu ersehen ist, in welches sie ihre Namen eingeschrieben haben. Unter den Gewerben sind zu bemerken: die Tuchfabrikanten, Leineweber,

Strumpffabrikanten, Rot- und Weißgerber, sowie die Kupferdrucker-schwärz-Fabrik. In der Gemarkung sind Braunkohlegruben, die aber nicht benützt werden, und sehr bedeutende Torfstiche, die jährlich gegen eine Million Torfstücke liefern. Jährlich werden vier Märkte gehalten.

Seligenstadt, früher Ober-Mühlheim geheißen, hat der höchsten Wahrscheinlichkeit nach einem römischen Kastelle, dessen Spuren man gefunden haben will, seinen Ursprung zu verdanken. Im Jahr 815 erscheint das Dorf Ober-Mühlheim, welches ehemals dem Grafen Drogo gehörte. Später war es eine königliche Villa, und kam durch Schenkung Ludwigs des Frommen 815 an Eginhard und dessen Gemahlin Emma. Eginhard stiftete hier eine Abtei, welche 980 an das Bartholomäusstift zu Frankfurt kam, diesem untergeordnet wurde und das meiste zum Emporkommen von Seligenstadt beitrug. Im Jahr 1022 wurde eine berühmte Kirchenversammlung zu Seligenstadt gehalten. Kaiser Heinrich III. verlieh der Abtei 1045 das Münz- und Marktrecht und 1063 kam die Abtei sowie der Ort Seligenstadt an Mainz und später als ein mainzisches Lehen in Besitz der Hohenstaufen. Als Stadt kommt Seligenstadt zuerst in einer Urkunde aus dem Jahre 1232 vor. Am 25. November 1631 erschien Gustav Adolf vor der Stadt und besetzte sie. Im folgenden Monat wurde Seligenstadt von den Truppen und der Centmannschaft des Grafen Philipp Wolfgang zu Hanau, welchem die Eroberung von Dieburg übertragen war, sehr hart mitgenommen. Die Abtei war den plündernden Bauern preisgegeben und beinahe wären auch die Abteigebäude ein Raub der Flammen geworden. Die Stadt hatte fast beständig eine schwedische Besatzung. Es blieb ziemlich ruhig, bis 1637 der schwedische General Ramsai eine Abteilung Soldaten abschickte, welche Stadt und Abtei teilweise plünderten. Bald darauf nahmen kaiserliche Truppen die Stadt nach einer förmlichen Belagerung ein und 1647 mußte sie einem französisch-weimarischen Korps übergeben werden, welches schrecklich hauste. Nach dem Westfälischen Frieden kam Seligenstadt wieder an Mainz und blieb dabei, bis Stadt und Abtei 1802 an Hessen kamen. Die Abtei wurde säkularisiert.

Palatium – Pfalz / Castrum – Kastell, Burg / Centmannschaft – Art von Miliz; ursprünglich aus den Freien der Cent, also der Markgenossenschaft zur Verfolgung von Dieben und Räubern ausgehoben / säkularisieren – kirchlichen Besitz in weltlichen umwandeln

Neu-Isenburg

Das reformierte Pfarrdorf gehört dem Fürsten von Isenburg-Birstein. Man zählt 120 Häuser und 1576 Einwohner. Hier befindet sich eine Kirche, ein Pfarrhaus, zwei Schulhäuser, ein Rathaus, eine Mahlmühle, sodann ist hier ein Hauptzollamt. Die Einwohner verfertigen viele florettseidne Waren, namentlich Strümpfe, Kappen, Geldbeutel usw.; auch die Nähe von Frankfurt gibt mancherlei Nebengewerbe. Jährlich werden zwei Märkte gehalten.

Dieses Dorf wurde unter Johann Philipp, Grafen von Isenburg, der 1685 an die Regierung kam, unter nicht unbedeutenden Opfern gegründet; eine französische Kolonie erbaute es 1700, weshalb es auch gewöhnlich das welsche Dorf genannt wird. In der Mitte steht das Rathaus, von welchem mehrere Straßen in Form eines Sterns auslaufen. Im Jahr 1816 kam der Ort unter Hessische Hoheit und 1826 wurde die Justiz- und Polizeiverwaltung von dem Fürsten von Isenburg-Birstein an den Staat abgetreten.

G. W. J. Wagner

florettseiden – aus Abfallseide

Sage aus Götzenhain

Der Nachtwächter aus Götzenhain wollte einst in der Allerheiligen-
nacht die zwölfte Stunde ausrufen. Am Ende des Dorfes angekommen,
sah er in einem Garten ein Feuer brennen und bei demselben unkenntli-
che Gestalten. In der Meinung, es hätte sich eine Zigeunerbande da gelagert, schlich er dicht an die Hecken. Da sah er eine Vertiefung in der
Erde wie eine Höhle und ein Gefäß, aus welchem blaurote Flammen
schlugen. Ganz im Innern stand ein goldnes Bild und ein Mann, welcher
einen Speer in der Hand trug; neben ihm lag ein Hund so groß wie ein
Rind, dem eine lange blutige Zunge aus dem Halse hing. Er blieb einige
Augenblicke wie angewurzelt stehen, dann aber fing er an zu laufen was
er konnte und wagte sich seitdem nie wieder an die Stelle, wo der Götze
mit seinem Schatz begraben liegt.

Mündlich überliefert

Offenbach

Offenbach, eine sehr freundliche und jedenfalls die gewerbfleißigste
Stadt des Großherzogtums, liegt auf dem linken Mainufer. Sehr gute
Chausseen verbinden die Stadt mit Frankfurt und Darmstadt und ziehen
nördlich über die Schiffbrücke nach den benachbarten Städten. Die Umgegend ist eine heitere, fruchtbare Ebene, die Stadt selbst liegt gleichsam
inmitten von Gärten; an der Westseite ist eine schöne Promenade, der
sogenannte fürstliche Garten, anmutige Privatgärten, nach mehreren
Seiten und in der Stadt vor dem fürstlichen Palais schattige Alleen. Die
Stadt ist offen und macht von allen Seiten einen heiteren Eindruck. Von
den Straßen ist die Frankfurter Straße, auf welcher das städtische Lager-

haus, die Gasthöfe „Darmstädter Hof", „Krone" und andere schöne Privathäuser liegen und wo sich eine Fabrik an die andere anreiht, unstreitig die schönste; weniger gefallen die Schloßstraße, wo die Kraftsche Tabaksfabrik sowie der Gasthof „Goldener Hirsch" liegen, und die nach dem alten Schlosse führt, die Geleitsstraße, in welcher die berühmte Chaisenfabrik von Dick und Kirschten, sowie die Waldstraße, wo die Maschinenfabrik von G.D. Heim sich befindet, die Herrngasse mit der Bernhardschen Schnupftabaksfabrik, die Kanalstraße mit der Fleischmannschen Wachslichterfabrik usw. Das Pflaster in mehreren dieser Straßen ist noch keineswegs so wie in anderen Städten, die gleich lebhaften Verkehr haben. Die öffentlichen Plätze Offenbachs sind im Ganzen unbedeutend. Unter den öffentlichen Gebäuden ist außer vier Kirchen, dem städtischen Schulhaus, Hospital usw. das alte Schloß, hart am Main gelegen, zu erwähnen, welches 1556 aus einem alten verfallenen Schloß von Grund aus neu gebaut wurde und bis 1718 die Residenz einer besonderen Isenburgischen Linie war. Hier empfing Gustav Adolf 1631 die Abgeordneten der Stadt Frankfurt. Es ist jetzt an mehrere Familien vermietet, ein großer Saal dient als Atelier eines Malers; aus den Fenstern und von den kleinen Balkonen des Schlosses genießt man eine angenehme Aussicht nach dem nahe vorbeifließenden Main mit der 1819 angelegten Schiffbrücke, desgleichen nach einigen die Ebene jenseits des Flusses begrenzenden Ortschaften. Ein anderes sehenswertes Gebäude ist die neue, vor der Stadt an der Straße nach Seligenstadt gelegene Kaserne, worin ein Bataillon Infanterie liegt. Durch den lebhaftesten Verkehr ist das sonst stille Offenbach mit Frankfurt in steter Verbindung; zu jeder Stunde des Tages gehen Omnibus- und Postfahrten nach der freien Stadt und zurück; Ankunft und Abfahrt ist auf der Frankfurter Straße und man gelangt für den billigen Preis von 12 Kreuzer sehr schnell dahin. Die Dampfschiffe auf dem Main gehen täglich stromauf und -abwärts; die Agentur befindet sich in der Nähe des Flusses. Für den Unterricht ist durch öffentliche und Privatanstalten trefflich gesorgt; die Realschule seit 1834 eröffnet, blüht unter der Leitung tüchtiger Lehrer immer mehr empor; die übrigen Schulanstalten sind in gutem Zustande. Von Buchhandlungen ist Heinemann auf der Frankfurter Straße, unter den Buchdruckereien die Seiboldische zu bemerken. Offenbach ist Wohnort einiger Schriftsteller, die in der deutschen Literatur bekannt sind; der erste unter ihnen ist wohl K.F. Becker, berühmter deutscher Sprachforscher und Herausgeber ausgezeichneter Schriften über deutsche Sprache und Grammatik; er war eigentlich praktischer Arzt und ist 1775 zu Liser im Trierischen geboren; sodann Schaumann, Direktor der Realschule; G. Reich, Theologe und Lehrer an dieser genannten Anstalt, neuerdings durch eine Schrift „Über die Auferstehung Christi", durch Streitschriften in der kirchlichen Bewegung, besonders durch gehaltvolle Rezensionen in der Allgemeinen Kirchenzeitung bekannt; Dr. Helmsdörfer, Lehrer an der Realschule; Pfarrer Heber, Verfasser einer schätzenswerten Geschichte von Offenbach; Pirazzi, bekannt durch kleinere, in einigen Tagesblättern, z.B. der Didaskalia, mitgeteilte Gedichte. Früher wirkte der bekannte Pädagoge Dr. Curtman, jetzt zu Friedberg-Direktor des Seminars, an der hiesigen Realschule. In neuester Zeit nahm hier seinen Wohnsitz Dr. Lorenz Dieffenbach, Verfasser lyrischer Gedichte, kleiner Novellen und Romane, vieler belletristischer Aufsätze und Kritiken in den beliebtesten deutschen Zeitschriften, zugleich als Philologe durch seine Celtica, Beiträge zur Kunde des alten Volksstammes der Kelten und durch ein gotisches Wörterbuch bemerkenswert. Außerdem hat sich Dr. Dieffenbach, der früher als Pfarrer zu Laubach stand, unter den ersten Kämpfern für die deutschkatholische Angelegenheit und für eine Neugestaltung der protestantischen Kirche gezeigt und beide Streitsachen in verschiedenen kleinen Broschüren und Zeitungsartikeln verfochten. Unter den früheren Dichtern ist Ch. K. E. W. Buri 1758 zu Offenbach geboren. Er studierte die Rechte und ward Advokat in seiner Vaterstadt, später Regierungsrat und zuletzt Regierungsdirektor zu Homburg vor der Höhe, wo er 1820 starb. Seine Gedichte und Taschenbücher, die von 1791–1814 erschienen, waren sonst beliebt.

Die Bevölkerung der Stadt von 1828 bis 1840 um mehr als 2400 Seelen und von 1816 bis jetzt auf das Doppelte gestiegen, mag sich jetzt über 11 000 belaufen ... Die Hauptnahrungszweige der Bewohner sind Handel und Gewerbe, unterstützt und gehoben durch eine Handelskammer (seit 1821; sie erhält aus Staatsmitteln jährlich 1500 Gulden), ein Lagerhaus und die seit ungefähr zwei Jahren bestehende Lokalsektion des Gewerbevereins, welche in ihrem Vorstande F. Becker und anderen sacherfahrenen Männern eine sehr kräftige Stütze hat. Wohlstand und Nahrung werden durch vielerlei, weit im Auslande hin bekannte Fabriken, Manufakturen und Werkstätten erhalten und vermehrt. Wieviel die nach ihrer Bevölkerung kleine Stadt in diesem Betracht leistet, das scheinen manche der Offenbacher Industriellen selbst nicht gewußt, sondern erst durch die mit dem 25. August 1846 eröffnete Gewerbeausstellung erfahren zu haben, die durch die allgemeine Anerkennung der vielen Fremden sehr nachhaltig zur Aufmunterung und Förderung des Gewerbefleißes der Offenbacher wirken muß.

Man hatte Recht zu behaupten, daß bisher wohl noch keine Lokalgewerbeausstellung im Verhältnis zur Größe der Stadt ein so ansprechendes Ganzes und dabei so geschmackvolle und elegante Einzelheiten dar-

geboten habe. Besonderen Beifall der Kenner erhielten: Ein Wagen (Phaethon) aus der berühmten Chaisenfabrik von Dick und Kirschten, von der auch ein Patenttaxenschenkel ausgestellt war; eine Hochdruck-Dampfmaschine von zehn PS mit Expansivregulator, ausgeführt in der Maschinenfabrik von Julius de Bary; mehrere Pressen, Schneid- und Walzendruckmaschinen, z.B. eine Lohrindeschneidmaschine, Lederpresse, Satinierwalze, Vergoldpresse u.a. von G.D. Heim; eine Feuerspritze und eine Handspritze von Joh. Strauß; Proben aus der Buntpapierfabrik von J.B. Weber, Marmor, glatte und gepreßte, Glacé-, Satin-, Karton-, Marocain und andere Titelpapiere; ähnliche Arbeiten von C.A. Freund; seine Eisengußwaren von Fabrikanten Alfr. Richard Seebaß und Comp., wobei die ausgezeichneten Lithophanien (Lichtschirmbilder) in trefflichster Auswahl; in Holz gepreßte Galanteriearbeiten in antiker Form, aus der Portefeuillefabrik von Klein, Riesser und Comp.; Gold- und Seidestickereien, Kirchenparamente von A. Klugherz, worunter ein vollständiges Meßgewand mit erhabener echter Goldweberei und mit echten Goldborden, ein Sanktissimum u.a.; dieser Fabrikant von Kirchenparamenten hat auch eine Niederlage von Seidentapeten und Draperien; ein großer Wachstuch-Fußteppich, Mosaikdruck von F. Jhm, einem gestickten oder gewirkten Teppich täuschend ähnlich; künstliche Muschel- und Gürtlerarbeiten vom Gürtler Math. Heil in bedeutender Auswahl; silberne Filigranarbeiten, Serviettenbänder, Markenkästchen, Brotkörbe vom Silberarbeiter Chr. Feuß; von den Gebrüdern Abé sowie von dem Fabrikanten geprägter silberner Tafelbestecke G.W. Batz vortreffliche Tafelbestecke, Dessertmesser; elegant ausgelegte Arbeiten vom Kunstschreiner H. Buchhammer, ein Likörkasten, Teekasten u. a., desgleichen von C. Heger; von Wilh. Fleischmann eine aus Stearin gegossene weibliche Statue, eine Tänzerin nach Canova vorstellend, auch eine siebenpfündige Stearin-Kirchenkerze und ausgezeichnete Stearinlichter verschiedener Art; Klaviere in Mahagoni- und Nußbaumholz von Chr. Schäfer; Instrumentensaiten von H. Pirazzi Söhne; lithographierte Kunst- u. Schriftgegenstände z. B. von L. Kramp und Comp., Ph. Wagner u. a., welche bewiesen, daß Offenbach nicht allein eine der ersten Anstalten hierin besaß, sondern daß auch diese Anstalten nicht hinter den Forderungen der Zeit zurückgeblieben sind: Farben und Firnisse von Chr. Schramm, Farbenfabrikant; Bleiweiße von Sprenger, Elberle und Comp., Asphalt und Kreosot sowie andere chemische Fabrikate von Dr. E. C. Sell, dessen Fabrikate von mehreren Staaten patentiert sind und häufig nach England und Amerika versendet werden; Geldbeutel durch die Fabriken von Klein, Rätzer, Rust und Weintraud jun. Von diesem Artikel, der ungemein billig und schön hier gefertigt wird, erhält ein einzelner Fabrikant häufig Aufträge von 100 000 Dutzend jährlich; Kunstblumen von Louise Scherer; Hüte von G. W. Martini und Sohn, Ph. Koch, Paul Geiger u. a.; auch in diesem Gegenstand genießt die Stadt einen weitverbreiteten und wohl begründeten Ruf.

Im ganzen hatten sich gegen 260 Aussteller beteiligt und beeifert, ein vollständiges Bild der Offenbacher Industrie zu liefern, zugleich zur richtigen Würdigung des deutschen Gewerbefleißes beizutragen. Die Ausstellung befand sich im städtischen Lagerhaus, das von Mitgliedern des Vereins auf den Wunsch der Lokalsektion ausgeschmückt war.

Außer den eben genannten Fabriken verdienen noch Erwähnung: die Lederfabriken von Ihm und Maury, die auch treffliche Erzeugnisse ausstellten, die Etuifabrik von Mönch und Comp., die Zuckerraffinerie von Klees und Hauser, die Tabakfabrik von d'Orville und Bernhard (schon 1774 errichtet) und andere, die wir nicht namhaft machen können. Die Zahl der Arbeiter, welche täglich aus den umliegenden Orten zur Arbeit in Offenbacher Fabriken gehen, mag sich, wie versichert wurde, auf 3000 bis 4000 erstrecken. Der Speditionshandel hebt sich immer mehr.

Zur Unterhaltung dient ein Theater, ein Kasino und ein Singverein. Ausflüge lassen sich von hier aus nach verschiedenen Richtungen, z. B. nach Bieber, Fechenheim usw. unternehmen; kleinere Spaziergänge macht man an den Main, auf die Promenade im Westen der Stadt, in den Schlosserischen Garten usw. Bei größeren Partien schließen sich die Gesellschaften gern an Frankfurter an, welche übrigens seit Eröffnung der Eisenbahn seltener nach Offenbach kommen sollen.

Wir lassen hier die Geschichte Offenbachs nach dem Historiker Heber folgen:

In neuerer Zeit nahm man an, daß Offenbach zwei römischen Kastellen seinen Ursprung verdanke. Heber verwirft diese Vermutung mit Recht, denn wie hätten die Römer – sagt er – deren Straße einige Stunden südwärts nach dem Odenwalde hinzog, die sich auf den Höhen von Höchst nach Bergen usw. niedergelassen, in einer sumpfigen Niederung mitten im Walde bauen, und zwar zwei Kastelle bauen sollen? Das Mauerwerk, auf welches jene Vermutung sich stützt, war ein Rest des früheren Schlosses, das 1556 abgerissen ward, neu aufgebaut wurde und 1564 abbrannte, so daß das noch stehende das dritte ist. Genannt wird Ovenbach zuerst in einer 970 von Otto II. ausgestellten Urkunde. Vermutlich gab ein breiter, offener Bach der Stadt den Namen, nicht aber ein naher Kalkofen, welche Etymologie man vorziehen wollte, weil in der Nähe Kalksteinbrüche gefunden wurden. Der Anfang der Erbauung ist in das 10. Jahrhundert zu setzen. Herren von Offenbach (Ovenbach) kommen in verschiedenen Urkunden aus dem 13.–15. Jahrhundert vor, zuerst als Ministerialen der benachbarten Dynastien von Hagen, von Minzenberg u. a. Ein Herman v. Ovenbach unterschrieb 1211 als Zeuge eine Schenkungsurkunde. Auch dessen Nachkommen sind erwähnt; später verschwinden diese Namen. In Frankfurt gab es eine Patrizierfamilie dieses Namens, den endlich auch einige Schriftsteller führten. Da Ovenbach im Dreieicher Bannforst lag, mußte es Wildhafer als Gefälle nach Hain liefern. Unter den Dynasten von Minzenberg stand es bis 1255.

Ein Philipp von Falkenstein hat hier 1356 einen Forstmeister und verpfändet den Ort für ein Darlehen von 1000 Gulden an die Stadt Frankfurt. Demselben Philipp verstattet König Wenzel einen Wasserzoll am Main bei Ovenbach, welcher aber schon nach zwei Jahren 1400 als den Reichsgesetzen zuwider und als erschlichen zurückgenommen wird. Nach dem Tod des Kurfürsten Werner von Falkenstein teilten sieben Erben zu Butzbach; Sayn und Isenburg erhielten Stadt und Burg Hain nebst allen Zubehörungen, mithin auch Ovenbach. Sie behielten es gemeinsam, bis Sayn 1446 seinen Anteil versetzte. Erst 1448 wird Stadt und Schloß Ovenbach erwähnt; also mußte das ältere Schloß zwischen 1446 bis 48 erbaut sein. Aber von wem? Endlich verkaufte Sayn 1486 seinen Anteil ganz an Isenburg. Ovenbach stand damals als Filial von Mühlheim unter dem Archiadiakonat St. Peter und Alexander zu Aschaffenburg; es gehörte mit Bürgel, Bieber und Mülnheim zum Maingau. In dem Pfarrverband der Mutterkirche zu Mühlheim scheint es bis zur Reformation geblieben, während andere Dörfer, als die Einwohnerzahl wuchs, selbständige Pfarreien wurden. In weltlichen Sachen stand Ovenbach unter dem Gerichtsverband der Königsgrafschaft vom Bornheimer Berg, zu welcher Cent meistenteils zum Niddagau gehörige Dörfer gezählt wurden. Weil sie unmittelbar unter dem Kaiser stand, hieß sie Reichs- und Königsgrafschaft. Kaiser Karl IV. versetzte diese an den Grafen von Hanau, doch hatte die Stadt Frankfurt das Recht, den obersten Richter zu ernennen. Darüber stritt man lange. Endlich kam Ovenbach in den Gerichtsverband der Bieger Mark, welche zum Rodgau zählte. Diese Bieger (Biebrauer) Mark begriff das westliche Ende des Rodgaues mit elf Dörfern; Ovenbach war Hauptort, da mußte jedes Geschäft, das die Mark betraf, seinen Anfang nehmen.

Aus: Das Großherzogtum Hessen

Chaisenfabrik – Kutschenfabrik / Lohrinde – Gerbrinde / Satinierwalze – zum Glätten von Papier / Portefeuille – Brieftasche, Mappe / Sanktissimum – Allerheiligstes / Parament – Meßkleidung / Kreosot – Räucher- und Arzneimittel / Etymologie – Wissenschaft vom Ursprung der Wörter / Ministeriale – Angehöriger des Dienstadels / Dynast – kleiner Fürst / Filial – Tochtergemeinde / Cent – Markgenossenschaft, entstanden aus Untergliederung der Gaue: ursprünglich etwa 100 Großfamilien umfassend

Häsleins Klage

Aus dem Hessen-Darmstädtischen und Badischen.

1. Ich armer Has' im weiten Feld,
   Wie wird mir doch so grausam nachgestellt!
   Bei Tag und auch bei Nachte
   Da tun sie nach mir trachten;
   Man tracht mir nach dem Leben mein:
   Wie bin ich doch ein armes Häselein!

2. Ich hab ja mein Lebtag kein Schaden getan,
   Ich freß' ja nur die grünen Blätter an;
   Ich freß' ja nur die Blätterchen,
   Damit tu ich mich sättigen,
   Ich halt' mich auf in meim Revier
   Und trink' das Wasser für mein Pläsier.

3. Erwischt mich der Jäger bei meinem Kopf,
   So hängt er mich an sein Säbelknopf;
   Da tut er mit mir prängen,
   Ich armer Has muß hängen;
   Er schlenkert mich hin und schlenkert mich her,
   Als wenn ich ein Dieb vom Galgen wär.

4. Und da haben die Herrn ein hohes Fest,
   Da heben sie mich auf bis zu allerletzt;
   Bei allen Traktamenten,
   Da tun sie mich verwenden,
   Auf mich trinken sie den rheinischen Wein:
   Wie bin ich ein so delikates Häselein!

Pläsier – Spaß / Traktament – Bewirtung

Noch ein Messias

Um eine große Zahl anderer Wohngebäude Offenbachs hat die Dichtkunst ihre zarten, sinnigen Ranken geschlungen und die Literaturgeschichte erzählt uns hier von den drei ersten Küssen der schönen Bettina von Arnim, der „kleinen Psyche", wie sie Herder nannte, als er in Offenbach ihre Großmutter Sophie la Roche besuchte, und von dem „schönen Gretchen", der Tochter des Wirts „Zur Rose" (das Haus steht in der Domstraße), der Jugendliebe Goethes, welche mit Friederike von Sesenheim sich um die Ehre streitet, dem Dichter den Impuls zur Schaffung seiner schönsten Frauengestalt gegeben zu haben. Offenbach, wo ein reges, kunstsinniges Leben herrschte, wo der geniale Anton André, der Dichter und Komponist, und „Onkel Bernard", dessen „Bernardstift" als bleibendes Zeugnis seines Kunstsinns heute noch vorhanden ist, ihre geselligen Zirkel um sich versammelten, wurde mit Vorliebe von den Größen unserer Literatur aufgesucht. Hier bei André lauschte der Jüngling Goethe dem Pianospiel der schönen „Lili" (Elisabeth Schönemann, später Frau von Türkheim) und hier verkehrte später Spohr, der Geigerkönig. Auch an Jean Paul, der in Offenbach eine Reihe von Verehrern und Verehrerinnen besaß, knüpft sich eine Erinnerung, und man weiß, daß er einst einen geselligen Abend in dem Herrn- und Damenkränzchen des Weinhändlers Ewald (später Hegedornsches Haus nächst der Landungsbrücke der Dampfboote) zubrachte. Allein kaum daß wir Muße finden, uns nach dieser Seite hin mit der Geschichte Offenbachs zu beschäftigen, und fast scheint es, als ob die helle, lichtfreundliche Stadt am Main, in welcher die Größen unserer Literatur verkehren, eine Zeitlang einzig und allein ausersehen gewesen sei, das Theater zu werden, wo man alle die Hirngespinste vom Messias und dem wiedererstandenen Jerusalem zu verwirklichen versuchte. Kaum sind Frank und Eva Romanowna vom Schauplatz abgetreten, so sehen wir abermals einen Mystiker daselbst auftauchen, der über einen zahlreichen Anhang gebietet, hohe Gönner besitzt, über ungewöhnliche Geldmittel verfügt und Frank an Unverschämtheit vielfach noch überbietet, der aber, weil selbst nur betrogener Betrüger, nicht unseren Unwillen, wohl aber ein gewisses Mitgefühl erregt und vor allem bei seinem Tun auf das lebhafteste den Humor herausfordert. Dieser zweite Offenbacher Messias ist Maximilian Bernhard Ludwig Müller, welchem laut dem Großherzoglichen Regierungsblatt vom 28. Oktober 1826 der Name Proli beigelegt wurde. Seine messianische Sendung war schon vor seiner Geburt geweissagt worden. Helena Balser, eine Nähmamsell, erfreute sich der Gunst des Mainzer Koadjutors Karl Theodor von Dalberg. Um die Folgen dieser

Gunst zu verbergen, wurde sie, von dem Koadjutor reich ausgestattet, an einen Kunstgärtner in Kostheim, Johann Adam Müller, verheiratet. „Als der neue Eheherr den Betrug entdeckte", erzählt ein Biograph, „erschien ihm ein Engel, aber nicht im Traum und in strahlendem Lichtgewand, sondern in schwarzem Priesterrock, und verkündigte ihm eine große Gnade, die ihm widerfahren solle, weil ihm der Messias geboren würde, welcher eine Frucht des heiligen Geistes sei." Die in Aussicht gestellte Geburt erfolgte (1783) auch und die Weissagung fand insofern sofort ihre Bestätigung als es kein Mädchen, sondern wirklich ein zur Erfüllung der Messiassendung, soweit man nach dem Anschein urteilen konnte, verwendbarer Knabe war, welchen Helena Müller, geborene Balser, zur Welt brachte. Der befähigte Knabe wurde, als er herangewachsen war, ins bischhöfliche Seminar nach Mainz gebracht, wo er unterrichtet wurde. Hier entwickelten sich bei ihm die ersten Keime religiöser Schwärmerei, welche sich bei ihm so nachhaltig erwies, daß er seinem Lehrherrn, einem Schneidermeister, entlief und selbst bei einer Kunstreiterbande kein Gut tat. Er beschloß, sich dem geistlichen Stande zu widmen, trat in ein Kloster in Aschaffenburg ein und wallfahrtete alsbald nach Rom. Allein er scheint von dort zurückgekommen zu sein wie der Jude Abraham des Bocaccio, der sich nach einer Wanderung nach Rom bekanntlich darum zum Christentume bekehrte, weil er dort gesehen habe, wie die Kirche Christi eine starke Kirche sei, weil sie schon so viele hundert Jahre dem Papst und seinen Kardinälen widerstanden habe, die doch täglich bemüht seien, sie zugrunde zu richten. Nach seiner Rückkehr von Rom sehen wir ihn sich der Sektiererei zuwenden. Zunächst knüpft er mit englischen Pietistengesellschaften Beziehungen an und bald übernimmt er die Rolle eines Propheten. Seine erste Prophetentat besteht in einer 1810 erlassenen Drohnote an Napoleon, in welcher er dem damals auf dem Gipfel seiner Macht stehenden allgewaltigen Imperator in prophetischem Tone seinen nahen Sturz verkündete und ihn aufforderte, so schnell als möglich Buße zu tun. Bernhard Müller entgeht wie durch ein Wunder den Nachforschungen der Napoleonischen Polizei, und zwei Jahre später sieht er den Kaiser von dem Zorne des Allmächtigen, von den wütenden Elementen Kälte und Hunger verfolgt auf der Flucht aus Rußland. Müller war nun von seiner Prophetenmission unzweideutig überzeugt.

Immer mächtiger trieb ihn sein Schicksal auf der einmal betretenen Prophetenlaufbahn vorwärts. In England, wohin er sich 1813 begeben hatte, lernte er einen angeblichen Jesuiten Martin kennen, der sich später eines Banknotendiebstahls schuldig machte, aber damals unserem Müller als ein unzweifelhaftes Werkzeug der göttlichen Gnade erschien.

Dieser Martin machte ihn zu Cork in Irland mit einer reichen, frommen Miss bekannt, welcher der bildschöne fünfundzwanzigjährige junge Mann wohl zusagen mochte, und welche ihn mit ihren Geldmitteln in der Folge reichlich unterstützte. Martin stellte ihr Müller als einen deutschen Prinzen vor, welcher Thron und Vaterland aufgegeben habe und im Gewande der Niedrigkeit durch die Welt pilgere, bis durch ihn, den gottgesandten Propheten, die Wiederaufrichtung des tausendjährigen Reiches geschehen werde.

Der Jesuit ließ ihn in Cork in einen geheimen Orden, den „Christusorden", welcher seinen Ursprung von den alten christlichen Templern ableitete, aufnehmen, und diese Gesellschaft entwarf die Reichsordnung für das projektierte Herzogtum Jerusalem. Darin sollte Müller Herzog und Prophet sein, „wie Weiland Melchisedeck König und Priester von Salem zugleich war, und als Emissär der Gesellschaft in die Welt gehen, wenn die Zeit gekommen sei."

Es sollte Müller seinen für sein heiliges Amt allzu profan klingenden Namen ablegen und statt dessen Proli heißen (wahrscheinlich aus dem syro-chaldäischen „Baroli" d. h. „Sohn-Gottes" abgeleitet), und merkwürdig ist es, daß diese offenbar in den Irrgängen der Kabbala mit ihrer mystischen Seelenwanderungslehre wandelnde Gesellschaft wirklich glaubte, Proli sei durch Geburt und Abstammung zum Gründer des tausendjährigen Reichs und zum Propheten darin bestimmt, seine Seele sei auch nicht mit der irdischen Hülle erzeugt und geboren (zu Kostheim), sondern sie sei vielmehr im Anbeginn der Schöpfung vorhanden gewesen, von Adam durch Fortwanderung auf Abraham, von diesem auf Moses, von diesem auf David, von da auf Christum und zuletzt auf Proli gekommen. Deswegen wurden dem Herzogstitel unseres Proli die Worte beigefügt: „vom Stamme Juda und aus der Wurzel des David."

Auch darin zeigt Proli eine unzweideutige Ähnlichkeit mit Frank, daß Gütergemeinschaft und Freiheit des sinnlichen Genusses, Freiheit für beide Geschlechter, miteinander umzugehen je nachdem sie für einander fühlten, ohne daß sie durch ein kirchliches Eheband verknüpft sein mußten, zwei der Hauptpunkte seines welterlösenden Programmes bildeten.

Proli fand viele Anhänger für sein projektiertes Reich und „richtete in dem Palais der Miss eine Hauskapelle ein," erzählt sein ungenannter Biograph in der „Gartenlaube". Da erschien Proli als Fürst und Prophet mit allen Insignien seiner angeblichen göttlichen Sendung. Der Jesuit übernahm das Amt eines Oberpriesters und trug dafür Sorge, daß eine Anzahl Priesterinnen, an deren Spitze die fromme Miss stand, stets im Gefolge des Propheten waren. Mit den Betstunden wechselten periodische Festlichkeiten ab, die ganz darauf berechnet werden, die Adepten und Priesterinnen des himmlischen Reichs auf Zion in einen Freudentaumel zu versetzen. Unter diesen Festlichkeiten ragen besonders die Bälle hervor, die in einem Landhause der Miss nach der Weise des Paradiesstandes abgehalten wurden. Dabei sah man an einem Tempel von himmlischem Glanz und Pomp die Worte flammen: „Freiheit allen Welten!" In der Mitte saßen auf Thronen der fürstliche Seher, die Miss und der Oberpriester, umringt von Nymphen, deren lieblicher Stimmenklang die irdische Sphäre zu einer himmlischen zu verzaubern vermochte.

Von Cork siedelte Proli mit seinen Jüngern und Priesterinnen und im Besitz einer Summe von 100 000 Pfund Sterling nach London über. Diese Summe stahl ihm dort sein seitheriger Helfershelfer, der Jesuit Martin, welcher mit derselben nach Amerika entwich. Im höchsten Grade auffallend und kompromittierend für Proli, der hierdurch trotz allem Anschein gutmütiger Schwärmerei doch nur als gemeiner Betrüger erscheint, ist die Tatsache, daß Proli diesen Diebstahl seinen Gläubigen nicht allein verschwieg, sondern von denselben weitere 3 000 Pfund entlieh und sich damit gleichfalls und zwar nach Hamburg aus dem Staube machte.

Wir sehen ihn nun da und dort in Deutschland sein Wesen treiben. In dem nüchternen protestantischen Norddeutschland hielt er sich nicht lange auf, um so eifriger aber wirkten er und seine Apostel, unter welchen namentlich ein Pater Johannes genannt wird, in dem katholischen Süddeutschland, in Bayern und Schwaben. Namentlich in Würzburg scheint er mit Erfolg die Lehre von seiner Messiassendung verbreitet zu haben. Als aber mancherlei Klagen über geheime Orgien und Verführungen von Frauenzimmern bei den Behörden eingingen und als Pater Johannes in Würzburg von der Kanzel herunter die Wiederkunft Christi verkündete (worunter nur dessen Wiederkunft in der Person Prolis zu verstehen war) und die Greuel der Verwüstung und Wiederaufrichtung des tausendjährigen Reichs als nahe bevorstehend ankündigte, wurde eine gerichtliche Untersuchung gegen den „Herzog" und seinen designierten Patriarchen von Jerusalem, den Pater Johannes, angeordnet.

Pater Johannes wurde in Haft genommen und verblieb mehrere Jahre im Gefängnis. Proli entzog sich diesem Schicksale durch die Flucht. Er begab sich 1824 nach seinem engeren Vaterland Hessen, wo er in Darmstadt einflußreiche Gönner fand, die ihn vor weiteren gerichtlichen Verfolgungen und bayerischen Requisitionen schützten. Durch Großherzog Ludwig I., dem selbstverständlich das geheime Treiben Prolis unbekannt war, erhielt er offiziell statt des vulgären Müller den Namen Proli verliehen und in Offenbach, seinem neuen Wohnsitze, erlangte er das Bürgerrecht.

Durch Miss H. in Cork, welche noch immer an ihn glaubte, wurde er mit frischen Geldmitteln versehen, so daß er daran denken durfte, in Offenbach eine bleibende Niederlassung zu gründen. Er kaufte den neben der Bibelsmühle gelegenen Metzlerschen Blumen- und Gemüsegarten und erbaute daselbst ein prächtig eingerichtetes Landhaus mit Grotten und Bad. Die Besitzung gehört jetzt dem Rentner du Fay von Frankfurt. Hier richtete sich Proli als Herzog und Prophet häuslich ein. Gleich Frank suchte er hier durch äußeren Glanz und durch wohltätige Spenden der Welt zu imponieren. Es ist notorisch, daß er jährlich eine Summe von 1200 Gulden zur Unterstützung der Armen an die Stadtkasse auszahlte. Allein die durch Frank enttäuschten Offenbacher glaubten nicht mehr an Propheten und betrachteten seine Schritte mit einem gewissen Mißtrauen. Bald erzählte man sich, wenn das für niemand zugängliche Landhaus abends in einen feenhaften Lichtglanz getaucht erschien, von jenen Orgien und irischen Tänzen in Paradieskostüm, die die dort stattfinden sollten.

Aber sonderbar, wie sich in seinem Leben die seltsamsten Extreme berührten! Neben einem äußerlich frivolen Auftreten geht bei ihm ein geheimes, der Außenwelt verborgenes, scheinbar den strengsten Ordensregeln unterliegendes Wirken her. „In seinem Kabinett hielt er abgeschlossen seine Offenbarungsstunden, lag auf den Knien, kasteite sich, litt Hunger tagelang, rang im Gebete, erwartete die Strahlen des Urlichts aus der Höhe und wollte mit solchen Kasteiungen nach dem Beispiele Jesu Gott mit den Menschen versöhnen, Gottes Zorn von der Welt abwenden, ein Mittler zur Erlösung sein und überhaupt der Gerechtigkeit Gottes genug tun. Nach tagelangem Fasten und Ringen aß er nur Milch und Wassersuppe, während seine Dienerschaft im Überfluß hatte. Von diesen geheimen Offenbarungsstunden durfte niemand wissen, der nicht geweiht war. Hier fand sein Umgang mit Gott statt, hier fragte er ihn und hörte ihn antworten.", erzählt sein Biograph in der „Gartenlaube".

Er sammelte Anhänger und namentlich war es ein Kandidat der Theologie, Dr. Johann Georg Göntgen, ein Pfarrerssohn aus Frankfurt und Lehrer daselbst, der bald sein Lieblingsjünger und von ihm zum „Geheimsekretär des himmlischen Reiches" ernannt wurde. Dr. Göntgen stellt seinem Meister und Propheten Proli das Zeugnis aus, daß „seit den Propheten des alten Bundes und mit Einschluß der Kirchenväter noch nie ein sterblicher Mensch eine solche übernatürliche Sehergabe und einen solchen Schatz von den Erkenntnissen Gottes und der Natur gehabt habe als Proli." In der Tat trugen die Prophezeiungen Prolis immer mehr dazu bei, sein Ansehen bei seinen Gläubigen zu heben. Er prophezeite die Julirevolution und die Entthronung Karls X., den Aufstand in

Polen, die demokratischen Bewegungen der dreißiger Jahre, die Cholera, Überschwemmungen, Teuerung und furchtbare Naturereignisse, welche wirklich mit einer wahrhaft erstaunlichen Pünktlichkeit eintrafen.

Im Jahre 1829 war es, wo er die Gefahr der Revolution immer mehr herannahen sah und nicht mehr umhinkonnte, als Prophet ein ernstes Wort mit den Mächtigen der Erde zu sprechen. Er erließ siebenzig gleichlautende Manifeste an die Regentenhäuser Europas, welche alle mit Ausnahme des russischen und des preußischen Hauses, die er schon längst aus der Liste der Regenten gestrichen hatte, bedacht wurden. In diesen Manifesten, auch der heilige Vater erhielt eines, forderte er die Fürsten sämtlich auf, sofort von ihren Thronen herabzusteigen und ihre Völker zum Eintritt in das tausendjährige Reich freizulassen, sich selbst aber dem Propheten zu Füßen zu legen. Zugleich entband er die Völker vom Eid der Treue und des Gehorsams und bedrohte auch sie mit dem Fluche Gottes, wenn sie nicht sofort gehorchen würden.

Diese Manifeste beginnen sämtlich: „Ich, im Namen Gottes des Vaters, des Sohnes Jesu Christi und des heiligen Geistes, Maximilian, Bernhard, Ludwig, Gesalbter und Gesandter des Herrn aller Herren, Herzog von Jerusalem, Großimperator des tausendjährigen Reichs, Fürst auf Zion, entbiete hierdurch allen, den Gewaltigen und Großen auf Erden sowie den Niederen und allen Völkern meinen Gruß und die Gnade Gottes des Heilands Jesu Christi."

Dieses Treiben brachte ihn schließlich mit der Polizei in Konflikt, und sah auch die Hessische Regierung unter dem toleranten Großherzog Ludwig I. dem Unsinn ruhig zu, so mehrten sich doch nach und nach die Reklamationen von außen, und als mit Ludwig II. das Ministerium du Thil ans Ruder kam, wurden die Saiten straffer angespannt. Es war im Jahr 1831, als von Darmstadt der Befehl eintraf, Proli samt seinem Anhang zu verhaften. Der Prophet hielt eben nach beendigter Mittagstafel Siesta in seinem Kabinett, als eine der Priesterinnen durch die Baumgruppen des Parks eine Kompanie Soldaten der Offenbacher Garnison unter Führung des Hauptmanns Dambmann anrücken sah, welche sofort alle Ausgänge des Landguts besetzte. Sogleich rief sie ihre übrigen Glaubensschwestern zusammen, welche sich nicht wenig erschrocken zeigten. Auch Dr. Göntgen gesellte sich dazu und alle stürzten in das Kabinett, um den Propheten zu wecken.

Dieser erhob sich voll Ruhe und Würde und sprach den Seinen biblischen Trost zu. Nicht lange darauf kamen der Landrat Strecker von Offenbach, ein Regierungskommissär von Darmstadt und ein Gendarmeriebrigadier die Treppe herauf. Der Prophet aber ging gravitätisch der hohen Obrigkeit entgegen und tröstete salbungsvoll die weinenden Schwestern.

„Seid ruhig, meine Stunde ist noch nicht gekommen", sprach er.

Der Regierungskommissär zeigte ihm den Verhaftsbefehl vor. „Im Namen Seiner Königlichen Hoheit des Großherzogs von Hessen und bei Rhein!"

„Was Großherzog von Hessen", erwiderte Proli und richtete die Blicke nach oben. „Es steht keine Macht auf Erden über mir!"

Als aber der Regierungskommissär die Gendarmen und Soldaten nähertreten ließ, rief Proli:

„Wie können sie, die Knechte des Herodes und Pilatus, es wagen, das heilige Gebiet Gottes und seines Gesalbten zu betreten; sie sollen sich entfernen, oder ich werde andere Mächte gegen sie aufrufen."

Der Prophet wollte einem Gendarmen den Säbel entreißen, es entstand ein Kampf, er unterlag der Überzahl und wurde in Banden gelegt. Die Bewaffneten verhafteten auch Dr. Göntgen und führten die Kanzlei des himmlischen Reiches weg.

Durch eine hohe einflußreiche Vermittlung, welche sich noch einmal mit Erfolg geltend machte, wurden der Prophet und sein Geheimsekretär bald darauf wieder freigelassen. Proli verkaufte mit einem Verlust von 136 000 Gulden sein Landgut und siedelte nach Amerika über. Noch am Tage vor seiner Abreise sandte er 2 000 Taler der Stadtkasse zur Unterstützung der Armen.

Mit sechsundvierzig seiner Anhänger fuhr er am 17. Juli 1831 auf dem Schiffe „Isabella" nach Amerika ab.

Im Angesicht der amerikanischen Küste trat, bevor sie das Schiff verließen, Dr. Göntgen vor die Versammlung und verlas eine Urkunde, durch welche den Gläubigen verkündet wurde, daß Proli, welcher seither in der Niedrigkeit gelebt, von sehr hoher Geburt sei und sich vorläufig den Namen Maximilian Graf von Leon beigelegt habe; daß das neben ihm stehende Fräulein Heuser, welches schon seit sechs Jahren ihm angetraut sei (wahrscheinlich nach den Formen des himmlischen Reiches, ohne kirchliche Trauung, die in Prolis Augen unwirksam war), zu gleichen Ehren und Würden als Gräfin Leon erhoben würde.

Dr. Göntgen, der auf eine nicht näher festgestellte Weise Prolis Schwager geworden war, wurde vom Kabinettssekretär zum Konferenzminister befördert, ein gewisser Zickwolf zum geheimen Finanzrat und Oberkassendirektor, Heuser, Prolis Schwiegervater, wurde Ökonomierat, Kahl, ein wohlhabender Bäckerssohn aus Darmstadt, erhielt den Titel „Konsul", Blankenstein, Gärtner bei Proli, avancierte zum Oberdomänenverwalter, dessen Tochter avancierte zum Hoffräulein und ein gewisser Erbs wurde vom Kammerdiener zum Leibkammerdiener befördert.

Man sieht, Proli verstand es sehr gut, den Monarchen zu agieren.

In Amerika wandte er sich zunächst zu dem kommunistischen Patriarchen Georg Rapp, der ihn auch zu Economy von seiner Gemeinde mit Pauken, Trompeten, Zwergpfeifen sowie durch Kinder mit Blumenkränzen und mit vielen Vivatrufen empfangen ließ. Allein Rapp und seine Anhänger, welche fleißige Arbeiter waren, sahen sich rasch durch Prolis Faulenzer, welche nur nutzlose Verzehrer waren, enttäuscht, so daß man bald wieder voneinander schied. Proli gründete eine eigene Kolonie zu Philippsburg, welche bis 1833 bestand, wo mit einem Male das Geld alle geworden war und Proli seinen Gläubigen verkündete, daß jeder nun, so gut er könne, sich selbst helfen müsse. In demselben Jahre soll Proli an der Cholera gestorben, nach anderen im Missouri ertrunken sein.

Proli war groß und schön von Gestalt, mit starkem blondem Haupthaar, das in reichen Naturlocken bis auf die Schultern herabfiel, mit einem langen blonden Vollbart, frischem Kolorit des Angesichts und dunklen, blitzenden Augen. Den Hals trug er entblößt und einen oben am Hals ausgeschnittenen Rock von schwarzer Farbe, der mit den Rökken der Jesuiten einige Ähnlichkeit hatte. In Haltung und Sprache hatte er etwas Gewinnendes. Wer Prolis lockenumwalltes Haupt gesehen, besonders Damen, glaubte einen Christuskopf zu erblicken.

Ferdinand Dieffenbach

Koadjutor – Amtsgehilfe eines Geistlichen / Kabbala – jüdische Geheimlehre im Mittelalter / Adept – Schüler einer Geheimlehre / Requisition – Rechtshilfeersuchen / Siesta – Mittagsruhe / gravitätisch – würdevoll / avancieren – befördert werden / agieren – eine Rolle spielen / Kolorit – Farbgebung

Noah der Stifter der zweiten Sündflut

Der Wasserflut entging der brave Mann,
Und baute drauf den Weinstock an,
Und öffnete dadurch den Quell der zweiten Flut,
Die mehr als jene erste tut.

Georg Christoph Lichtenberg

Die Tür im Schnee

An einem weißen stillen Nachmittag lag mein Vater im Wohnzimmer auf dem kleinen roten Plüschsofa, mit einer Militärdecke zugedeckt, eine Zeitung überm Gesicht und schlief. In der Wohnung war es kalt. Draußen auf den Feldern lag meilenweit Schnee. Die Wasserleitung in der Küche war geplatzt und eingefroren, das ausgelaufene Wasser bildete eine Glatteisschicht auf dem Fußboden. Die Mutter war vor einiger Zeit zu ihrem Bruder nach Sachsenhausen gefahren. Wir besaßen noch ein paar Kupferpfennige, im Brotkasten ein halbes Brot, einen Topf mit Rübensirup. Die Gasrohrleitung war durch die strenge Kälte ebenfalls eingefroren. Kohlen und Holz waren längst zu Ende.

Gegen Mittag war mein Vater mit dem Rad nach Offenbach gefahren, sieben Kilometer auf der vereisten Landstraße. Als er zurückkam, war sein Gesicht rot vor Kälte, und sein weißer Spitzbart war gefroren. An der Lenkstange hing ein Emaillekännchen, gefüllt mit Linsensuppe aus der Städtischen Volksküche. Die graue, mit Eis überzogene Suppe wurde auf dem Petroleumkocher gewärmt.

Mein Büchergestell, Tisch und Bett standen in einer Baracke unweit des gelben Backsteinhauses, in dem wir zu ebener Erde wohnten. Als ehemaliges Schlafhaus der Ziegeleiarbeiter hatte es keinen Keller. Über uns wohnte die Familie des Nachtwächters mit fünf kleinen Kindern. Der Verschlag in der Baracke, in dem ich hauste, in der Nähe des Weihers, befand sich zwischen dem Ziegenstall und dem Hasenstall des Nachtwächters und neben der Waschküche. Es waren Semesterferien, und wegen der Kälte war ich drei Tage nicht aufgestanden. Den blauen, mottenlöcherigen Großvatermantel behielt ich im Bett an über dem weißen Barchentnachthemd mit den roten Kreuzstichen am Kragen. Mit knurrendem Magen hatte ich Dostojewskijs „Raskolnikow" zu Ende gelesen.

Der Roman des russischen Dichters hatte mich auf eine entnervende Art gefesselt und bis zum Entsetzen erregt. Kälte, Hunger, Armut und die lange Abwesenheit der Mutter, diese ausweglose Lage kam den Geschehnissen im „Raskolnikow" geradezu entgegen. Nachts pfiffen und quiekten die Ratten in meinem Barackenverschlag, von meinen Studienfreunden „Weltende" genannt. Ich vertrieb die hungrigen Tiere mit Hammerschlägen auf eine Eisenplatte, die ich neben das Bett gelegt hatte.

Soeben, nach einem Brot mit Sirup und einer Tasse kaltem Malzkaffee, wollte ich wieder zu meinem Verschlag hinübergehen, als ich draußen Schritte von Schaftenstiefeln durch den Schnee kommen hörte.

Dann wurde an der Küchentür heftig geklopft. Ich öffnete. Ein Polizist mit Tschako stand vor mir, daneben der Nachtwächter mit tiefsitzender Schlachtermütze. Der Nachtwächter, nikotinfarbener Schnauzbart im Albinogesicht, verlangte meinen Vater zu sprechen. Ich ließ sie draußen stehen, ging ins Wohnzimmer und weckte meinen Vater. „Ein Schupo und der Nachtwächter", sagte ich, „sind draußen und wollen dich sprechen". Er zog die Zeitung vom Gesicht, rieb sich die Augen und ging mit mir an die Küchentür.

„Herr K.", sagte der Nachtwächter zu meinem Vater, „geben Sie die Tür heraus." Er sprach ohne Betonung, dumpf und durch die Nase. Der Schupo blickte lauernd und amtlich streng.

„Eine Tür?" fragte mein Vater schlaftrunken, „welche Tür?"

„Sie sollen die Tür rausgeben!" sagte der feiste Polizist in der grünen Uniform.

„Sie sind vorhin gesehen worden", sagte der Nachtwächter, raunend und tonlos, „vor einer Viertelstunde."

„Aber, meine Herren", sagte mein Vater. „Ich verstehe Sie wirklich nicht. Ich habe bis eben geschlafen. Mein Sohn hat mich gerade geweckt."

„Wo ist die Tür", sagte der stämmige Schupo, „raus damit!".

Erstaunt blickte mein Vater mich an. „Weißt du etwas von einer Tür?"

Ich sah ein, daß wir damit nicht durchkamen. „Sie steht dort hinten unter der Treppe", sagte ich. Ich holte die schwere Tür aus dem dunklen Winkel, den dort die Außentreppe zum Oberstock bildet und schleppte sie durch die Küche. Mein Vater entschuldigte sich, nervös und verlegen. Schupo und Nachtwächter trugen die Tür zu zweit davon. Sie hätte uns, zersägt, zerhackt, für eine Woche das Wohnzimmer gewärmt.

„Wie konntest du nur", sagte mein Vater, betrübt und vorwurfsvoll.

„Ich weiß", sagte ich, „ich hätte vorsichtiger sein sollen; aber es war weit und breit niemand zu sehen. Wenn ich sie in der Dunkelheit geholt hätte, wären die Schläge noch mehr aufgefallen. Man muß mich mit dir verwechselt haben."

Im Wohnzimmer setzten wir uns auf das kleine Sofa, die Militärdecke über den Knien, und ich erzählte es ihm. Als er nach der Linsensuppe eingeschlafen war, hatte ich draußen einen Erkundungsgang unternommen. Unser Beil verbarg ich unterm Mantel. Ich wollte keiner alten Pfandleiherin, wie Raskolnikow, etwas zuleide tun. In den Ruinen der Ringofenziegelei, die man nach dem Kriege bis aufs Maschinenhaus abgerissen hatte, entdeckte ich in einem zugeschneiten Winkel eine massive verwitterte Tür. Ich schlug sie mit dem Beil aus den Scharnieren und aus dem verrosteten Schloß heraus, lehnte sie an die geschwärzte Ziegelmauer und wartete, bis ich wieder zu Kräften kam. Dann schleppte ich die schwere Tür durch den Schnee nach Hause und stellte sie in der Küche in den Treppenwinkel. Niemand, sagte ich mir, wird an einem Maschinenhaus, dessen Fensterscheiben längst zerschlagen sind und in dem sich nicht mehr das geringste befindet, eine Tür vermissen. Durch die leeren Fensterrahmen konnte man beliebig hineinklettern.

„Sowas", sagte mein Vater. Er blieb nachdenklich still, nach einer Weile schmunzelte er. „Ich hab's", sagte er. „Das machen wir anders. Am Bahndamm hinterm Weiher haben sie gegen Mittag einen Waggon Schlacken ausgeladen, zum Auffüllen. Hab es zufällig von der Landstraße aus gesehen, als ich von Offenbach kam. Laß uns da mal hingehen, ich weiß einen Weg durchs Schilf."

Wir zogen die gestrickten, schwarzen Kopfschützer an, Mäntel und Fausthandschuhe und nahmen zwei große, geflickte Kartoffelsäcke mit. Auf dem Bahndamm waren längst die Lichter angegangen, als wir nach Stunden durchs Schilf zurückgingen. Wir folgten unseren alten Fußspuren im Schnee und schleppten jeder einen mit Koksbrocken gefüllten Sack, die wir an der Schlackenhalde herausgelesen hatten. Wenn wir die schweren Säcke unterwegs absetzen mußten, riß ich von den alten Weiden dürre, kleine Äste ab, zum Feueranmachen.

Wir waren müde und hungrig, aber guter Dinge. Mein Vater tränkte alte Zeitungen mit Petroleum, ich warf die zerbrochenen Äste drüber, und bald knisterte und glühte der Koks im Kanonenofen im kleinen Wohnzimmer. Auf der Ofenplatte kochten wir frischen Malzkaffee und aßen die letzten Sirupbrote dazu. Die vom Gesetzeshüter entrissene Tür war vergessen. Damals, als die Inflation unser Vermögen vernichtet hatte und wir zu armen Leuten geworden waren.

Ernst Kreuder

Äbbelwoi-Suppe

Zutaten: 1 ½ Liter Apfelwein; ½ Liter Wasser; 130 g Zucker; 1 Zimtstange; 2 Zitronenscheiben; 1 Eßlöffel Mehl; 2 Eigelb.

Apfelwein mit Wasser, Zucker, Zimtstange und Zitronenscheiben 15 Minuten leicht kochen. Das Mehl mit ½ Tasse Wasser anrühren und unter ständigem Rühren mit dem Schneebesen in den kochenden Apfelweinsud geben. Noch einmal fünf Minuten aufkochen lassen. Den Topf vom Feuer nehmen und die zwei Eigelb unterschlagen.

Der verwundete Knabe

Aus dem Odenwald und von der Bergstraße. 1840.

Mäßig langsam.

Es woll-te ein Mäd-chen in der Fruh auf-stehn, wollt' in den grü-nen Wald, und in den grü-nen Wald spa-zie-ren gehn.

1. Es wollte ein Mädchen in der Fruh' aufstehn,
   Wollt in den grünen Wald, und in den grünen Wald spazieren gehn.

2. Und als sie ein Stückchen in den Wald hinein kam,
   Da fand sie einen, :/: verwundeten Knabn.:/:

3. Verwundet war er und von Blute so rot,
   Und als sie ihn verband, :/: war er schon tot. /:

4. Ei soll ich schon sterben? bin aber so jung!
   Bin noch ein jung frisch Blut, weiß nicht wie das Lieben tut, ja Lieben tut!

5. Ei soll ich schon sterben? bin aber so jung!
   Bin ja kaum achtzehn Jahr, soll schon auf die Totenbahr, ja Totenbahr.

6. Ach Schätzchen, wie lange soll ich traurig sein?
   Bis daß alle Wasser :/: beisammen sein. :/

7. Ja alle die Wasser kommen nicht zusamm,
   Ei so wird mein Trauern :/: kein Ende han. :/

Kurze Beschreibung der Wetterau

Die Wetterau ist neun Meil Wegs lang und breit, reicht in die Länge von Gelnhausen bis an Castel diesseit Mainz am Rhein gelegen. In die Breit aber von Gießen bis gen Seligenstadt. Es ist aber die Wetterau von Gott reichlich gesegnet, denn da wächst gut Weizen, schöne Roggen, Gersten, Habern, Erbeyßen, Flachs und guter Wein und dess' mehr dann sie bedürfen, können auch die Nachbarn, so in ihrem Lande nicht Getreids genug haben, mit Getreid reichlich versehen. Man brauet auch ziemlich gut Bier in der Wetterau, als zu Nidda, Butschbach, Laubach, Hohweissel, Gießen, Grünberg, Frankfurt etc.

Es ist eine gesunde Luft im Lande, auch gute, beide Süße- und Sauerbrunnen. Grün Fleisch guts Kaufs ist genug im Lande, desgleichen gute Fische. Dann in der Wetterau sind sechs namhaftiger Wasser, der Main, die Lahn, die Kintz, die Nidder, die Nidda (fleußt durch die Stadt Nidda hin) und Wetter, danach das Land den Namen hat, dazu viel ander kleiner Wasser, so aus den Bergen springen, darinnen Forellen, Kressen, Koben, Krebs, Grundeln und Irlitzen sind. Da ist gute gesunde Weide für das Vieh. Da sind sehr viele Gänse, Enten, Hühner, Tauben etc. Es sind im Lande viel schöner Garten, darinnen köstlich und mancher Art Obst wächst, als Äpfel, Birn, Quidsam, Pfersinge, Spillinge, Pflaumen, Kirschen, Welschnüsse, Haselnüsse. Im Lande wachsen Himbeern, Erdbeern, Heidelbeern, Maulbeern, Wacholderbeern etc. An etlichen Orten wachsen auch Castaneen und Mandeln.

Zu Wiesbaden sind warme Wasser, die fernher aus den feurigen, schwefelichten Bergen kommen und zu Wiesbaden herfürbrechen, darinnen die Leute baden und viel Kranke gesund werden. Zwo Städte sind in der Wetterau, da man Salz seudt, nämlich Urba und Nauheim, sind beide hanauisch. In dem Lande sind vier Reichs-Städte, Frankfurt, Friedberg, Wetzlar, Gelnhausen. Item vier Grafen, einer gegen Morgen als der von Eisenberg. Der andere gegen Abend, nämlich Königstein. Der dritte, das ist Hanau gegen Mittag. Und Solms gegen Mitternacht. Die Grafen von Eisenberg haben diese Städte: Büdingen, Wenix, Westerbach, Offenbach, Kleburg, und in allen sind Schlösser, haben dazu noch zwei schöner Schlösser, die Rainburg und Birstein. Zu Petterweil haben sie auch ein klein Schloß, desgleichen zu Spielberg. Bei Büdingen wächst viel Weins.

Hart an der Wetterau, jenseit des Mains gegen Hanau und Frankfurt über, liegt ein feines Ländlin mit Namen die Drei-Eiche. Das ist drei Meil lang und breit, mit einem schönen Wald umfangen. Das gehört auch den Herrn von Eisenberg, ohn daß der Grafe von Hanau das sechste Teil am Hain hat, welches ein Städtlin und Schloß ist. Das Ländlin ist mit gutem Holz reichlich gesegnet, es wächst auch darinnen gut Wein und Korn und desselben so viel als die Inwohner bedürfen. Ein fein Dorf liegt drinnen, mit Namen Dietzenbach, das ist allein hanauisch, da wächst viel Weins. Die andern Dörfer sind alle eisenbergisch, unter welchen Langen das fürnehmst ist, korn- und weinreich. Es sind auch gute Brunnen in demselben Ländlin, welchs ich erstlich zu der Erkenntnis des Evangelii bracht habe, dann ich war vor XI. Jahre Pastor zu Sprendelingen bei dem Hirtzsprung und zu Goetzenhain, welches ich Gotteshain nenne, weil es von dem unnützen Götzen zu dem rechten Gott bekehrt ist. Mit der Dreieiche grenzet ein Stadt, die ist hanauisch, mit dem Namen Babenhausen, die erkannt' mich auch für ihren geistlichen Vater. Und sind beide in der Dreieiche und Babenhausen frumme Leute.

Der Graf von Königstein hat diese Städte: Königstein, Hofheim, Born, Ursell, Rockenberg. Zu Königstein steht ein fein hoch Bergschloß. Zu Hofheim ist eine kleine Burg. In dem Lande wächst viel Weins. Ein Nawenhainer kann man finden, der darf ein Rheinischen überwinden.

Der Graf zu Hanau hat diese Städte: Hanau, Winnecken, Bergen, Hohstad, Urba, Nauheim, Steinau, Schlüchtern. Diese zwo letzten liegen außer der Wetterau. Hanau ist eine feste Stadt und hat ein schönes Schloß. Winnecken hat ein fein Schloß, lustig anzusehen. Zu Steinau ist auch ein schönes Schloß. Viel guts Weins wächst im hanauischen Lande.

Die Grafen von Solms haben diese Städte: Lich, Langsdorf, Laubach, Hungen, Grüningen und die Schlösser Solms, Braunfels, Greifenstein und Rödelheim. Zu Lich ist ein Schloß, desgleichen zu Hungen. Reichelsheim und die Schlösser Bingenheim, Gleiberg, Neuen-Weilnau und die Stadt Usingen hören dem Grafen von Nassau zu, der Weilnburg inne hat. Das Schloß Altenweilnau ist landgräfisch und trierisch. Butschbach ist eine feine lustige Stadt und hat vier Herrn, den Landgrafen, beide Herrn von Solms und den von Königstein, und jeder hat sechstausend Gülden daselbst Inkummens. Das Städtlin Wehrheim ist landgräfisch, trierisch und königsteinisch. Grünberg und Gießen sind des Landgrafen, und zu Gießen ist ein Schloß. Zu Nidda ist auch ein Schloß, daselbst schreibet sich der Landgrafe ein Grafen, ist halb wetterauisch. Die Stadt und Schloß Hohmberg an der Höhe, samt dem Schlosse Lißberg sind des Landgrafen, da wächst auch Wein. Ortenberg, ein Stadt und Schloß, ist hanauisch und königsteinisch, da wächst auch guter Wein. In der Stadt Münzenberg steht ein hohes Schloß, lustig anzusehen, sind solmisch, hanauisch und königsteinisch.

Rosbach ist ein Städtlin, ist landgräfisch und trierisch, da wächst auch

Wein. Kronberg ist ein schön Bergschloß und ein feines Städtlin daran, ist der Edelleute, da wächst viel guts Weins. Eppstein, ein Stadt und Schloß, ist landgräfisch und königsteinisch. Wiesbaden, eine Stadt und ein Schloß, ist des Grafen von Nassau, der Idstein inn hat. Castel ist mainzisch. Das Schloß Höchst und ein Städtlin dran ist mainzisch, daselbst allenthalben herumb wächst guter Wein. Seligenstadt ist auch mainzisch, da wächst guter Wein, und viel besser Wein wächst bei Hirsten, eine halbe Meile davon. Gegen Hanau über jenseit des Mains liegt ein Städtlin und Schloß mit Namen Steinheim, ist mainzisch, da wächst auch Wein. Bonames und ein Schloß darinnen samt den Schlössern Goldstein und Erlenbach sind frankfurtisch. Gegen Frankfurt über liegt eine Stadt Sachsenhausen und fleußt der Main dazwischen. Staden und Lindheim sind der Edelleute. Die Grafen von Eisenberg haben auch Teil daran. Zu Staden sind sechzig Bürger. Zu Lindheim fünfzig. Zu Assenheim hundert. Die andern Städte haben zwanzig und hundert, anderthalb hundert, zweihundert, drei-, vier- oder fünfhundert. Zu Frankfurt sind etliche tausend Bürger. Bei Staden und den Dörfern Florstadt, Moxstadt, Ranstat, Dauernheim etc. wächst guter Wein. Assenheim ist drier Herrn, Hanau, Solms, Eisenberg. Daselbst wächst auch gut Wein, und das Volk ist gottfürchtig. Die Schlösser Vetzburg, Staufenberg, Reifenberg, Hattstein, Falkenstein, Ogstadt, Laustadt, Rückingen sind der Edelleuten.

Bei Laustadt wächst guter Wein und liegt ein hoher Berg dabei, heißt der Glauberg. Darauf stand vor Zeiten ein Stadt und Schloß, welches sambt andern Raubschlössern, als Lindheim, Bommersheim, Holzhausen, Höchst, Rhurbach und noch siebenzig Raubschlössern in Thüringen durch Kaiser Rudolf zerstöret sind.

Hart unter Gelnhausen steht eine Burg, ist der Edelleuten, so man die Gan-Erben heißt. Desgleichen haben die Gan-Erben ein Schloß zu Friedberg wie eine kleine Stadt. Obendig Gelnhausen liegt ein schöner, hoher großer Weinberg, da wächst viel und guter Wein. Oben an Friedberg, uff einem hohen Berge, der St. Johannes Berg heißt, wächst viel und guter Wein.

Summa der Städte 53, der Schlösser 57, ohn der Edelleute Häuser, die man nicht Schlösser nennet. Es sind aber in der Wetterau etlich hundert vom Adel und über fünfhundert Dörfer. Dazu sind noch mehr dann 50 Klöster und Stift untereinander, nämlich Arnesburg, Hertzenhain, Naumberg, St. Wolfgang, Selbet, Ilbenstadt und ein Nonnenkloster dabei. Engeltal, Mergenborn, Himmelau, Merlitz, Conradsdorf, Rockenburg, Retters, Thron sind Nonnen-Klöster. Zu Frankfurt sind drei Stift, fünf Klöster, ein Teutsch-Haus und ein Münchhofe. Zu Gelnhausen zwei Klöster. Zu Friedberg zwei Klöster, ein Beghinenhaus und im Schlosse ein Bethausen. Zu Florstadt ein Beghinenhaus, zu Moxstadt, Lich und Hanau sind Stifte. Zu Wetzlar ein Stift und Kloster, zu Butschbach ein Kugel-Haus. Zu Königstein ein Kugel-Haus. Zu Grünberg ein Thönges-Haus wie ein fürstlich Schloß. Zu Höhest ein Thönges-Haus. Zu Rosdorf ein Thönges-Hof. Zu Nauenhain ein Thönges-Hof. Zu Ortenburg ein Münchhöfe. Zu Bergen ein Münchhof. Zu Wixstadt ein Münch-Hof, der ist wohl sechzigtausend Gülden wert. Zu Nidda ein Johannes-Haus, zu Rödigckheym ein Johannes-Haus. Zu Hohweisel und Klopheim der Teutschen Herrn Hof. Zu Seligenstadt ein reich Kloster. Der Abt von Fulda hat auch viel an der Wetterau, des Ort, der da heißt die Fuldische Mark. Es haben aber gedachte Fürsten, Grafen und Herrn auch anderswo Land, sunst kunnten sie sich nit alle allein von der Wetterau erhalten. Die Wetterau ist gegen Mitternacht beschlossen mit einem hohen Berg und Wald, der reicht aus dem Hessen-Land bis ans Ringau und liegen an demselben uff der Rige Gießen, Butschbach, Nauheim, Friedberg, Ogstadt, Roßbach, Hohenberg, Ursell, Cronberg, Falkenstein, Königstein, Eppstein, Hofheim, Wiesbaden etc. Jenseit des Bergs aber liegen Kleburg, Usingen, Wehrheim, Hattstein, Reifenberg, Alt-Weilnau, Neu-Weilnau, Idstein etc. Uns so bald man über den Berg kümpt, siehet man noch daselbst ein Wahrzeichen eines Graben, der vor Zeiten das Land von einander geschieden hat. Der wird Pfahl-Grab genennt. Gegen Morgen hat die Wetterau ein groß Gebirge und Wald, heißt der Vogelsberg. Gegen Mittag hat sie den Speshart und Dreieiche. Diese Walde liegen in der Ebene und fleußt der Main dazwischen hin. Gegen Abend hat die Wetterau den Rhein.

Dies habe ich geschrieben der Wetterau, meinem Vaterlande, zu Ehren, daß die Inwohner Gott danken und loben um das schöne gute Land, das er ihnen gegeben hat.

Erasmus Alberus, 1552

Erbeyßen = Erbsen / Butschbach = Butzbach / Kintz = Kinzig / Quidsam = Quitten/ Pfersinge = Pfirsiche / Castaneen = Kastanien / seudt = siedet / Urba = Orb / Eisenberg = Isenburg / Wenix = Wenings / Kleburg = Cleeberg / Born = Schloßborn / Ursell = Oberursel / Nawenhain = Neuenhain / Winnecken = Windecken / Hohmberg an der Höhe = Homburg vor der Höhe / Rosbach = Ober-Rosbach / Hirsten = vielleicht Hörstein / Moxstadt = Ober- und Nieder-Mockstadt / Ranstat = Ranstadt / Ogstadt = Ockstadt / Laustadt = Leustadt, heute zu Glauberg-Stockheim gehörig / Rhurbach = ungeklärt / Obendig = oberhalb / Hertzenhain = Hirzenhain / Naumberg = das einstige Kloster Naumburg bei Windecken / Selbet = Langenselbold / Kugel-Haus = Haus der „Brüder vom gemeinsamen Leben“, nach ihrer Kopfbedeckung, der Gugel, auch Kugelherren genannt / Thönges = Antoniterorden / Wixstadt = Wickstadt / Johannes-Haus = Haus des Johanniter-Ordens / Rödigckheym = Rüdigheim / Klopheim = Kloppenheim / Ringau = Rheingau / Rige = Reihe, Zeile.

Büdingen

Büdingen liegt an dem Seemenbach elf Stunden südöstlich von Gießen sowie an der Straße von Nieder-Wöllstadt nach Hanau und gehört dem Grafen von Isenburg-Büdingen. Büdingen, 632 Hessische Fuß über der Meeresfläche gelegen, zählt mit Einschluß der Vorstadt 359 Häuser und 2744 Einwohner. Man findet hier ein gräfliches Schloß, ferner ein Schloß, der Oberhof genannt, welcher von den Gräfinnen von Isenburg-Büdingen bewohnt wird, eine Kirche, eine Totenkirche auf dem Begräbnisplatz, ein Gymnasialgebäude, welches vormals die lutherische Kirche war und den 6. April 1829 eingeweiht wurde, ein Waisenhaus, eine Synagoge, zwei Schulen, ein Privathaus, in welchem die Inspirierten ihre Zusammenkünfte haben, einen landwirtschaftlichen Verein, eine Posthalterei, zwei Apotheken und eine Buchdruckerei. Die lateinische Schule, 1600 gestiftet, ist 1822 zu einem Landesgymnasium erhoben worden, hat außer dem Direktor noch vier Lehrer und erhält aus der Staatskasse einen jährlichen Beitrag von 1500 Gulden Auch findet sich hier eine Industrieschule für Mädchen. Die Stadt ist der Sitz des Landrats, des Landrichters, des Fürstlichen und Gräflichen Gesamtkonsistoriums und des Steuerkommissars. Zu Büdingen gehören noch: Großendorf, unweit der Vorstadt, mit neun Wohnhäusern, darunter ein Pachthof, eine Ziegelei mit Kalkbrennerei; der Hammer, früher ein Eisenhammer; der Tiergarten und der Sandhof. Von den Gewerbeanstalten sind zu bemerken: Die Saline mit vier Wohnungen, der Standesherrschaft gehörig und jetzo verpachtet, ist von geringer Bedeutung und erzeugt nach einem fünfjährigen Durchschnitt nur 290 Zentner Kochsalz, 58 Zentner Viehsalz und 9 Zentner. Dungsalz. In früheren Zeiten war der Ertrag bedeutender. Ferner liegt noch eine Papiermühle bei der Stadt und zwei kleine Stecknadelfabriken. Unter den übrigen Gewerben sind besonders die Strumpf- und Leinweber zahlreich, der Absatz ihrer Fabrikate hat sich aber sehr vermindert; außer diesen Gewerbeleuten finden sich noch Färber, Formstecher, Hutmacher, Dreher, Häfner, Kupferschmiede, Steinhauer. In der Gemarkung sind Sandsteinbrüche, die feine rote Steine liefern, welche weit ausgeführt werden. Auch wurden früher Eisenerze gegraben und hier geschmolzen. Die Stadt treibt etwas Weinbau, aber bedeutender ist der Obst- und Ackerbau, indem hier alle Fruchtgattungen, Hafer ausgenommen, in Überfluß gewonnen und zum Teil so wie Obst, dürre Zwetschen, Branntwein, Mastvieh und mancherlei Kunsterzeugnisse in größerer und geringerer Quantität ausgeführt werden. Jährlich werden vier Krämermärkte gehalten.

Der Name von Büdingen wird erstmals zu Anfang des 12. Jahrhunderts durch die Herrn von Büdingen bekannt, welche auch die ältesten der bekannten Besitzer von Büdingen waren. Die ältesten Büdinger sind die Gebrüder Gerlaus und Ortwinus, welche in den Jahren 1131 und 1145 urkundlich erwähnt sind. Hartmann von Büdingen erscheint von 1173 – 1193 und Konrad von Büdingen kommt 1245 als Deutschordens-Kommandeur in Marburg vor. Gerlach von Büdingen war der letzte Dynast, lebte noch 1240 und hinterließ vier Töchter. Durch Heilwig, die an Ludwig von Isenburg vermählt war, kam Büdingen an das Haus Isenburg. Im Jahr 1321 wird Büdingen als Stadt aufgeführt. Die Pfarrkirche, dem heiligen Remigius geweiht, war dem Kloster Marienborn einverleibt. Nach dem Tode des Grafen Wolfgang Ernst im Jahr 1633 wurde die Grafschaft unter dessen beide Söhne aufgeteilt, von welchen der jüngere die Linie Büdingen stiftete, die sich 1673, nach Johann Ernsts Tode, durch dessen vier Söhne in ebenso viele Linien teilte, nämlich: Büdingen, Wächtersbach, Meerholz und Marienborn. Im Jahr 1806 kamen die Lande der Büdingenschen Linie unter die Hoheit des Fürsten von Isenburg-Birstein und 1816 mit einem Teil des Fürstentums Isenburg unter hessische Souveränität.

G. W. J. Wagner

Inspirierte – Erleuchtete / Konsistorium – Verwaltungsbehörde

Der blaue Gickel bringts Essen

Es wohnte vor Zeiten in Gelnhaar ein Assessor, der hatte eine Frau, welcher man nicht recht trauen konnte. Das Essen, welches sie den Dienstboten gab, schmeckte stets sonderbar. Sie hatte wohl eine Köchin, doch überließ sie ihr nie die Küche, sondern schickte sie immer unter irgendeinem Vorwande weg, wenn vormittags die Zeit heranrückte, wo das Essen gekocht werden sollte. Das hatten sich die Dienstboten gemerkt und waren neugierig geworden, gaben von da an auf alles genau Acht, was zu der Zeit um das Haus herum vorging. So standen sie eines Abends am Brunnen, und da sahen sie, wie der Teufel in Gestalt eines feurigen Wiesbaums durch die Luft daherzog und als blauer Gickel auf das Dach niedersaß, worauf er durch den Schornstein in das Haus hinabfuhr. Sie bohrten heimlich ein Loch in die Wand der Speisekammer und als der Teufel in der andern Nacht wiederkam, legten sie sich an das Loch und sahen Butter und frische Käsematten in Schüsseln auf dem Tische stehen, welche der Teufel eben gebracht hatte. Sie hätten nun der Assessorin einen argen Streich spielen können, denn wenn sie vier Klumpen Teig genommen und „Das Blut Jesu Christi" darauf geschrieben hätten, dann würde der Teufel nicht aus dem Hause weg gekonnt haben, ohne das Dach mitzunehmen; aber das taten sie nicht, sondern nahmen kurz und gut alle ihren Abschied und wollten nicht länger im Hause dienen.

Mündlich überliefert

Gickel – Gockel

Durch die Wetterau bis Frankfurt

Am andern Morgen brachen wir früh auf und kamen nach einer halben Stunde in die durch ihre Fruchtbarkeit an Getreide, Obst und Wein so berühmte Wetterau. Der Boden ist wahre Gartenerde, und es kostet viel Mühe, in dem Feld einen Stein zu finden. Reiche Felder, bepflanzt mit Obstbäumen, Wiesen mit starkem Graswuchs und freundliche Dörfer, die für Städte gelten könnten, sprechen den Wanderer wohltätig an. Es wird von hier viel Getreide und Vieh ausgeführt und Zider oder Apfelwein in beträchtlicher Menge bereitet.

Wir nahmen unsern Weg nach Frankfurt gerade durch einen der anmutigsten Striche dieser Aue, auf dem Wiesenteppich die Nidda hinab. Nach drei Stunden kamen wir nach einem Städtlein namens Staden, welches unter eigentlicher Dreiherrschaft steht, indem es einem Grafen von Isenburg, einem Herrn von Löw und der Burg Friedberg gehört oder doch gehörte. In der Nähe auf einer Wiese ist eine gute Mineralquelle, von der nur zu bedauern ist, daß sie nicht besser benutzt wird. Das Wasser schien mir im Geschmack viel Ähnlichkeit mit dem Seltersschen zu haben, und die Einwohner der umliegenden Gegend, die es häufig zum Trinken holen, können nicht genug rühmen, wie gesund es sei.

So reich auch der Morgen dieses Tages an Naturgenuß gewesen war, so wartete unser doch am Abend noch ein reicherer. Wir verließen nämlich, nachdem wir acht Stunden darin gewandelt waren, das Niddatal und schlugen uns unter einem stundenlangen Steigen links nach Bergen hin, welches seinen Namen wahrscheinlich von seiner Lage auf einer Hochebene hat. So mühsam dieser Weg auch anfangs war, so wurden wir doch nachher hinlänglich dafür belohnt. Kaum hatten wir die Höhe erreicht, da bot sich so überraschend , als wäre eine Vorhang weggezogen, unseren Blicken eine himmlische Ansicht dar. Gerade vor uns das große Frankfurt mit seinen stolzen Türmen. In der Nähe das freundliche Offenbach. Links das üppige Maintal mit seinem Silberstrome, an den sich Hanau gemütlich anlehnt. Im Osten das fruchtbare Nidda-Ägypten, im Hintergrunde vom alten Vogelsberg begrenzt. Im Westen der ehrwürdige Taunus, bis an den Rhein sich erstreckend und sein Haupt, den Feldberg, kühn in die Wolken erhebend. Und über dies alles noch der Glanz der untergehenden Sonne ausgegossen!

Als wir Bergen näher kamen, nahm unsere Ohren ein gewaltiger Jubel und unsere Augen ein interessanter Anblick in Anspruch. Auf zwei großen Plätzen trieb sich eine unzählige Menschenmenge beiderlei Geschlechts in allen Kleidungen herum. In der Mitte war alles von Tanzwut befallen. In raschen Wirbeln drehte sich hier ein Frankfurter Elegant mit einer Landdirne herum. Dort ein junger derber Bauer mit einer zarten, nach dem neuesten Geschmack gekleideten Dame. Dort schwebte, nein, tappte ein Soldat in althessischer Uniform mit einem ellenlangen steifen Zopf mit seiner Schönen (die ich aber nicht dafür halten konnte) im Tanze der Menge mit herum. Zwei Musiken suchten sich gegenseitig zu übertäuben. Das Ohr ward durch die kreischenden Töne der Geigen bis zum Schmerz erregt. An der Seite waren lange Tafeln mit Bänken angebracht, woran die Trinker, auf die die Hitze des Tages sehr zu wirken schien, in unabsehbarer Reihe saßen. Hier waren Würfeltische aufgeschlagen. Dort wurden Backwerk, Obst und andere Erfrischungen verkauft. Sie würden sagen, es wäre Wallensteins Lager in der Zivilwelt, und haben recht, wenn Sie vermuten, daß hier die Kirmes ihr Wesen trieb, irren aber gar sehr, wenn Sie glauben, daß ich mit meinen betornisterten Herren Zöglingen mich in diese Menschenmasse gestürzt hätte.

Hinter Bergen erblicken Sie einen Obelisk als Andenken an das Lustlager, welches der damalige glückliche Landgraf, jetzt unglückliche Kurfürst von Hessen, dem Kaiser Leopold zu Ehren, als dieser in Frankfurt gekrönt wurde, seine sämtlichen Truppen hier beziehen ließ. Wäre doch der bedauernswürdige Fürst wenigstens Zeuge der Liebe gewesen, womit die Herzen seiner treuen Untertanen noch immer an ihm hängen, und wovon ich heute so rührende Proben hatte. Kaum hatte ich nämlich den Fuß auf hanauischen Boden gesetzt und man erfuhr, daß ich aus der Gegend von Kassel sei, da strömten ganze Scharen herbei und fragten mich mit patriotischem Ungestüm, mit einem Interesse, das aus der Fülle des Herzens kam: „Nun, wie sieht es denn da unten aus, kriegen wir denn nicht bald unsern alten braven Wilhelm wieder?".

Bergen ist zwei kleine Stunden von Frankfurt entfernt. Der Weg ist einzig schön, wenn man den Fußpfad und nicht die Landstraße einschlägt. Sanft sich neigend, führt er ununterbrochen durch Weinberge und Obstgärten und hat viel Ähnlichkeit mit dem Wege von Hochheim nach Mainz, wie überhaupt die Partie zwischen Bergen und Frankfurt der zwischen Hochheim und Mainz so gleich ist, als wären sie Zwillingsschwestern.

Eine kleine halbe Stunde vor Frankfurt kamen wir durch Bornheim. Dieser Ort ist für die Frankfurter, was Charlottenburg für die Berliner ist. An heiteren Frühlings- und Sommersonntagen, besonders auf Pfingsten, sehen Sie Hunderte von Karossen mit Tausenden der elegantesten Menschen, die dort frühstücken, zu Mittag essen usw. Auch heute, wo gerade Kirmes ist, stehen unzählige Wagen vor den Gasthöfen. In sechs Wirtshäusern ist rauschende Musik und Tanz, und auf der Straße kann man sich kaum durch die Menschen drängen, die teils kommen, teils gehen.

Endlich langten wir in Frankfurt an, nachdem wir an diesem Tag elf Stunden gegangen waren.

Ludwig Bocle, 1813

Der wilde Jäger

Mit erschrecklichem Lärmen zog ehemals von dem Vogelsberge her der wilde Jäger durch das Tal der Nidda an den Bergen her. Da kam jedesmal aus dem Turm in der alten Burgmauer zu Staden auf der Seite nach dem Wingertsberg zu eine lange, lange Stange heraus und an deren Spitze hing eine Leuchte, die wie ein Klumpen Feuer aussah. Die leuchtete dem wilden Jäger, während er vorbeizog.

Bei nächtlichem Sturmgetöse sagt man noch in der Wetterau: „Man meint, es wäre der wilde Jäger."

In der Gemarkung von Brandoberndorf ist ein Ort, der heißt die

Streitheck. Da wandert des Nachts ein Jäger mit Hund, Gewehr und Ranzen. Er hat aber keinen Kopf und heißt der wilde Jäger. Auch an vielen andern Orten um Bodenrod hört man ihn zu Zeiten des Nachts über die Köpfe der Leute hinweggehn.

Mündlich überliefert

Friedberg in der Wetteraw
Tandem patientia victrix
Die Gedult überwindt doch endlich

Die Gedult / so in gestalt eines trawrigen Weibsbildts / vorgestellt wird / auch auff der Achsel ein joch holtz und zu ihren Füssen viel Dorn liegen hat / oder welche eine Hand auß den Wolcken greiffet / und ein Ruten / neben einem Öhlzweigelein / führet / bedeutet / daß / wann der liebe Gott mit der Ruten seines gerechten Zorns eine zeitlang gezüchtiget / Er hernach widerumb mit seinem Göttlichen Frieden / zuerfrewen pflege.

Aus: Politisches Schatzkästlein, 1628

Friedberg

Unter dem Namen Friedberg verstand man bei uns bis vor wenigen Jahren zwei voneinander ganz geschiedene Gemeinden, nämlich die ehemalige Reichsstadt Friedberg mit der Ufer-Vorstadt und drei Mühlen und die Burg Friedberg nebst der Vorstadt „zum Garten". Die Reichsstadt hatte im Jahre 1805 nicht mehr als 1993 Einwohner, darunter 256 in der Judengasse wohnende Israeliten. Nach der Zählung von 1843 hat dagegen das Ganze eine Bevölkerung von 4682 Seelen, worunter 339 Israeliten.

Wir wollen den fremden Leser begleiten, um ihn zuerst etwas mit der Lokalität und den Merkwürdigkeiten des Ortes bekannt zu machen ... Vor allen Dingen glauben wir ihm die Stadtkirche zeigen zu müssen. Dieses herrliche, im reinsten gotischen Geschmacke aufgeführte, aber leider nicht ganz vollendete und Jahrhunderte hindurch auf unverantwortliche Weise vernachlässigte Gebäude, hat eine Länge von 240 und am Kreuz eine Breite von 120 Fuß. Chor und Schiff wurden zwischen

1290 bis 1320 erbaut; die Einweihung des Hauptaltars fand 1306 statt, aber noch im Jahre 1410 war man mit Erbauung der Türme nicht fertig, als Kaiser Ruprecht durch einen Befehl Einhalt gebot und nur einen notdürftigen Holzbau zum Dache des einen erlaubte, während der andere nicht über 40 Fuß hoch sein sollte. So stehen sie noch jetzt. Gerne möchten wir uns länger hier verweilen; aber die im Innern begonnene Reparatur hindert uns an weiterem Umschauen; wir betrachten demnach nur die große Orgel, die im Jahr 1756 erbaut wurde und müssen zu unserm Bedauern bemerken, daß die Glasmalereien der Fenster fast ganz zerstört, das Altargemälde aber und das kunstvolle Tabernakel, beides Werke des 15. Jahrhunderts, sehr beschädigt sind.

Friedberg

Wer den Turm besteigen will, wird für die Mühe durch eine große Aussicht belohnt werden ...

Wir besuchen sodann in der Judengasse das alte Judenbad und gelangen zu demselben duch einen Keller. Es ist ... ein merkwürdiges unterirdisches Gebäude und bildet ein Viereck von wohl 100 Fuß Tiefe und einer Breite von mehr als 20 Fuß. Auf den Seiten gehen Treppen herab, die auf einem schiefen Gewölbe ruhen, welches wiederum von Säulen getragen wird, an denen man den im 12. und zu Anfang des 13. Jahrhunderts herrschenden Geschmack erkennt.

Die vier Haupttore der Stadt, nämlich das Mainzer-, Fauerbacher-, Ufer- und Seertor, sind sämtlich in neuerer Zeit abgebrochen. Dagegen ist noch ein Teil der Stadtmauer und ein alter Festungsturm, der sogenannte rote Turm, sowie einiges von der Wallbefestigung übrig, während die Befestigungen der Vorstädte verschwunden sind. In die alten tiefen Brunnen, woraus die Friedberger sonst ihr Wasser holten, kann man auch einmal hinabsehen, wenn man keinen Schwindel hat. Einige Keller ... reichen bis zu diesen Brunnen hin.

Wir verlassen die Stadt mit ihrer breiten Straße, die den Fremden gleich so freundlich anspricht, und wenden uns nördlich über die Brücke durch das alte stattliche Torgebäude zur Burg. Auf wunderbare Weise ist hier Mittelalter und neue Zeit enge verschwistert. Was man anderwärts nur noch in Trümmern sieht, Bastionen, Mauern, Festungstürme, das erblickt man hier wohl erhalten und doch aus alter Zeit stammend und daneben neue freundliche Privathäuser.

Beim Eingange links ist die Hauptwache, weiter die ehemalige Burgkanzlei, jetzt Lokal für das Schullehrerseminar. Zwischen beiden ist der Eingang zum Zwinger, in welchem der Weg hinabgeht, der unter der Erde, jetzt auch unter der neuen Chaussee, zu dem gewaltigen Turme führt, dessen Durchmesser über 70 Fuß beträgt, dessen Mauern 21 Fuß dick sind.

Auf der rechten Seite des Tores befindet sich das Gebäude für das Militärhospital.

Wir dürfen auch nicht versäumen, den Burggarten zu betreten. Er ist zwar weder groß noch prachtvoll angelegt; dennoch ist er einer der interessantesten Punkte der Wetterau, die man von hier fast ganz überschauen kann. Man überzeugt sich aber auch hier von der militärischen Wichtigkeit der Lage Friedbergs besonders in früheren Zeiten; wer hier sich festgesetzt, war Herr der Wetterau. Von hier aus betrachtet man auch am besten den schönen und wohlerhaltenen runden Festungsturm, eine Zierde der ganzen Gegend, welchen Graf Adolf von Nassau im Jahre 1347 erbauen ließ, um sich dadurch aus der Gefangenschaft zu lösen. Gleich in der Nähe des Burggraviats befindet sich auch die Kaserne, ein ehemals dem deutschen Orden gehöriges Gebäude. Von den ehemaligen Wohnungen der alte Burgmannen ist in neueren Zeiten der größte Teil verschwunden. Auch die alte Burgkirche wurde im Jahre 1783 abgebrochen und durch ein freundliches Gebäude ersetzt, an welchem jedoch 25 Jahre (bis 1808) gebaut wurde.

Ein schönes Doppelgemälde stellt sich dem Fremden dar, wenn er durch das nördliche Burgtor tritt. Vor sich hat er in der Nähe die Vorstadt zum Garten, weiterhin den Winterstein und den Johannisberg, die nordwestlichsten Punkte der Homburger Höhe; wendet er sich um, so thront die Burg mit ihren alten Türmen und Befestigungsmauern auf Felsen ruhend vor seinen Blicken.

Auch die Nachbarschaft von Friedberg bietet für Freunde geselligen Vergnügens manche angenehmen Plätzchen, sowie naturhistorische Merkwürdigkeiten für andere Liebhaber dar. Zu letzteren rechnen wir den Steinbruch bei dem Dorfe Fauerbach II. mit seinem merkwürdigen Säulen-Basalt; sodann die verschiedenen Sauerbrunnen der Umgegend, besonders den auf dem Gebiete des Kurhessischen Dorfes Schwalheim, ferner Nauheim mit seiner bedeutenden Saline und seinen interessanten Salzquellen und Salzbädern, die seit einigen Jahren viele Fremde heranziehen. Außer dem Badehaus ist in der Nachbarschaft der Belustigungsort, das Teichhaus. – Ebenso findet man an Sommersonntagen zahlreiche Gesellschaft an den etwa dreiviertel Stunden südöstlich von Friedberg gelegenen Ossenheimer Wäldchen. Eine starke halbe Stunde westlich von Friedberg liegt der Ort Ockstadt, eine Patrimonial-Gerichtsherrliche Besitzung des Freiherrn von Frankenstein, von dessen befestigtem Schlosse noch Teile übrig sind ... Der Ort kommt sehr früh urkundlich unter dem Namen Huchenstat vor.

Reich ist Friedberg und seine Nachbarschaft an Resten aus alter Zeit. Es ist jetzt außer Zweifel, daß es ein von den Römern befestigter und lange Zeit bewohnter Ort war ... Nach dem Abgange der Römer muß der wohlbefestigte Ort wohl bald von den Franken unter den Merowingern und Karolingern mit Ministerialen besetzt worden sein, welche die Gegend schützten, die königlichen Einkünfte besorgten und im Namen des Königs Recht sprachen; die andern Bewohner waren Königsleute. – Zwar wird der Ort während einer langen Zeit nicht erwähnt, indessen würde es falsch sein, aus dem Schweigen der Urkunden auf sein Nichtvorhandensein zu schließen. Im Gegenteil sprechen eine Menge späterer Erscheinungen dafür, daß Burg und Stadt Friedberg während dieser Zeit bewohnt und jenes der Sitz eines königlichen Gerichtshofes war; selbst der Name deutet auf eine alte Gerichtsstätte. Erst im Jahr 1217 findet der Burggraf zu Friedberg in der Eigenschaft als vornehmer, und zwar als zweiter kaiserlicher Beamter der Wetterau urkundlich Erwähnung, und zwei Jahre darauf werden in kaiserlichen Urkunden die Ministerialen und Bürger von Frankfurt, Friedberg und Gelnhausen genannt; ja es wird auf kaiserliche Verordnung den Burgmannen von Friedberg der Schutz des Klosters Arnsburg aufgetragen. Schon im Jahre 1226 gibt eine vom Kaiser Heinrich VII. ausgefertigte Urkunde den Beleg einer früheren Städte-Verbindung zwischen Mainz, Bingen, Worms, Speyer, Frankfurt, Friedberg und Gelnhausen, die der Kaiser damals für wichtig erklärt. Dieser Umstand allein gibt Beweis eines nicht eben erst entstandenen, sondern längst bestehenden, und zwar nicht unbedeutenden Ortes. Zufolge anderer Urkunden hielt sich eben dieser Kaiser im Jahre 1228, 1229 und 1230 zu Friedberg auf.

Damals schon bestand Friedberg aus zwei Körpern, deren einer aus Burgmannen (castrenses) oder Rittern (milites) unter dem Burggrafen, der andere aus einer Vereinigung von Bürgern unter einem Schultheißen und Schöffen (scabini) bestand. Nachgerade wußte jede dieser Korporationen durch die Kaiser gewisse Rechte und Freiheiten zu erlangen; der älteste Freibrief mag wohl von Kaiser Friedrich I. ausgefertigt worden sein; er ist indessen nur aus einer späteren Urkunde sowie aus denen, welche wir von Frankfurt und Wetzlar besitzen, zu ersehen und enthält weiter nichts, als daß jeder Bürger von seinem Hofe den Eigentumsherrn vier Denarien Zins bezahlen, sonst aber auf der Reise mit den Waren frei sein solle. Eine eigentliche Befreiung von der Leibeigenschaft wurde ihr erst im Jahre 1240 durch König Konrad, den Sohn Friedrichs II. zuteil, welcher den Schultheißen und den Bürgern zu Friedberg wie zu Frankfurt das Privilegium erteilte „daß ihre Töchter und Witwen zu einer Ehe mit den Hofdienern nicht gezwungen werden sollten." Um dieselbe Zeit mag Friedberg (wie Frankfurt) das erste Markt- oder Meß-Privilegium erlangt haben. Die eigentliche Reichsfreiheit erschien demnach nur nach und nach.

Unterdessen bewirkte jene „kaiserlose" Zeit, welche auf den Untergang der Hohenstaufen folgte, auch eine engere und größere Verbindung der Städte... Im Jahre 1255 nahm Friedberg an jenem großen Rheinischen Bunde teil, welchen die Fürsten und Städte zu Worms schlossen und welchen König Wilhelm zu bestätigen gezwungen war...

Als der große Bund nicht mehr war, hielten bei zwei Jahrhunderte hindurch wenigstens die sogenannten vier Wetterauischen Städte Frankfurt, Friedberg, Wetzlar und Gelnhausen enge zusammen und erneuerten oft ihr Bündnis. Aber eben diese Verbindungen erregten auch einerseits den Wunsch, sich von alten Banden zu trennen, andererseits die Eifersucht der damaligen herrschenden Geschlechter und deren Vereinigungen. Hierin ist die Ursache des Zwiespalts zwischen Stadt und Burg Friedberg zu suchen, der fast bis in die neuesten Zeiten fortdauerte und oft in Hader und Kampf ausartete. Schon im Jahre 1276 verzieh durch eine Urkunde Kaiser Rudolph der Stadt, daß sie die Burg zerstört habe. Derselbe Kaiser suchte 1285 aufs neue, Burg und Stadt zu versöhnen,

und gebot urkundlich, daß weder die Bürger die Burg noch die Burgmannen die Stadt zerstören sollten. Immer größere Privilegien erhielt
die Stadt und die Burg, aber dadurch wurde die Flamme der Zwietracht
nur mehr genährt. Kaiser Albrecht glaubte endlich durch eine Satzung
von 1306 auf ewige Zeiten den Keim des Unfriedens zu vernichten, indem er das Verhältnis zwischen beiden so bestimmte, daß die Bürger
sechs Burgmannen kiesen sollten, die versöhnlich und ratbar seien dem
Kaiser, dem Reich, dem Land, der Burg und der Stadt, Arm und Reich;
die sollten in ihren (der Bürger) Rat gehen, ausgenommen, wenn sie
über Beed oder Schuld beraten, und sollten dafür einen Eid ablegen,
„söhnlich und friedlich zu allen Sachen zu kommen und das Gericht helfen handhaben bei Freiheit und Gnade und das beste zu raten dem Armen und dem Reichen." Das ist der zweite sogenannte Söhnbrief. Bald
gelang es dem Burggrafen, daß er als oberster Richter außer den Sech-
sern auch an dem Rat teilzunehmen habe, und wie weit er es in kurzem
brachte, beweist der dritte Söhnbrief, welcher von Kaiser Ludwig 1332
ausgefertigt ist. Hierin wird schon bestimmt, „daß wer wider die Sühne
handle, in eine Strafe von zehn Mark verfalle, wovon fünf dem Kläger,
die andern dem Burggrafen zufallen sollen."

Darauf verpfändete der unredliche Kaiser Karl IV. die Stadt im Jahre
1349 um die Summe von 10000 damaliger Gulden an Günther von
Schwarzburg. Karl versprach zwar, daß sie ihre Rechte und Freiheiten
sonst behalten, auch binnen Jahresfrist wieder gelöst werden sollte, allein seine Worte waren eitel. Die Pfandschaft kam von Günther an
Mainz, Eppenstein, Isenburg und Frankfurt; die Burg aber wußte von
diesen zu erlangen, daß sie ihr überlassen wurde, und von der Zeit an
mußte die Stadt jedem neuen Burggrafen als Pfandherrn huldigen. Diese
Abhängigkeit loszuwerden, suchte sie 1483 Schutz bei dem Landgrafen
Heinrich III. von Hessen, mußte dafür aber den schimpflichen „Verher-
rungs-Revers" unterzeichnen, nach welchem sie ohne den Willen der
Sechser sich mit keinem fremden Herrn verbinden durfte.

Diese Verhältnisse lähmten die Kraft der Bürger. Zwar versuchte
noch einmal die Masse in den Zeiten des Bauernkriegs (1525) Rache an
der Burg; vergebens, sie mußten die Katharinenkapelle abreißen, von wo
aus sie die Burg angegriffen hatten. Zum zweiten Mal wollte die Stadt
1657 sich in die Arme eines Landgrafen von Hessen werfen (es war Georg II. von Hessen-Darmstadt), nachdem sie lange den Weg Rechtens
versucht hatte. Ihr letzter ähnlicher Versuch war im Jahre 1706 mit Auf-
kündigung der Pfandschaft. Die Burg aber erklärte nun dieselbe für un-
ablöslich und bewirkte die Huldigung bei einer Strafe von 20 Mark, einer Strafe, die nachher verdoppelt wurde. Da suchte die Stadt zum drit-

Die Burg in Friedberg

ten Mal Hilfe bei dem Landgrafen Ernst Ludwig von Hessen im Jahre 1713. Ein Reichshofratsdekret vernichtete den Schutzbrief.

Längst vorher hatte das Aufblühen der Niederländischen Fabriken auch den Wohlstand der Bürger untergraben. Was noch übrig war, verdarben Seuchen, Feuersbrünste und Kriege auf der einen, sowie Kurzsichtigkeit der Verwaltung und Mangel eines geregelten Haushalts auf der anderen Seite. Schon im Jahre 1410 hatten sie auf Befehl des Kaisers Ruprecht den Bau der Mauern um die Vorstadt einstellen müssen, „weil die eigentliche Stadt die Bürger und ihrer noch mehr in sich fasse." Im Jahre 1445 (zwei Jahre vor dem großen Brande) mußte der Kaiser Sigismund die Burgmannen um Erlaubnis bitten, daß die Bürger zur Aufnahme von Kapitalien Kaufbriefe verfertigten. 1501 war die sonst so bedeutende Wollweberzunft so gesunken, daß sie bei dem Stadtvorstand um Rat und Hilfe nachsuchte. Nach dem Dreißigjährigen Kriege war das Gemeinwesen so herabgekommen, daß die Stadt zum Reichsgerichte die Kammerziele nicht mehr zu entrichten vermochte. Als sie im Jahre 1802 unter Hessen kam, hatte sie eine Schuldenlast von 113 000 Gulden.

Aber auch die Burg hatte ihre Blüte verloren. Der ursprüngliche

Zweck, Gericht im Namen des Kaisers und als Reichsburg Schutz für die Gegend, war längst vergessen und eine gemeinsame Verteidigung und Erhaltung des zahlreichen Adels geworden. Als aber auch hier nicht mehr hinlänglicher Schutz war, suchte man Verbindung mit ähnlichen Korporationen. Schon im Jahre 1448 schlossen Friedberg, Lindheim, Kronberg und Reifenberg als Ganerbschaften einen Bund mit Friedrich dem Siegreichen von der Pfalz; im Jahre 1492 vereinigten sich die acht Schlösser Friedberg, Dorheim, Staden, Lindheim, Kronberg, Reifenberg, Falkenstein und Gelnhausen und weigerten sich sogar bei Errichtung des Landfriedens zu Worms im Jahre 1495 den ihnen auferlegten Geldanschlag zu bezahlen. Die letzte große Ritter-Verbindung ist von 1522 ... Durch den Dreißigjährigen Krieg sank auch die Burg. Aber sie hielt doch ihre Unabhängigkeit bis zum Jahre 1806 ...

Bald nachdem Hessen-Darmstadt Besitz von der Stadt genommen hatte, versuchte es auch, in den Besitz der Burg zu kommen. Es gelang indessen damals nicht. Erst durch die Rheinische Bundesakte von 1806 kam die Burg unter die Souveränität des neuen Großherzogs von Hessen. Der Burggraf (Clemens August Graf von Westphal, Nachfolger des Grafen von Waltbott-Bassenheim) erhielt darauf die Rechte eines Standesherrn, trat aber mit Vorbehalt der Würde eines solchen und eines Burggrafen im Jahre 1817 alle seine Rechte an den Staat ab, und nach seinem Tode 1819 wurde die Burg nebst der Grafschaft Kaichen integrierender Teil des Großherzogtums Hessen. Eine eigentliche Vereinigung der Stadt und Burg zu einer Gemeinde fand erst im Jahre 1837 bei der Einweihung des neuen Predigerseminars statt.

Aus: Das Großherzogtum Hessen

Burggraviat – (hier:) das Schloß, die Burg / Ministeriale – dienender Adel / Korporation – Körperschaft / Denarien – merowingisch-karolingische Münzen / kiesen – wählen / Beed – auch Bede: geforderte bezw. festzusetzende Steuer / Ganerbschaft – Miterbschaft

Der Steintisch zu Bingenheim

In dem hessischen Ort Bingenheim in der Wetterau wurden ehemals vor dem Rathaus unter der Linde jährlich drei Zentgerichte gehalten, wozu sich viel vornehmer Adel, der in der fuldischen Mark angesessen war, leiblich einfand. Unter der Linde stand ein steinerner Tisch, von dem erzählt wurde, er sei aus dem Hohen Berg, einem gegen Staden hin gelegenen Walde, dahin gebracht worden. In diesem Wald hätten früherhin wilde Leute gehaust, deren Handgriffe man noch in den Steinen sehe und von denen sich noch drei ausgehöhlte Steinsitze vorfänden. Im Jahr 1604 bei Sommerszeit habe man in gedachtem Wald an hellem Tag drei Leute in weißer Gestalt umwandern sehen.

Aus: Grimm, Deutsche Sagen

Bad Nauheim

Ein einfaches wetterauer Landmädchen, welches schon seit Jahrhunderten der kornreichen Umgegend durch ihr Salz das Brot würzte, fängt Nauheim seit einigen Jahren an, städtisches Gewand und städtische Manier anzunehmen und sein einfaches Solbad in ein ganz modernes Bad umzuwandeln. Die ergiebige Saline des Ortes ist vortrefflich und uralt, wenn auch der Schleier nicht mehr gelüftet wird, ob der dasige Salinenbetrieb durch die Kelten, Römer oder Germanen eingeleitet wurde. Anfangs in den Händen einer erblichen Salzsiederzunft, die für ihre eigne Rechnung sotten, kam das Salzwerk zwischen 1566 und 1590 an die Grafen von Hanau. Die ersten Gradierhäuser aus Stroh erbaute zu Anfang des 18. Jahrhunderts der Italiener Todesko; ihren Hauptaufschwung aber verdankte die Sude dem Direktor Waitz unter Landgraf

Wilhelm VIII., der seit 1736 die Salzwerke erweiterte, Gradierwände aus Dornen aufführte, den Lauf der Usa veränderte, die Trittträder des Salzwerkes in Wasserräder verwandelte, zwei Windmühlen erbaute und einen Sammelteich anlegte, um an Betriebswasser keinen Mangel zu haben. Auch benutzte er durch Errichtung des Kunstgestänges von Schwalheim das Wasser der Wetter zum Salinenbetrieb und wandte dabei eiserne Schienen an, lange ehe in Deutschland die Schienenwege der Eisenbahnen bekannt waren. Die Windmühlen sind später der vervollkommneten Benutzung der Wasserkräfte gewichen, in der neuesten Zeit aber hat man zur Hebung der Sole auf die Gradierhäuser auch die allgewaltige Dampfkraft in Anwendung gebracht. Die aus der Henschelschen Fabrik stammende, hübsche Maschine findet sich in dem kleinen Hause, welches mit seinem 80 Fuß hohen Schornstein neben der untersten Gradierlinie aufragt. Interessant ist die großartige Mechanik der Saline und das geschäftige Treiben, welches auf ihr herrscht. Ihr jährlicher Ertrag (70 bis 80 000 Zentner) an Salz erscheint so reichhaltig, daß man Nauheim mit Recht die „Perle der Wetterau" nennen kann.

Das Solbad wurde erst 1834 auf Staatskosten begründet, erfreut sich aber eines ungemein raschen Aufschwungs. Reich an Salzbrunnen, mit deren Erbohrung man seit 1816 und besonders 1823 begann, besitzt Nauheim, außer zwei Trinkquellen, seinen Hauptschatz und seine Hauptzierde in jenen drei großen Springquellen, die wir heute bewundern. Davon wurde der sogenannte kleine Sprudel (23° Reaumur), der vorzüglich zu Gasbädern und Gasduschen verwendet wird, 1848 erbohrt. Der sogenannte große Sprudel (26° Reaumur), welcher am 22. Dezember 1846 plötzlich aus einem drei Jahre zuvor aufgegebenen Bohrloche hervorbrach und am 2. März 1855, dem Todestage des russischen Kaisers Nikolaus, ebenso plötzlich wieder versiegte, kehrte nach Einsenkung neuer Röhren am 16. April zurück, um der Saline und den Badehäusern sein nützliches Wasser auch ferner zu spenden. Eine wahrhaft prachtvolle Quelle aber ist der am 16. Mai dieses Jahres gewonnene Riesensprudel (30° Reaumur), welcher, zu Ehren des regierenden Kurfürsten Friedrich-Wilhelms-Sprudel genannt, seine Schaumpyramide 50 Fuß hoch in die Luft schleudert. Der 1849 erbohrte neue Kurbrunnen (17° Reaumur), an Kohlensäure sehr reich, hat klares, perlendes und angenehm säuerlich schmeckendes Wasser; der 1851 erzielte Salzbrunnen (18° Reaumur) wird getrunken, wo die abführende Wirkung des Kurbrunnens nicht ausreicht.

Die Badeanstalten Nauheims, dessen Frequenz von Jahr zu Jahr zunimmt, sind zweckmäßig und schön. Die beiden Badehäuser rechts und links vom großen Sprudel, 1849 und 1852 erbaut, enthalten 66 Badeka-

Nauheim mit Blick nach Friedberg

binette, unter welchen die sogenannten Fürstenbäder mit wahrhaft asia-
tischem Luxus ausgestattet sind. Das Wasser zu den Bädern kann unmittelbar aus der Quelle, also gleichsam aus dem Schoße der Erde durch
Röhren in die Badewannen gelassen werden, was als ein wichtiger Vorzug erscheint. Das Armenbadehaus trägt seine Bestimmung schon im
Namen, das Gasbadehaus am kleinen Sprudel aber dient zu Gasbädern
und Gasduschen, für welche die Kohlensäure mittels einer übergestülp-
ten Tonne aus der Quelle aufgefangen und durch Schläuche in die Badezimmer geleitet wird.

Für das Kurleben trug und trägt die Administration des Kursaals alle
Sorge. Während ein stattliches Kurhaus und eine Trinkhalle sowie eine
kurfürstliche Villa in prachtvollem italienischen Stile begonnen sind, ist
das neue provisorische Konversationshaus (Kursaal) geschmackvoll eingerichtet und enthält einen geräumigen Spielsaal, Lesekabinette und einen eleganten Konversations- und Konzertsaal. Am Ende desselben erhebt sich hinter einer großen Spiegelwand das Orchester der Kurkapelle, die unter der Direktion des als Komponisten rühmlich bekannten Ka-
pellmeisters Edmund Neumann bald hier, bald im Kurgarten spielt und
Herzen und – Füße in freudige Bewegung setzt, wenn sie in vollendeter
Ausführung die beliebtesten Orchesterstücke oder eine der schönen
Tanzkompositionen ihres Meisters ertönen läßt. Bälle, Reunionen und
Konzerte der Kurkapelle sowie fremder Künstler finden in reicher Abwechslung statt. Jagdliebhaber können ihre Neigung auf den ausgedehn-

ten Jagden befriedigen, welche die Administration vier Stunden im Umkreise gepachtet hat, Freunde der Fischerei aber an dem Usaflüßchen und dem hübschen Teich, der sich als eine Fläche von 50 Morgen, mit zwei Inseln versehen und von Gondeln belebt, idyllisch oberhalb des Kursaals ausdehnt. Eine doppelreihige Weidenallee umkleidet denselben und in seinen Fluten spiegelt sich das Teichhaus, welches in ein prachtvolles Schweizerlandhaus umgewandelt werden soll, nachdem es vorher als Tempel Terpsichores gedient. Die Anlagen um die Brunnen und Badeanstalten sind geschmackvoll und das Usatal bildet einen frischgrünen Wiesengrund, welchen die Usa in mehreren Armen durchschlängelt und mit einem kleinen Wasserfall unterhalb des Teiches belebt. Die Promenaden erstrecken sich bis auf den nahen Johannisberg, und es fehlt daher an romantischen Spaziergängen nicht. Das Hotel „Kurhaus" bietet eine ausgezeichnete Pariser Küche, und der „Europäische Hof" sowie das Hotel „Henkel" und andre Gasthäuser befriedigen alle Ansprüche.

Blick auf Nauheim vom Bahnhof aus

An hübschen Privatwohnungen erhält Nauheim auch alljährlich neuen Zuwachs und ein nettes Städtchen wird bald das unansehnliche Dorf verdrängt haben. Es zählt bereits 1720 Einwohner. Die zwei Kirchen des Ortes enthalten nichts Bemerkenswertes; der Waitzsche Turm aber bewahrt die Erinnerung an den verdienstvollen Direktor der Saline, dessen Namen er trägt. Das Bahnhofgebäude der Main-Weserbahn ist stattlich, das ganze Bild des Badeorts freundlich. Die grauen Gradierhäuser verleihen seinem Vordergrund zwar etwas Düsteres, aber auch zugleich wieder einen ganz eigentümlichen Reiz.

Aus: Das Kurfürstentum Hessen

Gradierhaus – Salzgewinnungsanlage / Reunionen – hier: gesellige Zusammenkünfte, Veranstaltungen

Der Hausberg

Die Spitze des Hausbergs heißt Hoinbornkopp oder Hoinkopp. Auf der Seite bei Hochweisel nach Niederweisel ist eine Stelle, welche man Hoinjerplatz nennt, wo vor Zeiten alljährlich von den Bewohnern der umliegenden Dörfer Markt und Tanz gehalten wurde, welchen man den Hoinjermarkt oder das Hoinjerfest nannte. Auf der andern Seite des Berges stand ein Hof, welcher die Issel hieß. Er ist noch nicht lange abgebrochen und das Ackerfeld in Wald verwandelt. Diese Namen sind der Sage nach so entstanden.

Auf dem Hausberg hatte ein alter heidnischer Gott seinen Aufenthalt und die alten heidnischen Bewohner wallfahrteten dahin, um ihm ihre Ehrfurcht zu beweisen. Auf dem Hoinjerplatz befand sich sein Bild und dort geschahen auch die Opfer. Daraus wurde in der Folge das Hoinjerfest.

Andere erzählen, auf dem Hausberg hätte eine alte Burg gestanden, welche Hoinjerburg geheißen, wovon der Gipfel des Berges noch seinen Namen trage. In einem verschütteten Brunnen befänden sich noch die Schätze dieser Burg verborgen. Aus der Ferne wären später Leute gekommen und hätten in der nahegelegenen Kapelle schwarze Hühner geopfert.

Auf dem Gipfel des weiter westlich gelegenen Bergs, der Hessel, liegt ein Platz, der jetzt noch als Tanzplatz benutzt wird und der Gickel heißt.

Mündlich überliefert

Butzbach

Butzbach liegt an der Chaussee von Frankfurt nach Gießen. Die Stadt ist ummauert, hat eine Vorstadt, 386 Häuser, 2246 Einwohner und ist der Sitz des Steuerkommissars und eines Nebenzollamts. Man findet zwei Kirchen, von welchen die große im 15. Jahrhundert erbaut worden ist, zwei Pfarrhäuser, drei Schulhäuser, eine Kaserne, vormals ein Schloß, in welchem früher die Landgräfinnen ihren Witwensitz hatten, nunmehr aber zur Kaserne dient, ferner ein Hospital, von dreizehn Hospitaliten bewohnt, und eine Posthalterei. Feld- und Gartenbau und die Handwerke sind die Hauptnahrungszweige der Einwohner. Vorzüglich sind die elf Strumpfweber zu bemerken sowie die 25 Rotgerber und ein Weißgerber, von welchen mehrere die Gerberei fabrikmäßig betreiben, aber größtenteils nur Oberleder bereiten. Die Strumpfmanufakturen fertigen außer wollenen Strümpfen auch Kappen, Handschuhe, Hosen und dergl., jedoch hat der Absatz sehr abgenommen. Von den übrigen Gewerben findet man noch: 101 Schuhmacher, fünf Sattler, fünf Hutmacher, ein Leimsieder, neunzehn Metzger, drei Seifensieder, zwanzig Bäcker, dreizehn Schneider, zwölf Schreiner, zwei Knopfmacher, zwei Zinngießer, fünf Häfner, zwei Kupferschmiede, zwei Ziegler, neunzehn Kaufleute und Krämer. Jährlich werden sieben Märkte gehalten.

Dieser Ort kommt schon unter Kaiser Karl dem Großen, anläßlich von Schenkungen an das Kloster Lorsch, mehrmals unter den Namen Botisphaden und Botinesbach vor. Von den Herren von Münzenberg kam Butzbach ausschließend an die Falkensteiner, und 1321 erteilte Kaiser Ludwig der Bayer dem Philipp von Falkenstein für seine villa Butspach alle Rechte der Stadt Frankfurt. Nachdem der Ort von den Falkensteinern an das Eppensteinische Haus gekommen war, wurde er, als sich dieses Haus in zwei Linien teilte, gleichfalls geteilt. Durch Gottfried X. von der Münzenbergischen Linie kam das eine Viertel 1464 und 1468 durch Pfandschaft und 1478 durch Kauf um 26 000 Gulden an Graf Otto von Solms, ein anderes Viertel kam 1478 um 40 000 Gulden an den Grafen Philipp von Katzenellenbogen. Der Anteil der Königsteinischen Linie kam nach deren Ausgang an Mainz, welches denselben 1595 um 26.000 Gulden an den Landgrafen Ludwig IV. veräußerte. Der katzenellenbogische Teil wurde an die Landgrafen von Hessen vererbt, welche endlich im Jahre 1714 durch den Kauf des Solmschen Anteils in Besitz des Ganzen kamen. Der Kirchsatz war von Fulda 1468 durch Tausch an die Herrn von Eppenstein gekommen, welche 1490 mit Teilnahme Otto von Solms die dem heiligen Markus geweihte Kirche in eine Kollegiatkirche verwandelten. Nachdem dem Landgrafen Ernst Ludwig nach erlangter Volljährigkeit von seiner Mutter, der Landgräfin Elisabeth Dorothee, die Regierung abgetreten worden war, nahm diese Fürstin hier ihren Witwensitz und starb daselbst den 24. August 1709. Butzbach war von jeher der Sitz von Beamten und auch bis 1829 der Sitz des Landrats, der aber zu dieser Zeit nach Friedberg verlegt wurde.

G. W. J. Wagner

Der Fall des Pfarrers Dr. Friedrich Ludwig Weidig

Alle die furchtbaren Folgen des politischen Inquisitionsprozesses, „die Leiden einer langen geheimen Untersuchungshaft; der stets sich erneuernde bittere Schmerz, der Willkür eines verachteten, eines gehaßten und hassenden Untersuchungsrichters preisgegeben zu sein, das alles, was andere Gefangene nur zum Teil und in geringerem Maße traf – es häufte sich verderbend und vernichtend über dem Haupte des unglücklichen Weidig." So Karl Welcker in seinem Buch „Geheime Inquisition, Zensur und Kabinettsjustiz in verderblichem Bunde". Der Fall Weidig erregte ungeheures Aufsehen. Denn er enthüllte die Willkür der politischen Geheimjustiz und ihrer Werkzeuge in grauenhaften Zügen. – Weidig ist 1791 zu Oberkleen (Kreis Wetzlar) geboren und wurde Rektor an der Lateinischen Schule zu Butzbach (Hessen). Er war, kurz gesagt, ein freidenkender Mann, dessen „revolutionäre Umtriebe" weder erwiesen noch bedeutend genug gewesen wären, ihn eines schweren politischen Vergehens zu zeihen. Am 23. Februar 1837 wurde laut, daß Weidig sich im Untersuchungsgefängnis zu Darmstadt selbst entleibt habe. Die Untersuchung ergab die Gewißheit, daß Weidig von dem Untersuchungsrichter, dem Grh. hessischen Hofgerichtsrat Georgi, einem notorischen Trunkenbold, unmenschlich gepeinigt und sein qualvoller Selbstmord durch vorangegangene körperliche Mißhandlungen von Georgi herbeigeführt war.

Aus: 1848 – Der Vorkampf deutscher Einheit und Freiheit

Aus dem „Simplicissimus"

Von dieser Zeit an besaß ich meines Herrn Gnade, Gunst und Liebe vollkömmlich, dessen ich mich wohl mit Wahrheit rühmen kann; nichts mangelte mir zu meinem bessern Glück, als daß ich an meinem Kalbskleid zu viel und an Jahren noch zu wenig hatte, wiewohl ich solches selbst nicht wußte. So wollte mich der Pfarrer auch noch nicht witzig haben, weil ihn solches noch nicht Zeit und seinem Nutzen vorträglich zu sein bedunkte. Und demnach mein Herr sahe, daß ich Lust zur Musik hatte, ließ er mich solche lernen und verdingte mich zugleich einem vortrefflichen Lautenisten, dessen Kunst ich in Bälde ziemlich begriff und ihn um soviel übertraf, weil ich besser als er darein singen konnte. Also diente ich meinem Herrn zur Lust, Kurzweile, Ergötzung und Verwunderung. Alle Offiziere erzeigten mir ihren geneigten Willen, die reichsten Bürger verehrten mich, und das Hausgesind neben den Soldaten wollten mir wohl, weil sie sahen, wie mir mein Herr gewogen war. Einer schenkte mir hier, der ander dort; denn sie wußten, daß Schalksnarren oft bei ihren Herren mehr vermögen als etwas Rechtschaffenes, und dahin hatten auch ihre Geschenke das Absehen, weil mir etliche darum gaben, daß ich sie nicht verfuchsschwänzen sollte, andere aber eben deswegen, daß ich ihretwegen solches tun sollte, auf welche Weise ich ziemlich Geld zuwegen brachte, welches ich mehrenteils dem Pfarrer wieder zusteckte, weil ich noch nicht wußte, wozu es nutzte. Und gleichwie mich niemand scheel ansehen dürfte, so hatte ich auch von nirgendsher keine Anfechtung, Sorge oder Bekümmernis. Alle meine Gedanken legte ich auf die Musik, und wie ich dem einen und dem andern seine Mängel artlich verweisen möchte. Daher wuchs ich auf wie ein Narr im Zwiebelland; der Hurenspiegel wurde mir glatt, und meine Leibeskräfte nahmen handgreiflich zu; man sah mir in Bälde an, daß ich mich nicht mehr im Wald mit Wasser, Eicheln, Buchen, Wurzeln und Kräutern mortifizierte, sondern daß mir bei guten Bißlein der rheinische Wein und das hanauische Doppelbier wohl zuschlug, welches in so elender Zeit als eine große Gnade von Gott zu schätzen war; denn damals stund ganz Deutschland in völligen Kriegsflammmen, Hunger und Pestilenz, und Hanau selbst war mit Feinden umlagert, welches alles mich im geringsten nicht kränken konnte. Nach aufgeschlagner Belagerung nahm ihm mein Herr vor, mich entweder dem Kardinal Richelieu oder Herzog Bernhard von Weimar zu schenken; denn ohne daß er hoffte, einen großen Dank mit mir zu verdienen, gab er auch vor, daß ihm schier unmöglich wäre, länger zu ertragen, weil ich ihm seiner verlor'nen Schwester Gestalt, deren ich je länger je ähnlicher würde, in so närrischem Habit

Titelkupfer der dritten Ausgabe des „Simplizissimus"

täglich vor Augen stellte. Solches widerriet ihm der Pfarrer; denn er hielt davor, die Zeit wäre kommen, in welcher er ein Mirakul tun und mich wieder zu einem vernünftigen Menschen machen wollte; gab demnach dem Gubernator den Rat, er sollte ein Paar Kalbfelle bereiten und solche andern Knaben antun lassen, hernach eine dritte Person bestellen, die in Gestalt eines Arztes, Propheten oder Landfahrers mich und bemeldte zween Knaben mit seltsamen Zeremonien ausziehe und vorwenden, daß er aus Tieren Menschen und aus Menschen Tiere machen könnte. Auf solche Weise könnte ich wohl wieder zurecht gebracht und mir ohn' sonderliche große Mühe eingebildet werden, ich sei wie andere mehr wieder zu einem Menschen geworden. Als ihm der Gubernator solchen Vorschlag belieben ließe, kommunizierte mir der Pfarrer, was er mit meinem Herrn abgeredet hätte, und überredete mich leicht, daß ich meinen Willen dareingab. Aber das neidige Glück wollte mich so leichtlich aus meinem Narrenkleid nicht schliefen noch mich das herrliche gute Leben länger genießen lassen. Denn indem als Gerber und Schneider mit den Kleidern umgingen, die zu dieser Komödie gehörten, terminierte ich mit etlichen andern Knaben vor der Festung auf dem Eis herum; da führte, ich weiß nicht wer, unversehens eine Partei Kroaten daher, die uns miteinander anpackten, auf etliche leere Bauernpferde setzten, die sie erst gestohlen hatten, und miteinander davonführten. Zwar stunden sie erstlich im Zweifel, ob sie mich mitnehmen wollten oder nicht, bis endlich einer auf böhmisch sagte: „Mih weme doho Blasna sebao, bowe deme ho gbabo Oberstwoi."[1] Dem antwortete ein andrer:„Prschis am bambo ano, mi ho nagonie possadeime, wan rosumi niemezhi, won bude mit Kratock wille sebao."[2] Also mußte ich zu Pferd und inwerden, daß einem ein einzig unglückliches Stündlein aller Wohlfahrt entsetzen und von allem Glück und Heil dermaßen entfernen kann, daß es einem sein Lebtag nachgeht.

Obzwar nun die Hanauer gleich Lärmen hatten, sich zu Pferd herausließen und die Kroaten mit einem Scharmützel etwas aufhielten und bekümmerten, so mochten sie ihnen jedoch nichts abgewinnen; denn diese leichte Ware ging sehr vorteilhaftig durch und nahm ihren Weg auf Büdingen zu, allwo sie fütterten und den Bürgern daselbst die gefangenen hanauischen reichen Söhnlein wieder zu lösen gaben, auch ihre gestohlenen Pferde und andere Ware verkauften. Von dannen brachen sie wieder auf, schier eh es recht Nacht, geschweige wieder Tag worden, gingen schnell durch den Büdinger Wald dem Stift Fulda zu und nahmen unterwegs mit, was sie fortbringen konnten. Das Rauben und Plündern hinderte sie an ihrem schleunigen Fortzug im geringsten nicht; denn sie konnten's machen wie der Teufel, von welchem man zu sagen pflegt, daß er zugleich laufe und hofiere und doch nichts am Wege versäume, maßen wir noch denselben Abend im Stift Hersfeld, allwo sie ihr Quartier hatten, mit einer großen Beute ankamen; das ward alles partiert, ich aber ward dem Obristen Corpes zuteil.

Bei diesem Herrn kam mir alles widerwärtig und fast spanisch vor; die hanauische Schleckerbißlein hatten sich in schwarzes grobes Brot und mager Rindfleisch oder, wann's wohl abging, in ein Stück gestohl'nen Speck verändert. Wein und Bier war mir zu Wasser worden, und ich mußte anstatt des Bettes bei den Pferden in der Streu vorlieb nehmen.

Vor das Lautenschlagen, das sonst jedermann belustigt, mußte ich zu Zeiten gleich andern Jungen untern Tisch kriechen wie ein Hund heulen und mich mit Sporen stechen lassen, welches mir ein schlechter Spaß war. Vor das hanauische Spazierengehen durfte ich mit auf Fourage reiten, Pferde striegeln und denselben ausmisten. Das Fouragieren aber ist nichts anders, als daß man mit großer Mühe und Arbeit, auch oft nicht ohne Leib- und Lebensgefahr hinaus auf die Dörfer schweift, drischt, mahlt, backt, stiehlt und nimmt, was man findet, trillt und verderbt die Bauern, ja schändet wohl gar ihre Mägde, Weiber und Töchter, zu welcher Arbeit ich aber noch zu jung war. Und wann den armen Bauern das Ding nicht gefallen will oder sie sich etwan erkühnen dürfen, einen oder den andern Fouragierer über solcher Arbeit auf die Finger zu klopfen, wie es denn damals dergleichen Gäste in Hessen viel gab, so haut man sie nieder, wann man sie hat, oder schickt aufs wenigste ihre Häuser im Rauch gen Himmel. Mein Herr hatte kein Weib, wie dann diese Art Krieger keine Weiber mitzuführen pflegen, weil die Nächste die Beste deren Stell' vertreten müssen, keinen Pagen, keinen Kammerdiener, keinen Koch, hingegen aber einen Haufen Reitknechte und Jungen, welche ihm und den Pferden zugleich abwarteten, und schämte er sich selbst nicht, ein Roß zu satteln oder demselben Futter fürzuschütten. Er schlief allezeit auf Stroh oder auf der bloßen Erde und bedeckte sich mit seinem Pelzrock; daher sahe man oft die Müllerflöhe auf seinen Kleidern herumwandern, deren er sich im geringsten nicht schämte, sondern noch darzu lachte, wann ihm jemand eine herablas. Er trug kurzes Haupthaar und einen breiten Schweizerbart, welches ihm wohl zustatten kam, weil er sich selbst in Bauernkleider zu verstellen und darin auf Kundschaft auszugehen pflegte. Wiewohl er nun, wie gehört, keine Grandezza speiste, so ward er jedoch von den Seinen und andern, die ihn kannten, geehrt, geliebt und gefürchtet. Wir waren niemals ruhig, sondern bald hier, bald dort; bald fielen wir ein, und bald wurde uns eingefallen; so gar war keine Ruhe da, der Hessen Macht zu ringern; hingegen feierte uns Melander auch nicht, als welcher uns manchen Reiter abjagte und nach Kassel schickte.

Dieses unruhige Leben schmeckte mir ganz nicht; dahero wünschte ich mich oft vergeblich wieder nach Hanau. Mein größtes Kreuz war, daß ich mit den Burschen nicht recht reden konnte und mich gleichsam von jedwederm hin- und wiederstoßen, plagen, schlagen und jagen lassen mußte. Die größte Kurzweile, die mein Obrister mit mir hatte, war, daß ich ihm auf deutsch singen und wie andre Reiterjungen aufblasen mußte, so zwar selten geschahe; doch kriegte ich alsdann solche dichte Ohrfeigen, daß der rote Saft hernachging und ich lang genug daran hatte. Zuletzt fing ich an, mich des Kochens zu unterwinden und meinem Herrn das Gewehr, darauf er viel hielt, sauber zu halten, weil ich ohn' das auf Fourage zu reiten noch nichts nutz war. Das schlug mir so trefflich zu, daß ich endlich meines Herrn Gunst erwarb, maßen er mir wieder aus Kalbfellen ein neu Narrenkleid machen lassen mit viel größeren Eselsohren als ich zuvor getragen; und weil meines Herrn Mund nicht ekeligt war, bedurfte ich zu meiner Kochkunst desto weniger Geschicklichkeit. Demnach mir's aber zum öftern am Salz, Schmalz und Gewürz mangelte, ward ich meines Handwerks auch müde, trachtete derowegen Tag und Nacht, wie ich mit guter Manier ausreißen möchte, vornehmlich weil ich den Frühling wiedererlangt hatte. Als ich nun solches ins Werk setzen wollte, nahm ich mich an, die Schaf- und Kühkutteln, deren es voll um unser Quartier lag, fern hinwegzuschleifen, damit solche keinen so üblen Geruch mehr machten; solches ließ ihm der Oberste gefallen. Als ich nun damit umging, blieb ich, da es dunkel ward, zuletzt gar aus und entwischt in den nächsten Wald.

Johann Jakob Christoffel von Grimmelshausen

vorträglich – vorteilhaft / verfuchsschwanzen – lobhudeln, schmeichlerisch hervorheben / wie ein Narr im Zwiebelland – (sprichwörtlich:) ohne Sorgen / Hurenspiegel – Gesicht / mortifizieren – abtöten der Begierde, kasteien / Mirakul – Wunder / Gubernator – Gouverneur / kommunizieren – sich verständigen, mitteilen / schliefen – schlüpfen / terminieren – (hier:) herumstreifen / Partei – Abteilung; kroatische Truppen plünderten seit März 1635 in Hessen [1] /„Wir nehmen diesen Narren mit uns / Wir führen ihn zum Herrn Oberst." [2] „Bei Gott ja, wir setzen ihn aufs Pferd, der Oberst versteht deutsch." (Beides fehlerhaftes Tschechisch) entsetzen / berauben / bekümmern – belästigen / vorteilhaftig – schlau / hofieren – Stuhlgang haben, scheißen / maßen – weil / partieren – aufteilen / Corpes – Unterführer Isolanis, Mitunterzeichner der berühmten „Pilsner Schlüsse" Wallensteins; erstochen 9. Juli 1638 / vor – anstatt, für / Müllerflöhe – Läuse / keine Grandezza speiste – keine Gastereien gab / Kutteln – Eingeweide / ringern – schmälern, beeinträchtigen / feiern - (hier:) in Ruhe lassen / Melander - (eigentlich Peter Holtzapfel, 1585-1648) Generalleutnant des Landgrafen von Hessen–Kassel und später kaiserlicher Feldmarschall / unterwinden – unterziehen, beschäftigen mit.

Hanau

„Wer Hanau sehen will im frohesten Aufschwung seines Lebens, der besuche sein Lamboyfest am 13. Juni. Es ist ein kirchlicher Feiertag für die ganze Grafschaft und ein wahres Volksfest von bleibender Bedeutung. Lamboy ist eines der ersten Worte, die das Kindlein lallt, und das müde Mütterchen, das im ganzen Jahre das Haus nicht verließ, am 13. Juni muß es hinaus in den Lamboywald – in das jauchzende Lager von

Plan der Altstadt von Hanau 1632. Folgende Doppelseite:
Ansicht von Hanau (beide aus Merians „Topographia Hassiae")

Zelten, Hütten und Buden, erfüllt mit einer bunten Mannigfaltigkeit des Genusses, voll Spiel und Tanz, Sang und Klang, einem Treiben, Rauschen, Drängen von Tausenden Tag und Nacht; doch hier und dort in stilleren Kreisen auch nicht ohne bedachtsame Feier." So Pfister. Kaum hatte nämlich Hanau, das unter dem Namen Hagenowe erst im 12. Jahrhundert vorkommt und, 1303 zur Stadt erhoben, in der älteren Geschichte kein Zeichen seines Daseins gibt, am Martiniabend 1419 das mainzische Joch abgeschüttelt und seit 1593 durch die Aufnahme der niederländischen Glaubensflüchtlinge sich zu Größe und Schönheit emporgeschwungen, da drohte ihm der Dreißigjährige Krieg den Untergang, und die jugendlich aufblühende Stadt atmete, von dem kaiserlichen Generalwachtmeister Lamboy belagert, in den letzten Zügen, als Landgraf Wilhelm V. von Hessen herannahte und am 13. Juni 1636 mit seinen tapferen Scharen ihre Rettung entschied. Mehr als eineinhalb

A. Das Schloß. B. Pfarrkirch. C. Niderländisch und
Frantzösisch kirch. D. Spital. E. Der Marckt.
F. Uorstatt. G. Mühl. H. Franckfurter Port.
I. Mühl Port. K. Nürnberger Port.

M. Merian fecit 1692.

Jahrhunderte wurde daher das Gedächtnis dieses Tages durch Gottesdienst und strenges Fasten gefeiert, und erst seit dem letzten Jahrzehnt des vorigen Jahrhunderts hat sich aus dem kirchlichen Feste das lebensfrohe Volksfest gebildet.

Schon 1621 von Tillys Scharen überflutet, hatte Hanau 1630 eine kaiserliche Besatzung einnehmen müssen, bis es den Schweden am 1. November 1631 unter Obristleutnant Hubald gelungen war, sich der Stadt durch einen Handstreich zu bemächtigen, welchen ihr Kommandant Brandis ruhig verschlafen hatte. Am 15. November traf Gustav Adolph im gräflichen Schlosse ein und Hanau behielt eine schwedische Besatzung, deren Befehlshaber, Generalmajor Jakob Ramsay, die Befestigungswerke verbesserte und durch Verhau der Bäume den kräftigsten Widerstand vorbereitete, als nach der Schlacht bei Nördlingen die siegreiche kaiserliche Armee den Schweden auf dem Fuße folgte. Nachdem im September 1635 schon der kaiserliche Oberst Götz ein befestigtes Lager vor Hanau bezogen, erschien Lamboy und begann jene Belagerung, die neuneinhalb Monate währte und der Stadt mit Feuer und Schwert, Hunger und Seuchen den Untergang drohte. Aber der Mut und die Ausdauer der Besatzung und Bewohner harrte aus, bis Wilhelm V. am 13. Juni nach blutigem Kampfe mit dem schwedischen General Lesle unter dem Geläute aller Glocken als Retter in die bedrängte Stadt einzog und die letzte Schanze „Trutz-Hanau" vor ihren Mauern gebrochen war. Statt seiner äußeren „feindlichen" Dränger, über welche Landau bemerkt: „Wehe der unglücklichen Stadt, wäre es den Kaiserlichen gelungen, dieselbe zu erobern!", hatte nun aber Hanau seine inneren „freundlichen" Bedränger in den Eingeweiden sitzen. Ramsay schaltete in der Stadt und Umgebung mit einer Willkür, die seinen Namen weit und breit gefürchtet machte. Eine Blockade und ein Vertrag waren vergebens; der Schwede blieb und erklärte sogar den Grafen Philipp Moritz zum Gefangenen, bis ein kleines Heer unter Graf Ludwig Heinrich von Nassau und Major Winter die Stadt am 12. Februar 1638 durch Überrumpelung nahm und Ramsay von einer feindlichen Kugel getroffen, schwerverwundet niedersank. – Ein Versuch des niederhessischen Obristen St. André 1645, Hanau durch einen Handstreich wieder zu gewinnen, mißglückte, und so blieb es eine kaiserliche Festung bis zum Westfälischen Frieden.

Die Erbschaftsstreitigkeiten der beiden hessischen Fürstenhäuser um die hanauischen Lande ausgenommen, erfreute sich nun die Stadt der Segnungen eines langen Friedens, als die französische Revolution auch hier wieder ein kriegerisches Gemälde entfaltete. Nachdem Hanau schon frühe Truppen der überrheinischen Republik gesehen, wurde es

1806 von Napoleon in Besitz genommen und 1810 dem Großherzogtum Frankfurt einverleibt, bis dieses durch die Schlachten von Leipzig und Hanau selbst wieder unterging. Hier, in der Stadt und ihrer Umgebung, war es nämlich, wo am 30. und 31. Oktober 1813 die letzte blutige Schlacht zwischen den Deutschen und dem großen Kaiser „im Vorübergehn", wie ein Geschichtschreiber sich ausdrückt, geliefert ward und etwa 24 000 Menschen das Leben kostete. Ein furchtbares Schauspiel, welches den Hohn nicht verdient, der in Rückerts „Unechten Fahnen von der Hanauer Schlacht" liegt! Als nämlich die bei Leipzig geschlagene französische Armee ihren Rückzug durch das Kinzigtal nahm, stellte sich Graf Wrede derselben mit einem österreichisch-bayerischen Heere von 56 000 Mann in der Ebene von Hanau entgegen, um ihr die Flucht abzuschneiden. Schon waren Murat und Ney am 25. und 26. Oktober durch Hanau gezogen und die französische Besatzung in der Nacht des 27. abgegangen, als am 28. frühe 100 bayerische Reiter in die Stadt einrückten und einige Schwadronen der Verbündeten die Kinzigbrücke besetzten, während zu gleicher Zeit der Vortrab des 60 000 Mann starken französischen Hauptheeres auf der andren Seite des Flüßchens anlangte. Hier entspann sich alsbald ein Vorspiel des mörderischen Kampfes, der in den nächsten Tagen wüten sollte, und Prinz Ludwig von Waldeck, der Neffe des Königs von Bayern, fiel als eines der ersten Opfer des blutigen Dramas. Hanau selbst wurde an diesem Tage einige Male, bald von den Franzosen, bald von den Verbündeten, genommen und wieder

verloren. Am 29. währten die Einzelkämpfe fort bis in die Nacht. Inzwischen war die ganze verbündete Armee angekommen, auch Czernichef und Orloff mit ihren Kosaken sowie Menzdorf mit seinem Streifcorps, und Wrede hatte sein Hauptquartier im Schlosse zu Hanau aufgeschlagen. Am Morgen des 30. begann die Hauptschlacht, welche Napoleon selbst, der die Nacht zu Langenselbold zugebracht hatte, vom Lamboywalde aus leitete. Mörderisch wirkte das Artilleriefeuer der Franzosen, Tausende von tapferen Kriegern verhauchten ihr Leben, die Kinzig floß dahin als ein Blutstrom, in welchem viele Hunderte von Bayern ertranken; aber ein Sieg war nicht entschieden, als der schwarze Mantel der Nacht die Furien des Krieges allmählich zum Schweigen brachte.

Hanaus Straßen, in denen der Kampf gleichfalls gewütet hatte, waren mit Kriegern bedeckt, mit flüchtigen Landleuten, Sterbenden und Toten. Nur eine Abteilung Österreicher sollte jedoch die Nacht hier auf dem Neustädter Markte zubringen, und auch diese ließ Wrede, wie einige Geschichtschreiber erzählen, aus Besorgnis für die Stadt noch abziehen. Trotz dessen behielt selbst die Nacht ihren Frieden nicht. Schon um zwei Uhr begannen plötzlich die Haubitzbatterien der Franzosen gegen Hanau zu spielen, um den Jubel zu rächen, mit welchem man hier die Verbündeten begrüßt, und die Härte, mit welcher man in der Aufregung der Leidenschaft die französischen Gefangenen behandelt hatte. Schuß fiel auf Schuß. An mehreren Punkten schlugen die Flammen empor, Glut und Dampf erfüllten die Straßen, es erhob sich Jammern und Wehklagen. Eine kurze Pause, und der Geschützdonner erneuerte sich mit verdoppelter Macht, der Kugelregen wurde dichter, die Fenster klirrten, die Häuser zitterten, und Tod und Verderben drohten der Stadt. Am Morgen des 31. nahmen die Franzosen, während ihre Scharen in zahlreichen Kolonnen vorüber und gegen Frankfurt zogen, unter lebhaftem Kleingewehrfeuer im Sturmschritt von Hanau Besitz und setzten ihre Rache unter der furchtbarsten Plünderung fort. Napoleon selbst hatte die Nacht im Lamboywäldchen zugebracht. In der Frühe des Morgens ließ er den Präfekten von Hanau vor sich bescheiden. Er war so erregt, daß er die Stadt die „schlechteste Deutschlands" nannte, und Augereau Mühe hatte, ihn zu besänftigen. Gegen drei Uhr des Mittags, als der Kaiser mit seinen Garden schon in Frankfurt angekommen war, drangen die Truppen der Verbündeten, Wrede an der Spitze, wieder nach Hanau vor. In wenigen Minuten war von den österreichischen Jägern unter mörderischem Feuer und lautem Schlachtgeschrei das Nürnberger Tor erstürmt und der Feind an der Kinzigbrücke, die er durch eine Haubitzbatterie deckte, ereilt. Wrede sprengte seine Truppen heldenmütig voran. Da riß ihn eine feindliche Kugel vom Pferde, mitten auf der Brücke, die, von Leichen bedeckt, seine Grenadiere Rache fordernd nun im Sturme nahmen. Ein Hagel französischer Haubitzgranaten war indessen auf die Vorstadt von Hanau gefallen. Die Stadt brannte an mehreren Punkten; ihre Flammen aber leuchteten mit einbrechender Nacht dem Feinde zum Abzug. Noch am Morgen des 1. November sah man hin und wieder auf der Frankfurter Heerstraße den französischen Nachtrab fechten; am Nachmittage aber zog das österreichisch-bayerische Heer mit klingendem Spiel und fliegenden Fahnen durch Hanau.

Jetzt erst war die Schlacht beendet und mit furchtlosem Blicke das Feld der Zerstörung und des Todes zu überschauen. Alle Gärten der Stadt waren verheert, die Felder in Wüsteneien verwandelt und der Wahlplatz mit Leichen und abgerissenen Gliedern übersät. Mehrere Tage nach der blutigen Schlacht fand man noch Verwundete, und Scharen verstümmelter Pferde krochen auf dem Schlachtfelde umher, bis der Hungertod sie von ihren Qualen befreite. Elend und Jammer überall. Viele Tage währte das Beerdigen der Toten; denn 15 000 Mann hatten die Franzosen und 9000 Mann die Verbündeten verloren. Darunter waren zwei Prinzen von Öttingen, von welchen der eine in der Pfarrkirche zu Großauheim, der andre auf dem Friedhofe zu Hanau schlummert, wo ein schönes Grabmal seine Ruhestätte bezeichnet, während ein Stein mit der Inschrift: „Graf C. v. Wrede am 31. Oktober 1813" auf der neuen Kinzigbrücke die Stelle andeutet, auf welcher dieser Held verwundet vom Pferde sank.

In Hanau lagen, die Hintergebäude und Stallungen nicht mitgerechnet, 19 Wohnhäuser in Asche, die noch übrigen aber hatten mehr oder minder Schaden gelitten. Von den Bewohnern der Stadt war, trotz der großen Gefahren, niemand umgekommen; dagegen erhoben sich später als Gefolge der Schlachten seuchenartige Fieber, welche die Sterblichkeit auf das Siebenfache erhöhten.

Nachdem nun Hanau eine Zeitlang von den Verbündeten in Besitz gehalten und hierauf ein Jahr unter österreichischer Landeshoheit gestanden hatte, kam es am 29. Juni 1816 an Kurhessen zurück. Lange noch litt sein Wohlstand an den Wunden, welche diese blutigen Ereignisse der Stadt geschlagen hatten, und kaum wollten sie vernarben, da umstrickte die Maut das gewerbliche Leben ihrer fleißigen Bewohner mit ihren ehernen Ketten. Doch auch diese Schranken fielen und machten frischem Erblühen Raum.

Hanau gehört als die erste regelmäßige Stadtanlage diesseit des Rheines zu den schönsten Städten Kurhessens und ist hinsichtlich seiner Größe die zweite, hinsichtlich seiner Gewerbtätigkeit aber die erste Stadt des Landes. Bei seiner Lage in der weiten Ebene des Mains am Einfluß der Kinzig in diesen Strom entbehrt es zwar aller Romantik der Natur, erfreut sich aber einer seltenen Milde des Klimas und der gesegnetsten Fruchtbarkeit des Bodens. Die unregelmäßige Altstadt Hanaus mit ihren krummen und winkligen Gassen, unter denen die Judengasse dasselbe altertümliche Gepräge wie die Frankfurter bewahrt hat, versteckt sich gleichsam vor ihrer jüngeren Schwester, der schönen Neustadt, in deren graden und breiten Straßen es sich so behaglich wandeln läßt. Ein Straßenbummlerheer besitzt eine so fleißige Stadt natürlich nicht und daher erklärt sich wohl, wie H. Marggraff sagen konnte: „Hanau bietet dem Fremden kaum etwas, was ihn zu längerem Aufenthalt veranlassen könnte und erscheint trotz seiner ziemlich reichen Bevölkerung ziemlich tot oder dull, wie es der Engländer nennt." – Angelegt in der Form eines fünfstrahligen Sternes, verdankt die Neustadt ihren Ursprung den Flamen und Wallonen, welche sich während des niederländischen Krieges seit 1593 hierher flüchteten und durch Graf Philipp Ludwig Schutz und Aufnahme fanden. Darunter war auch der aus der Belagerung von Antwerpen bekannte edle Bürgerhauptmann Peter t' Kindt. Philipp, ein gelehrter, geistreicher und weiser Mann, hatte eine Tochter jenes berühmten Oraniers, welcher die Niederlande befreite, zur Gattin, und auch die Tugend und Klugheit dieser „belgischen Katharina" wird von den Zeitgenossen sehr gerühmt. Vergebens widersetzten sich daher das Erzbistum Mainz und die Freistadt Frankfurt, wo die Flüchtlinge seit vierzig Jahren fruchtlos eine ruhige Freistätte gesucht, der Hochherzigkeit jenes Herrschers; der Bau der neuen Stadt schritt rasch voran und bald waren einzelne Häuser mit seltsamen Namen, wie „Paradies", „Hoffnung",

„Arche Noah" etc. aufgeführt, bald ganze Straßen ausgebaut, und, als der Dreißigjährige Krieg an Deutschlands Pforten klopfte, erhob sich schon ein junges Hanau neben dem alten auf der Stätte, wo Saatfelder über den Trümmern des ausgegangenen Dörfchens Kinzdorf geblüht hatten. – Die jetzige Vorstadt an der Kinzig war schon 1528 erstanden und der Mainkanal 1619 vollendet worden. Neuen Zuwachs aber erhielt Hanau 1686 durch die Hugenotten, und als es an Hessen gekommen war, tat vorzüglich der Erbprinz Wilhelm als Graf von Hanau vieles zur Hebung und Verschönerung der Stadt und ihrer Umgebung.

Die katholische Kirche in Hanau

Von den öffentlichen Plätzen sind jene der Altstadt ebenso klein und winkelig als die der Neustadt regelmäßig und groß. So der schöne, in jeder Ecke mit einem Brunnen gezierte Marktplatz, von welchem man in vierzehn Straßen blickt, der von der sogenannten französischen Allee beschattete Kirchplatz und der geräumige, ebenfalls mit Linden umpflanzte Paradeplatz. Dagegen ist Hanau an öffentlichen Gebäuden, welche sich durch architektonische Schönheit auszeichnen, nicht reich, wohl aber an nett gebauten und freundlichen Privathäusern, die, meist zweistöckig, ein gemütliches und behagliches Ansehen gewähren.

Auf der Stätte der alten gräflichen Burg erhebt sich das seinerzeit kostbar ausgestattete kurfürstliche Schloß nebst Garten, eine Gruppe unregelmäßiger Gebäude, welche 1829 durch den Abbruch eines schönen hohen Turmes ihre Hauptzierde verlor. Hübsch ist das 1733 aufgeführte Rathaus am neuen Marktplatz mit seinen minarettähnlichen Türmen. Sonst sind noch sehenswert: Das schöne Militärlazarett am Steinheimer Tor, das Zeughaus nebst der Hauptwache, die Infanteriekaserne, das Theater, das Gefangnenhaus und die hohe Schule mit dem Gymnasium.

Unter den Kirchen Hanaus ist die 1493 zur Kollegiatkirche erhobene Marienkirche, welche die Gruft der älteren hanauischen Grafen und einiger Glieder des hessischen Fürstenhauses enthält, die älteste. Die 1658 begonnene Johanniskirche, die besonders durch ihren hohen Turm hervortritt, birgt die Ruhestätte der letzten hanauischen Grafen. Als ein wunderliches Gebäude aber erscheint die Neustädter Kirche, welche, aus zwei ineinander gefügten Kreisen bestehend, eine Doppelkirche mit einem hohen unförmlichen Dache bildet und, im Innern durch eine Mauer geschieden, der wallonischen und holländischen Gemeinde zum Gotteshause dient, worin beide, wie v. Gerning sagt, einander wohl hören, aber nicht sehen können. Die katholische Kirche dagegen ist ein hübsches Gebäude der Neuzeit, obwohl Hänles und Spruners „Handbuch für Mainreisende" bei diesem Bau aus der Vermengung der verschiedenartigsten Stile keinen Stil herauszufinden weiß.

Hanau hat sechs Tore. Vor dem Nürnberger Tore erhebt sich eine Ehrensäule als Denkmal des um die Stadt so verdienten Landgrafen Wilhelm von Hessen; vor dem Kanaltore aber steht das städtische Schlachthaus. – Über die Kinzig führen vier Brücken und sechs über den Wallgraben, welcher die Stadt mit fließendem Wasser umzieht und sich mit dem Mainkanal verbindet, der, mit einem Zollhaus, Krahnen und Lagerhäusern versehen, zugleich den Hafen Hanaus bildet. Dieser Wallgraben ist der einzige Überrest der ehemaligen Befestigungswerke, welche, von Graf Philipp 1528 angelegt und in späteren Zeiten vermehrt, teils durch Erbprinz Wilhelm hinweggeräumt, teils durch Napoleon geschleift wurden.

Aus einem Gemisch von deutschem, französischem, holländischem und wallonischem Blute entsprossen, vereinigt der Hanauer deutsche Ausdauer und deutsche Kunstfertigkeit mit französischer Rührigkeit und französischem Frohsinn. Daraus erklärt sich auch die ganze Eigentümlichkeit seines Charakters, der zufolge er das Heute mit vollem Herzen genießt, unbekümmert, was das Morgen bescheren wird, daraus sein Fleiß und seine Geschicklichkeit wie nicht minder sein freier Sinn.

Obwohl Pfister dem Orte einen Beruf zur Festung zuschreibt, da es die Hauptstraße vom Mittelrhein in das innere Deutschland verschließe oder beherrsche, so hat Hanau doch nur als Fabrikstadt Bedeutung, da der Handel mit seiner Gewerbtätigkeit in keinem Verhältnisse steht. Den Grund zu der blühenden Industrie der Stadt legten die aus ihrem Vaterlande vertriebenen Niederländer flämischer und wallonischer Zunge, welche namentlich aus Seidenhändlern, Seidenbandmachern, Seidenfärbern, Wollentuch- und Strumpfwebern, Rot- und Weißgerbern, Gold- und Silberschmieden, Tabakspinnern etc. bestanden. Gegenwärtig tut sich Hanau außer seinen Seiden-, Tabak-, Wollwaren-, Wagen-, Papier-, Lichter-, Leder- und vielen andren Fabriken, unter welchen besonders die berühmte Teppichfabrik von Leisler, die auch Gobelintapeten und englischen Biber liefert, zu erwähnen ist, ganz vorzüglich durch seine Gold- und Silberwaren hervor, deren Frabrikation erst durch die französischen Einwandrer seit 1719 einen höheren Aufschwung nahm, seit Errichtung der „Zeichnungsakademie" aber ihren Ruhm über ganz Europa ausbreitete. Goethe gibt den Hanauer Bijouteriefabriken und den Hanauer Arbeitern schon 1815 ein sehr ehrenvolles Zeugnis. Wie viele Gegenstände des Gewerbfleißes der hiesigen Gold- und Silberschmiede gehen nur nach Frankreich, um als Pariser Fabrikate zurückzukommen! – Auch die Hanauer Blechinstrumente sind berühmt. Der Handel Hanaus, welches (seit 1468) zwei Messen und zwei Viehmärkte besitzt, ist hauptsächlich bloß Kleinhandel, da sich der Großhandel, durch Frankfurts Nähe beschränkt, wenig auf Kolonialwaren und fast nur auf sogenanntes Holländerholz (Flößholz aus dem Spessart nach Holland), Hasenhaare, Wein, Frucht, Öl, Mehl, Arznei- und Farbwaren ausdehnt. – Der Dampf, dieser mächtige Sohn der Zeit, hat seit einigen Jahren auch die hiesigen Verkehrsverhältnisse gänzlich verändert. Denn auch unsere Stadt mußte die Herrlichkeit ihres 1601 begründeten Marktschiffes erbleichen und an seiner Statt die Dampfschiffe den gelben Main durchfurchen sehen, während jetzt an den Ufern des Stromes auch noch die Feuerrosse der Hanauer-Bahn dahinsausen und hier Station machen, um nach Aschaffenburg oder Frankfurt weiterzueilen.

Aus: Das Kurfürstentum Hessen

Maut – Zoll / dull – langweilig, fad / Biber – beidrecht geköpertes Woll- oder Baumwollgewebe mit feiner, stark gedrehter Kette und grobem, schwach gedrehtem Schuß, beidseitig stark gerauht / Bijouterie – Schmuckwaren

Zwangsaufenthalt in Hanau

Der Thurn- und Taxissche Wagen führte mich in das damals in den Nachwirkungen der Julirevolution noch nicht beruhigte Kurhessen. Ich sah das alte kaiserliche Gelnhausen, das durch den neulateinischen Dichter Lotichius mir bekannte Schlüchtern, Hanau, wo der regierende Kurfürst mit Gräfin Reichenbach hauste, schmollend mit Kassel, wo ihm die Stände seinen Sohn als Mitregenten abgerungen hatten; ich hoffte, bald Frankfurt am Main zu berühren. Das Terrain ringsum war neuerdings revolutionsberühmt. Jeder Blick auf die Zeitungen brachte die Kunde von neuen Zusammenrottungen, Verhaftungen, bald aufgrund der mit auffallenden Demonstrationen eingeholten Polen, bald auf Anlaß der zerstörten neuen Zollstätten. Langsam hatte sich der preußische Zollverein auszudehnen begonnen. Seine immer weitergreifenden Pulsationen schienen den Feindlichgesinnten ein wachsender Krebs im Organismus Deutschlands. Andere begrüßten ihn mit Jubel als Boten der deutschen Einigung auch in höheren Dingen. Die einzelnen Staaten wurden nur nach und nach gewonnen. Die Zollschranken, die neuen Steueransätze, die Verfolgungen des Schmuggels regten die Unbotmäßigkeit des niedern Volkes immer mehr auf. Dunkle Mächte und nicht bloß demokratische, kirchliche und politische, schürten. Frankfurt, das von je durch Österreich beeinflußt wurde, entschloß sich erst da zu dem in Handel und Wandel einigen Deutschland hinzuzutreten, als man kaum von Dorf zu Dorf in seiner Umgebung ohne Untersuchung spazierengehen konnte. Die Geschäfte zogen sich darüber in solchem Grade von Frankfurt nach dem nahegelegenen Offenbach, daß darüber ohne Zweifel jener gewiß in der Frankfurter Schnurgasse entstandene Zornesausruf „Krieg' die Kränk, Offenbach!" zum geflügelten Worte wurde.

Im strömenden Regen, bei nächtlichem Dunkel angelangt vor einer dieser erst vor kurzem zerstörten Zollstätten, an der Mainkur, einer Krümmung des Maines (cornu Moeni, Mainhorn) schon dicht bei dem ersehnten Frankfurt, wurde der Wagenzug, Hauptpost und mehrere Beichaisen von Zollvisitatoren und Polizeimännern angehalten. Jeder mußte seinen Paß zeigen. „Sie können nicht nach Frankfurt!" rief man mich auch hier bei der Zurückstellung des meinigen an, während der Pinsel eines Honthorst Stoff zu einem Nachtgemälde gehabt hätte. Rings nächtliches Dunkel, die Laternen, das Gewirr der Wagen, der Regen, die Polizeimänner, die Polen in ihren Pelzen und viereckigen Mützen, die zerstörten Zollstätten, alles das gab einen originellen Effekt. „Sie müssen zwanzig Täg' hawwe von Berlin. Sie hawwe nor erscht zehn." – „Aber Darmstadt? Kann ich denn nicht über Offenbach?" –

Karl Gutzkow

„Wie Sie wolle! Aber all eins! Die Darmstädter verlange aach zwanzig Täg'!" – Was war zu tun? Ich mußte aussteigen, mein Gepäck einfordern und fernere zehn Tage aus dem Buche meines Lebens streichen. Irgendwo waren sie herauszubringen, zu vergrübeln, zu verträumen. Sie zu verbillardspielen oder zu verrauchen gehörte nicht zu meinen Passionen.

Die sämtlichen Wagen mit ihren nicht aus Berlin, meistens von Leipzig kommenden Passagieren rollten davon. Ich blieb in dunkler Nacht allein. Von dem entzückenden Rundblick, den man gerade von diesem Punkte aus auf die Höhe des alten Ortes Bergen genießen kann, auf die Konturen des Taunus, auf den geheimnisvollen, sagenreichen Odenwald, auf das im Osten gelegene Freigericht, konnte mir keine Ahnung kommen. Ich sah nur strömenden Regen, mein Felleisen, meinen defekten Regenschirm, einige mitleidige Seelen, die mir Ratschläge erteilten, wie sich wohl Stuttgart erreichen ließe, wie Frankfurt, Hessen, Bayern umgangen werden könnten. Alle Staaten hatten sich gegen mich verschworen. Endlich folgte ich dem alten Spruche, daß sich der Weisere immer zurückzieht. Kehre in dein vorurteilsloses damals ganz preußisch empfindendes Kurhessen zurück! Ich dankte dem Manne im grauen Zollwächtermantel, der mich auf die mit den Beichaisen zurückkehrenden Postillone verwies. Um Mitternacht trafen diese auch ein und führten mich in einer durchnäßten, durch Lederklappen an den Seiten nur wenig geschützten Karreten nach Hanau.

Schon aus jener Zeit ist mir der Ort eine freundliche werte Erinnerung geblieben. Das regnerische Wetter schlug in Frost um. Es wurde bitterkalt und sonnenhell. Da konnte sich die als Kolonie glaubensverwandter Holländer, Wallonen und Franzosen berühmte Stadt in der ihr eigentümlichen Sauberkeit zeigen, mit ihrer wunderlich geformten französischen Kirche, deren Dach höher ist als ihr Unterbau, mit ihrem imposanten Markte, dem stattlichen Rathause, dem so gefälligen Renaissancebau des Gymnasiums, schließlich mit ihren den Reichtum des Kurhauses verbürgenden Umgebungen an Schlössern, Parks und wohlgepflegten Gartenanlagen. Damals stand wohl noch im nahen Philippsruhe die Allee von Orangenbäumen im schützenden Gewächshause, die später der Vater des letzten der altehrwürdigen Dynastie Philipps des Großmütigen an den Pächter der Spielbank zu Homburg entweder verkauft oder am grünen Tisch als Einsatz verspielt hat. Sie schmücken jetzt die Anlagen am Kurhause von Homburg.

Die erste Wirtshausrechnung belehrte mich, daß meine Kasse eine achtmalige Wiederholung derselben nicht ertragen würde. Ich nahm daher eine Privatwohnung und fand diese unterm Dach bei einem Schuster, der zugleich Briefträger war. Auch hatte der vielseitige Mann eine Gemahlin, die ihn in der ersten seiner Funktionen unterstützte, sich dafür aber zum Lohn einem stillen Laster ergeben hatte und infolge der durch Alkohol gesteigerten Ekstase auf Pietismus verfallen war durch natürliche Verwandtschaft. Denn ist einmal der Geist in gehobener Stimmung, wohin soll ihn anders, wenn ihm die Unterlagen fehlen, die Ekstase führen als in die Region der Kanzel! Kennt der Inspirierte doch nichts anderes als das Evangelium, über das sich mit angefeuerter Zunge reden läßt. In unsern Tagen haben die illustrierten Volksblätter und die Lehren der Sozialdemokraten schon ein erweitertes Terrain eröffnet, wo, „wenn der Mut in der Brust seine Spannkraft übt", dem Redebedürfnis das Material der Phrase reicher zu Gebote steht. Damals begannen zuerst die Rufe: Nieder mit den Geldsäcken! Die Gedanken der Volksmassen, die um Hanau und Frankfurt herum die Neigung zu Rottierungen (Krawallen) nur zu oft und bis auf den heutigen Tag verraten haben (die Ermordung Lichnowskis und Auerswalds gab ein Beispiel, wieweit darin gegangen werden kann), gingen im wesentlichen auf Rothschilds Keller. Doch war dieser Trieb auf Teilung nur beim Proletariat vorhanden; allgemeiner noch lautete die Volksparole: „Fürsten zum Land hinaus!"

Einsprechend in dem Laden des freundlichen, gefälligen Buchhändlers Friedrich König, eroberte ich die schon von der Polizei verfolgte Neuigkeit des Tages, Börnes „Briefe aus Paris". Zugleich erhielt ich von dem gesinnungsvollen unerschrockenen Manne die Ermunterung, als junger Schriftsteller das Handwerk im Orte zu begrüßen, den Kammersekretär Heinrich König, den Gymnasiallehrer Zehner und den in der Nähe hausenden ehemaligen Minister Grafen Benzel-Sternau, alle drei wie mir bekannt Nachahmer Jean Pauls.

Karl Gutzkow, Rückblicke

Pulsationen – Pulsschläge / Beichaisen – (Bei-chaisen), Begleitwagen / Felleisen – Reise-sack / Inspirierter – Erleuchteter.

Hanauische Liederchen

Gealt, mai Schatz, doaß sai dir Sache!
Wann aich mearhr 'r annern lache;
Gealt, mai Schatz, eaß dout dir wih,
Wann aich zou 'r annern gih?

Uf der Wis shtîh waiße Blume,
Morrn sall mai Schetzi kumme;
Kimt hiß awwer morrn neit,
Is hiß âch mai Schetzi neit!

mearhr 'r – mit einer / hiß – er

Gelnhausen in der Wetteraw
Ne temere credideris
Man soll nicht leichtlich jedermann glauben

Ein Schalksnarr vertauschet seine Kappen mit einem feinen geschick-ten Mann vmb seinen Hut/vberedet denselben/er thue einen sehr guten Tausch. Als aber der Schalksnarz weg kombt/erkennet allererst der wit-zige vnd verständige/daß er mit der Kappen betrogen sey. Diese Figur will nichts anders/als nur/daß man so leichtlich jedermann nicht glau-ben soll/ auch daß man sich vielmehr für Schalks – dann natürlichen Narren wol hüten und fürsehen soll.

Aus: Das Politische Schatzkästlein, 1628

Aus dem „Simplicissimus"

Da es tagte, fütterte ich mich wieder mit Weizen, begab mich zum nächsten auf Gelnhausen und fand daselbst die Tore offen, welche zum Teil verbrannt und jedoch noch halber mit Mist verschanzt waren. Ich ging hinein, konnte aber keines lebendigen Menschen gewahr werden; hingegen lagen die Gassen hin und her mit Toten überstreut, deren etliche aber bis aufs Hemd ausgezogen waren. Dieser jämmerliche Anblick war mir ein erschrecklich Spektakul, maßen ihm jedermann selbsten wohl einbilden kann; meine Einfalt konnte nicht ersinnen, was für ein Unglück den Ort in einen solchen Stand gesetzt haben müßte. Ich erfuhr aber unlängst hernach, daß die kaiserlichen Völker etliche Weimarische daselbst überrumpelt und also erbärmlich mit ihnen umgegangen. Kaum zween Steinwürfe weit kam ich in die Stadt, als ich mich derselben schon satt gesehen hatte; derowegen kehrte ich wieder um, ging durch die Aue nebenhin und kam auf eine gänge Landstraße. . . .

Ich muß dem Leser nur auch zuvor meinen damaligen visierlichen Aufzug erzählen, eh daß ich ihm sage, wie mir's weiter ging; denn meine Kleidung und Gebärden waren durchaus seltsam, verwunderlich und widerwärtig, so daß mich auch der Gouverneur abmalen lassen. Erstlich waren meine Haare in dritthalb Jahren weder auf griechisch, deutsch noch französisch abgeschnitten, gekampelt, noch gekräuselt oder gebüfft worden, sondern sie stunden in ihrer natürlichen Verwirrung noch mit mehr als jährigem Staub anstatt des Haarplunders, Puders oder Pulvers, wie man das Narren- oder Närrinwerk nennt, durchstreut so zierlich auf meinem Kopf, daß ich darunter herfürsahe mit meinem bleichgelben Angesicht wie eine Schleiereule, die knappen will oder sonst auf eine Maus spannt. Und weil ich allzeit barhäuptig zu gehen pflegte, meine Haare aber von Natur kraus waren, hatte es das Ansehen, als wann ich einen türkischen Bund aufgehabt hätte. Der übrige Habit stimmte mit der Hauptzier überein; denn ich hatte meines Einsiedlers Rock an, wann ich denselben anders noch einen Rock nennen darf, dieweil das erste Gewand, daraus er geschnitten worden, gänzlich verschwunden und nichts mehr davon übrig gewesen als die bloße Form, welche mehr als tausend Stücklein allerhand färbiges zusammengesetztes oder durch vielfältiges Flicken aneinandergenähtes Tuch noch vor Augen stellte. Über diesem abgangenem und doch zu viel Malen verbessertem Rock trug ich das härin Hemd anstatt eines Schulterkleids, weil ich die Ärmel an Strümpfsstatt brauchte und dieselbe zu solchem Ende herabgetrennt hatte; der ganze Leib aber war mit eisernen Ketten hinten und vorn fein kreuzweis, wie man St. Wilhelmum zu malen pflegt, umgürtet, so daß es fast eine Gattung abgab wie mit denen, so vom Türken gefangen und für ihre Freunde zu betteln im Land umziehen. Meine Schuhe waren aus Holz geschnitten und die Schuhbändel aus Rinden von Lindenbäumen gewebt; die Füße selbst aber sahen so krebsrot aus, als wenn ich ein Paar Strümpfe von spanischer Leibfarbe angehabt oder sonst die Haut mit Fernambuk gefärbt hätt. Ich glaube, wenn mich damals ein Gaukler, Marktschreier oder Landfahrer gehabt und vor einen Samojeden oder Grönländer dargeben, daß er manchen Narren angetroffen, der einen Kreuzer an mir versehen hätte. . . . .

Johann Jakob Christoffel von Grimmelshausen

maßen – weil / gänge – gangbar / visierlich – drollig / gekampelt – gekämmt / gebüfft – toupiert / knappen – schnappen / türkischer Bund – Turban / härin – aus Haar / Schulterkleid – Mantel / Fernambuk – brasilianisches Rotholz

Die Kaiserpfalz zu Gelnhausen

Da, wo im alten Gaue Wetterau sich der Kinzigfluß aus seinen engen Bergtälern in eine weite, schöne Ebene ergießt und von den Ufern sich die ehemalige Reichsstadt Gelnhausen an rebenbegrünten Höhen hinanzieht, von denen sich eine herrliche Aussicht über die blühenden Gestade des Mains und Rheins ausbreitet und die Türme Hanaus und Frankfurts dem Auge sichtbar werden, liegt am Fuße jener Stadt, auf einer vom Flusse gebildeten Insel, die Ruine eines prächtigen Palastes. Wenn man von der Stadt aus eine Brücke überschritten, tritt man zwischen eine alte häßliche Häusermasse, der das Gepräge des Schmutzes und der Armut so tief aufgedrückt ist, daß man nur mit Widerwillen durch die krummen Gäßchen zu wandeln vermag. Zwischen diesen Hütten liegt jene Ruine, die Trümmer der Pfalz des Kaisers Friedrich I. Barbarossa. Lange lagen sie verborgen dem Auge des Forschers zwischen unansehnlichen Hütten und Mauern, ähnlich den herrlichen Gesängen ihrer Zeit unter dem Staube der Archive, preisgegeben jeglicher Rohheit, bis endlich ein deutscher Künstler sie hervorzog und Deutschland auf dieses Kleinod aufmerksam machte. . . .

Gelnhausen war, wie schon gesagt, früher eine freie Reichsstadt und die auf der Insel liegende, die Kaiserpfalz einschließende Burg eine reichsunmittelbare Gauerbschaft, bestehend aus einer großen Zahl der angesehensten Edelfamilien der Wetterau.

Schon in frühester Zeit lebte ein edles Grafengeschlecht, dessen Burg nordwestlich über Gelnhausen am St. Dietrichsberge lag, wo deren Standpunkt noch gezeigt wird. Graf Ditmar lebte im Anfange des zwölften Jahrhunderts und stiftete für sich und seine verstorbene Gattin und alle die Seinen zu Selbold an den Ufern der Kinzig ein Kloster, welches 1108 der Papst Paschalis II. in seinen Schutz nahm. In dem Bestätigungsbriefe des Erzbischofs Heinrich von Mainz von 1151 werden schon zwei, dem heiligen Peter und der heiligen Jungfrau Maria geweihte Kapellen zu Gelnhausen genannt, zu denen Güter in Mitlau, Gonsrod und Hüttengesäß gehörten. Unter den Zeugen dieser Urkunde nennt sich auch ein Edler Egbertus de Gelnhusen als Mitstifter des Klosters, der sich wohl als ein Sohn Ditmars annehmen ließe. Eine Gräfin Gisla war der letzte Sproß dieses Geschlechts. Sie beschenkte das Kloster mit der Kirche in Grinda. Dieses sind die wenigen Nachrichten über die Grafen von Gelnhausen, freilich mehr als zu spärlich. Nach ihrem Erlöschen scheinen ihre noch übrigen Güter dem Reiche heimgefallen zu sein. Von dieser Zeit wurde die Kirche in Grinda dem Kloster entzogen. Erst im Jahre 1217 stellte sie Kaiser Friedrich II., nachdem sich das Kloster bittend an ihn gewendet und durch Zeugen sein Recht an dieselbe dargetan, demselben wieder zurück; auch Gerlach von Büdingen, der ein Drittel des Patronats dieser Kirche als Reichslehn besaß, verzichtete auf dasselbe gegen das Kloster. Ob Gerlach dieses Drittel von seinen Vorfahren ererbt und diese das Ganze mit jenen Grafen in Gemeinschaft besessen, oder ob er es erst nach deren Aussterben durch Erbschaft, oder erst nach Entziehung der Kirche vom Kloster, vom Reiche als Lehen erhalten, läßt sich nicht ersehen, doch möchte wohl das letztere das wahrscheinlichste sein. Das Gedächtnis wahrscheinlich jener Gisla, lebt noch in dem Namen der alten Gislakapelle, nördlich über Gelnhausen.

Der Zeitpunkt des Anfalls der Güter des alten Grafenhauses an den Kaiser läßt sich nicht genau bestimmen. Er fällt jedoch zwischen die Jahre 1155 und 1170. Damals lebte der große Kaiser Friedrich Barbarossa. Dieser entschloß sich, hier einen Palast aufzuführen und zwar im Tale auf einer Insel der Kinzig. Ob die alte Grafenburg auf dem St. Dietrichsberge zu dieser Zeit schon im Verfalle war, ist nicht bekannt.

Die Liebe zu Kunst und Wissenschaft lebte als ein Hauptzug in dem Charakter der edeln Hohenstaufen und unter ihrer Pflege erschlossen sich diese zarten Pflanzen zu den schönsten Blüten. Friedrich liebte die Pracht in den Gebäuden; er wollte eine Wohnung würdig dem Glanze seines Hauses, ein Werk, mäßig im Umfang, einfach, groß in Plan und Verhältnissen, schön und kunstreich in der Ausführung; ein Werk, wo er im Kreise seiner Lieben und in der Nähe seiner Edeln weilen konnte

Die Kaiserpfalz zu Gelnhausen

nach der schlichten Sitte der Väter. Im schönsten Stile jener Zeit, nach
vaterländischer Weise eingerichtet, wurde der Plan des Ganzen ausgeführt.

Ungeheure Massen von Steinen des nahen Gebirges muß man verarbeitet haben, denn großartig sind noch die Reste.

Dieser Bau geschah vor dem Jahre 1170. Nachdem der Palast vollendet, legte Friedrich ein neues Dorf an, dessen Bewohnern er schon 1170
einen Freiheitsbrief erteilte. Er befreite dadruch die Gelnhäuser Han-
delsleute von allem Zolle, bestimmte, daß die Güter der Einwohner nach
deren Tode ihren nächsten Erben zufallen sollten; wenn einer sein Haus
etc. verkaufen wollte, er dieses zuerst einem Einwohner anbieten sollte,
und endlich, daß kein Vogt in Gelnhausen Gericht hegen, sondern dieses bloß dem Kaiser und seinem Hofmeister zustehen sollte.

Oft weilte nun hier der große Kaiser, ausruhend in der schönen Ge-
gend von den Lasten und Mühen seiner Regierung, sich vergnügend und
erheiternd an der Jagd in den nahen noch mit Wild reich gesegneten
Wäldern, besonders dem königlichen Bannforste des Büdinger Waldes,
in welchem durch ihn zu Ortenberg, Büdingen und Wächtersbach
Jagdschlösser entstanden. Ein Forstmeister mit zwölf Förstern führte die
Aufsicht über diesen Wald. Wenn der Kaiser jagen wollte, so mußte der
Forstmeister ihm einen Hund mit hängenden Ohren, der stets in der

Burg unterhalten wurde, mit einem silbern und goldnen Halsbande und einer seidenen Leine, auf einem seidnen Kolter oder Kissen liegend, darbringen. Gleiche Verpflichtung oblag auch den Förstern der genannten Schlösser. Dann mußte dem Kaiser eine Armbrust überreicht werden mit einem Eibenbogen, seidner Sehne und Hängeband, elfenbeinerner Nuß und silbernem, mit Pfauenfedern gefiedertem Pfeil; auch die Riemen waren mit solchen Federn geziert. Dann folgte der Forstmeister dem Kaiser auf einem weißen Rosse, und ging es weiter in das dunkle Gebirge, so mußten auch jene zwölf Reichsförster aufsitzen und folgen. So lebt Friedrichs großer Name noch in mancherlei Sagen der Gegend. Vor Jahren zeigte man einen uralten Baum, die Königseiche genannt, in derem kühlenden Schatten er oft geruht, und noch rinnt eine Quelle, an der er sich oft mit seinem Jagdgefolge erfrischt haben soll. Vor mehreren Jahrzehnten sah man in deren Nähe noch einen Stein mit einer Inschrift, der leider in Haitz als Bruchstein vermauert worden ist.

Einst bat ihn der Stadtrat um Erteilung eines Wappens, da sagte der Kaiser, er möchte das dazu erwählen, was sich zunächst seinen Blicken darböte, und der Stadtrat nahm das Bild, wie der Kaiser und seine Gemahlin am Fenster standen, zum Wappen. Andere Sagen lassen mehrere Edelgeschlechter der Gegend durch seine Huld entstehen, so die Krempe, die Schelme von Bergen, die Forstmeister von Gelnhausen, die Schleifras usw.

Wie diese Sagen schon für häufige Anwesenheit Friedrichs zu Gelnhausen sprechen, so finden wir dasselbe durch die Geschichte bestätigt, die uns freilich nicht vollständig, aber doch immer schon so weit über

die Aufenthalte dieses und der späteren Kaiser belehrt, daß sich Gelnhausen als einer ihrer Lieblingsorte erkennen läßt. Nicht allein wichtige Urkunden wurden hier ausgestellt, sondern selbst große Reichsversammlungen wurden hier gehalten.

Aus: Georg Landau, Die hessischen Ritterburgen

Ganerbschaft – Miterbschaft / Kolter – gesteppte Decke

Das Bild in Gelnhausen bei Hanau
an den Ruinen des Kaiserpalastes

Zu Gelnhausen an der Mauer
Steht ein steinern altes Haupt
Einsam in dem Haus der Trauer,
Das der Efeu grün umlaubt.

Und das Haupt, es scheint zu grüßen,
Fragend uns halb streng, halb mild;
Laßt es uns in Demut küssen,
Das ist Kaiser Friedrichs Bild.

Rotbart, wie so fest gebunden
Hält ein Zauber dich gebannt?
Fließt hier Blut aus offnen Wunden,
Sind das Tränen an der Wand?

Und das Haupt, es scheint zu sprechen:
Starb die ganze deutsche Welt?
Will kein Mann die Unbill rächen,
Bis der Erde Bau zerfällt?

Herrlich hat sein Schloß gestanden
Hier vor langer ferner Zeit,
Als er nach den Morgenlanden
Zog in Gottes heil'gen Streit.

Alter Herr, ich kann dir melden
Reiches, schönes Freudenwort.
Schau, dort ziehn viel tausend Helden
In die Schlachten Gottes fort.

Und die Welschen sind geschlagen,
Und es siegt das heil'ge Kreuz,
Wiederkehrt aus deinen Tagen
Lebensfülle, Lebensreiz.

Magst nun dich zur Ruhe legen,
Altes stolzes Kaiserhaupt,
Deine Kraft, dein Waffensegen
Wird uns nimmermehr geraubt.

Max von Schenkendorf

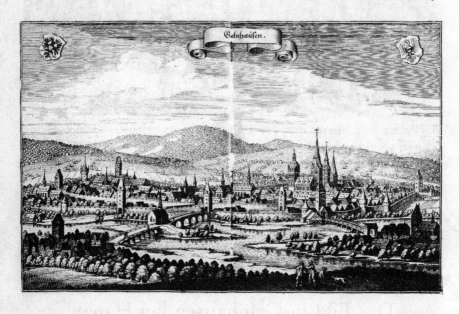

O läg' ich im Grab!
Lied aus dem Hanauer Land

Wo ist denn mein Schätzel,
Wann kommt es nach Haus?
„Es wandelt im Garten
Und bricht dir ein Strauß."

Drei Rosen im Garten,
Drei Lilien im Wald.
Ich will dich erwarten,
Komm aber fein bald!

„Ich koch' meinem Schätzel
Kein süßes Gemüs,
Der Kuß seiner Lippen,
Der ist ja so süß.

Komm zu mir in Garten,
Komm zu mir in Klee,
Klag mir deinen Jammer,
Will stillen dein Weh."

Das Kommen und Klagen
Stillt nicht meine Qual.
Ich muß von dir scheiden,
Uns bleibt keine Wahl.

Muß fort in die Fremde,
Und wo ich auch bin,
Du stehst mir vor Augen
Und liegst mir im Sinn.

„Was hilft mir ein Schätzel,
Wenn ich es nicht hab'!
Jetzt seh' ich dich nimmer,
O läg' ich im Grab!"

Bad Orb

Die Stadt Orb liegt am Orbbach, in einem von hohen Bergen eingeschlossenen Kessel, der an seiner westlichen Seite in das Orbbachtal ausläuft. Die Lage der Stadt ist eine freundliche, wird aber leider dadurch
beeinträchtigt, daß der Wald etwas weit von der Stadt zurücktritt. Die
Stadt Orb setzt sich aus drei Teilen zusammen, der eigentlichen Stadt,
der Vorstadt und der Saline.

Die Hauptmasse der Bevölkerung gehört dem Arbeiterstande an. Eine
blühende Tabakindustrie beschäftigt in nicht weniger als zwölf Zigarrenfabriken über 1000 Arbeiter. Die Fabrik der Firma Oldenkott in Hanau ist die bedeutendste unter den Orber Etablissements. Auch das
Kunsthandwerk hat in Orb seine Vertreter, besonders die Kunstschrei-
nerei und Schnitzerei. Die früher recht altertümlich sich ausnehmenden
Häuser der Hauptstraße haben sich in den letzten Jahren mit einem neu-
en Gewande versehen und dienen als Geschäftshäuser dem aufblühen-
den Geschäftsleben der Stadt. Die Hauptstraßen sind gut gepflastert, die
kleinen Nebenstraßen tragen noch teilweise den Charakter des armen
Landstädtchens von ehedem. Das Bad Orb hat in dem letzten Jahrzehnt
einen bedeutenden Aufschwung genommen, wodurch wiederum eine
Reihe neuer Einahmequellen der Bevölkerung eröffnet wurden. Die
Quellen des Bades sind von anerkannter Heilkraft. Die gesteigerte Frequenz hat in den letzten Jahren zu einer Vermehrung der Badeetablisse-
ments und Pensionshäuser geführt. Besonders ist hier das 1898 erbaute,
mit einem prächtigen Park umgebene große Kurhaus der Aktiengesellschaft Bad Orb zu nennen, das auf dem Gebiete der alten Saline vor den
Toren der Stadt errichtet worden ist. Am nordwestlichen Ausgange der
Stadt liegt die weithin bekannte Kinderheilanstalt „Bethesda". Sie zählt

Das Wappen der Stadt Orb

zu den größten ihrer Art. Im Jahre 1883 mit einem Bestande von zwölf Kindern eröffnet, hat sie sich im Laufe der Zeit derartig entwickelt, daß sie im vergangenen Jahre mehr als 1000 Kindern den Segen einer Badekur vermitteln konnte. Mit der Kinderheilanstalt ist ein kleineres Kurhaus zur Aufnahme erwachsener Personen verbunden. Seit zwei Jahren besteht auch eine katholische Kinderheilanstalt, St. Elisabeth, am Orte. Neben diesem Hause liegt das im Jahre 1836 von dem König Ludwig I. von Bayern gestiftete Kranken- und Siechenhaus für Stadt und Bezirk Orb. Derselbe König Ludwig erwies sich auch sonst als ein besonderer Wohltäter der Stadt. So wandte er nicht nur der Entwicklung des Bades seine Fürsorge zu, sondern stellte auch reiche Mittel zur Verfügung, als infolge eines größeren Brandes zahlreiche Bewohner der Stadt Orb obdachlos geworden waren. Es entstand damals die am nordwestlichen Ausgang der Stadt gelegene Vorstadt... Im ganzen hat die Stadt Orb einen Flächenumfang von 4902 ha. Sie steht mithin in dieser Hinsicht an der Spitze der 64 Städte des Regierungsbezirks Kassel. Außer der großen städtischen Volksschule besitzt Orb eine Lateinschule. Die ansehnliche katholische Pfarrkirche weist Teile aus verschiedenen Bauperioden auf. Schon 1354 wird ein Pastor der Kirche zu Orb erwähnt. Der älteste Teil, die Sakristei, stammt aus dem Jahre 1445, die jüngsten Teile aus dem Jahre 1683. Die am Bergesabhang freundlich gelegene Kirche der kleinen evangelischen Gemeinde wurde im Jahre 1903 eingeweiht. Einige ältere Gebäude hat die Stadt aufzuweisen, so den ehemaligen Burgsitz des Geschlechts von Milchling, ferner den Hof des Herrn von Faulhaber. Beide sind jetzt als Tabaksfabriken eingerichtet.

Der Name Orbaha wird im Jahre 1050 urkundlich als Name eines Baches erwähnt. Im Jahre 1064 besteht eine Burg und ein Ort Orbaha nebst den dazugehörigen Salzquellen. 1292 ist der Ort bereits eine mit Mauern umgebene Stadt.

Was die Heilquellen der Stadt anlangt, so werden dieselben schon 1064 erwähnt. Im Jahre 1399 steht die Salzgewinnung unter der Aufsicht eines Salzgrafen. Als Eigentümer der Quellen treten in einer Urkunde vom Jahre 1420 nicht weniger als 24 Teilhaber auf, unter denen an erster Stelle das Erzbistum Mainz, die Grafen von Hanau und Isenburg standen. Jeder Teilhaber besaß hier ein Siedehaus für die Gewinnung des Salzes. Bei Beginn des 18. Jahrhunderts war Kurmainz noch der einzige Besitzer. Es gab die Salzgewinnung an einzelne Unternehmer in Pacht bis zum Jahre 1797, wo es wieder selbst die Verwaltung übernahm. Als im Jahre 1814 die Stadt Orb an das Königreich Bayern kam, wurde das Bad in die Organisation der königlichen Salinen aufgenommen. Besonders in der Zeit König Ludwigs I. erlebte Orb eine Zeit der Blüte. Das Bad wurde viel besucht, die Salzgewinnung nahm zu. Mit der preußischen Annexion wurde die Saline wieder verpachtet. Die eintretende Konkurrenz des Steinsalzes machte jedoch den Orber Salinenbetrieb immer weniger leistungsfähig, so daß er 1898 ganz aufgehoben wurde.

Zur Entvölkerung der Stadt Orb hatte Kurmainz im Jahre 1787 in der Nähe des jetzt noch bestehenden Hofgutes Altenburg, etwa eine halbe Stunde von Orb entfernt, eine Kolonie angelegt, die den Namen Friedrichstal erhielt. Die Kolonie umfaßte zehn Höfe, deren Zahl noch vermehrt werden sollte. Doch hatte man in der Stadt selbst wenig Sympathie für diese Gründung. Bald zog ein Ansiedler nach dem anderen wieder nach Orb zurück. In den letzten Jahrzehnten des vorigen Jahrhunderts kaufte der Staat die noch vorhandenen Anwesen auf, um sie zu Wald anzulegen. Im Volksmunde hieß der Weiler Friedrichstal die „graue Ruhe".

Aus: Hessische Landes- und Volkskunde, Band 1, 2

Fronde – dem Lehensherrn zu leistende Arbeit / Kontribution – Kriegssteuer / Annexion – gewaltsame Aneignung

Der Brunnen zu Steinau

Im Jahr 1271 waren dem Abt Berold zu Fulda seine eigenen Untertanen feind und verschworen sich wider sein Leben. Als er einmal in der St.-Jakobs-Kapelle Messe las, überfielen ihn die Herrn von Steinau, von Eberstein, Albrecht von Brandau, Ebert von Spala und Ritter Konrad und erschlugen ihn. Bald hernach wurden die Räuber selbdreißig, mit zwanzig Pferden, zu Hasselstein auf dem Kirchenraub betrappt, mit dem Schwert hingerichtet und ihre Wohnungen zerbrochen. Dieser Tat halben haben die Herrn von Steinau in ihrem Wappen hernachmals drei Räder mit drei Schermessern führen müssen, und an der Stätte, da sie das Verbündnis über den Abt gemacht, nämlich bei Steinau an einem Brunnen auf einem Rasen, wächst noch zur Zeit kein Gras.

Brüder Grimm

Schlüchtern

Die Kreisstadt Schlüchtern liegt in einem weiten Kesseltale an der oberen Kinzig und zwar da, wo das Flüßchen seine Hauptrichtung nach Südwesten einschlägt. Einen besonders schönen Anblick gewährt sie mit ihrer Umgebung, wenn man von dem öden Landrücken zu ihr hinabsteigt. Die Hauptnahrungsquelle ihrer Bewohner ist die Landwirtschaft. An industriellen Unternehmungen sind zu nennen eine Gummiwarenfabrik, zwei Seifensiedereien und eine Spinnerei mit Tuchfabrik. Der Handel wird gefördert durch 22 Märkte, worunter 16 Viehmärkte sind. Zur Stadt gehört die Richtscheider Mühle. Nordwestlich von Schlüchtern befindet sich an der östlichen Abdachung des Ohlberges eine kristallklare Quelle, vom Volke Mattjes genannt, von Lotichius unter dem klassischen Namen „Acisbrunnen" besungen.

Aus Schlüchtern stammt einer der bedeutendsten lyrischen Dichter Deutschlands, nämlich Peter Lotichius (Lotz), genannt der Zweite. Derselbe wurde am 2. November 1528 zu Schlüchtern geboren und war ein Neffe des letzten Abtes des dortigen Klosters. Unter der Leitung seines vortrefflichen Oheims Peter Lotichius erzogen, studierte er später zu Marburg und Wittenberg, wo er die Magisterwürde empfing, durchzog dann Frankreich und Italien und wurde zu Padua Doktor der Arzneikunde. In Bologna erhielt er einen Gifttrank, an dessen Folgen er am 1. November 1560 (als Professor) in Heidelberg starb.

Schon früh, vielleicht schon im 8. Jahrhundert, entstand hier ein Benediktiner Mönchskloster, das wegen seiner einsamen, von weiten Waldhöhen umschlossenen Lage Solitaria genannt wurde, welcher Name sich später in Sluthere und dann in Schlüchtern umgewandelt hat. Karl der Große soll das Kloster dem Bistum Würzburg unterstellt haben, und als es später in andere Hände kam, wurde es demselben von Otto III. 993 von neuem unterworfen. Bereits im 12. Jahrhundert gehörten dem Kloster über 20 Kirchen. Aber sein Glanz erlosch bald wieder, und schon im 13. Jahrhundert hatte es den größten Teil seines Besitzes wieder verloren. Dazu kamen innere Streitigkeiten, die bis zu Tätlichkeiten sich steigerten, so daß das Kloster 1446 von neuem eingeweiht werden mußte, worauf es sich 1457 der Schutzherrschaft des Grafen von Hanau unterwarf. Die ältesten Schutzherren des Klosters waren die Grafen von Grumbach. Später wurde die Schutzherrschaft geteilt; eine Hälfte kam 1243 durch Erbschaft an die Grafen von Rieneck, und die andere gab Würzburg um dieselbe Zeit an die Herren von Trimperg. Später erwarben die Herren von Hanau beide Hälften, die erste 1316, die andere 1377, nachdem sie schon drei Jahre vorher die alte St. Lorenzkapelle nebst dem dazugehörigen Hause an sich gebracht hatten. Damit war Schlüchtern ganz an Hanau gekommen.

Das Wappen der Stadt Schlüchtern

Das bei dem Kloster entstandene Dorf, das durch breite Wassergräben geschützt war, erhielt 1500 städtische Gerechtsame. Im Jahre 1543 wurde durch den Abt Peter Lotich mit Hilfe der Grafen von Hanau in Schlüchtern die Reformation eingeführt, obwohl das Stift Würzburg heftig dagegen protestierte. Aus den Klostergütern stiftete Lotich eine gelehrte Schule, an welcher er – bei fortdauernder klösterlicher Verfassung – einen Teil der Mönche als Lehrer künftiger Geistlicher gebrauchte, während der andere sich unmittelbar dem Dienste der evangelischen Kirche widmete. Im Jahre 1609 wurde schließlich auch die klösterliche Einrichtung gänzlich aufgehoben. Während des Dreißigjährigen Krieges setzte sich Würzburg wieder in Besitz von Schlüchtern, doch kam dasselbe 1656 durch einen Vergleich an Hanau zurück. Am 29. Juni 1646 wurde Schlüchtern gänzlich geplündert, und erst im September kehrten die geflüchteten Bewohner in ihre verwüsteten Wohnungen zurück. Neue Drangsale brachte der Stadt der Siebenjährige Krieg und weiter im Jahre 1813 der Rückzug der französischen Armee nach der Schlacht bei Leipzig, wobei das Städtchen wieder geplündert und an mehreren Orten angezündet wurde. In der Nacht vom 28. zum 29. Oktober übernachtete Napoleon in dem Kloster, während 50-60 000 Mann das Städtchen umlagerten. Im Jahre 1829 wandelte man die alte lateinische Schule in ein Progymnasium um; 1836 wurden die Klostergebäude nebst der Klosterkirche, die im Siebenjährigen Krieg verwüstet worden und seitdem leergestanden hatte, völlig umgebaut und in ein Lehrerseminar für die Provinzen Hanau und Oberhessen verwandelt; nur die 1354 erbaute städtische Kapelle blieb erhalten.

Etwa zwei Kilometer oberhalb Schlüchtern liegt Herolz (ehemals Heroldes); dasselbe zählt 555 meist katholische Bewohner und hat eine Tuchfabrik. Zum Orte gehören die Heg- und Riedmühle.

Im 13. Jahrhundert wohnte hier ein eigenes Geschlecht, welches das Gericht Herolz von Fulda zu Lehen trug. Zur Sicherung der Stiftsgrenzen erbaute der Abt von Fulda hier 1277 eine Burg. Später (1328 und 1339) kam das Gericht in den Besitz des Klosters Neuenberg bei Fulda, von welchem dasselbe meist an die von Hutten zu Steckelberg verpfändet wurde. In der Mitte des 16. Jahrhunderts erwarb der Abt von Fulda die Pfandschaft, worauf das Kloster demselben alle seine Rechte an dem Gerichte abtrat.

Aus: Hessische Landes- und Volkskunde, Band 1, 2

Acis – ein Fluß in Sizilien, nach einer Fabel ein schöner Hirte und Liebhaber der Galatea /
Gerechtsame – Vorrecht

Das hessische Landvolk

Das hessische Landvolk , lieber Bruder, ist im ganzen genommen, bis zum Ekel häßlich. Die Weibsleute sind die eckigsten Karrikaturen, die ich noch gesehen habe. Ihre Kleidung ist abscheulich. Die meisten gehen ganz schwarz und tragen die Röcke so hoch, daß man gar keine Taille, wohl aber die ungelenken Stampffüße bis an die Knie erblickt. Die Männer ersetzen zum Teil durch eine anscheinende Stärke, was ihnen an Schönheit mangelt. Im ganzen sind sie kein großer, aber ein dauerhafter und behender Schlag Leute. Hie und da erblickte ich auch riesenmäßige Figuren, die aber alle ungeheure Köpfe und Füße hatten. Sie sind meistens blond und kraushaarig. Ihre Lebensart ist rauh; Erdäpfel und Branntwein, den man auch den Kindern gibt, sind ihre vorzüglichsten Nahrungsmittel.

Im Fuldischen ist das Landvolk nicht viel anders. Der ganze Strich Landes von Kassel bis über die Grenze von Franken ist rauh und wild, und die Einwohner haben das Gepräge ihres Bodens, der noch stark mit Waldung bedeckt und ziemlich bergig und felsig ist.

Der jetzige Fürst von Fulda ist ein Mann von Geschmack guter Lebensart und liebt den Aufwand. Er denkt äußerst tolerant und ist kein Freund der päpstlichen Hierarchie. Er nennt den Papst bei Tisch seinen Herrn Bruder. Er ist ohne Vergleich der reichste Abt in der katholischen Welt; aber zugleich auch Bischof. Die Zahl seiner Untertanen, die er ziemlich klug und sanft regiert, beläuft sich auf ungefähr 70 000 und seine Einkünfte betragen ungefähr 350 000 rheinische Gulden. Er macht vortreffliche Schulanstalten und gestattet seiner Geistlichkeit eine Freiheit im Reden und Schreiben, die von der Art der katholischen Geistlichkeit in anderen deutschen Ländern stark absticht. Zu Wien hielt man es während meines dortigen Aufenthalts für eine heldenmäßige Kühnheit, daß einige profane Gelehrten behaupteten, „das Konzilium wäre über den Papst." In Fulda las ich diesen und noch dreistere Sätze in theologischen Disputationen von Mönchen, die schon ihre zwölf und mehrere Jahre alt sein mochten. Die Residenzstadt Fulda ist ein hübscher und ziemlich lebhafter Ort, und ich fand viel bessere Gesellschaften, als ich erwartete. Es fehlt dem kleinen Ort an gutherzigen Mädchen nicht.

Aus: Briefe eines reisenden Franzosen über Deutschland

Konzilium – Konzil / Disputation – Streitgespräch

Ulrich von Hutten

Entsprossen aus einem mächtigen, reichen und reichsfreien Adelsgeschlecht in Franken im Jahre 1488, war er in seinem elften Jahre in ein Kloster geschickt worden, weil ihn sein Vater nach seines Bruders Rat, der erster Minister am würzburgischen Hofe war und besonders in den württembergischen Angelegenheiten lange eine bedeutende Rolle spielte, dem geistlichen Stande bestimmt hatte. Aber der Geist der neuen Zeit war in dem Knaben. In seinem sechzehnten Jahre entzog er sich durch die Flucht dem unerträglichen Zwange, im Jahre 1504, kurz ehe er eingekleidet werden sollte. Er, der Erstgeborene seines edeln Hauses, fühlte sich für andere Dinge als die Kutte geboren.

Dieser Schritt erbitterte seinen Vater so, daß er ihn von nun an nicht mehr als Sohn betrachtete, und entfremdete ihm seine ganze Familie; sie tat, als ob er nicht zu ihr gehörte. So sollte es sein: Ausgestoßen von seinem vornehmen Geschlechte, ohne Verhältnisse, ohne Rücksichten sollte er von nun an ganz ungeteilt seinem Vaterlande, seinem Volke angehören. Genial-leichtsinnig zuvor, wurde er ernst.

Alleinstehend in der Welt, in solcher Jugend, hatte er nichts als seinen guten Kopf, seine Feder und sein Schwert. Er sollte alles Elend seines armen Volkes an sich selbst erfahren. Aber das heilige Feuer der Idee, das in ihm war, hob ihn über alle diese Gemeinheiten des Lebens. Und wofür er im Innersten glühte, was er am heißesten liebte, das waren, wie er selbst ausspricht, „die göttliche Wahrheit, die allgemeine Freiheit". Hutten hatte gegen das Jahr 1519 auch die Bekanntschaft des berühmten Ritters Franz gemacht und war bald in vertrautes Verhältnis mit ihm getreten. Um diese Zeit war Hutten längst mit sich im reinen, was er wollte und sollte: Die Wiedergeburt seines Volkes war die Idee, die sein ganzes Wesen einnahm.

Nur einen Augenblick hatte er geschwankt. Sein Vater war gestorben, ein schönes väterliches Erbe war von ihm anzutreten, seine Krankheit, an der er lange litt, geheilt, seine fromme Mutter drang in den Sohn, sich auf sein Erbgut zu setzen und sich zu verheiraten. Aber Hutten schwankte nicht lange. „Der Würfel ist gefallen, ich hab's gewagt!" rief er, verzichtete auf sein väterliches Erbe, sagte, um frei in allen seinen Schritten und ohne Rücksicht zu sein, sich von seiner Familie los, die in seinen Kampf und sein Verderben nicht verflochten werden sollte, ließ die weinende Mutter, alle Ansprüche auf irdisches Glück hinter sich und griff wieder und entschlossener, kühner als zuvor, wie in freiwilliger Todesweihe, zu den Waffen für die Wahrheit und die Befreiung seines Volkes. Er hätte es sich nie verziehen, jetzt, in diesen Tagen, unter diesen Umständen zu feiern. Er hätte erröten müssen, sooft vor ihm Luthers Name genannt worden wäre.

Der Geist seines Volkes war in Hutten wach; der Genius des Bergmannssohnes zu Wittenberg war dazugetreten und hatte ihn so gestärkt, daß er mehr als je Hoffnung und Glauben faßte an „die Zukunft Deutschlands".

„Wache auf, du edle Freiheit!" war das Motto seines ersten Schreibens an Luther. „Wir haben dennoch", fuhr er fort, „hie etwas ausgerichtet und fortgesetzt; der Herr sei fürder auf unserer Seite und stärke uns, um dessentwillen wir uns jetzt hart bemühen, seine Sache zu fördern und seine heilsame, göttliche Lehre wiederum lauter und unverfälscht hervorzubringen und an den Tag zu geben. Solches treibt Ihr gewaltig und unverhindert; ich aber nach meinem Vermögen soviel ich kann. Seid nur keck und beherzt und nehmet gewaltig zu und wanket nicht. Ich will Euch in allem, es gehe wie es wolle, getrost und treulich beistehen; deshalb dürft Ihr mir hinfort ohne alle Furcht alle Eure Anschläge kühnlich offenbaren und vertrauen. Wir wollen durch Gottes Hilfe unser aller Freiheit schützen und erhalten und unser Vaterland von allem dem, damit es bisher unterdrücket und beschwert gewesen, getrost erretten. Ihr werdet sehen, Gott wird uns beistehen. So denn Gott mit uns ist, wer ist wider uns?"

Zu Anfang des Jahres 1520 ließ er mehrere Gespräche ausgehen. „Zu deinen Gezelten, Israel!" rief er Deutschland zu. „Mut, Mut ihr Deutschen, hindurch, hindurch! Es lebe die Freiheit!"

Es war sein schönstes Jahr; seine Stirne leuchtete von Hoffnungen, von den Entwürfen, die in ihm glühten.

Zunächst war es ihm um die Trennung Deutschlands von Rom zu tun. Für diese seine Idee suchte er die bedeutendsten politischen Persönlichkeiten zu interessieren, zu entzünden. Alles hoffte auf den jungen Kaiser, der im Anzug war, auch Hutten. Aber Karl hatte keine Empfänglichkeit für Huttens Ideen, kein Verständnis für den in der deutschen Nation erwachten Geist. Die Enttäuschung vollendete sich auf dem Tage zu Worms. „Wehe dem Lande, dessen König ein Kind ist!" seufzte Hutten mit der Bibel. Sein Freund Hartmut von Kronberg, der wie Sikkingen in des Kaisers Dienst getreten war, sagte Karl diesen Dienst gleich nach den Wormser Ereignissen wieder auf, ob er ihm gleich 200 Dukaten eintrug.

Hutten, so vielfach auch getäuscht in seinen Erwartungen, gab weder den Mut noch seine Entwürfe auf: Ja, er ging weiter. Zur Verjüngung der Nation, zur Hebung des Reiches, glaubte er, müsse mit der Herrschaft der Geistlichkeit auch die Vielherrschaft der Fürsten beseitigt und ein einiges Deutschland voll unmittelbar freier Männer unter einem Haupte, dem zu neuer Herrlichkeit erhobenen Kaiser, gewonnen werden.

Aus: Wilhelm Zimmermann, Der große deutsche Bauernkrieg

Der Sterbenden Fluch

Zwischen Lütter und Schmalnau im Riedergrund stand vor Zeiten ein Hochgericht, jetzt sieht man jede Nacht dort einen Wagen, der von zwölf bis eins umfährt und dann verschwindet. Darin sitzt ein Herr von Weihers. Dieser hatte nämlich ein armes Mädchen aus der Gegend durch süße Worte zu verführen gewußt, sie alsdann aber verlassen und nicht mehr angesehn. Nach einiger Zeit genas die Unglückliche eines Kindes, und wie die Sünde immer wieder Sünden gebiert, so auch hier: Sie wollte ihre Schande vor der Welt verbergen und tötete heimlich das

Kind. Das aber blieb nicht verborgen, es kam an den Tag, und sie wurde zum Tode durch das Schwert verurteilt. Als nun der Wagen sie an das Hochgericht trug und das Volk sich in Massen hinzudrängte und die Arme beklagte, da rollte plötzlich ein Wagen daher, darin saß niemand anders als ihr Verführer, der Herr von Weihers, der seine Schändlichkeit so weit trieb, dem Tod des Opfers seiner Lust beiwohnen zu wollen. Da sprach die arme Sünderin einen schweren Fluch aus und verwünschte ihn, er solle keine Ruhe im Grabe haben und jede Nacht in seinem Wagen an das Hochgericht zurückkehren. Sterbender Wort aber wiegt gar schwer und Sterbender Fluch erfüllt sich immer: Das erfuhr der Herr von Weihers seitdem bis auf diese Stunde.

Aus: J. W. Wolf, Hessische Sagen

Die zwei Herren von der Glauburg

Am Tage der Kirchweih fanden sich von alters jährlich in Stockheim zwei fremde Herren, welche niemand kannte, in unbekannter Tracht, aber sehr stattlich gekleidet, ein. Sie scherzten mit den Mädchen, tanzten viel und schön und waren überhaupt recht lustig. Dabei betrugen sie sich aber so anständig, daß man wohl sah, sie seien was Rechtes. Auch waren sie bei allen Kirchweihgästen recht beliebt, denn sie gaben viel zum besten. Sie kamen stets miteinander und immer zur nämlichen Stunde gegen Abend beim Feste an; sie waren immer plötzlich beim Tanze da, und niemand sah sie je von der Straße her und zur Türe hereinkommen. Länger aber als eine halbe Stunde vor Mitternacht blieben sie nicht, und niemand sah sie weggehen; so unbemerkt sie hereingekommen, so unbemerkt verschwanden sie wieder. Das reizte die Neugierde vieler. Als sie eines Jahres wieder am Kirchweihfeste beim Tanze waren, bot sich ihnen ein Bursche aus Stockheim zum Begleiter auf ihrem Heimwege an, was sie auch annahmen. Sie gingen mit ihm nach der Glauburg zu und erstiegen mit ihm den Berg. Als sie oben angekommen, standen sie vor einem breiten viereckigen Loche im Boden, durch welches sie hinab in eine ungeheuere Tiefe sahen, auf deren Grunde ein kristallheller Teich sich spiegelte. Da stürzten sich die beiden Fremden in jenes Loch hinab in den Teich, daß der Bursche sie nicht mehr sah. Der Bursche hatte aber den einen, als er sich zum Sturz in die Tiefe anschickte, an der Hand gefaßt, um ihn zurückzuhalten, was ihm jedoch nicht gelang, denn der Fremde riß sich los und ließ ihm nur seinen Handschuh in der Hand, den er noch vom Tanze her anhatte. Da lief der Bursche in großer Angst zurück nach Stockheim zum Tanze, wo er den Handschuh vorzeigte und erzählte, was er gesehen. Die Fremden sind aber nimmer zur Kirchweih gekommen und nimmer gesehen worden.

Aus: J. W. Wolf, Hessische Sagen

Der Steiffenberger

Am Petersberg im ehemaligen Fürstentum Fulda lebte einmal ein Probst, der führte ein sehr sittenloses und schwelgerisches Leben. Er wurde oft von dem Abt seines Kosters ermahnt, davon abzustehn, aber vergebens; er tafelte und zechte drauf los und dachte besonders im Winter gar nicht der Not so vieler Armer, die nicht einen Bissen trocknen Brotes zu verzehren hatten. Endlich ereilte ihn die Strafe Gottes. Einst brachte er in der heiligen Adventszeit in seinem Wagen Gäste nach Hause, mit welchen er die ganze Nacht hindurch ein tolles Gelage gefeiert hatte. Als aber die Pferde so wild daherrannten, stieß der Wagen auf der Straße an, der Probst stürzte heraus und mit dem Kopf so hart gegen einen Felsblock, daß er auf der Stelle tot blieb. Seitdem sieht man ihn stets im Advent kopflos in einem Wagen mit kopflosen Rappen umherfahren, dem ein schwarzer feueraugiger Hund heulend folgt.

Aus: J. W. Wolf, Hessische Sagen

Gründung des Stifts Fulda

Sturm (auch Sturmius genannt) stammte aus einer vornehmen bayrischen Familie und war dem Bonifatius frühe von den Eltern zur Erziehung übergeben worden. Als nun Sturm etliche Jahre bei Bonifatius gewesen, ergriff ihn der Gedanke, in eine Wildnis, deren damals in Deutschland so viele waren, zu gehen und ein Kloster zu bauen. Bonifatius ließ sich das Vorhaben gefallen, gab dem Sturm Gefährten und, da er sie gesegnet, sprach er: „Gehet in Buchonia (Buchenwald), Gott vermag seinen Dienern eine Stätte in der Wildnis zu bereiten." Zwei Tage wanderten sie durch eine Wildnis, wo sie nichts sahen als ungeheure Bäume. Am dritten Tage kamen sie an einen Platz, der schien ihnen passend zum Bau des Klosters. Es war Heroldesfeld, jetzt Hersfeld in Hessen. Sie erbauten sich mit Baumrinden bedeckte Wohnungen und blieben daselbst einige Zeit. Sodann begab sich Sturm wieder zu Bonifatius und beschrieb ihm, was für einen Ort sie gefunden und auserwählet. Bonifatius aber riet, einen andern Ort zu suchen, denn der, welchen sie erwählt, sei zu nahe den feindlichen Sachsen, die leicht ihr Werk bald zerstören könnten.

Nun hieß es wieder suchen, lange aber konnten sie keinen passenden Platz finden. Endlich machte sich Sturm allein auf den Weg. Er ritt auf einem Esel durch die wildesten Gegenden, Psalmen singend und zu Gott betend. Nur wenn die Nacht kam, ruhte er aus. Mit einem Schwert hieb er Holz und Zweige von den Bäumen und baute damit eine Schanze sich und seine Tier für die Nacht, denn es gab Wölfe und sonstiges Wild viel in jenen Gegenden. Einst traf er auf eine Schar Slawen, welche in der Fulda badeten, die waren nackt, schrecklich anzusehen und empfingen den fremden Mann mit furchtbarem Geschrei. Er empfahl sich dem Schutze des Herrn, und die Slawen ließen ihn ruhig ziehen. Endlich erreichte der unermüdliche Mann das Ziel seiner Wanderungen, er fand einen passenden Ort und legte im Jahr 744 den Grund des Klosters Fulda, von wo dann allmählich die umgebende Wildnis angebaut wurde,

von wo aber, was noch mehr ist, durch eine berühmte Schule und gelehrte Männer das Licht der Wissenschaft und christlicher Bildung über einen weiten Teil unsers Vaterlandes ausging.

Aus: G. Th. Dithmar, Deutsches Historienbuch

Fulda nach der Säkularisation

Es ist hier nicht eingehend und beurteilend darzulegen, welche durchgreifende Umgestaltung mit dem altpriesterlichen Staate und dem engbürgerlichen Leben vor sich ging. Es blieb nicht dabei, daß an den Platz eines zölibatären Fürstenstuhls ein zweischläfriger Thron rückte. Schläfrig war die neue Herrschaft überhaupt nicht in jener revolutionär erwachenden Zeit. Der junge, schaffensmutige Fürst erhielt durch Staatsverträge revolutionären Dranges ein altes Fürstentum, so gründlicher Reformen bedürftig, daß er demselben recht als von Gottes Gnaden und Verhängnis erschien.

Der Krummstab hatte sich in seinem uralten Besitze nicht als vorschreitender Wunderstab zu einem hohen Ziel, sondern als Hirtenstab erwiesen, der keine Eile hat und seine Bestimmung überall erreicht, wo er die Herde den Tag über auf süße Bergweide und für die Nacht in eine trockene Hürde bringt. Der Anfang eines Morgenlieds im Fuldaer Gesangbuch bezeichnet diesen politischen Zustand:

287

Ruhig schlief ich in dem Bette,   Keinen Feind zu fürchten hätte,
Ohne Sorgen, als wenn ich   Du, o Herr, beschütztest mich.

So war Fulda eine ziemliche Strecke hinter der Bildung der Zeit zurückgeblieben. Das Vorhandene war gründlich umzugestalten und manches Neue hinzuzutun. Dazu erschien nun an Wilhelm Friedrich von
Oranien, einem durch Bildung und Gesinnung ausgezeichneten Fürsten,
der rechte Mann. Er hatte eben sein dreißigstes Jahr vollendet, als er das
seinem Vater, dem Erbstatthalter von Holland, 1803 im Reichsdeputationshauptschluß zur Entschädigung zugefallene Fürstentum übernahm.
Als Jüngling hatte er sich mit holländischen Waffen gegen die republikanischen Feldzüge der Franzosen unter Dumouriez, Pichegru und Jourdan versucht und kam eben von mehrjähriger Beschäftigung mit den
Wissenschaften und mit seinen Landgütern. An vielseitige Tätigkeit gewöhnt, griff er in Fulda zu, versteinerte und übermooste Mißbräuche zu
heben, unerschrocken vor den sich hervorringelnden Hinderungen. Ohne ungestümes Verfahren führte er durch sparsame, einfache Verwaltung einen geordneten Zustand des Landes ein. Die Persönlichkeit des
Fürsten, seine heitere Unbefangenheit, sein Rechtssinn und eine unparteiliche Humanität entwanden einer sonst schwerfälligen und enggesinnten katholischen Bevölkerung sehr bald den Widerwillen vor protestantischen Neuerungen, bis das frische, vielversprechende Leben selbst für
sich einzunehmen anfing.
    Die oranischen Reformen, die auf Belebung der inneren Administration, auf Vereinfachung des Finanz-, Kassen- und Rechnungswesens,

288

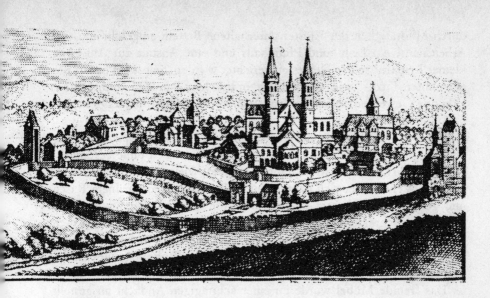

auf Tilgung der älteren Kriegsschulden, auf Trennung und Bestimmung der Polizei, der Magistratur und des Stadtgerichts ausgingen, berührten die Aufmerksamkeit des Gymnasiasten nicht. Ich erinnere mich nur, wie die organisierenden landesherrlichen Verordnungen, in sauberen Folioabdrücken zur Kenntnisnahme der Bürger umhergetragen, auch in unser Haus kamen. Sie erregten hier zuerst ein ängstliches Befremden, wie man denn in unfreien Staaten „von oben", dem Sitze der Gewalt, nichts Gutes zu erwarten pflegt. In der Erinnerung aber, daß am Huldigungstage doch auch ein Maß Wein aus dem Hofkeller jedem Bürger zu einem Festtrunke gespendet worden, beruhigten wir uns und gewannen auch für die unverstandenen Blätter eine nützliche Verwendung, indem wir sie in der kühlen Vorratskammer neben den Dingen niederlegten, die ein Kleinhändler seinen Kunden nicht gern uneingewickelt übergibt. Der Student fand das begreiflich, hätte aber gewiß auch schon etwas von den Bestandteilen der menschlichen Gesellschaft, von den Bedürfnissen und Tätigkeiten des bürgerlichen Lebens und von den Aufgaben und Einrichtungen des Staats begriffen, wäre es ihm auf verständige Weise beigebracht worden. Dazu war aber niemand vorhanden. Es fiel ihm nicht einmal ein zu fragen – im Gefühl, daß ihm niemand antworten konnte. Alles um ihn her gehörte, wie er selbst, der dumpfen Menge an, die im Staate wie in der Natur gedankenlos hinlebt und nicht einmal von einer Mischung in der Luft weiß, die sie atmet und von deren Störung sie erkrankt und leidet.

Mehr Verständnis hatten wir schon für die **Anregung, die** unter dem neuen Regiment das gewerbliche Leben erhielt; **wie denn zunächst das** durch Mildtätigkeit der Klöster unterhaltene Betteln eingeschränkt, ein Arbeitshaus, ein Leih- und Pfandhaus und eine Anstalt zur Anlegung kleiner Ersparnisse des Fleißes eingerichtet wurden. Selbst ein bisher ungewohnter Luxus, wie solchen die oranischen Familien mitbrachten, kam den Gewerben zugute, indem sie mehr zu tun und manches zu lernen fanden.

Unter der Prälatenherrschaft war nur die Küche üppig gewesen, Wohnung und Einrichtung hatten auf dem einfachsten Fuße bestanden. Kein Kanzlist ist heute so knapp eingerichtet, wie es der Fuldaer Kanzler war: Wenn dieser sich damals mit Rollgehängen von grünem Rasch und gelbem Schnurbesatz an den kleineren Fenstern begnügte, tut es heute kein Schreiber ohne Vorhänge von Nesseltuch, das freilich auch jetzt in viel niedererem Preise steht. Sogar die jüngere Generation erinnerte sich lebhaft des ersten Kanapees, das in die Wohnung eines Fuldaer Beamten kam, der seinen funkelneuen Adel vornehm zu setzen suchte. Das fremde Möbel wurde zu einer achttägigen Andacht ausgestellt und alles wallfahrtete nach der Wohnung, um den Bequemsitz zu bewundern, der aus weißlackiertem Holzwerke mit vergoldeten Hohlstreifen gefertigt und mit rotem Franzleinen beschlagen steif und stolz dastand. Ebenso waren unter den Fuldaerinnen seit kurzem erst die Schals oder doch der Name für solche Halstücher aufgekommen. Sie nannten sie Schalen, was einem täppischen Propste Anlaß zu einem Wortspiel mit Umständen im Prälatengeschmack gab. Indem er nämlich das neue Tuch, worin eine Prälatenfreundin sich ihren Bekannten vorstellte, auf unziemliche Weise betastete, sagte er: „Ich zöge die Schale dem Kerne vor.“ Worauf die beleidigte Schöne, den Lachenden am Bande seines Kapitelkreuzes ergreifend, rasch versetzte: „Und mir wäre der Zaum auch lieber als der Esel.“

Was aber von allen Neuerungen mich persönlich in meinen Kindes- und Knabenerinnerungen berührte, war die Aufhebung des Kapuzinerklosters, wo ich das Krippchen besucht, die Messe bedient und das handfeste lateinische Wörterbuch empfangen hatte. Auf den Grundmauern der Kirche ward ein Landkrankenhaus mit einer Entbindungsanstalt errichtet. Das alte Kloster mit seinen Zellen schloß sich als Hinterflügel an. Die rühmliche Anstalt, in ganz geeigneter freier Lage vor dem Tore, ward aus ehemals geistlichen Einkünften dotiert. Noch heute dient ein kleiner metallener Kapuziner, ein Kreuz umfassend, als Wetterfahne über dem alten Einfahrtstore neben dem Krankenbau.

Auch für den heiteren Lebensgenuß brachte die oranische Regierung neue Zutaten. Maskenbälle, Hoffeste und dergleichen kamen für den Winter zu den geistlichen Festen, die der Frühling und Sommer brachten. Daß die geistlichen Lehrer des Gymnasiums die Teilnahme der Schüler an Maskeraden nicht gestatteten, läßt sich denken, wenn sie auch diesen in katholischen Ländern sehr beliebten Luxus für kein lutherisches Unwesen ansehen durften. Ein Straffall aber, der mir im Andenken geblieben ist, legt auf komische Weise dar, wie sehr damals alte Vorstellungen sich mit neuen Anschauungen seltsam vermischten. Die ärgsten Studentenvergehen wurden nämlich mit Rutenstreichen über die Hände bestraft, wozu in vorkommenden Fällen der Hausknecht des Seminars Jörg Adam, mit frischen Birken erschien. Ein Mitschüler war nun von Verwandten mit auf eine Maskerade genommen worden und wurde, als das Vergehen sich demaskierte, vor den Jörg Adam gestellt. Ängstlich jammernd entschuldigte er sich, er habe ja nicht geglaubt, etwas Sündhaftes zu tun; im Gegenteil habe er unter der peinigenden Hitze seiner Larve – „jedes Schweißtröpfchen der heiligen Mutter Maria geopfert".

Heinrich König, 1861

Zölibatär – ehelos aus religiösen Gründen / Kanapee – Sofa / Propst – Superintendent, Klostervorsteher / dotieren – beschenken

Die Rathaustreppe in Fulda

Am Rathausbrunnen in Fulda halten die Mägde ihre Klatschereien und bis abends spät sind ihre bösen Zungen dort in Tätigkeit. Diejenigen aber, welche ihre Verleumdungen nicht widerrufen, müssen nach ihrem Tod mit ihrer Zunge die Rathaustreppe fegen, wozu der Teufel ihnen leuchtet. Um's aber recht sauben zu machen, nehmen sie zuvor am Brunnen das Maul voll Wasser. Daher kommt es auch, daß man oft morgens die Treppe ganz feucht sieht, und dies gilt stets als ein sicheres Zeichen, daß wieder ein Waschmaul büßen mußte.

Land und Leute um Fulda

Über das Weichbild der Stadt hinaus kam der heranwachsende Knabe nur nach einer Seite. Freilich nach der anziehendsten, in die Nähe der südöstlich gelegenen Rhön. In Hofbieber, am Fuß dieses reizenden Gebirges, hatte die Mutter eine Schwester, an einen Mann verheiratet, der

neben einem beschränkten Feldstück eine rohe Hobelbank als Schreiner
betrieb. Es war ein Fest für eine zahlreiche Familie, wenn wir sie alljäh-
rig zur Kirchweihe besuchten. Wir machten die drei Wegstunden zu
Fuß, die erste Hälfte im Anblicke des herrlichen Gebirges, die zweite auf
stillen, zwischen bewaldeten Hügeln hinschleichenden Feldwegen.

Die heimliche, weiblich waltende Ordnung und fromme Sauberkeit
im Hause des Oheims hatte den Knaben so verwöhnt, verweichlicht
oder verblödet, daß die neuen Eindrücke des ländlichen Lebens, der Jubel und die Genüsse der Kirchweihe, wie sie damals noch üppig und to-
bend waren, ihn zwar den Tag über fröhlich aufregten, doch allabend-
lich mit der Wehmut des Ungewohnten sein Herz beschlichen. Wenn die
Abendröte in den Grasgarten fiel, der Kirchturm durch die kleinen Fenster leuchtete oder das Ave-Maria der Nachtglocke mit den Hörnern
und Klarinetten des Wirtshauses wechselte, ward er immer stiller und
sah dem brennenden Kienspane zu, der, in die Gabel des hölzernen
Leuchterstocks eingesteckt, die geschwärzte Stube erhellte. Mit den ver-
kohlten Gelenken, die auf den ungedielten Boden neben der Streu des

nächtlichen Lagers niederfielen, qualmte in der Brust des unbehaglichen Gastes ein trübes Heimweh auf. Wie froh war er dann, wenn die Rückkehr wieder angetreten wurde, er das Bündel mit den Gastgeschenken der Kuchenproben und des gedörrten Obstes schleppen half, bis nach mehrstündigem Wandern, das Gebirge im Rücken, sich uns von der Höhe des Petersberges die liebe Stadt im grünen Tale und der hohe Bau des Doms für Auge und Herz erneuerte.

Land und Leute haben mir auch von andern Seiten ihre wiederholten Eindrücke hinterlassen.

Die Gegend um Fulda ist nicht überall vom Boden und nirgends vom Klima sonderlich begünstigt zu nennen. Die Vegetation ist ein wenig bleichsüchtig, und so anmutig auch die Hügel und Berge sich für den Beschauer aus der Ferne neben- und übereinander gruppieren, immerhin bleibt es eine etwas blasse und magere Schönheit. Die hohe Rhön schließt den Süden und hält oft einen harten und langen Winter fest, der nicht selten mit seinen Schneehäuptern in die grünen Frühlingstäler herabnickt und die schüchternen Blüten entsetzt.

Der Menschenschlag, der diesen Boden anbaut, ist derb, kräftig, breitstämmig; das gefurchte Antlitz spiegelt den tiefgepflügten Boden ab. Die weibliche Tracht ist den unschönen Gestalten auch noch sehr unvorteilhaft. Der vielfaltige Rock, der die bunten Zwickelstrümpfe sehen läßt, wird hoch unter den Armen gebunden und überhängt den Hüftenbau; das kattunene Leibchen spannt über der Brust und der Kopf wird mit einem in drei Zipfeln gelegten, bunt und hell gewürfelten baumwollenen Tuche überbunden.

Das Landvolk ist fromm und sinnlich. Es hält sich gläubig an die Lehren und Vorschriften seiner Priester, ohne sich im Mystischen zu vertiefen oder im Moralischen sehr zu ängstigen. Im Beten genau, im Leisten lau zu sein, hatte sich der Fuldenser unter dem Krummstabe gewöhnt.

Solche Frömmigkeit verträgt sich denn auch gar wohl mit der Fröhlichkeit des Genusses. Ja in dieser ging man noch viel eher als in jener über das Maß hinaus. Zur damaligen Zeit war die Rohheit der Lust fast unbändig. An Feiertagen, wenn die Bauern nachmittags aus der Stadt nach Hause kehrten, hüteten sich die Städterinnen, ihnen zu begegnen. Brutale Angriffe waren vorgekommen. Und wie hätte eine kirchliche Andacht wenigstens ohne Schlägerei abgehen können! Dem eifrigen Fuldenser genügte es nicht, daß die hohen Feste rot im Kalender standen; er wollte sie auch auf der blutigen Stirne als richtig begangen eingezeichnet wissen.

Außerdem ließ die nüchterne Fröhlichkeit des Fuldensers sich gern in trockener Spaßhaftigkeit aus, in einer Laune, der es nicht an bildlicher Phantasie fehlte und die durch gutmütige Unbeholfenheit des Ausdrucks ins Drollige fiel.

In dies bäuerliche Leben warf zu jener Zeit noch der viel angebaute Flachs mit seiner himmelblauen Blüte einen poetischen Schimmer und spann aus seinem Stengel einen Faden des Weltverkehrs. Die Spinnräder schnurrten im Winter bei geselligen Zusammenkünften; da es denn zur Liebesartigkeit des jungen Burschen gehörte, neben einer Spinnerin sitzend, ihr die aus dem Rocken fallenden Flachssplitter von der Schürze zu streichen und bei schalkhafter Ungeschicklichkeit einen Klaps hinzunehmen. Das Gespinste ward von zahlreichen Webstühlen zu allen Sorten Leinen, vom groben Packtuche bis zum kunstreichen Damast verarbeitet. Der Vertrieb ging nach Frankfurt, Bremen, Hamburg und Holland und machte wohlhabende Unterhändler. Finken aus den Buchenwäldern der fuldaischen Berge lernten in kleinen Käfigen neben den Webstühlen vorgepfiffene Melodien und flogen an solchen Leinweberfäden nahen und fernen Käufern zu. Und während so die einheimischen Melodien in die Fremde wanderten, verfingen sich im Damast, im Segeltuche der reisenden Leinenhändler wundersame Geschichtchen der Fremde, die sich den schalkhaft sinnlichen Geschmack der Fuldenser aneigneten.

Einst war solch ein wohlhabender Händler nach Amsterdam gereist und blieb über Jahr und Tag aus. Wie er zurückkam, fand er neben dem Bette seiner jungen hübschen Frau eine Wiege mit einem Säugling. „Wem gehört das Kind?" fragte der betroffene Mann. Und die verlegene junge Frau erwiderte:

„Ja, hör' nur, Kilian, wie mir's mit dem Buben wunderbar ergangen ist! Es war ein schöner Wintersonntag und die Sonne schien hell. Es trieb mich in uns1r Gärtchen hinaus, und da hatte ich ein so sehnsüchtig Verlangen nach dir, daß ich wie zur Kühlung einen Eiszapfen brach und gierig einsaugte. So ist durch ein Wunder der Bub entstanden."

Der Mann schüttelten bedenklich den Kopf, als eben wie gerufen der junge, kircheneifrige Kaplan des Ortes, um den Angekommenen zu begrüßen, eintrat und zur Beruhigung des Hausvaters aus verschiedenen Kirchenvätern die Möglichkeit eines solchen Wunders darlegte. So ergab sich der Leinenhändler ins Unbegreifliche, weniger weil er ein guter, gläubiger Fuldenser, als weil er ein vorsichtiger Handelsmann war, der sich nicht gern einen Pfaffen auf den Hals lädt und es mit den Kirchenvätern verdirbt. Er ließ den hübschen Buben hingestellt sein, nannte ihn aber aus verhaltenem Spott nur den Sohn Yszap (Eiszapfen). – Im stillen mochte er aber wohl darauf sinnen, den falschen Erben bei guter Gelegenheit wieder loszuwerden, oder – wie er sich handelsmännisch ausdrückte – das Stück Beiderwand billig loszuschlagen.

Als daher der Sohn Yszap herangewachsen und der Kaplan inzwischen auch Fastenprediger in der Stadt geworden war, wünschte er den schlanken Jungen mit nach Holland zu nehmen, damit er die Welt kennenlerne. Die Mutter willigte nicht ohne Besorgnis ein, indem sie den Mann beschwor, den Sohn um Gottes willen wohl zu behüten. Der Mann gelobte es, überließ aber unterwegs den jungen Menschen an holländische Seelenverkäufer, wie man die Soldatenwerber nannte. Kam daher später ohne den Buben zurück.

„Wo ist unser Kind? Wo hast du den Yszap?" fragte die angstvolle Mutter, worauf der Mann schalkhaft mit der frühern Wendung der Frau antwortete: „Ja, hör' nur, Bärbel, wie mir's mit dem Buben wundersam ergangen ist! Es war ein schöner Sommertag, als wir von Mainz auf einer Jacht rheinabwärts fuhren. Da aber die Sonne sehr heiß schien, warnte ich den Buben wiederholt, den Kopf bedeckt zu halten. Der Junge hörte nicht, und eh' ich mich des Unglücks versah, schmolz der Yszap unter meinen Augen in den Rhein und wurde wieder zu Wasser.

Fasse dich, liebe Frau, und höre, was unser Freund, der Fastenprediger sagt. Ich war auf der Herreise bei ihm und er sprach, die Hände über seinem Bäuchlein gefaltet: Je nun! der Winter hat ihn beschert, der Sommer verzehrt; ergebt euch in die Wunder des Herrn!"

Heinrich König, 1861

Kienspan – harzreiches Kiefernholz / kattunen – aus Kattun, einem Baumwollgewebe / Beiderwand – Gewebe aus zweierlei Material, z.B. Leinen und Wolle

Die Geschichte vom Yszap in der Originalfassung

Ze Vrankvurt dô is e Kaufma gewast, dar war of der Hannelschaft dri ganse Jâr, biß hë widder haim koam. Onn bê hë widder haim koam, dô soah hë en rachte schœne Bôwe in sìm Huis erymm laufe; dar hott e shnêwîß Hâr. Bam gehœrt dar Bôb? Doaß ist gar e schœner Bôb! saht hë zô sîner Vrau. Liewer Ma, saht se, en is mî. Soll ich dei Wunner sahe, bê 'ß mein mid dam Jonge gegange hoat. Emôhl bën ich im Weiter in'n Gaarde gegange, onn dô hoan ich sô sëndlich on dich gedâcht, doaß ich gemaint hoan, ich bêen bai dei, onn indam sô nam (d. i. nehme) ich en Jszapp vom Dach onn aß en, onn weardt deß Keint druîß. Hoan en drymm auh Jszapp haiße loaße. – Dar gôde Ma dankt sich sîn Dail, on leßt sich wider nisht mearke. Onn sô ist dar jong Jszapp uf gewassen onn grôß geworhrn.

Üwwer e Wil saht der Kaufma zô siner Vrau: Boaß mainste, bann ich dan Iszapp emôhl mit nêm of die Rais, doaß hë auh ebbeß sëh onn learnd'? Mintwaghe, saht se, dou môßt awwer Soargh zô em hoa. Der Ma noam en mid, onn henkt en dan hollendische Sêle-Verkaifern o. Aß gêht e Zît lang hear, sô kömt hë widder haim, awwer ône Sui. Ach, saht die Vrau, bô haste dan Iszapp hi gedô, ons' Keit? Hœr Schatz, saht hë, mei is 'ß mid dam Keit Jszapp racht wunnerlich gegange. Bê mei emôhl offem Mer vuern, dô war ß' ganz uißerordentlich waarm, onn ich hoan 'ß em nogh verbode, hë soll sich nët barhaupt in'ß Schiff setze. Awwer bër nët volght, doaß war hë. Onn dô hoat em die Sonn offe Kopp sô shtaark gebrannt, doaß dar gôden Jszapp gans varschmolzen onn widder zô Wasser worhrn is.

Der Schriftsteller Heinrich König

Heinrich König, der damals durch seinen Roman: „Die hohe Braut"
noch nicht die allgemeinere Beachtung gewonnen hatte, litt in jener
Zeit, als ich ihn besuchte, unter den Folgen eines grauenhaften Mißver-
ständnisses, das seine Person betraf. Seine Frau war ihm mit Tod abgegangen. Leichenbefund hatte auf Erwürgung im Schlaf gelautet! Die
Ehe war in der Tat keine glückliche, und König hatte böse Feinde, namentlich in katholischen Kreisen. Waren auch die letzteren in Hanau
selbst nicht mächtig, so stand doch Hanau in enger Verbindung mit Fulda, von wo aus König, ein Katholik, schon seit längerer Zeit im Stande
der Exkommunikation lebte. Natürlich löste sich die Anschuldigung in
nichts auf. Die verdächtigen Suggillationen am Halse, die dem Arzte
von einem Strick gekommen schienen, waren nach genauerer Untersuchung die Folge von Umschlägen, die mit einem ätzenden Wasser ange-
feuchtet gewesen. Die entsetzliche Anklage hatte auch wohl dem freisinnigen Deputierten gelten sollen. König hatte zwar nicht studiert, stand
aber auf der Höhe der Tagesfragen und war überall heimisch, soviel
auch nur der jugendlich Strebende, der ihn besuchte, bei einem gemütlichen Nachtmahl, wozu er mich einlud, aufs Tapet brachte. Ein „Rosenkranz für Katholiken", den er eben herausgegeben und durch einen
„Christbaum des Lebens" ergänzt hatte, trug den jeanpaulisierenden
Charakter, ohne etwa, was die Titel glauben machen konnten, besondere Gefühlsweichheit zu signalisieren. Im Gegenteil, die starken, hervor-
stehenden trotzigen Backenknochen seines Antlitzes verrieten zähe Wi-
derstandskraft. Der wackre Mann hat diese in seinen Kämpfen gegen
die Anmutungen der katholischen Kirche gezeigt ebenso wie in den kurhessischen Landtags- und Verfassungswirren.

Karl Gutzkow

Suggillationen – Blutunterlaufungen / Deputierter – Abgeordneter

Hutzelklöße aus der Rhön

Zutaten: 500 g Mehl; 20 g Hefe; ⅛ l Milch; 3 Eier, 60 g Zucker; 60 g
Butter; 1 Prise Salz; 250 g getrocknete Birnen; süßer Obstsaft.
Die getrockneten Birnen (Hutzeln) einige Stunden vorher in lauwar-
mem Wasser einweichen, abtropfen lassen und kleinschneiden. Hefe in

die handwarme Milch bröseln und kurz stehenlassen, dann mit Mehl, Zucker, Eiern, Butter und Salz zu einem Teig kneten. Den Teig in eine Schüssel legen und zugedeckt an einem warmen Ort ca. 30 Minuten gehen lassen. Nun die Hutzeln in den Teig einarbeiten und große Klöße formen, die auf einem vorgewärmten Backblech nochmals 30 Minuten aufgehen müssen. Reichlich Salzwasser zum Kochen bringen und die Klöße vorsichtig einsetzen. 20 Minuten ziehen lassen. Herausnehmen und heiß mit Obstsaft beträufeln.

Von den warmen Baden in Hessen

Nun ist es am Tag / daß solche heilsame Wasser / Brunnen / und warme Bade besondere Gaben Gottes sein / die den menschlichen Körpern in viel Weg zu Hilf kommen / nützlich und dienlich sein. Und mögen diejenigen Lande / so darmit von Gott begabet / solcher Gnaden sich wohl dankbarlich rühmen. In Hessen findet man derselben zwei vornehme / als bei Wiesbaden / in der Grafschaft Nassau / und Ems in der Grafschaft Dietz / zuständig denen Landgrafen zu Hessen / und dann dem Haus Nassau. Solcher warmen Wasser gedenkt auch Plinius / und nennet sie mattiacos fontes.

Es wollen aber die gelehrte Naturkunder / daß solche / und dergleichen Wasser / ihre Wärme und Hitz nicht von Kalkstein / Pech / oder Schwefel / sondern eigentlich von Feuer / so sich innerlich im Erdreich verhaltet / bekommen und haben sollen: Den Geruch / und Kräfte aber von Tanpf / Kalkstein / Schwefel / Alaun/ Bergwachs / Salz / Eisen / Kupfer / Kies / von Blei / schwefelichen Gängen und dergleichen / durch welche sie ihren Lauf haben.

Aus: Hessische Chronika, 1617

Eine Überlegung

Den Männern in der Welt haben wir so viel seltsame Erfindung in der Dichtkunst zu danken, die alle ihren Grund in dem Erzeugungtrieb haben, alle die Ideale von Mädchen und dergleichen. Es ist schade, daß die feurigen Mädchen nicht von den schönen Jünglingen schreiben dürfen wie sie wohl könnten, wenn es erlaubt wäre. So ist die männliche Schönheit noch nicht von denjenigen Händen gezeichnet, die sie allein recht mit Feuer zeichnen könnten. Es ist wahrscheinlich, daß das Geistige, was ein paar bezauberte Augen in einem Körper erblicken, der sie bezaubert hat, ganz von einer andern Art sich den Mädchen in männlichen Körpern zeigt, als es sich dem Jüngling in weiblichen Körpern entdeckt.

Georg Christoph Lichtenberg

Jahrmarkt zu Hünfeld

Den 26. Juli 1814

Ich ging, mit stolzem Geist'svertrauen,
Auf dem Jahrmarkt mich umzuschauen,
Die Käufer zu seh'n an der Händler Gerüste
Zu prüfen, ob ich noch etwas wüßte,
Wie mir's Lavater vor alter Zeit
Traulich überliefert, das ging sehr weit!
Da sah ich denn zuerst Soldaten,
Denen wär's eben zum besten geraten:
Die Tat und Qual, sie war gessch'n,
Wollten sich nicht gleich einer neuen verseh'n;
Der Rock war schon der Dirne genug,
Daß sie ihm derb in die Hände schlug.
Bauer und Bürger, die schienen stumm,
Die guten Knaben beinahe dumm.
Beutel und Scheune war gefegt
Und hatten keine Ehre eingelegt.
Erwarten alle, was da käme,
Wahrscheinlich auch nicht sehr bequeme.
Frauen und Mägdlein in guter Ruh'
Probierten an die hölzernen Schuh';
Man sah an Mienen und Gebärden:
Sie ist guter Hoffnung oder will es werden.

Johann Wolfgang von Goethe

Hünfeld

Hünfeld liegt auf der rechten Seite der Haune auf einer Anhöhe. Auf dem höchsten Punkte liegt die katholische Kirche, ein altes in gotischem Stil gehaltenes Gebäude aus dem Anfange des 16. Jahrhunderts. Im Jahre 1734 wurde dieselbe der damaligen Richtung entsprechend restauriert (Renaissance). 1898 wurde das Innere wieder in ursprünglichem Stil hergestellt; die hierbei bloßgelegten Deckengemälde wurden wieder aufgefrischt und ergänzt, die Wände mit kunstvollen Gemälden versehen, die zum gotischen Stil nicht passenden Altäre entfernt und an deren Stelle prachtvolle gotische Altäre errichtet. Bei dieser Restauration entdeckte man im südlichen Seitenschiff die Zahl 1517.

Die größte Zierde der Stadt ist das im Jahre 1889 erbaute neue Rathaus mit Säulenportal in gotischem Stil.

Andere bemerkenswerte Gebäude sind: das Kreisgebäude, die am südlichen Ende der Stadt gelegene Zuckerfabrik (jetzt nicht mehr im Betrieb), im Osten der Stadt das im Jahre 1896 begonnene Oblatenkloster St. Bonifatius mit schöner romanischer Kirche, das im Jahre 1901 erbaute Josephsheim (Erziehungsanstalt für Kinder aus der Diaspora) und im Innern der Stadt die evangelische Kirche.

Hünfeld hat eine lange Hauptstraße und kleine, unregelmäßige Nebenstraßen, die sich an erstere anschließen. Im Mittelalter war die Stadt mit einer teilweise noch jetzt erhaltenen Mauer umgeben; außerhalb derselben liegen im Süden der Fuldaer Berg und im Norden das Niedertor. . . .

Von Fabriken befinden sich in Hünfeld eine Papierfabrik, eine Leinenwarenfabrik, eine Branntweindestillation und zwei Kunstmühlen. Vor dem Bau der Eisenbahn war Hünfeld als Kreuzungspunkt der Leipziger und Kasseler Straße ein wichtiger Verkehrsort für Fracht- und Personenverkehr; jetzt ist es immer noch für den Verkehr und Absatz der Weber und Leinenfabrikanten, durch den Versand von Grubenholz und Getreide eine wichtige Station der Frankfurt-Göttinger Eisenbahn. Eine zweite Eisenbahn, welche Hünfeld über Vacha mit Gerstungen verbindet, wurde im Frühjahr 1905 begonnen.

Der Name Hünfeld stammt vom Flusse Haune, vormals Hun. Karl der Große schenkte im Jahre 782 den Mönchen von Fulda das Feld der Hun. Die fleißigen Mönche gründeten hierselbst kleine Niederlassungen, Zellen genannt. Es waren dies: Huniofeld (Hünfeld), drei Hasel (Haselaha, das heutige Kirchhasel, Haselstein und das jetzt nicht mehr vorhandene Lendershasel), Rosbach (Hrosbach), Huniohan (Hünhan). Wie überall, so siedelten sich auch hier in der Nähe der Klosterzellen

Das Wappen der Stadt Hünfeld

die zum Christentum Bekehrten an und bildeten so den Grundstock zu blühenden Gemeinden, von denen Hünfeld die bedeutendste wurde. Zu dem Kloster Hünfeld gehörten schon im Jahre 815 die Dörfer Hünhan, Rosbach, Kirchhasel, Haselstein und Lendershasel. Das neben dem Kloster Hünfeld entstandene Dorf erhielt im 9. Jahrhundert Schulzen und Marktgerechtigkeit und wurde durch eine Burg befestigt, die noch 1274 als die alte Burg Hünfeld bezeichnet wird. Nachdem das Kloster in ein dem heiligen Kreuz gewidmetes Chorherrenstift verwandelt worden war, und Hünfeld auch befestigte Häuser besaß, wurde es zu einer Stadt erhoben und 1310 vom Kaiser mit dem Stadtrecht von Gelnhausen aus begnadigt. Als 1359 zwischen Hessen und dem Abte von Fulda sich eine Fehde erhob, eroberte Otto der Schütz, der Sohn des Landgrafen, unter anderem auch Hünfeld, indem er dasselbe in der Nacht des 25. November mittels Sturmleitern erstieg. Aber bald erschien ein fuldaischer Heerhaufen vor Hünfeld und warf die hessische Besatzung siegreich hinaus. Im Jahre 1368 wurde die Stadt mit dem dazugehörigen Amte an die von Haune, dann an den fuldaischen Konvent und 1394 an die von Buchenau verpfändet. Im Jahre 1427 kamen beide unter gleichem Titel an Hessen und Mainz und erst nach Jahren an das Stift Fulda zurück. Als Landgraf Philipp von Hessen 1525 gegen die aufrührerischen Bauern zog, welche bei Fulda lagerten, wurde auch Hünfeld besetzt und 1526 nochmals von den Hessen erobert, weil das Stift Fulda den mit dem Landgrafen geschlossenen Vertrag nicht hielt. Im Jahre 1803 wurde das Stift aufgehoben und seine Gebäude wurden verkauft. Die ehemalige Stiftskirche wurde lange Zeit als Scheune benutzt; später wurde sie bis auf das Chor, welches jetzt noch einen Teil der neurestaurierten evangelischen Kirche bildet, niedergerissen. Am 29. Oktober 1888 zerstörte ein großer Brand zwei Drittel der ganzen Stadt; nur der südliche Teil, der

Fuldaer Berg bis zur katholischen Kirche und der daranstoßenden Straßenseite bis zum Großenbacher Tor und der nördliche Teil, von der evangelischen Kirche abwärts mit dem Niedertore, blieben übrig. Der Aufbau hat die Stadt in modernem Gewande recht ansehnlich wieder erstehen lassen.

Aus: Hessische Landes- und Volkskunde, Band 1, 2

Diaspora – Gebiet mit religiösen Minderheiten

Buchenau

Hier, wo sie ruhen meiner Ahnen Trümmer:
Vermorschte Särge sah ich da
Der Ritter, die im Glanze, die im Schimmer,
In Pracht und Stärke einst die Vorwelt sah.
Hier modern sie, die stolze Burgen bauten,
Zu Schirm und Wehr, zu Wehr und Trutz,
Mit Adlerblick von ihren Zinnen schauten,
Sie, einst des Kaisers und der Fürsten Schutz.
Sie sind dahin, die Ritter und die Zeiten
Wo noch des Adels Stärke galt,
Und ihrer Frauen Reiz und ihrer Minnen Freuden –
Selbst ihre Namen sind schon längst verhallt.
Tritt her jetzt, Stärke! Wo sind deine Kräfte,
Womit der Edle einst geprahlt?
Tritt, Schönheit, her! Wo sind sie jetzt, die Säfte,
Die einstmals Wangen rosenrot gemalt?

Julius von und zu Buchenau

Schloß Buchenau

Tief im Norden des Buchenlandes, im jetzigen kurhessischen Kreise Hünfeld, liegt in einem von dem Eitrabache gebildeten, von Mittag nach Mitternacht ziehenden Tale das Dorf Buchenau und stolz über seine Häuser herausragend das Schloß Buchenau. Dieses Schloß war einst der

Stammsitz eines mächtigen Geschlechtes, welches Jahrhunderte hindurch glänzend auftritt in der Geschichte des Vaterlandes. Obgleich jenes auf keinem hohen Felsengebirge, sondern tief in einem Tale liegt, dessen waldige Wände es rings umschließen und überragen, so war es dennoch fest durch Werke der Kunst, welche das, was ihm durch seine Lage abging, bei der ehemaligen Weise der Kriegsführung hinlänglich ersetzten.

Buchenau

Die gegenwärtigen Gebäude stammen alle aus dem 16. und 17. Jahrhundert, haben also wenig Altertümliches und gehören einer Zeit an, wo die Kraft des Adels schon gebrochen sich nicht mehr in kühne Fehden versuchen konnte. Das hohe viereckige Gebäude, links auf der Ansicht, ist augenscheinlich das älteste und zufolge seiner Inschrift im Jahre 1575 von Eberhard von Buchenau erbaut worden, hat aber später noch mancherlei Veränderungen erlitten. Man nennt dasselbe das Storchennest, wohl deshalb, weil ehemals ein Storch auf demselben genistet. Der noch auf der Ansicht befindliche Turm wurde vor einigen Jahren niedergebrochen. Er war 98 Fuß hoch und hatte sieben Fuß dicke Mauern. Ein noch aufbewahrter Stein hat die Inschrift: G. V. B. 1508. Er wurde demnach durch (Gottschalk) von Buchenau im Jahre 1504 erbaut.

Doppelte Mauern mit Schießscharten und ein tiefer Graben, dessen Wände durch Widerlagsmauern gestützt werden, umschlingen diese Gebäude. Doch statt der ehemaligen Zugbrücke führt jetzt eine gemauerte Brücke in den geräumigen Hof.

Aus: Georg Landau, die Hessischen Ritterburgen

Manse – Fronhof

Hochzeitsgebräuche zu Hintersteinau und Umgegend

Geschildert von Pfarrer J. Rullmann

Ich habe in Hintersteinau und nächster Umgegend vieles Eigentümliche und recht Charakteristische bei Hochzeiten der großen und reichen Bauern wahrgenommen, die aber immer seltener werden, weil sie eben in dieser Art und Weise „nicht mehr Mode sind". . . Sie finden aber nur noch bei eigentlichen Bauern „die's können" und bei solchen jungen Leuten statt, die „in Ehren zusammenkommen". Denn in unseren Tagen, wo durch die allgemeiner gewordene Bildung vernünftigerweise pekuniäre Rücksichten mehr erwogen werden wie vordem, wo nicht der Wohlstand, wohl aber das törichte Dicketun und Prangen allgemeiner war wie jetzt, nehmen die ein ganzes Dorf in Aufregung bringenden kostspieligen Hochzeiten immer mehr ab, und so allgemein früher bei allen Musik und Tanz war, so selten sind diese jetzt, und dürfte es deshalb angemessen erscheinen, ein wahrheitsgetreues, aus Erfahrung und Anschauung gewonnenes Bild hiervon zu entwerfen. Und was die „Ehren" anlangt, so nahm man das früher, d. h. seit Anfang dieses Jahrhunderts auch nicht so genau wie jetzt.

Man pflegt in Hintersteinau und Umgegend die Söhne, namentlich die Erben des Gutes (und alle ehemals klösterlichen, dem Kloster Schlüchtern lehn- und zinspflichtig gewesenen Güter sind geschlossen) frühzeitig, gewöhnlich im Alter von 22–25 Jahren zu verheiraten. Der Blick der Eltern des „Stammhalters" ist behufs Auswahl einer passenden Frau zuerst immer auf den Kreis der nächsten Verwandten gerichtet, es sind daher Ehen in der nächsten Blutsfreundschaft etwas sehr Gewöhnliches. Die vielen Nachteile hiervon sind zu bekannt, als daß ich mich veranlaßt finden könnte, solche hier näher zu besprechen. Nur wenn ein geeignetes Mädchen in dem engen Kreise der Blutsfreundschaft nicht vorhanden ist, wird die Umschau ausgedehnt, und Rücksichten auf den Ruf der Familie und auf die mögliche Mitgabe spielen bei Fixierung des Blickes die Hauptrolle; das geeignete Alter kommt weniger in Betracht. Haben die Eltern nach genauerer Erwägung der beiderseitigen Vermögensverhältnisse ihre vorläufige Wahl getroffen und sich darüber auch die Ansicht ihrer nächsten Verwandten vertraulich verschafft, so nähern sie sich persönlich oder durch dritte Personen den Eltern der Auserkornen und sondieren, „so hinten herum" wie der landübliche Ausdruck ist, die Meinung dieser über die mögliche Ehe der beiderseitigen Kinder. Findet man Boden, um weitere Unterhandlungen darauf bauen zu können, so werden nun Vertrauensmänner, gewöhnlich nahe Anverwandte, damit beauftragt, und der Geldpunkt wird dabei in gewichtige Erwägung gezogen und findet, wenn der „Platz ein guter ist", wo das Mädchen hin soll, in der Regel einen befriedigenden Abschluß. Soll aber ein wohlhabendes Mädchen auf ein Gut kommen, das als verschuldet im Gerede steht, und wo auch die Familienverhältnisse nicht als die besten gelten, so beauftragen dessen Eltern, ehe sie eine bindende Zusage geben, Freunde mit Erforschung des eigentlichen Sachverhaltes. Diese nehmen nun eine genaue Besichtigung des ganzen Gutes, des Viehstandes und der Vorräte auf dem Boden und im Keller vor, vergewissern sich über die Größe der Schulden, und sind diese Mittelspersonen mit dem Befunde nicht zufrieden, so werden die begonnenen Unterhandlungen abgebrochen. In jedem der angegebenen Fälle ist der Sohn unter der Hand mit seiner beabsichtigten Verheiratung bekannt gemacht worden und hat sich seine „Bestimmte" einmal angesehen, obschon sein Befund auf Abschluß oder Vereitlung der Unterhandlungen von wenig Einfluß ist. Haben diese aber einen vorläufigen befriedigenden Abschluß gefunden, so wird der Taufpate des zu verheiratenden Sohnes, sein „Petter", offiziell als Brautwerber abgeschickt und bringt natürlich das Jawort zurück, da man vorher schon über die wesentlichsten Punkte einig war. Nun werden zwischen beiden Angehörigen feste und bindende Verabredungen über Abtretung des elterlichen Gutes, über Herausgabe der Geschwister usw., über Größe und Beschaffenheit der Mitgift von seiten der Braut getroffen. Der Erbe eines Gutes von 120 Morgen Land braucht oft gar wenig „herauszugeben". Hat er mehrere Geschwister, so besteht gewöhnlich das Erbteil eines jeden von ihnen in 150 bis 200 Gulden, und sie verfallen in der Regel der Klasse der sogenannten „kleinen Leute". Ist man endlich nach bedächtigem Erwägen und Handeln über alle Punkte vorläufig einig, so wird der Tag des „Jaweinkaufs", des eigentlichen Verspruchs festgesetzt. Die nächsten Anverwandten sowie „Petter" und „Gothe" der einander bestimmten Brautleute sowie die etwaigen Mittelspersonen und Unterhändler, sogenannte „Freiersleute", werden von den Eltern der Braut zu diesem Verspruche eingeladen, in früheren Zeiten nahm auch der Pfarrer teil, worauf jetzt nicht mehr bestanden wird, jedoch in der Regel der Schullehrer, um die etwa nötigen Schreibereien zu vollziehen; letzteres geschieht aber nur noch in wenigen Fällen, da die Bauern selbst, nach einem vorhandenen Leisten, die Kriegs- und Friedensartikel niederzuschreiben imstande sind. Die vereinbarten und niedergeschriebenen Punktationen werden dann später bei der Eheanzeige vor Gericht diesem vorgelegt und, wenn nicht ein besonderer Vertrag abzuschließen ist, in die Eheberedung, sogenannte „Ehepredigt" mit aufgenommen. Man ißt Brot mit Butter und Käse, trinkt Bier und Branntwein, auch wohl Kaffee und Kuchen; alles geht einfach und ländlich zu. Mit beginnender Nacht wird aber von den Burschen auf der Straße ein heilloses Lärmen durch Peitschengeknall hervorgerufen. Bei Halbbauern, sogenannten Hintersässern und kleinen Leuten hat es bei diesem Verspruche sein Bewenden, oft auch bei ganzen Bauern aus Sparsamkeitsrücksichten. Wenn diese es aber können, namentlich aber, wenn gut „gefreit" worden ist, folgt nun der eigentliche Weinkauf, gewöhnlich acht Tage später, damit hinreichende Zeit zur Vorbereitung auf die dann erst stattfindende Mahlzeit und was damit in Verbindung steht vorhanden ist. In früheren Zeiten wurde der „Winkuf" im Wirtshause gehalten, und wurde da die Braut von dem Bräutigam mit Wein traktiert; jetzt findet derselbe im Hause der Braut statt und der giftige Schnaps hat den Wein verdrängt. Eine zahlreiche Gesellschaft ist vorhanden; die Verwandten von beiden Seiten sowie die besten Freunde und Freundinnen von Bräutigam und Braut. Die Braut läßt sich wenig oder gar nicht sehen im fröhlichen Kreise; man ißt und trinkt, scherzt und lacht dem Bildungsgrade angemessen. Da geht plötzlich die Türe auf und herein tritt ein durch Frauenkleider möglichst unkenntlich gemachter Bursche, benimmt sich als freche Dirne und schimpft tüchtig auf den Bräutigam los als auf ihren ungetreuen Liebhaber. „Da finde ich ja meinen treulosen Schatz in einer schönen Gesellschaft; da gehörst du nicht hin, du bist mein! Wir haben schon lange miteinander Umgang und jetzt willst du mich verlassen und eine andere freien, das leide ich nicht! Du bist ein schlechter Kerl, wenn du mich und das Kind verleugnest, das wir miteinander haben! Schande der Braut, die dich nimmt!" usw. Der Bräutigam bekommt bei dieser Gelegenheit, wenn fleischliche Verirrungen von ihm bekannt sind, einen Sittenspiegel vorgehalten, der kein liebliches Bild zurückwirft; steht er aber rein da, so lacht er; in beiden Fällen sucht er gegen Wahrheit und Dichtung sich möglichst zu verteidigen. Man streitet hin und her, bis endlich der „Petter" das „schlechte Mensch" am Arme faßt und erklärt: „Ich will doch sehen, ob ich nicht eine bessere und schönere Dirne für meinen Petter kriege als dich!" und außerhalb der Stube führt. Nun bringt er von draußen herein die lachende, festlich aufgeputzte Braut und stellt sie vor den Bräutigam und spricht: „Nun, wie gefällt dir diese? Gelt! das ist ein anderer Brocken?" Der Bräutigam äußert über diesen Wechsel seine freudige Überraschung, reicht der Braut seine Hand und die Anwesenden beglückwünschen den nunmehr als geschlossen betrachteten neuen Bund. Hier hielt früher der Pfarrer, später der Lehrer, jetzt ein naher Verwandter eine kurze Ansprache an die Brautleute, worauf dann der Bräutigam gleichsam als Daraufgabe, daß der Handel ein fester und bindender sei, der Braut das „Brautgeld", ein bis drei Taler oder sonstiges sogenanntes hartes Geld überreicht; die Braut beschenkt den Bräutigam mit einem bunten Schnupftuche. Dieser Weinkauf dauert von einem Mittag ununterbrochen bis zum andern Morgen, und wird da ein ganz ansehnliches Quantum warmer und kalter Speisen und Getränke vertilgt. Von dem Weinkaufe weg wird die Braut je nach der Weite der Entfernung zu Fuß oder zu Wagen von den Burschen, die dabei zugegen waren, in das Haus ihres Bräutigams geführt und ihr somit ihre künftige Wohnstätte und neuer Wirkungskreis gezeigt. Nach einem kleinen Frühstück geht hierauf die Gesellschaft auseinander. Zu beklagen ist hierbei die Unsitte, daß von diesem Tage an die jungen Leute gewöhnlich schon in einem so vertrauten Verhältnis zueinander stehen, wie es nur zwischen Eheleuten erlaubt ist.

Am ersten Sonntage nach dem Weinkaufe wird der Verlobte vor dem zweiten Geläute von seinen Kameraden abgeholt und zu seiner Braut geführt; diese überreicht ihm einen Rosmarinstrauß, geziert mit vielen „gebackenen Rosen" und anderem Flitter. In der Mitte seiner Freunde schreitet dann beim dritten Geläute der stolze Bräutigam der Kirche zu; sein Siegeszeichen prangt auf seiner Brust und er wird begafft, beneidet oder auch verleumdet von jung und alt. Nur am Tage der Hochzeit trägt er zum zweiten und letzten Male diesen Schmuck.

Der Hochzeitstag ist bei den Bauern hier stets der Dienstag oder der Freitag. Zur verabredeten Stunde erscheinen die männlichen Hochzeitsgäste und die jungen Freunde des Bräutigams, sechs bis vierzehn an der Zahl, im Hause desselben, um ihn abzuholen und zur Braut zu führen. Bei dieser Gelegenheit und während der ganzen Hochzeit wurde früherhin von den jungen Leuten mit Pistolen geschossen; es ist dies Lieblingsvergnügen der Bauern aber von der Polizeigewalt des Staates wohlweislich, wenn auch den Betreffenden zum großen Verdruß, abgestellt worden. Singend und springend, dem Branntwein mäßig zusprechend, setzt sich, wenn alles bereit ist, der Zug in Bewegung, um die Braut abzuholen und zur Kirche zu führen. In der Hofreit der Braut angekommen, findet der Zug alles still und verschlossen; keine Türe, durch die man in das Haus oder den Stall gelangen könnte, ist unverschlossen, kein Fenster unverriegelt; niemand läßt sich sehen, es ist alles wie ausgestorben. Der Bräutigam und seine Begleitung stehen wie verblüfft da, die mitgebrachte Musik verstummt. Man scheint sich zu besinnen, was da zu tun sei; dann umschwärmen des Bräutigams Freunde das ganze Haus und versuchen überall einzudringen, rütteln und drücken an allen Türen und Fenstern, aber es hilft alles nichts, das Haus bleibt still und verschlossen. Nun klopft man endlich sehr stark an die Haustüre. Es erscheint innen der Hausherr, fragt nach der Ursache des Lärmens in seinem Hof und auf welchen Grund hin Einlaß begehrt werde. „Seid ihr etwa Einquartierung? Habt Ihr Billette?" Man reicht ihm unter der Türe oder zu dem halb geöffneten Fenster herein einen Zettel, von innen wird daraufhin die Türe etwas geöffnet und von außen vollends aufgezwängt, und alles dringt nun in rascher Eile ins Haus und die verborgen gehaltene, hochzeitlich aufgeputzte Braut wird hervorgeholt und dem Bräutigam zugeführt. Die Tracht der Braut ist die ortsübliche von „Wollenzeug" von dunkelblauer oder ganz schwarzer Farbe von Kopf bis zu den Füßen, höchstens ist ein farbiges, seidenes Tüchelchen um den Hals geschlungen. Auf dem Kopfe trägt sie aber nicht die breitbebänderte „Kappe", sondern eine „Krone", auch wohl „Bautkranz" genannt, einen turmartigen, mit Flittergold und anderem Zierrat reich versehenen Kopfputz. Ebenso ist ihre Brautjungfer gekleidet und geziert. Die übrigen weiblichen Hochzeitsgäste, die im Hause der Braut versammelt sind, namentlich deren „Gespielinnen", von denen eine gleiche Anzahl vorhanden ist, als auf seiten des Bräutigams „Freunde" zugegen sind, tragen alle ihren besten sonntäglichen „Staat". Die jungen Leute ordnen sich in Paare; jeder Bursche bekommt von seinem Mädchen ein Schnupftuch an den linken Arm oder in ein Knopfloch auf der linken Seite seines Rockes gebunden; auch der Brautführer und die „Petter" von beiden Seiten erhalten dergleichen, die gewöhnlich in Form eines Briefpakets zusammengelegt und mit einem schwarzen seidenen Band auf die äußere Seite des Armes gebunden sind. Musik ist vorhanden, und in der Braut Haus wird ein Tänzchen aufgeführt, bis die Glocken zur Kirche rufen.

Unter der Leitung des Brautführers ordnet sich nun der Zug; voraus schreiten die beiderseitigen Paten, sie tragen Stöcke als Zeichen ihrer Würde, hinter ihnen folgt die Musik, einen munteren Marsch spielend.

Aber ohne Hindernisse gelangen sie nicht zum Ziele; an mehreren Punkten, oft noch ganz nah vor der Kirche, wird der Zug „gehemmt" und der Bräutigam muß durch eine Geldspende sich und den Seinen freie Bahn schaffen. Das allgemeiner gewordene Gefühl für Schicklichkeit gestattet nicht mehr, die Branntweinflasche bis vor die Kirchentüre zu tragen wie früher geschehen ist, und fällt Unziemliches daher auch nicht mehr vor. Man sieht nur glückliche, heitere Menschen der Kirche zuwandern.

Nach Beendigung der kirchlichen Handlung geht der Zug in derselben Ordnung unmittelbar nach des Bräutigams Haus, zur nunmehrigen Wohnstätte der jungen Frau, und zwar durch den Stall über den Hausflur in die Wohnstube. Hier wird nun alsobald die Mahlzeit aufgetragen, die viel, aber nicht vielerlei bietet, eine geraume Zeit in Anspruch nimmt und wohl noch länger dauern würde, drängte die Jugend nicht zum Tanze. Das Essen, Trinken und Tanzen währt nun ununterbrochen bis zum andern Morgen, ohne daß in dem einen oder dem anderen bei der gemächlichen Weise, womit es geschieht, zu viel getan würde.

Erst am anderen Morgen begeben sich die Gäste dankend und zeremoniell nach Hause als wäre nun alles vorüber, obschon sie recht gut wissen, daß dem nicht so ist. Denn kaum ist das Haus wieder ein bißchen in Ordnung gebracht und die nötige Zeit zu neuen Zurüstungen gewonnen, so machen sich des Bräutigams Eltern auf den Weg und laden alle Gäste, die sich tags zuvor auf ihre Bitte eingefunden, zum zweiten Hochzeitsschmause ein. Dieser beginnt um elf Uhr und die Musik

„spielt" dazu. Darauf fangen die jungen Leute an, ein bißchen zu tanzen so wie zur Probe, ob's noch geht. Es geht noch, und nun ziehen sie, Musik voran, einer mit Flasche und Glas nebenher, unter lustigem Spiel und Sang zum Dorfe hinein. Hinter der Musik die jungen Eheleute, dann die Burschen und Mädchen paarweise. Der junge Mann trägt auf der Brust zum letzten Male den Rosmarinstrauß, seine Frau an der Hand führend, die ihren Kopfputz noch aufhat. Die Burschen tragen sämtlich dieselben Kleider: schneeweiße, leinene Hosen, sogenannte „farbige", d. h. mehrfarbige Westen, dunkelblaue Kamisole und runde, reich mit Pelz und Flittergold gezierte rote Tuchmützen; alle tragen das von ihrem „Mädchen" erhaltene „Hochzeitstuch" um den linken Arm geschlungen oder halten es frei an der Hand, dies selbst am rechten Arm führend. Der Anzug der Tänzerinnen ist einfach wie die landesübliche Tracht überhaupt und besteht in dunkelblauen wollenen Kleidern und seidenen, bescheiden-bunten Tüchern und Kappen. Man zieht zu den nächsten Verwandten der jungen Eheleute, die sich als solche dadurch bei ihnen vorstellen, tanzt eine Weile in deren Wohnung, wird mit Eiern und Wurst beschenkt und wandert weiter. Nach einigen Stunden kehrt der ganze Zug ins Hochzeitshaus zurück und läßt sich das Empfangene in kurzer Ruhe schmecken.

Es nahet der Abend und damit der feierlichste Moment des ganzen Festes. Die Patin der jungen Frau, die Goth genannt, bringt das Hochzeitskissen, das reich mit Bändern geschmückt ist, und auf dem ein zierliches Kinderhäubchen und eine Wickelschnur liegt; sie legt es mitten auf den Tisch. Alle drängen sich in dessen Nähe. Die Männer entblößen ihre Häupter, die Frauen greifen nach den Taschentüchern oder Schürzen, um die kommenden Tränen damit zu beseitigen. Die jungen Eheleute sind „abgedeckt", d. h. ihres hochzeitlichen Schmuckes entledigt, und so treten auch sie an den Tisch heran. Unter allgemeiner Rührung und tiefer Stille übergibt nun die Goth oder deren Mann der jungen Frau das Kissen und spricht: „Hier schenke ich dir ein Kissen! Seid hübsch einig und schlafet zusammen in süßem Frieden darauf; seid ihr uneinig, so mußt du allein darauf liegen." Man beglückwünscht nun von allen Seiten die neuen Eheleute und übergibt ihnen die mitgebrachten Geschenke, namentlich sind die Gevattersleute gehalten, unter anderem auch einen „harten Taler" zu geben. Hiermit geht die Hochzeit zu Ende, oft wird sie aber auch noch am andern Morgen „begraben". Nach einen kleinen Frühstück ziehen die Burschen mit Musik auf eine Wiese vor dem Dorfe, graben ein Loch und legen einen Holzpflock hinein. Erst damit, glaubt man, habe die Hochzeit ihren ordentlichen Abschluß gefunden.

Es leuchtet ein, daß sämtliche Gebräuche ihren tiefen Sinn haben, auf den ich gern zum Schlusse hinweisen würde, fürchtete ich nicht, denkenden und kundigen Lesern damit etwas Überflüssiges zu sagen.

Aus: Zeitschrift des Vereins für hessische Geschichte und Landeskunde

pekuniär – das Geld betreffend / sondieren – ausforschen / Punktation – Vorvertrag / Hofreite – Anwesen / Billett – Einlaßkarte / Kamisol – kurzes Wams

Stockhausen

Von Lauterbach wanderten wir stets im Walde nach Stockhausen, einem beträchtlichen Dorfe, wo der vor etlichen Jahren verstorbene hessische Erbmarschall von Riedesel ein fürstliches Schloß erbaut und einen herrlichen Garten angelegt hat. In dieser rauhen wilden Gegend, wo man so etwas gar nicht ahnt, ein so schönes, im edelsten Stile erbautes Schloß zu erblicken, tut eine Wirkung, die außerordentlich ist. Man glaubt sich in eine Feenwelt versetzt und hält das Schloß mit seinem herrlichen Garten für die Schöpfung einer Fee. Das Gewächshaus gehört zu den vorzüglichsten, die ich je sah, und enthält Pflanzen, die man hier nicht erwartet hätte. So fand ich darin zu meinem freudigen Erstaunen die ägyptische Papierstaude, nach deren Bekanntschaft ich mich so lange gesehnt hatte. Der Stengel ist acht Fuß hoch, von prismatischer Form, läuft in eine Krone von zarten, eine halbe Elle langen Fasern aus und ist inwendig mit einem nährenden Mark angefüllt. Dies Mark aßen die Armen in Ägypten als Brot. Aus der flachsartigen Rinde drehte man Stricke und aus der zwiebelartigen Wurzel wurden Blätter bereitet, worauf man schrieb. Die Art, dieses ägyptische Papier zu bereiten, war folgende: Da die Zwiebeln aus mehreren dünnen Häuten bestehen, so löste man diese ab, bestrich sie mit einem Leim, legte sie auf Tafeln erst in die Länge, dann in die Breite und so mehrere Lagen übereinander. Darauf preßte man diese Lage und nannte sie nach der Pflanze „Papyrus", woher auch unser aus Lumpen verfertigtes Schreibmaterial den Namen Papier erhalten hat. Man schrieb aber nicht mit Tinte, sondern mit eisernen und beinernen Griffeln darauf.

Ferner war hier der Trompetenbaum zu sehen, von der röhrenförmigen Blume, welche aus einem Blatte besteht und sich oben in zwei Lippen öffnet, so genannt; ferner Rapis flagelliformis, ein sonderbares Gewächs, dessen Stengel mit dünnen langen Fasern umwunden ist, die noch einen halben Fuß wie ein Haarbüschel über diesen hinausragen; die Ingwerstaude; Kempheria longa, ein seltenes Gewächs; der so selten und nur etliche Stunden blühende Cactus grandiflorus, dieser Liebling Floras; die kostbare Justitia cristata, für die als kleine Pflanze zwanzig Gulden bezahlt wurden und welche man von Wien erhielt. Ich führe von den vielen übrigen seltenen und interessanten Gewächsen, die mich hier überraschten, nur noch die Paradiespalme an. Dies prächtige Gewächs hat in seinem Vaterlande zwischen den Wendekreisen sechzehn – zwanzig Fuß lange und drei – vier Fuß breite Blätter; an dieser waren die Blätter nur acht Fuß lang und zweieinhalb Fuß breit.

Denk Dir nur, der hiesige geschickte Gärtner zieht sogar Ananas, Zitronen und Orangen in Fülle. Die Mistbeete waren sehr zweckmäßig. Es waren nämlich Treibkasten mit eisernen Röhren an den Seiten, in welche Feuer gemacht wurde.

Fünfzehn Minuten von dem schönen Garten hat der Herr Erbmarschall einen waldigen Hügel durch hübsche Anlagen verschönt. Breite Wege winden sich in mannigfachen Richtungen an dem Berge hin. Auf dem höchsten Punkte desselben erhebt sich ein Pavillon mit der Inschrift:

„Konrads-Höhe“.

Darunter steht mit griechischen Buchstaben:

Τν

Αναπαυσει, ενοτητι

Φιλοτντι και ιλαροτητι.

Warum man nicht lieber mit deutschen Worten sagte: „Der Erholung, der Eintracht und der Heiterkeit“? War die Muttersprache hierzu so arm, oder schämte man sich ihrer auch in den deutschen Wäldern? Ich glaubte, dies wäre nur der Fall in großen Städten und Residenzen!

Einige hundert Schritte weiter, an einem stillen friedlichen Plätzchen, ist das Grabgewölbe des Freiherrn Konrad von Riedesel. Mit schwarzen Buchstaben stehet oben: „Konrads-Ruhe“. Die Idee, sich an diesem feierlich stillen Orte eine Ruhestätte für den langen Schlummer zu bereiten, ist wirklich schön, und der Stifter durfte nicht wie Geßner erst fragen: „welchem Baum entsinkt wohl einst das fallende Blatt auf mein friedliches Grab?“.

Nur ungern trennte ich mich von dem anziehenden Stockhausen, besonders da ich das Innere des Schlosses noch gern kennengelernt hätte. Es läßt sich viel davon erwarten, wenn es dem Äußeren nur einigermaßen entspricht.

Der Weg von hier nach Moos, wo die Großeltern meiner Zöglinge lebten, sprach mir ganz zu, denn er war sehr bergig und wild, und so was liebe ich. Besonders interessant machte ihn aber ein kleines Dorf, an dem er vorüberführte, in einem Tale, namens Rudlos, in welchem ein

Mann wohnt, der die höchste und niedrigste Würde des Dorfes in sich vereinigt, indem er zugleich Schulmeister und Kuhhirt ist.

Unsere Schuhe und Beine müssen es zu ihrem Schaden erfahren, daß der Name des Dörfchens, das wir jetzt durchschreiten, sehr passend ist. Es heißt nämlich Schlechtenwegen. Wahrscheinlich ist er aus einem Nennwort ein Eigenname geworden, eine Erscheinung, die wir so oft in der alten Geschichte haben.

Dort erblickst Du schon Moos, der bescheidene Name des friedlich bescheidenen Dörfchens, wo wir diesmal übernachten wollen.

Ludwig Bocle, 1813

Der Fluß

Wenn er Lastkähne trägt,
ist er ein Mann,
Rauch und Pfiffe im Gesicht.

Aber bei den Korbweiden
wird er eine Frau,
die mit Blättern und Stieglitzen
flüstert,
oder ein Mädchen,
Silber sein Mund.
Die Brücken zerbrechen
vom Licht des Wassers.

Fluß, mit Geigenspiel
und Fahrrädern am Ufer,
elastischer Körper,
von Böschungen gestreichelt:
Du redest an Quelle und Mündung.

Unterwegs hinterläßt du
für Angler Almosen
und raufst dein Haar.

Die Algen
verschweigen dein Alter.

Karl Krolow

313

Schloß Eisenbach

Wenn man von Lauterbach aus gegen Süden in dem felsigen Tale der Lauter hinwandert, gelangt man nach etwa einer Stunde am Fuße des Hügels an, auf dem das Schloß Eisenbach liegt. Der Burgberg, der aus Basaltfelsen besteht, ist zwar nicht hoch, doch ziemlich steil, und nur gegen Westen verflacht er sich. Die Abhänge sind meist mit Bäumen und Sträuchern bepflanzt... Um den Fuß des Burgbergs zieht sich ein enges Wiesental, das rings von dem nahen Hochwalde umschlungen wird.

Die Burg muß man in zwei Teile scheiden, in die eigentliche Burg und in die Vorburg oder die Ökonomiegebäude, letztere bilden um die Burg gegen Süden und Westen einen weiten Kreis, wodurch ein sehr geräumiger Vorhof entsteht.

Ich führe den Leser zu dem äußersten Tore, welches die Vorburg verschließt. Es liegt gegen Südwesten und befindet sich unter einem alten Gebäude, die vorspringende Ringmauer und ein Rondell dienten ihm als äußere Deckung. Rechts und links reihen sich an das Torhaus die Ökonomiegebäude, von denen die zur Rechten einer neuern Zeit, die zur Linken dem 16. Jahrhunderte angehören. Das an das Tor stoßende Gebäude hat auf einer Steinplatte in zwei Schildern das riedeselische und malsburgische Wappen und um den Rand die Wappen von sechs verwandten Geschlechtern... Hiernach wurden beide Gebäude von Hermann Riedesel und seiner Gattin Margaretha von der Malsburg erbaut.

Ein drittes Gebäude, welches das zuletzt erwähnte zum Teil bedeckt, zieht sich gegen Norden und schließt sich an die Burgkirche an, ein nicht großes Gebäude aus dem 17. Jahrhundert. Mit ihrer Nordseite stößt die Kirche an den innern Burggraben.

Wir stehen jetzt vor der eigentlichen Burg. Diese bildet ein großes längliches Viereck und besteht aus zwei Hauptteilen, welche nach Osten und Westen liegen und nördlich durch eine Mauer, südlich durch das Torgebäude verbunden werden. Dicht um die Burg läuft ein Graben, der auf der Südseite, wo die Brücke sich befindet, vorzüglich breit und tief ist. Diese Brücke war sicher ehemals zum Aufziehen eingerichtet. Über dem Eingange erhebt sich ein gewöhnliches Torgebäude mit der ehemaligen Wohnung des Torwarts. Auf einer Tafel über dem Tore ist ein großes Schild angebracht, auf dem man ein Stück Haut und die Jahreszahl 1678 erblickt. Man erzählt hiervon, daß in dem genannten Jahre, etwa dreiviertel Stunden von Eisenbach nach Stockhausen hin, der letzte Bär erlegt und dessen Kopf und Klauen hier zum Gedächtnisse aufgehängt worden seien; jenes Stück Haut sei der letzte Rest davon.

Um Wasser auf die Burg zu bringen, ist eine eigene Wasserleitung an-

Schloß Eisenbach

gelegt. Durch den vorüberfließenden Bach wird nämlich ein Rad in Bewegung gesetzt, welches ein gutes Quellwasser in Röhren hinauftreibt.

Die Aussicht ist beschränkt. Nur aus den oberen Fenstern des Schlosses sieht man über die nördlichen Hügel hinaus den Kirchturm von Maar und weiter das Schloß Herzberg; nordwestlich erblickt man Wallenrod und westlich Hopfmannsfeld und Dirlammen. Alle anderen Seiten werden durch dicht bewaldete Berggipfel begrenzt. Doch um so freundlicher ist der Blick in das enge, sich um den Burgberg windende Wiesental und auf das felsige Bett des im Sommer freilich sehr wasserarmen Baches.

Aus: Georg Landau, Die hessischen Ritterburgen

Das Lautertal mit Lauterbach

Die neue Straße von Schlitz nach dem drei gute Stunden entfernten Lauterbach steigt bis jenseits Willofs. Von da an zieht sie sich etwas zu steil abwärts. Dem Fußgänger raten wir, im freundlichen Tale der Lauter zu bleiben, wo er mehrere Dörfer und u. a. das kurhessische Salzschlirf findet, an welchem sich früher eine Saline befand und wo neuerdings ein Salzbad errichtet wurde. Die interessanteste Stelle ist aber

315

noch etwas weiter nach Angersbach zu. Ein Viertelstündchen nordwestlich von diesem Dorfe zieht sich die Anhöhe in das Tal hinein und bildet
eine Art kleinen Vorgebirgs, mit alten Eichbäumen bewachsen. Untersucht man diese Stelle näher, so findet man einige wenige Reste alten
Gemäuers, umgeben von einem Graben, der früher nicht unbedeutend
gewesen sein muß. Hier stand einst eine alte Burg, die Wartenbach
(Wartenberg) genannt, früher vielleicht die Stammburg der Familie von
Angersbach, wohl dieselben, welche später unter dem Namen von Wartenberg vorkommen und mit denen von Eisenbach zusammenhängen.
Jener kriegerische Abt Bertho II. von Fulda, genannt Fingerhut, zerstörte Wartenbach um 1261. Jetzt sieht man nur noch den Rest eines alten
Kellers und einen Türpfosten mit einer Türangel. Im Jahr 1828 wurden
von Angersbach aus hier Nachgrabungen vorgenommen; wir wissen
aber nicht, ob sie von besonderem Erfolg waren. Eine starke Stunde
westlich davon erhebt sich im Tale Lauterbach, eine der bedeutendsten
Städte der Provinz Oberhessen, mit einer Bevölkerung von 3651 Seelen
und 593 Wohngebäuden im Jahre 1840. Die Stadt gehört den Freiherrn
Riedesel zu Eisenbach, die hier ihre gemeinsamen Behörden für ihre
weitläufigen Besitzungen haben. Vor dem Jahr 1806 stand nur die Vorstadt von Lauterbach, genannt der Wöhrd, unter hessischer Hoheit....
Die Stadt muß wohl sehr alt sein. Es geschieht ihrer schon im Jahr 812
urkundlich Erwähnung als einer Besitzung von Fulda. Manche halten
dafür, daß unter dem Namen Luterenbah hier nicht ein einzelner Ort,
sondern die gesamte Mark zu verstehen sei. Gegen 1265 wurde der Ort
von dem Abte Bertho II. zur Stadt erhoben und befestigt, und im Jahr
1280 erscheint auch urkundlich ein Schultheiß daselbst.
Im Jahr 1806 kam die Belehnung von Lauterbach an das Großherzogtum Hessen, das, wie oben erwähnt, die Hoheit über die Vorstadt bereits besaß.

Aus: Das Großherzogtum Hessen

Der Hahn und der Fuchs

Es hielt auf einem Baum ein alter Hahn
Die Wache. Der Fuchs kommt an.
Herr Bruder, rief der Fuchs mit lustigen Gebärden:
Ich bringe dir die beste Neuigkeit.

Nun soll es einmal Friede werden.
O sei gescheit
Und komm herab, ich muß dich küssen.
Doch mache bald, ich habe keine Zeit,
Heut müssen es noch alle Hühner wissen.
Du kannst nun mit den Deinigen
Getrost nach deiner Nahrung gehn.
Wir werden dir und ihnen
Nach unsrer Pflicht
Nunmehr als Brüder dienen. –
O komm herab, und zaudre nicht.
Damit ich dir in meinem Leben
Den ersten Bruderkuß kann geben.
Ach – rief der Hahn, mein Freund,
Der Liebe Friede kommt!
Wer hätte das vermeint
Beim Eintritt in dem neuen Jahre,
Und daß ich es von dir erfahre,
Da ist's erst eine liebe Neuigkeit.
Dort seh' ich auch ein Windspiel springen,
Da kommt das andre nach; die werden auch noch heut
Den Frieden sollen überbringen.
Sie eilen, recht bald hier zu sein.
Ach – rief der Fuchs, itzt fällt mir's ein,
Ich hab' noch eine weite Reise.
Adieu Herr Bruder, bis zum Wiedersehn,
Wir können uns auf unsre Reise
Ein andermal erfreun,
Itzt wird es wohl nicht gehn.
Der Schelm zog aus und war bald außer der Gefahr.
Doch ging er voller Mißvergnügen,
Daß nicht der Streich gelungen war,
Itzt kam der Hahn herabgestiegen
Und freut sich recht und lacht,
Daß er dem Fuchs so Angst gemacht.
Denn das ist doppeltes Vergnügen
Selbst den Betrüger zu betrügen.

Johann Heinrich Merck

Lauterbach

Ich weiß, Du liebst das Neue. Da es nun etwas Neues ist, einen erraten zu lassen, wo man sich aufhalte, so sollst Du jetzt aus einem Rätsel entziffern, wohin wir von Alsfeld gegangen sind. Nimm Dich daher ein wenig zusammen!

> „Was meine ersten Silben meinen,
> So bleibe stets dein Herz;
> Gehörend zu der Zahl der Reinen,
> Umschwebt dich Unschuld, Scherz.
> Gern wandelst du an meiner dritten
> Und freust dich ihrer Munterkeit.
> Willst du uns alle drei verkitten,
> So nennen wir dir eine Stadt,
> Die einen goldenen Esel hat."

Hast Du es bald? „Lauterbach"! Richtig! Doch würdest Du das Rätsel nicht so bald entziffert haben, wenn Dir nicht bekannt wäre, daß in Lauterbach ein Gasthof „Zum goldenen Esel" ist.

Der Weg von Alsfeld hierher führt an einem ausgebrannten Vulkan vorbei, an dem man noch den Krater sehr deutlich bemerken kann. An dem kegelförmigen Berge selbst findet man häufig eine glasartige Lava, die wegen ihrer Seltenheit in den Naturalienkabinetten teuer bezahlt wird. Du erhältst hierbei einige Stücke davon.

Lauterbach selbst liegt an dem Vogelsberge, einem der interessantesten Basaltgebirge Deutschlands, das sich von Südwest nach Nordost über acht Meilen erstreckt und dessen höchster Punkt der Oberwald ist. Ich werde später auf dies merkwürdige Gebirge zurückkommen, jetzt erlaube mir, Dich ein wenig über Lauterbach zu unterhalten, welches vor vielen größeren Städten bekannt zu werden verdient.

Ich kenne Dein Interesse für die Jagd und Deine Vorliebe für schöne Gewehre. Daher wird es Dir angenehm sein, wenn ich Dir versichere, daß Du hier Dir eine Büchse oder Doppelflinte machen lassen kannst, die so wenig fehlt wie der fernhin treffende Bogen Apolls, vorausgesetzt, daß Du so gut zielst wie jener Scharfschütze. Wende Dich daher nur an den geschickten Büchsenmacher Tanner, und Du wirst Deine Erwartungen übertroffen sehen. Ferner bekommt man vielleicht in ganz Deutschland keine vorzüglicheren Messer zu jedem Gebrauch wie in Lauterbach. Die Freiherren von Riedesel, die sich immer die Kultur ihrer Untertanen sehr angelegen sein ließen, schickten auf ihre Kosten mehrere junge Leute nach England, damit sie sich dort als vorzügliche Stahlarbeiter ausbilden sollten, was sie denn auch getan haben.

Die Lauterbacher Zervelatwürste sind vortrefflich und wenn auch den Göttingern und Braunschweigern nicht vorzuziehen, doch vollkommen gleichzusetzen. Ich bin vielmehr der Meinung, daß viele der Würste, die als Göttinger und Braunschweiger verkauft werden, eigentlich Lauterbacher sind. Die hiesigen Metzger beziehen nämlich mit Würsten die Messe zu Kassel und setzen große Mengen an Göttinger und Braunschweiger Metzger ab, welche sie dann als eigne Fabrikate verkaufen. Auf der Messe in Frankfurt sind ganze Läden mit Lauterbacher Würsten.

Der beträchtlichste Nahrungszweig ist aber unstreitig das viele blau und weiße Leinen, das dort verfertigt wird. Die Diehmsche Handlung setzt wenigstens auf jeder Messe für 30 000 Gulden um. Auch darf ich nicht vergessen, daß hier ganz vortreffliche Talglichter gemacht werden, die vor dem Verbot der Einfuhr nach Holland gingen.

Wenn Du nach Lauterbach kommst, so versäume ja nicht, den Garten des Herrn Rat Dieffenbach, eines sehr humanen, gastfreien Mannes (zwei seiner Söhne sind meine Zöglinge), zu besuchen. Dieser Garten ist ein Denkmal der menschlichen Ausdauer. Dem unfruchtbaren Felsen abgewonnen, stellt er ein Meisterstück der Gartenkunst dar.

Ludwig Bocle, 1813

Apollo – griechisch-römischer Gott der Dichtkunst

Hähnchenbrust anno 1581

Nimm ein Kappaunen Brust also roh, schneid' das Fleisch fein dünn herab, brat's und zerklopf's ein wenig mit einem Messerrück, wirf's in Essig und laß nicht lang darinnen liegen. Nimm darnach ein Pfannen mit Butter, setz auf das Feuer und mach's heiß. Nimm alsdenn die Brust aus dem Essig, wirf sie flugs in die heiße Butter und rößt's ein wenig und wenn viel Butter daran ist, so seih sie ab und gieß den Essig, darinnen die Brust gelegen ist, darauf, gieß auch ein wenig Rindfleischbrüh' daran, mach's an mit grünen wohlschmeckenden Kräutern, die fein klein gehackt sind, auch mit Pfeffer und Safran an, laß damit einsieden, daß ein kurze Brüh' gewinnet; so wird es gut und wohlgeschmack.

Aus: Ein new Kochbuch, 1581

Schlitz

Der Name Schlitz wird schon im Jahre 811 als Besitzung von Fulda genannt. Richolf, Erzbischof von Mainz, weihte am 11. September dieses Jahres die Kirche zu Slitese der heiligen Margaretha ein, und es wurde ihr zugleich ein großer Bezirk zugewiesen. Die Nähe von Fulda, das freundliche Tal machen einen frühen Anbau der Gegend erklärlich. Auch die Stammväter der gräflichen Familie werden früh genannt. Ein Erminoldus de Slitese kommt schon 1116 mit seiner Gemahlin Gerbirga, ihr Sohn Gerlach 1128 urkundlich vor. Es waren wohl Lehnsleute von Fulda... Berthous (Bertho), wahrscheinlich der Bruder Gerlachs, war Abt zu Fulda. Früh schon nahm die Familie den Beinamen Görz an. Einige ihrer Glieder spielen in der Geschichte eine bedeutende Rolle; so außer dem vorhingenannten unglücklichen Johann Georg der ehemalige

Hier und gegenüber: Trachten aus dem Schlitzer Land

Staatsminister Friedrichs des Großen, Johann Eustachius, der im Jahr
1821 in seinem 84. Jahre starb. Im Jahr 1726 wurde die Familie in den
Reichsgrafenstand erhoben. Unter die Hoheit von Hessen kam das Gebiet im Jahr 1806. Durch Deklaration vom 30. Dezember 1808 wurde
der Graf „Karl von Schlitz genannt Görz" in die Zahl der Standesherrn
aufgenommen.

Die Umgebungen von Schlitz bieten manches Interessante dar. Wer
das schöne Fuldatal abwärts nach Queck zu (wo sich der Rest einer zerstörten Brücke befindet) und weiter nach Rimbach durchwandert, der
wird manche malerische Stelle finden. Jenseits Rimbach ist der merkwürdige Goldstein, wo man im Felsen eine Art Lagerstätte und ein
Waschbecken sieht. Der Sage nach ruhte hier einst die Jungfrau Maria
und wusch das Kindlein Jesus. Sehenswert ist auch noch der etwas weiter nördlich und zwar rechts von der Fulda liegende Rechberg, ein
Schloß mit hübschen Gemächern und geschmackvollen Anlagen. Es finden sich dabei Ökonomiegebäude.

Wer das Tal der Fulda südlich durchwandert, wird der lieblichen Stellen ebenfalls viele finden. Unter andern gewahrt man auch daselbst an der Grenze nach Lüdermünd zu ein uraltes steinernes Kreuz. Einer großen Fernsicht erfreut man sich auf dem südwestlich von Schlitz gelegenen Sängersberg sowie auf dem näher gelegenen Tempelberg, von einem daselbst in neueren Zeiten errichteten Tempelchen so genannt.

Auch von einigen ausgegangenen Orten finden sich in der Gegend Spuren. So ist nicht weit nordöstlich von Schlitz eine Stelle, wo eine Burg, genannt Burgscheidel oder Nieder-Schlitz, lag, die vom Abte Bertho II., genannt Fingerhut, im Jahre 1261 zerstört wurde. Etwa fünfviertel Stunden nordwestlich von Schlitz lagen die Orte Rimmels und Reimbers. Eine Höhe daselbst führt noch den Namen Rimmelskuppel. Auch bei Hartershausen findet sich noch altes Gemäuer.

Aus: Das Großherzogtum Hessen

Deklaration – Erklärung

Nachricht von einigen zu Alsfeld gefundenen außerordentlichen Menschenknochen

... Vor einiger Zeit war man genötigt, die Reparatur in den untern Teilen eines gemeinen Malzdörrhauses zu Alsfeld vorzunehmen. Bei dieser Gelegenheit entdeckte man ein Gewölbe, das man in der Folge für ein förmliches altes Beinhaus erkannte. Die Knochen waren zu verschiedenen Reihen angeordnet, und immer fand man einen Schädel zwischen verschiedene Schenkel- und Schienbein- oder Armknochen gestellt. Unser Kammerrat Klipstein fand sich in Geschäften an diesem Ort, und dieser Mann, dem wir schon sehr wichtige Entdeckungen in der Naturgeschichte unsers Vaterlands zu danken haben, ward aufmerksam auf dieses Ereignis. Er ließ sich einen der ersten besten Knochen aussuchen und fand ihn sogleich von ungemeiner Größe. Es ist das rechte Schenkelbein, vollkommen in allen seinen Teilen erhalten, denn es fehlt beinahe nichts an der Kugel, den beiden Trochantern und den untern Condylis.

Ich maß ihn und fand, daß er von einem Ende zum andern gerade die Länge von 21 Zoll Pariser Maß hatte. Diese Größe übertrifft noch in etwas diejenigen Schenkelknochen, welche in Schweden gefunden und in den Abhandlungen der dortigen Gesellschaft der Wissenschaften beschrieben sind.

Ich glaube nicht zu fehlen, wenn ich in Berechnung der gegenwärtigen Verfahrungsart der schwedischen Gelehrten folge und mich dadurch vor dem Vorwurf einer Übereilung sichere. Der schwedische Schenkelknochen maß 20 $^3/_8$ Zoll. Man rechnete von dieser ganzen Länge ab, was die untern Condyli, bei Berechnung der ganzen Gestalt zu zehn Gesichtslängen genommen, zu Bildung des Knies betragen und was wieder von der Kugel abgeht, wenn man den Schenkel als zwei Gesichtslängen betrachten will, und auf diese Art blieben 16 Zoll als das Fünftel des Ganzen übrig. Nach diesem Maßstab darf ich sicherlich dem meinigen 16 ½ Zoll übriglassen, und diese fünfmal genommen, geben eine Höhe des Menschen von 6 Pariser Fuß 10 ½ Zoll. Ich denke, allen sachkundigen Lesern in dieser Berechnung vollkommen verständlich zu sein, indessen dürften doch andere noch zweifelhaft sein, ob nicht diese Verhältnisse willkürlich und aus der Luft gegriffen seien. Ich will mich daher über dieses Verfahren etwas deutlicher und näher erklären.

Bildhauer und Maler sind seit Michelangelos Zeiten darin übereingekommen, die ganze Gestalt des Menschen nach zehn Gesichtslängen zu berechnen, diese Länge von dem Haarwuchs an bis an die Sohle genommen. Dem Hals gibt man $^2/_3$ der Gesichtslänge und setzt $^1/_3$ zu, nämlich den Raum von dem Haarwuchse bis zum Scheitel. Man hätte also schon bis an das Ende der Halsgrube zwei Zehntel oder zwei Gesichtslängen anzunehmen. Von da bis über die Brustwarzen ist die dritte Gesichtslänge; bis an den Nabel rechnet man die vierte, von da bis über das Schambein die fünfte oder die halbe Höhe des Menschen. Von hier gibt man dem Oberschenkel bis ans obere Teil des Knies zwei Gesichtslängen. Das Knie wird für eine halbe Länge gerechnet. Zwei andere Längen gibt man dem Schienbein und zuletzt eine halbe Gesichtslänge von den oberen Gelenken des Fußes bis an die Sohle.

Die unteren Condyli des Schenkelknochens bilden $^2/_3$ des Knies, folglich fallen schon $^2/_3$ einer halben Gesichtslänge oder $^2/_6$ der ganzen ab, die man besonders zu rechnen pflegt. Hierzu kommt die Länge der Kugel, die sich in der Cavitas cotyloidea verbirgt, also auch nicht zum ganzen Betrag der Länge mehr gerechnet werden kann. Dasjenige, was Herr Roland Martin in den schwedischen Abhandlungen von der krummen Gestalt des Schenkelknochens beibringt, geht mich nichts an, weil ich die Länge des Knochens nicht mit einem Faden genommen, sondern sie von einer Extremität zur andern in einer geraden Linie gemessen habe.

Johann Heinrich Merck

Trochanter – Rollhügel am Schenkelknochen / Condylus – Gelenkkopf / Cavitas cotyloidea – Gelenkgrube, -pfanne

Alsfeld

Ich schreibe Dir diesen Brief aus Alsfeld, wo ich vor einer Stunde mit meinen Reisegefährten angekommen bin. Um Dir für diese Stadt, die – wie Du weißt – dem Großherzog von Hessen gehört und vier Stunden von Ziegenhain liegt, Interesse einzuflößen, muß ich Dich in die Geschichte zurückführen. Aus diesem Gesichtspunkte betrachtet, ist sie für den Freund der Altertumskunde äußerst anziehend. Sie ist nämlich die älteste Stadt in Hessen, was auch schon ihre unregelmäßige Bauart verrät. Um Dir einen wahren Genuß zu verschaffen, führe ich Dich an die Quelle, woraus diese Behauptung geflossen ist, und setze Dir aus dem ersten Teil der hessischen Chronik von dem Geographen und Historiographen des Fürsten Moritz von Hessen, Wilhelm Dillich von Wabern, vom Jahr 1604 folgende Sätze her: „Auf den andern Seiten des Waldes liegt an der Schwalm Alsfeld, eine wohl erbauete und mit großen Vorstädten umgebene Stadt, welche vor gar alten Zeiten, ehe denn Frankenberg aufkommen, allbereit ein vornehmer Ort und Hauptstadt des Landes Hessen gewesen und hierob als die älteste Stadt der Hessen geachtet wird. So hat Kaiser Otto I. des Jahres 937 daselbst eine vornehme Versammlung und Landtag gehalten. Doch weiß man nicht, wann sie anfänglich gebauet worden, sintemal vor Jahren ihre Briefe und Urkunden ganz und gar verbrunnen. Ist die erste Stadt gewesen, so das Evangelium angenommen."

Ich verdanke diese interessante Urkunde der Güte des Herrn Syndikus Dieffenbach zu Alsfeld, eines durch das klassische Altertum gebildeten humanen Mannes, der sich um die frühere Geschichte von Alsfeld durch mehrere gehaltvolle Aufsätze in seinem geschätzten „Oberhessischen Intelligenzblatt" sehr verdient gemacht hat. Willst Du mehreres über die frühere Geschichte Alsfelds wissen, so lies nur den schönen Aufsatz in dem vierten Teile der „Hessischen Denkwürdigkeiten" von Justi, den der verdiente Kirchenrat Schwarz, dessen Vaterstadt Alsfeld ist, lieferte. Du wirst hier erfahren, daß der Kaiser Adolf dieser Stadt ein Schwert schenkte, um sie dadurch zu ehren; daß ein dortiger Augustinermönch Tilemann Schnabel zuerst Luthers Lehre von der Zinne der Stadtmauer herab dem auf der Wiese zahlreich versammelten Volke predigte und dieses sie annahm; daß Luther einst durch Alsfeld reiste, wo sich dann die Schuljugend vor dem Wirtshause, in dem er eingekehrt war – es war das jetzige „Gasthaus zum Schwanen" auf dem Marktplatz – des Abends versammelte und dem edlen Manne zu Ehren Lieder anstimmte, daß er über diesen Beweis von Liebe sehr gerührt war und der Jugend seinen Segen erteilte. Ferner kannst Du hier lesen, wie tapfer sich die Alsfelder im Dreißigjährigen Kriege, als 1646 ihre Stadt von den Niederhessen förmlich belagert wurde, wehrten; daß diese durch eine Bresche in die Stadt drangen und daß, während in den Straßen gekämpft wurde, der Bürgermeister mit dem geistlichen Inspektor auf dem Pfarr-dache saß und das Blei aus den Rinnen riß, um den tapferen Streitern Kugeln daraus zu gießen; daß die Niederhessen durch die Blüte der Als-felder jungen Mannschaft zwar wieder aus der Stadt getrieben und über eine Meile weit verfolgt wurden; daß diese kühne Schar aber bei Ohmes in einen Hinterhalt gerict und bis auf wenige niedergehauen wurde, wel-che die Trauerpost nach der Stadt brachten. Die Namen der Gebliebe-nen stehen der Reihe nach im Alsfelder Kirchenbuch, und die Taten des Anführers, eines jungen Handwerkers namens Scharch, sind auf einen Stein eingegraben, welcher als Monument an der Totenkirche aufge-richtet ist.

In Alsfeld herrscht viel Gewerbtätigkeit, und es wird viel Wollentuch dort verfertigt. Eine schöne mit Pappeln bepflanzte Kunststraße – über-haupt verdienen die Landstraßen im Darmstädtischen vieles Lob – führt von hier über Grünberg und Hungen nach Friedberg, wo sie sich mit der großen Frankfurter Straße, die von Kassel kommt, vereinigt.

Zwanzig Minuten von Alsfeld, linker Hand, erblickt man das Schloß Altenburg, eine der zahlreichen Besitzungen der Freiherren von Riede-sel, welche außer den fünf Gerichten Lauterbach, Freiensteinau, Engel-rod, Altenschlirf und Oberohmen am Vogelsberg auch noch das Gericht Ludewigseck in Niederhessen (die gewiß 10 000 – 11 000 Untertanen enthalten) und beträchtliche Güter in Holland, Sachsen, Schlesien und Niederhessen besitzen. Der älteste der Familie wird jedesmal mit der Würde eines Erbmarschalls von Hessen belehnt.

Ludwig Bocle, 1813

Historiograph – Geschichtsschreiber / sintemal – alldieweil / verbrunnen – verbrannten / Syndikus – Rechtsbeistand

Der Müncheberg bei Leusel

Wenn man die neue Straße von Alsfeld nach Leusel einschlägt, so liegt ungefähr auf halbem Wege rechts ein Berg, der heißt der Müncheberg, weil auf demselben in alten Zeiten ein Mönchskloster gestanden haben

soll. Die Sage geht, daß sich im Innern des Berges noch Mönche aufhalten, welchen jeden, der des Nachts den Berg besteige, hineinlocken. Wenn man aber wieder hinausgehen will, dann schlagen sie die Türe mit solcher Kraft und so rasch zu, daß der Hineingetretene meist ein Stück von der Ferse zurückläßt.

Mündlich überliefert

Hersfeld

Rings von Bergen umschlossen liegt tief im Tale am linken Ufer der Fulda, da wo diese rechts die Haune und links die Geisa aufnimmt, das alte ehrwürdige Hersfeld.

Die älteste Geschichte Hersfelds hängt eng mit der Geschichte der Bekehrung unseres Volkes zum Christentum zusammen. Der heilige Sturm war von Fritzlar ausgezogen, um in dem weiten Buchenwalde einen Platz zur Anlegung eines Klosters zu suchen und so an den Ort gekommen, wo jetzt Hersfeld liegt, der schon damals Herolfesfeld genannt wurde. Als er jedoch, zum heiligen Bonifaz zurückgekehrt, diesem die Lage schilderte, hielt dieser den Ort für den Sachsen zu nahe und wies ihn an, weiter südlich zu gehen. Und so wanderte Sturm in einem Kahne die Fulda hinauf. Nachdem er den Ort, wo jetzt Fulda liegt, ausgewählt und Bonifaz sich mit dieser Wahl einverstanden erklärt, wurden die Hütten zu Herolfesfeld 743 wieder verlassen. Doch diese Verödung war nicht dauernd. Der mainzische Erzbischof Lullus griff den Gedanken Sturms von neuem auf und gründete hier im Jahre 769 eine Benediktiner-Abtei.

Lullus hatte in seiner Stiftung zuerst selbst die Abtswürde übernommen, dieses Amt neben seinem erzbischöflichen verwaltend, und seine rege Tätigkeit hob seine neue Gründung auch bald zu großem Glanze empor. Hersfeld wurde reich und schon zu Lullus Zeit vermochte es 150 Mönche zu unterhalten. Schon hatte Lullus seinen Freund Witta (Albuin), Bischof von Büraburg, in der Kirche zu Hersfeld beigesetzt, als auch er, das Nahen seines Todes fühlend, hierher eilte, um an der geliebten Stätte sein Leben zu enden (786). Auf dem Grunde, welchen Lullus gelegt, blühte die Abtei fort und mehrte ihre Heiligtümer und ihre Güter. Die Besitzungen breiteten sich über ganz Hessen und weit über Thüringen hinaus. An zwölf andere Klöster waren der Abtei unterworfen; Städte und Burgen gehörten zu ihrem Gebiete, und eine reiche Vasallenschaft beugte sich unter die Lehensherrschaft des Abtes.

Neben den Stiftsgebäuden hatten sich schon früh Handwerker und Ackerleute angesiedelt, mit der Zeit wuchs deren Zahl mehr und mehr und aus diesen Niederlassungen entstand die spätere Stadt Hersfeld. Viel zum Aufblühen des Ortes trug der Umstand bei, daß Hersfeld ein Lieblingsaufenthalt des sächsischen Kaiserhauses wurde, namentlich des unglücklichen Heinrich VI., welcher hier oft Ruhe und Erholung von seinen Kämpfen suchte. Diese Zuneigung des Kaisers zog Hersfeld aber auch den Haß von dessen Feinden zu, und 1086 erschien sogar ein Heer, geführt von dem Erzbischof von Magdeburg und dem Bischof von Halberstadt, und umlagerte den Ort; doch nur die Umgegend konnte verwüstet werden, denn schnell eilte Heinrich zum Entsatze herbei. Auch Heinrich V. verweilte hier öfter.

Schon jene Belagerung läßt auf eine Befestigung von Hersfeld schließen und seit der Mitte des zwölften Jahrhunderts wird dieses auch durch bestimmte Zeugnisse dargetan. Auch hatte der Ort schon besondere Freiheiten erlangt, die endlich zu voller städtischer Freiheit und einer selbständigen städtischen Verfassung führten. Der Zeitpunkt ist zwar nicht bekannt, wo Hersfeld die vollen städtischen Rechte erhielt, aber auf keinen Fall darf derselbe vor dem Ende des zwölften Jahrhunderts gesucht werden.

Rasch blühte die Stadt empor und schloß sich schon 1255 dem großen

Rheinischen Städtebund an. Ihre Gewerbtätigkeit sprach sich damals durch zahlreiche Wollentuchwebereien aus, welche durch flämische Wollentuchweber begründet worden waren. Zu derselben Zeit entstand auch ein Franziskanerkloster.

Im vierzehnten Jahrhundert war die Bevölkerung von Hersfeld schon so ansehnlich, daß die große Pest, welche ums Jahr 1350 wütete, nicht weniger als 3000 Menschen hinwegzuraffen vermochte.

Schwer und stürmisch war diese Zeit, denn Anarchie herrschte als eine andere Pest und verschlang den Wohlstand des Volkes, verwüstete die Saaten und zerstörte Städte und Dörfer. Nur die Städte boten noch ein Asyl dar, und darum verließen denn auch viele Landbewohner das unsichere Dorf und suchten Schutz hinter den städtischen Mauern. Mehr als vieles andere wirkte dies auf die Steigerung der städtischen Bevölkerung. Mit diesem Wachsen an innerer Kraft wuchs aber auch das Streben nach größeren Freiheiten und namentlich nach jenen Rechten, welche die Städte des Reiches besaßen. Aber nur im Anfang ihrer Entwicklung wurde dieses von ihren Herren gefördert; als die städtischen Gemeinwesen aber immer kräftiger wurden, erschraken die Herren und wurden um ihre Herrschaft bange und suchten nun den von ihnen selbst heraufbeschworenen Geist zu fesseln.

Auch in Hersfeld sehen wir dasselbe Ringen und Kämpfen. Seit Berthold von Völkershausen 1366 den hersfeldischen Abtstuhl bestiegen hatte, drängten die Verhältnisse immer drohender zu einer Entscheidung, denn Berthold haßte die städtische Freiheit, welche seine Willkür beschränkte und trat mit schroffer eiserner Härte derselben entgegen. Schon 1370 lagen das Stift und die Stadt im heftigsten Streite, und da eine Einigung unmöglich erschien, brachte man die Sache an das kaiserliche Hofgericht zu Prag. Dieses selbst gab jedoch keinen Spruch; der Kaiser bestimmte vielmehr ein besonderes Schiedsgericht, dessen Entscheidung sich zu unterwerfen beide Teile feierlich geloben mußten. Das Stift machte namentlich Ansprüche auf das Spital am St. Johannistor, auf das Rathaus, das Judenhaus und den Schulhof geltend; es verweigerte den Bürgern, welche Ritterlehen besaßen, die Erneuerung der Belehnung; es machte Anspruch auf das in der Stadt fallende Ungeld, auf die städtische Waage etc. Am 10. Februar 1371 erfolgte der Spruch der Schiedsrichter, der wenige Tage darauf auch vom Kaiser unter dem Siegel des Hofgerichts bestätigt wurde. Dieser Spruch fiel in allen jenen Punkten zum Nachteile des Stifts aus, und die Stadt wurde in dem Besitze aller ihrer Rechte und Freiheiten bestätigt. Nur die jährlich von der Stadt an den Abt zu zahlende Rente von 60 Pfund Pfennigen wurde verdoppelt und ferner noch bestimmt, daß die Stadt an das Stift eine Sum-

Ruine der Stiftskirche zu Hersfeld

me von 1200 kleinen Gulden zahlen sollte, welche der Abt für Zehrung und Kosten verausgabt hatte. Der Bruch dieses Urteils aber wurde hoch verpönt.

Ungeachtet dieses Spruches blieb der Frieden dennoch ferne; der Streit dauerte fort und schon im Herbste waren die Schiedsrichter wieder in Tätigkeit und auch der Abt von Fulda erhielt vom Kaiser den Auftrag, den Verhandlungen beizuwohnen. Dazu kamen noch andere Dinge, welche der Erbfeindschaft zwischen Hersfeld und Fulda neue Nahrung gaben. Als zu derselben Zeit das von den Sternern bedrängte hessische Heer, welches die Burg Herzberg belagert hatte, fliehend vor Hersfeld erschien, erklärte sich zwar der Abt für die Sterner, die Stadt aber öffnete ihre Tore und nahm die Hessen in ihre Mauern auf. Dagegen sah sie später ruhig zu, wie eine Abteilung der Sterner von den Hessen niedergeworfen wurde. Als aber die Stadt 1373 sogar mit den Landgrafen von Hessen und von Thüringen ein Schutz- und Trutzbündnis schloß und in dessen Folge eine hessisch-thüringische Besatzung aufnahm, war der Bruch zwischen dem Stifte und der Stadt völlig entschieden und unheilbar geworden.

Dessenungeachtet gingen noch einige Jahre ruhig vorüber. Der Abt scheute sich doch, seinen Bürgern im offenen Kampfe entgegenzutreten und wollte eine günstige Zeit abwarten, um das mit List zu erreichen, was er auf eine andere Weise zu erlangen verzweifelte. Mit heimlicher Tücke verbarg er unter einem friedlichen Antlitz den schwarzen Plan. Es galt ihm nicht mehr um größere Gewalt, es galt ihm vielmehr um blutige Rache und gänzliche Vernichtung.

Nachdem er alle Vorbereitungen getroffen und namentlich den benachbarten Adel für sein Interesse gewonnen, bestimmte er die Nacht vor dem Feste des heiligen Vitalis, den 27. April 1378, zur Ausführung seines blutigen Unternehmens. Durch große Löcher, welche man in die Mauer am Pforthause des Stiftes in aller Stille zu diesem Zwecke gebrochen hatte, wollte man in der Nacht Bewaffnete in das Stift führen und dann von hieraus die Stadt plötzlich überfallen, in Brand stecken und ein großes Blutbad anrichten. Um die Bürger teils sicher, teils auch zu einem kräftigen Widerstande unfähig zu machen, veranstaltete Berthold eine große Gasterei, indem er dabei auf die alte deutsche Tugend, die Liebe zum Trunke, sein Vertrauen setzte.

Unter den Verschworenen befand sich ein Ritter, der es nicht über sich gewinnen konnte gleich einem gemeinen Räuber zu handeln, denn Gesetze und Ritterehre geboten, keine Fehde zu beginnen, ohne dieselbe vorher angezeigt zu haben; nur dann, wenn dies geschehen, war es eine ehrliche Fehde, sonst aber Raub und Mordbrand und Bruch des Landfriedens.

An jenem Abende traf nun zu Hersfeld das folgende Schreiben ein:

„Wisset ihr von Hersfeld, daß ich Simon von Hune, Ritter, Euer und der Eueren Feind sein will mit allen meinen Helfern und Bundesgenossen, und will Euch nicht allein nach dem Gut stehen, sondern nach Leib, Ehr und Gut, und will das diese Nacht tun, darnach habt Euch zu richten. Datum unter meinem Insiegel auf St. Vitalis Abend 1378."

Wie ein Donnerschlag schreckte dieser Brief die Bürger aus ihrer Ruhe und Sicherheit auf. Auch scheinen sie schnell das sie bedrohende Ungewitter erkannt und sich Licht über den Plan des Unternehmens verschafft zu haben.

Mit gewaffneter Hand wurde noch am selben Abend das Stift überfallen. Zwar flüchteten die anwesenden Konventualen, neun an der Zahl, in die Kirche, man scheute aber weder die Stiftsfreiheit noch die geweihte Stätte; man zerbrach rasch die Türen und ergriff die Verschworenen, von denen sich Friedrich von Hattenbach und Berthold von Beringen vergeblich auf dem Chore zu verbergen suchten, und warf sie in die städtischen Türme. Die andern waren abwesend, so auch der Abt, der nicht im Stifte, sondern in dem nahe und stark befestigten Schlosse Eichen seine Residenz hatte. Der Spiteler des Stifts, Johann von Baumbach, lag ruhig in seinem Bette, als er von einigen Ratsmitgliedern geweckt wurde, die ihn ersuchten, nebst seinem Gesinde mit ihnen die Wache auf der Mauer zu halten; am Morgen wurde jedoch auch er ins Gefängnis geworfen.

Schon lag die dunkle Nacht über der Erde, als der Abt mit seinen Verbündeten sich der Stadt nahte, träumend von Rache und reicher Beute, denn an ein Mißlingen schien keiner zu denken. Aber ihre Hoffnungen schwanden schnell, als sie sich der Mauer näherten und ein Regen von Pfeilen und Bolzen sie überschüttete. Sie mußten zurückweichen und sogar einen ihrer Genossen, Johann von Engern, dem ein tödlicher Bolzen durch den Helm in den Kopf gedrungen war, konnten sie nicht mitnehmen. Dieser Helm wurde als Siegeszeichen am Rathause aufgehängt.

Der Feind war nur zurückgeworfen, nicht geschlagen und stand noch stark gerüstet vor den Toren, durch die schmähliche Vereitelung seiner Hoffnungen nur noch zu wilderem Zorne und heißerem Rachedurste entflammt. Die Hersfelder durften das Schwert nicht zur Seite legen, denn daß nun ein langer erbitterter Kampf sich entspinnen werde, war vorauszusehen.

Um seine Rache um so grenzenloser üben zu können und ihr doch zugleich auch den Schein der Gesetzlichkeit zu geben, rief der Abt ein Gericht zusammen. Da die Bürger, wie sich dieses voraussehen ließ, der Ladung dieses Gerichts nicht entsprachen, so erkannte dasselbe die Klage des Abtes für gerechtfertigt, erklärte die Bürger alles Rechts verlustig und teilte sie mit Leib und Gut dem Abte zu.

Jetzt begann erst der eigentliche Rachekampf, ein Kampf voll zahlloser Greuel und Abscheulichkeiten, ein Kampf voll Brand und unendlicher Verwüstung.

Neunzehn Tage brachten die Feinde damit zu, die Saatfelder der Stadt abzumähen, die Wiesen wurden umgepflügt, alle Obstbäume wurden abgehauen und sogar die städtischen Waldungen vernichtet; die Gärten und Weinberge wurden verwüstet und die Zäune verbrannt; alle Mühlen und Gartenhäuser, auch das einem Bürger gehörende Vorwerk Oberrode, wurden in Asche gelegt; die steinerne Brücke über die Fulda sowie die hölzerne Brücke über die Haune wurden abgebrochen; Frauen und Mägde, welche in ihre Hände fielen, wurden aller Kleider beraubt und zum Teil geschändet; neun Hersfelder wurden gehenkt, elf erschlagen, einer ertränkt und zwei sogar gerädert; alles Vieh, dessen man habhaft werden konnte, wurde weggeführt. Fünf Tage hindurch wurde die Stadt beschossen und bestürmt und öfter auch Feuer hineingeworfen. Und dieser Verwüstungskrieg dauerte das ganze Jahr hindurch und währenddessen waren alle Straßen, welche nach Hersfeld führten, gesperrt und wo sich ein Bürger sehen ließ, wurde er gefangen, und wo man Bürgergut traf, wurde dasselbe niedergeworfen.

Freilich waren während dieser Zeit auch die Bürger nicht säumig. Der größte Teil der gefangenen Stiftsherren schmachtete über ein Jahr in den Türmen; zweien davon gelang es zwar, sich wiederholt in Freiheit zu setzen, aber beide wurden jedesmal wieder eingefangen und unter blutigen Mißhandlungen von neuem eingekerkert. Alle Wohn- und Wirtschaftsgebäude des Stifts wurden geleert und darauf bis auf den Boden abgebrochen. Die Ringmauer wurde niedergerissen und selbst die Stiftskirche nicht verschont, denn mehrere Altäre wurden erbrochen, die Fenster zerschlagen, behauene Steine ausgegraben, die Bänke abgerissen, die Glockenstränge abgeschnitten etc. Auch gingen die schönen Falken des Abtes verloren, welche derselbe in der Kirche aufbewahrt hatte und deren Art, wie er sagte, in hiesigen Landen nicht wieder zu bekommen sei. Nicht weniger wurde der Abtsstuhl fortgeführt. Wie die Fluren der Stadt von ihren Feinden verwüstet wurden, so geschah es auch mit den Ländereien der Geistlichen. Auch die Probstei St. Petersberg, die Güter des Dechanten im Gericht Rorbach sowie die des Siechmeisters zu Rodensee wurden von Anhängern der Stadt geplündert und verbrannt.

Inzwischen hatte die Stadt einen Bevollmächtigten an das kaiserliche Hoflager gen Prag geschickt und dort Klage gegen den Abt erhoben, und das Urteil, welches darauf am 12. August 1378 erfolgte, belegte den Abt mit einer Strafe von 10 000 Mark Goldes und jeden der mit ihm verbündeten achtzehn Ritter mit einer Strafe von 400 Mark Silbers, das ganze Stiftsvermögen zum Unterpfande anweisend.

Erst im folgenden Jahre näherten sich die streitenden Parteien und erwählten endlich den Landgrafen Hermann von Hessen zum Schiedsrichter, welcher am 27. September 1379 das vom Abte niedergesetzte Gericht für nichtig und das Stift zur Zahlung der in der kaiserlichen Bulle von 1371 festgesetzten Strafen für schuldig erklärte. Aber damit war wenig geholfen. Der Streit dauerte fort, wenn auch jetzt nicht mehr mit den Waffen, sondern nur mit der friedlicheren Feder, so daß die Stadt Hersfeld an einer Fehde gegen den Abt von Fulda teilnehmen konnte. Erst 1381 kam eine ernstliche Aussöhnung zustande, die übrigens beide Teile bei ihren hergebrachten Rechten ließ.

Der oben erwähnte Schutzvertrag von 1373 legte den Grund zu einem förmlichen Schutzverhältnisse zwischen Hessen und der Stadt Hersfeld, das sich bereits 1432 völlig ausgebildet hatte, als auch der Abt und der Konvent den Landgrafen von Hessen zum Schirmherrn erwählten. Seitdem war die Selbständigkeit der Abtei gebrochen und ihr Gebiet gewissermaßen als schon zu Hessen gehörend zu betrachten. Noch fester knüpfte sich dieses Verhältnis unter Landgraf Philipp. Im Besitze des größten Teils des Hersfeldischen, fiel es ihm leicht, die Reformation einzuführen.

Doch der katholische Kultus sollte noch einmal in Hersfeld zurückkehren. Im Jahr 1624 wurde der Erzherzog Leopold Wilhelm von Österreich zum Administrator des Stifts ernannt und die von demselben entsandte Kommission verfügte sofort die Haltung des Gottesdienstes nach katholischem Ritus. Aber schlimmer noch wurde es, als der Erzherzog 1628 den Abt Johann Bernhard von Fulda, einen geborenen Schenken zu Schweinsberg, zu seinem Stellvertreter bestellte. Umgeben von Jesuiten und einem zahlreichen Gefolge von Bettelmönchen, hielt dieser stolze Prälat im Februar 1629 in Hersfeld seinen Einzug und mit unbeugsamer Strenge wurden alle Geistlichen vertrieben und alle protestantischen Beamten ihrer Stellen entsetzt. Aber nur von kurzer Dauer war dieses katholische Regiment. Kaum erhob Landgraf Wilhelm 1631 seine mit Schweden verbundenen Waffen, als der ganze Troß der aufgedrungenen Beamten, der Jesuiten und Mönche, seine Ankunft nicht abwartend, eilig das Stiftsgebiet verließ.

Die folgenden Kriegsjahre wurden mit ihren zahlosen Durchzügen und Einlagerungen auch für Hersfeld im hohen Grade verderblich, und als endlich der lange entbehrte Frieden wieder zurückkehrte, war wie alle anderen hessischen Städte auch Hersfeld verarmt und entvölkert.

Erst durch den Westfälischen Frieden wurde die Abtei Hersfeld als erbliches Fürstentum der Landgrafschaft Hessen einverleibt.

Doch auch der Siebenjährige Krieg brachte für Hersfeld noch Schrecken und Verderben.

Nachdem die Franzosen 1760 wiederum in Hessen vorgedrungen waren, hatten sie im Juli auch Hersfeld besetzt und dort eines ihrer größten Magazine angelegt. Sie hatten hierzu die geräumige Stiftskirche und die Stiftsgebäude genommen. Aber nur bis zum Anfange des Jahres 1761 vermochten sie sich zu halten und schon im Februar 1761 waren sie genötigt, sich zurückzuziehen. Doch vor dem Rückzug befahlen die Franzosen die Vernichtung des Magazins, um dieses nicht in die Hände der Verbündeten fallen zu lassen. Die Kirche, gefüllt mit einer Million Rationen Heu, 80 000 Säcken Mehl und 50 000 Säcken Hafer, wurde angezündet und mit furchtbarer Gewalt verbreiteten sich die Gluten und als ob jede Erinnerung an die ehemalige Abtei mit einem Male vertilgt werden sollte, ergriff das Feuer auch die anstoßenden Stiftsgebäude. Als die Vorposten der Verbündeten die hochaufwallenden Flammen erblickten, eilten sofort Truppen nach Hersfeld, aber nur weniges vermochten sie noch von dem Magazine zu retten.

Ein anderes schwer drohendes Unwetter zog sich infolge eines unglückseligen Vorfalls im Jahre 1807 über der Stadt zusammen. Wie überhaupt in Hessen, so hatte man auch in Hersfeld die im Jahre 1806 erfolgte französische Besetzung des Landes mit Ingrimm gesehen, und auch in Hersfeld hatte man seinen Gefühlen Luft gemacht, und dabei war am 24. Dezember ein französischer Soldat erschossen worden. Schon am 9. Januar 1807 erschien der französische General Barbot mit 2000 Mann Fußvolk und Reitern und begann, ein strenges Strafgericht zu halten. Außer bedeutenden, sogleich zu leistenden Lieferungen, welche er ausschrieb, ließ er auch das Haus dem Boden gleichmachen, aus welchem der verhängnisvolle Schuß gefallen war. Als er nach einem Streifzug am 26. desselben Monats wiederkehrte, stellte er neue Forderungen, und einer der Bewohner mußte als Sühnopfer fallen. Das alles aber war noch nicht genug: Ein Armeebefehl Napoleons verfügte allgemeine Plünderung und darauf Niederbrennung der Stadt. Am 18. Februar zog Barbot wieder ein, um den unmenschlichen Befehl zu vollziehen, und nur der hochherzige Sinn des badischen Jägermajors Lingg wendete das Verderben von der geängstigten Stadt. Nicht ohne Mühe gelang es Lingg, Barbot zu bewegen, ihm und seinen Jägern die Ausführung des Strafgebots zu überlassen. Es war der 20. Februar. Vor der Stadt standen italienische Truppen mit der Weisung abzuziehen, sobald sie die Flammen sehen würden. Währenddessen ließ Lingg vier an verschiedenen

Orten der Stadt liegende wertlose, mit Brennmaterialien gefüllte Häuser anzünden und rettete durch diese scheinbare Erfüllung des Strafbefehls die Stadt vor der beabsichtigten Zerstörung. Für diese Handlungsweise wurde er später in den hessischen Adelsstand erhoben.

Hersfeld nimmt unter den Industriestädten Hessens einen der ersten Plätze ein. Besonders ist seine Wollentuchfabrikation von Bedeutung. Es zählt 630 Wohnhäuser und 6400 Einwohner, unter denen aber infolge der Fabriktätigkeit viel Armut herrscht.

Außerhalb der Stadt lagen noch zwei Probsteien, südlich der Johannisberg, 1013 gestiftet, südöstlich der Petersberg, 1001 gegründet, auf dem nahen Frauenberge aber wohnten Klausnerinnen.

Aus: Das Kurfürstentum Hessen

Ungeld – (auch Umgeld, Ungelt:) indirekte Verbrauchssteuer, besonders auf Getränke / Konventuale – Mönche

Die Mückenstürmer

Die Hersfelder werden die Mückenstürmer genannt. Das ist aber also gekommen: An einem heißen Sommertage zeigte sich über dem Turme der Stadtkirche, der früher sehr hoch war, eine schwarze Wolke. Man hielt sie für Rauch und war sehr ängstlich und besorgt. Die Bürger liefen zusammen und meinten, es brenne irgendwo in der Stadt. Sie eilten auf den Kirchturm und schlugen die Sturmglocke an. Aber nirgends wurde ein Hilferuf vernommen, nirgends Feuer entdeckt. Da betrachteten die Bürger die sonderbare Wolke näher und erkannten nun, daß es ein ungeheurer Schwarm von Mücken war. Nachdem dieser einige Zeit an der Turmspitze gehangen hatte, zerstreute er sich wieder. Die Hersfelder gingen froh nach Hause und lachten über den Spaß. Seitdem aber führen sie den Spitznamen „Mückenstürmer".

Der Blumenstein

Als auf dem Blumenstein bei Rotenburg noch Ritter lebten, wettete eines Abends ein junges, mutiges Bauernmädchen in dem benachbarten

Dorf Höhnebach, daß es um Mitternacht bei Mondschein hinaus auf die furchtbare Burg gehen und ein Ziegelstück herabholen wollte. Sie wagte auch den Gang, holte das Wahrzeichen und wollte eben wieder zurückgehen, als ihr ein Hufschlag in der stillen Nacht entgegenklang. Schnell sprang sie unter die Zugbrücke, und kaum stand sie darunter, so kam auch schon der Ritter herein und hatte eine schöne Jungfrau vor sich, die er geraubt und deren köstliche Kleidungsstücke er hinten aufgepackt hatte. Indem er über die Brücke ritt, fiel ein Bündel davon herab, den hob das Bauernmädchen auf und eilte schnell damit fort. Kaum aber hatte sie die Hälfte des Spisses, eines Berges, der zwischen Höhnebach und dem Blumenstein liegt, erstiegen, so hörte sie, wie der Ritter schon wieder über die Zugbrücke ausritt und wahrscheinlich das verlorene Bündel suchen wollte. Da blieb ihr nichts übrig, als den Weg zu verlassen und sich in dem dicken Wald zu verbergen, bis er vorüber war. Und so rettete es seine Beute und brachte das Wahrzeichen glücklich nach Haus.

Das wilde Heer bei Rotenburg

Ein Mann kam eines Abends von Rotenburg am Haierod vorüber. Da hörte er auf einmal in der Luft Hallorufen, Hundegebell und Gerassel. Es war ein schrecklicher Lärm. Der Mann war der Meinung, es wären Jäger, die in der Dunkelheit an ihm vorübersausten, und rief ihnen zu:

„Gut Glück und halb Part!" In dem Augenblicke fiel etwas Schweres auf seine Schultern herab. Er versuchte es abzuschütteln, aber alle Mühe war vergeblich; er mußte es nach Hause tragen, und als er es hier bei Licht betrachtete, war's ein Stück Aas vom Schindanger. Was er angerufen hatte, war das wilde Heer gewesen, das man stillschweigend an sich vorüberziehen lassen muß.

Schindanger – Platz zur Verwertung von verendetem Vieh

Ludwigseck

Mitten in dem vom Knüll sich nach der Fulda senkenden Gebirge erhebt sich in einer rauhen, mit dichter Waldung bedeckten Gegend ein nicht sehr hoher, östlich mit einem höhern Bergrücken verknüpfter steiler Basalthügel mit dem Schlosse Ludwigseck, welches den größten Teil des Gipfels einnimmt.... Es bildet in seiner Grundform ein längliches Viereck, wovon die nördliche Seite aus dem Mittelgebäude besteht, die Breitseiten aus zwei sich anschließenden Flügelgebäuden gebildet werden, und die Südseite durch eine hohe Mauer geschlossen wird, in welcher sich die Einfahrt zu dem kleinen innern Burghof befindet.

Obgleich die Gebäude noch in ihren Mauern und Dachwerken ste-

Schloß Ludwigseck

337

hen, so ist ihr Inneres doch sehr verfallen und vorzüglich der ältere Teil in einem Zustand, daß man nur mit Vorsicht es wagen darf, seine Gemächer zu betreten. Unter dem Schlosse zieht am Bergabhange ein Garten hin, welcher auf Terrassen angelegt ist.

Im Dreißigjährigen Kriege wurde Ludwigseck von den Kaiserlichen angezündet und bis auf das Gemäuer ausgebrannt. Erst nach dem Westfälischen Frieden stellten die Besitzer es wieder her, indem sie, das noch feste Gemäuer benutzend, das Innere ausbauten. Noch gegenwärtig stehen die Mauern fest, während das Holzwerk mürbe und faul und zum Teil schon eingestürzt ist, zum Teil noch mit dem Zusammensturze droht. Es wartet deshalb einer zweiten Wiederherstellung.

Das Gericht Rohrbach erhielt später den Namen des Gerichts Ludwigseck. Seine Gerichtsstätte war im Dorfe Tann. Die Riedesel, denen auch die Kriminaljustiz durch Bescheid vom 27. Januar 1776 zugesprochen war, übten die Gerichtsbarkeit bis zur Auflösung des Kurfürstentums Hessen im Jahre 1806, wo die adeligen Patrimonialgerichte aufgehoben und dem Staate überwiesen wurden.

In der Kirche zu Ersrode haben die Riedesel ein Erbbegräbnis und in Trunsbach war früher ein Burgsitz.

Aus: Georg Landau, Die hessischen Ritterburgen

Es schlief ein Graf bei seiner Magd
Aus Harleshausen

Es schlief ein Graf bei seiner Magd,
Die beiden schliefen alleine,
Sie schliefen zusammen die halbe Nacht,
Da fing sie an zu weinen.

Weine nicht, weine nicht, mein Töchterlein,
Ich will dir deine Ehre bezahlen,
Ich will Dir geben den Reitersknecht mein,
Dazu auch sechstausend Dukaten.

Den Reitersknecht dein, den will ich nicht,
Ich will den Herrn Grafen selber,
Denn Vater und Mutter die weinen so sehr,
Sie ringen die Hände zusammen.

Der Herr zu seinem Reitknecht sprach:
Sattle mir und dir zwei Pferd,
Dann wollen wir reiten bei Tag und bei Nacht,
Bis daß wir Stadt Rotenburg sehen.

Und als sie vor die Stadt Rotenburg kamen
Wohl vor die hohen Mauern,
Da läutet ein Glöcklein, das klinget so schön.
O Himmel, wen mag es betrauern?

Und als sie vor die Stadt Rotenburg kamen
Wohl vor die hohen Tore,
Da kamen gegangen sechs Träger daher
Mit einer Totenbahre.

Haltet an, haltet an, ihr Trägersleut!
Was habt ihr für einen Toten?
Wir haben dem jungen Herrn Grafen seine Braut
Mit einem kleinen Sohne.

Setzet ab, setzet ab, ihr Trägersleut',
Ich will sie noch einmal beschauen,
Mit ihren schwarzbraunen Äugelein
Will ich sie noch einmal beschauen.

Haut aus, haut aus ein neues Grab
Aus Felsen und aus Steinen,
Darinnen soll mein Feinsliebchen ruh'n
Und ihre Herzchen verfaulen.

Friedewald und Sontra

Hinangestreckt an dem Abhange einer Anhöhe, deren Fuß die Sontra bespült, die ihr schönes Tal hier zu flachen Ackerhügeln erweitert, hat das Städtchen Sontra eine recht freundliche Lage. In einer festen Burg einst von den Vögten von Sontra bewohnt, kam der Ort, damals ein Dorf, zu Anfang des 14. Jahrhunderts an Hessen und erhielt von Heinrich II. 1368 städtische Rechte. Bald darnach (1385) von Mainz und Thüringen erobert, wurde Sontra erst 1433 wieder an seinen rechtmäßigen Besitzer zurückgegeben. Aus dieser Zeit ungefähr stammt auch die Neustadt. Am 7. August 1588 bis auf das Schloß und wenige Häuser durch eine Feuersbrunst in Asche gelegt, die sich durch Flachsrösten verbreitet hatte, ging die Stadt in der Christnacht 1634 abermals in einem Brande auf, der von den abziehenden Kroaten jauchzend angezündet worden war. Auch am 13. November 1821 sah sie sich so hart durch Feuer heimgesucht, daß 34 Wohn- und 57 Ökonomiegebäude eingeäschert wurden.

Sontra ist ein Amtssitz, hat Stadtmauern und vier Tore. Seine Kirche zu St. Georg beherrscht auf einem Felsen thronend die Stadt; das 1491 erneuerte Schloß dient als Sitz einer Rentei. Die Bewohner des Städtchens beschäftigen sich hauptsächlich mit Acker-, Obst- und Flachsbau; doch sind auch seine Lohgerber und besonders Seiler zu erwähnen, welche lackierte Feuereimer aus Hanf und Spritzenschläuche ohne Naht liefern.

Auf der Höhe vor dem Obertore der Stadt liegt der alte Gerichtsplatz der Sontra, der sogenannte Dingstuhl, dessen Stätte zwar verödet und seiner steinernen Schöffenbänke beraubt ist, aber noch von den uralten Linden beschattet wird, unter deren Wipfeln jene ehrwürdigen Gerichte gehegt wurden.

Der Marktflecken und Amtssitz Friedewald, welcher am Vereinigungspunkte von fünf Straßen in einem hochgelegenen, rauhen Tale des Seulings- (Sillings und Sielings-) waldes am nördlichen Fuße des Dreienbergs liegt, trägt zwar auf seiner Marktfahne die Inschrift: „Friede vor dem Walde", hat aber davon weder seine Benennung, noch erfreute es sich im Laufe der Jahrhunderte des Friedens, der in seinem Namen waltet. Seine ganze Umgebung ist reich an Trümmern der Vorwelt. Krieg und Pest, Zeit und Menschen haben hier außerordentlich verheerend und umschaffend gewirkt. Bis auf den Hunnenkönig Attila sind die Alten zurückgegangen, um dieser Gottesgeißel auch die Verwüstung des einst vielfach angebauten Sillingswaldes vorzuwerfen. Der Freund der Geschichte aber sucht das Bild jener verschwundenen Welt auf in den

Ruine Friedewald

Überresten von Burgen, Dörfern und Kirchen, in den Spuren alter Felder unter achthundertjährigen Eichen sowie in dem bunten Gemische von Sagen und Märchen des Volkes, deren Duft geheimnisvoll über diesen Stätten der Verwüstung schwebt. Sicher haben übrigens nicht die Hunnen, sondern das rauhe Klima, der dürftige Boden und das zahllose Wild die Bewohner der meisten ausgegangenen Dörfer von der Höhe in die Täler hinabgetrieben, da fast alle noch zu Anfang des 14. Jahrhunderts vorhanden waren.

Dort, wo sich die zwei uralten Straßen kreuzen, welche Thüringen und den Rhein, Franken und Hessen verbinden, stand auch jene alte durchbrochene Eiche, welche das Nadelöhr genannt war und bei welcher man Reisende und Jäger hänselte, indem sie durch den Spalt des

Baumes hindurchkriechen mußten. Im 16. Jahrhundert ließ Landgraf Moritz an seine Stelle einen Stein mit einer torähnlichen Öffnung setzen, der 1757 noch erneuert wurde.

Schon in sehr früher Zeit erhob sich an dieser Straße auch das Schloß Friedewald, ob als Wächter oder Zöllner, ist unbekannt. Seit dem 14. Jahrhundert gehörte es den Landgrafen von Hessen, unter denen es von Heinrich III. abgebrochen und 1477 - 1481 neu aufgeführt und später von Wilhelm IV. und Moritz außerhalb seiner Mauern mit Ökonomiegebäuden versehen wurde. Angezogen durch die reichen Jagden in den nahen Wäldern des Seulings, wählten es die hessischen Grafen nun zu ihrem Lieblingsaufenthalt und zum Versammlungsort bei wichtigen Verhandlungen. Philipp verweilte hier oft ganze Monate, und es wurde auf diesem einsamen Jagdschlosse am 5. Oktober 1551 namentlich auch jenes wichtige Bündnis zwischen Frankreich, Sachsen, Brandenburg und Hessen verabredet, wodurch die kaiserliche Übermacht gebrochen, der Landgraf aus seiner Gefangenschaft befreit und der Passauer Frieden erzielt ward.

Im Dreißigjährigen Kriege litt das Schloß harte Bedrängnisse. Schon 1631 von Tillys Truppen erobert, wurde es 1634 und 1640 wiederholt genommen und das Dorf eingeäschert, am 5. Dezember 1647 aber von den Bayern beschossen und seine kleine, nur 66 Mann starke Besatzung nach zwei Tagen zur Übergabe gezwungen. Indessen kam es bereits am 19. Februar 1648 durch List wieder in die Gewalt Hessens. Nicht minder wechselvoll und noch härter war Friedewalds Geschick im Siebenjährigen Kriege. Von den Österreichern 1758 erobert und im Innern verwüstet, wurde es diesen am 1. März des folgenden Jahres wieder entrissen, um schon nach vierzehn Tagen dem Feinde abermals in die Hände zu fallen und seine Besatzung noch mehrmals zu wechseln, bis es der hannoveranische Leutnant Steigleder am 26. Juni 1762 mit fünfzig freitagschen Jägern und zehn Reitern in Besitz nahm. Am 6. August vergeblich zur Übergabe aufgefordert und von dieser kleinen Besatzung mutig verteidigt, wurde das Schloß durch den französischen General Graf Stainville mit 8000 Mann und acht Geschützen angegriffen. Schon hatten die Franzosen binnen sechs Stunden durch die tapferen Verteidiger, die sogar Ausfälle wagten, 200 Mann verloren und Anstalten zum Sturme getroffen, als sie es vorzogen, den Platz in Brand zu schießen. Die Feuerkugeln und Bomben zischten, aber die heldenmütigen Verteidiger hielten aus, bis die Türme einstürzten, die brennenden Dächer über ihnen zusammenbrachen und Rauch und Flammen sie zur Ergebung zwangen. Einer ihrer Unteroffiziere fiel noch durch eine französische Kugel, als er die Zugbrücke niederließ, und dies war außer zwei verbrannten Pferden das einzige Opfer, welches die brave Verteidigung gekostet hatte. Mit Staunen gewahrten die Franzmänner das kleine Häuflein der Gegner, und voll Bewunderung ihrer Tapferkeit gab Stainville dem wackeren Steigleder den abgenommenen Degen wieder zurück.

Ein mächtiges Viereck mit breiten Wassergräben und stattlichen Ecktürmen ist das ehrwürdige Schloß, dessen Ruine sich, malerisch von Baum- und Strauchwerk umgrünt, in dem Wasser ihres Wallgrabens spiegelt, noch in seinen Trümmern nicht minder imposant als sein Untergang großartig und ruhmvoll war.

Von dem zu diesem Amtsbezirk gehörenden Marktflecken Heringen „an der Werra oder der Wetterscheide" sei der Seltenheit wegen erwähnt, daß derselbe in seiner Wetterfahne als Wahrzeichen einen Hering führt.

Aus: Das Kurfürstentum Hessen

Rentei – Rentamt (zur Abgaben- und Steuerverwaltung auf unterer Ebene)

Der Holle-Mythus am Meißner
Von Julius Schmincke, Pfarrer zu Jestädt

Groß und mächtig auf weithin sich windenden Hügelketten thront der Meißner, der Vater der niederhessischen Berge, häufig besucht von Geologen und Botanikern und von Naturfreunden, die an der weiten und lieblichen Aussicht sich erfreuen wollen, aber auch ein nicht geringes Interesse dem Freunde des Altertums darbietend. In dieser letzteren Beziehung machte vor längeren Jahren von Münchhausen auf den Berg aufmerksam in seiner Abhandlung: „Der Meißner in Hinsicht auf mythisches Altertum". Indessen verbreitet er sich in seiner Darstellung mehr über den Kultus der Frau Holle im allgemeinen und verbindet damit eine Schilderung der Lokalitäten des Berges, die mit demselben in enger Verbindung gestanden zu haben scheinen, weniger aber nimmt er Rücksicht auf das, was vom Mythus der Frau Holle in Sprache, Sage und Gebräuchen am Meißner und dessen nächster Umgebung traditionell sich noch erhalten hat.

An der Ostseite des Meißners, unterhalb der Kalbe, da wo die große Bergbucht sich bildet, fast mitten in dem jähen Sturze zertrümmerten Basaltgesteins liegt ein ebener, von Baumgruppen umgebener Platz, der Schlachtrasen genannt, daran die Moorwiese und in einer Ecke derselben ein kleiner See, der Frauhollenteich. Derselbe soll früher auch über die Moorwiese sich erstreckt haben und unergründlich tief gewesen sein; wenigstens habe man mit einem Senkblei bei 65 Klaftern keinen Grund gefunden. Manche vermuteten hier den Krater des ehemaligen Vulkans. Die Moorwiese nebst dem Teiche ist von einem uralten Steindamme umgeben und das ganze durch den Wall eines Felsenrückens, durch den jetzt die Straße gebrochen ist, verpalisadiert. Ohne Zweifel war hier ein Heiligtum der Frau Holle. Ob auf dem Schlachtrasen der Göttin geopfert, ob auf der Kalbe ihre Rinder und in der an der Westseite des Berges befindlichen Kitzkammer Katzen gepflegt wurden, lasse ich dahingestellt sein, wiewohl es nicht unwahrscheinlich ist und jene Ortsnamen merkwürdig genug sind, denn Kühe zogen der Nerthus Wagen und auf einem mit zwei Katzen bespannten Wagen fuhr Freyja zur Kampfstatt und diese beiden Gottheiten sind der Frau Holle verwandt. Von den Grundmauern und Trümmern einer Priesterwohnung unfern der Kalbe habe ich aber nichts entdecken können und der unfern des Teiches im Walde stehende Altar, von Basaltsteinen errichtet, scheint mir eher ein christlicher zu sein, wenigstens haben bei demselben die Anwohner des Berges zur Zeit der Ausflüchte im Dreißigjährigen Kriege Gottesdienst gehalten. In der Nähe des Teiches liegt die Runenwiese und quillt der Gottesborn und nördlich sind die Teufelslöcher, eine Wüste von zertrümmertem Basalt, wo das Wasser wieder zum Vorschein kommt, welches aus dem Frauhollenteiche, der eigene Quellen hat, ausfließt.

Bekannt ist aus der germanischen Mythologie, daß die Frau Holle oder Holda als die freundliche, milde, gnädige Göttin und Frau vornehmlich in Thüringen und Hessen in großer Verehrung stand, während an ihrer Stelle in Oberdeutschland Frau Berchta, die Strahlende, erscheint. So wie aber beim Eindringen des Christentums der ganze heidnische Götterkultus diabolisiert, die Götter Teufel und die heidnischen Götterbegriffe mit dem christlichen Teufelsbegriffe vermengt wurden, so war dies auch bei Frau Holle der Fall, die nun eine Unholde, Unfreundliche wird. An beide Vorstellungen von der Frau Holle knüpft sich, was die Tradition von derselben am Meißner erhalten hat.

Im Frauhollenteiche wohnt sie, und manche Naturerscheinungen, die am Meißner sich zutragen, werden von ihr bewirkt: Wenn es am Meißner nebelt, insbesondere wenn einzelne Nebelwolken am Berge hinziehen, so hat Frau Holle ihr Feuer im Berge; wenn es am Meißner schneit, so macht Frau Holle ihr Bett, dessen Federn in der Luft fliegen.

Frau Holle erscheint im heidnischen Altertume als spendende Göttin der Fruchtbarkeit, und am Meißner erzählt man sich noch, sie habe schöne Gärten, bringe Früchte, Blumen und Kuchen. Hauptsächlich erstreckt sich ihre schaffende Kraft auf den Ehesegen; daher: unfruchtbare Weiber, die im Frauhollenteiche am Meißner baden, werden fruchtbar, sie bringt schöne Kinder in die Häuser aber auch Wechselbälge. In dieser letzteren Beziehung erscheint sie übrigens schon als die unholde, tückische Frau, welche gleich den Wichteln oder Elben das neugeborne Kind wegträgt und ein häßliches, mißgestaltetes, ein Wechselbalg, Elbentrötsch an dessen Stelle legt. Auch erzählt man den Kindern am Meißner, daß die Hebammen aus dem Frauhollenteiche die kleinen Kinder holen, so wie die Erzählung von einem Kinderbörnchen sich in vielen Gegenden findet.

Insbesondere aber war Frau Holle im Altertume auch ein Hausgöttin, die dem Hauswesen vorstand, vornehmlich dem Flachsbau und dem Spinnen, einer Hauptbeschäftigung der deutschen Hausfrauen, bei denen sie deshalb auch in besonderm Ansehn stand. So hört man am Meißner, sie bestrafe die unordentlichen und faulen Weibsleute, besonders träge Spinnerinnen, namentlich verwirre sie ihnen den Flachs und das Garn. Alte Leute erzählten, daß sie in ihrer Jugend in Dörfern rings um den Meißner, namentlich in Laudenbach bei der gesamten Flachsbereitung Spinnlieder gehört hätten, in welchen der Frau Holle gedacht worden und unverständliche veraltete Worte und Ausdrücke vorgekommen seien. Diese Spinnerlieder verklingen nunmehr am Meißner, aber am Sonnabend bleiben noch die Spinnräder unberührt und von Weihnachten bis Neujahr wird die Spindel nicht gedreht und es darf kein Flachs am Rocken bleiben.

Wenn erzählt wird, daß man im Frauhollenteiche zuweilen Flüstern und Glockengeläute höre, so weiß ich dies nicht zu deuten, da die heidnischen Gottheiten vor dem Glockenklange, der ihnen als etwas Christliches verhaßt ist, fliehen.

Bei dem Eindringen des Christentums wurde, wie schon oben bermerkt ist, auch Frau Holle allmählich ein böses, tückisches, teuflisches Wesen; die sonst Milde und Freundliche schreckt jetzt die Leute gespenstisch und so wie sie früher die hochgefeierte Göttin war, so ist sie nun auch am Meißner des Teufels Großmutter. Ihr tückisches Necken zeigt sie besonders darin, daß sie den Menschen, vornehmlich den Weibsleuten das Haar verwirrt und zersaust und auch am Meißner nennt man den, welchem das Haar verworren ist, einen Hollekopf.

Aus: Zeitschrift des Vereins für hessische Geschichte und Landeskunde

Mythus – Legendenbildung / verpalisadiert – verschanzt / Nerthys, Freyja – germanische Göttinnen / diabolisiert – verteufelt / Kinderbörnchen – Kinderbrünnelein

Schloß Tannenberg

Südlich von Sontra liegt in einem tiefen rauhen Gebirgstale das Kirchdorf Nentershausen. Kaum eine Viertelstunde südöstlich davon erhebt sich das Schloß Tannenberg. Zwei vom Herzberge sich in der Richtung nach Nentershausen ziehende und hier verflachende Bergrücken bilden ein Tal, dessen Mitte ein niederer Felsstreif durchschneidet, auf dessen nordwestlicher Spitze das Schloß liegt. Ein 30 Fuß tief in den Felsen gehauener Einschnitt trennt den Burgplatz von dem übrigen Berge.

Die Burg bildet ein regelmäßiges längliches Viereck von nicht besonderer Größe, dessen nordwestliche Seite nach Nentershausen blickt. Der Weg zur Burg führt an dem zum Teil in Terrassen gehauenen Bergabhange hinan. Ehe man zum Burgtore gelangt, liegt nahe davor die jetzt verfallene kleine Kapelle, welche zufolge ihrer Inschrift 1539 erbaut wurde. Von dieser tritt man durch das Spitzbogentor in die Burg, welche aus zwei Reihen von Gebäuden besteht, zwischen denen ein schmaler Hof hinläuft. Auf der linken Seite sind zwei Gebäude; das erste ist ganz verfallen, das zweite massiv und fünf Stockwerke hoch; zufolge einer Inschrift wurde dieses von Ewald I. 1546 erbaut; es diente ehemals zu einem Pferdestalle und Fruchtspeicher. Die rechte Seite des Hofes hat vier Gebäude. Das zunächst dem Tore liegende ist teilweise aus Holz und 1690 erbaut; das zweite, unten von Stein, oben von Holz, ist das einzige Haus, welches die von Baumbach noch jetzt besitzen. Das dritte Gebäude ist ein verfallenes noch zur Stallung benutztes Häuschen. Das letzte Gebäude dieser Seite ist das siebenstöckige massive Wohnhaus. Am Ende des Hofes befindet sich ein Stall, der an der Stelle des ehemaligen Turmes steht. Dieser ist bis zur Erde niedergebrochen und nur das Verließ noch vorhanden. Die von den Gebäuden offen gelassenen Stellen werden durch Mauern geschlossen.

Arme Tagelöhner, Bergleute etc. bewohnen jetzt die Gemächer, welche einst zum Aufenthalte trotziger Ritter dienten. Ärmlichkeit und Schmutz treten deshalb gleich bei dem Eintritt in den Hof dem Besucher entgegen und begleiten ihn die zerbrechlichen Stufen empor und durch alle Gemächer.

Der rechte, den Tannenberg beherrschende und mit dem schönsten Walde bekleidete Bergrücken wendet sich in einer Krümmung gegen Nentershausen und tritt mit seiner Endspitze beinahe in die Mitte zwischen beide Orte. Diese Spitze heißt die Altenburg und der Sage zufolge lag hier das erste Schloß. Nur noch wenige Spuren bezeugen, daß hier einst Gebäude gestanden.

Unweit des Tannenbergs liegt ein Wiesengrund, der Hersfeldergrund

genannt. Eine Sage erzählt, daß einst die von Baumbach mit Hersfeld in
Fehde gelegen; als nun die von Baumbach in dem Teiche, der in diesem
Grunde liegt, fischen wollen, und die Hersfelder es erfahren, hätten diese sich bereitet, sie dabei zu überfallen, aber die von Baumbach, denen
der Plan verraten worden, hätten sie erwartet und in die Flucht geschlagen.

Aus: Georg Landau, Die hessischen Ritterburgen

Hessisch Lichtenau

Schon in der ältesten Zeit führte hier die Salzstraße und die Leipziger
Straße von Kassel über Eschwege vorbei. Wahrscheinlich ist es auch,
daß die beiden Heidenapostel Kilian und Bonifatius in dieser Gegend
gewirkt haben, obgleich dieselbe zu jener Zeit noch wenig bewohnt gewesen ist. Hier auf der Hochfläche wurden auch im 5. Jahrhundert die
letzten Kämpfe zwischen den Chatten und den Hermunduren ausge-
fochten.

Die Erwerbstätigkeit der Bewohner erstreckt sich hauptsächlich auf
Ackerbau, doch ist derselbe wenig lohnend, denn der Boden gehört der
Keuperformation an und ist schwer bestellbar. Auch ist das Klima, wenn
auch gesund, so doch bei der hohen Lage rauh, und die Vegetation setzt
im Frühjahr zwei bis drei Wochen später ein als im Werratal. Neben
dem Ackerbau beschäftigen sich noch viele Einwohner mit einem Handwerk. So gibt es z.B. daselbst noch eine Anzahl Nagelschmiede. Die

einst blühende Leinweberei ist verschwunden. Ferner gibt es hier eine Bierbrauerei, eine Zigarrenfabrik, eine Ziegelei, ein Dampfsägewerk, eine Kunst- und zwei Handelsgärtnereien. Lichtenau ist Station der Kassel-Waldkappeler Eisenbahn.

Die Stadt ist ziemlich regelmäßig gebaut und wird von einer Ringmauer umgeben, durch die zwei Tore führen. An Gebäuden sind bemerkenswert eine schöne, aus dem 14. Jahrhundert stammende gotische Kirche und eine der heiligen Jungfrau geweihte Kapelle, die gegen Ende des 14. und Anfang des 15. Jahrhunderts erbaut wurde, das Rathaus mit dem städtischen Wahrzeichen (der hessische Löwe und eine brennende Laterne) und der Junkerhof, der ehemalige Burgsitz der Herren von Meisenburg, welche sich in den Kämpfen, die die ersten hessischen Landgrafen gegen ihre östlichen Nachbarn zu führen gezwungen waren, als treue Diener ihrer Lehnsherren bewährten.

Lichtenau ist von Heinrich I., dem ersten hessischen Landgrafen, gegründet worden und wird in einer Urkunde vom Jahre 1289 zuerst erwähnt. Die neugegründete Stadt führte aber den Namen Walberc. Der Name Lichtenau will eine Stadt mit einer lichten (hellen) Au bezeichnen.

Die Lage Lichtenaus als östlicher Wachtposten der Hauptstadt Kassel erklärt die Bedeutung der Stadt für die hessischen Landgrafen. Darum ließ Landgraf Hermann zum besseren Schutze eine Burg innerhalb der Stadt anlegen, die aber von seinem Sohne Ludwig I. 1415 zur Freude der Bürger wieder abgetragen wurde. Im 16. Jahrhundert wurde Lichtenau mehrfach von Feuersbrünsten heimgesucht, und in der Zeit des Dreißigjährigen Krieges teilte es das Schicksal der meisten hessischen Städte. Plünderungen und Verwüstungen durch feindliche Heere wechselten miteinander ab. Am 1. April 1637 wurde die Stadt von den Kroaten zum größten Teil niedergebrannt. Auch im Siebenjährigen Kriege hatte die Stadt sehr unter den Kriegssteuern der feindlichen Heere zu leiden. Am 4. Mai 1813 wurden vier Bürger standrechtlich erschossen, weil sie den Versuch gemacht hatten, sich einer französischen Kriegskasse zu bemächtigen. In neuester Zeit, am 18. September 1875 und am 24. und 25. Oktober 1886, wurde Lichtenau von Feuersbrünsten heimgesucht.

Zu Lichtenau wurde 1482 Johannes Feige, der berühmte Kanzler Philipps des Großmütigen, geboren. Seine Eltern waren einfache Bürgeleute. Auf der Hochschule zu Erfurt erwarb er sich 1503 die doppelte Doktorwürde. In die Heimat zurückgekehrt, fand er eine Anstellung an der Hofkanzlei zu Kassel und wurde bereits 1513 zum Hofkanzler der Landgräfin Anna ernannt. Diese Stellung behielt er auch bei, als Philipp der Großmütige nach seiner Volljährigkeit die Regierung übernahm. In dieser Stellung hat er sich um das Staatswesen große Verdienste erwor-

Das Wappen von Hessisch Lichtenau

ben. Sein Name ist mit der Einführung der Reformation in Hessen auf das engste verknüpft. Johannes Feige starb am 20. März 1543. Vom Kaiser Maximilian in den Adelsstand erhoben, hat er in seiner Bescheidenheit jedoch niemals davon Gebrauch gemacht.

Aus: Hessische Landes- und Volkskunde

Der Kurfürst von Hessen

Der Kurfürst von Hessen
Ist ein kreuzbraver Mann,
Denn er kleidet seine Solidaten
So gut wie er kann.

Der Kurfürst von Hessen,
Der hat es gesaht,
Daß alle jungen Burschen
Müssen werden Soldat.

Und die Hübschen und die Feinen,
Die sucht man heraus,
Und die Lahmen und die Bucklingen,
Die läßt man zu Haus.

Mein Vater und meine Mutter
Und meine ganze Verwandtschaft
Und die haben mich und die haben mich
Um mein Schätzchen gebracht.

Eschwege

Eschwege, die Hauptstadt des Kreises, hat unter allen hessischen Städten mit die schönste Lage. Sie liegt an der Werra 170 m über dem Meeresspiegel und besteht aus der Altstadt, der Neustadt und der Vorstadt Brückenhausen auf dem rechten Werraufer. Die Stadt soll ihren Namen von den zahlreichen Eschen haben, welche früher überall an den Wegen standen. Auf diese Ableitung des Namens deutet auch das städtische Wappen, welches zwischen den beiden Türmen der ehemaligen Stiftskirche einen Eschenzweig zeigt.

Von den öffentlichen Gebäuden sind zu nennen: 1. Das Schloß. Es besteht aus einem Hauptgebäude und zwei Flügeln. Ersteres und der nördliche Flügel wurden 1386 durch Bathasar von Thüringen erbaut, während der südliche Flügel 1581 von dem Landgrafen Moritz, welcher hier auch starb, errichtet wurde. Da das Schloß im großen Stadtbrande (1637) den kroatischen Befehlshabern als Wohnung diente, blieb es von dem Feuer verschont, wurde aber arg verwüstet und seiner Gemälde beraubt. Nach dem Kriege baute man es wieder aus und errichtete auf dem Pavillion einen Turm mit Uhr und zwei Glocken. Bei jedem Glockenschlag trat ein künstliches Männchen heraus und tutete auf einem Horn. Dieser „Tütemann" ist zum Spitznamen der Eschweger geworden. Seit 1822 befinden sich Uhr und Glocken auf dem Klausturm. Der Tütemann ist verschwunden, aber der Spitzname geblieben. Nach dem Tode von Moritz dem Gelehrten diente das Schloß den Landgrafen von Hessen-Rotenburg-Rheinfels zur Residenz und gegenwärtig als Wohnung für den Königlichen Landrat und als Geschäftsräume des Landratsamtes, der Kreiskasse und der beiden Amtsgerichte. Die Schloßkapelle benutzte die katholische Gemeinde als Gotteshaus bis zum Jahre 1905.

2. Der Kyriakusturm auf dem Kyriakusberg bildet den Rest der Kyriakus- oder Stiftskirche. Der andere, am nördlichen Abhange des Berges stehende Turm wurde 1250 bei der Belagerung der Stadt durch den Herzog von Braunschweig abgebrochen, um die Steine zur Ausbesserung der Stadtmauer zu verwenden. Die Stiftskirche selbst wurde, da sie baufällig geworden war, 1735 niedergelegt und aus ihren Steinen die Werraschleuse gebaut. Neben der Kirche stand das durch einen Kreuzgang mit ihr verbundene Nonnenkloster. Dieses war eine Bildungs- und Versorgungsanstalt für unbemittelte Töchter des Adels. Sechzehn Dörfer und viele Adelige waren ihm zinspflichtig. Die Äbtissin hatte das Recht, Zölle zu erheben und Münzen prägen zu lassen, ein Recht, das später auf die Stadt überging. Bei der Einführung der Reformation (1527) wurde das Stift aufgelöst und seine Räume zu einer Lateinschule verwendet.

Die Straßen der Stadt werden in gutem Zustande erhalten und haben durch die Anlegung von Zementtrottoiren sehr an Schönheit gewonnen. Die Friedrich Wilhelmstraße und der Marktplatz haben schöne Lindenalleen. Eschwege ist reich an öffentlichen Plätzen. Die Anlagen, herrlicher Platz mit Spazierwegen, Bäumen, Ziersträuchern und Ruhebänken, dienten 1565-1854 als Friedhof. Am südlichen Ausgang der Anlagen steht das Hessendenkmal. Auf hohem Sockel ruht ein mächtiger, aus bayrischem Sandstein gehauener Löwe. Das Denkmal wurde am 29. Oktober 1893 zum Gedächtnis der fünf hessischen Soldaten aus Eschwege und Umgegend errichtet, welche sich 1806–1807 an dem Aufstande gegen die Franzosenherrschaft beteiligt und deshalb auf dem großen Werdchen erschossen wurden. Ihre Gebeine ruhen unweit des Denkmals. Ein schöner Schmuck des Marktplatzes ist die Germania, ein Denkmal, welches den acht Eschweger Soldaten, die im Kriege 1870/71 den Heldentod starben, zu Ehren errichtet wurde.

Eschwege hat von jeher eine lebhafte Industrie betrieben, weshalb man ihm auch den Namen: das „hessische Elberfeld" beigelegt hat.

Der jährliche Umsatz in der Zigarrenfabrikation beträgt über 1¼ Millionen, in der Textilindustrie 3–4 Millionen, in den Gerbereien 2–3 Millionen Mark. In den Zigarrenfabriken sind 800, in den Spinnereien und Webereien 700, in den Schuhfabriken und Schuhmacherwerkstätten

500, in den Gerbereien 250 Arbeitskräfte tätig, wovon 2200 Arbeiter und 1200 Arbeiterinnen sind.

Neben der Industrie blüht auch der Handel. Außer zahlreichen Engrosgeschäften in Tabak, Getreide, Kolonialwaren, Flanell, Anzugstof-

Das Wappen von Eschwege

fen usw., gibt es über 100 Kleinhändler, deren schön ausgestattete Schaufenster eine Zierde der Stadt bilden. In das Handelsregister sind 170 Firmen eingetragen.

Von den Handwerken wird die Schuhmacherei am eifrigsten betrieben. Die Eschweger Schuhwaren sind weit über die Grenzen des Kreises hinaus berühmt, die Umgegend von Kassel wird von Eschweger Schuhmachern mit Schuhzeug versehen. Auch die Eschweger Wurst- und Fleischwaren, welche weit versandt werden, erfreuen sich eines guten Rufes. Lebhafte Tätigkeit entfalten auch die Bauhandwerke, in denen jedoch fast nur Arbeiter aus der Stadt und Umgegend tätig sind. Früher stand die Tuchmacherei in hoher Blüte. Die mechanischen Webstühle haben aber die Handweberei fast völlig verdrängt. Der Fortschritt in der Technik (Dampf) hat es mit sich gebracht, daß von den 45 Gerbereien, welche die Stadt früher hatte, jetzt nur noch zehn vorhanden sind; allein diese, neuzeitlich eingerichtet, gerben bedeutend mehr als die vielen früheren kleineren Gerbereien zusammengenommen.

Eschwege ist Station der Treysa-Leinefelder (Berlin-Koblenzer) Eisenbahn und der Nebenbahn Eschwege-Treffurt, deren Weiterführung nach Eisenach jetzt in Ausführung ist. Die Bahn Eschwege-Treffurt wurde am 1. Mai 1902 dem öffentlichen Verkehr übergeben. Alle Personen- und Schnellzüge, welche in Niederhone halten, haben durch Lokalzüge Anschluß von und nach Eschwege. Durch die Stadt führt die

Kassel-Mühlhäuser Landstraße. Auch die Werra, welche von Wanfried aus schiffbar ist, war in früheren Jahren eine wichtige Verkehrsader.

Aus: Hessische Landes- und Volkskunde

Brandenfels

Im Süden des Kreises Eschwege, etwa drei gute Stunden von Eisenach und drei Stunden von Netra, erheben sich über dem Dorfe Markershausen die Trümmer des alten Schlosses Brandenfels. Die schönste Ansicht des Schlosses bietet der nördliche Eingang des engen Tales, in welchem Markershausen liegt, dar; von dem hochliegenden Felde, neben sich den rauschenden Bach, blickt man in eine von bewaldeten Höhen gebildete Bergschlucht hinab, über der sich aus dem Grüne hochstämmiger Buchen die grauen Trümmer wahrhaft malerisch erheben.

Am Ende eines sich von Westen gegen Osten hinziehenden, sehr steil abdachenden Bergrückens von einer Viertelstunde Länge stehen die Ruinen des Schlosses. Ringsum ist der Berg dicht bewaldet, nur eine Stelle unweit der Burg, der sogenannte Burgtriesch, ist frei und bebaut und soll den Schloßbewohnern früher als Übungsplatz gedient haben.

Von der Abendseite, von welcher der einzige, nicht zu sehr beschwerliche Weg herführt, gelangt man zu dem Schloßgraben, der dreißig Fuß tief in den Kalkfelsen gehauen ist. Früher führte eine Zugbrücke über diesen Graben. Doch da diese nicht mehr vorhanden ist, so muß man ihn freilich etwas mühsam durchklettern, um in den Burghof zu gelangen. Das Schloßgebäude bildet ein unregelmäßiges längliches Viereck, dessen noch ziemlich erhaltene Außenwand nach Nordosten blickt. Die Innenwände sind zum Teil vier und einen halben Fuß dick, jedoch alle sehr verfallen und die Räume dazwischen mit Schutt angefüllt, in dem hohe Bäume gewurzelt haben. Besser erhalten sind noch die Kellergewölbe, zu denen man durch einige Öffnungen hinabsteigen kann. Dem Schloßgebäude gegenüber läuft auf der Südseite dicht am Berghange hin eine einzelne Mauer von etwa sechsunddreißig Fuß Länge und zehn bis zwölf Fuß Höhe, die den Hof von dieser offenen Seite rings umschließt. Am rechten Ende derselben hat sie eine Pforte, zu der einige Stufen hinabführen; aber wehe dem, welcher durch diese einen gebahnten Weg suchet, er muß sich durch das dickste Gebüsche und Dornengestrüpp mühsam hindurcharbeiten, und ohne zerrissene Kleider vermag er nicht hinabzukommen.

Aus: Georg Landau, Die hessischen Ritterburgen

Erste Nachrichten
von den hessischen Glashütten

Lange Zeit hindurch scheint Italien das einzige europäische Land gewesen zu sein, welches Glashütten besaß; vor allen aber waren die venezianischen berühmt, welche sich auf der Insel Murano befanden. Von Italien wurde die Kunst der Glasbereitung nach Böhmen verpflanzt, von wo sie dann sich weiter über die deutschen Länder verbreitete. Wann sie zuerst nach Hessen gekommen, ist unbekannt; die ersten Hütten findet man bei uns nicht vor dem fünfzehnten Jahrhundert.

Im Jahre 1430 findet man in einer Hofrechnung: „Den Schutzen XV Behm., dauor solde er zur Couffungen funf Boß(en?) Flasschen (Büchsen-Flaschen?) myme Heren (nämlich dem Landgrafen) holen. Vor Kanel vnd Galgan in dieselben Flasschen II Behmische."

Im Jahre 1443 findet man Hütten am Reinhardswalde. Als im August dieses Jahres Landgraf Ludwig daselbst jagte, verweilte er am 21. d. M., wie dieses aus einer Rechnung hervorgeht, „by de Glassehutten".

Bestimmter noch als oben zeigen sich Hütten im Kaufunger Walde im

Jahre 1446. In einer marburgischen Rechnung von diesem Jahre liest man: „Item uff Frijtag nach Jakobi Mertin dem Boden V Tornos, ging nach Glesern an den kouffunger Walt, Bartman dem Alchmisten Meister Johan."

In einer Nachricht von 1465 werden Glashütten im Kaufunger Walde, in der Hergersbach (bei Eschenstruth) und bei dem Werder (Gieselwerder), 1466 in dem erstgenannten Walde aber namentlich acht Hütten genannt. Von den Hütten bei Gieselwerder findet man auch 1472 Nachricht, denn der Propst von Lippoldsberg vermeierte damals „Mester Clawes Grymmen vnd Mester Hentzen Euert, den Glesenern" sechs Hufen Land zu Wambeck. Im Jahre 1491 war eine Glashütte unter der Burg Reichenbach. In einer Rechnung dieses Jahres findet man: „Item XIII gulden vom Glesener jm Borghayne zu Richenbach vfgenommen." Erst mit dem sechzehnten Jahrhundert werden die Nachrichten reichhaltiger.

Von G. Landau

Allendorf, Sooden, Altenstein und Ludwigstein

Während Schloß Altenstein hoch auf der wilden Höhe der Steinberge thront, liegen Allendorf und Sooden in dem anmutigen Talgrunde, zu dem sich die Werra, die hier zwei Inseln bildet, erweitert, zwischen den lieblichen Vorhügeln jener Berge und den steilabfallenden Waldhöhen des Haines.

Von einer doppelten Ringmauer mit drei Toren umzogen und von Gärten umkränzt, erhebt sich Allendorf auf einem Hügel am rechten Ufer der Werra und am Fluß entlang die Vorstadt Fischstaden oder Fischerstadt. Das nahe Asbach liefert durch eine 1582 angelegte Wasserleitung der Stadt ihr Trinkwasser und der Althainsbach speist ihre Feuerteiche. Allendorf hat über 3000 Einwohner, vier Märkte, einen großen Wald, Feld- und Gartenbau, besonders ansehnliche Obstzucht (500 000 tragfähige Bäume), bedeutenden Fischfang und Fabriken in Tabak und chemischen Salzen, ein Justizamt und die zweite Superintendur Niederhessens. Stadtrechte erhielt es zu Anfang des 13. Jahrhunderts. Am 2. April 1637 wurde die ganze Stadt nebst ihren beiden Kirchen von den Kaiserlichen in Asche gelegt. Nur die Heilig Kreuzkirche fand Wieder-

Sooden und Allendorf

herstellung; über den Trümmern der Nikolaikirche aber wurde 1823 ein Schulhaus erbaut. Bemerkenswert ist das Rathaus mit seinem Glockenturm. Vor dem Wahlhäuser Tore liegt das Hospital, welches 1372 von einem Erfurter gestiftet wurde und zwar der Sage nach zum Seelenheil für seinen Sohn, der dort auf dem Wallesfelde in einem Treffen fiel. Allendorf war der Geburtsort von Burkhard Waldis († 1555), dessen Sinngedichte und Fabeln Fremden wie Deutschen als Vorbilder dienten.

Älter als Allendorf, dessen früheren Namen Altendorf man mit dem Altenhain und Altenstein in Beziehung bringt, war offenbar der gegenüberliegende Marktflecken Sooden auf der flachen Talsohle am Fuße des Haines mit seiner uralten Pfarrkirche. Sein Wahrzeichen bildet eine Taube, weil die Sage die Entdeckung seiner Sole einer Taube zuschreibt. Wie hoch die alten Deutschen die Salzquellen schätzten ist bekannt. Hauptsächlich wohl zum Schutze der heilsamen Quelle war darum einst der ganze Talgrund von Landwehren, Schanzen und Burgen umschlossen. Sooden selbst, welches der Saline seinen Namen verdankt, war nur von einem Walle umzogen. Erst 1093 urkundlich erwähnt, aber offenbar schon in den frühesten Zeiten benutzt, wurde die hiesige Sude während

des Mittelalters von einer Gewerkschaft betrieben, die sich „Gebauer-
schaft" nannte, bis die Werke derselben 1586 unter Landgraf Wilhelm
IV. an die Landesherrschaft kamen. Auch Sooden und seine Saline wurden im Dreißigjährigen Kriege eingeäschert. Die Bewohner des Ortes
finden ihren Unterhalt fast ausschließlich bei dem Salzwerke, das jährlich etwa 70 000 Ztr. Salz liefert. Das hiesige Solbad ist viel besucht.
Vier Steinbrücken führen über die Werraarme und den Graben, welcher
das Druckwerk der Saline treibt, hinüber nach Allendorf. Die größere
Insel des Flusses dient als herrschaftliche Holzniederlage, da zum Betrieb des Salzwerkes außer den Kohlengruben am Meißner auch noch
reiche Waldungen bestimmt sind. Das Gewerbe der einst weit und breit
bekannten „Sälzer" vom Hain, welche Franken und die Rheinlande mit
Salz versahen und dafür Weine in die Heimat zurückbrachten, hat auf-
gehört.

Von Altenstein liegt die Burgkapelle in Schutt, das Schloß aber bildet
die Wohnstätte eines Försters. Die Burg, welche ein eigenes Gericht besaß, gehörte den Landgrafen, war aber meist an edle Familien verpfändet und war die Veranlassung zu einer langwierigen Fehde, als die von
Hanstein dieselbe 1377 erobert hatten.

Das über einer wilden Talschlucht der Werra auf der Krone einer stei-

len Kuppe aufsteigende ansehnliche Schloß Ludwigstein mit seinem hohen, mächtigen Rundturm, gegen welchen die anliegenden Gebäude nur wie Hütten erscheinen, gewährt ein überaus malerisches Bild. Als Trutzwächterin gegen den feindlichen Hanstein, dessen herrliche Ruine rechts über dem Tale emporragt, errichtet, wurde diese Burg im Jahre 1415 von Landgraf Ludwig I. unter dem Schutze eines Heeres mit solcher Schnelligkeit erbaut, daß die Sage entstand, der Teufel habe den Bau, der zwischen dem 4. und 11. Juli vollendet war, ausführen helfen. Als Anhaltspunkt für dieselbe zeigt man einen riesenhaften Kopf an der Wand, der gegen Hanstein hinübergrinst, obwohl von dort ein noch monströserer gegen Ludwigstein herüberhöhnt und sich solche Sinnbilder der Feindnachbarlichkeit häufig finden.

Aus: Das Kurfürstentum Hessen

Superintendur – evangelischer Kirchenbezirk, dem Dekanat entsprechend

Die Speck- und Brotstiftung zu Allendorf

An der Zauberbrücke bei Allendorf hatte einst ein Fischer in der Abenddämmerung sein Netz ausgeworfen. „Hol über! Hol über!" erscholl es plötzlich vom linken Werraufer her. Wer mag das sein? dachte er; hier ist doch nicht der Ort zum Überfahren, und er achtete nicht weiter auf den Ruf. Bald aber ertönte es wieder: „Hol über! Hol über!" Der Fischer konnte in der Dämmerung eben noch sehen, daß ein unbekanntes Männchen am Ufer stand. „Ich kann euch nicht dienen", rief er zurück; „mein kleines Kind soll noch heute getauft werden, und weil ich arm bin und den Pfarrer nicht bezahlen kann, so will ich ihm wenigstens ein Gericht Fische fangen. Da es bald ganz Nacht wird, habe ich keine Zeit mehr zum Überfahren." „Aber ich muß durchaus auf das andere Ufer", sagte der Unbekannte, „und wenn du mich übersetzt, will ich dir's reichlich lohnen." Da fuhr der Fischer hin und holte ihn ans rechte Ufer.

Als sie hier angelangt waren, sagte das Männchen: „Da du mir geholfen hast, will ich dir auch helfen." Darauf führte er ihn an den Fuß der Burgstätte, wo das Schloß Rotenstein gestanden hatte. Da zeigte er ihm im Steingeklüfte eine große Menge hellglänzender Goldstücke. „Nimm!" sagte das Männchen, „Soviel du willst!" Der Fischer war auch nicht blöde und raffte von den Goldstücken soviel in seine Fischerschürze, als diese fassen wollte. Dann eilte er, da das Männchen unterdessen verschwunden war, zu seinem Kahne und damit nach Hause. Da schüttete er voll Freude die Goldstücke vor seiner Frau aus. Diese erschrak aber heftig darüber und sagte: „Das Geld hast du gewiß auf unrechtem Wege erworben!" und alsbald war sie eine Leiche.

Der arme Fischer erkannte nun wohl, daß in dem Golde kein Segen für ihn sei. Deshalb brachte er es am folgenden Tage der städtischen Obrigkeit und bat, es zur Gründung einer milden Stiftung zu verwenden. Das geschah denn auch. Für die Zinsen des Kapitals wurde alljährlich Speck und Brot gekauft und dies unter die Armen der Stadt verteilt. Und diese Spende besteht noch bis auf den heutigen Tag.

Aus: Hessisches Sagenbuch

Speckhecht

Zutaten: 1 Hecht mit ca. 1 kg (gleich beim Kauf ausnehmen lassen); 100 g Speck, Salz; 100 g Butter; ¼ l Sauerrahm; Kräuteressig; Zitronensaft.

Den Hecht schuppen und waschen. Speck in Stifte schneiden und damit den Hecht auf beiden Seiten des Rückens alle drei cm spicken. Nun den Fisch salzen und Kopf und Schwanz mit einem Bindfaden zusammenbinden. Butter in einer Pfanne auslassen, den Hecht hineinlegen und 20 Minuten unter häufigem Begießen mit zerlassener Butter ziehen lassen. Sauerrahm dazugießen und den Hecht in 15 Minuten vollends garen. Soße mit Kräuteressig und Zitronensaft abschmecken. Beilagen: Petersilienkartoffeln und Salat.

Der Hohlstein

Bei dem Dorfe Hilgershausen in den Vortälern des Meißners, etwa eine Stunde von Allendorf und zwei Stunden von Witzenhausen, erhebt sich eine an 80 Fuß hohe Felsenwand von älterm Flözkalkstein. An dem Fuße derselben öffnet sich eine geräumige Höhle. Über ungeheuere Felsstücke steigt man 50 Fuß hinab; rechts hebt sich die Höhle zu dem Gipfel des Berges, links liegt ein kleiner Teich des klarsten Wassers, das, in einen Naturkanal abfließend, in der beinahe zehn Minuten entfernten

Dorfmühle heraustürzt. Diese Höhle heißt der Hohlstein, in einer Urkunde von 1267 Holenstein genannt.

Alljährlich am zweiten Ostertage gehen die Burschen und Mädchen der Dörfer Hilgershausen und Kammerbach zur Höhle und steigen, nachdem sie sich sämtlich mit einigen Blumen versehen, zur Höhle hinab. Hier legen sie die Blumen gleichsam als Opfer nieder, trinken von dem klaren Wasser und füllen die mitgebrachten Krüge für die Ihrigen zu Haus.

Schon hat dieser Gebrauch sehr nachgelassen, denn früher wurde das Blumenopfer für so notwendig gehalten, daß sich auch zu andern Zeiten niemand ohne dieses hinabgewagt hätte; man habe geglaubt, so sagte man mir, durch den Besuch der Grotte ohne ein solches Gott zu erzürnen.

Aus: Zeitschrift für hessische Geschichte und Landeskunde, Band 1

Die Glaserzunft

Die Glashütten in Hessen gehörten mit denen am Harze und im Braunschweigischen sowie denen auf dem Eichsfelde, im Gerstengaue (die Gegend von Gerstungen), an der Rhön und am Spessart zu einer einzigen großen Zunft. Die Zunft- oder Bundesstätte derselben befand sich anfänglich am Spessart unter den Grafen von Rieneck, welche zugleich Obervögte der Zunft waren. Dieses Verhältnis erlitt jedoch infolge des Bauernkriegs eine Störung. Auch die Glaser des Spessarts hatten sich von dem allgemeinen Aufstande hinreißen lassen und wurden dafür gezüchtigt. Der Schwäbische Bund, dessen Heer Würzburg befreite und allenthalben mit Feuer und Schwert die Hütten des unglücklichen Landmanns zerstörte, ließ auch die Glaser des Spessarts seine Rache empfinden, indem er denselben alle ihre Privilegien und Freiheiten vernichtete. Was den mainzischen Anteil am Spessart betraf, so wurde den dortigen Hütten vom Kurfürsten Albrecht von Mainz zwar eine neue Ordnung gegeben, aber ihre Zahl wurde auf wenige beschränkt, und diese wenigen wurden noch mit mancherlei Pflichten belegt, die sie früher nicht gekannt hatten.

Unter diesen Verhältnissen konnte die Zunftstätte am Spessart nicht länger bestehen; man mußte sich nach einem andern Orte umsehen, wohin man dieselbe verlegen könnte, und wählte endlich hierzu Großalmerode am südöstlichen Fuße des Kaufunger Waldes. Dieser Ort bot nämlich mancherlei Vorteile, die andere entbehrten. Es war nicht nur eine Anzahl von Glashütten schon daselbst im Betriebe, sondern es befanden sich daselbst auch jene Lager des vorzüglichsten Tones, aus dem die Glaser aus dem größeren Teile Mitteldeutschlands schon seit langen Jahren sowohl ihre Schmelzhäfen als auch ihre Ofensteine gewonnen und von wo sie zum Teil auch den Sand bezogen hatten, während die Saline zu Sooden bei Allendorf ihnen die Asche lieferte. Die Glaser wendeten sich deshalb an den Landgrafen Philipp, und dieser bestätigte ihren Bundesbrief und übernahm das Amt eines Obervogts des Glaserbundes. Dieses geschah im Jahre 1537.

Wie allen andern Zünften Überwachung der Arbeit hinsichtlich der Güte und Beschränkung derselben auf bestimmte Maße als Hauptzwecke zugrunde lagen, so war dieses auch bei der Zunft der Glaser der Fall, wo übrigens auch sogar noch eine zeitliche Beschränkung der Arbeit hinzukam.

Nur von Ostern bis Martini durften die Hütten betrieben werden, von Martini bis Ostern aber mußten dieselben kalt liegen[1], und keiner durfte auch nur einen Tag früher beginnen. Ein Meister mit einem Knechte sollte täglich nicht mehr als 200 Biergläser oder 300 Becher produzieren; desgleichen einer, der vor dem kleinen Loche stehe, nicht mehr als 100 Biergläser oder 175 Becher. Hinsichtlich des Fensterglases war die tägliche Produktion einer Hütte auf 6 Zentner kleines oder 4 Zentner großes Glas beschränkt, von denen beide Arten ein bestimmtes Maß hatten.

Auch die Preise der Waren waren festgesetzt: 200 hohe Biergläser ko-

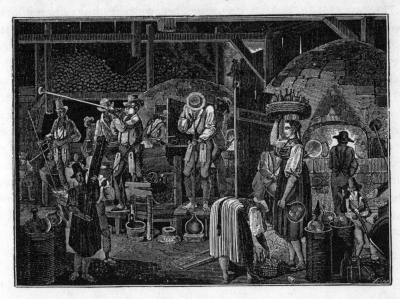

steten 1 fl., 100 Becher 7½ Böhmisch und 225 kurze halbe Drillinge und kleine Stännchen (Steinchen) kosteten 1 fl.

Nur solche sollten zur Erlernung des Glasmachens zugelassen werden, deren Väter auch schon Glaser gewesen wären und zu dem Bunde gehört hätten. Doch sollte kein Lehrling vor seinem 12 Lebensjahre aufgenommen, bei der Aufnahme aber jeder sogleich auf den Bundesbrief eidlich verpflichtet werden. Auch sollte ein Anfänger mit 3 Gläsern oder 1 Schaub Fensterglases beginnen und was er täglich mehr bereite entweder wieder zerschlagen oder vom Meister zu seiner Zahl gezählt werden. Kein Meister sollte einem andern die Gesellen abwenden; jeder Geselle aber, der von andern nicht zum Bunde gehörigen Wäldern komme, sollte, ehe er zur Arbeit gelassen werde, zu Großalmerode auf den Bundesbrief schwören. Wurden Meister und Gesellen bei der Dingung nicht sofort einig, so mußte der Geselle binnen acht Tagen absagen, sonst war er dem Dienste des Meisters verpflichtet. Das Gesellengeschenk war 2 fl. und sollte nicht mehr und nicht minder sein.

Keine Hütte durfte zwei Strecköfen haben; auch zwei Steine zu haben war untersagt.

An der Spitze des Bundes standen sechs Bundesmeister nebst dem Obervogt, dessen Amt durch den jedesmaligen Oberförster des Kaufunger Waldes versehen wurde, und alljährlich auf den Pfingstmontag wurde zu Großalmerode ein großes Bundesgericht abgehalten, auf dem alle Hüttenmeister mit ihren Knechten und Lehrlingen zu erscheinen verpflichtet waren. Der, welcher mit triftiger Entschuldigung ausblieb, hatte 3 Turnosse (1582: 7½ Alb.), derjenige aber, welcher ohne oder mit nicht genügender Entschuldigung fehlte, hatte mit 20 fl. zu büßen. Von dieser Buße erhielt 10 fl. der Landgraf, 5 fl. der Bund und 5 fl. der Oberförster, wenn der Ungehorsame in Hessen seine Hütte hatte; saß derselbe aber unter einem auswärtigen Herrn, so erhielt dieser 10 und der Landgraf 10 fl.

An diesem Gerichte mußten alle Vergehen gegen den Bundesbrief gerügt werden, und zwar war ein jeder Glaser verpflichtet, alles, was er darüber in Erfahrung gebracht hatte, anzuzeigen, wo nicht, so verfiel er selbst in die Buße, welche auf dem verschwiegenen Vergehen stand. Doch war eine zwei- oder dreimalige Warnung erlaubt. Die gewöhnliche Buße war 20 fl., auch wohl Ausstoßung aus dem Bunde; ebenso durfte der Glaser bis zur Erlegung der Buße nicht arbeiten. Die Erhebung und Berechnung der Buße oblag dem Rentschreiber in Kassel.

Im Jahre 1559 erteilte Landgraf Philipp einen neuen Bundesbrief, der in mehreren Punkten von dem von 1537 abwich.

Von einem Arbeitsmaße für die Anfänger ist darin keine Rede mehr;

ebensowenig vom Gesellengeschenk. Dagegen ward die Buße auf 40 fl. erhöht und der inländische Preis der Waren näher festgestellt. 200 hohe Biergläser, nämlich halbe Drillinge und Baßgläser auf 1 fl., 100 gemeine Weinbecher auf 7½ Alb.; 225 kurze halbe Drillinge und kleine Stännchen auf 1 fl. Der Inländer, der trüglicher Weise zum Verkaufe ins Ausland einkaufte, wo der Glaser freien Handel haben sollte, wurde mit hoher Strafe bedroht. Ferner wurden die Forstknechte angewiesen, die Bundesmeister bei den Hüttenvisitationen zu unterstützen. Während in dem Zunftbriefe von 1537 die tägliche Produktion des Fensterglases in Zentnern bezeichnet wurde, wird dieselbe hier in Schauben, eine Anzahl von 6 Tafeln, angegeben, nämlich auf 36 Schaube kleines und 24 Schaube großes Fensterglas.

Beide Zunftbriefe schweigen über die Lehrzeit, über das Gesellen- und Meisterstück, über die Wahl der Bundesmeister sowie die Dauer deren Amtes.

Das jährlich auf Pfingsten stattfindende Bundesgericht wurde mittags durch die Glocken angeläutet und mit der Verlesung des Bundesbriefes begonnen, wonach die gegenwärtigen Meister, Gesellen und Lehrlinge zusammentreten und sich über die vorzubringenden Rügen besprechen mußten. Wie der Schultheiß im gewöhnlichen Gericht so führte hier der Oberförster als Richter den Vorsitz, während die Bundesmeister als Schöffen das Recht wiesen. Im Jahre 1557 waren bei einem solchen Gerichte über 200 Glaser gegenwärtig. In besondern Fällen wurden auch zu andern Zeiten Gerichte gehalten.

Den Bundesmeistern oblag unter anderm auch die Pflicht, alljährlich wenigstens einmal eine Visitation sämtlicher zum Bunde gehörigen Hütten vorzunehmen, zu welchem Zwecke sie sich gewöhnlich aufteilten. Die auswärtigen Hüttenmeister aber waren verpflichtet, den Bundesmeistern die nötigen Geleitsbriefe auszuwirken und zugehen zu lassen.

Da der Glaserbund, wie schon oben erzählt worden ist, sich über Länder verschiedener Fürsten erstreckte, so konnte die richterliche Gewalt des Obervogts hinsichtlich der außerhalb Hessens liegenden Hütten nicht auf die schon an und für sich selbst aus der Landeshoheit hervorgehenden oberzunftherrlichen Rechte gestützt werden, indem diese nicht weiter als die Grenzen des Landes reichten. Unmöglich konnte aber das einfache Gelübde auf den Zunftbrief zu einer festen Bindung der weithin zerstreuten Glieder genügen, denn es würde dieses nur eine freiwillige Anerkennung gewesen sein, deren Zurückziehung, wenn das Interesse von dem Bunde abgezogen hätte, in der Willkür jedes einzelnen gestanden haben würde. Es war deshalb ein anderes Bindemittel nötig, dem der einzelne sich nicht willkürlich zu entziehen vermochte und durch dessen gewissermaßen materielle Gewalt der Gehorsam erzwungen werden konnte. Dieses Bindemittel lag in der Unentbehrlichkeit des Sandes des Kaufunger Waldes, der Asche aus den Soden, vor allem aber des Häfentons von Großalmerode. Keine Hütte des Bundes konnte diese Materialien entbehren, und eine Versagung derselben hatte die Niederlegung der Hütte zur unmittelbaren Folge. Auf der Verfügung über diese Materialien ruhte deshalb die ganze Exekutivgewalt des Bundes. Es war zwar noch ein anderes Zwangsmittel vorhanden, doch war dieses von minderer Bedeutung, nämlich die Abhängigkeit der Glasergesellen vom Bunde. Wurde diesen von den Bundesmeistern untersagt, einem Hüttenmeister ferner zu dienen, so mußten sie sich dem Gebote fügen, denn kein anderer Meister durfte sie in Arbeit nehmen. Damit aber die Gesellen durch ein solches Gebot nicht mit bestraft würden, war ihr Meister verpflichtet, den ihnen zugesagten Lohn ohne Unterbrechung fort zu entrichten.

1 Es gab jedoch auch Ausnahmen hiervon. So schreibt z. B. Landgraf Wilhelm am 9. Nov. 1591 an Franz Becker: „Du weißt dich zu erinnern, was wir gestrigen Tages für Gläser dir zu machen anbefohlen, auch dir deswegen für Materien überschickt haben. Wiewohl wir nun berichtet worden, daß ihr Gläsener auf Morgen Martini Abend die Feuer auslöscht und vor Frühling kein Glas mehr macht, so befehlen wir dir doch hiermit ernstlich und wollen, daß du deinen Ofen nicht kalt legest oder das Feuer ausgehen lässest, du habest uns dann zu vorderst die bestellten Gläser und was wir deren ferner zu machen haben, zugericht, und siehe zu, daß du nicht so unbesonnen seyst, daß du ohne unsern ausdrücklichen Befehl das Feuer auslöschest; sonst werden wir verursacht, dich mit Ernst darüber anzusehen.“

Aus: Zeitschrift des Vereins für hessische Geschichte und Landeskunde, Band 3

vermeiern – verpachten / fl. – Gulden / Turnose: auch Gros tournois, ursprünglich die ältesten französischen Groschen, später auch in den Rheingegenden nachgeahmt; 60 Turnosen galten eine (damalige) Mark / Alb.– Albus, weißpfennig: ab 1360 üblich gewordene kleine Silbermünze; in Hessen bis 1833 geprägt und bis 1842 gültig; dort entsprachen 32 Hessenalbus einem Taler / Sode – Salzsiederei

Qualität des hessischen Landweins

Um einen Maßstab für den Geschmack des hessischen Landweins zu geben, genügt eine Verweisung auf den, welcher noch jetzt zu Witzenhausen gebaut wird. Man glaube nicht, daß er ehemals besser gewesen, denn dieselbe Sonne, welche noch jetzt unsern vaterländischen Boden erwärmt, beschien ihn auch schon vor Jahrhunderten. Das Klima ist im allgemeinen dasselbe geblieben, und wenn wirklich Änderungen vorgegangen sein sollten, so könnten diese doch nur zum bessern geschehen

sein, denn unsere Wälder sind kleiner und lichter geworden und viele
Sümpfe verschwunden. Mißjahre und harte Winter waren früher nicht
minder als jetzt und lange Register derselben ließen sich aus unseren
Chroniken zusammenstellen. So war der Winter des Jahres 1399 so
streng, daß sogar der Sund zufror und man mit Wagen darüberfahren
konnte. Im Jahr 1430 zerstörte ein auf Sonntag Kantate einfallender
Frost die ganze Weinernte in Hessen, Franken und Schwaben, und es
begann eine siebenjährige Teuerung. Im nächsten Jahre (1431–1432)
stellte sich ein so strenger Winter ein, daß das Eis auf der Werra zwei
Ellen stark wurde und viele Menschen und Tiere erfroren. Im Jahre
1436 erfror sogar der Roggen; im Februar 1440 lag ein so tiefer Schnee
in Hessen, daß man einem Boten für die Meile drei Schillinge zahlen
mußte, und 1442 und 1443 waren die Winter wieder so kalt, daß die
Weinernte verlorenging; im Jahre 1443 schneite es noch um Walpurgis
auf das heftigste. Der Winter von 1468 war so streng, daß der Wein in
den Fässern fror und man denselben mit Äxten zerhieb und unter die
Truppen verteilte, welche ihn schmolzen. Auch 1475 verdarb der Wein.
Im Jahre 1476 stellte sich eine so schreckliche Kälte ein, daß infolge der
dadurch herbeigeführten Teuerung viele Menschen sich selbst entleib-
ten. Auch der Winter von 1477 war hart, und 1481 verdarb sogar das
Getreide.

Auch aus dem 16. Jahrhundert läßt sich eine Reihe von harten Win-
tern aufführen.

Ebenso gab es natürlich auch höchst günstige Jahre, Jahre in denen
sich nicht bloß die Scheunen, sondern auch die Keller füllten und die namentlich auch unserem hessischen Weine eine ausgezeichnete Güte verliehen. So glaube ich sehr gern, daß der kasselsche Wein von 1540 dem
rheinischen gleichgekommen und deshalb schon nach einem halben Jahr
vertrunken gewesen, und daß Landgraf Wilhelm IV. 1571 seinen eigenen Wein so außerordentlich wohlschmeckend gefunden, daß er densel-

ben dem angekauften Frankenwein vorgezogen und diesen für sein Hofgesinde bestimmt, während er jenen für seine eigene Tafel gewählt habe. Das Jahr 1590 mochte ähnlichen Wein erzeugt haben, denn Wilhelm fragt ganz ernstlich bei seiner Schwester, der Herzogin von Holstein, an, als er derselben Wein senden wollte, ob sie lieber Eschweger oder Rheinfelser trinke; diese zog jedoch den letztern vor.

So erzählt man auch aus den Zeiten des Landgrafen Friedrich II., daß, als einst dessen Lieblingswein, der Burgunder, ausgegangen und der Kellermeister darüber verlegen die übrigen Weine geprüft, dieser einen Witzenhäuser Rotwein von so vortrefflichem Geschmacke entdeckt, daß er es gewagt habe, diesen als Burgunder vorzusetzen, und auch der Landgraf habe ihn von besserm Geschmack gefunden als den Wein, an welchen er gewöhnt gewesen sei. So soll auch 1811 derselbe Wein eine auffallende Ähnlichkeit mit dem Petit-Bourgogne gehabt haben. Während des 15. Jahrhunderts ist es überhaupt nichts Seltenes, den hessischen Landwein auf den Tafeln unserer Fürsten zu finden. Ganz vorzüglich ist dieses jedoch mit dem Gallberger der Fall, der auch den Vorzug hatte, der einzige von den übrigen Landweinen zu sein, welcher durch besondern Namen unterschieden wurde.

Aus: Zeitschrift des Vereins für hessische Geschichte und Landeskunde

Hanstein

Wenige Schloßtrümmer vermögen einen so tiefen Eindruck zu machen als die des alten, weitbekannten Hansteins. Reich und interessant in seiner Geschichte, die Stammburg eines großen noch blühenden Geschlechtes, blickt er mit seinen hohen Türmen und schwarzen Felsenmauern gleich einem Mahnungszeichen der alten grauen Zeit hinaus in die bläuliche Ferne.

Diese Burg, eine der größten und schönsten in weiter Umgegend, liegt auf dem ehemals mainzischen, jetzt preußischen Eichsfelde, kaum dreiviertel Stunden von der Werra.

Hoch und steil ist der Schloßberg und nur von der Westseite fahrbar. Auf dieser Seite zieht sich von den Mauern der Burg das Dorf Rimbach herab und belebt mit seinen Häusern und Gärten die sonst ringsum kahlen, zum Teil felsigen Abhänge. Schon in der Ferne fesseln die stolzen Formen der Ruine das Auge des Wanderers und ziehen ihn zu sich hinauf, und wenn er dann den Gipfel des Berges nach mühevollem, doch

Burg Hanstein

lohnendem Steigen erreicht hat, dann steht er voll Staunen und Bewundern vor dem mächtigen Gebäude.

Was zuerst den Blick des Besuchers anziehet, ehe er in das Burgtor tritt, ist die Grundmauer der Burg. Diese besteht aus einem ungeheueren Basaltfelsen voll der seltsamsten Risse und Spalten; zum Teil erhebt er sich bis zu einer Höhe von 30 bis 40 Fuß und die Schloßmauern scheinen so innig mit ihm vereinigt, daß man glauben sollte, die allmächtige Hand der Natur habe ihn nur darum auf diese Höhe geschleudert, um der Burg einen unzerstörbaren Grund zu geben. Neben diesen Massen hinweg gelangt man zum äußersten Burgtore, welches von der Burg abgesondert liegt und auf jeden Fall noch ein Gebäude über sich hatte, welches den Eingang beschützte. An einem Steine dieses Tores findet sich ein sehr großer, durch die häßlichsten Züge entstellter Menschenkopf ausgehauen. Durch dieses Tor tritt man in den äußern Schloßhof, der sehr geräumig ist. Man betrachtet hier die Befestigungswerke, welche in drei, teilweise noch gut erhaltenen Ringmauern bestehen. Zwischen der innersten Mauer und der mittlern liegt jener Hof, auf welchem ehemals die Ökonomiegebäude und die Wohnungen für die Knechte sowie einige Windmühlen gestanden haben sollen; von allen diesen bemerkt man nichts mehr als einige eingestürzte Kellergewölbe.

Die dritte und äußerste Mauer trennt von der zweiten ein Graben und ist mit starken Rondellen und Schießscharten versehen.

Das zweite Tor, welches fast an der entgegengesetzten Seite von ersterm liegt, führt in das Innere der Burg. Ehemals mußte man erst über eine Zugbrücke; nur die Mauern sieht man noch, auf denen sie ruhte. Durch dieses Tor gelangt man in einen kleinen Hof, zu dessen beiden Seiten hohe zerfallene Wände emporstarren und dann durch ein zweites Tor in den eigentlichen Burghof, der ein Fünfeck bildet.

Aus: Georg Landau, Die hessischen Ritterburgen

Rondell – Rundteil an der Bastei

Prinz Rosa–Stramin

Auszug

Überhaupt war es eine gute Zeit, als ich nur zwei Schulen kannte. Ich war damals noch ein kleiner Junge, zu Lenzbach, wo meine Eltern wohnten, und ungefähr in dem Alter, wo man noch an das Christkindchen glaubt und wo einem spaßhafte Leute weismachen, man könnte die Vögel fangen, wenn man ihnen Salz auf den Schwanz streute. Jene beiden Schulen hießen die Kantorschule und die Rektorschule und erschienen mir als die beiden einzigen Stufen und Stationen zur erschrecklichsten Gescheitheit. Aber ich habe hernach gefunden, daß sich der Weg bis zur Gescheitheit sehr lang zieht ... Die Kantorschule und die Rektorschule waren mir sozusagen die beiden Universalbrüste aller menschlichen Weisheitsmilch. Die erstere säugte den Knaben mit Liebe und lehrte ihn das Wort Gottes buchstabieren, ihr verdank' ich also das meiste. Bei der anderen kriegt' ich die rasendsten Prügel, worauf ich gleich zurückkommen werde. Es ergibt sich schon hieraus ein fühlbarer Unterschied zwischen beiden Schulen. Ein anderer bestand darin, daß in der ersteren zweimal wöchentlich gesungen, in der anderen aber alle Tage geheult wurde, eben wegen der Prügel. Und ein dritter Unterschied war der, daß in der Kantorschule viele frohe Kinder saßen und jedes zwei Kinderfreunde vor sich hatte, einen um in ihm lesen zu lernen und den andern, um es von ihm zu lernen, denn dieser war der Kantor selbst. Nur einen Vereinigungspunkt hatten beide Schulen, nämlich die gemeinschaftliche Türe aus einer Schulstube in die andere. In dieser Türe war ein Guckloch, das der Kantor geschnitzt hatte, um zu sehen, ob faule Schüler die Singstunde etwa privatim und heimlich in der Rektorschule hielten. Das Auge, das oft durch dieses Loch sah, ist nun längst gebrochen, und meine Liebe weint ihm dankbare Kindertränen nach. Der Rektor aber prügelt lustig im Schaumburgschen fort...

Als uns in der Rektorschule Naturgeschichte gelehrt wurde und wir an den Esel kamen, konnten wir's unmöglich lernen, wodurch sich der Esel von den übrigen Geschöpfen vorzüglich distinguierte, weil nämlich jeder von uns ein Esel sein sollte. Folgendermaßen ging's her. Der Esel, lehrte der Rektor..., hat eine dicke, fast unempfindliche Haut! Hatte das nun einer in der nächsten Stunde vergessen, so hieß es: Warte du Esel, ich will dich's lehren! Dann gab's Prügel, daß es ein Jammer war, und wenn die vorbei waren, dann schrie der Rektor: „Was hat nun der Esel?" Dann heulte der Geschlagene, Ellenbogen und Rücken befühlend: „Eine dicke, fast unempfindliche Haut." – Der Esel, hieß es weiter, hat über den Rücken einen langen Streif! Hatte das einer vergessen, so hieß es: „Warte, du Esel, ich will dich daran erinnern." Schnapp! gab's einen starken Wichs über den Rücken. „Was hat nun der Esel?" Die schluchzende Antwort war: „Einen langen Streif über den Rücken." „Der Esel", rief der Rektor, „wird 20 bis 25 Jahre alt. Wie alt wird der Esel? Wie alt?" 25 sausten auf den Rücken. Antwort: „25 Jahre."...

Die größeren Jungen – es waren schon ziemliche Schlingel – hatten beim Rektor von 10–11 und wir Kleinen von 11–12 Uhr Privatstunde. Eines Tages nun kam ich um 11 Uhr, aber doch etwas zu frühe in die Schulstube und drückte mich bescheiden in die Ecke. Der Rektor sah mich zwar, ließ sich aber nicht irremachen und fragte eben einen von denen, die vor ihm saßen, auf wieviel Hügeln Rom erbaut sei? Eine Frage, die mich wegen ihrer Schwierigkeit in gerechtes Erstaunen setzte. Vergnügt rieb ich mir die Hände, weil ich dachte, es ist gut, daß du nicht da sitzt und die Frage zu beantworten hast. Ein ganz großer Bengel antwortete nun: „Auf zehn Hügeln!" Entweder hätte er kein großer Bengel sein oder richtig antworten sollen, denn beides kam mir zum Schaden. Den Rektor jagte die Zahl zehn wie ein Blitz vom Stuhle auf, und sein Gesicht glühte in historischem Zorne. „Du Erz-General-Schafkopf!" war der erste Donnerschlag auf jenen Blitz, und nun fuhr er fort: „Dort der Kleine in der Ecke (hier meinte er mich) soll dich beschämen! Komm mal her, du!" Mit Zittern naht' ich. „Auf wieviel Hügeln ist Rom erbaut?" Mir fiel zunächst eine sehr angenehme Lustpartie bei Lenzbach ein, wo man eine schöne Aussicht hat, und welche „die neun Hügel" heißt. Zugleich wollte ich von jenen zehn doch etwas abziehen und platzte also heraus: „Auf neun Hügeln!" Auf diesen neun Hügeln kam das Gewitter zur vollständigsten Entladung, und wer bekam die Schläge? Ich, der Kleine, der mit aller Gewalt beschämen sollte und es doch nicht konnte, ich bekam die Hiebe, der ich doch nur neun Hügel gesagt hatte und so der Wahrheit doch um einen Hügel näher gerutscht war, während der andere gar drei Hügel der Stadt Rom zugelogen hatte, ohne nur einen einzigen Schlag dafür zu erhaschen.

Unschwer wird der Leser aus diesem allen schließen, daß ich in der Naturgeschichte sowohl als in der Geschichte wenig profitierte ...

Mehr dagegen als in obigem habe ich in der Naturlehre gelernt und über manche Dinge richtigere Begriffe erhalten. So fing ich z. B. als kleiner Knabe oft das Regenwasser auf und schmeckte es in der Absicht, etwas ganz Besonderes daran zu schmecken, weil es nämlich aus dem himmlischen Brunnen kam, aus dem der liebe Gott und die Engel tranken. Später, als ich Naturlehre lernte, hat mir der Rektor diese Dummheit ausgebläut. Jetzt regnet's Regenwasser statt Gottesbrunnen, und der liebe Gott und die Engel sind mir über den Kopf gewachsen, und mein liebes kleines Kindertraumbuch ist zum Katechismus geworden. Ach, ich möchte mich noch einmal sehen, wie ich das Regenwasser kostete und dabei andächtig nach dem Himmel sah, und den Glauben an das Christkindchen möchte ich auch noch einmal wieder haben und auch den Glauben, daß alle Menschen gut wären. Man wird rasend vernünftig, wenn man erst groß wird ...

Ich freue mich über diese Abschweifung und kann nun einiges daranknüpfen. Zuvörderst muß ich bekennen, daß ich in des Rektors Prügelsystem weiter nichts als einen neuen Beweis gründlicher Pädagogik erblicke und mich freue, zu dieser Erkenntnis gelangt zu sein. Die gewöhnliche irrige Meinung vom Gegenteile rührt offenbar daher, daß die Prügel den ersten Völkern als etwas Unangenehmes und Unbehagliches erscheinen mochten. Aber so inkonsequent ist der Mensch! Mir ist die Hafersuppe schon als Knabe zuwider gewesen, einem andern ist es die Sagosuppe, einem dritten die Reissuppe usw. Aber alle diese Suppen sind sehr gesund. Warum sollte nicht auch eine gute Prügelsuppe, obschon sie nicht jedem Unkundigen mundet, zuträglich sein? So mochte mein Rektor denken, und in der Tat hatte er recht, aus vielen Gründen. Es ist bekannt, daß das Rückenmark die Fortsetzung des Gehirns ist, indem das Gehirn durch das Rückgrat ausläuft. Im Gehirn sitzt aber der Verstand, der Scharfsinn, das Gedächtnis. Es ist daher schlau, durch Kitzeln und Anregen des Rückgrates mittelst Schläge das Gehirn und somit den Scharfsinn zu wecken und, wie der Rektor auf diese Weise tat, in steter Wachsamkeit zu erhalten ...

Zugleich ist ein wohlgeeigenschafteter Stock für den Knaben der Zauberstab, durch den der Rektor den religiösen Sinn in des Knaben Herz

influieren läßt. Er prägt ihm auf diese Weise ein, daß man sich frühe an die Schläge des Schicksals gewöhnen und sich ihm dankbar ergeben müsse. Ja, er sagte mir einmal: „Gerade weil ich dich so lieb habe, ärgert's mich von dir am meisten, und deswegen bekömmst du so harte Wichse." – Aber der Rektor muß mich erschrecklich lieb gehabt haben.

„Hier hab' ich einen neuen Stock", sagte einmal der Rektor, als er hereintrat, „da könnt ihr dran riechen!" Dabei hielt er den Stock dem ersten unter die Nase. Wir Kleinen aber kamen alle hinter den Bänken hervor und riefen: „Ach, lassen sie uns auch mal riechen, Herr Rektor!" – Der Stock blieb ungerochen, aber nicht unsere Naivität.

Erkläre mir doch der Leser, warum ich schon in meinem achten Jahre die Winkel eines Triangels berechnen mußte? Ach, ihr Eltern und Lehrer! tut doch mir und den Kleinen die Liebe und laßt sie Kinder sein! Streifet doch dem jungen Geiste, wenn er eben seine Knospe entfaltet, nicht den Blütenstaub ab, um Schulstaub darauf zu streuen, und laßt die Blume an der Sonne Gottes blühen statt hinter den Treibhausfenstern der Studierstube ... O warum mußt' ich in meinem achten Jahre den mathematischen Triangel berechnen, statt dem klingenden nachzulaufen, wenn das Bataillon mit der Musik kam? Warum mußt' ich mich mit algebraischen Formeln herumbalgen statt mit andern Knaben? Wo ist der Mensch, der nicht manche Stunde zurückwünscht, die er anders verleben möchte? Beim Jüngling ist's manche drückende Lehrstunde in der staubigen Schule, bei dem Manne oft das Gegenteil und beim Greise oft das ganze Leben.

Ernst Koch

Lenzbach – Witzenhausen / distinguieren – unterscheiden / influieren - einfließen, einwirken

Ein niedliches Mädchen, ein junges Blut

Ein niedliches Mädchen, ein junges Blut
Erkor sich ein Landmann zur Frau,
Doch sie war einem Soldaten recht gut
Und bat ihren Alten einst schlau:
Er möge doch fahren in's Heu,
Er möge doch fahren in's Heu, juchhei
Juchheiderleidei, juchheiderleidei,
Er möge doch fahren in's Heu.

Der Bauer, der dachte: Was fällt dir denn ein?
Hast gewiß was auf dem Rohr!
Wart', wart', ich schirre den Rappen zum Schein
Und stell' mich dann hinter das Tor,
Ich tu, als führ ich in's Heu.

Bald kam in dem Dörflein ein Reiter herab,
So nett wie ein Hofkavalier,
Das Weibchen am Fenster ein Zeichen ihm gab
Und öffnet ganz leise die Tür:
Mein Mann ist gefahren in's Heu.

Sie drückte den blühenden Buben ans Herz
Und gab ihm manch feurigen Kuß,
Dem Bauer am Guckloch ward's schwül zu dem Scherz,
Er sprengte die Tür mit dem Fuß:
Ich bin nicht gefahren in's Heu.

Der Reiter, der machte sich wie ein Dieb
Durchs Fenster geschwind auf die Flucht,
Doch sie sprach bittend: Lieb Männchen, vergieb,
Er hat mich in Ehren besucht.
Ich dachte, du führest in's Heu.

Potz Hagel! und wär ich auf meilenweit
Gefahren in's Heu oder Gras,
Verbitt' ich zum Henker doch während der Zeit
Mir solchen verdächtigen Spaß,
Sonst fahre der Teufel in's Heu!

Geschichte der hessischen Alaunbergwerke

Die ältesten Alaunsiedereien sind die in der Levante und in Italien; in dem letzteren Lande wurde schon im zwölften Jahrhundert Alaun bereitet. Nachdem 1459 zu Tolsta ein Alaunwerk für päpstliche Rechnung angelegt worden war, reizte der davon fallende Gewinn den Papst, alle Konkurrenz zu unterdrücken. Dieses geschah teils durch weltliche Mittel, indem den Besitzern anderer Werke bedeutende Summen unter der Bedingung der Einstellung ihrer Werke gezahlt, teils durch geistliche Mittel, indem die Arbeiter in anderen Werken mit dem Banne belegt wurden. Um dieses zu beschönigen, brauchte man den Vorwand, den Gewinn der päpstlichen Werke für den Schutz der Christenheit und für die Türkenkriege bestimmt zu erklären. Deshalb wurde auch der Alaunhandel mit der Türkei ebenwohl als unchristlich mit dem Banne bedroht. So wurde der Papst Meister des Preises und steigerte denselben auf das höchste.

Schon Pius II. (1458–1464) hatte von den Alaunwerken einen jährlichen Gewinn von 100 000 Dukaten. Aber eben diese willkürlichen Preissteigerungen mußten einen Sporn abgeben, auch anderwärts Alaunerze aufzufinden. Zuerst gelang dieses in Spanien, später dann auch in Deutschland. Hier erfolgte es jedoch erst gegen die Mitte des 16. Jahrhunderts, und die ersten Werke entstanden in Sachsen und im Mansfeldischen. Erst nach diesen folgte Hessen, in welchem 1564 eine Alaunsiederei zu Oberkaufungen angelegt wurde. Die zweite hessische erhob sich am Hirschberg, über Großalmerode, denen später, besonders im 17. Jahrhundert, noch eine lange Reihe anderer folgten.

Die Art und Weise der Fabrikation scheint – soweit meine Quellen dieses beurteilen lassen – im wesentlichen sich gleich geblieben zu sein.

Das Mineral, aus dem man in Hessen den Alaun gewann, wurde Alaunerz genannt, doch wohl nur uneigentlich, indem es vielmehr die obere tonige Ablagerung der Braunkohle war, welche unter dem Namen der Alaunerde bekannt ist. Die Förderung dieses Minerals geschah teils mittelst Stollenbaues, teils durch Bergbau. Die geförderten Erze wurden in große dachförmige Halden aufgeschüttet und angezündet, um die nötige Röstung zu bewirken, wobei jedoch das Aufflammen durch häufig wiederholtes Begießen verhindert werden mußte. Zur Vollendung dieser Röstung war in der Regel eine geraume Zeit (ein halbes bis ein Jahr) erforderlich. Nachdem diese Masse hierauf in großen hölzernen Kasten, den Laugenkasten, in welchen sie mit Wasser übergossen wurde, ausgelaugt worden, kam die nun erlangte Rohlauge in große bleierne Pfannen und wurde darin abgedampft. Zur Abklärung brachte man sie dann wieder in hölzerne Kasten und vermengte sie mit faulem Urin, um dadurch den Abklärungsprozeß zu fördern. Dann wurde die Lauge zum zweiten Mal abgekocht und, sobald sich auf der Oberfläche oder am Rande des Gefäßes kleine Kristalle (das Alaunmehl) zeigten und niederfielen, in die Wachsgefäße gegossen, in denen sich der Alaun als vollendet ansetzte, während die in der Mitte sich sammelnde Mutterlauge abgenommen und zu neuen Siedungen verwendet wurde.

Zum Sieden wurde anfänglich Holz gebraucht, doch griff man bald zu dem billigeren Kohlenbrande und legte zu diesem Zwecke neben den Alaungruben auch Kohlengruben an. Das nötige Holz erhielten die Gewerke aus den herrschaftlichen Waldungen, das zum Grubenbaue forstfrei, das zur Feuerung zu halbem Forste, denn auch dieses konnten sie, ungeachtet der Kohlen, nicht gänzlich entbehren und war ihnen sowohl zur Gießung der Siedpfannen, welche in der Regel alle zwei Jahre erneuert werden mußten, als auch zum Sieden selbst in dem Falle notwendig, wenn in den Gruben Feuer ausgebrochen war und sie dadurch an der Kohlenförderung verhindert wurden.

Die meisten Werke gehörten Gewerkschaften, welche sie an einzelne Alaunsieder verpachteten, die neben der Pacht auch den Zehnten, für dessen Aufnahme später ein eigener Erheber bestellt wurde, an die Landesherrschaft zu entrichten hatten. Um jede Unterschlagung des Zehnten möglichst zu verhindern, wurde jedes Faß mit einem Löwen gestempelt, und schon Landgraf Wilhelm IV. bedrohte (1589) den Alaunsieder, welcher Alaun verkaufte, ehe er den Zehnten an den Bergvogt entrichtet, mit einer Strafe von 50 Gulden. Solange man den Zehnten in Natur erhob, wurde derselbe in das fürstliche Zeughaus abgeliefert. Diese Erhebung in Natur wurde jedoch später aufgegeben und stattdessen der Zehnte in Geld veranschlagt.

Der Verkauf des Alauns geschah teils in Wachsen zu 6–8 Zentnern, teils in Fässern zu meistens 15–16 Zentnern. Die Preise blieben lange Zeit hindurch, freilich nur nominell, so ziemlich dieselben. So kostete der Zentner 1573 und 1589 5 Taler; 1620 4 Taler; 1707 4⅜ Taler; 1716, 1720 usw. 4½ Taler; 1830 5 Taler, im einzelnen jedoch 5¼ Taler.

Über den Alaunhandel habe ich leider nur sehr wenig finden können. Schon 1589 waren die Hauptabsatzwege die Werra und die Weser.

Ebenso unmöglich ist es, die Produktion von allen Hütten zugleich in größeren Zeiträumen anzugeben. Aus früherer Zeit läßt sich nur von dem Jahr 1721 ein Gesamtüberblick aufstellen. Damals bestanden vier Werke, das zu Johanniswiese, das im Gilsergrunde, die beiden zu einem vereinigten im Rauschenbach und am Eisenberge und das zu Freudental bei Oberkaufungen. Diese beschäftigten insgesamt 116 Arbeiter, die jährlich an 6230 Taler Lohn bezogen. Der jährliche Holzbedarf wurde auf 380 Heister zum Grubenbau und 100 Klafter Brennholz angeschlagen. Für den Urin, welchen sie brauchten und mit dessen Sammlung sich an 300 Personen beschäftigten, wurden jährlich an 900 Taler verausgabt. Die jährliche Alaunproduktion aber stieg bis nahe an 1600 Zentner, welche zu Geld veranschlagt an 7200 Taler einbrachten. Im Jahre 1771 betrug der Zehnte 300 Taler und von 1777 bis 1785 durchschnittlich 284 Taler, im Jahre 1786 260 Taler.

Doch schon 1720 war die Blüte der Werke in Abnahme. Mit dem Lichterwerden der Waldungen war auch die Sorge für dieselben gewachsen. Während das Forstgeld stieg, wurde die Holzabgabe beschränkt und nicht immer aus Ängstlichkeit, sondern weil es wirklich immer schwieriger wurde, für die vielen in dieser Gegend befindlichen Gewerke das erforderliche Gehölze in den benachbarten Waldungen anzuweisen, welche ohnehin schon früher durch die zahlreichen Glashütten zum größten Teil völlig verwüstet waren. Zu dieser mit der Zeit sich verstärkenden Schwierigkeit mochte dann auch noch die Konkurrenz mit anderen Hütten kommen, welche die unserigen nicht zu bestehen vermochten.

Außerdem wirkte aber auch noch ein anderer Umstand ein. Es war dieses die immer mehr in Gebrauch kommende Verwendung der Braunkohle zur Feuerung. Je umfangreicher diese wurde, um so mehr sank die Alaunbereitung zur Nebensache herab, und man behielt diese zuletzt bei mehreren Werken nur noch bei, um die sich bietenden Alaunerze wenigstens nicht unverwertet zu lassen und um etwaige Pausen in der Kohlenförderung ausfüllen zu können.

Von den alten Werken war zuletzt nur das zur Johanniswiese noch im Betriebe, doch waren zwei neue hinzugekommen. Diese drei lieferten von 1843 bis 1848 zusammen beinahe 5460 oder durchschnittlich jährlich nahe an 910 Zentner. Seitdem gingen aber zwei dieser Werke wieder ein, und gegenwärtig besteht in Kurhessen nur noch ein Alaunwerk, und zwar eines der jüngsten, das am Steinberge.

Vom Archivar Dr. Landau
Aus: Zeitschrift des Vereins für hess. Geschichte und Landeskunde, Bd. 6

Heister, Klafter – alte Holzmengenmaße

Folgende Doppelseite:
Karte des Kurfürstentums Hessen-Kassel um die Mitte des 19. Jahrhunderts

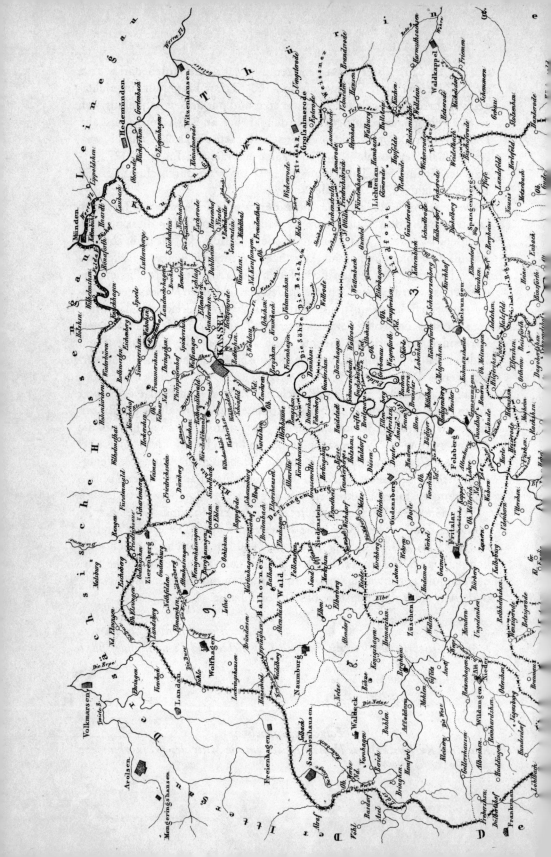

KARTE
zur Beschreibung des
HESSENGAUES
von
Dr. G. Landau.

Maßstab von 150000

Niederhessen

Wenn man von Frankfurt nach Kassel fährt, so kann man Marburg als
den Wendepunkt des Südens und Nordens betrachten. Statt des Vierundzwanzig Guldenfußes erhalten wir hier die kleinen Löwengroschen
und die echtvaterländischen Hessenalbus; statt des Weins trinken die
Postillons Branntwein aus großen Gläsern, der Rheinwein selbst erhält
einen saueren Witzenhäusener Beigeschmack und man trinkt Laubenhei-
mer, die Flasche zu einem schweren Gulden und nach kleinem beliebigen Maß. Auch die Wohlbehaglichkeit der Dörfer am Rhein und Main
schwindet allmählich, es wird zusehends immer dürftiger in den Dörfern; Branntwein und Kartoffeln sind hier der Wendepunkt des Lebens,
und die bleichen hageren Gestalten erinnern höchstens durch ihre großen Leiber an den chattischen Ursprung. Bettler aller Art, kleine und
große, postieren sich oft scharenweise an dem Fuße der Anhöhen und
geleiten die Diligence bis zum Gipfel, die Blicke sehnsüchtig nach den
Kutschfenstern gerichtet und die Arme nach einem Heller ausgebreitet.
Ich weiß nicht, ist es Lust und Liebe zum Betteln, die diese Leute treibt,
oder macht sie der Mangel an Arbeit so unglücklich? Hunger und Kummer malen sich wenigstens in ihren Zügen, es ist die miserabelste Prosa
der Dürftigkeit, die uns aus den starren Augen anglotzt, nicht eine Spur
von Poesie, wie wir sie sonst wohl bei der Armut antreffen, die selbst in
dem Jammer der sozialen Verhältnisse von Paris den Dichtern Stoff bie-

tet, spiegelt sich in diesem Elende. Die französischen Bettler denken, man kann sie zu einem Drama benutzen wie jetzt in dem Theater der Porte St. Martin zu „Riche et pauvre", die italienischen sind meistenteils zugleich Lazzaroni, sie improvisieren Tragödien an der Heerstraße, aber die hessischen Bettler betteln nur und zwar mit einer Stupidität, die alle Motive ihres Unglücks verwischt. Die Lichtpunkte dieses etwas wehmütigen Gemäldes bieten sich dann und wann in den Villen und Jagdschlössern des hessischen Fürstenhauses.

Ich will nicht behaupten, daß die Dürftigkeit ein Merkmal des deutschen Nordens ist, aber sie ist im Süden weniger und am Rhein fast gar nicht zuhause.

Neben diese kleinen nordischen Indizien, die mehr aus den Verhältnissen als aus der Zone herrühren, stellt sich indes ein überzeugender Beweissatz: die Natur selbst. Man empfindet eine plötzliche Metamorphose der Gegend und Temperatur. Der weiche, blaureine Ausdruck des Himmels, der sich über den Taunus wölbt, nimmt neblige Schattierungen an: hier gedeihen nur wilde Kastanien. Die Gegend verliert jene milden, sanften Tinten, jenes saftige Grün der Taunuskette, jenen beinahe italienischen Farbenschmelz, der sich um Königstein, Falkenstein, Kronenberg, Sooden und Kronstein lagert. Eine reiche üppige Natur erhält

Kassel von Sangershausen aus

dort überdies den romantischen Schmuck durch verfallene Burgen, Sagen und Legenden und eine gewisse deutsche Universalität. Im Dom zu Frankfurt wurden die Kaiser geboren, in dem zu Speyer wurden sie im Tode gebettet: Adolfseck ist eine Kaiserkrone, Ingelheim ist ein Kaisersitz. Bei dem Eintritte in Niederhessen vertauschen wir die deutsche Universal- gegen die hessische Spezialgeschichte und die kleinen Details der Fürstenhäuser, die aus der Reformation hervorgingen.

Von Marburg an wird die Natur kleinlicher und engherziger, eine blanke Scheidemünze mit scharfem, markiertem Gepräge. Die Berggruppen, welche Kassel umgeben, sind en miniature geschnitten, nicht Gebirge, sondern Berge. Schroff und verwegen springen sie dem Auge entgegen, es sind kecke, grüngeschmückte Parteigänger des Südens, der seine Vorposten bis gen Münden ausgedehnt hat, wo die Natur noch einmal im leichten lyrischen Schmuck erglänzt, um dann ganz und gar hannoverisch zu werden.

Kassel ist steinern und steif – ich spreche hier von der Neustadt. – Will man es nicht gelten lassen, daß die Etikette der alten Emigrés, die diesen Stadtteil kultivierten, sich in den Häusern spiegelt, so wird man vielleicht doch zugeben, daß die Neustadt Kassel ein Wachtparadenantlitz hat. Es trommelt und musiziert überdies den ganzen Tag durch die einförmigen, abgemessenen Straßen, und der Friedrichsplatz ist der schönste und stattlichste Exerzierplatz auf der Welt . . .

Von Eduard Beurmann
Aus: Frankfurter Telegraph No. 2, 1837

Diligence – Kutsche / Lazzaroni – Wortspiel: wörtlich Räuber, Schurken, auf der Bühne jedoch auch Possenreißer / Metamorphose – Verwandlung, Umwandlung / en miniature – in Miniaturform / Etikette – gesellschaftliche Umgangsformen / Emigrés – Auswanderer

Etwas über Kassel

Kassel ist 5400 Fuß lang und 3600 Fuß breit – ein Maßstab, den ich den „Nützlichen Nachweisungen für Fremde und Einheimische" entnommen habe. Was den Nutzen betrifft, so hielt' ich es für weit nützlicher, man wüßte gar nicht, wie lang und breit Kassel wäre. Jeder, der Langeweile hätte, könnte es dann selbst ausmessen, denn man muß sich hier Zeitvertreib machen, so gut es gehen will. Börne z. B. ließ zu seiner Unterhaltung auf einer Bank in der Aue einen Löwengroschen liegen und ging jeden Tag dorthin um nachzusehen, ob er ihn noch wiederfinden würde. Sollte man es glauben, nach acht Tagen lag der Löwengroschen noch an derselben Stelle!

Und in der Tat: Schöne Environs gibt es um Kassel im Überfluß, aber Menschen – man muß sie wahrhaftig mit der Laterne suchen, und die Kasseler Straßenlaternen brennen so bescheiden, daß sie gerade eine der anderen leuchten, während sonst alles rabenschwarze Nacht ist. Ob das Absicht ist, weil es doch von Rechts wegen bei Nacht dunkel sein soll und weil es lange genug, nämlich den ganzen Tag hindurch, hell ist, oder ob so wenig Fleisch in Kassel gegessen wird – denn die Straßenbeleuchtung wird aus einer Abgabe von dem Schlachtvieh ermittelt – ich weiß es nicht. Aber so viel weiß ich, daß es an Menschen und Bewegung fehlt, wenn es nicht gerade Pfingsten oder Lamboi ist. Kassel ist etwas langweilig und ohne Höhepunkt des gesellschaftlichen Lebens wie ohne Öffentlichkeit. Man kennt die Ressourcen, die „Abendvereine" der kleinen Residenzen zur Genüge. Sie sind gewöhnlich mit dem besten Willen ausgerüstet, aber den Vordergrund und die Perspektive bilden immer Kartenspiel, Zeitungen, Beförderungen, Versetzungen und zuweilen kleine und große Bälle. Da muß man entweder ehrsamer Bürger oder Beamter sein oder sich nach einer Frau umsehen oder zum mindesten vier Stunden hintereinander Whist oder Domino spielen können, um es nur auszuhalten ...

Ich sagte oben, Kassel sei oft langweilig. In solchen Stunden hab' ich mich mit den „Nützlichen Nachweisungen für Fremde und Einheimische" beschäftigt und daraus erfahren, daß im Jahre 1521 die Häuser in Kassel noch mit Stroh gedeckt und vor den Häusern Miststätten befindlich waren. Eine Frau warf brennende Späne auf eine solche Miststätte und daraus entstand ein Brand, der 308 Häuser zerstörte. Der Verfasser der „nützlichen Nachweisungen" ruft triumphierend aus: „Wie weit sind wir seither vorgeschritten in der schönen Bauart und in den weisen Anstalten zum Löschen des Feuers! Jetzt haben wir Gott Lob! dergleichen Zerstörungen durch Feuer nicht mehr zu befürchten." Nein! Kassel hat weder Miststätten mehr, noch Strohdächer, aber wenn die Häuser auch gegen eine Feuersbrunst gesichert sind, so sind sie doch nicht gegen den Einsturz gesichert. Man scheint hier vielmehr dafür sorgen zu wollen, daß, da die Löschanstalten wirklich so gut sind und 308 Häuser nicht füglich mehr in einer Nacht abbrennen können, wenigstens einige neugebaute in den ersten Jahren einstürzen mögen. Die Maurer und Zimmerleute werden auf solche Weise in Tätigkeit erhalten. Einzelne Gebäude in der Kölnischen Allee, die vor einem Jahre ins Leben traten, haben bereits ganz majestätische Risse aufzuweisen, und wenn sie mit die-

Riesenburg und Kaskaden
in Wilhelmshöhe

sen Rissen verhältnismäßig fortfahren, so kann man wirklich mit neuen
Bauten bald zustandekommen.

Aber die „Nützlichen Nachweisungen" haben ganz Recht, wenn sie
nur von einem Fortschritt der Bauart in Kassel sprechen, die Baukunst
gefällt sich in Absonderlichkeiten. Wir finden hier Häuser mit vier bis
fünf Stockwerken und mit Bogenfenstern, während die Hauptpforte
Leuten, die nicht gar zu klein oder zu schmächtig sind, die größten Un-
bequemlichkeiten bietet. Ich will nicht behaupten, daß man hier bereits
vor dem Eintritt in die Wohnung daran erinnert wird, den Hut abzuneh-
men, aber man muß sich wenigstens vorsehen ...

Eduard Beurmann in: Frankfurter Telegraph No. 50, 1837

Environs – Umgebungen / Ressource – Rohstoffquelle, Hilfsmittel

Ein Brief aus Kassel

Kassel ist eine sehr schöne und zum Teil prächtige Stadt von ungefähr 32 000 Einwohnern. Die Hugenotten haben diese so wie viele andere Städte Deutschlands auf unsere Kosten blühend gemacht. Sie hat sehr beträchtliche Manufakturen, besonders von Hüten, die den Lyonischen an Feinheit und Stärke nichts nachgeben und auch mit denselben in gleichem Preis stehen.

Die Zahl der Untertanen des Landgrafen ist mir zuversichtlich auf 330 000 Seelen angegeben worden. Die Einkünfte aus seinen Landen sollen sich auf 2 200 000 rheinische Gulden belaufen. Samt den hanauischen Landen, die ungefähr 100 000 Menschen zählen und etwas über 500 000 Gulden abwerfen, machen die Besitzungen dieses Hauses also noch kein Herzogtum Württemberg aus.

Dieser Staat ist der militärischste von ganz Deutschland; seine Bauern sind nicht nur alle exerziert, sondern auch immer in die ganze weite Welt marschfertig. Die Verschickung der hessischen Truppen nach Nordamerika ist an sich nicht ärgerlich, weil dieser Hof mit dem von St. James in einer beständigen Verbindung steht. Allein diese Verbindung selbst ist für das Land keine vorteilhafte Maxime. Unmöglich können die englischen Subsidien den Schaden ersetzen, den diese Verbindung bisher dem Lande wie dem Fürsten zugefügt hat. Nach dem letzten Schlesischen Krieg war das Land von aller jungen Mannschaft entblößt, und kaum war wieder einige nachgewachsen, als sie nach Amerika wandern mußte. Es sollen in allem nun gegen 20 000 Hessen nach diesem Weltteil gegangen sein, wovon gewiß die Hälfte nicht wieder zurückkommt. Das Land hat also den sechsten Teil seiner schätzbarsten Einwohner durch den Bostoner Teebrand verloren. Die Auflagen sind sehr groß, wie du aus einem Vergleich der Bevölkerung und des Ertrags dieses Landes mit dem Herzogtum Württemberg, dessen Natur seinen Bewohnern ungleich mehr Vorteile als das hessische den seinigen gewährt, leicht ersehen kannst. Der Landgraf hat zwar, solange der amerikanische Krieg dauert, seinen Untertanen einen Teil der Abgaben erlassen, allein sie ziehen doch haufenweise aus dem Lande, nach Ungarn, Polen und vielleicht gar nach der Türkei.

Aus: Briefe eines reisenden Franzosen über Deutschland

exerziert – geübt (im Waffendienst) / Maxime – Lebensregel / Subsidien – Hilfsgelder

Auf, ihr Brüder, laßt uns wandern!

Munter.   Aus Kassel (Inf.-Rgt.).

Auf, ihr Brü=der, laßt uns wandern, fröh=lich nach Ame=ri=ka! Unsre Schwestern sind schon drüben in Phila=del=phi=a — — —, un=sre Schwestern sind schon drüben, in Phila=del=phi=a.

Auf, ihr Brüder, laßt uns wandern
Fröhlich nach Amerika!
Uns're Schwestern sind schon drüben
In Philadelphia.

Steht das Schifflein schon gerüstet
Und der Schiffer ist schon da,
Daß wir können übersegeln
Nach Philadelphia.

Wem's gefällt nach seim Verlangen,
Der nehme sich ein schwarzbraun's Mädchen,
Drück' sie fest in seine Arme,
Bis der Tod sie trennt.

Heut' zum letzten mal, ihr Brüder,
Sehen wir uns noch einmal.
Morgen sehen wir uns wieder
In Philadelphia.

Erfindung der Dampfmaschine

Mitgeteilt von Oberbergrat Henschel

Denis Papin, Professor der Mathematik und Experimentalphysik zu Marburg, wurde durch die in seinem bekannten Digestor beobachtete Gewalt der Wasserdämpfe zur Benutzung derselben als Betriebskraft geleitet. In einer kleinen Schrift, gedruckt im Jahr 1695, lehrt derselbe die Konstruktion einer Pumpe, deren Kolben durch Wasserdampf in Bewegung gesetzt werden sollte, und dieser Kolben zur Übertragung der Dampfkraft auf andere Maschinenteile bildet das Wesentliche der ersten Erfindung aller heutigen Kolbendampfmaschinen.

Wie aber die fruchtbarsten Ideen vielfältig verkümmern, wenn sie keinen geeigneten Boden finden, so würde auch selbst aus Papins Idee noch nicht sobald eine Maschine geworden sein, hätte nicht Landgraf Karl von Hessen die Stadt Karlshafen erbaut und diesen neuen Weserhafen durch einen Kanal mit der Hauptstadt in Verbindung bringen wollen. Dem Kanale fehlte es auf der Höhe von Hofgeismar an hinreichendem Wasser zur Speisung der Schleusen, und da nun hier weder Rost- noch Windkunst aushelfen konnten, so war es kein Wunder, daß der Landgraf in dieser Verlegenheit an die damals gewiß viel besprochene Kraft der Wasserdämpfe in Papins Digestor und Pumpe dachte und diesen herbeirief. Entwurf und Modell der Maschine kamen zustande, der Guß der wirklichen Maschinenteile wurde auf der Eisenhütte zu Veckerhagen ausgeführt und diese Teile zur weiteren Bearbeitung nach Kassel gebracht.

Das Modell erhielt sich im hiesigen Zeughause bis zur französischen Invasion im Jahr 1806, wo es nebst vielen anderen vaterländischen Merkwürdigkeiten zugrundeging, der Dampfzylinder dagegen, 1,25 Meter im Durchmesser und 1,24 Meter hoch, unten mit einem Rande zum Anschrauben des Bodens versehen, hat sich erhalten; er diente zum Behälter für Formsand in der Stückgießerei, wurde von der Henschelschen Maschinenfabrik erkauft und wird als Merkwürdigkeit daselbst aufbewahrt.

Es läßt sich hiernach beurteilen, welch bedeutenden Anteil an der so überaus wichtig gewordenen Erfindung dem Landgrafen persönlich zuerkannt werden muß.

Das wären dann wohl der Tatsachen genug zu unserm Beweise für die Deutschheit der Dampfmaschine; wollte man aber dennoch den Versuch des Marquis von Worcester – Wasser aus einem Gefäße mittelst Dampf gewaltsam auszutreiben – für den ersten Keim der Dampfmaschine erkennen, dann wäre die Erfindung schon viele Jahrhunderte die unsrige, da wir in diesem Falle mit gleichem Rechte das noch jetzt im Naturalienkabinett zu Sondershausen aufbewahrte bronzene Standbild der altdeutschen Gottheit Püstrich anführen könnten, welches, zum Teil mit Wasser gefüllt, im Opferfeuer stehend, Dämpfe entwickelte, durch deren Gewalt die an verschiedenen Stellen des Kopfes eingeschlagenen hölzernen Pflöcke – gleichsam die Sicherheitsventile unserer heutigen Dampfmaschine – herausgeworfen wurden, worauf sich dann der Zorn des Götzen durch eine Schrecken erregende Auspustung von Dampf und Wasser über den Häuptern der Gläubigen entlud.

Von Karls Tode an ließen wir die Engländer mit der Dampfmaschine allein gewähren, die dann auch nicht faul gewesen sind und uns und die Welt gerade mittelst der Dampfmaschine zinsbar zu machen trefflich verstanden haben.
Kassel, im Jahr 1847

Aus: Zeitschrift des Vereins für hessische Geschichte und Landeskunde, Band 5

Digestor – Dampfkochtopf

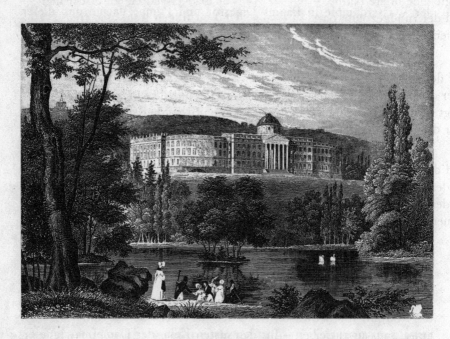

Schloß Wilhelmshöhe

Kurhessisches Hoftheater

Jüngstens ist im Hoftheater
Uns'rem lieben Landesvater
Folgendes Malheur passiert,
Wie die Chronik referiert.

Durch die fürstliche Lorgnette
Blickend von gewohnter Stätte,
Fand der adlersicht'ge Herr
Einen Fremdling im Parterre.

War kein Kerl wie andre Fremde,
Trug ein blaugestreiftes Hemde
Und ein trikolores Tuch, –
Gründe zum Verdacht genug!

Sein Gesicht von roter Farbe
Zeigte eine breite Narbe,
Und der rundgezogne Bart
Schien verpönter Hambachs-Art.

Auf der Stirne böse Falten,
Aber doch zurückgehalten,
Fragt der Herr den Kammerherr,
Wer der Fremdling im Parterre?

Und der Kammerherr schickt's weiter
An des Fürsten Leibbereiter,
An den Rat und Adjutant –
Keiner hat den Kerl gekannt.

In den Logen ersten Ranges
Hob darauf ein leises, banges,
Scheues Flüstern ringsum an,
Alles für den fremden Mann.

„Durchlaucht spricht von Propagande,
Fort mit ihm aus unsrem Lande,
Weh' ihm, wenn in Tagesfrist
Er noch hier zu finden ist!"

So ein Polizei-Beamte,
Welchen heilger Zorn entflammte,
Aber Durchlaucht winkte still,
Daß er's selber ordnen will.

Seiner Diener schickt er einen,
Vor dem Fremdling zu erscheinen
Und zu fragen frank und frei,
Wer, woher und was er sei?

Nach minutenlangem Harren,
Ängstlichem Hinunterstarren,
Kommt mit klug verschwiegnem Blick
Der Lakai zum Herrn zurück.

„Durchlaucht! dieser Fremdling", spricht er,
„Nennt sich Johann Jacob Richter,
Macht in Senf für eignes Haus" —
– „Stille!" – Und der Spuk war aus!

Franz Dingelstedt

Malheur – Mißgeschick / Lorgnette – Stielbrille / Trikolore – Banner der Französischen
Revolution / Hambachs-Art – Anspielung auf das Hambacher Fest

Aus den Lebenserinnerungen
von Wilhelm Grimm

Jener Tag des Zusammenbruchs aller bisherigen Verhältnisse wird mir immer vor Augen stehen. Ich hatte am letzten Oktober abends die französischen Wachfeuer in der Ferne mit einiger Bangigkeit gesehen, aber daß Hessen unter fremde Herrschaft geraten sollte, konnte ich nicht eher glauben, als bis ich am anderen Morgen die französischen Regimenter bei dem alten, jetzt niedergerissenen Schlosse in vollem militärischen Glanze einziehen sah. Bald änderte sich alles von Grund aus: fremde Menschen, fremde Sitten, auf der Straße und den Spaziergängen eine fremde, laut geredete Sprache. Keine andere deutsche Stadt hat so vielfachen Wechsel erlebt als Kassel, und manchmal scheint es mir, als habe ich mehrere Menschenalter verschlafen, wenn ich bedenke, welche ganz verschiedene Zustände ich dort erlebt habe... Ich habe stets die Schmach gefühlt, welche in der fremden Herrschaft lag; an harten, unerträglichen Einrichtungen, an Ungerechtigkeiten aller Art fehlte es nicht und ich weiß wohl, mit welchem Gefühl ich die armen Menschen habe durch die Straße hinwanken gesehen, welche zum Tod geführt wurden; aber dieser Zustand drückte mich nicht nieder, wie er, selbst im geringeren Grade, würde getan haben, sobald Gesetzlichkeit, Ordnung und Wahrheit an der Spitze stehen sollten. Aber damals entsprang das Unrecht aus der Lage der Dinge, die in vielen Fällen mächtiger war als der Wille des Gewalthabers selbst; es schien mir eine Naturnotwendigkeit zu sein oder eine strenge Fügung Gottes.

Das Drückende jener Zeiten zu überwinden half denn auch der Eifer, womit die altdeutschen Studien getrieben wurden. Ohne Zweifel hatten die Weltereignisse und das Bedürfnis, sich in den Frieden der Wissenschaft zurückzuziehen, beigetragen, daß jene lange vergessene Literatur wieder erweckt wurde; allein man suchte nicht bloß in der Vergangenheit einen Trost, auch die Hoffnung war natürlich, daß diese Richtung zu der Rückkehr einer anderen Zeit etwas beitragen könne...

Das Ende der französischen Herrschaft nahte im Jahre 1813 heran... Seltsam wie in solchen Augenblicken, wo die Spannung nachläßt und geistig die Luft umschlägt, die Außenwelt daran teilzunehmen scheint: die Linien der Berge und Gegend, selbst die Formen der Gebäude zeigen sich unserem Blicke verändert oder in einer fremdartigen Beleuchtung. Als schon die Lage der Dinge bekannt war, einen oder zwei Tage vor seinem Abzug, ritt der König noch einmal mit glänzendem Gefolge wie gewöhnlich und ziemlich langsam durch die Straßen. Vor dem Fenster, hinter welchem ich stand, stürzte, als er vorbei war, einer von den roten französischen Husaren, welche die militärische Bedeckung übernommen hatten, er ritt zurück, hielt still, und ich konnte ihn genau betrachten. Auf seinem gelben, italienisch feinen Gesicht war eine künstliche Kälte und in seinem ganzen Wesen Sorge für äußere Haltung ausgedrückt. Er erteilte Befehle und wendete sich, ohne weiter Teilnahme zu zeigen, wieder ab. Der Verlust der im Traume gewonnenen Krone mag ihm verdrießlich gewesen sein. Schmerz kann er, der seinen Untertanen absichtlich gewiß nichts Böses zufügen wollte, aber wie ein wirklicher Fürst kein Wohlwollen für sie fühlte, nicht eigentlich empfunden haben; ohnehin war er an den Wechsel des Geschicks gewöhnt. Als auf seiner Flucht zwei seiner Begleiter, die neben dem Wagen herritten, einen Refrain aus der alten Oper Hieronymus Knicker, der auf sein Schicksal nicht übel paßte, in lustiger Laune absangen, erkundigte er sich nach dem Inhalte des Gesangs und lachte selbst mit, als ihm das Orakel so schicklich als möglich erklärt wurde, das er freilich, da er kein Deutsch gelernt, niemals vernommen hatte. Die Wiederherstellung von Hessen ist von uns mit der reinsten Freude gefeiert worden und ich habe niemals etwas Bewegenderes und Ergreifenderes gesehen als den feierlichen Einzug der fürstlichen Familie. Das Volk zog die Wagen nicht mit einem tobenden, für den Augenblick erregten Eifer, sondern wie jemand, der ein lang entbehrtes, von Gott wieder gewährtes Gut in die Heimat zurückführt. Mir schien in diesem Augenblicke, als könne keine Hoffnung auf die Zukunft unerfüllt bleiben.

Serenissimus und der Zopf

Der hessische Generalmajor Gerland erzählt: Kurfürst Wilhelm I., der mit seinen vielen trefflichen Eigenschaften, wie man sagt, 100 Jahre zu spät auf die Welt gekommen war, besichtigte bei Paraden nicht nur die Vorder-, sondern auch die Hinterfront der Aufstellungen, um die Zöpfe zu untersuchen, vielleicht weniger wegen der Zöpfe selbst, als weil er in der Abneigung gegen dies Sinnbild vergangener Zeiten ein Zeichen sträflicher Neuerungssucht erkannte; er war so streng gerade in dieser Beziehung, daß einem Kanonier, der infolge einer Krankheit alle Haare verloren hatte, so daß man ihm einen Zopf gar nicht flechten konnte, ein solcher an einem Band um den Kopf gehängt werden mußte, weshalb man den Mann dann lieber zu Hause ließ.

Der Landgraf von Hessen

Der Landgraf von Hessen,
Der kleine Potentat,
Wie bin ich seiner Dienste
So überflüssig satt.
Die Offizier sind hitzig,
Der Staat ist viel zu groß,
Miserabel ist das Leben,
Das man verführen muß.

Des Morgens um halber acht,
Da heißt es auf die Wacht,
Kein Teufel tut mich fragen,
Ob ich gegessen hab.
Kein Weißbrot in der Suppe,
Nur schwarzes Kommis,
Muß schlechten Tabak rauchen;
Das macht Soldaten frisch.

So komm ich auf Parade
Und tu' einen falschen Tritt,
So schreit der Adjudante:
Stoßt den Kerl aus dem Glied.
Patrontasch herunter,
Den Säbel abgelegt,
Gleich munter draufgeschlagen,
Daß er sich nicht mehr regt.

O Herr, es ist kein Wunder,
Daß mancher desertiert,
Wir werden wie die Hunde
Mit Prügeln abtraktiert.
Bekommen sie mich wieder,
Sie henken mich nicht auf,
Das Urteil ist gesprochen,
Und Gassen muß ich lauf.

Und wenn ich Gassen laufe,
So spielen sie frisch auf
Mit Trommeln und mit Pfeifen,
So geh' ich wacker drauf.
So tun sie mich ja hauen
Grenadier und Musketier,
Der eine tut mich bedauern,
Der andre schägt noch mehr.

Und wenn es Frieden ist,
Wo wenden wir uns hin?
Die Gesundheit ist verloren,
Die Kräfte sind dahin.
Ei nun, so wird es heißen
Ein Vogel und kein Nest:
Ei Bruder, nimm den Bettelsack,
Bist auch Soldat gewest.

Karl Simrock

Kasseler Meßbilder

Die Kasseler Ostermesse bildet gewissermaßen den Schlußstein in dem großen Prachtgebäude des hiesigen Winterlebens und zugleich die rauschende Ouvertüre zu dem Residenzfrühling, den wir, pflicht- und kalendermäßig der kurhessischen Natur um einen ganzen Monat voraneilend, im März feierlichst antreten. Zur Frühlingsmesse werden zum ersten Male die Mäntel und Surtouts daheimgelassen, man produziert die weißen Sommerwesten und die neugeschaffenen Damenhüte, einzelne Bankiers vergessen sogar in Augenblicken jugendlichen Leichtsinnes die pfundschweren Überschuhe. Die diesjährige Messe zeigte so ganz in ihrem doppelten Charakter die eine Seite oder Woche mit Runzeln und Schnee, die andere vom ersten Sonnenstrahl gleißend ...

Auf dem Meßplatze gestalten sich die ersten Szenen des vielbewegten und wechselnden Schauspieles. Da erheben sich unter dem rastlosen Geräusch der Hämmer und Hobel schon in den Vortagen leinene und bretterne Zelte für die Priester des Merkurius; in den zunächst gelegenen Straßen streckt jedes Haus einen Wegweiser oder grünen Tannenzweig, bunte Kaufmannsschilder in allen Farben und Größen aus und die behagliche Ruhe, in welcher sonst dieses noble Stadtviertel schwimmt, löst sich mit dem ersten Morgen der eigentlichen Meßzeit in ein überraschendes Gewirr und Gewimmel auf ...

Auf dem Meßplatze stellen, das kleine Nomadenvolk von Schenktischen, volkstümlicher Literatur und Schuhnägeln abgerechnet, hauptsächlich Lederhändler aus, wogegen der benachbarte Karlsplatz das Feld für wilde Tiere und das Vaterland der fremden und einheimischen Metzger abgibt. Das sind die beiden Hauptströmungen der Messe unter freiem Himmel, worin die Pfefferkuchenbuden aus Braunschweig nur en passant mitschwimmen. Mir gerade gegenüber hat sich die Gilde der Schuhmacher und Lederhändler angesiedelt, ein Umstand, aus dem böswillige Kritiker ein schlechtes Omen für diese Meßdarstellungen ziehen könnten. Diese zu beschämen, will ich nur einzelne geistreiche Bemerkungen hier fallen lassen, die ich in freien Morgenstunden aus meinem ledernen vis-à-vis geschnitten habe. Niemand kauft mehr Stiefel ein als die Polizeidiener, und niemand mehr Pantoffeln als feine Bürgerfrauen; darin liegt ein tiefer Sinn, nämlich dieser, daß die kurhessische Polizei gut und viel auf den Beinen ist, und daß in ehrbaren Bürgerfamilien noch am meisten jene naturgemäße Verfassung angetroffen wird, welche man schnöderweise Pantoffelregiment getauft hat. Alle anderen Erklärungen und Wahrnehmungen übergeh' ich ...

Aber mich zieht es mit unwiderstehlicher Sehnsucht nach dem Meß-
hause, wo sich, wie ich weiß, um die Mitte des Tages vor und nach
Tisch die elegante Welt unfehlbar sammelt ... Im Hofe des Gebäudes
werf' ich nur einen flüchtigen Blick ... auf die Kasseler Eckensteher, die
gleich den Berlinern ein blechernes Schild mit Nummer am Arm und,
ungleich den Berlinern, einen bleiernen Witz im Hirn führen. Dann geht
es sogleich die staubige und enge Treppe hinauf zur Gallerie ..., um zu
sehen und gesehen zu werden, weniger um zu kaufen ... Eine seltsam
gemischte Atmosphäre schlägt mir entgegen, die selbst der gelehrteste
Chemiker nicht auflösen und scheiden möchte. Dieselbe wechselt nach
den jedesmaligen Läden an der Seite; wohlriechende Seife mit englischem Siegellack, Handschuhe aus Tirol und Spitzen aus Elberfeld bilden ihre gelegentlichen Bestandteile. In den Läden lehnen mit mehr oder
minder vergnügtem Gesicht die zeitigen Inhaber; dort ist eine ganze Familie patriarchalisch um den Mittagstisch versammelt und hier brütet ein
gedankenschwerer Kaufjüngling nachlässig und unbeschäftigt über einem zerrissenen Roman aus Luckhardts Lesebibliothek; hier feilscht
man und zahlt, dort notiert man Einnahme und Ausgabe – kurz es ist so,
wie es auf anderen Messen auch sein mag.

Zwei Läden versammeln in der Regel das größte und kultivierteste
Publikum; Herrn Roccas Bilderzelt nämlich und die Bude mit den zierlichen und modernen Modegußwaren aus Berlin. Zu jenem ergehen sich
besonders die Jünger der Kasselschen Kunst mit Bärten à la van Dyk
und mit Malerurteilen à la Diderot; auch Militärs und privilegierte Stut-
zer verweilen dort gern, wenn sie zuvor den wichtigeren Interessen des
Pomadeeinkaufs genügt haben. Mimen hab' ich, zu meiner großen Verwunderung, wenige auf der Gallerie bemerkt.

Hat man die Lust des Schauens mit gelegentlichen Fußtritten gebüßt,
so ergeht man sich wohl auf dem Karlsplatz, dessen erhabenes Landgra-
fen-Monument mit Buschmenschen- und Elefantenhütten ganz umbaut
ist. Dieser, der Elefant, ist sehr gescheit und die Buschmenschen sehr un-
gebildet; das ist die Pointe der Zusammenstellung. Einige Schritte weiter
führen dich, wenn du dem Duft der Wurstbuden standhaft entronnen,
an die Himmelspforte in der Frankfurter Straße. Da hat sich nämlich ein
Wachsfigurenkabinett niedergelassen, welches durch die Vedette des
heiligen Peter und durch schmetternde Trompetenstöße fromme Gemü-
ter anzulocken sucht. St. Peter steht mit zwei Schlüsseln in der Hand,
für die jetzige Jahreszeit ungemein leicht gekleidet, barfuß an der Haustüre und im ersten Stock hängt als Wahrzeichen ein Engelchen mit wenig Werg auf dem Haupte, sehr malerisch auf ein Rohrstühlchen gedrückt gelbseiden aus dem Fenster heraus, wo sonst, wenn ich nicht irre,

L. E. Grimm: Altes Rathaus zu Kassel, 1815

eine entflohene Tänzerin auf die Vorüberwandelnden niederlugte.
Wenn du nun noch so glücklich warst, im Vorbeigehen dem umherzie-
henden Puppenspiel zu begegnen, wenn du fernerhin das unkultivierte
Karussell heimlich einmal betrachtet und an die Sirenen-Felsen der
Braunschweiger Süßkünstlerinnen, allwo die lernbegierige Jugend gar
häufig scheitert, glücklich vorübergezogen – siehe! so hast du nicht nur
das Panorama der Kasseler Messe, sondern auch ihre einzelnen Sehens-
würdigkeiten und (nach englischem Kunstausdrucke) „ihre Löwen" vollständig genossen ...

Von Franz Dingelstedt
Aus: Frankfurter Telegraph No. 9/10, 1837

Surtout – Überrock / Merkurius – römischer Gott des Handels / en passant – im Vorbeigehen / vis-à-vis – Gegenüber / Vedette – vorgeschobener Posten / Werg – Flachs

Kasseler Windbeutel

Zutaten: 65 g Butter; ⅛ Liter Wasser; 1 Prise Salz; 65 g Mehl; 3 Eier; ¼ Liter süße Sahne; Vanillezucker; Puderzucker.

Butter mit Wasser und Salz aufkochen, Mehl hinzugeben und rühren, bis sich die Masse vom Topf löst. Danach abkühlen lassen und die Eier unterrühren, mit einem Spritzbeutel etwa zwölf Windbeutel auf ein gefettetes Blech setzen. Bei 220° C etwa 15 Minuten backen und gleich danach quer aufschneiden. Die Sahne mit Vanillezucker steifschlagen, in die untere Hälfte der abgekühlten Windbeutel füllen, die andere Hälfte daraufsetzen und mit Puderzucker bestreuen.

Edelmann und Schäfer

1. Der Schäfer über die Brücke kam,
   Hei dilli dilli dei, hei dilli dilli dei!
   Da begegnet ihm ein Edelmann,
   Zum falleridera und hopsasa! Da begegnet ihm ein Edelmann.

2. Der Edelmann zog sein Hütlein ab
   Und bot dem Schäfer guten Tag.

3. „Ach, Edelmann laß dein Hütlein stohn!
   Ich bin ein armer Schäferssohn."

4. „Bist du ein armer Schäferssohn,
   Und hast doch Samt und Seide an!"

394

5. „Was geht's dich stolzen Edelmann an,
   Wenn mir's mein Vater bezahlen kann?"

6. Der Edelmann kriegt ein grimmigen Zorn
   Und warf den Schäfer in festen Turn.

7. Und als es dem Schäfer sein Vater erfuhr,
   Macht er sich auf und ging hinzu:

8. „Ach Edelmann, laß meinen Sohn am Leb'n!
   Dreihundert Reichstaler will ich dir geb'n."

9. „Dreihundert Reichstaler ist mir kein Geld,
   Euer Sohn muß sterben im breiten Feld!"

10. Und als es dem Schäfer sein' Mutter erfuhr,
    Macht sie sich auf und ging hinzu:

11. „Ach Edelmann, laß meinen Sohn am Leb'n!
    Sechshundert Reichstaler will ich dir geb'n."

12. „Sechshundert Reichstaler ist mir kein Geld,
    Euer Sohn muß sterben im breiten Feld!"

13. Und als es dem Schäfer sein Schätzchen erfuhr,
    Macht es sich auf und ging hinzu:

14. „Ach Edelmann, laß mein Schatz am Leb'n!
    Eine güld'ne Krone will ich dir geb'n."

15. „Ein' güld'ne Kron' ist mir genug.
    Hei dilli dilli dei, hei dilli dilli dei!
    Nimm du und setz' sie auf mein Hut!
    Zum falleridera und hopsasa!
    Nimm du und setz' sie auf mein Hut!"

Klagelied Philipp Landgrafs aus Hessen im Jahre 1550

(Fliegendes Blatt)

Schwer, langweilig ist mir mein Zeit,
Mein Herz mich treibt zu Klagen,
Viel Untreu, Mißgunst, Haß und Neid,
Ach ich jetzund muß tragen,
Viel falscher List zu dieser Frist
Wird mir zu lang mit Schmerzen,
Daß ich oft klag'
All Nacht und Tag,
Doch denk' ich Gotts im Herzen.

Schwer, langweilig ist mir mein Zeit,
In Trauren bin ich sitzen,
All meine Freund' mir weichen weit,
Mich stellen an die Spitzen,
Zu denen ich hab' stetiglich
Mich aller Treu versehen,
Die setzen gar
Mich in Gefahr,
Niemand will bei mir stehen.

Schwer, langweilig ist mir mein Zeit,
Ach Gott mich wollst ergötzen,
Steh du allzeit auf meiner Seit',
Auf dich mein Hoffen setze,
Sieh zu mein Gott, wie ich ein Spott
Bin unter meinen Feinden,
Ich ruf' hinauf,
Ach Herr wach' auf,
Laß deine Güt' erscheinen.

Schwer, langweilig ist mir mein Zeit,
Wie ist es mir doch kommen,
All meine Macht und Herrlichkeit
Hast du von mir genommen;
So weiß ich doch, wie tief und hoch,

Dein' Gnad' sich streckt am Ende,
Wie weit und breit
Barmherzigkeit,
Die wollest du mir senden.

Schwer, langweilig ist mir mein Zeit,
In Hoffnung tu ich harren,
Gedanken sind mein Herzeleid,
Ach Gott kehr' um die Karten,
Führ' mich doch auf geradem Weg
Zu meinem Land und Leuten,
Zu Kindern mein
Ach führ mich heim,
Ach Gott tu für mich streiten.

Schwer, langweilig ist mir mein Zeit,
Ich wollt' mein Hörnlein gellte,
In Jägerweis', nach gutem Brauch,
Durchs Holz und auch im Felde;
So Gottes Wort, mein höchster Hort,
In meinem Land sollt' klingen,
Und hüten fein,
Die Schäflein mein,
Und Gottes Lob besingen.

Schwer, langweilig ist mir mein Zeit,
Gott öffne deine Ohren,
Denn meine Stimm' ist schwach vor Leid,
Mein Ruf ist nicht verloren,
Mein Herz und Mut, mein Leib und Gut
Ergeb ich ihm bei Zeiten,
Ich bin gewiß
Zu dieser Frist,
Er wird wohl für mich streiten.

Schwer, langweilig ist mir mein Zeit,
In Brabant muß ich warten,
Verheißen ist mir Gnadgeleit,
Wie grün ist nun mein Garten,
Gott gab's, Gott nahm's in Lieb und Leid,
Wie es sich schickt auf Erden,

Von ihm bestellt,
Sonst kann nichts anders werden.

Schwer, langweilig ist mir mein Zeit,
Zu Oudenar in Mauern,
Bin ich in Elend und in Leid
Mit schwerem Mund und Trauern,
Ade mein Kind und Land und Leut,
Bald ist es überwunden,
Für meine Not
Bescher' euch Gott
So viele sel'ge Stunden.

Aus: Des Knaben Wunderhorn

Jakob Grimm über den Adel

1. August 1848

Auch mir leuchtet ein, daß der Adel als bevorrechteter Stand aufhören müsse; denn so hat schon der Zeitgeist seit ein paar Generationen geurteilt, jetzt darf er ein lautes Zeugnis dafür abgeben. Der Adel ist eine Blume, die ihren Geruch verloren hat, vielleicht auch ihre Farbe. Wir wollen die Freiheit als das Höchste aufstellen –, wie ist es dann möglich, daß wir ihr noch etwas Höheres hinzugeben? Also schon aus diesem Grunde, weil die Freiheit unser Mittelpunkt ist, darf nicht neben ihr noch etwas anderes Höheres bestehen... Der größte deutsche Mann, der unsere Glaubensfreiheit bewirkte, Luther, war aus geringem Stande, und so ist es von nun an in allen folgenden Jahrhunderten. Sie werden immer sehen, daß die Mehrzahl der erweckten großen Geister dem Bürgerstande angehörte, obgleich auch noch treffliche Männer unter dem Adel auftraten, wie vorhin schon Hutten genannt worden ist. Aus den neueren Zeiten erinnere ich an Lessing, Winckelmann, Klopstock, Goethe, Schiller, lauter Unadelige, und es war ein Raub am Bürgertum, daß man den beiden letzten ein „von" an ihren Namen klebte. Dadurch hat man sie um kein Haar größer gemacht ...

Nach allem, was ich bisher gesagt habe, kann es mir nur scheinen, daß der Adel aussterben müsse, aber ich glaube nicht, daß er mit seinen Titeln und seinen Erinnerungen getilgt werden darf: diese mögen uns bleiben so gut wie uns Bürgerlichen, die wir ebenso lebhaft an unseren Voreltern hängen ... Aber etwas ganz anderes ist, daß er künftig aus Vorrechten heraustreten und in allen Standesbeziehungen jedem andern gleich sein wird. Daß aber jene Vorrechte bestanden, haben wir bis auf die letzte Zeit oft mit Schmerzen erlebt. Es war nicht nur das Recht, goldene Sporen zu tragen oder die Nägel an den Fingern länger wachsen zu lassen, was auch die Mandarine dürfen, von denen man vorher sprach: es waren Vorrechte, die in unsere Sitten und Lebensart aufs empfindlichste eingriffen.

Die Fee

Als vor Jahren unfern Breuna, am Steinberge, ein junger Bauer pflügte, erschien demselben zur Mittagszeit eine Jungfrau, welche an ihrem Gürtel ein Gebund Schlüssel trug und ihn aufforderte, mit ihr zu gehen, nur fünf Schritte unter die Erde, da würde sie aufschließen und ihn glücklich machen, sie aber würde dadurch von ihrem Banne befreit werden. Aber der Bauer weigerte sich und vergeblich war ihr Flehen, vergeblich die Versicherung, daß es ihm nicht schaden werde, sogar an seiner Seligkeit nicht, der Bauer blieb unerbittlich. Nachdem sie eine Viertelstunde lang alle Überredungskünste an ihn verschwendet, tat sie plötzlich einen hellen Schrei und war verschwunden.

Aus: Zeitschrift des Vereins für hess. Geschichte und Landeskunde, Bd. 1

Es war emal e Schuster

1. Es war e-mal e Schu-ster, der flick-te flei-ßig Schuh, da
kam e schö-nes Mäd-che un sah dem Schu-ster zu.

1. Es war emal e Schuster,
Der flickte fleißig Schuh',
Da kam e schönes Mädche
Un sah dem Schuster zu.

2. „Ach Mädche, willste heirate,
So heirate mich,
Ich hawwe noch zwei Kreuzer,
Die hänge ich an dich.

3. Un wenn mer emal beisamme sei,
Da kaufe mer uns e Haus,
Da setze mer uns in Schornstein.
Un schaue owwe raus.

4. Da kaufe mer uns e Dibbche,
Un koche uns e Bohnsüppche,
Da kaufe mer uns e Tass'
Und mache uns e Spaß."

Dibbche – Topf

Die Burg und Stadt Grebenstein in Kurhessen

Noch im Bereiche des echten alten Sachsenlandes, aber der fränkischen Grenze doch schon sehr nahe, liegt im Norden von Nieder-Hessen die Landstadt Grebenstein, deren Entfernung von Kassel nördlich etwas über drei Stunden, von Hofgeismar aber südwärts einenviertel Stunde beträgt. Das Flüßchen Esse durchströmt die Stadt und teilt sie in zwei ungleiche Hälften, welche ehemals die Altstadt und die Neustadt hießen, jetzt aber die Oberstadt und Unterstadt genannt werden. Die Oberstadt liegt am nördlichen Ufer der Esse, welche hier eine Krümmung gegen Osten macht, an dem steil aufsteigenden Rande und auf der abgeplatteten Höhe eines Bergrückens; die Unterstadt aber in einem schmalen tiefen Tale, welches jenseits der Esse am Fuße des Burgberges in der Richtung von Südwest nach Nordost sich hinziehet. Der Burgberg, ein isoliert liegender, ziemlich hoher, schön geformter Bergkegel, trägt auf seiner eine anziehende Aussicht gewährenden Höhe neben einigen kümmerlich gedeihenden Pappeln die spärlichen Überreste der alten Burg „Greuenstein", welche vor etwa 500 Jahren dem darunterliegenden Städtchen die Entstehung, den Namen und kräftigen Schutz gegeben hat. Jetzt ist von der alten Burg nur noch der massive Unterstock eines Burggebäudes, welches durch seine interessante Ansicht die ganze Umgegend verschönert, zu sehen. Die Ringmauern der Burg sind ganz verschwunden. Sie scheinen auf der steilen Südseite, welche durch die schroff aufsteigende Bergwand natürlich und durch einige Einschnitte in den Berg künstlich geschützt war, nur von leichter Konstruktion gewesen zu sein und wurden wohl überhaupt im 16. und 17. Jahrhundert (der Todeszeit deutscher Burgen) zu der Aufführung neuer Gebäude in der Stadt Grebenstein, welche damals manche Zerstörung erfuhr, verwendet.

Die Abkunft der Bewohner aus dem Sachsen-Volke ist auch noch jetzt, nach 1000jähriger Unterjochung durch die Franken, deutlich zu erkennen. Die bei der größeren Zahl der hier Ansässigen gesehenen blonden Haare, die blauen Augen, die aus den niederen Ständen noch nicht ganz verdrängte plattdeutsche Mundart, die Kleidung der Bürgerfrauen, die Bauart der älteren Häuser, in welche (ganz nach westfälischer Weise) mittenhinein ein weites Fahrtor auf eine breite und hohe Tenne führt und zu den Seiten nur schmale ungeräumige Wohnzimmer übrigläßt, die weite Luke (die Bodenöffnung) über der Tenne, die Stube ohne Ofen im Oberstocke, „de Büenne" genannt, sind noch jetzt redende und lebende Beweise für die sächsische Abkunft.

Manche denkwürdige Erinnerung knüpft sich an den Namen Grebenstein. Hier stand die ehrwürdige Linde, unter welcher eins der alten Femgerichte gehalten wurde. Hier ist die Brücke, auf welcher die Bewohner aus fünf, zum Teil ausgegangenen, umhergelegenen Dörfern sich zum Gauding versammelten. Hier liegt die Burg, mit welcher 1336

Ottos des zweiten Fürsten zu Hessen Sohn Junker Ludwig von Grebenstein, ein anderer Stammvater unseres Fürstenhauses, abgefunden wurde; die Burg, wo er wohnte, wo die Wiege seines etwa 1340 geborenen
Sohnes, des Landgrafen Hermann des Gelehrten, stand; die Wiege des
Fürsten, der einst auf dem Markte in Marburg den Abgeordneten der
hessischen Städte mit weinenden Augen sagte: „Mit einem Brote kann
ich meine treuen Ritter sättigen"; – die Wiege des Fürsten, dem dann die
unwandelbare Treue der Bürger gegen Ritterstolz und Anmaßung einen
vollendeten Sieg verschaffte und dadurch den Zeiten des Faustrechts
Maß und Ziel setzen half.

Die Kirche in Grebenstein ist ein herrliches Werk altdeutscher Kraft
und Kunst und Frömmigkeit. Sie scheinet mir in der Reinheit des Stils
und der Dauerhaftigkeit des Materials mit den schönsten für die Andacht aufgeführten Gebäuden unseres hessischen Vaterlandes, insoweit
sie jener Zeit des 14. Jahrhunderts angehören, zu wetteifern. Der geräumige Balkon, welcher den schönen Turm in schwindelnder Höhe umgibt, hat durch den Dreißigjährigen Krieg bei einem Bombardement gelitten, die sonstige Zerstörung sich jedoch glücklicherweise auf eine bloße Ausbrennung beschränkt.

Zwischen 1355 und 1389 war diese Kirche vorübergehend der Sitz eines Chorherrenstiftes, welches von Gottsbüren hierher verlegt wurde,
dann nach Hofgeismar zurückkehrte und noch lange den Grebensteiner
Geistlichen den Titel der Chorherren zurückließ.

Von Pfarrer D. Falckenheiner in Hofgeismar
Aus: Zeitschrift des Vereins für hess. Geschichte und Landeskunde, Bd. 1

Femgericht – vom 13. bis 15. Jahrhundert öffentliches Gericht, das nur Freispruch oder
Tod zuließ, später oft zu heimlichen Verhandlungen mißbraucht / Gauding – besser Gau-
Thing: regionale Gerichtsversammlung

Fraaß

Zutaten: 1 kg Weißkraut; 2 Brötchen; ¼ l Milch; 250 g Hackfleisch;
2 Zwiebeln; 50 g Speck; Pfeffer; Salz.

Grob geschnittenes Kraut in Salzwasser kurz aufkochen und abtropfen lassen. Brötchen in Scheiben schneiden und in Milch einweichen.
Zwiebeln und Speck würfeln und mit Hackfleisch und eingeweichten
Brötchen gut vermengen. Mit Salz und Pfeffer abschmecken und alles
mit dem Kraut vermischen. Auflaufform gut ausfetten, die Masse hinein-

geben, mit Butterflocken belegen und bei 200 Grad ca. 100 Minuten backen. Beilagen: Salzkartoffeln

Der Würfelturm in Hofgeismar

Fast in der Mitte des Teiles der Stadtmauer in Hofgeismar, welcher sich von dem Mühlentore bis an den sogenannten Pulverturm hinzieht, stand vor etwa 50 Jahren über einem Mauerbogen, welcher das Wasser dieses sumpfigen Stadtviertels abziehen läßt, ein Turm, auf dessen viereckigem Unterbaue drei kolossale Würfel an den Ecken lagen und der daher der Würfelturm hieß – eine Bezeichnung, die bis auf den heutigen Tag, auch nachdem der Turm abgebrochen worden ist, jener Straßenteil in dem städtischen Kataster noch führt. An seinen Namen knüpft sich folgende Sage.

Süss wáss de Stád Geismer vel grötter osse jetzúnder. Dâ hêt se enmal enen Kriëg ehat mét vellen Hèren, de wollen se ûtbrennen. Se kèmen mêt èrren Lüën, un námmen de gantze Feldmark in, un leehten sèck vörr de Dore, de tô emácht wören, un ümme de Müre, un léten némes ût, noch in. Se hadden auck de Kögge van de Weide elanget, un de Swine hádden se weg ndrèwwen, un olles Véh, dát vörr den Héren geit. Dat gantze Fèld hadden se áfemägget, un stréggeden de Frucht mèd den Gülen. Un èst wören se käwisch. Se sláchteden dat Véh, un wollen nix ángeres èten, osse Flésch un Smált, und Wöste, un Bran, un Zalat derbi. Awar osse olles vertèrd wass, dâ hadden de vellen Lü vörr der Stád nik meir to êtene. Nû wásset in der Stad awer auk nè bètter. Se mossden drinne Hunger lin, un wussden né meir, wován se lewwen solden. Da wass mèncker, de dré Kodeile ehat hadde, un hadde nu ken enziges meir. Den Supen mossden se dünne koken, un Flésch hadden se gár niè meir.

Dâ sied se van beiden parthiggen éns eworen, se wöllen twé Mann, énen ût dem Lager, den ángeren ût der Stad, mèd enánger wörpeln láten, un sëën, we den hoigesten Wurp dèdde. De Würpeler ûtem Lager smeit sèwwenteine. Dâ kriëchde de, denn se ût der Stad eschicked hadden en grauten Schrecken. Hé verfohr sèck, un dachte re, èt wöre olles verloren. Awer smieten mossde hé doch auk, un smeid – achteine. – Un dâ lácheden de Bürger van Geismer de grauten Hénse ût, darümme, dat de Dickedoèrs mossden mager áfgán, un laten de Stad med Frèdden.

Dem Bürger awer, dè sô god wörpeln konnde, had se in der Stad en Téken esát up den Thoren, by dem he ewörpelt hadde. Se had dré graute Sténe utehogget, osse de Würpel sied, un had se elègt up de üngerste Müre vannen Thoren, un darup sit ewèst to sëëne achtein Augen. De allen Lü, de nau lèwwet, had den Thoren, un de Wörpele, de darup wören, nau esëën, un dàvan hèd de Thoren eheiten: de Würpelthoren.

Übersetzung

Sonst war die Stadt Geismar viel größer als jetzt. Da hat sie einmal einen Krieg mit vielen Herren geführt, die sie in Asche legen wollten. Sie kamen mit ihren Leuten, bedeckten die ganze Feldmark, legten sich vor die Tore, die sie verschlossen fanden, und um die Mauer und ließen niemand aus noch ein. Sie hatten auch die Kühe von der Weide geholt, und die Schweine hatten sie weggetrieben und alles Vieh, das mit dem Hirten geht. Die ganze Saat hatten sie abgemäht und streuten die Frucht unter die Pferde. Und zuerst waren sie lecker. Sie schlachteten das Vieh und wollten nichts anderes essen als Fleisch und Schmalz und Würste und Gebratenes mit Salat. Als aber alles verzehrt war, da hatten die vielen Leute vor der Stadt nichts mehr zu essen. Doch in der Stadt war's eben auch nicht besser. Sie mußten darin Hunger leiden und wußten nicht, wovon sie leben sollen. Da war mancher, der drei Stück Kühe gehabt hatte und hatte nun keines mehr. Die saure Milchsuppe (mit kleinen Klößen) mußten sie dünner kochen, und Fleisch entbehrten sie ganz.

Deshalb wurden sie beiderseits einig, sie wollten zwei Männer, einen aus dem Lager, den andern aus der Stadt, miteinander würfeln lassen und erwarten, wer den besten Wurf täte. Der Würfler aus dem Lager warf siebenzehn. Da erschrak der, welchen sie aus der Stadt geschickt hatten, sehr. Er war außer sich vor Furcht und dachte schon, es wäre alles verloren. Aber werfen mußte er doch und warf – achtzehn. Und da lachten die Bürger von Geismar diese Prahler aus, weil die Dicketuer so mager abziehen und die Stadt in Frieden lassen mußten.

Dem Bürger aber, der den besten Wurf getan hatte, hat man in der Stadt ein Denkmal gesetzt auf dem Turme, bei dem er gewürfelt hatte. Man hat drei große Steine so ausgehauen wie Würfel sind und hat sie gelegt unten auf die Mauer des Turmes, und darauf sind achtzehn Augen zu sehen gewesen. Die alten Leute, welche noch leben, haben den Turm und die Würfel, die darauf waren, noch gesehen, und davon hat der Turm der Würfelturm geheißen.

Mitgeteilt von Pfarrer D. Falckenheiner
Aus: Zeitschrift des Vereins für hess. Geschichte und Landeskunde, Bd. 1

Kataster – Grundstücksverzeichnis

Die Trendelburg

Krukenburg, Trendelburg, Sababurg und Bramburg

Auf einem Felsenberge über der Stadt Helmarshausen erheben sich die Trümmer der Krukenburg. Diese Burg wurde vom Erzbischof von Köln nach dem Jahre 1220 angelegt. Es wird aber erzählt, sie sei erbaut worden von einem reichen mächtigen Herrn, dem alles Land rings umher gehörte und der oben auf der Burg wohnte. Dieser Herr hatte drei Töchter, die hießen Trendela, Saba und Bramba. Trendela aber war sehr zänkisch, stolz und gottlos. Deshalb wollten die beiden andern Schwestern, als der Vater gestorben war, nicht mehr mit ihr zusammenleben. Alle drei verließen die väterliche Burg und bauten sich andere Wohnsitze: Trendela die Trendelburg, Saba die Sababurg und Bramba die Bramburg. Die Bramba war blind, fand aber doch zu Pferd den Weg durch die Weser nach der Bramburg auf dem rechten Stromufer. Ehe die drei Schwestern sich trennten, teilten sie und maßen sich ihr Gold in einer Metze zu. Aber der blinden Bramba wendeten die andern beiden das Gemäß immer um, wenn erst der Boden der Metze bedeckt war. Daher ist es gekommen, daß sie ihr Schloß nicht fertigbauen konnte. Bramba lebte auch ferner in Liebe und Eintracht mit ihrer Schwester Saba. Diese

404

Die Sababurg

besaß ein mächtiges Sprachrohr, das ihr der Vater beim Abschied geschenkt hatte. Durch dieses Sprachrohr unterhielt sie sich mit der Schwester. Die böse Trendela aber war den beiden Schwestern feind, und in der Mordkammer bei Wülmersen soll sie Saba getötet haben. Lange nachher zeigte man noch zu Sababurg das große Bett der Saba, ihre Betstube, den Brunnen und den Becher, woraus sie getrunken haben soll. Das Holz an der Bettspanne war fast ganz zerschnitzt. Jeder, der die Burg besuchte, nahm sich von der Bettstelle einen Span zum Zahnstocher mit; denn man glaubte, wenn man mit dem Holze einen kranken Zahn nur berührte, so vergingen sofort die Schmerzen.

Wie Helmarshausen entstanden ist

Der Erzbischof von Köln legte außer der Krukenburg westlich über der Stadt Helmarshausen auch eine Neustadt an. Dieselbe ging jedoch später wieder ein. Aber noch heute heißt der Berg, auf dem sie stand, der Neustädter Berg. Auch erzählen die Leute noch eine Sage von jenem Stadtteil, die lautet also: In uralter Zeit stand auf einem Berge am Diemelflusse ein Städtchen, Alt-Köln oder Alten Köllen genannt. Drunten am Ufer baute sich ein Fischer namens Elmeri eine Hütte, um allda bequem sein Gewerbe betreiben zu können. Der Fischer war ein freundlicher, guter Mann. Die Leute droben im Städtchen kamen zuweilen zu ihm herunter, aßen bei ihm geröstete Fische und tranken köstlichen Met dazu. Da der gute Elmeri nur eine geringe Bezahlung nahm, so stellten sich immer mehr Gäste ein, und die kleine Wirtschaft wurde immer berühmter und Elmeri ein wohlhabender Mann. Das merkten die Leute wohl, und sieben Männer kamen nacheinander, bauten ebenfalls Fischerhütten neben die eine, und es ging ihnen auch gut.

Es brach aber ein schwerer Krieg herein. Haufen der Feinde stürmten durchs Land. Auch die streitbaren Männer von Alt-Köln mußten mit in den Krieg ziehen. Da war niemand mehr da, der die Stadt verteidigen konnte, und die Feinde eroberten und verbrannten sie. Greise, Weiber und Kinder fanden Obdach und Unterhalt bei den mildtätigen Fischern unten am Flusse. Endlich war der Krieg zu Ende, und die Männer kehrten heim als Sieger. Als sie nun die Ihrigen bei Elmeri und den anderen Fischern fanden, da beschlossen sie, hier ebenfalls zu bauen und zu wohnen. Und aus den Trümmern von Alten Köllen schafften sie Steine und Gebälk herab, bauten und nannten den Ort nach seinem Gründer Elmeri Helmarshausen.

Einiges über Weserzölle und Weserhandel im 16. Jahrhundert

Die Klagen über Belästigungen des Handels durch Zölle sind sehr alt und waren ehemals, wo Deutschland noch in unzählige Gebiete geteilt war und jeder, auch der kleinste Landesherr seine Grenze, freilich nicht immer rechtlich, durch Schlagbaum und Zöllner sperrte, beinahe ebenso begründet als in unserer Zeit. Was die Zollansätze damals niedriger waren, wurde durch die große Zahl der Zollstätten ausgeglichen. Wie diese sich an der Weser drängten, mag nachstehendes Verzeichnis vom Jahre 1584 zeigen: 22 Zollstätten lagen innerhalb einer Strecke von nicht mehr als 23 Meilen und waren geteilt unter 10 Herren: 6 gehörten dem Herzog Erich von Braunschweig, 1 Hessen, 1 Paderborn, 1 dem Herzog Julius von Braunschweig, 2 Schaumburg, 1 Lippe, 1 Jülich, 3 Minden, 5 Hoya und 1 Bremen. Von einer Ohm Wein, welche von Kassel bis Bremen ging, mußten an 18 Quart Wein als Zoll ausgezapft werden, also beinahe der neunte Teil. Diese Zölle waren zum Teil die Ursache, daß der rheinische Handel, namentlich der mit Weinen, nach der Weser und Elbe den Landweg beinahe ganz verlassen hatte und sich stattdessen der Wasserstraße, den Rhein abwärts durch Holland und Zeeland, bediente, ungeachtet des großen Umwegs, der größeren Gefahren und der auch hier nicht unbedeutenden Abgaben, die unter dem Namen Lizent, Konvoigeld etc. erhoben wurden. Die Steigerung dieser Abgaben und die Gefahren, welchen damals der Rheinhandel durch die Revolutionskämpfe der Niederlande unterworfen war, brachten den Stadtrat von Bremen auf den Gedanken, den Versuch zu machen, ob man vielleicht den rheinischen Handel auf den näheren Landweg durch Hessen und so zur Weser lenken könne. Da die Rheinweine vorzüglich um Worms, Oppenheim, Mainz und im Rheingau aufgekauft wurden, so war der Weg über Frankfurt nach Kassel, wo die Fulda schon die Wasserstraße bot, nicht allein ansehnlich kürzer, sondern auch mit weit weniger Gefahren verbunden. Dem allgemeinen Gebrauche dieses Weges stand nun aber die große Zahl der Zölle entgegen und namentlich der arge Mißbrauch, der bei Zapfung des Zollweins waltete. Der Stadtrat wendete sich deshalb an den Erzbischof von Bremen, Herzog Heinrich von Sachsen, der zugleich die Bistümer Osnabrück und Paderborn innehatte, und bat ihn, die Naturalabgabe des Weines in eine mäßige Geldabgabe zu verwandeln und auch die übrigen Zollbesitzer zu einem solchen Schritte zu bewegen. Zur Begründung dieser Bitte führte der Stadtrat unter anderem an, daß der gezapfte Wein selten dem Zollherrn zur Rechnung komme, und die Zapfung des Weines nur die Veranlassung zur Weinfälschung gebe. Er führte ferner aus, um die Notwendigkeit einer Erleichterung des Weserhandels darzutun, daß der bisherige Stapelplatz des englischen Tuches Antwerpen gewesen, von wo dasselbe aus der Schelde den Rhein herauf und weiter zu Land nach Nürnberg, Augsburg, Venedig usw. geschafft worden; da jener nun aber nach Middelburg auf der Insel Walcheren in der Provinz Zeeland und nach Emden in Ostfriesland von den Engländern verlegt worden, sei wenigstens hinsichtlich des letztern der Weg über Bremen die Weser hinauf durch Hessen und Thüringen (auf der Fulda und Werra) viel näher, namentlich nach Arnstadt (im Schwarzburg-Sondershausischen), wo eine Färberei angelegt worden, die für den Kaufmann wegen des Waidkaufs sehr billig sei. Aber auch dieser Tuchhandel würde durch die Weserzölle, vorzüglich durch deren willkürliche Steigerung, sehr gedrückt.

Bereitwillig ging der Erzbischof auf die Sache ein und knüpfte alsbald mit den übrigen Uferbesitzern Unterhandlungen an, die aber, wie der Erfolg zeigt, nicht zu dem gewünschten Ziele führten; an der großen

Zahl der Berechtigten mag der so viel Gutes versprechende Plan gescheitert sein.

Später vermehrten sich sogar noch die Zollstätten. Noch sind eine große Anzahl der Erheberegister vorhanden. Um einen Überblick der Waren, welche in der Mitte des 16. Jahrhunderts auf der Weser verschifft wurden, und ein Verhältnis des Zolles zu geben, lasse ich hier den Zolltarif des Grafen Otto von Schaumburg-Holstein vom Jahre 1556 folgen:

„Von einem Fuder Korns . . . . 8 Kortlinger.
 »   einem Fuder Biers . . . . 2 Groschen.
 »   einem Schiff Kalkes . . . . 14 Kortlinger.
 »   einem Mullenstein 2   »
 »   einem Schiff Steinen 14   »
Von einer Thunnen Buttern . . . . 2 Kortlinger.
 »   allem Tunnenguit 1   »
 »   einer Floth (Floß) Hultzes 2   »
 »   einem Balken im Floth Hultzes 1   »
 »   Stender und Sporen (Sparren) . . . . . 1 Witte.
Vom achten Theil Sepen (Talg) 1   »
 »   Stroe Buckingh 1   »
Von einer Pipin Oließ . . . . 4 Kortlinger.
 »   einem banndt Vissches 2   »
 »   einem Schipff Hultzes 8   »
 »   einem Block Dellen (Dielen) 2   »
 »   einem Däcker (Zahl von 10 Häuten) Leders . . 1   »
 »   einem Drogen lasse (Troge Lachse) . . . . 1 Witte.
 »   einer Kipe Rekelinges 1   »
 »   einer Ahem (Ohm) Weins . . . . 1½ Groschen.
 »   jedem Stücke Droge Guits . . . . 1 Witte.
 »   einem Korff Rossins adir Figen 1   »
 »   einer Wage Eissens . . . . 1 Kortlinger.
 »   einem Sacke mit Flasse (Flasch) adir was darin-
     nen ist 1   »
 »   einem beslaten Kunthor (beschlossenen Komp-
     toir) adir einem Dische 1   »
 »   einem Kussen adir Banckpöel (Bankpfühl) . . 1   »
 »   einem Stück Wittlinges . . . . 1 Witte.
 »   einem Bedde, von einer Kisten, von einem
     Schappe (Schranke), von eim jeden . . . . . 8 Kortlinger.
 »   einem thaußendt Tunnen Hultzes 8   »
 »   einem thaußendt schott (Scheid) Hultzes . . . 4   »

» ein thaußendt Velling (Fellen) 4   »
» eim Fäeß Eimbechssches Biers 4   »
Vom Punt Schwares von allirlei 1   »
» Duech Wandes gefarbet (gefärbtes Tuch) . . . 1 Witte.
» Fäeß Wäeden (Waid) . . . . 2 Kortlinger."
Zur Erläuterung der genannten Geldsorten bemerke ich, daß 3 Witte
– 1 Kortlinger, 3 Kortlinger – 1 Mariengroschen, 1 Mariengroschen –
12 Pfennige sind und 36 Mariengroschen einen Taler machen. Die vor-
stehende Zollrolle blieb das ganze 16. Jahrhundert hindurch und wurde
1636 mit denselben Ansätzen, nur daß der Zoll in Mariengroschen und
Pfennigen angegeben ist, erneuert. Der einzige Zusatz, welcher stattgefunden, sind Steinkohlen, von denen das Schiff mit 4 Mariengroschen
8 Pfennigen verzollt werden sollte.

Aus: Zeitschrift des Vereins für hess. Geschichte und Landeskunde, Bd. 1

Ohm; Quart – alte Hohlmaße / Waid – Färberpflanze, blauer Farbstoff

Karlshafen

Ein wohlgebildeter Wagenmeister unterließ nicht, mir sooft ich die
Weserfahrt unter seinem Schutz gemacht habe – wahrscheinlich auch je-
dem anderen, der es hören will –, bemerklich zu machen, wie die älteste
Stadt und die neueste in Kurhessen absonderlich nahe beisammen lägen.
„Eine halbe Stunde, und wir sind in Karlshafen", sagte er, wenn er in
Helmarshausen seinen Beutel ausgeschüttet hatte. Eine halbstündige
Fahrt, und du siehst wirklich, eingeleitet von niedlichen Gartenhäuschen
an den Flanken der Berge, am Weserufer die neuen, regelmäßigen Häu-
ser von Karlshafen dir entgegenwinken. Hast du nicht den Weg über
Münden eingeschlagen, sondern von Kassel aus über Grebenstein, Hof-
geismar, Trendelburg und Helmarshausen, wie die Post geht, so erblickst du hier auch die Weser zum ersten Mal. Hinter Karlshafen tritt
sie aus dem Waldesdunkel und der Beschränkung hervor, in die reiche
Ebene gen Höxter mit silberner Eile hinabrennend; und zum letzten Mal
enger umfassen sie die Arme der Berge, sich dicht um das Bett des
Stroms verschränkend, fast senkrecht und unmittelbar hinter den Häusern Karlshafens aufsteigend – liebende Eltern, die – vergeblich – bei der
Flucht aus dem traulichen Vaterhaus eine scheidende Tochter zurück-
halten möchten!

In Karlshafen tritt uns denn wirklich, im Gegensatz zu Helmarshausen, eine neue oder neueste Zeit entgegen, wenn auch nicht eben entschieden zum Vorteil der letzteren. Da, wo die Diemel in die Weser mündet, in engem, von steilen Kalkfelsen gleichsam ummauertem Kesseltal, liegt diese Schöpfung Landgraf Karls, ob an der Stelle eines ehemaligen Dörfleins Siburg, wie behauptet wird, das denselben Namen dem Tal und den angrenzenden Bergforsten gegeben habe, ist ungewiß.

Derselbe Landgraf Karl, der für die Verschönerung seiner Residenzstadt Kassel soviel tat, der das riesenhafte Bild des Herakles auf die phantastischste aller hessischen Bauten, auf das Oktogon, stellte; derselbe, dessen Bildsäule, von Eggers in meisterhafter Skizze gehauen, den schattigen Karlsplatz der Kasseler Neustadt schmückt; derselbe legte zu Ende des siebenzehnten Jahrhunderts den Grundstein zu der nach seinem Namen getauften Stadt an der Diemelmündung. Sein Zweck bei diesem Neubau war, dem sich auftauenden Handel seines Landes an der Weser einen Hafen- und Stapelplatz zu sichern und mittels eines Kanals zwischen Weser und Fulda Münden und dessen für die hessischen Untertanen unbequemes Stapelrecht zu umgehen. Es fehlte dem unternehmungslustigen Fürsten nicht an Kräften zur Ausführung dieses Plans; die materiellen bot ihm seine durch englische und italienische Subsidiengelder gefüllte Kasse, die geistigen ein Capitain seines Geniekorps, in dem man, als er das sumpfige Siburger Tal unter seiner Leitung

410

austrocknen und die ersten Mauern zum Kanal legen ließ, den künftigen „Prinz Eugen" der Moskowiter, Anna Iwanownas besten General, nicht ahnte. Es war jener selbe Münnich, der später aus sächsischen Diensten bis zum Generalfeldmarschall der kolossalen russischen Armee sich emporschwang.

Zu gleicher Zeit gewann Landgraf Karl durch eine Einladung an die aus Frankreich teils vertriebenen, teils flüchtenden Hugenotten Kolonisten für seine neue Stadt. Andere Landsleute waren ihnen vorausgegangen und hatten in Kassel Schutz und Heimat gefunden; auf ihren Betrieb wanderte im Jahre 1700 eine ganze Kolonie, angeführt von drei Männern, deren Namen uns die Geschichte bewahrt hat – Portail, Jouvençal und Borel –, in Siburg ein, und noch im selben Jahr begann, ganz nach dem Muster der gleichzeitig angelegten Neustadt in Kassel, der eigentliche Bau Karlshafens. Absplitternde Haufen des Hauptstamms und Nachzügler gründeten zu gleicher Zeit und später in der Umgegend zahlreiche Kolonien, wovon eine, Karlsdorf, noch älter als Karlshafen selbst ist, wie denn überhaupt zu jener Zeit bis unter die Regierung Landgraf Friedrichs hin ganz Oberhessen, Hanau und vornehmlich Kassel selbst von französischen Kolonisten schier überschwemmt wurden. Es scheint eine eigene Bestimmung die hessische Geschichte neuerer und neuester Zeit noch mehr wie die der übrigen deutschen Lande mit französischen Elementen durchwebt zu haben, und wenn man die Menge französischer Namen in Kassel, Hanau und anderen minder großen Städten des Hessenlandes zusammenträgt; wenn man bedenkt, wie Landgraf Karl und noch entschiedener Landgraf Friedrich ihren Hof und die höchsten Stellen mit Franzosen zu besetzen liebten; wenn man endlich den Einfluß der episodischen sieben Jahre Jérômes und Westfalens mit in Anschlag bringt, so legt es wahrlich ein ehrenwertes Zeugnis für den Charakter des hessischen Volkes ab, daß dieses trotz so mannigfacher Berührungspunkte mit dem französischen – vielleicht aus direktem Mangel an Wahlverwandtschaft – so wenig von jenem angenommen hat. Der Grund mag an den spröden und festen Stoffen des hessischen Wesens liegen, das fremde Einwirkungen nicht so leicht auf sich abfärben und haften läßt wie z. B. der Charakter rheinisch-deutscher Stämme. Nun gewährt es aber ein seltsames Bild, wenn man auf einmal mitten in einem hessischen Dorf eine alte französische Inschrift findet, beispielsweise in Schöneberg, einem unbedeutenden, schmutzigen Nest zwischen Hofgeismar und Karlshafen, über dem Wirtshaus:

Dieu garde cette maison du sort de la précédente,
Plus de mal il avient, plus de Dieu l'on se souvient.[1]

Und einen noch seltsameren Eindruck macht es, wenn man aus dem Mund eines kleinen, zerlumpten, schmutzigen Bauernbuben in einer Sprache angeredet wird, welche mitten unter dem eben nicht anmutigen Gewäsch des deutschen Diemelflusses einige Lappen aus dem Patois der Dauphiné zur Schau stellt. Förmlich französischen Gottesdienst findet man natürlich auf diesen Dörfern nicht mehr, wohl aber in Kassel, in Hanau und – bis vor einigen Jahren wenigstens noch – auch in Karlshafen.

Binnen einem halben Menschenalter konnte die Kolonie in Siburg als vollendet angesehen werden und den neuen Namen nach ihrem Stifter annehmen. Einem so glücklichen Beginn entsprach aber der Fortgang des Unternehmens durchaus nicht, hauptsächlich weil der Kanalbau an örtlichen Hindernissen scheiterte und die Stadt demnach nicht zu der verheißenden Wichtigkeit für Handel und Schiffahrt gelangte. Vergeblich gaben sich die hessischen Landgrafen entschiedene und ausdrückliche Mühe, durch Anlage von allerlei öffentlichen Baulichkeiten, Begünstigungen von Fabriken usw., Erteilung von Privilegien an Karlshafener Kaufleute, den kurzen und vielversprechenden Frühling der neuen Stadt wieder heraufzubeschwören. Dieselbe hat es nie über eine gewisse Mittelmäßigkeit bringen können und trägt auch im Äußeren deren trauriges Gepräge. Den breiten Straßen, Plätzen, Kais und Werften entspricht die Ruhe und Verlassenheit derselben gar schlecht; zwischen den Platten wächst lustig Gras, von den regelmäßigen, zierlich angelegten Häusern fällt die helle Bekleidung ab, die Weserböcke schieben sich träge und teilnahmslos bis mitten in die stille Stadt, und um das Bild eines früh erstarrten Lebens zu vervollständigen, schleicht alle Augenblicke ein Insasse des ehrwürdigen Invalidenhauses, in Frieden seine Pfeife schmauchend, in den leeren Gassen hin.

[1] Gott möge dies Haus vor dem Schicksal seines Vorgängers bewahren; je mehr Unglück kommt, desto mehr denkt man an Gott.

„Karl Simrock"

Oktogon – Achteck / Subsidiengelder – Hilfsgelder / episodisch – eingeschaltet, vorübergehend

Kindergebet

Das bekannte Kindergebet wurde zur Zeit der Gefangenschaft Philipps des Großmütigen wie folgt parodiert:

> Des Abends, wenn ich zu Bette gehe,
> Sechzehn Hispanier um mich stehen,
> Zwei zu Häupten,
> Zwei zu Füßen,
> Zwei zur Rechten,
> Zwei zur Linken,
> Zwei die mich decken,
> Zwei die mich wecken,
> Zwei die mich weisen
> Nach dem span'schen Paradeisen
> Allda will ich mich hinkehren,
> Gut Spanisch will ich lehren
> Und will nit wiederkommen,
> Denn es bringt Deutschland keinen Frommen.

Die guten Hollen

Die Wichtelmännchen, diese allerorten verbreiteten Wesen des unsichtbaren Reiches der Geister, finden sich auch zwischen Wolfhagen und Volkmarsen, aber unter anderem Namen, denn sie heißen hier die guten Hollen. Wie weit sich dieser Name erstreckt, ob er sich noch weiter gegen Niedersachsen findet, was wahrscheinlich ist, vermag ich nicht zu bestimmen. Ich gebe hier wieder, was ich von Einwohnern aus Niederelsungen erfahren habe.

Die guten Hollen sind kleine Leute mit dicken Köpfen. Sie wohnen hoch an den Berggipfeln in Höhlen, welche durch unterirdische Gänge mit den Tälern verbunden sind. Durch diese Gänge steigen sie in die Dörfer und holen aus den Häusern ihre Bedürfnisse. Was sie nicht brauchen, das geben sie denen, welchen sie wohlwollen. Sie sind im allgemeinen gutmütig, aber rachsüchtig, sobald sie beleidigt werden. Als einst ein Bauer seine Früchte einfuhr und sah, wie einer dieser Kleinen zu helfen bemüht war, aber nur Ähre um Ähre zur Scheune trug und dennoch unter der Last keuchte, verspottete er ihn und wies auf seine Knechte hin, die ihre Schultern mit ganzen Garben beluden; da sagte der Kleine: „Das hättest du denken, aber nicht sagen sollen." Und er stahl ihm nun Ähre um Ähre aus der Scheune und machte den Mann arm.

Vor der Taufe suchen sie die Kinder der Menschen zu stehlen und von den ihrigen an deren Stelle zu legen. Einst hatte ein solcher Tausch stattgefunden; das Kind hatte einen dicken Kopf, lernte nicht sprechen und spielte am liebsten in der Asche. Nur wenn die Eltern abwesend waren, kamen die guten Hollen und spielten mit dem Kinde, das dann auch sprach. Aber die Eltern, denen das Kind verhaßt war, quälten dasselbe so lange, bis die guten Hollen es holten und das gestohlene wieder brachten. Um solche Wechsel zu verhüten, ist in jener Gegend, namentlich in Niederelsungen, der Gebrauch, bis zur Taufe des Kindes stets ein brennendes Licht zu unterhalten.

Die guten Hollen kennen alle Kräuter und ihre Kräfte, namentlich die Springwurzel, vermittelst der man alle Schlösser zu öffnen vermag.

Der Gebrauch, ein brennendes Licht bis zur Taufe des Kindes zu unterhalten, findet sich hin und wieder auch in Oberhessen und in der Grafschaft Ziegenhain und wird dort als Schutzmittel gegen die Wichtelmännchen betrachtet. Man sieht, daß beide Namen nur ein und dasselbe bezeichnen.

Aus: Zeitschrift des Vereins für hess. Geschichte und Landeskunde, Bd. 2

Eine Beobachtung

Er hatte außer Leib und Seele eine fast zolldicke Maske von Speck über sich gezogen, die die Bewegung seiner Gesichts-Muskeln so verhüllte, als der Körper bei andern Leuten die Gedanken. Er konnte unter dieser Hülle lachen und Gesichter schneiden, ohne daß die Umstehenden das mindeste davon merkten.

Georg Christoph Lichtenberg

Ein untreuer Hirt

In Volkmarsen lebte früher ein Hirt namens Kurt Katte. Nach ihm ist eine Klippe der Höllenkammer im oberen Scheidfelde benannt. Kurt Katte trieb hier die Herden soweit an den jähen Abgrund, daß oftmals ein Stück Vieh abstürzte. Das tat er aber mit Willen, denn nach seinem Rechte gehörte das verendete Tier ihm. Aber unrecht Gut gedeihet nicht. Als die Volkmarser die Untreue ihres Hirten erkannten, führten sie diesen auf ein Grundstück nördlich der Stadt, die alte Lehmenkaule, und verbrannten ihn auf einem Scheiterhaufen.

Mengeringhausen

Meringhausen ist auch ein lustig Städtlein samt einem kleinen Schloß darbei sich neulicher Zeit auch ein Kupferbergwerk herfürgetan. Nahe bei dieser Stadt siehet man auf einer Höhe das gräfliche und schön erbauete Haus Arolsen vor einem Walde und dann besser fortan das Haus Wetterburg / und darauf die Stadt Volkmarsen.

Aus: Hessische Chronika, 1617

Die Fürstenresidenz Arolsen

Der Name Arolsen hatte schon eine Geschichte, lange bevor es eine Stadt dieses Namens gab. Im Jahre 1131 war das Augustinerinnenkloster Aroldessen gegründet worden, das seit 1493 mit Antonitern besetzt war. Bei der Reformation des Landes in den Jahren 1526–1529 war es aufgehoben worden und in den Besitz der Grafen von Waldeck übergegangen, die seitdem hier residierten. Noch zu Beginn des 18. Jahrhunderts lagen um das restaurierte und zum Herrensitz umgewandelte Klostergebäude nur diejenigen Nebengebäude, welche zur Wirtschaft des gräflichen Haushaltes und der Jagd- und Forstökonomie unentbehrlich waren, dazu einige Gärten und Bleichplätze und ein paar Wohnstätten für Hof- und Marstallsbediente.

Mit dem Regierungsantritt des Fürsten Friedrich Anton Ulrich begann eine neue Zeit für die stille Residenz. Der prachtliebende Herr ließ die alten Gebäude abtragen und mit Benutzung ihrer Fundamente ein neues Residenzschloß aufrichten. Derselbe Fürst erbaute außer dem Arolser auch das Schloß zu Pyrmont im Jahre 1706, Schloß Friedrichstein in den Jahren 1707–1714, das Jagdschlößchen die Jägersburg 1718 und begann 1707 einen Schloßbau zu Korbach.

Das Residenzschloß zu Arolsen ist in den Jahren 1710–1728 vom Baumeister Horst aus Hannover nach des Fürsten eigenen Plänen und –

gleich zahlreichen anderen Schlössern der Zeit – nach dem Vorbilde französischer Schloßbauten des Barock aufgeführt worden und bildet – von einigen Wirtschaftsgebäuden des ehemaligen Klosters abgesehen – den ältesten Bestandteil der heutigen Residenz. Um das Schloß lagern sich die herrschaftlichen Neben- und Wirtschaftsgebäude, von denen ein Verzeichnis (aus späterer Zeit) folgende anführt: die Wachthäuser, das Regierungshaus, den alten und neuen Marstall und das Reithaus, die Schlosserei, das Fruchthaus oder alte Kloster, ein Gärtnerhaus, das alte und neue Orangeriehaus, Backhaus, Wagenschuppen, Holzmagazin, Kalkhaus, Hühnerhaus, Wagnerhaus, die Hofschreinerei, das alte Branntweinhaus, das Brauhaus, die Stallung und noch andere kleinere Gebäude.

Um dieses Hoflager eine Stadt zu erbauen, war der nächste Wunsch des Fürsten. Die Stadt sollte sich an die Südseite des Schlosses, das als Mittel- und Ausgangspunkt der ganzen Anlage gedacht war, in harmonischer Weise angliedern, eine Hauptstraße sollte vom Schlosse aus südwärts, eine Kreuzstraße in west-östlicher Richtung rechtwinklig zu ihr ziehen. Zur Ausführung dieses fürstlichen Planes ist es nicht gekommen. Ein freier Platz vor dem Schlosse, den Marstall und Reitbahn begrenzen, bildet den Ausgangspunkt der Hauptstraße der heutigen Stadt, die sich vom Schlosse aus westwärts hinzieht, entlang der Landstraße, welche über das Dorf Massenhausen nach Brilon geht. Eine zweite Straße kreuzt die erste in der Richtung von Süden nach Norden und verbindet die fürstliche Brauerei mit der 1,5 km langen, sechsreihigen Eichenallee, welche am Ende des 17. Jahrhunderts der erste „Fürst" von Waldeck, Georg Friedrich († 1692), angelegt hatte, um von dem zu Ehren seiner Gemahlin Charlotte erbauten Lustschlößchen Charlottenburg bis zum Residenzschlosse einen bequemen und angenehmen Weg zu schaffen.

Die anfangs erwähnten Privilegien vom Jahre 1719 versprachen, daß einem jeden neuen Anbauer ein zulänglicher Platz zur Wohnung und, dem Befinden nach, zu Hof, Stallung und Garten angewiesen und zum Eigentum umsonst eingeräumt, daß ferner die zur Erbauung steinerner Häuser benötigten Baumaterialien, wie Bausteine, Kalk und Bauholz, ohne Entgelt angewiesen, endlich ihm auch nach Befinden mit nötigen Äckern um eine billige jährliche Heuer an Hand gegangen und ein Weidegang überlassen werden solle. Hiermit wurde den Privilegierten alles versprochen, was zur eigenen Wirtschaft notwendig war. Um aber die Art des Versprechens zu begreifen, ist es nötig, die Land- und Platzverhältnisse zu beachten.

Alles Land rings um die Schloßgebäude gehörte zu den beiden fürstlichen Meiereien Arolsen und Hünighausen. Da mithin jedes Stück Land, welches zukünftig einem neuen Anbauer nach den Artikeln des Privilegiums als Bauplatz und Garten überlassen wurde, aus diesen beiden Domänen genommen werden mußte, so erhellt, daß es der künftigen Stadt und ihren Bürgern von vornherein unmöglich gemacht war, eine bedeutendere landwirtschaftliche Tätigkeit zu entfalten und deren Erzeugnisse auf dem Markte zu verwerten. Es sei denn, daß es der Bürgerschaft gelang, die gesamten Ländereien durch Kauf oder Pacht in ihre Hände zu bringen. Gerade diese Notwendigkeit ist aber den führenden Köpfen nicht klar zum Bewußtsein gekommen. Teils Mangel an schöpferischer Initiative und Zähigkeit bei der Bürgerschaft, bedingt durch das Gefühl völliger Abhängigkeit von fürstlichen Gnaden und schuldiger Dankbarkeit für immer neue Wohltaten und Geschenke, teils die Abneigung auf fürstlicher Seite, alten Landbesitz zu veräußern, die knappen Einkünfte ferner zu verringern und den gutbegründeten Einfluß auf Stadt und Einwohner einzubüßen, waren die unüberwindlichen Hindernisse. Die oft erneuten Gesuche alter und neuer Anbauer um Verkauf von Meiereiländern wurden abschlägig beschieden oder doch nur unter Bedingungen genehmigt, die unannehmbar waren. Der Versuch, das gesamte Land zu pachten, machte vor den gleichen Schwierigkeiten halt, und der alte Kampf zwischen städtischem Selbständigkeitsstreben und landesherrlicher Obmacht kam hier kaum zum deutlichen Ausbruch, weil bei der Unfähigkeit der Stadt, sich wesentlich zu vergrößern, die Kraft der Parteien zu ungleich war. Ein wirtschaftliches Bedürfnis, um die Mauern des neuen Schlosses eine Stadt wachsen zu lassen, hat niemals vorgelegen. Zehn Minuten entfernt liegt noch jetzt das große Dorf Helsen, das lange Zeit mehr Einwohner besaß als die junge Residenz, kaum eine dreiviertel Stunde nach der entgegengesetzten Seite das Ackerstädtchen Mengeringhausen, dessen Ländereien bis an die Grenzen des fürstlichen Domänenbesitzes reichen, und in kurzer Zeit gelangt man heute wie damals in eine Anzahl nahe gelegener Städte und Dörfer, die seit alten Zeiten die ganze Umgegend mit allem Bedarf an landwirtschaftlichen Erzeugnissen versehen. Wie hätte da die neue Stadt – selbst im Besitze der Domänenländer – mehr als ein stilles Dasein fristen können!

Den Anbauern war gestattet, sich den Platz zu wählen, der fürstliche Baumeister baute dann Haus und Stallung nach einem vorgeschriebenen Plane in einheitlichem Stile. In bezug auf Raumverhältnisse wie Kosten des Baues wurde die möglichste Rücksicht auf die Wünsche des Erbauers genommen. Holz, Kalk und Steine aus den nahen Sandsteinbrüchen wurden dem Kolonisten geschenkt, jedoch auf seine Kosten angefahren. Grund und Boden mitsamt den neuen Gebäuden ging sodann in seinen Besitz über, während die Kosten des Baues in bestimmter Zeit ratenweise getilgt werden konnten. Diejenigen, welche Hofbediente waren oder in irgendwelchen geschäftlichen Beziehungen zum Hofe standen und meist eine größere oder geringere Schuldforderung an den Fürsten besaßen, konnten die Baukosten ganz oder teilweise von ihrem Guthaben abstreichen lassen.

Von Dr. U. Gabert
Aus: Geschichtsblätter für Waldeck und Pyrmont

Heuer – Entgelt / Meierei – Pachthof / Domäne – Staatsgut

Praunheimer Staudensellerie-Kuchen

Zutaten: 1 Staudensellerie; 175 g durchwachsener Bauchspeck; 3 Zwiebeln; 20 g Butter; 1 EL Speisestärke; 4 Eier; ¼ l Sauerrahm; 250 g Hartkäse; Pfeffer; Salz; Muskat; fertiger Blätterteig für eine runde Springform.

Sellerie säubern und in Salzwasser ca. 30 Minuten köcheln lassen, herausnehmen. Butter in einer Pfanne erhitzen und gewürfelte Zwiebeln andünsten, Speck in Streifen schneiden, kurz mitbraten. Speisestärke, Sauerrahm und Eier verquirlen. Käse reiben, mit der Zwiebel-Speck-Mischung vermengen und abschmecken. Runde Springform gleichmäßig mit Blätterteig auslegen, Sellerie in Streifen schneiden und sternförmig in der Springform auslegen. Käse, Zwiebeln und Speck darübergeben, gleichmäßig verteilen und mit der Sauerrahmsoße übergießen. Backofen auf 200 Grad vorheizen und ca. eine Stunde backen.

Wilhelm von Humboldt in Arolsen
Auswahl seiner Tagebuchnotizen

19. September 1788. Die Reise führt von Göttingen über Kassel und Hasungen. Der Weg ist angenehm. Schöne Buchenwälder wechseln mit herrlichen Aussichten, vorzüglich nicht weit von Arolsen, wo der Weg auf einem steilen Berge fortgeht und man unten Wiesen, mit Hecken und Gebüsch eingefaßt sieht, Felder und eine Mühle, die sehr reizend zwischen ein paar großen Bäumen liegt ...

Ich reiste mit D. Chrichton.

Wir waren sehr lustig. Wir sprachen über Frauenzimmer und verteidigten beide da gemeinschaftlich den Satz, daß die Weiber im ganzen weit tugendhafter sind als die Männer.

Cuhn holte uns ab und führte uns herum. Er war sehr höflich und weniger windig und hofmännisch als in Pyrmont. So viel vermag auf die Menschen und besonders auf die seines Charakters der Zirkel, in dem sie leben. Vom Edikt dagte er: „Eine gewisse Norm muß das Volk haben. Das ist bei ihm ein mächtiges Ressort. Bestimmte Lehrsätze, wären sie auch die unsinnigsten, sind immer ein Band mehr in der Gesellschaft." Doch sagte er das gewiß nur so unbesonnen hin. Denn hernach erklärte er, er habe das Edikt gar nicht gelesen, und sprach vernünftiger davon ...

Frau von Dalwigk, eine Frau von 53 Jahren, Cuhns beste Freundin, bei deren Kindern jener Hofmeister war, liegt auf den Tod. Er (Cuhn) bedauerte diesen Verlust sehr heftig. Doch sprach er mir für wahre Empfindung zu viel und in zu gewählten Ausdrücken von seinem Schmerz.

Cuhn führte uns in ein Haus, das der Fürst (Friedrich) in der Stadt besitzt. Er hat es – sonderbar genug! – zu dem Behuf einrichten lassen, solche Leute darin zu bewirten, die er nach der Etikette nicht an seinen Hof bitten lassen zu können glaubt. Die Einrichtung darin ist nicht prächtig – z. B. nur papierene Tapeten, aber überaus geschmackvoll und doch kostbarer, als man beim ersten Anblick denkt. Denn auch die Dekorationen an den Wänden etc. sind sehr niedlich und von geschickteren und teureren Künstlern gemacht. Vorzüglich sind noch da einige wenige Gemälde, unter anderen von Tischbein, Georg Melchior Kraus etc., gute Kupferstiche, eine vortreffliche Zeichnung von Joh. Aug. Rahl, ganz kleine, aber feingearbeitete marmorne Statuen, Uhren und ein paar Bureaus mit eingelegter Arbeit auf holländische Art, die zusammen 400 Taler kosten. Ein recht gut geratnes Relief an einem Kamine ist von Valentin, einem jungen waldeckischen Künstler, den der Fürst lernen und reisen ließ.

Der fürstliche Stall. Der Fürst unterhält 24 Reitpferde, Türken, Engländer, Polakken etc., 16 Kutschpferde, alles bloß für seine Person. Der Stall selbst ist sehr schön und reinlich. Die Krippen von waldeckischem Marmor, die Raufen wie halbdurchschnittene, an der Mauer befestigte Vasen.

Von da gingen wir zur Wohnung der verwitweten Fürstin (Christiane), die eine sehr aufgeklärte Frau sein und sich sehr viel mit ernsthaften Studien, besonders mit Naturgeschichte beschäftigen soll. Wir besahen ihr Naturalienkabinett. Es ist fast ganz mineralogisch. Nur einige

Schlangen in Spiritus und andre Kleinigkeiten. Vorzüglich sind überaus reiche Silber- und Goldstufen, welche letzten die Fürstin größtenteils durch ihren Mann, den vorigen Fürsten (Karl August), der gegen die Türken in Ungarn im Krieg war, erhalten hat; eine Sammlung aller sibirischen Marmorarten, ein Geschenk der Kaiserin von Rußland; ein opalisierender oder sogenannter Regenbogenachat, weil man durch ihn wie durch den Opal alle Farben des Regenbogens sieht, den aber Cuhn nicht finden konnte. Schade ist es, daß das Kabinett noch großenteils nicht geordnet ist. – Der Palast oder besser das Haus der verwitweten Fürstin, liegt ganz in ihrem Garten, sehr angenehm.

Wilhelm von Humboldt

Cuhn führte in die Bibliothek des Fürsten. Sie ist dicht neben seiner Schlafkammer. Cuhn ist Bibliothekar und hat sehr sorgfältige Kataloge darüber gemacht. Die Bibliothek selbst ist erst vom Fürsten angekauft und besteht aus etwa 10 000 Bänden. Es ist eine gewisse Summe zur jährlichen Vergrößerung festgesetzt, die aber immer überschritten wird. In diesem Jahr wurden allein für 78 Karolin englische Literatur und für 1000 Livres französische Bücher angekauft. Das historische Fach vermehrte sich seit kurzem um 1500 Bände. Die Bibliothek besteht aus mehreren Fächern: das Enzyklopädische, das Archäologische, hierin z. B. das museo pioclementino (von Visconti), die Herkulanischen Altertümer; das belletristische, lauter Dichter aller Gattung und Nationen; das geographische, völlig vollständig, alle neueren und älteren merkwürdigen Reisebeschreibungen, vorzüglich die Voyage pittoresque de la France; das historische, diplomatische etc.

Der Fürst braucht die Bibliothek selbst sehr viel. Er arbeitet auch selbst Werke aus. So wird jetzt in Paris von ihm eine Beschreibung der Feldzüge 1745–47 in den Niederlanden gedruckt. Auch eine Geschichte des Siebenjährigen Krieges ist schon fertig, und er hält sie nur zurück, weil einige noch lebende Personen darin vorkommen. Jetzt sammelt Cuhn für ihn Materialien zur Geschichte des waldeckischen Prinzen Georg Friedrich Ludwig.

Die Bibliothek hat noch keinen guten Platz, ist auch noch nicht ganz aufgestellt. Der Fürst hat schon ein eigenes Gebäude dafür aufführen lassen wollen. Denn man ist verlegen, wo man sie hinbringen soll, da sie sich einesteils jährlich so ansehnlich vermehrt, und da anderteils bald die Bibliothek der verwitweten Fürstin und die des Prinzen Christian August dazustoßen werden. Die der verwitweten Fürstin besteht aus etwa 6000 Bänden und ist vorzüglich wichtig in Absicht auf Kirchenhistorie, Philosophie und Naturgeschichte. Prinz Christian hält sich sehr oft in Neapel auf, und seine Bibliothek ist fast ganz archäologisch.

Im Schloß sind zwei ungeheuer große Säle, die aber gar nicht zum Gebrauch eingerichtet sind. Der eine, sagte Cuhn, würde 7-8000 Taler kosten, wenn er nur erträglich eingerichtet werden sollte. Dennoch will dies der Fürst tun. Der Schloßhof war ehemals sehr schön gepflastert. Der Fürst sah in England, daß das vor den Landhäusern bowling-greens sind. Als er zurückkam, ließ er das Pflaster wegreißen und legte ein bowling-green an. Daher ist jetzt, so oft es nur ein bißchen regnet, der schrecklichste Kot.

Zuletzt gingen wir in einen Klub, in dem der Fürst auch ist. Er war aber gerade nicht da, wie überhaupt nur sehr wenig Leute. Man redete vom Edikt. Hofmarschall von Dalwigk sprach sehr vernünftig darüber.

D. Chrichton – später Leibarzt Alexanders I. von Rußland / Cuhn – damals Hofbibliothekar in Arolsen / Bureau – Schreibtisch / Raufen – Futterkrippen / museo pioclementino – Katalog der vatikanischen Kunstschätze unter den Päpsten Clemens XIII., Clemens XIV. und Pius VI. / Voyage pittoresque de la France – Eine malerische Reise durch Frankreich / bowling green – gepflegter Spielrasen

Wolfhagen

Die Kreisstadt Wolfhagen liegt in der Mitte der nordsüdlichen Ausdehnung des Kreises an der Kassel-Volksmarsener Bahn und der Korbacher Straße auf dem sanften Nordabhange eines Hügels, der nach Süden und Westen ziemlich steil abfällt und von einigen Quellbächen der Erpe umflossen wird. Als Kreishauptstadt ist Wolfhagen der Sitz der Kreisbehörden und ferner eines Amtsgericht, einer Renterei und Försterei. Unter den Gebäuden der Stadt verdienen erwähnt zu werden die Stadtkirche, deren Turm 1302 Agnes von Bürgel aus ihren Mitteln erbauen ließ, weiter das alte Rathaus und das neue Hospital. Die Stadt hat eine außerordentlich große Feldmark, infolgedessen denn auch Landwirtschaft die Hauptnahrungsquelle der Bewohner bildet. Die industrielle Tätigkeit der Stadt besteht in etwas Müllerei, Holzschneiderei, Schreinerei, Fleischerei und Ziegelei; die weitere gewerbliche Tätigkeit ist gering und beschränkt sich auf die Befriedigung der örtlichen Bedürfnisse. Mit einer eigenen Ware, dem Wolfhager Zwieback, beziehen die Bäcker die Märkte. Manchem Bewohner Wolfhagens bieten auch die der Stadt gehörigen Sandsteinbrüche Beschäftigung und Erwerb. Verkehr und Handel werden gefördert durch zwei Kram- und drei Schweinemärkte.

Zu Wolfhagen gehören die Kolonien Philippinenburg östlich von Wolfhagen, Philippinental, etwas nördlich von diesem, und Philippinendorf nordwestlich der Stadt, ferner, die Kalkhofsmühle, die Langelmühle, die große und kleine Teichmühle, die Oleimühle, Rasenmühle und der Schützebergerhof.

Wolfhagen entstand um das Jahr 1226, durch die Landgrafen von Thüringen, welche auf der höchsten Stelle der Stadt, nämlich auf dem Vorsprung eines von einem Quellbach der Erpe umflossenen Hügels, jetzt der „Hagenberg" genannt, eine Burg erbauten und zur Besiedelung der neuen Stadt die Bewohner der zahlreichen umliegenden Ortschaften heranzogen, gab es doch damals hier in einem Umkreise von einer Stunde an sechzehn Dörfer, von welchen die Felder von Gran, Gasterfeld, Freckenhausen, Langela, Fredegassen, Todenhausen, Ehlsen, Schützeberg u. a. jetzt zur städtischen Feldmark gehören. Die meisten dieser Ortschaften sind dann nach und nach eingegangen. Schon bald nach seiner Gründung wurde Wolfhagen zu einem Lehen des Erzbischofs von Mainz gemacht. Anfänglich war die Stadt nur mit Wall und Graben umgeben, wurde aber 1305 durch eine Mauer geschützt. Im Jahre 1268 erfocht Landgraf Heinrich I. hier einen Sieg über die in Hessen eingefallenen Westfalen. Die im Jahre 1303 begonnene Kirche wurde 1420 im Bau vollendet. Durch verheerende Brände in den Jahren 1376 und 1482 ver-

Das Wappen der Stadt Wolfhagen

lor die Stadt die Hälfte ihrer Gebäude. Schweres Leiden brachte der Stadt der Dreißigjährige Krieg. Die außerhalb der Stadtmauer gelegene verfallene Burg ließ Landgraf Moritz von neuem errichten; doch der Krieg unterbrach nicht nur die Arbeit, sondern zerstörte auch das bis dahin Geschaffene. Im Jahre 1632 wurden von der Stadt 185 Häuser eingeäschert, 1636 brannten 73 und 1637 wiederum 40 Häuser ab, so daß am Ende des Krieges die Stadt nur einem Trümmerhaufen glich. Unter Landgraf Friedrich II. wurden in der Gemarkung der Stadt die bereits genannten Kolonien aus je zehn Häusern errichtet, wodurch einige der eingegangenen Ortschaften wieder ersetzt wurden.

Aus: Hessische Landes- und Volkskunde, Band 1, 2

Jugendjahre in Korbach

Christian Karl Josias Freiherr von Bunsen wurde am 25. August 1791 zu Korbach im Fürstentum Waldeck geboren als das Kind bereits betagter Eltern, welche sich im Jahre 1790 zum Zwecke der Genossenschaft und gegenseitigen Pflege in ihrem Alter verheirateten und vermutlich einen solchen Segen bei ihrer Verbindung wenig vorausgesehen hatten. Sein Vater, Henrich Christian Bunsen, gehörte zu einem Regiment in holländischen Diensten stehender Waldecker. Er war zum Eintritt in diesen Dienst durch die Zusage und Aussicht späterer Versorgung nach Ablauf seiner Militärzeit vermocht worden, d. h. eines solchen Postens in seiner Heimat, der ihm Gelegenheit zur Arbeit gewähre; es war nicht das Brot des Müßiggangs, welches er erbat oder verlangte. Aber nach neunundzwanzigjähriger Dienstzeit in einem Lande, wo er, obgleich er sich Freunde erworben und in persönlichem Ansehen stand, doch ein Fremder war, trieb ihn das Heimweh nach Korbach zurück, um ihn die Gräber des größten Teiles seiner Familie finden zu lassen, und seine Subsistenzmittel waren beschränkt auf den kargen Gewinn aus einigen Morgen Landes und ein kleines Ruhestandsgehalt aus Holland, wozu nur das kam, was sein eigener Fleiß durch Abschreiben gerichtlicher Dokumente hinzuzufügen vermochte.

Er war durch Korrektheit der Sprache ausgezeichnet und besaß eine originelle Konzision im Ausdrucke, die seine Aussprüche durch Sohn und Tochter häufig anführen ließ, so hatten sie ihrem Gedächtnisse sich eingeprägt. Ein Abschiedswort, als sein Sohn nach Marburg abreiste, war: „Wo du dich auch einrichtest, da kleide dich nach deinem Vermögen, speise unter deinem Vermögen, wohne über deinem Vermögen." Und eine andere seiner väterlichen Vorschriften hieß: „Junge, was du auch im Leben anfangen mögest, ducke dich nie vor den Junkern."

Die Familie, der Bunsen angehörte, scheint jahrhundertelang in Korbach gewohnt zu haben, und die drei Kornähren in ihrem Wappen deuten den ackerbautreibenden Stand an. Bunsen selbst bezeigte sich immer stolz darauf, jenem „Kerne der Nation", dem „gebildeten und besitzenden Bürgerstande", anzugehören. Sein Großvater, ein 1708 in Korbach geborener Advokat, war der erste, von dem eine bestimmtere Nachricht erhalten ist, da die Familienchronik mit allen Aufzeichnungen, die sie enthielt, in einer Feuersbrunst untergegangen war, welche während des Rückzugs der Franzosen im Siebenjährigen Kriege stattfand. Kein Glied desjenigen Zweiges der Familie, welchem der Gegenstand dieser Denkwürdigkeiten entstammte, wurde außerhalb des engen Kreises des Fürstentums bekannt. Ein anderer in Arolsen wohnender Zweig dagegen verbreitete sich über mehrere Teile Deutschlands, und aus seinen Verzweigungen sind verschiedene Personen, die mit Recht in Ehren gehalten werden, entsprungen, so in Berlin, Göttingen, Hannover, Frankfurt, Marburg, Kassel; von einem derselben stammt auch der berühmte Heidelberger Professor der Chemie, Robert Bunsen.

Henrich Christian nun verband sich, nachdem er 1789 nach Korbach zurückgekehrt war, 1790 in zweiter Ehe mit Johannette Eleonore Brokken, die, damals 41 Jahre alt, 15 Jahre in dem Bergheimer Schlosse gelebt hatte, wegen ihrer verständigen und treuen Pflege der Kinder der Gräfin Christine Wilhelmine von Waldeck (geborene Gräfin von Isenburg-Büdingen) geschätzt.

Über die Hochzeitsfeier und die dabei seitens der gräflichen Familie seiner Frau erwiesene Gunst hat der Gatte einen längeren Bericht niedergeschrieben, der zu charakteristisch für ihn wie für seine Zeit ist, um nicht eine wörtliche Anführung zu verdienen:

Anno 1790, Freitag den 19. November bin ich mit des Herrn Knopfmacher und Schulmeister Brocken jüngsten Jungfrau Tochter Johannette Eleonore Brocken verheiratet und sind zu Bergheim in der dasigen Kirche um zwei Uhr des Nachmittags vom Herrn Pfarrer Mallmann kopuliert worden. Wir gingen aus dem gräflichen Schloß als Brautleute zur Kopulation in die Kirche und wurden von unsern nächsten Verwandten nebst allen so zum Hofe gehörenden Personen in die Kirche begleitet, und nach geschehener Kopulation gingen wir mit unsern Begleiters wieder ins Schloß, wo denn die gnädigste Frau Gräfin unsere Hochzeit aufs prächtigste abtaten, und wurde auf dem großen Speisesaal die ganze Nacht von der jungen Herrschaft und Hochzeitsgästen bis des Morgens drei Uhr getanzt, wobei die gnädigste Frau Gräfin auch zugegenblieben. Die ersteren Tage nach der Hochzeit logierten wir bei meinem Bruder, Herrn Haushofmeister Bunsen, wovon uns alle nur mögliche Freundschaft und was uns nur vergnügen konnte erwiesen worden. Da aber meinem Bruder eine Unpäßlichkeit zustieß, und ich meinen lieben Bruder nicht länger beunruhigen wollte, nahm uns nebst unserer jüngeren Tochter Helene die gnädigste Frau Gräfin in das sogenannte blaue Zimmer auf, worin wir noch acht Tage vergnügt zubrachten. Den 30. November ließen uns die gnädigste Frau Gräfin durch ihr Geschirr mit unseren Sachen nach Korbach fahren. – Meine Frau hatte bis ins sechzehnte Jahr in diesem hochgräflichen Hause von Waldeck bei der jungen Herrschaft als Kinderjungfer gedient und unter ihrer Aufsicht sechs junge Grafen und eine Komtesse bis sie alle fünf Jahre alt erzogen. Es hatte daher also, in Rücksicht ihrer treu geleisteten Dienste, die Erlauchteste verwitwete Frau Gräfin von Waldeck die hohe Gnade vor sie, ihr die Hochzeit zu halten, sie gleichsam als ein Kind mit Bette, Zinnen, Linnen und andern zum Hauswesen erforderlichen Sachen auszusteuern; und ihr als ein noch mehrern Beweis ihrer treuen Dienste und Sorgfalt, so sie für die junge Herrschaft getragen, ihr jährliches Lohn, so aus 19 Gulden ediktmäßiges Geld bestehet, durch ein Dekret, so die gnädige Frau Gräfin Selbst ge- und unterschrieben, auf Lebenslang versichert.

Aus: Christian Karl Josias Freiherr von Bunsen. Aus seinen Briefen und nach eigener Erinnerung geschildert von seiner Witwe

Subsistenzmittel – Mittel zum Lebensunterhalt / Konzision – Kürze / kopulieren, Kopulation – vermählen, Vermählung / logieren – wohnen / Komtesse – unverheiratete Gräfin / ediktmäßig – amtlich festgelegt / Dekret – Verordnung / intuitiv – eingegeben

Das Fürstentum Waldeck

Das jetzige Fürstentum Waldeck hat seinen Namen von dem auf einem hohen Berge an der Eder gelegenen Schlosse Waldeck, welches schon in den ältesten Zeiten dem Regenten des Landes zugehörte und längere Zeit von demselben bewohnt worden ist. Urkundlich begegnet man dem Landesnamen erst im Jahre 1327, wo „die Herrschaft Waldecke" genannt wird. Dieser Ausdruck kommt im 14. und 15. Jahrhundert dann öfter vor; so 1380 die Herrschaft von waldeckin, 1385 die Herschaft zcue Waldecke, auch 1483 und 1493. Im 15. Jahrhundert begegnen wir jedoch auch mehrmals dem Ausdrucke: „in vnßim Lande vnd Herrschaft" 1434, oder: „Inne vnser Lantschaft Waldeck," 1492, 1493, 1494. Einer Grafschaft Waldeck wird nach unsern Nachrichten zum ersten Male in der ersten Hälfte des 14. Jahrhunderts Erwähnung getan ... Im 15. Jahrhundert kommt diese Bezeichnung dann öfter vor: „Nakomen der grauescop zu waldecken" 1464, die „Graueschop von Waldeck" 1493, die „Graffschafft Waldeckh" 1495. Diese Benennung bleibt im 16. Jahrhundert, im 17. Jahrhundert und selbst noch im 18. Jahrhundert. Sie ist beibehalten worden, wenngleich die Regenten des Landes bereits am Ende des 17. und namentlich noch im Anfange des 18. Jahrhunderts zu Fürsten erhoben worden waren. Es hat diese Erscheinung darin ihren Grund, weil die Abgaben an das Reich und den Kreis bedeutend würden erhöht worden sein, wenn das Land zu einem Fürstentume erhoben worden wäre. Fürstentum finden wir Waldeck zum ersten Male 1799 genannt und von dieser Zeit an beständig. Vorher ist jedoch schon mitunter von „fürstlich wald. Landen" die Rede.

L. Curtze

Naumburg

Naumburg liegt auf dem östlichen Abfalle der aus dem Waldeckischen herübertretenden und die linke Talwand der Elbe bildenden Berge, welche sich bis zu 500 Fuß über das Flüßchen erheben. Auf einem abschüssigen Vorsprunge des Berges angebaut, erhebt sich das Städtchen noch immer ein ziemliches Stück über die Talsohle, während die Elbe sich dicht an den Hügel drängt und diesen dergestalt in einem halben Bogen umschlingt, daß sie auf dieser Seite den Wallgraben ersetzen konnte. Auf dem zunächst über dem Städtchen aufsteigenden Hügel, dem Burgberge, lag ehemals die Burg, von der aber jetzt nichts mehr übrig ist als nur noch ein wüster Schutthaufen.

Der alte Name ist Nuwenburg, also die neue Burg, was natürlich auf eine ältere Burg hinweist, und als diese ältere Burg möchte wohl die auf dem Weidelberge zu betrachten sein. Die Herren von Neuenburg, die ältesten bekannten Besitzer von Naumburg, waren sicher auch die Begründer, und da dieselben schon 1170 unter diesem Namen genannt werden, liegt darin ein Zeugnis, daß auch die Burg schon damals vorhanden war. Erst weit später wurde auch die Stadt begründet; dieses war wenigstens 1272 schon geschehen, wo wir auch ihren Pfarrer und ihren Schullehrer finden. Durch die Anlage der Stadt gingen auch hier einige Dörfer ein, namentlich Immenhausen und Herberge. Diese Dörfer waren Teile des Gerichts, welches zur Burg gehörte. Auch die noch heute vorhandenen Dörfer Ippinghausen, Altenstädt und Altendorf umfaßte dieses Gericht, welches eine Pfarrei bildete, deren Mutterkirche die Kirche zu Ippinghausen war. Volkwin von Neuenburg schenkte das Patronatrecht über die Kirche zu Ippinghausen und die derselben untergeordneten drei Kapellen weit weg – an das Bistum Riga.

Naumburg wurde zuerst an Hessen und dann dem Erzstifte Mainz verkauft. Im Jahre 1345 verpfändete dasselbe einen Teil von Burg und Stadt an die Grafen von Waldeck, während der andere Teil 1384 an die von Hertingshausen gelangte, welche nicht lange nachher auch den waldeckischen Anteil als Afterpfandschaft erwarben. Seitdem waren die von Hertinghausen die alleinigen Herren.

Ihre unzähligen Fehden zogen endlich die Rache von Mainz als auch von Hessen auf sich. Nicht nur der Weidelberg, sondern auch die Naumburg wurden 1443 und später 1448 nochmals erobert. Aber während der Weidelberg für sie verlorenging, ließ sie doch der Erzbischof im Besitze der Naumburg.

Bereits im Jahre 1513 hatten die Grafen von Waldeck den von Hertingshausen die von ihnen auf Naumburg habende Pfandschaft gekündigt, aber es gingen an dreißig Jahre vorüber, ehe die Ablösung zur Ausführung kam; der darüber erwachsende Streit wollte kein Ende nehmen. Erst 1544 übergaben die von Hertingshausen Naumburg an die Grafen von Waldeck. Die letztern behielten Naumburg seitdem noch 44 Jahre bis 1588, wo Mainz endlich sein altes Besitztum durch Erlegung des Pfandgeldes wieder in seinen unmittelbaren Besitz brachte.

Die Burg bestand damals aus mehreren zusammenhängenden Gebäuden mit einem nach außen angebrachten Treppenturme, während der runde Hauptturm sich in dem hintern Teil der Burg erhob. In den Burghof trat man durch ein kleines mit vier Ecktürmchen versehenes Torgebäude. Auch eine Kapelle war in der Burg.

Da sowohl die von Hertingshausen als die Grafen von Waldeck sich der Kirchenreformation angeschlossen hatten, so waren auch die Einwohner der Stadt Naumburg und der dazugehörigen Dörfer sämtlich protestantisch geworden. Dieses änderte sich aber, sobald Mainz wieder im unmittelbaren Besitze sich befand. Doch nur in der Stadt gelang es, die Einwohner wieder zum Katholizismus zurückzuführen, die Dörfer dagegen blieben, allerdings nur infolge des hessischen Patronatrechts, nach wie vor protestantisch.

Im Jahre 1802 ging Naumburg nach der Aufhebung des Erzstifts Mainz an Kurhessen über.

Die vorzüglichste beinahe ausschließliche Nahrungsquelle der Stadt ist die Landwirtschaft. Die ganze Stadtmarkung umfaßt an 12 000 Morgen. Von diesen gehören 4125 Morgen dem Pfluge, 1065 Morgen sind Gärten und Wiesen, 6570 Morgen aber sind mit Wald bedeckt, welcher sich besonders nach der waldeckischen Grenze hin ausbreitet und meist mit dem Staate gemeinschaftlich ist. Die drei Märkte, welche alljährlich gehalten werden, sind nicht von Bedeutung. Das vor dem Immenhäuser Tore liegende Hospital wurde 1387 von denen von der Malsburg gegründet.

Von den Gebäuden in der Stadt ist keines als bemerkenswert hervorzuheben, da das Feuer alles Ältere zerstört hat. In dem obersten Teil der Stadt liegt die Pfarrkirche, wenig über 50 Fuß über der Talsohle; obwohl der Turm die Jahreszahl 1512 trägt, ist das Schiff doch viel jünger.

Naumburg

An die Kirche schließt sich als das oberste Gebäude der Stadt der Rent-
hof, von dem man unmittelbar zu der etwa 125 Fuß höher aufsteigenden
Burgstätte gelangt.

Aus: Das Kurfürstentum Hessen

Patronatrecht – Rechte des Schutzherrn / Afterpfandschaft – Unterpfandschaft

429

Die Wildunger Hexenprozesse

Die ersten Nachrichten über gerichtliche Verfolgung des Hexenwesens in Wildungen stammen aus den Jahren 1532, 1557, 1589, 1594, doch fehlen Protokolle über den Verlauf der Gerichtsverhandlungen. Nur Anklageindizien und Endurteile sind angegeben. Immerhin verdient ein Fall aus dem Jahre 1589 besondere Erwähnung, weil er ein Schlaglicht auf die religiös-doktrinären Spannungen jener Zeit wirft. Eine Hexe, welche bei der Tortur gestanden, bat D. Philipp Nicolai, den bekannten Kirchenliederdichter, der damals Pfarrer in Alt-Wildungen war, um den Genuß des hl. Abendmahls. Nach Aufforderung des gräflichen Kanzleirats Dr. Johann Backbier gewährte es ihr Pfarrer Philipp Nicolai. Wieder zurückgeführt in das Gefängnis, leugnete sie und wurde zu erneuter Tortur verurteilt. Nun beschwerte sich Nicolai, daß die Hexe vor dem Endurteil zum heiligen Mahle zugelassen sei, und klagte in einem Schreiben vom 3. Dezember 1589 Backbier heftig an, dem er schon vorher calvinistische Neigungen vorgeworfen hatte. Es entspann sich dann in den kirchlichen Kreisen ein langer Streit über die Zulässigkeit und den Gebrauch des heiligen Abendmahls, der tiefe Erregung verursachte und erst im Jahre 1592 durch Eingreifen des Grafen Franz beigelegt wurde.

Aus dem folgenden Zeitraum von 1594 bis 1629 fehlen irgendwelche aktenmäßige Nachweise über Hexenprozesse bis auf einen einzigen Fall aus dem Jahre 1624, der eine Margarete Seitzen betrifft.

Nun beginnt mit dem Jahre 1629 eine ununterbrochene Folge von 29 Prozessen bis Februar 1632. Dann tritt, abgesehen von einem Fall im Jahre 1639 (Lorenz Heller betr.), wieder eine längere Pause ein bis zum Jahre 1650, wo das „Peinliche Gericht" in steigendem Maße gegen das verrottete Hexenwesen angeht und bis 1664 zusammen 38 Fälle erledigt. Hierbei ist der letzte Hexenprozeß im Jahre 1678 gegen Anna Elisabeth Müller nicht mitgezählt, da er vor dem Peinlichen Gericht in Alt-Wildungen verhandelt wurde. Auch sind gegen sieben Fälle nicht berücksichtigt, in denen nur aus den vorhandenen Einzelprozessen eine namentliche Anklage wegen Zauberei ersichtlich ist. Ohne diese wären also aktenmäßig 74 Hexenprozesse festgestellt, welche von dem Wildunger Gericht behandelt wurden.

Das Wildunger Stadtgericht setzte sich zusammen aus 1. dem vom Grafen zu Waldeck als „Peinlichem Richter" eingesetzten Stadtschultheiß, 2. dem Fiskal als öffentlichen Ankläger, 3. zehn, später sechs bis sieben Schöffen, die aus dem Stadtrat gewählt wurden und deren Obmann der zeitige Bürgermeister war, 4. dem Stadtschreiber als Aktuar.

Das Prozeßverfahren mit seinen weitläufigen Formalien war durch die „Peinliche Hals- und Gerichtsordnung Kaiser Karl V." genau vorgeschrieben und kommt in allen vorliegenden Gerichtsverhandlungen zum Ausdruck.

Der Richter führte ein dreifingerdickes, im Archiv vorgefundenes Geheimbuch, in welchem die der Zauberei verdächtigten Personen, die Denunzianten und die Indizien eingetragen wurden. Genügte ihm die so erhaltene Unterlage zur Einleitung einer Anklage, so wurde die Angeklagte in Gewahrsam genommen und einem gütlichen Verhör unterzogen (Interrogatio praeliminaria). Dies bezog sich auf Erforschung der Lehrmeisterin, Teilnahme an den Teufelstänzen, Zaubermittel, Schädigungen an Menschen und Vieh, insbesondere die Frage nach den Namen der Genossen. Mochte nun die unglückliche Zauberin leugnen oder aus Angst die unsinnigen Fragen teilweise bejahen, so wurde sie dennoch „zur Erkundung der Wahrheit" ins Peinliche Verhör (Interrogatio specialis) genommen, in dem der Fiskal dem Gericht die einzelnen Anklagepunkte übergab und die Angeklagte zur Wahl eines Beistandes und Verteidigers aufforderte. Dann trat das Peinliche Gericht, von der Glokke eingeläutet, zusammen zu geheimer Sitzung und eröffnete das Zeugenverhör. Hieran schloß sich das Resümee des Fiskals und die Verteidigung, welche freilich in den meisten Fällen formaler Natur blieb. Nun wurde zur Sicherung des weiteren Rechtsverfahrens das Gutachten einer Juristenfakultät, seit 1654 der Landeskanzlei in Korbach, eingeholt, welche sich fast stets für „Erkundung mittels Tortur" entschied. Der Geistliche eröffnete dieselbe mit einem Gebet und suchte dann die Hexe zum Bekenntnis und zur Reue zu stimmen. Die Beteuerung ihrer Unschuld änderte nichts an der einmal beschlossenen Tortur. Sie wurde auf dem Bohlwerk des Wildunger Rathauses, wo sich die Marterwerkzeuge befanden, vom Scharfrichter durchgeführt. Vorher wurde der Zauberin Haupthaar und Kleidung abgenommen. Über den Vorgang selbst wurde ein genaues Protokoll geführt. Blieb die Angeklagte hartnäckig, so fand an folgenden Tagen erneute Tortur statt. Das Endurteil wurde vor Vollstreckung dem Grafen zu Waldeck übersandt, welcher das Strafmaß bestätigte oder milderte.

Als Gerichtsort wird die Linde vor dem Wegaer Tore, auch das Rathaus bei schlechtem Wetter, 1629 auch der Marktplatz genannt. Die Richtstätte war früher am Rotenberge, nach 1600 am Wegaer Tore, seit 1630 am neuen, noch jetzt so bezeichneten „Gericht" oberhalb des Langenrodes. Nach einer Kostenrechnung zum Hexenprozeß der Engel Sommer 1630 scheint die Schuljugend mit den Lehrern an der Hinrichtung teilgenommen zu haben, wahrscheinlich auch die Geistlichkeit. Denn die Schulmeister erhielten 14 Albus, der Kirchendiener 4 Albus 4 Pfennige. Die bei der Exekution anwesenden Bürger kosteten an Wein 1 Taler 2 Albus 4 Pfennige.

Aus: Geschichtsblätter für Waldeck und Pyrmont

Fiskal – Beamter, der zugleich die Abgaben zu verwalten hatte und öffentlicher Ankläger war / Aktuar – Schriftführer / Bohlwerk – üblicherweise mit Bohlen befestigte Aufschüttung

Ich habe den Frühling gesehen

1. Ich ha=be den Frühling ge=se=hen und ha=be die Blu=men be=grüßt, die Nach=ti=gall im Stil=len be=lau=schet und ein himm=li=sches Mädchen ge=küßt.

Ich habe den Frühling gesehen
Und habe die Blumen begrüßt,
Die Nachtigall im stillen belauschet
Und ein himmlisches Mädchen geküßt.

Der liebliche Lenz ist verschwunden,
Und die Rosen sind alle verblüht,
In das Grab ist mein Liebchen gesunken
Und verklungen der Nachtigall Lied.

Ach himmlischer Vater da droben,
Nun ist mir mein Liebchen geraubt.
Es gibt ja der Mädchen so viele,
Aber kein's, das für mich ist gebaut.

Dort liegt sie mit Erde bedecket,
Und die Rosen blühen auf ihrem Grab.
Ach, könnt' ich sie wieder erwecken,
Die einstens Rosen mir gab.

Was ist doch der Mensch hier auf Erden?
Gleicht den Blumen wohl auf dem Feld.
Es kommt ein kalter Winter gezogen
Und nimmt uns aus der Welt.

Aus Frankenberg

Die Totenhöhe

Bei Frankenberg liegt eine Hochebene, die Totenhöhe genannt. In grauer Vorzeit wurde hier eine Schlacht geschlagen, und an dem jedesmaligen Jahrestage erheben sich in der Nacht die Gebliebenen und wiederholen von neuem das blutige Spiel. Als einst in einer Winternacht Holzhauer über die Höhe gehen wollten, sahen sie die Geisterschlacht; ganze Scharen von Bewaffneten zu Roß und zu Fuß kämpften in wildem Streite, daß dumpf der Boden davon dröhnte. Da ergriff sie Schrecken und Angst, und ihre Äxte wegwerfend eilten sie zu ihrer heimischen Hütte zurück. Als sie aber des Morgens wiederkamen, ihre Äxte zu suchen, sahen sie nichts als ihre eigenen Fußtritte im Schnee.

Aus: Zeitschrift des Vereins für hess. Geschichte und Landeskunde, Bd. 1

Einen guten Persiko auf französische Manier zu machen

Eine Maß guten rheinischen Branntwein, tue darinnen ein Viertelpfund Pfirsigkern oder auch bittre Mandeln, welchen zuvor die Haut in warmem Wasser abgezogen und in einem Mörser in etwas geknirscht werden müssen, lasse den Branntwein ein Tag oder acht über den Kernen an der Sonnen oder des Winters bei dem Ofen stehen, nachgehends lasse ihn, um die Kerne davon abzusondern, durch einen Filtriersack laufen; wann solches geschehen, so tue einen halben Schoppen sauber laulicht Brunnenwasser und etwa sechs Lot Zucker darein, filtriere es nochmalen durch trocken Papier und tue es sodann in kleine Bouteilles.

Aus dem Kochbuch von Goethes Großmutter, 1724

Frankenberg

Die Häuser der Stadt waren von geschnittenem Holz gemacht und vorn gebrettert mit schönen Vorgesperren, die waren köstlich geschnitzt und mit großen Spangen beschlagen. Die Stuben lagen nach hinten hinaus, darum hatten die Häuser großen Raum und weite Eren; diese Eren waren mit schönen viereckten Steinen gepflastert. Auch hatten alle

Häuser nach vorn Fenster zu beiden Seiten und hatten auch meistenteils zwei Tore, geradeso wie zu Frankfurt die Häuser Fenster und Tore haben. Es waren auch viele Häuser, die hatten zwei Keller, so daß die Bürger einen Keller verliehen an die Kaufleute, die darin ihren Wein und andere Nahrung aufbewahrten. Von diesen Kellern waren viele mit großen Steinen gepflastert und hatten in der Mitte einen großen steinernen Sarg: wenn einem Faß der Boden ausfuhr, daß der Wein dennoch behalten wurde. Außen vor den Kellern standen große Steine oder Pfosten, um die man die Seile schlug, wenn man den Wein herunterließ. Viele der Häuser waren dreimal übersetzt und inwendig mit guten Kammern und Lauben durchbaut, mit schöner Malerei. Man fand auch in den eigentlichen Gassen keine Abseiten und andere unerfreuliche Bauten; das hätte man niemandem zugelassen. So war die Stadt Frankenberg so wohl und schön gebaut, wie keine Stadt in Hessen war zu der Zeit, und stand in hoher Würdigkeit.

Auch waren viele Kauflager da. Denn was an Warenzügen vom Rhein nach Westfalen ging, hatte in Frankenberg seine Niederlage, an Wein, Gewand, Gewürz oder was es sonst war; denn in Westfalen war es unsicher. Ebenso durften die Kaufleute aus Westfalen nicht durch die Wetterau wandern, darum legten sie auch ihre Waren in Frankenberg nieder: Stockfisch, Hering, Butter, Käse, Honig und Leder. So war großer Handel in der Stadt, und besonders auf die vier Jahrmärkte, nämlich zum Ablaßtag, zu Michaelis, zum Martins- und zum Peterstag. Auch war jeden Sonnabend großer Wochenmarkt, denn es waren um die Stadt viel Dörfer und Höfe, innerhalb einer guten Meile mehr als 80, die alle nach Frankenberg pflegten zu Markt zu kommen. Und es geschah gar oft, wenn die vordersten Wagen auf dem Markt ihre Früchte, ihr Holz, ihre Kohlen und andere Waren verkauft hatten, daß sie nicht wiederum durch die Gassen kommen konnten vor den vielen anderen Wagen, Karren und Zügen. Darum fuhren die ledigen Wagen zur Teichpforte hinaus. Auch an allen Tagen, an denen man pflegte Fleisch zu essen, waren die Fleischschirn mit gutem Fleisch wohl bestellt. Nun war es vormals gar oft geschehen, daß die Junker, Priester, reiche Leute und andere Müßiggänger, deren es viele gab zu Frankenberg, die Zeit abwarteten und das beste fette Fleisch kauften, so daß dem gemeinen Mann das schnödeste blieb. Deshalb machte die Stadt eine Marktordnung: Wenn die Metzger in die Schirn gingen nach Satzung ihrer Zunft, so mußte der Zunftknecht eine Glocke läuten, damit niemand zu spät käme; daher ward diese Glocke die Fleischglocke genannt. Diese Fleischbänke standen zwiefältig neben dem Rathaus. Im Rathaus hatten die Bäcker ihre Brotbänke, die waren gar ordentlich gehalten. Am Ab-

laßtag standen die Kräme vom Kirchhof den Markt hinab bis an den
großen Born, ebenso die Mittelgasse hinab vom Kirchhof bis zum
Aschenborn. In der Untergasse war wollen Tuch, gut Gewand und Wolle feil. In der Hintergasse war der Färberwaid feil; denn zu der Zeit zog
man auch zu Frankenberg Waid. Am Hepenberg hatte man Töpferwerk
feil; in der Steingasse Leinentuch und was dazugehört wie Flachs, Garn
und Webzeug; in der Schmiedegasse Kessel und Harnische; in der
Staubgasse Butter, Käse und Milchwerk; in der Delebrücken Schuhe
und Leder; auf der Heide Pferde und ander Vieh. Und es war ein so

köstlicher Jahrmarkt, wie seinesgleichen im Land zu Hessen nicht mehr war. Aber solche Herrlichkeit und großer Handel nahm danach von Jahr zu Jahr ab und kam nach Marburg, nachdem dieses eine Stadt geworden war und der Landgraf um seiner Ahnfrau, der heiligen Elisabeth, willen dort seinen Hof hielt, und auch das Obergericht dorthin gekommen war. Daher wurden auch später die Steinwege an einigen Stellen auf dem Markt und in der Mittelgasse ausgebrochen und wurden dafür Miststätten angelegt.

Aus der Stadtchronik Wigand Gerstenbergs

Eren – Hausflur / Fleischschirn – Fleischläden / Born – Brunnen / Waid – Färberpflanze

Handkäs mit Musik

Zutaten für 1 Portion: ca. 120 g Handkäse; 1 Zwiebel, 2 EL Essig; 1 EL Wasser; 1 EL Öl; frisch gemahlener Pfeffer.

Der Handkäs, auch Mainzer Käse genannt, muß gut ausgereift sein. Zwiebel in Ringe schneiden und mit Essig, Wasser und Öl eine Marinade herstellen. Käse auf Teller legen und Marinade darübergeben. Obendrauf eine Prise Pfeffer. Wird mit Bauernbrot, Butter und Äbbelwoi gereicht.

Johann von Ziegenhains Stärke

Graf Johann von Ziegenhain, der Große genannt, der Anno 1453 zu Hain in Hessen in der Klosterkirche begraben worden, ist von solcher Leibesstärke gewesen, daß, da er einstmals zu Frankenberg spazierengegangen und ein Fuder Wein ihm im Wege gestanden, er allein den Wagen samt dem Weine beiseits gehoben und sich zum Gehen Raum gemacht hat. Wie ihn nun seine Frau Mutter darum gescholten, die eine Gräfin von Eberstein gewesen, als mißbrauche er seine Stärke, da ging er hin, hub das Fuder wieder an seinen Ort, da es zuvor gestanden hatte, und tat also allein, was sonst vier oder sechs nicht konnten ausrichten.

Aus: G. Th. Dithmar, Deutsches Historienbuch

Anno – im Jahre

Die Gründung und Verfassung
der christlichen Kirche in Hessen

Am Rheine und an dem untern Maine war das Christentum schon lange heimisch, auch der Niederlahngau war um die Mitte des vierten Jahrhunderts durch den heiligen Lubentius dafür gewonnen, und sogar in Thüringen und Ostfranken war dasselbe bereits durch den heiligen Kilian verbreitet worden, als man in Hessen fortwährend noch die alten Götter verehrte. Aber schon die Nähe jener christlichen Gemeinden läßt schließen, daß der neue Glaube auch in Hessen nicht mehr unbekannt war. Es war ein Gemisch von christlichen und heidnischen Gebräuchen entstanden. Da erschien 722 Winfried zu Amöneburg und gewann das Volk des Oberlahngaus für die Taufe. Nachdem er das vollbracht, trat er auch in Hessen auf und predigte und taufte hier wie auch in dem anstoßenden Sachsen. Dieser an Hessen stoßende und schon damals für das Christentum gewonnene Teil von Sachsen kann kein anderer als nur derjenige sein, welchen wir später unter der mainzischen Diözesangewalt stehend finden, also das Dekanat des Probsts von Hofgeismar. Als Winfried nach einigen Jahren wiederkehrte, fand er, daß der von ihm ausgestreute Samen wenig gesunde Keime getrieben hatte, und er entschloß sich darum zu einem entscheidenden Schritte. Hoch über dem Ufer der Eder stand eine weit in das Land hinausschauende Eiche, welche das Volk für hochgeheiligt hielt, weil nach seinem Glauben der Gott des Donners in derselben seinen Sitz habe. Mit dem Sturze dieses Baumes hoffte Winfried auch den alten Glauben zu brechen. Voll Vertrauen zur Tat schreitend, legte er vor dem versammelten Volke die Axt an das Heiligtum, und der Baum fiel, ohne daß der vermeinte Gott den an ihm verübten Frevel rächte. Als das Volk dies sah, fügte es sich gläubig der Taufe. An der Stelle aber, wo das alte Heiligtum gestanden, erbaute Winfried aus dem Holze des Baumes die erste hessische Christenkirche, welche er dem heiligen Petrus weihte. Das Gebäude dieser ersten Kirche ist zwar längst verschwunden, an seiner Stelle aber erhebt sich jetzt ein größeres und schöneres Gebäude, die St. Peterskirche zu Fritzlar.

Mit der Bekehrung des Hessenvolkes gründete Winfried, nach seinem geistlichen Namen Bonifatius genannt, zugleich ein Bistum, zu dessen Sitze der Fritzlar gegenüberliegende Büraberg erwählt wurde. Den bischöflichen Sprengel bildete zunächst der Hessengau; aber sicher gehörten dazu auch der Oberlahngau und jene Cent des hessischen Sachsens, welche man später unter der kirchlichen Herrschaft der mainzischen Erzbischöfe findet. Dieses Bistum hatte indes nur eine kurze Dauer. Es wurde bald nachher dem großen Erzbistume von Mainz einverleibt.

Als die erste Kirche des Hessengaues gehörte die Kirche zu Fritzlar dem ganzen Gaue; sie war die Gaukirche und wurde so die Mutter aller späteren Kirchen. Die Gründung derselben folgte rasch; zuerst für die einzelnen Centen des Gaues, dann für die Zehntschaften. Das alles geschah noch im Laufe des achten Jahrhunderts.

Die dadurch gebildete kirchliche Einteilung zeigt uns die Scheidung des Gaues in neun erzpriesterliche Sprengel und also auch ebensoviele Centen.

Wie die zuerst im Gaue gegründete Kirche die Mutterkirche aller andern wurde, in gleicher Weise wurde auch der Pfarrer derselben der erste unter den Pfarrern; er wurde Archidiakon, und so finden wir die Probstei des Stifts zu Fritzlar und das Archidiakonat stets miteinander verbunden.

Unter der Kirche zu Fritzlar standen neun Kirchen mit Erzpriestern, welche durch die Pfarrer ihrer Sprengel gewählt wurden. Dies waren die Pfarrer der Taufkirchen, welchen diejenigen Kirchen untergeordnet waren, welche zwar eigene Pfarrer, aber nicht das Recht der Erteilung der Sakramente hatten.

Aus: G. Landau, Beschreibung des Hessengaues

Cent – Untergliederung eines Gaus, ursprünglich das von etwa Großfamilien (Sippen) besiedelte Gebiet

Beiträge zur Geschichte des Weinbaues in Alt-Hessen

Von G. Landau

Daß unsere heidnischen Voreltern noch keinen Weinbau hatten, ist bekannt. Erst nachdem sie zum Christentume bekehrt worden waren, begann man auch in unserm Lande an sonnigen Berglehnen Reben zu pflanzen. Die christliche Kirche bedurfte den Wein zur Begehung des Abendmahls und wurde so die erste Beförderin des Anbaues. Die frühesten Anpflanzungen geschahen wahrscheinlich schon durch die ersten Priester, welche dem neubekehrten Volke gegeben wurden. Diese stammten sicher zu einem großen Teile aus den Rhein- und Mainlanden, wo der Weinbau schon seit einigen Jahrhunderten blühte. Sie waren also mit dem Weinbau bekannt, und der Wunsch, die vaterländischen Reben an ihren neuen Bestimmungsort zu versetzen, war zu natürlich, als daß sie nicht eine Übersiedelung derselben hätten versuchen sollen.

In der Mitte des achten Jahrhunderts hatte wenigstens Thüringen noch keine Reben, denn als der heilige Bonifaz die Thüringer gutes Wetter von Gott zu erbitten ermahnte, untersagte er ihnen den Genuß der Getränke, worin Honig befindlich sei, ein Verbot, das sicher auch den Wein nicht vergessen hätte, wäre dieser dort schon damals bekannt gewesen.

Um dieselbe Zeit wurde dagegen in Hessen schon Wein gezogen. Die Lebensgeschichte des heiligen Wigbert, des ersten Abts zu Fritzlar († 747), erzählt uns nämlich, daß dieser, als er einst den zum Gottesdienst nötigen Wein vermißt habe, vor die Kirche getreten sei und hier eine Traube abgebrochen und in den Kelch ausgedrückt habe.

Fritzlar, wo die erste bedeutende christliche Kirche unseres Vaterlandes begründet wurde, scheint demnach auch der Ort gewesen zu sein, wo die ersten Reben in Hessen gepflanzt worden sind. Von hieraus verbreitete sich der Weinbau über das übrige Land, und 786 finden wir solchen auch schon an der oberen Werra. Doch mögen die Pflanzungen noch sehr vereinzelt gewesen sein, denn in der Teilung des karolingischen Reiches unter die Söhne Ludwig des Frommen im Jahre 842 wurde demjenigen, welcher das östliche Franken erhielt, ein jenseits des Rheines liegender Landstrich wegen der darin befindlichen Weinberge zugeteilt.

Daß die erste Spur eines Weinbaues bei Fritzlar gefunden wird, ist bereits oben erwähnt worden. Doch erst seit dem 13. Jahrhundert werden die Nachrichten darüber bestimmter. Obgleich Fritzlar so ziemlich auf allen Seiten Weinpflanzungen hatte, so befanden sich doch die ausgedehntesten und vorzüglichsten an dem Galberge, nämlich jener Höhe, welche von Fritzlar aus sich an dem linken Ederufer bis zu dem Einflusse der Elbe hinzieht. Schon 1241 gedenkt Erzbischof Sifried dieser Anlage am „Galgberg". Im Jahre 1251 vertauschte Erzbischof Gerhard von Mainz einen ihm zugehörigen Acker von Fritzlar gegen einen anderen dem St. Petersstifte, damit der Kustos desselben auf jenem besser gelegenen einen Weinberg anlegen könnte. Im Jahre 1263 willigte Erzbischof Werner in den Tausch eines zu seinem Hofe zu Fritzlar gehörigen Akkers, der unter dem großen Stiftsweinberge daselbst lag, gegen einen ebenwohl in der fritzlarschen Feldmark unter dem Fuße des Berges Ekkerich liegenden Acker. An der Steinbrücke besaß schon 1277 der deutsche Orden einen Weinberg, welchen er von einem fritzlarischen Bürger geschenkt erhalten hatte. Vor dem Fleckenborner Tore erkaufte 1283 der Probst zu Nörten, Luppold von Hanstein, einen Weinberg. Der Weinberge am Langenberge wird schon 1294 gedacht; im Jahre 1310 erkaufte der fritzlarsche Stiftsherr Hermann Grune einen Weinberg, der über den am Langenberg gelegenen Weingärten lag und 1321 einen andern, der an den dort befindlichen Weinberg der Stiftsherren stieß. Auch wurden noch immer neue Rebenpflanzungen gemacht. So gab das St. Petersstift 1386 ein über der Speckmühle am Wege nach Geismar gelegenes Stück Land einem seiner Stiftsherrn zu einem jährlichen Zins unter der Verpflichtung, daß er auf demselben einen Weinberg anlege, und bewilligte 1393 dem Altaristen des St. Barbaren-Altars zu Fritzlar, den am „Eckering" gelegenen Triesch in einen Weingarten zu verwandeln. Noch in der Mitte des 16. Jahrhunderts hatte Fritzlar über 150 Weingärten, die rings seine Gemarkung bedeckten...

Alle diese Berge gaben dem St. Petersstifte den elften Teil als Zehnten. Außerdem hatte der Probst noch eigene Weingärten, die von ziemlichem Umfange waren, denn um dieselben zu hacken waren 1425 sechs Tagelöhner fünfeinhalb Tage und bei der Ernte sechzehn Personen mit dem Lesen beschäftigt. Das reichste Weinjahr für Fritzlar während des 16. Jahrhunderts war 1540, wo an 185 Fuder gezogen wurden; dagegen gewöhnliche Jahre nur 60–70 Fuder lieferten.

Aus: Zeitschrift des Vereins für hess. Geschichte und Landeskunde, Bd. 3

Kustos – Kirchendiener / Fuder – altes Hohlmaß

Der Scharfenstein

Unweit Gudensberg, nahe der Heerstraße, welche nach Kassel führt, erhebt sich ein hoher kahler Basaltfelsen, der Scharfenstein. In diesem befindet sich eine gar schöne Jungfrau und viele kostbare Schätze. Nur nach sieben Jahren, an einem bestimmten Tage, gewinnt sie Leben und verläßt das dunkle Grab des Felsens, um an das Licht des Tages zu treten. Dann nieset sie siebenmal und wer ihr siebenmal ein „Gott helf!" zuruft, der hat nicht nur die Jungfrau aus ihrem Banne befreit, sondern gewinnt auch dadurch alle in dem Felsen verborgene Schätze. Einst hörte sie ein Fuhrmann niesen und rief sechsmal sein „Gott helf!", als er aber zum siebentenmale ungeduldig stattdessen einen Fluch ausstieß, verschwand die Jungfrau.

Aus: Zeitschrift des Vereins für hess. Geschichte und Landeskunde, Bd. 1

Kaiser Karl des Großen Auszug

Zwischen Gudensberg und Besse in Hessen liegt der Odenberg, in welchem Kaiser Karl der Große mit seinem ganzen Heer versunken ist. Ehe ein Krieg ausbricht, tut sich der Berg auf, Kaiser Karl kommt hervor, stößt in sein Hifthorn und zieht nun mit seinem ganzen Heer aus in einen andern Berg.

Hifthorn – Jagdhorn

Altenburg

In einer der fruchtbarsten Gegenden Niederhessens, da wo sich die Eder und Schwalm vereinigen, erhebt sich aus üppigen Saatgefilden ein mächtiger Basaltkegel, dessen Gipfel sich in zwei Häupter teilt. Auf dem südlichen und höheren steigen die Ruinen des Schlosses Altenburg empor; auf dem nördlichen findet sich eine durch Kunst und Natur terrassenförmige Fläche mit Tannen und Lärchen bepflanzt und der Fuß des Hügels von freundlichen Gartenanlagen umschlungen. Zwischen beiden Felsenhügeln liegt das jetzige Herrenhaus, der vormalige Witwensitz nebst den ebenfalls von Gärten umgebenen Ökonomiegebäuden und tiefer unten am Burgberge das Dörfchen Altenburg.

Der Weg zu der nun seit zwanzig Jahren völlig in Trümmer gestürzten Burg führt durch den gedachten Herrenhof zwischen zwei niederen, noch mit Scharten versehenen Mauern empor durch das gegen Norden liegende Tor, welches ehemals durch ein turmähnliches Gebäude gedeckt wurde, in das Innere der Ruine auf den Burghof. Dieser war ehemals von vier Seiten bebaut. Der gegen Osten liegende Bau wurde erst 1540 durch Georg von Boineburg zu Lengsfeld, Doktor beider Rechte und Ritter des heiligen Grabes, aufgeführt; da er aber seit dem Tode des Oberstallmeisters Karl von Boineburg-Lengsfeld 1760 leer gestanden und dadurch baufällig geworden, wurde er 1811 bis auf das untere Stockwerk abgebrochen. Dieses letztere steht noch und sein Binnenraum dient zu einem Gemüsegärtchen. Der Bau nach Süden, der einen Winkel nach Westen bildet, war das ehemalige alte Schloß, welches aber im Bauernkriege, welcher sich in Hessen nur bis hierher ausbreitete, abbrannte und nicht wieder hergestellt wurde, so daß jetzt nur noch die leeren Mauern des Erdgeschosses stehen. Diese zeigen südwestlich ein mit einem Fenster versehenes Rondell und heben sich westlich noch besonders hoch, wo sich zwei Fensteröffnungen zeigen. An der westlichen Mauer erhebt sich eine mächtige Basaltklippe, auf welcher der schon erwähnte Turm steht. In ihm befand sich ehemals das Verlies; als man vor

443

einigen Jahren Holztreppen in dem Turme anlegte, um von seinen Zinnen die köstliche Fernsicht genießen zu können, so war man genötigt, das runde Deckengewölbe des Gefängnisses, in dessen Mitte sich nur eine kleine viereckige Öffnung zur Hinablassung der Gefangenen befand, erst zu durchbrechen.

Aus: G. Landau, Die hessischen Ritterburgen

Melsungen

In wenig mehr als einer Stunde führt die längs der Fulda hinziehende Eisenbahn nach Melsungen. Etwa in der Mitte des Weges liegt in dem hier ganz vorzüglich gesegneten Tale neben dem Dorfe Altmorschen das schöne Staatsgut Heida, eigentlich „zur Haide", ein ehemaliges Nonnenkloster, von dem die Kirche mit dem Kreuzgange noch vorhanden ist.

Melsungen wird durch die Fulda in zwei durch eine steinerne Brücke verbundene Teile geschieden, links liegt die eigentliche Stadt, rechts eine kleine Vorstadt, welche die Eisenbahn mittelst eines Viadukts überschreitet.

Von beiden Uferseiten durch hohe Berge eingeschlossen, hat die Stadt eine vor Nord- und Ostwinden geschützte milde Lage.

Melsungen ist eine alte, wie es scheint an der Stelle eines Dorfes Niedermelsungen gegründete Stadt der hessischen Landgrafen. Daß sie nicht unmittelbar aus einem Dorfe hervorgegangen, vielmehr neu und planmäßig angelegt worden, dafür spricht ihre Grundform. Wann dieses aber geschehen und zu welcher Zeit sie ihre städtischen Gerechtsame erhalten, ist unbekannt, reicht indes keinen Falles über das dreizehnte Jahrhundert hinaus. Auch eine fürstliche Burg lag in ihren Mauern.

Die Geschichte von Melsungen unterscheidet sich in nichts von der der meisten anderen Städte ihrer Größe, denn von dem innern Leben weiß sie wenig zu berichten; Krieg und Feuersnot sind die allein hervorragenden Punkte. Am 21. August 1387 wurde die Stadt von den Thüringern erobert und erst 1394 an Hessen zurückgegeben; 1427 litt sie durch mainzische Truppen und 1554 durch eine verwüstende Feuersbrunst.

Um so interessanter ist Melsungen in seiner gewerblichen Tätigkeit. Besonders treten seine Wollentuchwebereien hervor, die nebst den damit verbundenen Tuchbereitereien und Wollenspinnereien immerhin an 700 bis 800 Menschen beschäftigen mögen. Neben dem Tuche wird auch

Bieber bereitet. Außerdem findet man eine Maschinenfabrik, vorzüglich für die Wollentuchmanufaktur, ansehnliche Lohgerbereien, sowie mehrere Leinen- und Holzhandlungen und einen zahlreichen Handwerkerstand. Und neben den Gewerben besteht auch noch eine rege landwirtschaftliche Tätigkeit. Die Schiffahrt hat dagegen seit dem Bestehen der Eisenbahn alle Bedeutung verloren.

Unter solchen Verhältnissen darf es nicht wundern, wenn das Äußere der Stadt einen besseren Eindruck hinterläßt als so viele andere kleine Städte. Auf der ebenen Talsohle ausgebreitet liegt in der Mitte ihre geräumige zwischen 1415 und 1425 erbaute Kirche und nächst derselben das altertümliche Rathaus. Am nördlichen Ende erhebt sich das schmucklose, von 1550 bis 1557 erbaute Schloß, welches teils den Behörden, teils der vom Staate unterhaltenen Forstlehranstalt dient. Vor dem Rotenburger Tore befindet sich das städtische Hospital mit einer alten Kirche. Man nennt es hier die alte Stadt, wahrscheinlich nur deshalb, weil hier einzelne Wohnungen gestanden. Auch gegen die Fulda hin waren schon früher Häuser außerhalb der Ringmauer angelegt worden, während die jenseits der Fulda liegende Vorstadt erst seit etwa einem Jahrhundert durch allmählichen Anbau entstanden ist.

Aus: Das Kurfürstentum Hessen

Gerechtsame – Vorrecht

Fremde und künstliche Weine und Gebrauch des Weins in der Küche

Daß die fremden Weine schon frühe in Hessen Eingang gefunden, darf man bei der in der Regel nicht sonderlichen Qualität des Landweins wohl mit Sicherheit voraussetzen. Doch finden wir dieselben selbst noch im 16. Jahrhundert nur auf den Tafeln der Reichen. Die gewöhnlichen waren die fränkischen, die teuern schon die rheinischen und elsässischen, die seltnern aber die welschen, die ungarischen, spanischen und die süßen Weine, von welchen letztern der Malvasier und der Rheinfall am meisten vorkommen. Erst seit dem Ende des 15. Jahrhunderts werden die Weine spezieller nach dem Orte bezeichnet, wo dieselben gewachsen sind. Der Ankauf von seiten der Landgrafen geschah in der Regel an Ort und Stelle durch besonders dazu bevollmächtigte des Weinhandels kundige Leute, der Transport aber mittelst Dienstfuhren.

Aber unsern trinklustigen Voreltern genügte nicht der reine Wein, sie, die große Freunde starker Gewürze waren, suchten auch, dem Weine durch mancherlei gewürzige Zusätze einen pikanteren Geschmack zu

verschaffen. Es war dieses eine eigene Kunst, die schon zu Karl des Großen Zeiten geübt wurde.

„Wil tu eyn luterdranck machen, so nym zu eynem maß wyns
Item Zytwaß rynnen II lot
Item wyssen Ingwer II lot
Item Muscaten I lot
Item Neichlyn ½ lot
Item Galgan ½ lot
Item Parißkorner, XV Gersten korner schwer, scil. ½ Quentin.
Item langen Pfeffer auch alß vyl scil. ½ Quentin vnd daß aller gestossen vnd vnder eyn gemacht vnd ror (rühre) der worez (Würze) zu eym echtmeß I lot vnd zucker IIIJ (3½) lot."

Man reichte diesen Trank gewöhnlich angesehenen Gästen zum Willkommen. Es war aber auch ein teueres Getränk, denn während man 1473 zu Marburg für 4 Viertel Elsässer Wein 1 Gulden 8 Albus zahlte, gab man für 4 Viertel Lutertranks 4 Gulden.

Aus: Zeitschrift des Vereins für hess. Geschichte und Landeskunde, Bd. 3

Welsch – französisch oder italienisch / Luter Win – Weißer Wein / Lot – alte Gewichtseinheit

Der zufriedene Bauer

Ich lebe als Landmann zufrieden
und lache die Städter (es) aus.
Mir wächst das Getreide genügend
Und fahr es dem Städter ins Haus,
Und fahre und fahre,
Und fahr es dem Städter ins Haus.

Mein Häuslein steht unten im Tale,
Ist zwischen zwei Felsen gebaut.
Daneben fließet die Saale,
Worüber mein Äugelein schaut.

Da tu ich mich oftmals hinsetzen
Und rauche mein Pfeifchen Tabak.
So tu ich mich oftmals ergötzen.
Wo ich meine Freude dran hab.

Der Alp

Bei den Bewohnern des Schwalmgrunds findet man eine eigentümliche Erklärung des Alps. Hiernach ist der Alp entweder ein böser Geist oder das Liebchen des Geplagten. Um ihn zu fangen, solle man, so raten sie, sich nur mit dem Bettuche zudecken und wenn er komme, dieses über ihm zusammenschlagen, dasselbe festhalten und in einen Kasten verschließen. Öffne man denselben früher, ehe ein Mensch ersticken könne, so fliege eine weiße Taube davon, wo nicht, so setze man sich der Gefahr aus, wenn es das Liebchen gewesen, dieses erstickt zu finden.

Aus: Zeitschrift des Vereins für hess. Geschichte und Landeskunde, Bd. 1

Ein Gottesurteil

Im Jahre 1665 kam in einem Dorfe des Amtes Homberg ein Mädchen heimlich nieder. Weil man das Kind bei der Mutter tot fand, so beschuldigte man diese, es ermordet zu haben. Um sich hiervon zu überzeugen, nahmen die Bauern das Kind und legten es in die Arme der Mutter und ließen dieselbe mit ihrer Rechten des Kindes Rechte erfassen, „um zu vernehmen, ob es ein Leibszeichen von sich geben wolle, ob es vielleicht über sich schieße oder unten hinaus, welches aber nicht geschehen, woraus die Leute des Orts geurteilt, daß sie an des Kindes Tode unschuldig sei." (Aus Untersuchungsakten.)

Aus: Zeitschrift des Vereins für hess. Geschichte und Landeskunde, Bd. 1

Homberg

Die Kreishauptstadt Homberg grüßt den Besucher am freundlichsten von der Südostseite. Die malerische Lage und Ausbreitung der Stadt an einem weithin sichtbaren, von der Efze steil aufsteigenden Basaltkegel ist schon viel bewundert worden. Der Berg, dessen Abhänge in den letzten zwanzig Jahren durch Weganlagen und Anpflanzungen in einen Park verwandelt sind, erhebt sich 155 m über dem Talgrunde des Flusses. Der mit ehrwürdigen Burgtrümmern gekrönte Gipfel bietet eine unvergleichliche, die ganze Gegend beherrschende Aussicht über Berg und Tal, über die mit Dörfern reichbesäte, weite Ebene. Bei klarem Wetter kann der Blick, im Norden vom höheren Mosenberg gehemmt, wohl ein halbes Hundert Orte erreichen.

Unter den Gebäuden der Stadt ragt hoch über alle anderen die 1892 schön restaurierte Pfarrkirche empor, die in edlem gotischem Stile gehalten ist, aber des hochragenden, schlanken Turmes entbehrt. Die gotische Inschrift eines Steins neben dem mit herrlichen Verzierungen versehenen Portale nennt Heinrich von Hesserode als den Erbauer des Turmes im Jahre 1374. Ob die Kirche selbst auch aus diesem Jahre stammt oder schon längere Zeit vorher stand, ist bis jetzt unerwiesen. Die Wohnungen unter dem Kirchplatze sind eine Homberger Merkwürdigkeit; man geht oben den Leuten „auf dem Kopfe herum". Eine Zierde der Stadt ist das vor dem Westheimer Tore erbaute evangelische Lehrerseminar, in welchem 90 Seminaristen nebst sechs Lehrkräften wohnen. Architektonisch zeichnet sich das alte Gasthaus „Zur Krone" aus, das im Jahre 1480 erbaut worden ist. Inmitten der Stadt liegt der von ansehnlichen Gebäuden (darunter eines mit beachtenswerten Holzschnitzereien an Riegeln und Säulen, aus dem Jahre 1617) eingerahmte Marktplatz. Das nahe Rathaus wurde 1767 erbaut, nachdem Bürgermeister Rohde der Einwohnerschaft mit Erfolg den Vorschlag gemacht, mehrere tausend Taler Einquartierungsgelder von französischen Truppendurchzügen zu diesem Zwecke verfüglich zu erklären. Das alte Rathaus in der Nachbarschaft, aus dem Jahre 1582 stammend und nach damaligem Brauche große Bierkeller enthaltend, wurde Schulhaus und ist seit etwa 70 Jahren Dienstgebäude der zweiten Pfarrei. Die Reliefs an der ein altes Wappen tragenden Treppenwand des Rathauses stellen die Leidensstationen Jesu dar und stammen vermutlich aus den Kreuzgängen einer ehemaligen vorreformatorischen hiesigen Kirche. Vor dem Rathause steht das Kriegerdenkmal, eine in Stein gehauene Germania.

Homberg hat eine neuzeitlich eingerichtete Dampfbrauerei, eine genossenschaftliche Dampfmolkerei und seit 1904 eine städtische Gasan-

stalt. Nur drei Mühlen sind noch in Betrieb; in der ehemaligen Kupfermühle ist seit 1903 eine Korkstopfenfabrik in Tätigkeit. Eins der Hauptgewerbe ist die Schuhmacherei, mit deren Erzeugnissen heute noch ein Teil der hiesigen Schuhmacher auf auswärtige Märkte zieht. Auch das Schneidergewerbe ist in Blüte. Am Ort sind zwei Färbereien, eine Lohgerberei, eine Leimsiederei, eine Seifensiederei, eine Töpferei, eine Bildhauerei, eine Druckerei, Strickereien, Seilereien, größere Gärtnereien, bedeutendere Wagenfabriken, eine Holzschneiderei, größere Schlosserund Schreinerbetriebe, ausgezeichnete Metzgereien, eine Ziegel- und Backsteinfabrik mit Ringofen. Im Jahre 1870 wurde die erste Telegraphenanlage von Wabern her ausgeführt; jetzt sind die größeren Geschäfte telephonisch miteinander verbunden. Der Vorschuß- und Sparkassenverein vom Jahre 1889 sowie die städtische Sparkasse dienen dem Geldverkehr.

Neben Handel und Gewerbe treibt die Bevölkerung Hombergs noch ziemlich viel Landwirtschaft. Acker- und Wiesenland umfassen 1117 Hektar, die Gärten 54 Hektar, der Stadtwald 500 Hektar. Homberg ist heute rings von einem lebenden Walle, einem Obstbaumwalde, umgeben, der im Blütenschmucke ein herrlicher Gottesgarten und im Herbste eine merkliche Einnahmequelle ist. Die alten Ringmauern der Stadt verfallen allmählich, die stattlichen Tortürme der starren mittelalterlichen Rüstung sind verschwunden und nur einige Wachttürme noch vorhanden. Die Freiheit hatte besondere Schutzmauern. Einige Straßen Hombergs sind eng und abschüssig. Die Baulust des letzten Jahrzehnts verschönerte die aufstrebende, nach neuestem Systeme kanalisierte Stadt von Jahr zu Jahr. Die Kanalisation hat auch den schmutzigen Katterbach beseitigt.

Aus: Hessische Landes- und Volkskunde, Band 1,1

Die Schwalm

Im schönen Land der „blinden Hessen"
Liegt gartengleich ein deutscher Gau,
Fernab der Straße, halb vergessen,
Umrahmt von Grün und Himmelblau,
Ein Gau so reich an Korn und Halm,
Mein Heimatland: das Tal der Schwalm.

Die Saaten wogen weich im Winde,
Grüngoldig lachen Flur und Hag,
Und aus den Furchen steigt so linde
Der Odem wie am ersten Tag,
Noch fand der hohen Schlote Qualm
Nicht Weg noch Steg ins Tal der Schwalm.

So liegst du da – fein schmuck und sauber
Von Waldeskuppen rings umzinnt –
Dem Röschen gleich, das Märchenzauber
Mit seinem süßen Bann umspinnt,
Du grüßest mich von Gott ein Psalm:
Mein Heimatland, du Tal der Schwalm.

Verborgen blühe kindlich heiter,
Frischkerngesund bis tief ins Mark,
Bewahr' der Väter Sitten weiter
In Kleid und Glauben eichenstark,
Das sei dein Schild und deine Palm –
Das walte Gott, mein Tal der Schwalm.

Es schirm' dich, liebe Heimaterde,
Mit seinem starken Himmelsheer,
Und naht der Zeitgeist deinem Herde,
Halt hoch die Faust zu Schutz und Wehr,
Die Schwälmer Faust, die den zermalm',
Der Unkraut sät ins Tal der Schwalm.

Wo dann auch deine Kinder weilen,
Und sei es an der Erde Rand,
Nichts kann ihr sehnend Heimweh heilen,
Und säumten Rosen gleich den Strand,
Im Wiesengrund, auf hoher Alm –
Ihr Herz entschwebt zum Tal der Schwalm!

Der St.-Walpurgis-Tag

In der Nacht vor dem Walpurgistag ziehen im Ziegenhainischen die jungen Burschen vor die Dörfer und knallen mit langen Peitschen die halbe Nacht durch, um die Geister zu vertreiben. Am Walpurgistage selbst ruhen viele Geschäfte, das Vieh wird nicht angespannt, es wird nichts verborgt, und wer Feuer holt, ist eine Hexe.

Aus: Zeitschrift des Vereins für hess. Geschichte und Landeskunde, Bd. 1

Treysa

Treysa ist die größte und vornehmste Stadt dieser Grafschaft / welche in anno 1173 erbauet / hat ihr Lager an vielbemelter Schwalm an einem Hügel / und ist daraus bürtig der vornehme Jurist Nicolaus Vigelius. Man meinet, sie soll von Druso dem Römer vor alters Drusa genennet sein / weiln er auch dieses Orts Trophäa aufgestellet. Zwischen Treysa und Amelburg liegt die Neustadt samt dem Schloß darin ist Meutzisch. So liegt auch in dieser Gegend der Löwensteinisch Grund mitsamt dem Hause Löwenstein, davon das alte edle Geschlecht dero von Löwenstein den Namen hat.

Aus: Hessische Chronika, 1617

Treysa

Dort, wo die alte Straße von Amöneburg nach Niederhessen in das Tal der Schwalm mündet, liegt der bereits um 800 genannte Ort Treysa. Als Stadtgründer gilt Graf Friedrich von Wildungen (1186–1229). Im Jahre 1450 fiel die Stadt mit der Erbschaft Ziegenhain an Hessen.

Malerisch liegt das Städtchen auf dem Ausläufer eines Höhenrückens über dem linken Ufer der Schwalm, und das Rathaus, die Totenkirche, die Dominikanerkirche und der Turm der Anstalt Hephata bestimmen die Silhouette der Stadt. Teile der Stadtbefestigung aus dem 13. und 14. Jahrhundert mit einem Rundturm nahe der Brücke am ehemaligen Steintor sind noch erhalten, die prächtige barocke Steintorbrücke dagegen wurde leider abgebrochen.

Die Steingasse in Treysa um 1880

Die Totenkirche, die ehemalige Pfarrkirche St. Martin, wurde Mitte des 13. Jahrhunderts erbaut und erhielt gegen 1300 einen neuen Chor. Im 16. Jahrhundert wurde die Klosterkirche zur neuen Pfarrkirche, St. Martin wurde zur Totenkirche. Ein Blitzeinschlag im Jahre 1830 zwang zum teilweisen Abbruch. Heute sind nur noch Ruinen vorhanden. Die Dominikanerkirche St. Maria geht auf eine Klostergründung im 13. Jahrhundert zurück. Die Kirche entstand um 1350, das Kloster wurde im Zuge der Reformation aufgehoben.

Die Anstalt Hephata der Inneren Mission zählt zu den bedeutendsten Deutschlands. Sie wurde 1893 auf einer Höhe jenseits der Wiera gegründet. Bemerkenswert ist außerdem noch der 1849 im klassizistischen Stil erbaute Backsteinbahnhof, der jenseits der Schwalm liegt und eines der wenigen noch gut erhaltenen Beispiele kurhessischen Bahnhofbaus ist.

Lichtmeß

Das Fest der Lichtmeß oder Kerzweihe (2. Februar), von dem an diesem Tag in der alten Kirche üblichen Herumtragen geweihter Kerzen so genannt, entstammt dem römischen Heidentum. Die Römer hielten an diesem Tag feierliche Umgänge mit brennenden Fackeln, um sich dadurch von ihren Sünden zu reinigen, und nannten dies februare (reinigen), und davon wurde der ganze Monat Februar genannt. Die christliche Kirche konnte diesen Brauch nicht abstellen, und Ende des fünften Jahrhunderts wurde das Fest ausdrücklich als ein christliches anerkannt. Nach der Meinung des Volkes verläßt der Dachs heute sein Winterlager, erblickt er aber seinen Schatten, d. h., findet er Sonnenschein, so kehrt er wieder in seine Höhle zurück, und es bleibt noch vierzig Tage kalt. Dagegen sagt man auch

> Lichtmeß, hell und klar,
> Gibt ein gutes Weinjahr.

Andere Sprüche, die sich auf diesen Tag beziehen, sind:

> Auf Lichtmeß,
> Da können die Herren bei Tage essen,
> Die Reichen, wenn sie wun (wollen),
> Die Armen, wenn sie's hun (haben).

oder:

Lichtmeß,
Kommt die Winterwise,
Da längert der Tag,
Da kürzet der Faden,
Da kalbet die Kuh,
Da können die Herren bei Tage essen.

Eine besondere Bedeutung hat jedoch dieser Tag für den Flachs. Im Ebsdorfer Grund werden Schnitzen und Wurst zu Mittag gespeist, weil dann der Flachs gedeihen soll. In der Schwalm aber ißt man Erbsen und Rippenfleisch, und zwar von letzterem soviel als nur möglich, hebt die abgenagten Rippen auf und steckt sie in die Leinsaat, denn so viele Rippen, so viele Metzen Lein werden geerntet. Zu demselben Zweck steckt man auch wohl ein Stück Speck in den Leinsack, der dann dem Sämann zufällt. Dasselbe geschieht auch Aschermittwoch. Man hat ferner im Schwalmgrund die Regel:

Ist's Lichtmeß hell,
Sät man den Flachs in die Dell,
Ist's dunkel, wohin man well.

G. Landau, Sitte und Brauch in Hessen

Allendörfer Spottlied

Die Allendörfer all',
Die stellten eine Fall',
Sie fingen eine Fledermaus
Und rissen ihr die Flügel aus;
Sie glaubten, es wär Speck,
Es war aber lauter Hühnerdreck.

Kirchhain und Rauschenberg

Geschichtlich war das ganze Ohmbett von Homberg bis hierher von dem Walde Werfloh bedeckt, der schon frühe an einzelnen Stellen angerodet und mit Dörfern und Höfen belebt wurde. Als eines der ersten dieser Dörfer erscheint Werfloh, welches später den Namen Kirchhain empfing und 1244 von seinen damaligen Besitzern, denen von Merlau, dem Deutschen Orden in Marburg verkauft wurde. Während des heftigen Krieges, der sich ein Jahrhundert später zwischen Mainz und Hessen entspann und dem beiderseits durch die Aufführung neuer Festen Nachdruck gegeben wurde, erbaute Landgraf Heinrich II. 1346 auch eine Burg auf dem Kirchhofe zu Kirchhain und verwandelte das Dorf in eine befestigte Stadt, deren Mauern und Schloß jedoch erst 1359 durch den genannten Orden völlig ausgebaut wurden. Von den alten Befestigungswerken sind noch Ringmauern und Türme sichtbar; auf der Stelle der alten Burg aber, welche am 21. März 1411 durch den Grafen von Waldeck samt dem Orte verbrannt wurde, erhebt sich gegenwärtig die Schule des Städtchens.

Außer der hochgelegenen Kirche und dem altertümlichen Rathaus mit seinem Rundturm am Eingang und dem städtischen Armenhaus hat Kirchhain keine bemerkenswerten Gebäude. Die Einwohner von Kirchhain befassen sich wohl auch mit Torfstecherei und der Verfertigung sogenannten Marburger Geschirres; ihre Hauptnahrungsquelle aber bilden Landwirtschaft und namentlich Viehzucht, die durch die weite Wiesenfläche der Ohmebene begünstigt wird. Auch ist hier ein wahres Paradies der Störche, die in zahlreichen Nestern auf den Schornsteinen der Häuser thronen und stolz in den wiesen- und deshalb nahrungsreichen Gründen einhersteigen.

Das nahe Dorf Langenstein, als dessen Wahrzeichen der merkwürdige lange Stein mitten im Orte am Kirchhofe gilt, ist der Geburtsort des berühmten Heinrich von Langenstein († 1397), gewöhnlich Heinrich von Hessen genannt, der, einer der größten Gottesgelehrten und Mathematiker seiner Zeit, anfänglich an der Universität zu Paris und zuletzt Vorstand der Universität zu Wien war.

Ehedem an einer anderen Stätte erstanden, soll Rauschenberg, dort von einer Feuersbrunst zerstört, sich hier in dem geräumigen Seitengrunde der Wohra neu angebaut haben, wo hoch auf dem Gipfel des tannenbewaldeten Berges, von freundlichen Lustanlagen umkränzt, jetzt die Trümmer des gleichnamigen Jagdschlosses liegen, das im Dreißigjährigen Kriege seine Zerstörung fand. Schloß Rauschenberg, welches die Grafen von Ziegenhain oft zu ihrem Aufenthalt wählten, war schon im Anfang des 13. Jahrhunderts vorhanden, und der Ort, welcher zu seinen Füßen erwuchs, wurde bereits 1266 zur Stadt erhoben. Auch die Landgrafen von Hessen, in deren Besitz Rauschenberg 1450 kam, weilten gerne auf diesem Schlosse, und Landgraf Heinrichs III. Söhne Ludwig († 1478) und Wilhelm († 1500) beschlossen hier ihr Leben. Wilhelm III., dessen rätselhaftes Grabmal die Elisabethenkirche zu Marburg bewahrt, fand seinen Tod auf der Jagd durch einen Sturz vom Pferde.

Rauschenberg besitzt eine umfangreiche Gemarkung, und seine Bewohner beschäftigen sich daher meist mit der Landwirtschaft. Übrigens zählt die kleine Stadt, merkwürdig genug, 13 Branntweinbrennereien.

Aus ihr stammt Johann Hinderbach, einer der berühmten Hessen des 15. Jahrhunderts, der, zuerst Geheimschreiber des Kaisers und dann Bischof von Trient, das Geschichtswerk des Aeneas Sylvius vollendete.

Aus: Das Kurfürstentum Hessen

Nixenbrunnen

Nicht weit von Kirchhain in Hessen liegt ein sehr tiefer See, welcher der Nixenbronn heißt, und oftmals erscheinen die Nixen, an dessen Gestad sich zu ersonnen. Die Mühle daran heißt gleichfalls die Nixenmühle. Auch zu Marburg soll 1615 in der Lahn bei der Elisabether Mühle ein Wassernix gesehen worden sein.

Gestad – Ufer

Melnau

Nachdem durch König Heinrich Raspes Tod der Mannsstamm der Landgrafen von Thüringen und Hessen erloschen war, hatte das Erzstift Mainz die dadurch erledigten Lehen für heimgefallen erklärt und war darüber mit den Erben in Streitigkeiten verwickelt worden, von denen die mit dem Markgrafen von Meißen zwar schon 1254 auf friedlichem Weg beigelegt wurden, die mit der Herzogin Sophie von Brabant aber, die als Vormünderin ihres Sohnes Hessen in Anspruch nahm, zu einem blutigen Krieg führten, in welchem 1256 Erzbischof Gerhard von Mainz gefangen wurde. In diese Zeit fällt die Erbauung sowohl von Frauenberg als von Melnau. Die des letzteren Schlosses wurde vom Erzbischof unternommen, der hierzu eine schroffe Vorhöhe des Burgwaldes zwischen Marburg und Frankenberg erwählte. Der ursprüngliche Name der Burg war Elnhoch, der aber im Lauf der Zeit sich in Melnau verwandelt hat.

Die Burg Melnau

Im Jahr 1700 war die Burg bereits so sehr verfallen, daß nur noch der Keller einen Aufenthaltsort bot, den damals, so kümmerlich, wie er auch war, ein armer Lumpensammler in Ermangelung eines anderen Obdaches für sich und seine Familie erwählte und über 20 Jahre darin hauste, während derer er die Burgstätte urbar machte, wobei er auf ganze Haufen menschlicher Gebeine stieß.

Die von einem Gärtchen bedeckte Burgstätte bildet beinahe einen Kreis und wurde früher von einer hohen, jetzt nur noch stückweise erhaltenen Mauer umschlossen. Auch die Trümmer eines Tores sind noch sichtbar. Doch das Hauptstück des Ganzen ist ein hoher, aus mächtigen Quadern aufgeführter Turm von 31 Fuß Durchmesser und 11 Fuß starken Mauern, der auf der östlichen Seite steht und unter welchem sich das jetzt verschüttete, im vorigen Jahrhundert aber noch offene Burgverlies befindet.

Das jetzt vorhandene Dörfchen, welches sich von der Höhe ins Tal herabzieht, entstand erst lange nach der Burg, und zwar durch einzelne Höfe, welche teils für den ökonomischen Bedarf der Burg, teils von den verschiedenen Burgmannen angelegt wurden. Jene Höfe sind namentlich das Heppenberger Gut, der Viehhof, das Burglehn, der Ritterhof und das Rittergut.

Früher hatte die Burg eine eigene Kirche, welche von dem Diakon von Wetter versehen wurde und deren Stätte man noch 1719 zeigte. Erst nachdem diese baufällig geworden, erbaute man 1561 die noch gegenwärtig vorhandene im Dorfe.

Das Schloß scheint keinen Brunnen gehabt zu haben, denn die auf der Wettschaf bei Obersimtshausen liegende Mühle war verpflichtet, den Wasserbedarf hinaufzuführen.

Aus: G. Landau, Die hessischen Ritterburgen

Im Hinterland

Drüben im Hinterland
Bin ich so gern,
Nach Lahn- und Ederstrand
Zieht mich's von fern.
Waldesgrün, Waldesduft,
Frisch-freie Bergesluft
Weckt dort die Wanderlust,
Schwellt mir die Brust.

Fern aus dem Süden winkt
Feldberg mir zu,
Nördlich aus Waldesgrün
Christenberg du!
Nassau und Hessenland
Reichen sich hier die Hand,
Der Provinz „Bindestrich"
Ist's Hinterland.

Biedenkopf

Biedenkopf liegt an der Lahn, über die eine Brücke führt, am Fuße eines Bergrückens. Die Stadt ist der Sitz des Landgerichts, des Obereinnehmers, des Steuerkommissars und des Forstinspektors des Forsts Biedenkopf, und man findet eine Eisenschmelze und Hammer, die Ludwigshütte genannt, und auf dem Schloßhain eine Burg, vier Mahlmühlen, mit welchen drei Öl- und zwei Schneidemühlen verbunden sind, einige Walk- und Lohmühlen, zwei Ziegelhütten, eine Posthalterei und eine Buchdruckerei. Zu den Hauptgewerben gehört die Tuchmanufaktur, die von mehr als 100 Meistern betrieben wird, die zwar gute und besonders gut gefärbte Tücher, aber meist nur ordinäre und nur wenig mittelfeine Waren fertigen. Auch mehrere Strumpf- und Zeuchfabrikanten,

Tracht aus dem Amt Biedenkopf

Schön- und Schwarzfärber und Hutmacher hat Biedenkopf, wie auch die Rot- und Weißgerberei stark betrieben wird. Von den übrigen Handwerkern sind besonders die Schuhmacher, Schneider, Bäcker, Metzger, Schreiner, Schmiede und Nagelschmiede in großer Anzahl vorhanden. Die Einwohner ziehen viel Obst, während sie, wegen der kleinen Feldgemarkung, ihren Brotbedarf nur zum Teil gewinnen. Jährlich werden sechs Märkte und darunter drei Viehmärkte gehalten, welche letztere aber fast zu nichts herabgesunken sind. Biedenkopf verdankt vielleicht den Grafen von Hohenlinden seine Entstehung . Landgraf Otto, der 1296 von seinem Vater, Landgraf Heinrich I., mit einem Teil von Oberhessen auch diesen Ort erhielt, soll das Schloß, das hinter dem Berge lag, vorn auf denselben gebaut haben. Jedoch erscheint Biedenkopf 1304 schon als Stadt, und 1335 wurde mit Erbauung der Vorstadt der Anfang gemacht und diese durch die Orte Gunzhausen und Dreckershausen, die ihre Häuser hierherstellten, erweitert. Eine Feuersbrunst legte im April 1635 die schöne Döringsburg mit 62 andern Gebäuden in der Stadt in Asche, und 1637 raffte die Pest die Einwohner bis auf 70 Familien weg. 1647 verlor die Stadt, durch ein österreichisches Parteikorps angezündet, abermals 146 Gebäude nebst der Burg des Herrn von Breidenbach. Im Dreißigjährigen Krieg fand in der Nähe an der Lahn zwischen den Schweden und Kaiserlichen ein Treffen statt, in welchem erstere geschlagen und zum Rückzug gezwungen wurden. Abermals erlitt die Stadt durch Brand einen ungeheuren Verlust, indem dieselbe den 28. Juli 1717, als sich die meisten Einwohner gerade auf dem Jakobsmarkt zu Battenberg befanden, größtenteils in Asche gelegt wurde. Über die kirchlichen Einrichtungen sind wenig Nachrichten vorhanden. Im Jahr 1266 findet sich hier ein Pleban, und 1314 war der Pleban zugleich Dechant des Sitzes in Wetter. Im Jahre 1516 wird eine Pfarrkirche vor den Mauern von Biedenkopf genannt. Die Pfarrkirche in der Stadt war dem heiligen Johannes, die außerhalb der Stadt dem heiligen Nikolaus und die Hospitalskirche dem Heiligen Geist geweiht.

G. W. J. Wagner

Pleban – Leutepriester, kath. Geistlicher einer Stadtkirche / Dechant – Dekan

Tracht aus dem Breidenbacher Grund

Das Eiersingen

Der Pfarrer zu Caldern schreibt 1678 an die Regierung zu Marburg, daß, als er vor 37 Jahren seine Stelle angetreten, er erfahren habe, „wie die junge Bursch in der Pfingstnacht auf die Dörffer herumb liffen, umb die Eier zu singen, da dan nicht allein viell gottloses Wesen von ihnen auf dem Wege getrieben würde, sondern auch, wann eine partey von einem andern dorff der ander begegnete, sie sich oftmals mit einander umb die Eyer schlügen vndt einer dem andern abnehmen vndt zerbrechen. Zu dem auch, wan die Mägdte ihnen des Nachts die Eyer langen müsten, viell vnzüchtiger Händell vorgingen, sonsten vieler bösen Dingen, so ein jeder leicht erdenken vndt hieraus zu erfolgen pflegen – zu geschweigen." Er habe sie deshalb sowohl durch den Schultheißen als durch die Kirche strafen lassen, und er wisse nicht, daß es seit 20 Jahren wieder geschehen sei, doch vergangene Pfingsten hätten sechzehn junge Burschen „dies teuffelswerck wider ihr besser Wissen vndt Gewissen wieder anzufangen sich gelüsten lassen".

Aus: Zeitschrift des Vereins für hessische Geschichte und Landeskunde,
Band 2

Straßenräuber-Lied

Es gibt doch kein schöner Leben
In der ganzen weiten Welt,
Als das Straßenräuberleben,
Morden um das liebe Geld!
In den Wäldern umzustreichen,
Große Leute zu erreichen;
Fehlt es uns an Geld oder Kleid,
Bringen's uns die Wandersleut.

Kommt ein Herr dahergegangen,
Greifen wir ihn herzhaft an;
Kommt ein Jude, der muß hangen,
All sein Geld muß unser sein!
Kommt eine Kutsche oder Wagen,
Tun wir sie nicht lange fragen,
Hauen, stechen, schießen tot,
Ist das nicht ein schön Stück Brot?

Sehn wir Galg' und Räder stehen,
Bilden wir uns herzhaft ein:
Einmal muß es doch geschehen,
Einmal muß gehangen sein.
So steigen wir aus dem Weltgetümmel
Auf eine Leiter gegen Himmel,
Lassen uns vom Wind schwenken aus und ein
Bis wir abgefaulet sein.

Laßt den Leib am Galgen hangen,
Denn er ist der Vögel Speis'.
Laßt ihn hin und her sich wanken,
Bis die Knochen werden weiß.
Laßt ihn liegen in der Erden,
Von den Würm' gefressen werden
Weit schöner ist es in der Luft
Als in einer Totengruft.

Aus Johann Heinrich Jungs, genannt Stilling, Lebensgeschichte

Außer seinen Berufsgeschäften setzte nun Stilling in Marburg seine Staroperationen mit vielem Segen und unentgeltlich fort. Ich will hier doch einmal einen erzählen lassen, der solcher Operation in Marburg mit beigewohnt hat. „Eines Tages", so erzählt der Mann, „begleitete mich Stilling gegen Abend auf meinem Heimwege gen Ockershausen, wo ich mit meiner Familie wohnte. Er war besonders heiter und guter Dinge. Er erzählte von seiner Wanderschaft mancherlei höchst anziehende und auch recht komische Auftritte, dann wurde er ernster; er kam auf Begebenheiten zu reden, wo sich die göttliche Vorsehung sichtbar und herrlich offenbarte, und seine Seele erging sich in tiefsinnigen Betrachtungen. Auf unserm Wege war es einsam. – Plötzlich tritt uns ein Bettler entgegen, der um eine Gabe bittet. Er war ein Greis von kräftiger Gestalt, etwa 60 – 66 Jahre alt. Schneeweiße Haare wallten um den schönen Kopf, aber der arme Mann war stockblind; ein kleines Mädchen leitete ihn. Stilling hatte ihn nicht weiter betrachtet; er hatte seine Gabe freundlich in den vorgehaltenen Hut gelegt und war weitergegangen, während ich etwas bei dem Blinden zurückgeblieben war. ‚Haben Sie den Greis nicht beobachtet?' sagte ich; ‚das ist ein wahrer Tobias. Ei-

nen so herrlichen Greisenkopf habe ich lange nicht gesehen.' Stilling
wandte sich schnell um; es war noch hell genug, um den Mann klar sehen zu können. Nach einem minutenlangen Anschauen sagte er: ‚Wahrhaftig, Sie haben recht. Ich habe viele Bilder gesehen, wo die alten Meister mit Liebe die heilige Geschichte gemalt haben, aber solch einen
schönen Kopf sah ich nicht. Aber warum nennen Sie gerade Tobias?'
‚Weil der Alte stockblind ist', erwiderte ich. ‚Wie? stockblind!' sagte Stilling; ‚das habe ich nicht bemerkt. Ach, der unglückliche Mann!' Schnell
wandte er um und kehrte zu dem Blinden zurück. Er faßte seine rauhe
Hand und sagte mit einem herzgewinnenden Tone des Mitleids: ‚Wie
lange seid Ihr blind, Vater?' – ‚Seit zehn Jahren.' – ‚Wißt Ihr nicht, wie
das Übel gekommen?' – ‚Genau weiß ich das nicht mehr; aber ich bin
einmal bei einem Gewitter sehr naß geworden und habe die Kleider auf
dem Leib trocknen lassen. Ich glaub', das war die Ursach'. – ‚Kann sehr
wohl sein', sprach Stilling, der unaufhörlich die Augen des Blinden beobachtete. Hierauf wandte er sich zu mir und sagte: ‚Der Star! Und völlig reif zum Operieren.' ‚Wo seid Ihr her?' fragte er wieder den Blinden.
Dieser nannte ein Dorf Hessens, das etwa zehn Stunden entfernt war.
‚Und wohin wollt Ihr jetzt?' – ‚Nach Marburg, Herr! Unser Herr Pfarrer hat mir gesagt, in Marburg sei jetzt ein Mann, der so geschickt sei im
Starstechen, und sei so ein frommer, guter Mann, daß er auch einen Armen nicht abweise. Da habe ich mich mit Gottes Hilfe und im Vertrauen
auf ihn, der die Herzen lenkt wie Wasserbäche, aufgemacht und bin, geführt von meinem lieben Enkelkinde, hieher gewandert und hoffe, der
gute Mann wird mich nicht verstoßen. Kennt Ihr ihn vielleicht?' Da
konnte ich mich nicht halten und sagte: ‚Da hat Euch Gott zu dem rechten Mann geführt, denn der ist's, der Eure Hand hält.' Da zuckte der
blinde Greis zusammen und faßte fest die Hand, die er hielt. ‚Gottlob!'
sagte er, und aus seinen lichtlosen Augen flossen Tränen. ‚Ach Herr,
wollt Ihr Euch eines armen Mannes annehmen und ihn mit Gottes Hilfe
heilen? Aber ich bin so arm, daß ich Euch nichts geben kann als die paar
Kreuzer, die ich erbettelt und erspart habe.' Stillings Antlitz leuchtete eigentümlich. Er blickte nach oben und seine Lippen bewegten sich in lei-
sem Dank und Flehen; dann sagte er, sich zu mir wendend: ‚Sehen Sie
da den Finger Gottes!', und zu dem Greis sagte er: ‚Wir wollen glauben
und beten, lieber Alter, vielleicht gibt uns dann Gott Segen zum Werk.
Ich will's mit Gottes Hilfe versuchen, Euch zu helfen.' Er reichte mir die
Hand, sagte gute Nacht und ging dann mit dem Blinden plaudernd nach
Marburg zurück.
Als ich am andern Morgen aus dem Kollegium zu Stilling kam und
nach dem Blinden fragte, führte er mich in ein nettes, gesundes Stüb-

chen. Da saß der blinde Greis recht behaglich in einem Lehnstuhl und rauchte sein Pfeifchen. Stilling erzählte, daß er ihn untersucht habe, aber die Operation aufschieben müsse, seine Säfte seien nicht rein genug, kräftig zur Genesung hinzuwirken; deswegen wolle er ihn einige Zeit hierbehalten und ihn pflegen. Der Greis schien unendlich vergnügt zu sein, und Stilling sprach viel von seinem kindlich frommen Wesen und wie er ihn so lieb gewonnen habe. Etwa vierzehn Tage später sagte er mir: ‚Kommen Sie doch morgen früh zu uns, ich gedenke die Operation des Blinden vorzunehmen, mehrere Freunde sind auch geladen.‘ Ich fand eine ansehnliche Zahl Männer unserer Bekanntschaft versammelt, und wir vereinigten uns sogleich zu einer Kollekte für den Armen, die reichlich ausfiel. Die Hofrätin zeigte uns mit besonderer Freude eine wollene Sackmütze, welche zinnoberrot und weiß in die Quere gestreift war. Sie hatte solche für den Greis gekauft.

Endlich rief uns Stilling in den Saal. Als wir eintraten, kam er mit dem Greise an der Hand aus dessen Stübchen. Es lag auf beider Antlitz eine wahre Verklärung, denn sie hatten durch inbrünstiges Gebet sich vorbereitet, und der Nachglanz dieser Erhebung des Herzens lag noch auf beider Zügen. Der Greis setzte sich. Die Fenster wurden grün verhängt, daß nur ein mattes Dämmerlicht im Gemache glänzte. Mir, der ich eine feste Hand hatte, wurde die Obliegenheit zugeteilt, des Greises Kopf zu halten, damit er nicht zucke. Jetzt ergriff Stilling die Nadel. Wie mir in diesem Augenblicke war, kann ich nicht sagen; ich wagte kaum zu atmen. Die Operation ging ziemlich rasch, mit großer Sicherheit und, wie es schien, ziemlich schmerzlos vorüber. ‚Gottlob!‘ rief Stilling, ‚es ist geschehen!‘ Jetzt hielt die Hofrätin dem Alten die Mütze hin, und er rief aus: ‚Ach Gott, was eine schöne Kappe!‘ ‚Sie ist Euer‘, sagte sie. ‚Mein?‘ fragte freudig überrascht der Greis. Dann richtete er das Haupt empor und sah in Stillings tränenschweres Auge. ‚Ach, ich sehe!‘ rief er aus, ‚und das verdanke ich Ihnen!‘ ‚Nicht mir‘, sagte Stilling mit einer Stimme, die vor Wonne und Rührung zitterte, ‚sondern dem Gott der Gnade, der auch zu Euch sprach: Es werde Licht! Und es ward Licht.‘ Da faltete der Greis seine Hände, sank auf seine Knie nieder und betete. Darauf wollte er Stillings Hände küssen, aber blitzschnell schlang ihm der eine Binde um die Augen und sagte: ‚Es ist hohe Zeit, wenn nicht alles verloren werden soll.‘ Darauf führte er den Greis in sein Stübchen und ließ ihn sich zu Bette legen. Als er wieder heraustrat, umringten wir ihn und drückten tiefbewegt seine Hände, aber reden konnte keiner. Er stand ruhig da, aber auf seinem Gesichte lag selige Freude und der Ausdruck des Friedens Gottes, der in seiner Seele wohnte. Er deutete bewegt nach oben und sagte: ‚Nicht uns, Ihm allein sei die Ehre!‘ und wir

465

sprachen alle einmütig ‚Amen!‘ Nach zehn Tagen reiste der Alte glücklich geheilt in seine Heimat zurück."

Kollegium – Vorlesung / Kollekte – Einsammlung freiwilliger Gaben

Hand-Seifen zu machen

Spanische Seife klein geschnitten, ½ Maß Rosenwasser, 3 Löffel voll Hundsfett, ¼ Pfd. Hirschunschlicht. Dieses zusammen über das Feuer gesetzt und ein wenig kochen lassen, hernach abgehoben und in einen Schachteldeckel geschüttet, bis es erkaltet und man es in Stücken schneiden oder Kugeln daraus machen will.

Aus dem Kochbuch von Goethes Großmutter, 1724

Hirschunschlicht – Hirschtalg

Aus den Lebenserinnerungen des
Jakob Ludwig Karl Grimm

Im Frühjahr 1802, ein Jahr früher als Wilhelm, der um diese Zeit lange und gefährlich kränkelte, bezog ich die Universität Marburg. Die Trennung von ihm, mit dem ich stets in einer Stube gewohnt und in einem Bett geschlafen hatte, ging mir sehr nahe; allein es galt, der geliebten Mutter, deren Vermögen fast zusammengeschmolzen war, durch eine zeitige Beendigung meiner Studien und den Erfolg einer gewünschten Anstellung einen Teil ihrer Sorge abnehmen und einen kleinen Teil der großen Liebe, die sie uns mit der standhaftesten Selbstverleugnung bewies, ersetzen zu können. Jura studierte ich hauptsächlich, weil mein seliger Vater ein Jurist gewesen war und es die Mutter so am liebsten hatte; denn was verstehen Kinder oder Jünglinge zu der Zeit, wo sie solche Entschlüsse fest und entschieden fassen, von der wahren Bedeutung eines solchen Studiums? . . . Zu Marburg mußte ich eingeschränkt leben; es war uns, aller Verheißungen ungeachtet, nie gelungen, die geringste Unterstützung zu erlangen, obgleich die Mutter Witwe eines Amtmanns war und fünf Söhne für den Staat großzog; die fettesten Stipendien wurden daneben an meinen Schulkameraden von der Malsburg ausgeteilt, der zu dem vornehmen hessischen Adel gehörte und einmal der reichste Gutsbesitzer des Landes werden sollte. Doch hat es mich nie geschmerzt; vielmehr habe ich oft hernach das Glück und auch die Freiheit mäßiger Vermögensumstände empfunden. Dürftigkeit spornt zu Fleiß und Arbeit an, bewahrt vor mancher Zerstreuung und flößt einen nicht unedlen Stolz ein, den das Bewußtsein des Selbstverdienstes gegenüber dem, was anderen Stand und Reichtum gewähren, aufrechterhält.

Aus: J. Grimm, Reden und Aufsätze

Präzeptor – Lehrer / Lyzeum – höhere Schule. hypochondrisch – eingebildet krank / Kollaborator – Hilfslehrer

L. E. Grimm: Mädchen aus Gosfelden bei Marburg

Marburgs Wirtschaftsleben

Die Bedeutung Marburgs liegt namentlich in seiner Universität und seiner reichen Geschichte. „Marburg hat nicht, Marburg ist eine Universität". Doch sind Industrie und Handel nicht unbedeutend, wenn auch die beiden altheimischen Gewerbezweige, Töpferei und Gerberei, gegen früher bedeutend zurückgegangen sind. Im Jahr 1846 waren 31 Töpferwerkstätten vorhanden, welche 140 Personen beschäftigten; 1861 gab es noch 29 Töpfermeister mit 49 Gesellen und Lehrlingen, 1871 24 Töpfereien mit 50 Gesellen und 20 Tagelöhnern, welche Waren („Marburger Dippchen") im Wert von 30-35 000 Talern erzeugten; jene wurden meist nach Frankreich, Belgien und Österreich ausgeführt. Heute zählt man nur noch 7 Töpfermeister mit 15 Arbeitern, von denen einer Porzellanöfen und 4 andere vollendete keramische Arbeit liefern, die in neuerer Zeit auch auswärts wieder sehr beliebt geworden ist. Während 1871 noch 23 Gerbereien im Betrieb waren, welche hauptsächlich Rinds- und Kalbleder im Wert von 100 000 Talern lieferten, ist ihre Zahl heute auf 12 zusammengeschmolzen. Es befinden sich außerdem hier 1 Fabrik landwirtschaftlicher Maschinen, Eisengießerei und Mühlenbauanstalt (Ostheim), mit 100-120 Arbeitern; eine Tabaksfabrik (Steph. Niderehe und Sohn) mit Dampfbetrieb und 100–120 Arbeitern; eine Tapetenfabrik (Schäfer) mit Dampfbetrieb und 160 Arbeitern; 3 Werkstätten, in denen vorzügliche chirurgische Instrumente und Spritzen verfertigt werden (Holzhauer, Seidel), mehrere Kunstschlossereien, 3 Strickereien, 1 Tuchmacherei, 1 Seifenfabrik, 1 Etuisfabrik, 2 Holzsägemühlen, 3 Möbelfabriken, 2 Ziegeleien, 3 Bildhauereien, 3 lithographische Anstalten, 7 Druckereien, 6 Buchhandlungen, von denen eine (Elwert) ein ansehnliches Verlagsgeschäft betreibt; 2 Bierbrauerein, 1 Wurstfabrik, 2 Öl- und 2 Mahlmühlen, mehrere Kunst-, Blumen- und Handelsgärtnereien. Die Marburger Viehmärkte, besonders auch die Pferdemärkte, mit denen seit 1891 eine Lotterie verbunden ist, haben in den letzten Jahren einen erheblichen Aufschwung genommen.

Aus: Hessische Landes- und Volkskunde, Band 1, 2

Die Elisabethkirche zu Marburg

Der Landgräfin Elisabeth Lob

Elisabeth ist König Andreas' von Ungarn Tochter gewesen und Landgraf Ludwigs von Thüringen Ehegemahl, eine gottesfürchtige Fürstin, die wegen ihrer christlichen Wohltat und Mildigkeit eine Mutter der Armen genannt ist. Den gesunden Armen hat sie Zehrung gesandt, kranken Speise und Labsal, verstorbenen Decke und Kleidung, die Betrübten hat sie getröstet, in Teurung Korn und Mehl, auch Brot ausgeteilet. Bei

Marburg im Hessenland, wohin sie sich nach ihres Gemahls Tod begeben, baute sie von ihrer Morgengabe ein herrlich Hospital für Arme und für fremde Leute, daß sie darin Herberge finden sollten, diente selber darin mit Baden, Fußwaschen, Pflegen und Warten der Kranken. Darum sie unter die Zahl der Heiligen gesetzt ist worden vom Papst Gregor IX., ist selig gestorben im Jahr 1231, den 19. November.

Elisabeth, so geht die Sage, badete einst einen Aussätzigen, der hieß Elias, in Abwesenheit des Landgrafen und legte den in ihr Bett. Als der Landgraf heimkam, da nahm ihn seine Mutter bei der Hand, führete ihn zum Bette und sprach: „Siehest du den dort liegen? Dein Weib hält mit ihm zusammen." Da hob der Fürst die Decke auf und er fand das Bildnis unseres Herrn Christi (andere sagen der Mutter Maria) im Bette liegen. Als der Fürst solches sah, fing er an zu weinen und bat die fromme tugendreiche Frau vielmal um Verzeihung.

Einst stieg sie von der Wartburg mit einem Körbchen, darin allerlei Gaben für die Armen waren, die am Berge auf sie harreten. Da trat ihr Ludwig, ihr Gemahl, in den Weg, der ihrer allzugroßen Wohltätigkeit bisweilen milde entgegentrat, diesmal aber durch Einflüsterungen auf Elisabeth zornig gemacht war. Der Erzürnte fragte: „Was trägst du da?" „Herr, Blumen sind's," war die Antwort. Der Landgraf wollte sich selbst davon überzeugen, und als seine Hand das Körbchen aufgedeckt, da war es wirklich mit duftenden Rosen angefüllt. Da er nun glaubte, ihr Unrecht getan zu haben, bat er sie um Verzeihung, die ihm Elisabeth auch diesmal gern widerfahren ließ.

Aus: G. Th. Dithmar, Deutsches Historienbuch

Schepperlinge

Zutaten: 400 g Kartoffeln; 2 Brötchen; ⅛ l Milch; 2 Eier; 50 g Speck; Butter.

Kartoffeln schälen und reiben. Brötchen in lauwarmer Milch einweichen, zu Brei zerdrücken und kurz warmstellen. Kartoffeln, Brötchen und Eier zu Teig vermischen. Ein Kuchenblech mit dem Speck gut ausfetten, den Teig zu kleinen Fladen formen und bei 200 Grad ca. 20 Minuten backen. Aus dem Ofen nehmen, mit Butter bestreichen und heiß servieren.

Prinz Rosa-Stramin
Auszug

Ich habe in Marburg und in Göttingen studiert. Beide Orte unterscheiden sich sehr. In Göttingen ist's kalt, fein und stolz. Überall riecht's nach Professoren und Heineschen Personalwitzen. In Marburg ist's warm, grob und zutraulich. In Göttingen gedeihen Kamele, Heidekraut, Professorentöchter und Würste; in Marburg frohe Burschen, Maiblumen, liebe Mädchen und irdene Waren. Ein Ball in Göttingen ist ein Handschuh, den die Damenwelt in den Zirkus der gräßlichsten Langweile wirft, und den die Männerwelt mit Schaudern zurückholt. Ein Ball in Marburg ist eine lachende Rose, welche die Studenten den Marburger Mädchen schenken. Göttingen hat eine Universität, Marburg ist eine, indem hier alles, vom Prorektor bis zum Stiefelwichser, zur Universität gehört. Durch die Marburger engen Straßen weht der fromme Geist Philipps des Großmütigen, und die alten hohen Häuser machen ehrwürdige, säkularische Gesichter, – aber durch Göttingen weht englische Seeluft und hannoverscher Noblessenwind.

Ernst Koch

Sujets – Entwürfe

Schweinsberg

Am rechten Ufer der Ohm, in einer weiten Wiesenebene nahe an der großherzoglich-hessischen Grenze, lehnt sich das Städtchen Schweinsberg an einen Hügel, von welchem die gleichnamige Stammburg der hessischen Erbschenken herabblickt. Nur wenig erhebt sich der Hügel über die flache Gegend; ohne Mühe ersteigt man den Gipfel und tritt in die weitläufige Burg.

Die Befestigung des Schlosses war nicht unbedeutend. Außer jenem Walle umschlingen dasselbe noch jetzt zwei hohe und starke Ringmauern mit Rondellen und Schießscharten, und an die Stelle jenes Walles, der sich auf der Süd- und Ostseite verliert, tritt das bis an die Mauern sich heraufziehende Städtchen. In früheren Zeiten muß es noch fester gewesen sein, indem die ganze Umgegend ein Sumpf gewesen sein soll, durch den nur ein Weg zu dem Schlosse geführt habe. Es ist dieses nicht unwahrscheinlich; noch jetzt findet sich am Fuße des Berges ein Sumpf

Schweinsberg und sein Schloß

und die ganze Umgegend, beinahe eine halbe Stunde ringsumher, ist durch die niedere Lage sehr feucht und jede Anschwellung der Ohm setzt sie unter Wasser.

Die Aussicht vom Schlosse ist zwar nicht viel weiter als sich die Ebene ausdehnt, aber demungeachtet hat sie durch das Sanfte ihres Charakters etwas ausnehmend Anziehendes. Durch das erquickende Hochgrün der sich ringsum ausdehnenden Wiesenmatten schlängelt sich ruhig und langsam die Ohm mit mehreren kleinen Bächen. Nördlich erblickt man die hohe felsenreiche Amöneburg und weiter Kirchhain, zwischen denen 1762 die letzte Schlacht des Siebenjährigen Krieges geschlagen wurde. Dann die Dörfer Plausdorf, Niederklein und Rüdigheim. Südlich erblickt man Nieder- und Oberofleiden, Haarhausen, Erfurtshausen und die Höhen um Nordeck. Gegen Osten erhebt sich hoch der Frauenberg und in der Ebene erblickt man Schröck mit dem nahen Brunnentempel der heiligen Elisabeth, sowie die Dörfer Mardorf, Roßdorf und Wittelsberg.

Aus: Georg Landau, Die hessischen Ritterburgen

Dillenburg

Die Stadt Dillenburg an der Dille ist Sitz eines Hof- und Appellationsgerichtes und eines Kriminalgerichtes. Sie verdankt ihrer jetzt in Ruinen versunkenen Burg Ursprung und Namen. Graf Heinrich der Reiche von Nassau legte sie auf der Bergspitze, die in drei Täler schaut, als eine Schutzwehr für das noch nicht lange seinem Hause angefallene Land an. Nach seinem Tode wird sie im Jahr 1255 zum erstenmal genannt. Sein Sohn Otto und dessen Nachfolger hatten hier öfter ihren Aufenthalt, bis sie unter Wilhelm dem Reichen die feste Residenz für die Regenten der Nassau-Dillenburger Linie bis zum Jahre 1739 wurde. Unter Heinrich I. († 1343) wurde sie vermutlich in der Dernbachischen Fehde verbrannt, aber erweitert wieder aufgebaut. Von 1468 bis 1486 erhielt sie viele neue Bauten. Der genannte Graf Wilhelm legte um 1535 die hohe Mauer gegen die Stadt, auf welcher jetzt das Kriminalgefängnis steht, und einen Wall mit tiefem Graben an. Johann VI. erbaute zwei neue Türme und das Zeughaus ... Die Burgkapelle war dem heiligen Johannes geweiht und erhielt 1496 einen neuen Altar. Zu der Burgmannschaft gehörten die von Abenrade, Fleckenbühl, Heyde, Hunsbach, Rolshausen, Schönbach, Haiger, Sprikaft und vermutlich auch die von Dillenburg, welche von 1279 bis 1342 vorkommen. Die meisten hatten ihre Burgsitze am Fuße des Burgberges besonders in der Marbach, dem ältesten Teil der Stadt. Kaiser Ludwig erteilte diesem Tale 1344 Stadtrechte, allein es blieb noch lange ein offener Ort und zählte 1447 nur 85 Häuser. 1441 wird ihres Gerichtes zum erstenmale erwähnt, da sie bisher unter dem in Herborn gestanden hatte. Sie vergrößerte sich von da an rascher und erhielt die zweite Hauptstraße, die 1479 die neue Stadt genannt wird. Ihre Hauptaufnahme aber fand sie erst unter Johann dem Älteren, wo die meisten Bewohner des Dorfes Feldbach hierher überzogen. Dieser fing 1588 an, die Stadt mit einer Ringmauer zu umziehen, gab ihr 1597 alle bürgerliche Freiheit, enthob sie der Dienstpflichtigkeit und legte Jahrmärkte an. Unter diesem war auch bis 1606 hier der Sitz der Regierung über alle nassau-ottonischen Länder diesseits des Rheins, was sich 1742 erneuerte, wo alle höhern Landeskollegien der nun wieder vereinigten vier Fürstentümer Dillenburg, Siegen, Hadamar und Diez hierher verlegt wurden, wo sie bis 1815 geblieben sind. Nachdem das Schloß im Jahr 1760 von den Franzosen während einer achtzehntägigen Belagerung zerstört worden war, erhielt die Stadt eine bedeutende Erweiterung. 1764 wurde das Archivgebäude, das eines der wohlgeordnetsten Archive Deutschlands enthielt, 1768 die Wilhelmstraße und 1787 die neue Marktstraße angelegt.

Der Hofgarten, der 1492 schon bestand und seit 1810 verpachtet ist, hatte zwei Orangeriehäuser, wovon das eine 1812 in eine katholische Kirche umgewandelt wurde. Die Stadt war nach Feldbach eingepfarrt, hatte aber seit 1453 auch eine eigene Kapelle mit den St. Antonii und Sebastiani Altären und darin seit 1477 eine Sonn- und Festtagsmesse. Die jetzige Stadtkirche wurde erst vom Grafen Johann V. erbaut und 1490 die Pfarrei von Feldbach hierher verlegt. Sie war dem Evangelisten Johannes geweiht und hatte 1501 sieben Altäre. In diesem Jahre machte der Graf noch die Stiftung, daß neben dem Pfarrer und Kaplane noch fünf Priester, ein Schulmeister und ein Lokat angestellt wurden, die das Hochamt mithalten mußten. Auch war jetzt erst der Kirchhof von Feldberg hierher verlegt worden. 1581 wurde die Totenkirche erbaut und um diese der Kirchhof angelegt. Das Waisenhaus ließ der Fürst Wilhelm 1724 erbauen.

Die Stadt erlitt 1524 und 1723 bedeutende Feuersbrünste. – Die Kupferhütte an der Nanzenbach schenkte der Fürst Christian 1728 seiner Gemahlin Isabelle.

C. D. Vogel

Lokat – Pächter

Der Löwe als hessisches Stamm- und Kollektivwappen

Das hessische Stammwappen besteht in einem blauen Felde mit einem silbern und rot quergestreiften, goldgekrönten Löwen, welcher eine rote Zunge vorstreckt und nach der rechten Seite des Wappenschildes gewendet ist.

Der Helm dieses Wappens ist der Landgrafenhelm; die zugehörigen Helmdecken sind zur rechten Seite des Wappens silbern und blau, zur linken Seite aber silbern und rot.

Alter und Abstammung dieses Löwen sind unbekannt. Man hat viel darüber gestritten, ob der gestreifte hessische Löwe fränkisch-hessischen, oder thüringisch-hessischen oder gar brabantischen Ursprungs und erst seit der heiligen Elisabeth mit den ungarischen Wappenfarben (Silber und Rot) tingiert sei.

Daß der gestreifte Löwe vor Hessens wirklicher Trennung von Thüringen (1263) bereits das thüringisch-hessische Wappen war, unterliegt

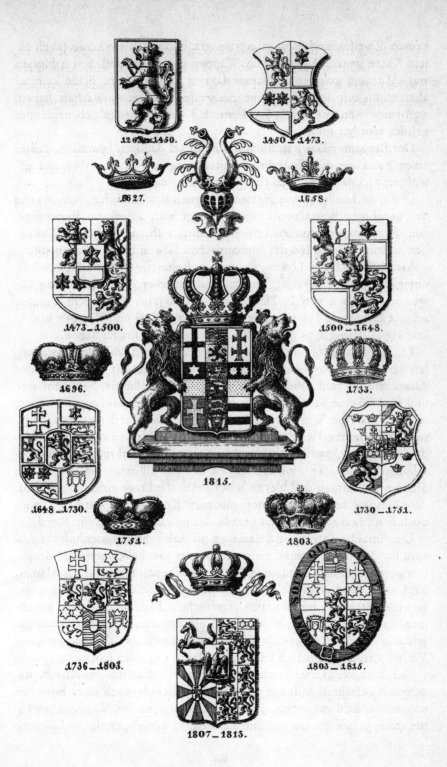

1263—1450.

1450—1473.

1627.

1658.

1473—1500.

1500—1648.

1696.

1733.

1648—1730.

1751.

1803.

1730—1751.

1736—1803.

1803—1815.

1807—1813.

1815.

keinem Zweifel, und es ist immerhin glaublich, daß ein Löwe (auch öfters Katze genannt) bereits das Wappen der alten Grafen von Hessen war. Mit dem goldnen Brabanter Löwen im schwarzen Felde kann er aber schon um deswillen keine deszendentale Verwandtschaft haben, weil beide wenigstens von L. Heinrich I. unterschieden nebeneinander geführt worden sind.

Der Brabanter Löwe ist auch in der Regel dadurch kenntlich, daß er einen zwischen die Hinterbeine untergezogenen Schweif hat und gewöhnlich leopardenähnlich (lion leopardé) einhergeht.

Der erste Landgraf von Hessen, Heinrich das Kind, hat, sobald er in den geruhigen Besitz von Hessen gelangt war, auf einem Reitersiegel den thüringisch-hessischen Löwen geführt, während er sich an Urkunden bis zum Jahre 1266 des brabantischen Löwen bedient haben soll.

Man hält auch den Löwen, welcher im Reitersiegel von L. Heinrich II. unter dem Pferde herläuft, für den Brabentischen, desgleichen den Löwen im Wappen von L. Hermann um das Jahr 1387, nicht weniger scheint L. Ludwig I. – wenigstens zuweilen – Titel und Wappen und L. Ludwig II. wenigstens den Titel von Brabant geführt zu haben.

Ein fast noch größerer Streit waltet ob über die Anzahl der Querstreifen des thüringisch-hessischen Löwen und über die Art und Weise ihrer Abwechslung; bald sollen es vier rote und vier silberne, bald fünf rote und fünf silberne Striche (Balken oder Binden) sein, bald sogar vier rote und fünf silberne. Winkelmann sagt, jedoch ohne Quellenunterstützung, seit der Trennung Hessens von Thüringen habe Hessen zum Unterschiede den Wappenlöwen mit viermal in Rot und viermal in Silber abwechselnden Streifen, Thüringen dagegen mit vier silbernen und vier roten Streifen geführt, so daß hiernach der hessische Löwe einen roten Kopf, der thüringische dagegen einen silbernen Kopf gehabt hätte; es ist jedoch beim hessischen Löwen gerade der umgekehrte Fall die Regel.

Die einfache Tatsache ist, daß man niemals sehr gewissenhaft die Anzahl der Streifen beachtet, vielmehr mit der fast beliebigen Zahl derselben gewechselt hat; denn an vollgültigen Wappen erscheinen bald acht, bald neun, bald zehn, bald mehr, bald weniger Streifen, welche sogar bisweilen statt der horizontalen regelrechten Lage eine schräge annehmen, indem die roten Streifen durch ein um den silbernen Löwen geschlungenes Band vorgestellt werden, wie es z. B. auf dem Revers eines Vieralbusstückes von L. Karl aus dem Jahre 1723 der Fall ist.

Der hessische Löwe erscheint übrigens nicht selten ungestreift, namentlich auf ältern Münzen und sonstigen Reliefs; auch ist er bisweilen ungekrönt, bald zur rechten, bald zur linken Seite des Wappens gewendet, nicht selten en face, mithin Leopard in Löwengestalt. – Über die vorgestreckte rote Zunge des Löwen ist zu bemerken, daß dieselbe meistenteils in eine aufwärts gebogene Spirallinie endet, welche Form an gähnenden Tieren deutlich wahrgenommen werden kann; dieselbe erscheint daher nicht nur als eine Zierde, sondern dürfte auch wohl einen bis zur Ermüdung wachsamen Löwen bezeichnen, wenn man den offenstehenden Rachen desselben nicht etwa für angeregten Mut halten will; denn in alten Wappen hat jeder kleine Umstand eine bestimmte Bedeutung.

Einige Heraldiker geben dem hessischen Löwen goldne Klauen.

Der linksgewendete Löwe ist bald durch ein unbeabsichtigtes Versehen der Stempelschneider oder Kupferstecher, bald im Streben nach Symmetrie durch Gegeneinanderstellung mehrerer Wappenschilde veranlaßt worden. Auf einem Vieralbusstück des L. Philipp von 1544 ist sowohl der hessische Löwe als auch der Löwe von Katzenelnbogen links gewendet, so daß sie den beiden Leoparden des gegenüberstehenden Wappens von Dietz entgegenschreiten.

Der Regel nach schreiten alle Wappentiere nach der rechten Wappenseite, was ohne Zweifel seinen Grund hat in der ersten Anwendung der Wappen, denn wenn man ein Tier auf die Außenseite des Schildes malte, welchen man am linken Arme trug, so mußte dasselbe nach derjenigen Seite gewendet sein, welche beim Vorschreiten des Schildträgers vorausging, welches eben die rechte des Schildes war, während im entgegengesetzten Falle das Wappentier als rückschreitend erschienen sein würde.

Der hessische Löwe ist ferner bald einfach-, bald doppelt- und dreifach-geschwänzt, letzteres jedoch niemals in den ältesten bekannten Zeiten des Wappens, und kann man sich daher mit gutem Grunde der Ansicht hingeben, daß der doppelte Schweif rein irrtümlich aus dem oft so reich zottigen, schnörkelhaft verzierten, einfachen Schwanze entstanden ist, weil derselbe unter solchen Umständen beim oberflächlichen Anschauen in der Tat mit zwei oder drei durcheinandergeschlungenen Schwänzen Ähnlichkeit hat; allein seit dem siebenzehnten Jahrhundert ist ein entschiedener Doppelschweif des hessischen Löwen fast herrschende Regel und deshalb Eigentümlichkeit desselben geworden, bis denn in der neusten Zeit Hessen-Darmstadt und Hessen-Homburg den Doppelschweif ausschließlich festgehalten zu haben scheinen, während Kurhessen dagegen zu dem unzweifelhaft ältern einfachen Schweife fast ebenso ausschließlich zurückgekehrt ist. Der hessendarmstädtische Löwe hält außerdem seit 1806 in seiner rechten Pranke (Tatze) ein entblößtes aufgerichtetes Schwert, ohne Zweifel in Rücksicht des damals vom Großherzog angenommenen Titels: „Vorfechter zwischen Rhein und Weser".

Die Krone des Löwen ist in der Regel eine offne mit einem ganzen Blatt und zwei halben, in der neuern Zeit trägt er die gewöhnliche königliche Krone mit Perlbogen.

Dieser Stammlöwe ist zugleich zum hessischen Kollektivwappen erhoben und erscheint gegenwärtig auf allen Behördensiegeln Hessens ohne Ausnahme; er kommt jedoch bisweilen auch spezialisiert vor, indem er mit beiden Pranken entweder auf dem schaumburgischen Kanzleisiegel das schaumburgische Nesselwappen oder auf dem hersfeldischen Kanzleisiegel das hersfeldische Doppelkreuz oder auf dem philippstalischen Amtssiegel eine Fürstenkrone hält, in deren Ring innerhalb der Buchstaben H. PHIL. (Hessen-Philippsthal) zu lesen sind. Mitunter steht der Löwe auch ungekrönt unter einer großen Krone, welche ihn wie ein Baldachin überschattet; es ist dies ganz gewöhnlich im Stempel des Stempapiers unter L. Karl und außerdem auf dem Siegel des Oberamtes zu Schmalkalden sowie auf dem Siegel des hessenphilippstalischen Gerichts zu Herleshausen. Zuweilen schwebt nur eine kleine Krone über dem Haupte des hessischen Löwen; es ist dies der Fall bei dem fürstlich hessen-rotenburgischen Gesamt-Appellationssiegel.

Auf den silbernen Sechshellerstücken endlich von L. Friedrich I., König von Schweden (z. B. aus den Jahren 1733, 1737, 1738 und 1743) nehmen wir über dem offengekrönten hessischen Löwen eine etwas größere freischwebende königliche Krone wahr. Der Löwe erscheint als Kollektivwappen nicht immer im Schilde, sondern auf Siegeln namentlich häufig ganz frei. Durch Regierungsausschreiben vom 26. März 1795 ist verordnet, daß nur die beiden geheimen Kanzleien den hessischen Löwen ohne Umschrift oder Legende als herrschaftliches Siegel führen sollen, gegenwärtig haben alle Behördensiegel ohne Ausnahme eine hinweisende Umschrift.

Selbst der Kopf eines Löwen, sowohl en face, als en profil dient in Hessen als eine durch den Wappenlöwen bestimmte, ziemlich allgemeine Auszierung vieler fürstlicher Gegenstände sowie der Waffen und Uniformen des hessischen Militärs.

Dieser Löwenkopf ist aber in der Regel ungekrönt und entweder von Gold oder Silber, ohne jemals einen der roten Streifen damit zu verbinden.

Aus der Zeitschrift des Vereins für hessische Geschichte und Landeskunde, Bd. 4

tingiert – gefärbt / deszendental – abstammungsmäßig / en face – von vorne / en profil – von der Seite

Herborn

Das Rathaus ist nach dem großen 1626 erfolgten Brand erbauet worden. Im Jahr 1629 am 1. August wurde es aufgeschlagen; und im Jahre 1636 am 8. März gebrauchten die beiden Bürgermeister Görg Maus und Wilhelm Mangold zum erstenmal das neue Schöffenstübchen zur Erhebung der ordinären Schatzung. Am 18. März des Jahres ist der erste Senat und am 19. Juni das erste peinliche Gericht gegen dreizehn Zauberer und Zauberinnen darauf gehalten worden. Auf dem über der Gerichtsstube befindlichen Saale hangen die Porträts von den Dillenburgischen ehemaligen Herrschaften. In dem Ern des Rathauses stehen die zwei Stadtspritzen und wird daselbst aller Vorrat von Werkzeugen gegen Feuersbrünste aufbewahrt. Von hinten her ist in diesem Säkulum an das Rathaus angebaut worden ein großer Bau, die Fleischschirm genannt, die vorher auf dem Schuhmarkt stand, ein zu damaliger Zeit gemeinschaftliches Schlachthaus: itzt aber sind Boden, Ern und Keller verlehnt, weil der Gebrauch nach seiner ursprünglichen Bestimmung aufgehöret hat. Von außen sind zwischen den Fenstern des Saals und der Gerichtstube vorn und zur Seite angebracht eine große Anzahl in Holz geschnitzter illuminierter Wappen. Auch sind Schultheißenwappen da. Soviel ich vermuten kann, sind sie zum Andenken der auf diesem Rathause gehaltenen sogenannten Grafentage angebracht worden. Dieses jetzt stehende Rathaus ist also das zweite auf diesem Platze; ist renoviert worden 1770 und im Brandkataster angeschlagen 10400 Gulden.

Das erste Rathaus wurde hieher erbauet 1589, nachdem die Stadt ihr bisheriges an Graf Johann für die Schule überlassen hatte. Der Anfang des Baues geschahe den 13. April des Jahres und gab der Graf über 600 Wagen Holz und 123 Wagen Kalk an Bezahlung für das alte dazu her. Die Steine sind im Kamp, am Weißberg, im Bockshain und Beilstein gebrochen und dazu vor und nach vom 7. April bis im August des Jahres bei 340 Personen gebraucht worden, davon jeder binnen der besagten Zeit täglich 6 Albus 6 Pfennig Lohn bekam. Die Herbeischaffung der Steine hat 265 Räder Gulden 22 Albus 6 Pfennig gekostet. Die Zimmerleute bekamen den Sommer durch täglich 8 Albus, den Winter 7 ½ Albus und betrug dieses eine Summe von 700 Gulden. Zum Dach hat man 758 Reiß Schiefersteine gebraucht. Der ganze Bau war vollendet 1591, wo man den 10. Februar die Rechnung abhörte, deren Summe 3703 Gulden 4 Albus betrug. Schultheiß war damals Konrad Nokole, und Baumeister waren Georg Zaunschliffer und Jost Löher. Dieses erste Rathaus hat gestanden bis zum 20. August 1626, wo es im Rauch aufging.

Die Viertel- und Stundenuhr nebst der Glocke auf hiesigem Rathaus ist am 9. März 1712 dem Uhrmacher Tielmann Schmitt zu Aslar zu machen verakkordiert worden; und hat die Stadt ihm 30 Reichstaler und eine Wag Eisen gegeben. Die Glocke sollte wiegen 200 Pfund und er sollte für das Pfund Erz einen halben Gulden haben. Sie wurde 1713 aufgestellt und hatte gekostet 300 Reichstaler.

Aus: J. H. Steubing, Topographie der Stadt Herborn, 1792

Ern – Flur / Säkulum – Jahrhundert / illuminiert – bunt ausgemalt / Brandkataster – Grundstücksverzeichnis mit dem Schätzwert der darauf stehenden Bauwerke / akkordieren – vereinbaren

Von Staufenberg bei Lollar heißt's:

Staufenberg, du schöne Stadt,
Trocken Brot, und das nicht satt,
Große Schüsseln, wenig drein,
Stadt Staufenberg soll des Teufels sein.

Staufenberg

An der von Gießen nach Marburg führenden Straße erhebt sich in dem durch den Einfluß der Lumda in die Lahn gebildeten Winkel, nahe der kurhessischen Grenze, ein hoher Basaltberg, auf dem das großherzoglich hessische Städtchen Staufenberg mit den Trümmern zweier Burgen liegt.

Die schönste Ansicht von Staufenberg genießt man unstreitig am Lahnufer beim Dorfe Kirchberg. An dem hohen westlichen Abhange des Berges ziehen sich zwischen dem Grün der Obstbäume die ärmlichen Hütten des Städtchens hin und schmiegen sich traulich an die bis zum Gipfel des Berges hinaufreichenden Trümmer. Das Bild ist so malerisch, daß man gern und mit Vergnügen beim Betrachten verweilt.

Die Aussicht von der Höhe lohnt hinlänglich für die Mühe des Steigens. Nördlich blicken aus den Lahnbergen die Frauenburg und die Marburg hervor, südlich öffnet sich das schöne Lahntal und die blühende Wetterau; man sieht Gießens Türme, die Trümmer der Gleiburg, der Fetzburg, der Badenburg, den alten Sitz des Deutschen Ordens zu Schiffenberg.

Die Entstehung der Staufenburg (Stouphinberch, Stoypenberg etc.) ist unbekannt. Ob sie ihren Namen von einer angeblich altdeutschen Gottheit Stuffo erhalten, wie man vermutet hat, lasse ich um so mehr dahingestellt sein, da erst noch erwiesen werden muß, daß eine solche vorhanden gewesen ist. Man findet die Burg zuerst im Anfang des 13. Jahrhunderts und seitdem stets in dem Besitze der Grafen von Ziegenhain, welche sie von der Abtei Fulda zu Lehen trugen. Das Städtchen, welches durch die Burg entstand, findet sich dagegen erst im 14. Jahrhundert.

G. Landau, Die hessischen Ritterburgen

Des Fuhrmanns Lust

Hansel, spann' meine sechs Schimmel ein!
Kellerin, bring raus meinen Hut!
Wir müssen weiter fahr'n,
Dableiben tut mir kein gut, juchhe!
Dableiben tut mir kein gut.

Kellerin, was sagen deine Leut',
Daß dich das Lieben so freut?
Meine Leut' sagen allezeit,

481

Lieben geht weit und breit,
Lieben steht stark im Schwang, juchhe!
Schätzle, reich' mir die Hand!

Sitzt ein schöns Vogel im Tannewald,
Tut nichts als singen und schrein,
Was mag's für 'n Vogel sein,
Der so schön singt und schreit?
Das muß a Nachtigall sein, juchhe!
Das muß a Nachtigall sein.

„Hörst du den Vogel, er pfeift so schön,
Tut nichts als singen und schrein
Das ist kein' Nachtigall,
Die schlägt in keim Tannewald,
Schlägt in ihr'm Haselnußstrauch, juchhe!
Schlägt in ihr'm Haselnußstrauch.

Aus Neiskirchen bei Gießen, 1854

Spottvers auf Gießen

Gießen ist ein schöne Stadt,
Wenn's lange nicht geregnet hat,
Wenn es aber regnet hier,
Kommt man nicht durch Dreck und Schmier.

Gießener Studentenleben

Das Studentenleben in Gießen war von Anbeginn der Universität an
ein recht rohes und wildes. Die Entstehung der Hochschule fällt in jene
schlimme Periode, welche nach der Reformation beginnt, wo die Ver-
wilderung der akademischen Sitten im Zunehmen begriffen war, um mit
dem Dreißigjährigen Kriege ihren Höhepunkt zu erreichen, und namentlich jener rohe Pennalismus auf den Universitäten geübt wurde, von
welchem unser heutiges Fuchsbrennen der letzte Überrest ist. Ehedem
war mit diesem Fuchsbrennen, der Deposition, durch welche der Fuchs

Der Marktplatz in Gießen

aus einem unvernünftigen Tier zu einem richtigen Studenten umgeschaffen werden sollte, ein umständliches entsetzliches Zeremoniell verbunden, das wir in kurzen Zügen wiedergeben wollen. Die Füchse, damals Bachanten genannt, wurden vor den Depositor geführt, der in einem Kleide, wie es die Gaukler trugen, erschien. Wenn derselbe die erforderlichen Instrumente ausgebreitet hatte, bekleidete er die Bachanten mit dem Bachantenrock, einem abenteuerlichen Kleidungsstücke, welches zum Lachen reizte. „Das geschah deshalb, als wenn er nicht Mensch, sondern ein unvernünftiges gekröntes Tier wäre", um schließlich wieder in menschlicher Gestalt zu erscheinen, zum Zeichen, daß er sich der Bachantenpossen fortan entschlagen und ein vernünftiger Mensch sein wolle. Alsdann hielt der Depositor eine Rede. War seine Rede geendet, so ließ er den Novizen bedenklich Fragen und Formeln lösen oder über irgendein Thema sprechen. Dabei hatte er in der Hand eine Wurst mit Sand oder Kleie gefüllt; antwortete jemand nicht nach seinem Geschmack, so schlug er ihn damit oft bis zu Tränen. War das vorbei, so mußten sich die Bachanten auf die Erde legen, so daß ihre Köpfe in einen Kreis fielen und ihre Körper einen Stern bildeten, „daß sie sollten haben ein Denkzeichen der Demut und Unterdiensthaftigkeit". Die so auf die Erde Ausgestreckten behaute er zum Scheine mit der Axt und wendete er außerdem Hobel, Säge, Bohrer usw. an, „damit alles, es sei

483

am Leib oder Gemüt, solle abgetan und abgeschafft werden". Waren sie auf diese Weise trefflich vorbereitet, so mußten sie sich von der Erde erheben und Hörner auf ihre Köpfe setzen, welche ihnen abgeschlagen wurden, „daß der vorige Bachantentrotz und das alte störrische Wesen gänzlich in ihnen sollte erstorben und getötet sein".

Gießen
(aus dem „Politischen Schatzkästlein")

Alsdann wurden jedem die Haare geschnitten und mit Hobelspänen bestreut, „daß er dasselbe solle sauberhalten und nicht ziehen entweder zum Stolz oder zum abscheulichen Greuel". Nachdem wurden ihm die Ohren mit einem ungeheuren Ohrlöffel gereinigt, „daß sein Gehör sollt' aufmerksam sein auf die Lehren der Tugend und Weisheit und sich aller Unsauberkeit der Narreteidungen und schädlichen Reden entziehen". Weiter wurde ihm ein großer Eberzahn in den Mund gesteckt und dann wieder mit einer Zange herausgezogen, wobei der Bachant auf einem Stuhle mit einem Beine sitzen mußte. Es geschah, „daß er nit solle beissig sein, auch niemands guten Leumund und Namen mit schwarzen verleumderischen Zähnen vernagen". Dann säuberte der Depositor des Bachanten Hände und Nägel mit einer Feile, „daß er seine Hände nicht solle gebrauchen zu unnötigen Waffen, zum Raufen und Schlagen, zum Rauben und Stehlen, sondern zu seinen Büchern, zu nützlichem Schreiben und solcher Arbeit, die von einem fleißigen Studenten erfordert werden". Diesen und anderen Narrenspossen mußten sich die neuen Ankömmlinge unterwerfen, die außerdem noch von den älteren Studenten nach Herzenslust gefoppt, gequält und geschunden wurden. Barbarische Absolvier- und Akzeßschmäuse waren mit diesen Feierlichkeiten, welche vernünftige Universitätsvorstände und Regierungen vergeblich zu beseitigen versuchten, verbunden. Erst 1654 gelang es den vereinten Bemühungen der Universitäten Marburg, Gießen und Rinteln, nach geschehenem Vertrag auf der Reichsversammlung zu Regensburg, dem heillosen Pennalwesen und anderen eingerissenen Unordnungen unter den Studierenden ein Ende zu machen. In Gießen bemühte sich insbesondere der die Universitätsgerichtsbarkeit ausübende Dekan und Professor Haberkorn um die Ausrottung des Pennalismus. Viele Feindschaften zog sich Haberkorn unter den Studierenden, die ihn mit Spitznamen zu ärgern suchten, dadurch zu, allein ein öffentliches Dekret des Landgrafen Georg II. stellte das Ansehen der hohen Obrigkeit wieder her, und machte der Landgraf 1660 durch dasselbe bekannt, „daß die künftigen Verbrecher, „als putrida membra, ohne einiges Ansehen der Person entfernt, auch wohl cum infamia relegiert, die Relegationspatente in ihr Vaterland geschickt werden, der Relegierte auf anderen Universitäten nicht solle angenommen werden können". In einem Anhang äußert Georg II. ausdrücklich, „daß er lieber eine Universität von wenigen gottesfürchtigen, tugendhaften, gelahrten und wohlqualifizierten Studiosis, welche hernach Gott und dem gemeinen Nutzen ersprießlich dienen könnten, als von einer großen Menge gottloser, mutwilliger und frevelhafter Gesellen haben wolle".

Aus: Ferdinand Dieffenbach, Das Großherzogtum
Hessen in Vergangenheit und Gegenwart

Pennalismus – Dienstverhältnis zwischen jüngeren und älteren Studenten / Fuchs – Studienneuling / Deposition – Aufnahme eines neuen Studenten in die akademische Gemeinschaft / Depositor – Universitätsbeamter oder älterer Student, welcher bei der beschriebenen Zeremonie den Vorsitz hat / Novize – Neuling / Absolvier- und Akzeßschmäuse – Freispruchs- und Aufnahmegelage / Dekret – Erlaß / putrida membra – wörtlich: faule, morsche Glieder; unerwünschte Mitglieder / cum infamia – mit Schande / relegieren – von der Universität verweisen / Studiosus – Student

Studiosi um 1774

Wer ist ein echter Bursch? Der so am Tage schmaust,
Des Nachts herumschwärmt, wetzt und zecht und brüllt und braust,
Der die Philister foppt, die Professores prellt,
Und nur zu Burschen sich von seinem Schlag gesellt,
Der stets im Karzer sitzt, einhertritt wie ein Schwein,
Der überall besaut, nur von Blamage rein,

Und den man mit der Zeit, wenn er g'nug renommiert,
Zu seiner höchsten Ehr' aus Gießen relegiert.
Das ist ein fermer Bursch, und wer's nicht also macht,
Nicht in den Tag nein lebt, nur seinen Zweck betracht't,
Ins Saufhaus niemals kommt, nur ins Kollegium,
Was ist das für ein Kerl? – Das ist ein Drastikum.

wetzen – mit dem Schläger aufs Pflaster schlagen, daß die Funken stieben / Karzer – Universitätsgefängnis / ferm – firm / Kollegium – Seminar, Vorlesung / Drastikum – Teekessel, schlapper Kerl

Die Universitäten Gießen und Marburg

Auch die alten Universitäten, die an der Lahn liegen, haben die Atmosphäre eifriger, dem Geist gewidmeter Vergangenheit. Die ältere Hochschule ist Marburg, dessen Lage bezaubernd ist und die ja schon Philippus Magnanimus gründete. Im Jahre 1200 war Marburg noch ein Dorf. Dann kam die Tochter eines Ungarnkönigs, die Witwe des Thüringischen Landgrafen, hierher auf ihren Witwensitz, zog aber nicht ins Schloß, sondern pflegte im Hospital die Aussätzigen. Ihr Beispiel wirkte so, daß Marburg in den Mittelpunkt der Bewunderung der Zeit rückte. Ihrem Angedenken wurde die Elisabethkirche gewidmet, eine der frühesten gotischen Kirchen, ein Bau von pflanzenhafter Reinheit der Form. Hier hat Kaiser Friedrich II., der phantasiereichste Imperator seiner Epoche, der einzige Kaiser, welcher in seinem Reich die Härte des Nordens mit der Zartheit des Orients vermählt hat, der Leiche der heiligen Elisabeth eine Krone aufgesetzt und sich damit vor der Demut dieser bis zum Exzeß gläubigen Frau verneigt. Die Universität Gießen gründete erst der Darmstädter Landgraf Ludwig V., dessen Gattin eine von siebzehn Geschwistern war und die selbst zwölf Kinder zur Welt brachte. Die Universität wurde als rein lutherische Hochschule eingerichtet, im Gegensatz zu Marburg, das reformiert war. In Gießen lehrte Justus von Liebig (und später Röntgen, Behaghel und Behrens) . . ., Liebig schon mit jungen Jahren. Hier studierte der größte, ganz jung verstorbene Dramatiker Georg Büchner Anfang des 19. Jahrhunderts, ebenso sein Revolutionsgenosse Weidig, der im nahe gelegenen Butzbach eine Weile, ehe er ins Gefängnis der Reaktion kam und dort ermordet wurde, Pfarrer war. Gießen hatte lange Wall und Graben und war eine starke Festung.

Kasimir Edschmid

Studentischer Trinkspruch

Darmstädter Verordnungen
Und Gießener Bier
Dauern von morgens
Bis mittags um vier.

Die Teufelskanzel im Hangelstein
bei Gießen

Wenn man den Weg von Gießen nach Heibertshausen geht und kommt an dem großen Steinbruch im Hangelstein vorbei, so sieht man gleich rechts im Walde ein hervorragendes Felsstück, das heißt die Teufelskanzel, denn da soll der Teufel alle Jahr einmal des Nachts predigen.

Vertrag über eine Kautionsablösung

Wir, Friderika Charlotta, verwitwete Gräfin zu Solms, geborene Gräfin zu Stollberg, und Wir, Karl Otto, Graf zu Solms und Tecklenburg, Herr zu Müntzenberg, Wildenfels und Sonnenwalde, sodann Wir, Ernst Kasimir, Graf zu Ysenburg und Büdingen – als verordnete Vormünder unseres geliebten Sohnes und respek. Vetters Friedrich Magnus, Graf zu Solms und Tecklenburg – urkunden und bekennen hiermit demnach bei dem unteren ersten dieses mit Johann Jakob Neuberger auf sechs Jahre wiederum geschlossenen Pachtkontrakt über die hiesige Eisenhütten- und Hammerwerke unter andern konditioniert worden, daß dessen Hüttenverwalter Johann Wilhelm Buderus als eigentlichen und wirklichen Pächter vor das Versprechen, ganzes Pachtgeld und alles, was in so tanem Kontrakt enthalten, samt allen darinnen befindlichen Bedingungen stehen und zu solchem End eintausend Gulden zur Kaution einlegen solle; und dann erwähnter Johann Wilhelm Buderus diese eintausend Gulden zu unserer mehreren Sicherheit loco cautionis in unserer vormundschaftlichen Cassam dato wirklich bezahlet und erleget hat; als haben Wir nicht allein den richtigen Empfang solcher Summe über 1000 Gulden hiermit und Kraft dieses bekennen und ihn beständigster Form rechtens cum renunciatione exceptionis non numerata pecunia darüber quittieren, sondern auch daneben hiermit versprechen sollen und wollen denselben nach gnädigsten Pacht sodann 1000 Gulden wann anders nachdem Kontrakt vorhero prästanda von ihmo präst. sein werden bar und in einer unzertrennten Summe wieder zu erlegen auch bis dahin jährliche Pension mit 5. von 100. ihmo richtig davon zu zahlen.

Urkundlich haben wir dieses eigenhändig unterschrieben und mit unserem gräflichen Insiegeln betrucken lassen.

Geschehen, den 15ten April 1730

Friderika Charlotta	Karl Otto	Ernst Kasimir
verwitwete Gräfin zu Solms	Graf zu Solms	Graf zu Ysenburg
geb. Gräfin zu Stollberg		

Original: Gräfliches Archiv Schloß Laubach, Mineralia XLI, 52

loco cautionis – Ort der Bürgschaft / Cassa – Kasse / dato – heute, bis heute / cum renunciatione exceptionis non numerata pecunia – unter Verzicht auf die hinsichtlich Barzahlung geltenden Beschränkungen / prästanda – gebürgt

Die Erfrischung

De alt Hazzog von Nassau hot emol e Rundraas gemacht dorch sei' Ländche, unn do is er aach nooch Nummern uff em Westerwald komme. Eh er awwer dohi' kam, hot er en Feierreiter vorausgeschickt, der sollt dem Borjemaa'ster aa'melde, de Hazzog wolld e Erfrischung. – Erfrischung? Was is des, hot de Borjemaa'ster unn so hot de ganze Gemaanderoot gefreht. Se hunn also sofort e Sizzung ei'gerufe unn hunn iwwerlegt, was des haaß: Erfrischung. Kaa' Deiwel wußt, was des Wort bedeit. Uff aa'mal hot aan Gemaanderoot, su e klaaner, pfiffiger, gesaat: „Wißt ihr, was der will? Der will e Bad nemme!" Die ganze Versammlung hot Bravo! gekrische, unn se hunn sofort das ganz Ort abgesucht unn hunn ausgeschellt nooch ere Badbitt. Aber im ganze Heft war kaa' Badbitt zu kriehe. Jezz, was mache? Der Borjemaa'ster hot sofort e nei' Sizzung ei'berufe, um zu beroote, was do jezz ze mache wär. Endlich hot sich de Worschthannes des Wort gewwe losse unn hot gesaat: „Meine Herren, wann mer kaa' Badbitt hunn, dann nemme mer die Feiersprizz." Zum zwaatemol hawwe die Bauern Bravo! gekrische, denn es war noch e halb Stund Zeit. De Borjemaa'ster hot also die Feiersprizz fille losse, hot se vorne an de Schossee ufstelle losse unn saat: „Jezz baßt uff, wie ich kummandere." De Schullehrer hot de Kinn Uffstellung nemme losse, unn es ganz Ort war versammelt. Uff aa'mol kreischt alles hoch, unn de Landesherr kimmt im Jagdwage aa'gefahre. Wie er in de

488

Näh kimmt, rieft de Borjemaa'ster: „Achtung, los!" Unn fladdautsch geht's: schtsch, schtsch, schtsch! De Hazzog erschreckt, des Wägelche werd sofort erumgedreht, unn wie's Gewirre kummandiert de Borjemaa'ster: „Alles los, er hot von vorne genung; von hinne! schtsch, schtsch!"

F. Bossong

Die verwandelte Blume

Da drun=ten im Gär=te=lein ist ein so schön Pa=ra=dies; 's ist so schön an=zu=sehn, daß man drein möch=te gehn, daß man drein möch=te, ja möch=te gehn.

Da drunten im Gärtelein ist	Daß man drein möchte gehn,
Ein so schön Paradies;	Daß man drein möchte,
's ist so schön anzusehn,	ja möchte gehn.
Und als ich ins Gärtelein kam,	Ich fragte die Jungfer wohl fein,
Mir ein schön's Blümlein nahm,	Wie doch ihr Name wohl sei?
Suchte mir eins heraus,	„Ich heiße Viktoria,
Nahm es mit mir nach Haus.	Wie dies im Gärtlein da."
Ich stellte es an einen Ort,	Ich fragte die Jungfer wohl fein,
Wo es mir niemals verdorrt.	Ob sie mein eigen wollt' sein.
Als ich mich weit'r umsah,	„Ja, ich bin deine Braut,
Stand ein schön' Jungfer da.	Hab mich dir anvertraut."

Wetzlar

An einem Ende der Wetterau liegt auch an einem fruchtbaren Ort die Reichsstadt Wetzlar, nämlich da der Dillefluß in die Löhn fället. Ist auch ein alte Stadt von vielen Kaisern mit besondern Regalien / Gerechtigkeiten und Freiheiten begabet.

Aus: Hessische Chronika, 1617

Wetzlar

Diese alte traurige verlassene Reichsstadt an der Lahn am Abhange eines Hügels mit winzigem Gebiete liegt in rauher Berggegend, ihre Straßen sind winkelig, bergig und schmutzig, die Häuser zur Hälfte verfallen, die Fenster mit Papier und Lumpen verstopft und doch floß einst viel Geld hieher? Aber ihr gekrönter schwarzer Adler im roten Felde führte auf der Brust ein großes W. Wetzlar, vom Zusammenfluß der Dill, Lahn und Wetz benannt, machte doppelt traurigen Eindruck, wenn man am Reichskammergericht (zum Unterschied der altdeutschen kurzen Gerichte unter freiem Himmel) sollizitieren mußte, und beim Glatteis konnte man in dieser alten Rumpelkammer der Reichsjustiz leicht den Hals brechen, wenn man ihn auch nicht juristisch brach. Es ward einem so wind und wehe, wie wenn man seine Nebenstunden mit Kramers Wetzlarischen Nebenstunden in 128 Bänden hinbringen sollte. Form und Schnitt der Kleider, Equipagen und viele andere Dinge sahen recht großväterlich aus, eine verdammt steife Scheidewand, die Werther verewiget hat, störte den geselligen Umgang, Rechts-Männer, steifer als die Höllenrichter Minos, Äakus und Rhadamantyhs – die von höchster gesetzgebender Gewalt träumten – und wenn ja etwas noch von Fortschreiten der Menschheit zeugte, so waren es einige Gartenhäuser...

Empfindsame, die mehr mit Venus als Mars zu tun haben, wallfahrten im Mondschein – die Sonne der Liebenden – nach Werthers Wahlheim (Garbenheim). Am Kirchhofe stehen noch die zwei alten Linden wie die Felsen am Wege, wo sie mit Werther eine Sturmnacht zubringen, den Hut verlieren, an einer Silberquelle ihren Homer lesen, am Lottebrunnen beim Rückwege den Durst löschen, zu Wahlheim sich von einer Lotte eine Butterbemme geben lassen – und dann über des guten Jungen Grabe sich sattweinen oder singen können: Ausgelitten, ausgerungen etc. Ich setze voraus, daß sie gehörig kostümiert kommen, im blauen Frack, einer rotgelben Weste und Hosen und Stiefeln mit oder ohne Sporen. – Der bei der Kurbraunschweigischen Subdelegation angestellte Sekretär Jerusalem, Sohn des berühmten Theologen, wurde in einem Hause, wo er zu Mittag gespeist hatte, nicht zum Tee zugelassen, weil es ein hochadeliger Tee war, und so ging er hin und erschoß sich! Schon mancher hat sich erschossen aus hoffnungsloser Liebe, wegen Schulden und gedankenlosen wüsten Lebens – Judas erhenkte sich, weil es damals noch keine Pistolen gab – aber Goethes Werther, der sich so viel mit Homer und Ossian zu schaffen machte und die Alten kannte, denen ein seufzender Liebhaber oder Ehemann lächerlich und ein Bürger, der über eine Donna Ehre, Ruhm und öffentliche Tätigkeit aufgegeben hätte, verächtlich gewesen wäre ... Endlich vergaß man Werthers Leiden über ganz andere Leiden, welche die Revolution über uns ausgoß, und wurde mannhafter, erschoß sich wegen eines Tees, den nebst der Tafel sogar umgehen zu können, ich mich öfters glücklich dünkte! Indessen:

> So witzig, so verständig
> So zärtlich als wie er,
> Im Lieben so beständig,
> War noch kein Sekretär!

Eines der merkwürdigsten alten Denkmäler zu Wetzlar ist das des Thilo Kolup, der die Rolle des verstorbenen Kaisers Friedrich II. spielte, dessen Diener er gewesen war, und zwar mit einem Glück, das uns jetzt unbegreiflich scheint. Er war so frech, dem Kaiser Rudolf zu befehlen, die Krone niederzulegen, endlich lieferte ihn die Reichsstadt aus, und er ward verbrannt 1284. Zu Wetzlar wüßte ich jetzt für den Reisenden nichts Merkwürdiges als die schöne mit Linden umgebene Stiftskirche, an deren Eingange neben den Kirchenstühlen der Reichskammergerichtsassessoren, links das Wahrzeichen Wetzlars zu sehen ist, eine in Stein eingehauene Nonne, auf deren Schultern der Teufel sitzt und ihr den Esel bohret; daher das Reimlein:

> Zu Wetzlar auf dem Dom
> Sitzt der Teufel – auf der Nonn!

Er saß aber wohl auch anderwärts und rumorte sogar in meinem Bette. Vater Noah hätte aus seiner Arche wenigstens Flöhe und Wanzen weglassen sollen!

Das Reichskammergericht wurde 1693 von dem eingeäscherten Speyer hieher verlegt (nachdem Dinkelsbühl sich vergebens beworben, Schweinfurt und Heilbronn aber die Ehre abgelehnt hatten), wo es anfangs den Herren gar nicht gefallen wollte. Nie sprach man in Deutschland mehr von dieser berühmten Kammer als 1772, wo Kaiser Joseph den Augiasstall ausmisten wollte und die Königlich Kaiserliche Visitationskommission drei Assessoren vorzüglich sträflich fand, deren einer die erhaltenen Dukaten „Tapeziernägel" zu nennen pflegte. Jene drei Assessoren, die die Welt ohne jene Visitation schwerlich nennen würde – wurden ihrer Stellen entsetzt, und der schlaue Justiz-Mäckler Jude Nathan Wetzlar von Frankfurt mußte 232 000 Gulden Ersatz bezahlen und sechs Jahre einsitzen. Bekanntlich ging Wetzlar als Grafschaft an den Fürsten Primas über, der hier eine Rechtsschule errichtete, und dann an Preußen. Die Rechtsschule ist eingegangen wie das Kammergericht selbst, das Gebäude Kaserne, und das Archiv, das bei Auflösung des Reichs über 80 000 Prozeßaktenstöße enthielt, wovon die Hälfte unerledigt war, wird wohl noch mit diesen Papieren beladen sein. Pax vobiscum!

Carl Julius Weber

sollizitieren – ein Gesuch einreichen / Equipagen – Kutschen / Minos – König von Kreta / Aakus – Sohn des Zeus und der Aigina, nach seinem Tod einer der Richter der Unterwelt / Rhadamanthys – Richter in der Unterwelt / Venus – Göttin der Liebe / Mars – Gott des Krieges / Homer – altgriechischer Dichter / Subdelegation – Unterbevollmächtige / Ossian – sagenhafter keltischer Barde / Donna – Dame der feinen Gesellschaft / Augiasstall – bildlich für korrupte Verhältnisse / Visitationskommission – Untersuchungskommission / Justiz-Mäckler – Justiz-Makler / Pax vobiscum! – Friede sei mit euch!

Wetzlar

Der Nachtwächter

Ein Nachtwächter hat so gut ein Herz
Wie ein schmachtender Held der Frauen,
Auch er fühlt Liebeslust und Schmerz,
Wenn die Kater im Märze miauen.
Drum, wann ich abends auswärts geh'
Und mein Weib in der ganzen Nacht nicht seh',
Verlangt mich's nach Mariandel sehr;
Ja, wenn sie nur nicht so garstig wär'!

Sie ist eine gute, alte Haut
Mit mehr Runzeln als just notwendig,

Ihr Vater hat sie mir angetraut
Mit Haus und Gerät vollständig;
Das Amt und dreihundert Gulden dazu, –
Gott schenke dem Alten ewige Ruh'!
Ich liebte auch seine Tochter mehr,
Ja, wenn sie nur nicht so garstig wär'!

Wir leben wie zwo Engelein
Im Paradies vor dem Falle;
Keine Ehe kann so glücklich sein
Als unsre, ein Muster für alle.
Sie schläft des Nachts, ich schlaf' am Tag,
Sie nimmt den Schluck, den ich nicht mag,
Das einigste Pärlein weit umher,
Ja, wenn sie nur nicht so garstig wär'!

So oft ich nachts in mein Haus geguckt,
War's ruhig allerwegen.
Noch nie hat's mich an der Stirne gejuckt,
Wie so viele meiner Kollegen;
Bei denen geht's wie ein Taubenschlag,
Hinein bei der Nacht, heraus am Tag,
Und ein Nachtwächter hält doch auch auf Ehr',
Ja, wenn sie nur nicht so garstig wär'!

Franz Dingelstedt

Weckewerk

Zutaten: 3 alte Brötchen; ¼ l Fleischbrühe; 750 g gemischtes Hackfleisch (Rind- und Schweinefleisch, Schwarten); 2 Zwiebeln; Majoran; Kümmel, Salz; Pfeffer; Bratfett.

Brötchen in der Fleischbrühe einweichen und mit Hackfleisch, kleingehackten Zwiebeln, Gewürzen und Salz und Pfeffer gut vermengen. Flachen Kuchen formen und in der Pfanne bei mittlerer Hitze ca. 15 Minuten braten. Danach in Scheiben schneiden.

Der Zopf des Herrn Guillemain

Ausschnitt

Joseph Guillemain war als junger Mann ein rechter Erzdemagog – soweit man dies nämlich zwischen 1780 und 1790 in Mainz und der Umgegend sein konnte.

Eigentlich aber war er Maler. Sein Sinn ging auf die hohe und ernste Kunst, er wollte nur Geschichte malen, wie er später Geschichte machen wollte; Michelangelo war sein Vorbild und Liebling, dann Rubens. Die frühesten Skizzen des Kunstjüngers sahen darum sehr „genialisch" aus, wie man es damals nannte – gewaltige Motive, überkühne, oft verworrene Gruppen, eine Übernatur in Form und Farbe, welche die reiche, in Sturm gestaltende Phantasie verriet, aber des läuternden Schönheitsgefühles entbehrte. Er war ein Mann des großen Stiles, und seines Vaters großer Geldbeutel gestattete ihm so frei, wie er nur immer wollte, im großen Stile zu malen.

Als erstes Hauptwerk hatte er einen figurenreichen Karton begonnen, den Tod des Cäsar, welcher von Kennern mit hohem Lobe geprüft wurde, von Nichtkennern mit noch höherem, und es galt für ausgemacht, daß der Künstler nach Vollendung des Bildes mit dem Titel eines kurfürstlichen Hofmalers tax- und stempelfrei würde begnadet werden. Sein Vater, trotz des französischen Namens ein echter Kurmainzer, wartete mit Stolz auf diesen glücklichen Tag.

Neben all den Bewunderern des Bildes stand nur ein einziger wahrer Freund, der sein Urteil ganz ehrlich von der Leber weg sagte, Doktor Kringel, ein junger Arzt. Er meinte, mit solchen Mord- und Aufruhrgeschichten solle Guillemain sich doch nicht plagen, sondern friedliche und ansprechende Bilder malen, etwa eine badende Nymphe oder den heiligen Nepomuk, das seien ja auch historische Stoffe, wenn man sie sechs Fuß hoch anlege.

Guillemain verstand den Spott, denn er war selbst ein witziger Kopf, und wäre er dies nicht gewesen, so würde er vermutlich gar kein Demagog geworden sein. Begeistert für seine besondere Kunstrichtung, wußte er mit dem übermütigen Selbstgefühle der Jugend jede andere in Grund und Boden zu spotten. Hundert Epigramme, die er in flüchtigem Worte hingeworfen oder auch beim Weine in einen lustigen Reim gefaßt, durchliefen die Stadt. Und da die Kunst all sein Leben ausfüllte, so wollte er auch, daß alles andere Leben in der ganzen Welt nach seinem künstlerischen Ideale umgewurzelt werde. Ganz Mainz und das übrige

Europa war ihm viel zuwenig titanisch; ein echter Stürmer und Dränger, schlug er Pfaffen und Junker, Pedanten und Spießbürger, die ihm rings in die Quere liefen, mit der Geißel des Witzes. Die lebendigen Menschen sollten werden wie die gemalten auf seinen Bildern, und so ingrimmig freiheitsdurstig, so aufgequollen pathetisch, dazu so hochgestilt im stolzen Togawurf wie die Figuren seines Cäsarkartons bewegten sich die Mainzer von 1785 allerdings eben nicht. Waren sie aber auch keine Gracchen und Brutusse, wie es Guillemain gewünscht, so verstanden sie doch einen Spaß besser als vermutlich jene alten Römer und jubelten dem jungen Maler Beifall zu, der so keck und lustig Hiebe nach rechts und links austeilte. Denn jeder einzelne glaubte sich selbst nicht getroffen, freute sich aber, daß sein Nachbar etwas abgekriegt habe. Guillemain war darum bald das Schoßkind der Mainzer Gesellschaft und wurde einmal sogar zu Wein und Butterbrot in ein adeliges Haus geladen, was zu selbiger Zeit in Mainz viel sagen wollte.

Unter Freunden sprach der Maler wie ein Prophet: „Das deutsche Reich wird seine Revolution durchkämpfen so gut wie Nordamerika; es wird seinen Washington, seinen Franklin und Lafayette schon finden, ein neues, freies Leben wird erblühen!" Fragte dann aber Doktor Kringel, wann das alles geschehen werde, so antwortete Guillemain: „Heute und morgen schwerlich und vielleicht erst, wenn uns allen längst kein Zahn mehr wehe tut." Und fragte Kringel, wie denn das verbesserte Reich ungefähr aussehen solle, so erwiderte jener, das wisse er nicht; denn wenn er's wisse, so sei es zu spät zum Prophezeien und die glückselige Zeit schon angebrochen.

Berauscht vom Erfolg ging Guillemain mit seinen Satiren immer toller ins Zeug und machte eines Tages eine rechte Dummheit im deutschesten Sinne des Wortes. Als er nämlich einmal mit sehr jugendlichen und grünen Freunden nicht mehr beim ersten Schoppen saß, schnitt er sich zum Zeichen des Bruches mit allen bildlichen Zöpfen seinen eigenen natürlichen Zopf ab und legte ihn, begleitet von einer anonymen gereimten Epistel, in eine Schachtel, die er auf der Stelle wohlversiegelt an den Kurfürsten schickte.

Als der künftige Hofmaler des anderen Morgens beim stark verspäteten Frühstücke saß, trat Doktor Kringel ins Zimmer, zog einen falschen Zopf aus der Tasche und beschwor den Freund, sich doch diesen anzuheften, daß man ihn nicht sofort als den Absender der frevelhaften Schachtel entdecke. Guillemain sträubte sich und meinte, da hätte er dem Kurfürsten lieber gleich einen falschen Zopf überschicken und den echten behalten sollen; der Arzt dagegen suchte ihm zu verdeutschen, daß es freilich nur ein schlechter Witz sei, wenn man einen abgeschnitte-

496

nen Zopf an einen Privatmann adressiere, sende man aber einen schlechten Witz an einen Kurfürsten, so sei das Majestätsbeleidigung.

Entrüstet stutzte Guillemain über dieses Wort; allein er hat nicht Zeit, lange zu stutzen, denn der Kapaunenstopfer der Kurfürsten trat herein, brachte die Schachtel samt ihrem Inhalte zurück und meldete, der gnädige Herr lasse danken für das zugedachte Geschenk und die Verse von wohlbekannter Hand. Neues habe er nicht aus denselben gelernt, denn daß Herr Guillemain einen Sparren zu viel im Kopf habe, sei ihm schon längst bekannt gewesen.

Der Maler stand wie ein begossener Pudel vor dem Kapaunenstopfer, der eine Weile wartete, als hoffe er auf ein Trinkgeld. Da raffte sich Guillemain plötzlich auf, gab ihm einen Louisdor, sagte: „Auf eine fürstliche Botschaft gehört fürstlicher Botenlohn", packte ihn beim Kragen und warf ihn die Treppe hinunter.

Er war zunächst wütend darüber, daß der Kurfürst den schlechten Witz doch nicht für Majestätsbeleidigung genommen hatte; sechs Monate Festung wären ihm lieber gewesen als dieser verachtende Hohn. Dann hätte er grollen und klagen und über dem Zorn die Scham vergessen können, und jetzt war ihm gar nichts anderes übrig, als sich zu schämen. Nicht so sehr aber hatten ihn die Worte des Kurfürsten beschämt als der Bote, welchen man geschickt. Wäre noch der Hofmarschall oder ein Sekretär oder auch nur ein Kammerdiener oder Lakai gekommen, aber der Kapaunenstopfer! ein versoffener Kerl, eine Karikatur, welcher alle Gassenbuben nachliefen! Noch mehr jedoch als der Bote beschämten ihn dann zuletzt seine eigenen Verse, da er sie nüchtern las. Es waren wirklich recht betrunkene Verse. Und diese Scham nagte am tiefsten.

Er machte sich Luft mit dem Ausrufe: „Es muß besser werden im deutschen Reiche und wenn nicht heute und morgen, so doch gewiß in Jahr und Tag!"

„Es muß"? fragte Kringel erstaunt, „und gar so bald schon? Sonst sagtest du immer: Es wird, und rücktest den Termin in die blaue Zukunft hinaus! Und wie wird es besser werden?"

„Das weiß ich nicht! Frage mich, wann ich Wein getrunken habe. Wie kann man nüchtern ein Prophet sein!"

Wilhelm Heinrich Riehl

Demagog – Aufwiegler / Epigramm – Spottgedicht / titanisch – riesenhaft / Toga – altrömisches Obergewand / Gracche – Angehöriger eines altrömischen Geschlechts / Brutus – Mörder Cäsars / Satire – ironische Darstellung / Epistel – Strafpredigt, Brief / Kapaun – Masthahn

Laubach

Laubach ist auch ein Städtlein und schönes Schloß in einem Tal / und gehört zu diesem das Haus Ruddelhem bei Frankfurt am Fluß Nidda dessen hiebevor gedacht / und sonst auch andere schöne Flecken und Häuser. Bei Laubach und Hungen wird ein vornehmb terra sigilata gegraben.

Aus Hessische Chronika, 1617

Lich

Die Stadt Lich hat drei Tore, ist ringsum mit einer hohen Mauer, die mit Türmen und Schießscharten versehen ist, sowie mit Wall und einem trocknen Graben umgeben.

Lich ist der Sitz des Landgerichts für die Fürstlich Solms-Lichischen Besitzungen sowie eines Konsistoriums für die Solms-Lichischen Pfarreien; sodann hat die Stadt eine Stiftskirche, im gotischen Geschmack erbaut, mit dem Stiftsarchiv, ein Fürstlich Solms-Lichisches Schloß, ein schönes Gebäude mit zwei Flügeln und Gartenanlagen, die zum Teil sich auf dem geebneten Walle befinden, ein Knabenschulhaus, ein Rathaus, ein Brauhaus, zwei Ziegelhütten, zwei Mahlmühlen, eine Lohmühle, mehrere Höfe, eine Posthalterei, eine Apotheke. In der Nähe auf dem Breuerberg befindet sich ein großer alter gewölbter Keller, welcher der Überrest von einer Burg sein soll. Der Haupterwerb ist Ackerbau, nebenbei wird aber noch die Branntweinbrennerei sehr stark betrieben. Jährlich werden drei Märkte gehalten.

Die Gegend um Lich, Leoche, Liochen, Lichonis villa, gehört zu den am frühesten angebauten. Schon 790 bekam das Kloster Lorsch hier Güterstücke als Schenkung, sowie auch das Kloster Fulda hier Besitzungen hatte, die dieses Stift 812 an das Erzstift Mainz, das jedoch schon früher mit denselben belehnt war, vertauschte. Lich kam von den Herren von Münzenberg an die Herren von Falkenstein. Im Jahr 1300 wurde der Ort von Kaiser Albrecht zur Stadt erhoben, und im Jahr 1317 verwandelte Philipp der Ältere von Falkenstein die Kirche in eine Kollegiatkirche mit zehn Kanonikaten und gab ihr die Kirchensätze in Lich selbst, in Oberohmen, Münster und Bellersheim. Bei der Reformation wurde dieses Stift wieder aufgelöst. Zur Kirche gehörten im 14. Jahrhundert eine Kapelle bei dem Schloß, eine Kapelle zu Husen (Hausen), welche aber

1315 getrennt wurde, sodann eine Kapelle bei der Stadt zu Rodensteit, die aber zur Kapelle uff dem Steynwege übertragen wurde. Nach dem Aussterben der Herren von Falkenstein im Jahre 1419 kam Lich an Solms. Des Grafen Heinrich V. jüngerer Sohn Bernhard ist der Stammvater der noch blühenden Solmsischen Linien. Seine Enkel gründeten 1409 die Hauptlinien Solms-Braunfels und Solms-Lich; jene stammt von Bernhard dem Jüngern, welcher Braunfels, Greifenstein, Hungen und Wölfersheim erhielt, diese von seinem Bruder Johann ab, welchem Lich und Laubach zuteil wurden. Im Jahre 1806 kam die Stadt unter hessische Hoheit.

G. W. J. Wagner

Konsistorium – oberste Verwaltungsbehörde der evangelischen Landeskirche / Kollegiatkirche – Stiftskirche / Kanonikat – Chorherrenstelle

Die Nonne von Lich

In Lich, einem Städtchen unfern Gießen, ward schon gar oft eine gespenstische Nonne gesehen.

In dem nahen Nonnenkloster war einst eine blutjunge und gar schöne Schwester, die sich einer verbotenen Liebe hingab. Als sie nun nächtlicherweile ein Kindlein gebar, trug sie es in ihrer Angst hinab nach Lich und warf es in einen tiefen Ziehbrunnen. Noch jetzt hat sie deshalb keine Ruhe; sie muß jede Mitternacht an dem Brunnen stehen und sich so lang hinunterlehnen und in die Tiefe schauen, bis das tote Kind unten auf dem Wasser schwimmt. Dann winkt sie hinunter und streckt die Arme vergebens danach aus, bis sie mit dem Schlag eins verschwindet.

Mündlich überliefert

Braunfels

Zu Braunfels gehören / Greifenstein und Hungen: Greifenstein ist vor der Zerstörung des Hauses Solms gewesen und itzo Schloß und Städtlein zugleich mit Mauren und Wällen befestiget. Braunfels aber ist nach derselben Zerstörung erbauet worden. Ist ein vornehm ansehnlich Berghaus / dabei ein kleines Städtlein / und sind auch bei demselben Eisenbergwerk / darauf viel Ofen gossen werden. Zwischen Braunfels und Butzbach liegt Sauerbrunn bei dem Dorf Schwalbach ziemliches Geschmacks.

Aus: Hessische Chronika, 1617

Weilburg

Weilburg (Wilineburch, Wilinaburg) war der Hauptsitz des salisch-konradinischen Geschlechts und wird schon 905 genannt. König Konrad I. gründete um 912 das St.-Walburgis-Stift. Dieses kam 993 als Eigentum an das Bistum Worm, was auch im Jahr 1000 die Stadt mit Ausnahme des östlich in derselben gelegenen kaiserlichen Hofes und im Jahre 1002 die ganze Herrschaft mit aller Hoheit durch Schenkung an sich brachte. Der früher reservierte kaiserliche Hof wurde ihm noch im Jahre 1062 durch die Mutter Kaiser Heinrichs IV. zuteil. Obgleich damals der Ort schon mit einer Ringmauer umschlossen war, so darf man sich unter ihm doch noch keine Stadt vorstellen, denn am Fuße des Burgberges lagen in jenem umschlossenen Raume nur wenige Häuser zerstreut, und erst 1195 hatt man angefangen, auch den Berg mit Wohnungen zu bebauen. Auch war im letzteren Jahre von bürgerlicher Freiheit hier noch keine Spur, sondern die Leibeigenschaft mit ihren Zeichen, dem Hubenrecht, Buweteil und Bestwatmal, lastete noch auf seinen Bewohnern. Erst dem König Adolf, der das wormsische Eigentum an sich kaufte, verdankt die Stadt ihre bürgerlichen Privilegien.

Zu den Burgmännern hier gehörten im Jahr 1307 die von Kaldenborn, Schwabach und die Rübsame von Merenberg. Die von Scharfenstein hatten einen Burgsitz von Worms zu Lehen, der 1466 an die Rode kam. Einen anderen besaßen 1362 die von Selbach von Nassau. Von letzterem wurden auch 1345 die von Elkerhausen, nach diesen die von Mudersbach, 1455 die von Schönborn, und 1493 die von Wertorf als Burgmänner hier angenommen.

Alle Probsteigefälle in der Stadt hatte die Familie von Usselbach zu Lehen, die sie 1360 zur Stiftung des Allerheiligen-Altars verkaufte. Auch den Hain zwischen der Ringmauer und der Lahn, in dessen Besitz sie war, überließ sie 1369 dem Grafen Johann von Nassau für 30 Mark Pfennige.

Das hiesige Gericht wurde mit zwölf Schöffen gehegt, deren zehn aus der Stadt und zwei vom Lande waren. Seit 1355 war die Stadt öfters die

Residenz der nassau-weilburgischen Linie und, nachdem sich das neue Regierungssystem ausgebildet hatte, auch der Sitz der höheren Landeskollegien bis 1816. Über den Zustand der alten Burg belehrt uns folgende Mitteilung. „Anno 1543 hat Graf Philipp von Nassau von neuem angefangen zu bauen das Schloß Weilburg, da es zuvor also beschaffen gewesen, daß die Herrschaft vor ihre Person sich nit länger darin erhalten können, zu geschweigen einen ihrer Nachbarn oder Grafen zu beherbergen. Anno 1549 war der Bau vollbracht." Doch diese Herstellung genügte auch im Laufe der folgenden Zeit nicht mehr. Der Fürst Johann Ernst († 1719) führte darum mit großem Geldaufwande die jetzigen Schloßgebäude ganz von neuem und daneben die große und schöne Stadtkirche auf, welche 1711 eingeweiht wurde und die Familiengruft des Herzoglichen Hauses enthält. Auch sorgte dieser für die Verschönerung der Stadt, daß sie damals für eine der freundlichsten an der ganzen Lahn galt. Dessen Sohn Karl faßte zuerst den Plan, auch noch eine Vorstadt außerhalb der Halbinsel auf der anderen Seite der Lahn anzulegen, die jetzt durch eine im Jahr 1817 vollendete steinerne Brücke über den Fluß mit der Stadt in Verbindung ist, und versprach 1736 den sich hier anbauenden fremden Konfessionsverwandten völlige Religionsfreiheit. Eine zweite Vorstadt ist in unseren Tagen an dem nach Südost ansteigenden Berge angelegt worden, die durch ein einem römischen Triumphbogen nachgebildetes Tor von der Stadt getrennt wird.

Die eigentliche Stadt besteht aus zwei parallellaufenden Hauptstraßen mit mehreren Nebengassen und liegt auf einer von der Lahn umflossenen bergigen Halbinsel. Sie hat eine aus zwei Bataillonen des ersten Regiments bestehende, beständige Garnison. Eine große Annehmlichkeit gewährt der weitläufige und vortrefflich angelegte Schloß- oder Lustgarten mit einem Gewächshause. Das hiesige Stift regulierter Chorherren war sehr reich fundiert, verlor aber im Laufe der Zeit seine besten Besitzungen. Seine Disziplin war gewichen, als es 1317 reformiert wurde. 1397 entstand die St.-Andreas-Kapelle an der Stiftskirche. An dieselbe war auch 1508 die St.-Martins-Kirche, die als Stadtkirche benutzt wurde, angebaut worden. Als das Stift bei der Reformation aufgehoben wurde, bestand es nur noch aus fünf Personen.

C. D. Vogel

Hubenrecht – Fronpflicht / Buweteil, Bestwatmal – Auswirkungen der Leibeigenschaft: die Herren hatten im Erbfall Anspruch auf eine gewisse Zahlung oder ein bestimmtes Stück; bei Verheiratung ebenfalls Anspruch auf „Erlaubnisgeld" / Propsteigefälle – Einkünfte, Abgaben der Propstei / Anno – im Jahre/ regulierte Chorherren – nach Ordensregeln lebende Chorherren / fundiert – gegründet, ausgestattet

Die Wichtelmännchen

Durch ganz Hessen verbreitet finden sich Sagen von den Wichtelmännchen und Spuren von ihren Wohnungen. So ist bei Richelsdorf eine Wichtelkammer; unweit Frankenberg bei Ernsthausen an dem Gipfel eines Berges eine kleine Höhle, das Wichtelhaus; am Dosenberg bei Uttershausen an der Schwalm ein Wichtelloch; bei Abterode am Meißner zeigt man eine Wichtelwohnung, desgleichen bei Hofgeismar usw. In der Nähe von Frankenberg fand man nach jeder Nacht die Früchte niedergetreten; es geschah dieses durch Wichtelmännchen, kleine graue Männchen, gekleidet wie Bergknappen mit dreieckigen Hüten. — Unweit Marburg bei Brungershausen an der Lahn erhebt sich ein hoher Felsenberg, dessen Gipfel in Spalten zerrissen ist; in diesen haben Wichtelmännchen gewohnt, kleine gutmütige Geschöpfe, die nur dann schadeten, wenn sie gereizt wurden; jetzt sind sie alle gestorben und ihre Häuser zerfallen. — In der Nähe von Ziegenhain, zwischen Obergrenzebach und Schönborn, oberhalb den Ruchmühlen, befindet sich eine etwa eine halbe Stunde lange Höhle, das Wichtelloch genannt. Als einst am Eingange der Höhle Heu gemacht wurde, hatte eine Frau ihr Kind in einen Korb gesetzt, als sie dasselbe wieder holen wollte, war es verschwunden und an seiner Stelle lag das Kind eines Wichtelmännchens. Obgleich sie dieses als ihr Kind aufnahm, behielt sie es doch nicht lange, denn es verlor sich wieder. Oft kamen die Wichtelmännchen nach Ziegenhain und holten sich von den Bäckerläden ihre Nahrung. Auch stahlen sie den in dem Felde arbeitenden Leuten ihre Speisen.

Aus: Zeitschrift des Vereins für hessische Geschichte und Landeskunde

Hadamar

Die Stadt Hadamar kommt um 1212 unter dem Namen Ober-Hadamar urkundlich vor. Durch Schenkung eines Häuschens mit 1,5 Huben Land legte Heinrich Frey von Dern im Jahr 1190 hier den ersten Grund zu dem Hofe des Klosters Eberbach, den dieses bald ansehnlich erweiterte, die hiesige Mühle des Stiftes St. Lubentii in Ditkirchen 1203 und die des Klosters Seligenstatt 1215 dazukaufte, 1320 aber die ganze Besitzung dem Grafen Emich von Nassau-Hadamar für 1350 Mark überließ. Dieser Hof nannte sich nach seinen Besitzern Münch-Hadamar und lag innerhalb seiner Mauern. Seine Gebäude scheint der Graf zur Anlegung der Burg benutzt zu haben, die 1336 zum ersten Male in Urkunden vorkommt. Dieser Graf ließ sich auch im Jahr 1324 für den Ort Stadtrechte von Kaiser Ludwig erteilen und umgab den Ort mit Mauer und Graben. Seitdem kommt er zuweilen auch unter dem Namen Burg-Hadamar vor. Es war bisher dem Gerichte im Derner Cent unterworfen, erhielt aber nun sein eignes Gericht. Zu der Burgmannschaft gehörten die von Bleyde, welchen 1352 die Waldboten von Waldmannshausen folgten, die von Webach, Dern, Elkerhausen, Dietz, Reinberg, Sprikasten von Waldmannshausen, Brambach, Hönberg, Irmtraud, Langenau und die Breder von Hohenstein, von welchen die meisten auch noch eigene Burgsitze hier hatten.

1372 zog der Sternerbund unversehens zu Nacht vor Hadamar und besetzte das Tal, allein die Tapferkeit der Bürger trieb ihn wieder zurück und nahm ihm acht Gefangene ab. 1405 errichtete Katzenellenbogen und Nassau einen Burgfrieden hier, dessen Grenzen mit der Mark genau übereinstimmen. 1540 am 14. Mai verbrannten Schloß und Stadt, von welschen Mordbrennern angezündet, bis auf drei Häuser. Die Täter wurden ergriffen und auf dem Reckenforste hingerichtet. Die Herstellung des Schlosses erfolgte erst 1566 unter dem Grafen Johann dem Älteren. Jetzt wurde auch die Stadt über den gar engen Raum hinaus, den ihr die alten Mauern anwiesen, erweitert. Ein weit bedeutender Ausbau wurde ihr erst unter der Regierung des Grafen Johann Ludwig von 1612 an zuteil. Dieser baute das Schloß, das ihm und seinen Nachfolgern bis 1711 zur Residenz diente, nicht nur völlig aus, sondern vergrößerte es auch mit zwei Flügeln, legte den Hofgarten, die beiden großen Marktplätze der Stadt und die Langgasse vom obersten Marktplatze bis an den Mühlengarten an und sorgte für eine reguläre Aufführung dieser Straßen. Den sogenannten neuen Bau am Schlosse fing der Fürst Moritz Henrich an und Franz Bernhard vollendete ihn.

Die steinerne Brücke über die Elb, 1552 vom Wasser weggerissen, ließ Georg Lorich aus Hadamar 1571 auf seine Kosten wieder herstellen. Hadamar war von 1804–1810 Sitz des für das damalige Gesamthaus Nassau angelegten Oberappellationsgerichtes.

1651 fingen die Jesuiten ihre höhere in sechs Klassen geteilte Schule hier an, welche nachher das 1792 errichtete Gymnasium mit vier Professoren fortsetzte. Fürst Moritz Heinrich stiftete 1663 das Hospital mit sechs Pfründen. Die neue evangelische Pfarrei, welche die Schloßkapelle benutzt, besteht seit 1752. Die adelige Familie von Hadamar kommt von 1216 an vor und starb 1605 aus.

Fundation – kirchliche Stiftung / inkorporieren – angliedern / Kollegium – Bildungsstätte / Pfründe – Einkommen durch Kirchenamt

Der Mädchenräuber

Es ritt ein Räuber wohl über den Rhein,
Der konnte so wunderschön singen,
Ein Liedchen von dreierlei Stimmen,
Ein Liedchen von dreierlei Stimmen.

Ein Mädchen auf das Fenster sprang
Und hörte den wunderschönen Gesang.
„Ach könnt' ich so wunderschön singen
Ein Liedchen von dreierlei Stimmen!"

Er griff sie bei dem roten Rock
Und schwang sie auf sein hohes Roß.
Drauf ging's so geschwind und so balde
Durch einen stockfinsteren Walde.

Da kamen zwei Turteltäubchen her,
Die setzten sich auf ein'n Haselstrauch,
Die konnten so wunderschön singen:
„Ach Mädchen, laß dich nicht verführen!"

„Ach Räuber, du lieber Räubersmann,
Laß mich noch dreimal schreien!"
„Ja dreimal schreien, recht gerne,
Doch nicht so weit in die Ferne."

Es ritt ein Räu-ber wohl ü-ber den Rhein, der konn-te so wun-der-schön sin-gen, ein Liedchen von drei-er-lei Stim-men, ein Liedchen von drei-er-lei Stim-men.

Den ersten Schrei und den sie tat,
Den tat sie an ihren Vater:
„Ach Vater, ach komme ja balde,
Sonst muß ich ja sterben im Walde!"

Den dritten Schrei und den sie tat,
Den tat sie an ihren Bruder:
„Ach Bruder, ach komme ja balde,
Sonst muß ich ja sterben im Walde!"

Den zweiten Schrei und den sie tat,
Den tat sie an ihre Mutter:
„Ach Mutter, ach komme ja balde,
Sonst muß ich ja sterben im Walde!"

Ihr Bruder war ein Jägersmann,
Der schoß den Räuber wohl durch die Brust.
Das ging so geschwind und so balde
In diesem stockfinsteren Walde.

Limburg an der Lahn

Obgleich der Größe nach die zweite Stadt des Herzogtums Nassau, auch in Hinsicht des Gewerbebetriebs und Verkehrs hervorragend, steht sie doch ihrer Anlage und Bauart nach hinter vielen anderen zurück. Sehr zusammengedrängt hat sie unregelmäßig laufende, enge und dunkele Straßen. Dagegen bewahrt sie schöne geschichtliche Erinnerungen. Denn hier hoch auf dem Felsen über der Lahn stehet noch die Burg des Saliers Konrad Kurzbold, des mächtigen Grafen im Niederlohngau, und daneben die von diesem von 910 bis 940 erbaute Domkirche, das großartigste und herrlichste Denkmal alter Baukunst, das das Herzogtum aufzuweisen hat. Ihn unterstützte hierbei der Kaiser Ludwig, und er errichtete an derselben ein Stift regulierter Chorherrn. Aus der Vogtei über dasselbe, die er an den Besitz der Burg knüpfte, was König Otto im Jahre 941 bestätigte, ist die Herrschaft Limburg erwachsen.

Schon im 13. Jahrhundert erscheint Limburg als eine Stadt, deren Gebiet sich aber nicht über ihre Tore und Mauern hinaus erstreckte, und die von den Gemarkungen der Dörfer Kreuch, Eschhofen und Freiendiez so enge umschlossen wurde, daß sie von den Grafen von Diez bei jeder Zwistigkeit in Belagerungszustand versetzt werden konnte, was auch nicht selten geschah. Aber trotz dieses engen Gebiets hatte sich schon im Mittelalter in der Stadt eine Gewerbtätigkeit und ein Verkehr entwickelt, daß sie der Mittelpunkt allen Handels für die weite Umgegend wurde und dadurch auch frühe zu ausgezeichnetem Wohlstande kam. Kaiser Karl IV. begünstigte diesen Aufschwung der Stadt, als er sie 1356 von allem Zolle befreite (was Maximilian 1510 erneuerte) und ihr 1357 erlaubte, den Brückenzoll zu erheben. Schon im 13. Jahrhundert kommen der Schuh-, Brot-, Roß-, Fisch-Markt usw. als Benennungen einzelner Teile der Stadt vor. Diese glückliche Lage hatte aber auch einen Geist der Selbständigkeit und Freiheit in ihren Bürgern hervorgerufen, wovon sich anderwärts im Lande kein Beispiel findet. Siegreich ging dieser Geist 1279 aus einem harten Kampfe, den die Stadt mit ihren mindermächtigen Dynasten geführt, hervor. Durch einen Vergleich wurden letztere auf ihre Burg verwiesen, der Schutzauftrag über die Stadt und der Bezug der Bede eingeschränkt, den Bürgern aber ihre persönliche Freiheit, ihre rechtliche Stellung, allein von ihrem Schöffenstuhl abhängig, ungestörter Gewerbebetrieb und der Genuß des Ungelds aufs neue zugesichert. Appellationen vom Stadtgericht gingen an das Gericht in Frankfurt. Diese Verhältnisse erweckten der Stadt schon im 14. Jahrhundert einen eigenen Geschichtschreiber, und die Limburger Chronik nimmt noch jetzt eine rühmliche Stelle in der Literatur Deutschlands ein.

Unter Trierer Herrschaft gekommen, verdankt die Stadt dessen mächtigem Einflusse die Erweiterung des Territoriums in seine jetzigen Grenzen, die 1494 durch den sogenannten Bertramischen Vertrag erfolgte. Zum Glanze der Stadt trug die ansehnliche Burgmannschaft, die am Fuße des Berges ihre Burgsitze hatte, das Ihrige bei. Dazu gehörten die von Braunsberg, die lange Zeit Untervögte waren, die von Dern, Imhof, die Spechte von Bubenheim , von Ottenstein, Diez, Kramberg, Staffel, die Waldboten von Pfaffendorf, Walderdorf, Brambach, Hattstein, Reiffenberg und die Herrn von Westerburg.

Das Stift des heiligen Georg bestand aus sechzehn Kanonikaten, deren Inhaber in den ersten Jahrhunderten nach der Stiftung unter einem Propste gemeinschaftlich und klösterlich lebten. Das Kapitel erneuerte sich durch freie Wahl, und stand unter der Aufsicht des Erzbischofes von Mainz, der auch das Recht hatte, den Propst zu ernennen. Das änderte sich erst, nachdem Trier hier die Landeshoheit erlangt hatte. Außer dem Hochaltare hatte die Stiftskirche noch 32 Nebenaltäre, von 40 Vikarien betreut, so daß immer 56 Geistliche hier fungierten. Diese Zahl war aber schon im vorigen Jahrhundert auf 21 herabgekommen. Die St. Nicolaikirche war die Pfarrkirche der Stadt. Sie war älter als die Stiftskirche, wurde vom trierischen Erzbischofe Hetti um 836 eingeweiht, und ihr Hochaltar, später in die Stiftskirche verlegt, wurde 1232 unter dem Propste Eberhard, dem das Patronatrecht zustand, derselben mit allen seinen Gefällen inkorporiert. Er kommt 1316 und 1331 noch als der Pfarraltar vor. Die Kirche des heiligen Laurentius, die schon 1340 bestand und ihren eignen Kirchhof hatte, stürzte 1607 zusammen.

Gerlach, Herr von Limburg, brachte, von einem Kreuzzuge heimkehrend, einige Franziskaner hierher mit, und so fand dieser neue Orden hier 1223 seinen ersten Sitz in Deutschland. Sie bauten bald ein Kloster und weihten 1250 ihre Kirche. Ihren Händen wurde das in neueren Zeiten hier errichtete Gymnasium übergeben, dessen fünf Lehrerstellen von ihnen bis zu ihrer Aufhebung im Jahr 1813 versehen wurden. Neben ihnen kommen auch Beguinen oder Franziskaner-Schwestern um 1251 nach Limburg. Der Stiftsdechant Walter Schuren aus Kirberg baute ihnen um 1462 ein Kloster, das ihren aus sechzehn Schwestern bestehenden Konvent aufnahm und jetzt zu einem Armenhause dient. Der Orden der Wilhelmiten hatte sich auf einer Insel in der Lahn, die ihm Gerlach, Herr vom Limburg, geschenkt, ein Kloster erbaut. Die häufigen Überschwemmungen nötigten ihn, 1322 seinen Rückzug in die Stadt zu nehmen, wo er neu baute. Dieses neue Kloster trat er 1573 an die Stadt ab und bezog die Burg, worin er bis zu seiner Auflösung geblieben ist.

Das Hospital scheint gleich alt wie die Stiftskirche zu sein. Seine ansehnliche Dotation auf die Höfe zu Elz, Staffel, Nauheim usw. erhielt es erst 1358 von dem reichen Bürger Werner Senger. Es lag in der Vorstadt über der Brücke, bis es 1573 in das Kloster der Wilhelmiten verlegt wurde.

Seit 1246 siedelte sich auch das Kloster Eberbach hier an. Das ihm eigene Kolonisationssystem wandte es erst seit 1320 hier an, als es ein Bruderhaus errichtete, worin jetzt die Wohnung des Beamten ist, und dabei 1324 eine Kapelle erbaute, die 1831 zum Gottesdienste für die evangelische Gemeinde hergerichtet wurde. Ihre Kellerei wurde 1803 nassauische Domäne. Die Kapelle St. Petri in der Burg errichtete Johann, Herr von Limburg, im Jahr 1298 und die Kapelle zur Allerseligsten Jungfrau Maria auf der Brücke wurde 1494 zur Pestzeit erbaut.

Die Stadt kam im 14. Jahrhundert durch drei große schnell aufeinanderfolgende Feuersbrünste (durch die von 1342 wurde die halbe Stadt vernichtet) in ihrem Wohlstande sehr herab. Die Brücke über die Lahn existierte schon früh, wurde 1255 vom Eise zerstört und darauf die jetzige 1315 erbaut.

Die adelige Familie von Limburg erscheint seit 1194 und ist um 1364 erloschen.

C. D. Vogel

Vogtei – Sitz eines Verwalters / Dynast – kleinerer Fürst / Bede – Von Fall zu Fall erbetene und zu bewilligende Steuer / Appellation – Berufung / Kanonikat – Amt / Propst – Klostervorsteher / Kapitel – geistliche Körperschaft / fungieren – ein Amt verwalten / inkorporieren – angliedern / Konvent – Versammlung der Schwestern / Dotation – Schenkung, Ausstattung / Domäne – Staatsgut

Ein häßliches Städtchen

Limburg, nur eine halbe Stunde von Diez, die herzogliche Münzstadt mit einem ehrwürdigen Dom, der sich schon von Ferne zeigt, ist ein uraltes häßliches Städtchen von 2800 Seelen, das aber vielleicht im ganzen Herzogtum den lebhaftesten Handel treibt. Die Straße nach Köln zieht hier durch über Hadamar oder Montabaur, (dessen alte Georgskirche merkwürdige Gemälde altdeutscher Kunst haben soll), folglich darf man sich nicht wundern über die 50 - 60 Wirtshäuser in dem kleinen Nest. Wo so gar viele Wirtshäuser sind, hauset indessen gerne Liederlichkeit neben der Armut, und in den Dörfern steht es am besten, wo nur ein Wirtshaus ist; Wirte führen nicht umsonst Raubtiere im Schilde, selbst goldene Engel sind böse Engel, goldene Lämmer nicht immer Lämmer, die Schulden tragen mit Lammsgeduld und keine Schuld auf sich laden! Wir sprechen ja selbst recht sinnig nicht Wirt zum Ochsen sondern Ochsenwirt!

Unter dem Tore Limburgs ist ein Freskengemälde. Ein grämlicher Greis im grünen Schlafrock sitzt unter einer Eiche, vor ihm steht ein Mann im roten Frack, tief gebückt mit einem Becher – Was ist das? Der Künstler wollte das: „Vater, ist's möglich, so laß diesen Kelch vorübergehen!" damit andeuten. In der altertümlichen Kirche sind wahrscheinlich ähnliche Sächelchen zu finden, aber ich hatte keine Zeit, mich weiter umzusehen und stattete bloß noch dem Limburger Stadtschreiber, der uns die Limburger Chronik gab, eine der interessantesten deutschen Chroniken, die von 1336 – 1398 geht und vielleicht die älteste ist, meinen Dank ab. Er hieß zwar Gensbein, war aber keiner der gewöhnlichen Stadtschreiber!

Carl Julius Weber

Das Wirtshaus an der Lahn

Es steht ein Wirtshaus an der Lahn,
Da halten alle Fuhrleut an.
Frau Wirtin sitzt am Ofen,
Die Gäste sitzen um den Tisch,
Den Wein will niemand loben.

Frau Wirtin hat nen braven Mann,
Der spannt den Fuhrleuten selber an.
Er hat vom allerbesten
Ulrichsteiner Fruchtbranntwein
Und setzt ihn vor den Gästen.

Frau Wirtin hat ne brave Magd,
Die sitzt im Garten und rupft Salat,
Sie sitzt wohl in dem Garten,
Bis daß die Glocke zwölfe schlägt;
Und wart' auf die Soldaten.

Frau Wirtin hat einen braven Knecht,
Und was er tät, das tät er recht;
Er tät gern karessieren:
Des Morgens wenn er früh aufstund,
Da konnt er sich nicht rühren.

Wer hat denn dieses Lied erdacht?
Zwei Mann Soldaten auf der Wacht,
Ein schwarzer und ein weißer.
Und wer das Lied nicht singen kann,
Der fang es an zu pfeifen.

Karl Simrock

karessieren – eine Liebschaft haben

510

Limburger Edelsäcker

Zutaten: 1,5 kg Kotelettstück vom Knochen gelöst; Salz; scharfer Senf; 150 g durchwachsener Bauchspeck; 4 mittlere Gewürzgurken; 200 g Sauerkraut; Mehl; Pfeffer; ca. 50 g Bratfett.

Das Fleisch waschen, abtrocknen und salzen. Eine tiefe Tasche in das Fleich schneiden und innen mit Senf bestreichen. Speck und Gurken in kleine Würfel schneiden, mit dem Sauerkraut gut vermischen, mit Pfeffer abschmecken und in die Tasche füllen. Die Öffnung schließen und mit Bindfaden fixieren. Das Fleisch in Mehl wenden, gut anbraten und bei mittlerer Hitze ca. zwei Stunden langsam garen.
Zu Kartoffelklößen und Gemüse.

Die unschuldig gehangene und gerettete Dienstmagd

Aus dem Kreis Limburg u. Unterlahnkreis. 1885.

Zu Frank-furt vor dem Tho-re da steht ein schö-nes Wirtshaus.
da lo-gie-ren ja al-le Kauf-leut, da giebts ein gut Quar-tier.

Zu Frankfurt vor dem Tore
Da steht ein schönes Wirtshaus.
Da logieren ja alle Kaufleut,
Da gibt's ein gut Quartier.

Der eine freit an der Tochter,
Der and're an der Magd,
Die Tochter, die kam nieder,
Ein Kindlein sie gebar.

Und als drei Tage um waren,
Drei Tage und drei Stund,
Nahm sie das Kind die Nachte,
Trug's ihrer Magd ins Bett.

Und als die Magd das Bett macht,
Fand sie ein Kind, war tot:
„Frau Wirtin, groß Wunder über Wunder,“
Ich fand ein Kind, war tot.“

511

„Hast du ein Kind gefunden
Wie eine jedermanns Hur'
An dem Galgen sollst du hangen,
Da draußen vor dem Tor!"

Als nun drei Tag herum war'n,
Kam ein Reiter geritten daher,
Fragt: „Frau Wirtin, wo ist denn ihre Magd,
Daß ich sie sehen kann?"

„Was fragst du nach der Magde,
Die eines jedermanns Hur'?
An dem Galgen tut sie hangen,
Da draußen vor dem Tor."

Der Reiter lenkt sein Rößlein
Wohl nach dem Galgen zu:
„Feinsliebchen, was hast du verschuldet,
Daß du hier hangen tust?"

„Ich habe nichts verschuldet,
Darum bin ich auch nicht tot.
Mein Herr Jesus steht unter meinen Füßen
Und reicht mir Wein und Brot."

Die Magd, die kam herunter.
Die Tochter kam hinauf,
Die Hebamme kam ins Feuer,
Die Mutter kam aufs Rad.

Aus dem Kreis Limburg

Hünfelden

Hünfelden hat seinen Namen von den Hünen oder Riesen, welche vor Zeiten dort eine Schlacht schlugen, die drei Tage dauerte und wobei das Blut in hellen Strömen floß.

Usingen

Unter dem Namen Othsingen, Osanga und Osingia kommt der Ort in früher, aber unbestimmter Zeit vor, als die Abtei Fulda hier Güter erwirbt. Im Jahre 1207 überläßt der König Philipp alle Reichsgüter in Usungen durch Tausch den Grafen von Diez. Hierzu gehörte auch der Kirchensatz daselbst und eine Zahl Leibeigener, die zur Hälfte der Kirche blieben, die andere Hälfte aber an die Grafen mit überging. Die Burg ist erst nach 1326, als der Ort von den Grafen von Weilnau an Nassau kam, von diesem erbauet worden. Sie wird im Jahre 1423, als Konrad von Hattstein Burgmann wurde, zuerst erwähnt. Der Ort war damals noch klein und seine Bewohner meistens Wollweber. In einem Vertrage, den er 1466 mit dem Grafen Philipp und dessen Sohn Johann von Naussau einging und worin seine Abgaben bestimmt und seine Dienste in Geld verwandelt werden, wird Usingen Stadt genannt. Nach diesem Vertrag sollen jährlich 40 Gulden zum Verbauen, vermutlich zum Aufführen der Mauern und Tore ausgesetzt werden. Bald danach erscheint Usingen in den Urkunden wieder als ein Flecken. Kaiserliche Stadtprivilegien hat es nie erhalten. Karl V. erteilte im Jahre 1532 nur die Erlaubnis, einen Jahrmarkt anzulegen. 1464 wurde Usingen an Hans von Kronenberg für 1400 Gulden verpfändet, die Pfandschaft dauerte noch nach 1514. Damals war nur eine Kellerei hier und der Amtmann wohnte meist in Neuweilnau. Von 1551 bis 1558 ließ Graf Philipp III. die alte Burg verschönern und einen neuen Bau aufführen. Die Stadt kam erst seit 1659 zu größerer Ausdehnung und Aufnahme. Damals entstand die besondere nassau-usingische Linie, die hier residierte und die Kollegien zur Regierung des Landes errichtete. Unter dem Grafen Walrad wurde auch das jetzige Schloß mit Teilen des alten von 1660 bis 1662 aufgeführt und der Hofgarten angelegt. Die Herrlichkeit hier dauerte aber nur bis 1744, wo Fürst Karl seine Residenz nach Biebrich und die Landeskollegien nach Wiesbaden verlegte.

1326 trug Emmerich Wolfskehl seine zwei eigenen Höfe im Dorfe Usungen an Fulda zu Lehen auf. 1423 erhielten die von Hattstein den Burgsitz von Nassau zu Lehen, der Friedrich von Stockheim genannt Unzydig gehört hatte, und besaßen ihn 1615 noch. Einen anderen Freihof hatten die von Wachenheim, der 1691 an die Dieden von Fürstenstein gekommen und 1706 von Levin von Kniestätt verkauft wurde.

Die Stadtkirche hatte außer dem Hochaltar, dem heiligen Laurentius geweiht, noch sechs Nebenaltäre. Das Patronat des heiligen Valentins überließ Graf Philipp 1478 den Burgmännern und der Stadt. Der Pfarrer Johann Opilio führte von 1529 bis 1540 die Reformation ein. 1551 wurde eine lateinische Schule hier errichtet, die bis 1817 fortgedauert hat. Die 1596 erfolgte Anstellung eines Unterschulmeisters auf die Gefälle des Glockenamtes begründete die erste deutsche Schule.

C. D. Vogel

Der Lumpenmann

Aus dem Kreis Usingen.

Ich bin der Lum=pen=mann, das seht ihr mir wohl an. Ich kau=fe Lum=pen nach der Dik=ke, nach der Dünn und nach der Län=ge; drum geh ich von Haus zu Haus und ruf aus vol=lem Hal=se raus: Lum=pen! Lum=pen!

Die Leute sagten mir:
In diesem Hause hier
Da gäb' es Lumpen nach der Dicke,
Nach der Dünn' und nach der Länge,
Lumpen ganze Zentner schwer,
Darum komm ich zu euch her.
Lumpen! Lumpen!

Ich bin der Lumpenmann,
Das seht ihr mir wohl an.
Ich kaufe Lumpen nach der Dicke,
Nach der Dünn' und nach der Länge;
Drum geh' ich von Haus zu Haus
Und ruf' aus vollem Halse:
Lumpen! Lumpen!

Ich sehe nun gar wohl,
An Lumpen ist's hier voll.
Doch weiß ich nicht bei meiner Seele,
Was ich allhier für Lumpen wähle,
Ihr paßt all' in meinen Sack,
Doch zu schwer wird mir der Pack.
Lumpen! Lumpen!

Jetzt geb' ich meinen Kauf,
Den Lumpenhandel auf.
Es möchten sonst die Leute sagen:
„Will der Lump nach Lumpen fragen?"
Am Ende komm ich ins Geschrei,
Daß ich selbst ein Lümpchen sei.
Lumpen! Lumpen!

...dessen ich mich ewig erinnern werde

Auf dem Weg von Aschaffenburg nach Frankfurt kam ich durch Hanau. Die Länder dieses Hofes haben einen Überfluß an Getreide, Holz, Wein und Salz und tragen ihrem Besitzer gegen 500 000 rheinische Gulden ein. Hanau ist eine sehr schöne und volkreiche Stadt, welche beträchtliche Manufakturen, besonders von Wollenzeugen hat. Der regierende Fürst ist der liebenswürdigste Mann, den ich unter den Fürsten Deutschlands fand. Jeder Fremde, den sein Stand, seine Verdienste oder seine Kenntnisse vom Pöbel auszeichnen, hat sich an diesem Hof die beste Aufnahme zu versprechen. Ich kenne keine Person von so hohem Stand, die einen Fremden ihre Höhe so wenig fühlen läßt als dieser Fürst. Sein Umgang macht so wenig verlegen, daß er allen Leuten sowohl in der Wahl des Stoffes zur Unterredung als auch in wahrer Gefälligkeit zuvorkommt. Er und sein liebenswürdiger Bruder sind sehr eifrige Maurer. Man macht ihm wie dem Fürsten von Darmstadt seiner Soldaten wegen Vorwürfe; allein da er Erbe von Kassel ist und dieses Land ohnehin durchaus eine militärische Verfassung hat, so sind diese Vorwürfe sehr unbillig.

Auf allen Seiten beherrscht Frankfurt die vortrefflichste Landschaft. Die Dörfer und Flecken dieser Gegend würden in andern Ländern alle als Städte paradieren, wie denn ganz Bayern, München ausgenommen, keine Stadt hat, die den isenburgischen Flecken Offenbach, anderthalb Stunden von Frankfurt, an Schönheit, Bevölkerung und Reichtum überträfe.

Ich machte in Gesellschaft einiger Herren von Frankfurt auch eine Wanderung nach Homburg von der Höhe; der Residenz eines Fürsten aus dem hessischen Haus, der von dieser kleinen Stadt benannt wird. Das Gebiet dieses Fürsten besteht nur aus einigen wenigen Dörfern, worunter aber eine sehr ansehnliche und reiche Hugenottenkolonie ist. Diese heißt eigentlich Friedrichsdorf, wird aber in der ganzen Gegend Welschdorf genannt, wie man denn uns hierzulande überhaupt Welsche heißt, welchen Titel man in Österreich und Bayern ausschließlich den Italienern gibt. Sie hat sehr ansehnliche Manufakturen, besonders von verschiedenen Wollenzeugen. Der Hof ist wie das Städtchen selbst sehr klein. Die Fremden aber sind hier, besonders wegen der Entlegenheit des Orts, sehr willkommen. Die Fürstin, eine Schwester der verstorbenen Großfürstin von Rußland, der Herzogin von Weimar und der Markgräfin von Baden, ist eine der gebildetsten Damen, die ich kenne. Die Erziehung dieser Prinzessinnen macht ihrer vortrefflichen Mutter, deren geprängloses Grab in dem Park zu Darmstadt ein ewiges Denkmal ihres unverdorbenen Geschmacks und ihrer edeln Denkensart ist, sowie ganz Deutschland sehr viel Ehre. Auch der Fürst von Homburg ist ein sehr gebildeter Mann, und dieser Hof, so klein er auch ist, war für mich einer der merkwürdigsten in Deutschland. Alles zusammen gerechnet sollen die Einkünfte desselben nicht viel über 100 000 Reichstaler betragen.

Die Gegend zwischen Frankfurt, Homburg, Kronberg und Rödelheim ist dicht mit Dörfern und Flecken besät, welche die schönsten ländlichen Gemälde darstellen. Eine lachendere Landschaft sieht man selten als in der Gegend von Oberursel, einem sehr großen mainzischen Flekken, welcher zwischen Kronberg und Homburg liegt. Das Getöse einiger Eisen- und Kumpferhämmer tut in derselben eine ungemein gute Wirkung. Wir bestanden in dieser Gegend ein Abenteuer, dessen ich mich ewig mit der größten Lebhaftigkeit erinnern werde.

Hinter Kronberg erhebt ein hoher Berg, Altkönig genannt, sein kahles Haupt hoch über die lange Bergreihe empor, welche die schöne Ebene am Ufer des Mains zwischen Frankfurt und Mainz gegen die rauhen Nordwinde deckt. Man erzählt viel Abenteuerliches von diesem Berg und den Ruinen eines alten Schlosses auf demselben. Wir erstiegen ihn mit etwas Beschwerde und hatten auf seinem Gipfel eine Aussicht, die keine Zeit aus meiner Seele löschen wird. Gerade gegen Süden überblickt man eine vierzehn Stunden weite Ebene, welche von den Gipfeln der Bergstraße und des Odenwaldes geschlossen wird. Hier kann man alle die Städte, Flecken und Dörfer zwischen Mainz und Frankfurt und eines großen Teils des darmstädtischen Landes zählen. Gegen Osten ruht der Himmer auf dem Spessart, der gegen siebzehn Stunden von hier entfernt ist. Das ganze Land von Aschaffenburg längs dem Main herab bis an den Rhein, bis an den Neckarfluß und bis an den Donnersberg in der Pfalz, jenseits des Rheins, lag wie eine Landkarte zu unsern Füßen. Solche ungeheuren Aussichten sind eben nichts Seltenes; allein über ein so angebautes und vom Menschengewühle belebtes Land findet man deren gewiß wenige. Rückwärts, gegen Norden und zu beiden Seiten gegen Westen und Ostnorden übersieht man teils rauhe und waldige Berge, teils das schönste Gemische von sanften Hügeln, Tälern und Ebenen. Gerade gegen Westen bildet die fortlaufende Bergreihe das schönste Amphitheater, das man sehen kann. Allein das schönste Schauspiel bot uns der andere Morgen dar. Dieser Berg hat eine ungemein vorteilhafte Lage, um die Sonne aufgehen zu sehen. Wir hatten uns in der Absicht, diesen majestätischen Naturauftritt zu genießen, mit Pelzen versehn; allein ein schneidender Ostwind zwang uns in der Nacht, Holz zu stoppeln und Feuer zu machen, obschon die Tage des Augusts sehr heiß waren. Die Reize des Morgens belohnten uns reichlich für die Beschwerden der Nacht. Eine höhere Empfindung von dem Wesen, welches die Natur belebt, und von mir selbst hatte ich in meinem Leben nicht als in dem Augenblick, wo am fernen Horizont der erste Blick der Morgenröte die Gipfel des Spessarts und Odenwaldes vergoldete, die in der großen Ferne Feuerwogen zu sein schienen. Noch war alles bis zu diesen Gipfeln hin dickes Dunkel, und diese Ostgegend schien eine beleuchtete Insel zu sein, die zur Nacht auf dem schwarzen Ozean schwimmt. Nach und nach breitete sich das Morgenrot weiter aus und legte uns die schönsten perspektivischen Landschaften in Miniatur vor die Augen hin. Wir entdeckten in schattigen Vertiefungen Ortschaften, die ein Blick der Morgenröte traf und der Finsternis entriß. Wir konnten nun zusammenhängende Bergreihen, ihre Krümmungen und Einschnitte deutlich unterscheiden. Alles das stellte sich nicht anders dar, als wenn man eine stark und schön beleuchtete Landschaft durch ein umgekehrtes Sehrohr betrachtet. Eine nie gefühlte Beklemmung bemächtigte sich beim Anblick dieser Szenen meiner Brust. Aber das erste Lächeln der Sonne selbst über den Horizont übertraf noch alle Schönheiten der Morgenröte. Die Größe, Mannigfaltigkeit und Pracht dieses Auftrittes übersteigt alle Beschreibung. Die 25 Stunden lange und 14 Stunden breite Ebene zwischen dem Spessart, dem Donnersberg, den westlichen Teilen des Odenwaldes und unserm Berge, die wir ganz übersehen konnten, ward von großen Lichtstreifen durchschnitten, die mit dicken Schattenmassen auf die seltsamste Art abstachen. Wir sahen den Rücken des Donnersberges vergoldet, während sich noch zu seinen Füßen und über den Rhein her ein tiefes Grau gelagert hatte. Wir selbst standen im Licht, und zu unsern Füßen dämmerten die Täler und Ebenen noch in einem Halbdunkel, das sich bloß durch den Widerschein der Beleuchtung unseres Berges von der Finsternis unterschied. Die erhabnern Teile der vor uns liegenden ungeheuren Ebene stachen mit einer Lebhaftigkeit aus der Dämmerung hervor, die sie uns wenigstens um die Hälfte nähersetzte und die angenehmste Täuschung für uns bewirkte. Dort erhob sich ein Kirchturm aus dem Dunkel, hier ein beholzter Gipfel; dort schien ein ganzes Dorf mit seinen Bäumen über der Erde zu schwimmen; hier lag ein erhöhteres Getreidefeld im Licht, wodurch es von dem angrenzenden Gefilde sozusagen abgeschnitten und erhoben ward. Der sich durch die Ebene schlängelnde Main, welcher zuvor wie ein hellgrauer Streif die dunkle Landschaft durchzog, begann nun teilweise mit Silberglanz zu schimmern, und auch ein Stück des Rheines ward durch einen blendenden Silberschimmer uns näher gebracht.

Allein, ich wage zu viel, da ich dir ein Schauspiel beschreiben will, das an sich selbst so weit über alle Beschreibung ist und für welches ihr anderen in der großen Welt gar keinen Sinn habt. – Ich sah schon oft die Sonne aufgehn, aber nie so prächtig als auf dem Altkönig, und vielleicht kann man auch manches große Land durchwandern, ohne einen so vorteilhaften Standpunkt zum Genuß dieses Schauspiels zu finden, als dieser Berg ist.

Aus: Briefe eines reisenden Franzosen über Deutschland

Homburg

Homburg vor der Höhe, die Hauptstadt des oberen Maintaunus, ist zugleich Hauptstadt und Residenz des landgräflichen Hauses Hessen-Homburg, welchem auch jenseits des Rheins die Herrschaft Meisenheim und einige Ämter in Niedersachsen gehören. Sein berühmter, 180 Fuß hoher weißer Turm, den wir schon auf dem Pfarrturm herüberschimmern sahen, ist noch von der alten Burg übrig, die ursprünglich den Dynasten von Eppstein als kaiserlichen Waldgrafen oder Waldboten über die Seulberger und Hohe Mark gehörte. Der jedesmalige Besitzer dieser Burg, „wer Homburg mit Recht inne hat", war geborener Vogt oder oberster Märker, Markrichter dieses uralten kaiserlichen Reichsforstes, Hohe Mark oder auch Oberurseler Mark genannt, weil auf der Großen Aue bei Oberursel das Haingericht oder Markgeding sowie acht Tage später zu Homburg das Rügegericht gehalten wurde. Dreißig Ortschaften auf dem rechten Ufer der Nidda hatten teil an der Hohen Mark, welche 26 161 Morgen Land zwischen Homburg, Oberursel und Reifenberg umfaßte. Außer dem König hatte nur der Herr von Homburg das Jagdrecht darin.

Fürchterlich sind die Strafen, welche das Oberurseler Weistum den Waldfrevlern droht: „Wer die Mark freventlich ansteckt oder verbrennt, denselben soll man in eine rauhe Kuh- oder Ochsenhaut tun, und ihn drei Schritt vor das Feuer, da es am allerheftigsten brennet, legen, bis das Feuer über ihn brennet und das soll man zum zweiten und dritten Mal tun an dem Ort, da es am heftigsten brennet, und wenn dies geschehen, und bleibt lebendig oder nicht, so hat er gebüßet. Und wo der begriffen wird, der einen stehenden Baum schälet, dem wäre Gnad nützer denn Recht, und wenn man dem soll Recht tun, soll man ihm seinen Nabel bei dem Bauch aufschneiden und einen Darm daraus tun, denselben an den Stamm nageln und mit der Person herumgehen, solange er einen

Darm in seinem Leibe hat." Die Worte „dem wäre Gnad nützer denn Recht" usw. weisen aber schon darauf hin, daß diese Strafen nur gedroht wurden, wie denn von ihrer wirklichen Vollziehung kein Beispiel nachzuweisen ist. Bei der 1813 vorgenommenen Teilung dieses großen Gemeindewaldes bekam der Landgraf von Hessen-Homburg als oberster Märker ein Sechstel voraus und außerdem einen beträchtlichen Anteil, welcher den Gipfel des Feldbergs mit einschließt.

Von den Eppsteinern kam Homburg an die von dem benachbarten Falkenstein (ursprünglich von Hagen im Dreieich, jetzt Dreieichenhain zwischen Frankfurt und Darmstadt) ausgegangenen Grafen von Hanau-Minzenberg, von denen es Landgraf Wilhelm von Hessen in der bayerischen Fehde 1504 eroberte. Seitdem blieb es zwar bei dem Hause Hessen, fiel aber an die hessen-darmstädtische Linie, in der Luwig V. 1662 das Recht der Erstgeburt und Unteilbarkeit einführte und seinen Bruder Friedrich, den Stifter der Hessen-Homburger Seitenlinie, mit Homburg unter Bedingungen abfand, welche die jetzt anerkannte Souveränität seiner Landgrafen noch lange in Zweifel stellten. Eine Reihe von Helden ging aus dieser hessischen Nebenlinie hervor. Der Name der Prinzen von Hessen-Homburg strahlt ruhmvoll in der deutschen und preußischen Geschichte. Dieses Heldengeschlecht beginnt mit Friedrich II., dem Sieger bei Fehrbellin, wo der Prinz von Hessen-Homburg mit der Vorhut, die er befehligte, gegen den Willen des Großen Kurfürsten den Feind rasch angriff und einen Sieg erfocht, der den Ruhm der schwedischen Waffen auf die preußischen übertrug.

In dem Schauspiel unseres trefflichen Heinrich von Kleist: „Prinz Friedrich von Homburg", dessen psychologische Wahrheit wir oft verfochten haben, wenn man meinte, ein Held dürfe den Tod auch durch das Richtschwert nicht fürchten, ist der ernstliche Vorsatz des Kurfürsten, den Prinzen einen solchen Tod sterben zu lassen, nicht die einzige Abweichung von der Geschichte, obgleich wir dem Dichter weder diese noch jene zum Vorwurf machen. Der geschichtliche Friedrich von Homburg, geboren 1633, war in der Schlacht von Fehrbellin 1675 kein Jüngling mehr, wahrscheinlich auch in die Nichte des Kurfürsten nicht schwärmerisch verliebt, da sie schon seit fünf Jahren seine zweite Gemahlin war; ein Nachtwandler soll er gleichfalls nicht gewesen sein; überhaupt mochte ihm das Wandeln schwer werden, da er bei der Berennung von Kopenhagen das linke Bein bis an den Schenkel eingebüßt und den rechten Schenkel schon als Jüngling von fünfzehn Jahren im Schloßgarten gebrochen hatte. Freilich hinderten ihn diese Umstände nicht, jene beiden Ehen und noch eine dritte einzugehen und in den letzten beiden fünfzehn Sprößlinge zu zeugen. Das verlorene linke Bein ersetzte er durch ein hölzernes, das er übersilbern ließ, weshalb er auch unter den Landgrafen von Homburg „Friedrich mit dem silbernen Bein" genannt wird. Er war nicht bloß Held, sein Land pries auch seine Regententugenden. Er nahm viele Familien waldensischer und picardischer Flüchtlinge auf, welche Dorn-Holzhausen, das bedeutendere Friedrichsdorf und die halbe Neustadt Homburg erbauten. Er selbst baute Fabriken, Glashütten, Salzsoden und Meierhöfe, erneuerte den mehrfach erwähnten Burgturm und legte den Grundstein zu dem jetzigen Schloß, welches sein Nachfolger vollendete. Seine in Stein gehauene Reiterstatue prangt über dem Schloßtor.

Die grünen, meist in den Wald gehauenen Anlagen und Spaziergänge um Homburg rühren größtenteils von Friedrich V. her, dem gemütlichen Menschenfreund, dem die Liebe zu seinen Kindern und Untertanen, die er auch als seine Kinder betrachtete, für die Tier- und Pflanzenwelt noch Empfindungen genug übrigließ.

Neuerdings ist Homburg durch seine Solquellen auch als Badeort bedeutend geworden. Die Anlagen um den Kurbrunnen sind zwar noch in der Kindheit begriffen, aber die grüne Wald- und Gebirgsnatur am Saum des bebauten Landes entschädigt die Gäste, welche bald die Nähe der höchsten Gipfel des Taunus zu genußreichen Wanderungen, bald die Nachbarschaft Frankfurts zu Ausflügen in ein geräuschvolleres städtisches Leben lockt. Für den Freund des Altertums enthält das Schloß die Ergebnisse vielfacher Ausgrabungen an der Saalburg – eine Stunde von Homburg an der Landstraße nach Usingen. Hier will man das von Drusus im Land der Chatten erbaute, von Arminius zerstörte Römerkastell Arctaunum wiederfinden, wo Drusus, nachdem er in der Wetterau mit dem Pferd gestürzt war und den Schenkel gebrochen hatte, am dreißigsten Tag gestorben sein soll.

Karl Simrock

Markgeding – Gericht für Angelegenheiten der Mark, also des genossenschaftlichen Besitzes / Weistum – Rechtsbelehrungen, Rechtsgewohnheiten im Mittelalter / letzen – laben, erquicken / Orion – Sternbild

Oberursel

Unter der Namensform Ursella und Ursalla kommt die Stadt in vielen Urkunden von 791 bis 831 vor, worin Güter und Gefälle hier an Lorsch und Fulda übergehen. Die Eppensteiner waren in ihrem Besitze und vertauschen 1317 die Hälfte an Falkenstein, erhalten sie aber bald wieder zurück. Kaiser Friedrich schenkte Oberursel im Jahre 1444 Stadtrechte und bewilligte die Anlegung eines Wochenmarktes, und Kaiser Maximilian erlaubte 1568, den bisher gehaltenen Märkten noch zwei andere zuzufügen.

Die Burg an der obersten Pforte war den Herren von Eppenstein. Stolberg schenkte sie nebst Garten, den zwei fuldaischen Huben Landes zu Weiskirchen und den von den von Cleen verfallenen Lehen 1529 an Philipp Reiffenstein.

1622 und 1645 erlitt die Stadt durch das Kriegsvolk schwere Feuersbrünste, wodurch auch die hier bestandene, nicht unbedeutende Buchdruckerei zugrundegegangen sein soll.

König Ludwig II. schenkte die hiesige Kirche an die Salvatorskapelle, das spätere Bartholomäusstift in Frankfurt, was seine Söhne Ludwig und Karl 880 und 882 bestätigen. Dieses wurde dadurch Zehntherr in dem damals noch ausgedehnten Kirchspiele. Die Propstei des Stiftes war bis 1297 im Besitze dieser Kirche, trat sie aber damals an das Stift selbst ab, dem sie nun der Erzbischof von Mainz inkorporierte. Dasselbe besaß auch den Fronhof, und der Senat der Freien Stadt Frankfurt übt noch jetzt das Präsentationsrecht bei der hiesigen Pfarrei aus. Bis 1561 wohnte hier der lutherische Superintendent der Grafschaft Königstein, und 1525 entstand eine lateinische Schule, die der bekannte Dichter Erasmus Alberus als Lehrer eröffnete.

Das reiche Hospital wurde 1545 privilegiert und konfirmiert und erkaufte 1572 vom Grafen von Stolberg ein Dritteil des Zehntens zu Homburg, Dornholzhausen, Kirdorf, Mittelsteden, Obereschbach und Gunzenheim für 1700 Gulden und jährliche 35 Achtel Kornes.

Die adelige Familie von Ürsele oder Orsele und die Vogt von Ursel kommen von 1222 bis 1499 vor, trugen Güter und Zehnten hier 1299 vom Reiche zu Lehen und hatten eine Burg, die sie 1344 der Stadt Frankfurt öffnen. Auch die von Bommersheim hatten ein Hubengericht in Oberursel. Auf der Aue vor der Stadt wurden die jährlichen Märkerdinge der hohen um den Feldberg herum gelegenen Mark gehalten.

Gefälle – Einkünfte, Abgaben, Ablieferungen / Präsentationsrecht – Vorschlagsrecht / Superintendent – höherer evangelischer Geistlicher (entsprechend dem katholischen Dekan) / Märkerding – Markgeding: Gericht für Angelegenheiten der Mark, d. h. des gemeinsamen Besitzes an Wald und Weide

Falkenstein

Wir wenden uns ... nach Falkenstein, das höher als seine Schwestern-
burgen auf einer Abdachung des Altkönigs liegt. Wie die Burg mit der
unermeßlichen Aussicht ins Main- und Rheintal sich hoch über alle
nachbarlichen erhebt, so waren auch die von ihr ausgegangenen Ritter
die mächtigsten Dynasten dieser Gegend, ja der ganzen Wetterau ...
Zuerst finden wir hier Grafen von Nuring, wie auch das unter Falkenstein gelegene Dorf bis ins siebzehnte Jahrhundert hieß; aber der Name
Neuring deutet schon auf eine ältere Burg, die vor Nurings Gründung
bestand. Vielleicht lag diese an der Stelle des heutigen Königsteins, das
den Nuringern als Gaugrafen des Niedgaus und der Königshundert,
gehörte.

Als der Mannesstamm der Grafen von Nuringen erlosch, fielen die
Güter durch die Töchter auf Werner von Bolanden und Kuno von Minzenberg. Philipp von Bolanden, Werners Enkel, dem der größte Teil der
Grafschaft Königstein zuteil geworden war, baute sich in derselben ein
neues Stammschloß, das er nach dem älteren am Donnersberg Falkenstein nannte. Den anderen Teil der Nuringschen Erbschaft, der an die
von dem Schloß Hagen (Dreieichenhain) stammenden Minzenberger
gekommen war, brachte er auch an sich, denn als mit Ulrich II. 1255
dieses Geschlecht gleichfalls erlosch, erwarb Philipp von Falkenstein namens seiner Gemahlin Isengard, einer Minzenbergerin, fünf Sechstel der
Erbschaft, während nur ein Sechstel auf Hanau fiel. Seine Schwester
Beatrix oder Guda vermählte er ... dem deutschen König Richard von
Cornwall. Aus seinem Geschlecht entsproß jener gewaltige Kuno von
Falkenstein, Erzbischof von Trier, welcher seinem Neffen Werner das
Erzbistum abtrat. Mit diesem erlosch aber 1418 der Mannesstamm, und
von den Häusern Solms, Eppstein, Sayn, Isenburg und Virneburg, wel-
chen die Besitzungen zufielen, führte letzteres den Namen Falkenstein
fort, bis der letzte der neuen Linie 1683 als Domherr zu Mainz verstarb.
Die Verschwägerung der Häuser Sayn und Falkenstein setzt auch eine
Taunussage voraus, die wir nach der glücklichen Behandlung durch
Adelheid von Stolterfoth hier einrücken.

> Traurig empor zum Falkenstein
> Schaut ein Ritter im Abendschein;
> War einst der kühnste vor Saladins Heer,
> Schwang mit Gesang seinen deutschen Speer,
> Aber nun klagt er: „Alles dahin,
> Einsam muß ich von dannen ziehn.

Fluch dir da droben, du falscher Wicht,
Gabst mir die Tochter und gabst sie nicht!
Soll diese Felsen mit menschlicher Macht
Ebnen zum Weg in einer Nacht –
Ja! Könnt' ich hexen und zaubern gar,
Diente von Gnomen mir eine Schar!"

„Kuno von Sayn, Kuno von Sayn!"
Tönt eine Stimme hell und fein,
„Schwör's, zu verschütten den Silberschacht,
Den deine Knappen im Tal gemacht:
Morgen dann reitest du zu deiner Braut
Über die Felsen, der Weg ist gebaut."

Kuno von Sayn ein Ritter war,
Aber leise sträubt sich sein Haar;
Langsam hat er das Haupt gewandt
Und schlägt drei Kreuze mit kalter Hand,
Denn ein Bergknapp, drei Spannen lang,
Steigt empor aus verschüttetem Gang.

War schon ein Männlein weiß und alt,
Mit langem Bart und verschrumpfter Gestalt,
Aber die Augen glänzten ihm hell,
Schien auch sonst ein guter Gesell:
Hatte nicht Pferdefuß noch Schweif
Und war gepudert mit silbernem Reif.

Als da Kuno den Schwur getan,
Hebt tief unten ein Poltern an:
Aus allen Spalten und Ritzen dringt's,
An allen Felsen hämmert's und klingt's,
Der alte Taunus widerhallt,
Und Nebel umhüllen Berg und Wald.

Dem Ritter graut's doch niemand sieht,
Wie schnell er in seine Burg entflieht,
Von Hoffen und von Fürchten krank,
Vergißt er selbst den Abendtrank;
Bleich lauscht er in der Sturmesnacht
Und betet, bis der Tag erwacht.

Nun schaut er aus und lobet Gott,
Denn der Weg ist gebahnt, es war kein Spott;
Da schwingt er sich jubelnd auf sein Roß,
Und reitet hinauf aufs Taunusschloß! –
„Hier bin ich, Ritter von Falkenstein,
Und nun schön Irmgard auf ewig mein!"

Der Weg, den die Berggeister gebahnt haben sollen, heißt noch heute Teufelsweg, war aber nach Gerning ein Teil der römischen Heerstraße, die von Heddernheim nach dem Kastell am Feldberg zum Pfahlgraben lief. Daß die Römerwerke dem Teufel zugeschrieben werden, werden wir noch öfter erfahren.

Karl Simrock

Die blinden Hessen

Einst wurde die Stadt Mühlhausen in Thüringen von den Hessen schwer bedrängt und belagert. Schon waren die meisten Verteidiger der Stadt gefangen, tot oder verwundet, und beim nächsten Sturm mußte dieselbe sich ergeben. Da kamen die Mühlhäuser auf einen glücklichen Gedanken. Im Dunkel der Nacht steckten sie auf die Mauern der Stadt hölzerne Pfähle und Pflöcke, hingen alte Kleider darum, setzten Mützen und Hüte darauf und banden Waffen daran fest. Da sah es aus, als ob lebendige Soldaten da ständen. Aber zwischen diesen hölzernen Soldaten bewegten sich hin und wieder lebendige Krieger und drohten spottend hinab ins Lager der Feinde. Am andern Morgen, als es Tag wurde, sahen die Hessen die zahlreichen Gestalten auf der Stadtmauer, und sie meinten, es wären lauter wirkliche Streiter und Verteidiger. Da glaubten sie, sie könnten die Stadt nicht gewinnen, verloren den Mut und zogen von dannen. Davon sollen sie den Namen der dummen oder blinden Hessen erhalten haben.

Andere meinen: Wie die Preußen einen Adler im Wappen haben, so hatten die alten Hessen eine Katze zum Feldzeichen, das im Kriege vor ihnen hergetragen wurde. Junge Katzen aber kommen blind zur Welt. Daher sei die Bezeichnung „blinder Hesse" gekommen. Die Hessen können diese Bezeichnung als einen Ehrennamen ansehen. Denn sie haben im Kriege stets, ohne auf die Gefahr zu achten, tapfer und blind darauf losgeschlagen. Ihre Tapferkeit und Treue kennt die alte und die neue Welt. Noch heute sagt man in Westfalen: „He slät drop assen Hesse" („Der schlägt drauf wie ein Hesse").

Aus: Hessisches Sagenbuch

Kronberg

Wie Reifenberg und Hattstein hinter der Höhe, so liegen vor derselben drei Schlösser beisammen, Kronberg, Falkenstein und Königstein. Ein viertes, Eppstein, hält sich mehr für sich. Zuerst begegnet uns am Fuß des Altkönigs Kronberg über dem gleichnamigen Ort, dessen Lage man oft mit Tivoli verglichen hat, obgleich es keinen Wasserfall hat. Zu den Kastanien, die besonders gepriesen werden, soll in den Kreuzzügen ein Ritter von Kronberg den Samen aus Palästina mitgebracht haben.

Der Stammsitz der Kronberger ist das benachbarte Eschborn, wo noch Trümmer der alten Burg zu sehen sind. Die Ritter von Eschborn teilten sich in den Kronen- und den Flügelstamm; ersterer scheint Kronberg gegründet und benannt zu haben. Berühmt ist das Treffen bei Eschborn, wo Frankfurt den Kronbergern und der ihnen verbündeten Ritterschaft unterlag. Es war in der Zeit des aufstrebenden Bürgergeistes, welcher die Bündnisse der Städte am Rhein und in Schwaben gegen den raubsüchtigen, noch heute dem reichsstädtisch denkenden Rheinländer verhaßten Adel hervorrief. „Doch begleitete das Glück", sagt von Fichard, „die Heerzüge der deutschen Städte nicht. Wenn die Söhne der Alpen 1386 bei Sempach und 1388 bei Näfels unsterblichen Ruhm erwarben, so erlitt der Schwäbische Bund bei Döffingen 1388 eine völlige Niederlage, der in demselben Jahr das für den Rheinischen Bund unglückliche Treffen bei Worms folgte", und im nächsten jenes bei Eschborn, welches die Frankfurter bloß zur Auslösung der Gefangenen 73 000 Gulden kostete, die sie nicht aufbringen konnten, ohne für einige Zeit ihre Verfassung zu ändern. Die gleichzeitige „Limburger Chronik", die sonst deutsch geschrieben ist, schaltet hier die Worte ein: „Proditorie, ut creditur, Francofurtensis occubuerunt."

Ein Gemälde, das diese Niederlage darstellt (eine Kopie befindet sich in der Frankfurter Bibliothek), wird auf der verfallenen Burg Kronberg gezeigt. Was von dieser übrig ist, dient jetzt als Schulhaus, den Turm aber bewohnt der Nachtwächter von Kronberg. Malerisch zieht sich dieses Städtchen zwischen Obstbäumen den Hügel hinan; unter ihm liegt Krontal mit seinem Gesundbrunnen und dem neuerbauten Kurhaus, etwas tiefer Neuenhain mit den drei Linden und seiner Sauerquelle und schon ganz in der Mainebene das oben erwähnte ehemalige Reichsdorf Soden, eine Kolonie des benachbarten Sulzbach, das gleichfalls ein Reichsdorf war. Beide Namen deuten auf die mineralische Beschaffenheit ihrer Wasser.

Karl Simrock

Proditorie, ut creditur, Francofurtensis occubuerunt – Durch Verrat, wie man glaubt, unterlagen die Frankfurter

Die Industrie des Großherzogtums Hessen

Als im Jahr 1806 unser Hessen zum Großherzogtum erhoben wurde, hatte es wenig mit seinem heutigen Äußeren gemein. Darmstadt, die einzige bedeutendere Stadt des Landes, war halb Schreibstube, halb Exerzierplatz. Nur die unentbehrlichsten Handwerker trieben hier ihr Geschäft. Nicht einmal ein Silberarbeiter war in der Residenz zu finden. Die Stadt zählte 6 000 Einwohner. Für mehr schien die unfruchtbare Umgegend, aus welcher jeder heftige Windstoß Wolken von Sand in die Straßen trieb, kaum Nahrung zu bieten.

Ein Ereignis von entscheidendem Einfluß auf die Entwicklung unserer Industrie war die in dem Jahre 1824 erfolgte Berufung des einundzwanzigjährigen Liebig als Professor an die Landesuniversität Gießen. Liebig und seine nach allen Richtungen hin anregende Tätigkeit ist während den fünfundzwanzig Jahren, welche er zu Gießen wirkte, zunächst seinem engeren Vaterlande zu Gute gekommen. Liebig ebnete hier den Boden für die zahlreichen in Hessen blühenden industriellen Unternehmungen, von denen beinahe keine der größeren später in das Leben trat, ohne von dem befruchtenden Einflusse seines Geistes, von seinen genialen Ratschlägen Vorteil zu ziehen. Seine imponierende Erscheinung ließ die Bedeutung des naturwissenschaftlichen Unterrichts erkennen. Man fühlte die Notwendigkeit einer Popularisierung desselben. Realschulen entstanden 1832 zu Darmstadt, 1834 zu Mainz und 1835 zu Gießen, und 1836 wurde in Darmstadt die höhere Gewerbeschule errichtet, die erste Anstalt des Großherzogtums und eine der ersten in Deutschland, die denjenigen, welche sich der Technik widmen wollten, Gelegenheit bot, sich im Maschinenbau, Architektur und technischer Chemie auszubilden. 1833 wurde, nachdem bereits 1831 die Errichtung einer Zentralstelle für Landwirtschaft vorangegangen, die äußerst segensreich wirkende Zentralstelle für die Gewerbe gegründet.

Neue Industriezweige entstanden um jene Zeit und man entschloß sich vielfach zu dem großen Schritt, welcher den ersten Anfang der Großindustrie bezeichnet, man ersetzte die Menschenhand durch die Maschine. So wurden 1830 bis 1833 in der berühmten Portefeuillefabrik von J. Mönch in Offenbach, die 1835 bereits 137 Personen beschäftigte, die ersten größeren Lederpressen zur Anwendung gebracht. Noch wichtiger ist die mehr und mehr sich Bahn brechende Verwendung der Dampfmaschinen. 1830 wurde hier die erste Dampfmaschine in der großherzoglichen Münze aufgestellt. Sie blieb bis zu dem Jahre 1834, wo vier dieser Maschinen in dem Großherzogtum arbeiteten, die einzige. Im Jahre 1840 waren 9, im Jahre 1849 26 vorhanden.

Damals begann der Betrieb auf der ersten, im Jahre 1848 in unserem Großherzogtum vollendeten Eisenbahn, der 6,5 Meilen langen Main-Neckarbahn, 1850 wurde eine weitere, die etwa 7 Meilen lange Main-Weser-Bahn, und 1854 die erste Strecke der hessischen Ludwigsbahn eröffnet. Das im Betrieb befindliche Netz der letzteren beträgt gegenwärtig allein 57 Meilen. Alle größeren Stationen und Kreuzungpunkte der Bahnen wurden nach wenigen Jahren zu Industriezentren, an denen sich die vielfältigste Gewerbetätigkeit entwickelte. Einfache Bauerorte, wie das zwei Stunden von Darmstadt entfernte Pfungstadt, wurden zu Fabrikstädtchen, deren dampfende, hoch aufragende Kamine von weitem schon das im Innern herrschende Leben verkünden. Im Jahre 1852 zählte das Großherzogtum 52, im Jahre 1854 63, 1857 113 Dampfmaschinen, und heute sind bereits über 1 000 Dampfkessel in seinen drei Provinzen in Tätigkeit.

Noch deutlicher sieht man die Umänderung, die sich infolge der Erbauung der Eisenbahnen vollzogen, an den riesigen Dimensionen, welche der Güterverkehr einzelner Plätze binnen kurzer Frist annahm. So war der Güterverkehr von Darmstadt vor Erbauung der Main-Neckar-Bahn ein außerordentlich geringer; er war so unbedeutend, daß, als es sich bei der Erbauung der Bahn um die Anlage eines Güterschuppens in dem Bahnhofe handelte, einer der damaligen Ingenieure geäußert haben soll: „Ach, das ist ja überflüssig, der Frachtfuhrmann Hegendörfer fährt ja alle Woche zweimal nach Frankfurt!" (Ursprünglich war man bekanntlich der Ansicht, daß die Eisenbahnen nur für den Personenverkehr bestimmt und der Güterverkehr Nebensache sei.) Damals belief sich der gesamte Güterverkehr der Stadt auf etwa 20 000 Zentner. Er hatte sich wenige Jahre nach der Eröffnung der Bahn bereits verzehnfacht. Im Jahre 1867 figuriert die Stadt Darmstadt in dem Geschäftsberichte der Main-Neckarbahn sogar mit 272 156 Zentnern und in demjenigen der hessischen Ludwigsbahn mit 506 847 Zentnern, Empfang und

Versand zusammengerechnet; im ganzen mit 973 000 Zentnern. Der Verkehr ist in den letzten Jahren noch gewachsen und hat die Ziffer von 1 900 000 Zentnern bereits überstiegen.

Auch in der Zusammensetzung der Bevölkerung dem Berufe nach hat sich seit dem Jahre 1830 ein Umschwung vollzogen, und es läßt sich hieraus bereits der Beweis führen, daß sich während dieser Periode unser Land aus einem Ackerbaustaat in einen Industriestaat verwandelte. Im Jahre 1830 lebten 58 Prozent der Bevölkerung vom Ackerbau, nur etwa 26 Prozent von der Industrie und etwa 2 bis 4 Prozent vom Handel. Im Jahre 1861 dagegen lebten 43 Prozent vom Ackerbau, 37 Prozent von industrieller Tätigkeit und etwa 5 Prozent vom Handel.

Um diese Zeit begannen bereits die Kreditinstitute ihren wohltätigen Einfluß zu äußern. Die im Jahr 1855 errichtete Bank für Süddeutschland ermöglichte der hessischen Ludwigsbahn dadurch, daß sie ihr zu einer Zeit (während des Krimkrieges), wo Geld schwer zu haben war, ein beträchtliches Kapital zu mäßigen Zinsen vorschoß, die Vervollständigung ihres Bahnnetzes. Auch bei den neuerdings in der Ausführung begriffenen Projekten ist der Bahn die Beihilfe der Bank zustatten gekommen. Man kann getrost behaupten, daß ohne die Bank für Süddeutschland, die auch anderweitig für das Zustandekommen dieser Eisenbahnprojekte wirkte, der Ausbau unseres Eisenbahnnetzes sich vielleicht um mehr als ein Jahrzehnt verzögert hätte. Als weiteren Beweis ihrer befruchtenden Wirksamkeit erwähnen wir, daß die Bank im Jahre 1874 445 432 fl. an Wechseln auf inländische Plätze und 272 000 fl. an Lombarddarlehen im Inlande zu fordern hatte, die gleichzeitig mit ihr gegründete Bank für Handel und Industrie hatte im Jahre 1864 1 794 755 fl. an 166 Firmen und im Jahre 1866 über 2 000 000 an 217 verschiedene Firmen zu fordern. Neben ihrer der Industrie zugute kommenden geschäftlichen Wirksamkeit, haben die beiden Banken eine Reihe größerer finanzieller Unternehmungen durch finanzielle Beihilfe gefördert; so die hiesige Maschinenfabrik, den oberhessischen Hüttenverein, die Mainzer Gasfabrik und andere. Auch durch Unterstützung der Gemeindeverwaltungen, durch Förderung der Zwecke der Vorschuß- und Kreditvereine und der inländischen Gewerbsgenossenschaften haben sie bewiesen, wie mannigfach die Berührungen der Banken mit dem wirtschaftlichen Leben eines Landes sind. Nicht zu bemessen ist die wohltätige Rückwirkung, welche diese Belebung der Großindustrie auf das Kleingewerbe ausgeübt hat. Die Arbeitslöhne und der Wert des Grundeigentums sind in die Höhe gegangen, und bis in die kleinsten Landstädtchen sind die Pulse eines kräftigen industriellen Lebens fühlbar. Die Gelegenheit wird sich in der Zukunft bieten, dasselbe näher zu betrachten...

Der älteste Zweig der Großindustrie ist die Portefeuillefabrikation. Ihr Begründer war Herr Jakob Mönch, der in der Mitte des vorigen Jahrhunderts von dem Fürsten von Isenburg als Hofbuchbinder nach Offenbach berufen wurde und 1776 die erste Grundlage zu dem berühmten, unter der Firma Jakob Mönch u. Comp. bestehenden Offenbacher Geschäft legte. Seitdem hat die Portefeuillefabrikation in Offenbach ihren Hauptsitz aufgeschlagen. 1865 bestanden daselbst 20 größere und 25 kleinere Fabriken. Die ganze Fabrikation beschäftigte damals 5 000 bis 6 000 Arbeiter. Gleich anderen Zweigen der Großindustrie des Landes arbeitet die Offenbacher Portefeuillefabrikation hauptsächlich für den Export. Mindestens 70 Prozent der Gesamtproduktion gehen außerhalb des Zollvereins.

Herr Ministerialrat Fink, der auf der Londoner Ausstellung des Jahres 1863 zum Berichterstatter für die 36. Klasse, in welcher die Portefeuillewaren einbegriffen waren, ernannt wurde, schätzte in seinem auf offiziellen Angaben basierenden Berichte den Gesamtwert der Portefeuillewarenproduktion des Zollvereins auf 7 100 000 bis 7 950 000 Taler. Hiervon kamen auf das Großherzogtum Hessen 5 000 000 bis 5 500 000, auf Preußen 1 000 000, auf Württemberg 300 000 und auf Bayern 200 000 Taler. Dieses Verhältnis hat sich seither insofern geändert, als sich in Preußen gleichfalls eine blühende Portefeuillefabrikation entwickelt hat. Ebenso ist dieselbe in Bayern, besonders in Nürnberg, sowie in Württemberg in einem nicht zu verkennenden Aufschwung begriffen, ohne daß jedoch die Bedeutung der hessischen Produktion hierdurch gesunken wäre. Offenbach ist noch fortwährend ein Sammelplatz tüchtiger Portefeuillearbeiter, und die im Juni 1870 in Darmstadt abgehaltene Ausstellung von selbstverfertigten Arbeiten von Handwerkern und Fabrikarbeitern, stellte dem guten Geschmack und der Geschicklichkeit des Offenbacher Arbeiters ein ehrendes Zeugnis aus.

Hervorragend durch ihren Export ist die Fabrikation von lackiertem Leder. Ihre Hauptsitze sind Worms, Mainz und Offenbach... Im ganzen werden im Großherzogtum Hessen jährlich ungefähr 2½ Millionen Stück Kalbfelle zu Lackleder, Kidleder und Wichsleder verarbeitet. Der Konsum an Eichenlohrinde belief sich 1865 auf 145 000 Zentner und über 4 500 Arbeiter waren in den Lederfabriken beschäftigt. Seitdem ist die Zahl derselben bis vor dem Kriege bedeutend gestiegen, jedoch vermochten sie, trotz der Erhöhung der Löhne, der Nachfrage nicht immer zu genügen. Die Lederindustrie hat vielleicht weniger als andere Gewerbszweige von den ungünstigen Verhältnissen der letzten Jahre zu leiden, indem der Verbrauch des lackierten Leders sich gerade in der letzten Zeit auf Schichten der Bevölkerung ausdehnte, welche ehedem des hohen Preises wegen darauf verzichten mußten. England, Ostindien und Rußland gehören zu dem Absatzgebiete unserer Lederfabriken. Auch in Frankreich war seither der Konsum von deutschem Lackleder trotz dem hohen, auf diesem Artikel lastenden Zoll in stetigem Zunehmen...

Einen hervorragenden Beweis für die Lebenskraft, welche die einzelnen Industriezweige Hessens entwickeln, liefert die Bierfabrikation. Die Bedingungen ihres Gedeihens sind keineswegs günstige. Das Großherzogtum ist rings von Ländern umgeben, die, wie z. B. Bayern und die neuen preußischen Provinzen, eine blühende Bierfabrikation aufzuweisen haben und die unter weit günstigeren Bedingungen die Konkurrenz mit den hessischen Brauereien aufzunehmen vermögen. In Bayern sind beispielsweise die Holzpreise und an manchen Orten auch die Arbeitslöhne billiger als in Hessen. Der Lokalkonsum, anderwärts die Hauptstütze der Bierfabrikation, ist in einzelnen Gegenden Hessens durch die Weinproduktion benachteiligt. Trotzdem wird die Bierfabrikation, in dem Großherzogtum in äußerst schwungvoller Weise betrieben, und sie hat in den letzten zehn Jahren stets wachsende Dimensionen angenommen.

In Hessen bestand ehedem die unbequeme Kesselsteuer, während in Preußen die Malzsteuer und zugleich ein Steuersatz eingeführt ist, welcher um 43 Prozent niedriger ist als der hessische. Unsere Bierfabrikation hatte diesen Mißstand durch die Fabrikation stärkerer, für den Export geeigneter Biere ausgeglichen, denn nur für schwerere Biere stellt sich die nach dem Raum berechnete Biersteuer billiger als andere Abschätzungsweisen. So bestehen in dem Großherzogtum mehrere Brauereien ersten Ranges, welche wie die Breysche Aktienbrauerei, die gräflich Erbachsche Brauerei zu Erbach und diejenige von J. Hildebrandt in Pfungstadt einen bedeutenden Export aufweisen. Die vorzügliche Qualität ihres Produktes hat auch den Lokalkonsum desselben bedeutend gesteigert, und das Bier hat sich selbst unter dem weinbautreibenden Teile unserer Bevölkerung vollständig eingebürgert.

Der Bierkonsum in Hessen ist ein bedeutend geringerer als derjenige in Bayern, England, ja selbst in Württemberg, allein man darf nicht vergessen, daß die Biere, welche unsere Bevölkerung konsumiert, beinahe durchgängig weit schwerer sind als diejenigen, welche anderwärts verbraucht werden. In Bayern beträgt der jährliche Bierverbrauch pro Kopf 250, in England 270, in Württemberg 208, in Belgien 148, im Großherzogtum Hessen 88, in Österreich 47, in Preußen 39, in Frankreich 36, in Sachsen 45, in den Vereinigten Staaten von Nordamerika 13 hessische Schoppen...

Der Absatz der hessischen Brauereien beschränkt sich nicht aus-

schließlich auf die nächste Umgebung, sondern er dehnt sich über die Grenzen des Großherzogtums aus. Eine sehr interessante statistische Vergleichung ist hierüber von Herrn Ministerialrat Fink angestellt worden. England mit seinem ausgedehnten Export nach den britischen Kolonialbesitzungen in allen Weltteilen produzierte im Jahr 1866 im ganzen 25 388 000 Barrels (26 000 000 hess. Ohm) Bier und sein Export an englischem Porter und Ale betrug doch nur 582 583 Barrels (596 000 hess. Ohm), also nur ca. zwei Prozent der Gesamtproduktion. Frankreich produzierte in demselben Jahre ca. 3 313 000 hessische Ohm und exportierte nur 19 200 Ohm, also nur ca. 0,6 Prozent. In Österreich betrug nach dem offiziellen Bericht der österreichischen Zentralkommission für die Pariser Ausstellung von 1867 die Gesamtproduktion an Bier im Jahre 1866 ca. 14 000 000 österreichische Eimer (5 250 000 hess. Ohm), wovon nur 177 512 Zoll-Zentner (ca. 50 000 hess. Ohm) exportiert wurden, also noch nicht ganz ein Prozent. Bayern hatte in diesem Jahr eine Gesamtproduktion von 6 800 000 bayerischen Eimern (3 762 880 hess. Ohm) und der Export der fünf bedeutendsten bayerischen Produktionsorte München, Kulmbach, Erlangen, Kitzingen und Nürnberg betrug nur ca. 350 000 Zentner, oder 108 000 hess. Ohm, also ca. drei Prozent der Gesamtproduktion. Der Export hessischer Biere beträgt dagegen ca. fünf Prozent der Gesamtproduktion.

Einzelne der hessischen Großbrauereien wie die gräflich Erbachsche Brauerei und diejenige von J. Hildebrand in Pfungstadt besitzen, da sie sich in kleineren Städten oder Dörfern befinden (Pfungstadt zählt etwa 5 000 Einwohner), nur einen sehr geringen Lokalabsatz und sind beinahe ausschließlich auf den Betrieb nach außen angewiesen.

Eine Reihe wichtiger Industriezweige haben in der Provinz Starkenburg ihren Sitz und gerade sie sind es, welche zum Teil Spezialitäten der hessischen Produktion sind und welche unserem Vaterlande einen weit verbreiteten Ruf erworben haben.

Der weitaus hervorragendste Zweig der Großindustrie, welchen Darmstadt aufweisen kann, ist die Hutfabrikation. Es bestehen gegenwärtig zwei Hutfabriken in Darmstadt. Der Besitzer der ersten, Herr Kommerzienrat H. Schuchard, siedelte vor beiläufig 30 Jahren aus Lauterbach über und begründete ein Hutmachergeschäft, bei welchem er ursprünglich nur den Absatz am Platze selbst im Auge hatte. Sein unternehmender Sinn trieb ihn jedoch bald zum fabrikmäßigen Betrieb seines Geschäfts an, heute ist seine Hutfabrik als die erste des Kontinents anerkannt. Durch die mannigfache, zu den verschiedensten Zwecken benutzte Verwendung der Maschinen und durch eine minutiöse Teilung der Arbeit ist ihre innere Einrichtung wahrhaft bewundernswert. Die Fabrik zerfällt in eine Wollhut- und in eine Filzhutfabrik, welche erstere täglich 400 bis 500, letztere täglich je nach Bedürfnis 500, ja sogar 1 500 Hüte fabrizieren kann. Die Filzhutfabrik hat ihren Aufschwung einem Streik der Arbeiter zu verdanken. Die Hüte wurden vor wenigen Jahren noch, wie dieses auch in den meisten Hutfabriken geschieht, durch Handarbeit erzeugt, bis eine Arbeitseinstellung sehr frivoler Natur Herrn Schuchard dazu bewog, eine Maschine amerikanischen Ursprungs einzuführen, welche die Menschenhand nicht allein auf das vollkommenste ersetzt, sondern ihre Erzeugnisse sogar weitaus übertrifft. Die Arbeit, welche ehedem zahlreiche geübte Hutmacher gegen hohen Lohn verrichteten, kann nunmehr unerfahrenen, fast noch dem Kindesalter nahestehenden Personen übertragen werden. Ein sinnreich konstruierter Ventilator bläst die vorbereiteten Haare auf einen sich um sich selbst drehenden, befeuchteten Kegel, der nach zwei Minuten mit einer Filzmasse von einer Dichtigkeit, Dünne und Gleichförmigkeit bedeckt ist, wie sie durch die Handarbeit nie erreicht zu werden vermag.

Die erwähnte Maschine vermag bei zehnstündiger Arbeitszeit täglich 300 Hüte anzufertigen. Fünf dieser Maschinen sind in dem Etablissement aufgestellt, so daß Herr Schuchard täglich 1 500 Hüte zu liefern vermag. Ungemein interessant ist ein Gang durch die verschiedenen Teile der Fabrik. Der Staffiersaal insbesondere beweist ihre große Ausdehnung und ihr bedeutendes Absatzgebiet. Man begegnet in ihm den Hutmodellen aller Zonen. So sah ich bei einem Besuche Filzhüte mit breitem Rand nach Art der Sombreros, deren Band das Wappen der argentinischen Republik trug. Sie waren zur Uniformierung des Militärs dieses Staates bestimmt. Nach Nord- und Südamerika, nach Rußland und nach den englischen Kolonien versendet Herr Schuchard seine Hüte. Ja selbst mit der berühmten französischen Hutfabrikation vermochte er, trotz der ungünstigen Bestimmungen des Handelsvertrags, die Konkurrenz zu bestehen. Gleichfalls bedeutend ist die seit etwa 10 Jahren errichtete Hutfabrik von Gebrüder Gelfius.

Nächst der Schuchardschen Hutfabrik ragt die gleichfalls in Darmstadt befindliche Fabrik von E. Merck durch ihre Bedeutung hervor. Sie beschäftigt sich vorzugsweise mit der Darstellung der Alkaloide des Opiums, mit der Fabrikation von Santonin und anderer Alkaloide. Obwohl die Herren Merck mit Mitteilungen über ihren Geschäftsbetrieb nicht sehr freigebig sind, weiß man doch, daß sich ihre Opiumeinkäufe auf hunderte von Zentnern belaufen. Einen Anhaltspunkt, nach welchem man die Bedeutung des Etablissements beurteilen kann, liefern die Übersichten über die verschiedenen vom Hauptzollamt Darmstadt abgefertigten Einfuhrartikel. 1869 wurden in Darmstadt 8 567 Zentner Wurmsamen eingeführt. Der Bedarf sämtlicher Drogisten wird wohl kaum die Summe von 500 Zentnern erreichen, so daß man mindestens 8 000 Zentner für den Konsum der Fabrik in Anschlag bringen darf. Das Warenlager der Fabrik repräsentiert einen Wert von fast 2 000 000 Mark und ebenso hoch dürfte sich der Jahresumschlag des Geschäfts belaufen; allein der Absatz nach Italien soll einen Wert von fast 200 000 Mark repräsentieren. In Paris besitzt die Firma eine Filiale. Neben Deutschland sind es vorzugsweise die Schweiz, Italien, Belgien, das Königreich der Niederlande und Rußland, in welchem sie ihre Produkte absetzt. Der Verbrauch des Elsasses an Merckschen Präparaten soll seit der Wiedervereinigung desselben mit Deutschland bedeutend gestiegen sein.

Andere bedeutende Etablissements der chemischen Industrie hat die nähere Umgebung von Darmstadt aufzuweisen. Wir erwähnen in dieser Beziehung die Ultramarinfabrik des Herrn W. Büchner in Pfungstadt, das Blaufarbenwerk Marienberg bei Bensheim und die chemische Fabrik Neuschloß.

Unter den chemischen Fabrikationszweigen erwähnen wir ferner die von dem „Verein für chemische Industrie", einer Aktiengesellschaft, welche zu Mainz ihren Sitz hat, betriebene Darstellung von Holzessig und der mit dieser Fabrikation verbundenen Nebenprodukte. In den Etablissements der Gesellschaft, welcher es bereits 1866 gelang, einen Jahresumschlag von fast 700 000 Mark zu erzielen, werden ca. 25 000 hessische Stecken Holz verkohlt. Endlich erwähnen wir die bedeutenden Firnis- und Lackfabriken, welche in Offenbach und Mainz seit Jahren errichtet sind und sich eines ausgezeichneten Rufs erfreuen.

Ein früher hervorragender Industriezweig Darmstadts, die Streichzündhölzerfabrikation, ist neuerdings etwas in den Hintergrund getreten. Die vermehrte Konkurrenz sowie die hohen Eingangszölle, welchen die Waren seither in Frankreich und der Schweiz unterworfen waren, insbesondere aber die hohen Arbeitslöhne, erklären dieses Sinken ihrer Bedeutung.

Die Maschinenindustrie hat in Darmstadt und in der Umgegend zahlreiche Etablissements aufzuweisen. Die „Maschinenfabrik und Eisengießerei Darmstadt", ein Aktienunternehmen, liefert stationäre Dampfmaschinen, Lokomobilen, hydraulische Maschinen sowie Eisenguß- und Blecharbeiten. Die Gießerei kann bei ihrer dermaligen Einrichtung 2½ bis 3 Millionen Pfund Maschinenguß liefern. Neueren Ursprungs ist die Eisen- und Maschinengießerei von Arnold und Reuling, deren Unternehmer, intelligente junge Geschäftsleute, nichts versäumen, was zur Hebung des Ansehens ihres Etablissements dienen kann. Die treffliche Blumenthalsche Maschinenfabrik liefert vorzugsweise landwirtschaftliche Maschinen. Die Firma Kleyer u. Beck liefert Maschinen, und W. Benuleth u. Ellenberger und Fr. Heißner Maschinen für die Branntweinfabrikation. Auch für die Tonzubereitungsmaschinen ist ein Etablissement (Jordan) vorhanden. Eines erfreulichen Aufschwunges hat sich die von A. Hartmann in Großbieberau errichtete Fabrik von Feuerspritzen zu erfreuen. Eines der größten Etablissements Süddeutschland in der Maschinenbranche ist das in Mainz domizilierte „Gasapparat und Gußwerk." Dasselbe beschäftigt 400 und mehr Arbeiter. In Gustavsburg hat die Firma Kramer u. Klett seit einigen Jahren eine bedeutende Filiale errichtet.

Die Tabaksindustrie hat sich in den beiden Teilen des Großherzogtums diesseits und jenseits des Mains entwickelt. An ausländischen Tabaken beträgt ihr Bedarf allein jährlich zwischen 40 000 und 45 000 Zentnern. Für die Quantität des inländischen Tabaks, welcher von demselben verbraucht wird, besitzen wir keinen zuverlässigen Maßstab. Wir vermochten noch nicht festzustellen, wieviel von dem in unserem Großherzogtum angekauften Tabak für Baden angekauft wird und wieviel davon für die inländische Industrie zur Verwendung kommt, doch dürfte die Menge des inländischen Tabaks, welche für den Bedarf unserer Tabaksindustrie erforderlich ist, denjenigen des ausländischen mindestens noch um das vierfache übersteigen. In der Gegend von Bensheim, wo besonders zu Viernheim ein ganz vorzüglicher zu Zigarren geeigneter Tabak gebaut wird, hat sich vorzugsweise die Zigarrenfabrikation angesiedelt. In Bensheim und dessen Umgegend bestehen etwa 15 größere Zigarrenfabriken, die zusammen ungefähr 30 000 000 Zigarren jährlich fabrizieren. Demnach verbrauchen dieselben nur einen Teil des Tabaks, welcher im Großherzogtume gebaut wird, denn enorme Quantitäten des zu Zigarren verwendbaren Tabaks werden in Baden und der bayerischen Rheinpfalz verbraucht. Der Arbeitsverdienst eines Zigarrenarbeiters beträgt in Bensheim etwa 10 Mark, bei geschickteren Arbeitern 12 Mark per Woche.

Von anderen Industriezweigen, welche im Großherzogtume ihren Sitz haben, erwähnen wir noch die Tuchfabrikation des Odenwaldes und die Leinenindustrie des Vogelsbergs.

Auch mehrere metallurgische Etablissements sind in den nördlichen und südlichen Landesteilen vorhanden.

Unter den in Darmstadt ansässigen Fabrikationszweigen ist außer den oben erwähnten noch die Knopffabrikation, die auch anderwärts im Großherzogtum ihre Niederlassungen aufzuweisen hat, von Bedeutung. Die in Bessungen bei Darmstadt befindliche Kolbesche Knopffabrik arbeitet vorzugsweise für den Export.

Zu einem sehr bedeutenden Industriezweig ist in jüngster Zeit die Ansammlung und Reinigung der Grassamen herangewachsen. In Darmstadt befinden sich mehrere größere Samenhandlungen und Klenganstalten. Der Besitzer der bedeutendsten derselben, Herr Kommerzienrat Heinrich Keller, hat wegen des von ihm herausgegebenen vortrefflichen Herbariums der Futtergräser von Ludwig III. die goldene Verdienstmedaille für Kunst und Wissenschaft erhalten. Nach genauen, auf offiziellen Angaben beruhenden Abschätzungen dürfte die Grassamenproduktion des Großherzogtums einen jährlichen Durchschnitt von 4000 Zentnern ergeben, welche einem Wert von fast 200 000 Mark entsprechen. Der hessische Grassamen wird vorzugsweise in Deutschland, England und Frankreich abgesetzt.

Im ganzen bietet die Industrie des Großherzogtums Hessen ein erfreuliches Bild dar. Beinahe alle Zweige derselben befinden sich in fortdauerndem Zunehmen, und selbst die Kriege der letzten Jahre vermochten ihre feste Basis nicht zu erschüttern. Auf mehrere Fabrikationszweige, namentlich die Hut- und Lackleder-Industrie, hat sogar der letzte Krieg sowie der bald darauf folgende Aufstand der Commune einen vorteilhaften Einfluß geäußert. Besonders das Geschäft nach den überseeischen Ländern hat eine erfreuliche Zunahme erfahren. Der gegenwärtige blühende Stand unseres Groß- und Kleingewerbes ist am besten aus einer vom Herrn Ministerialrat Fink zusammengestellten Übersicht ersichtlich, der zufolge unsere Jahresproduktion, d. h. der Wert der Boden- und Industrieerzeugnisse über 350 Millionen Mark jährlich beträgt. Die Ersparnisse, die hiervon erübrigt und zurückgelegt werden, sei es in neuen Gebäuden, in Verbesserungen von Grund und Boden, in neuen Gewerbsanlagen und Erweiterung der vorhandenen, in Anlage von Eisenbahnen, in Anlage von zinstragenden Staats- und Eisenbahnpapieren betragen jährlich 8 und mehr, sogar meist 17 Millionen Mark. Allein die inländische Lederindustrie erzeugt mindestens für 26 bis 34 Millionen Mark, die inländische Bierproduktion für 7 bis 8 Millionen Mark per Jahr. Der jährliche Wert der landwirtschaftlichen Produktion beträgt mindestens 210 bis 230 Millionen Mark.

So sehen wir das Gebiet des Großherzogtums Hessen, das wir in einer Reihe trüber Perioden bisher kennenlernten, heute in einem blühenden Zustande und als eines derjenigen Glieder des jungen deutschen Reiches, welche am reichsten ausgestattet der neuen Staatengemeinschaft mit beigetreten sind. Diese Blüte ist die Frucht der sechzigjährigen Tätigkeit dreier Regenten, welche seit 1815 dem Lande ihren eifrigsten Schutz angedeihen ließen, und welche auf das sorgfältigste sein materielles Wohlergehen förderten. Möge es auch ferner blühen und gedeihen, und mögen künftige Generationen mit der gleichen Dankbarkeit auf die neue Periode zurückblicken, in welche es seit 1871 eingetreten ist. . .

Allein auch dieses freundliche Bild zeigt neuerdings eine Schattenseite. Zu beklagen ist, daß die schwere Krisis, von welcher Deutschland seit 1872 heimgesucht wird, auch unser Großherzogtum in empfindlicher Weise getroffen, und daß auch seine, wie wir oben bemerkt, im schönsten Emporblühen befindliche Industrie durch dieselbe gestört wurde. Auch sein Gewerbfleiß bedarf heute der Unterstützung und Kräftigung; auch er leidet unter den schweren Übeln, welche die gesamte süddeutsche Industrie darniederdrücken, an der Überflutung durch die auswärtige Konkurrenz infolge eines nicht auf dem Prinzipe der Reziprozität beruhenden Zollsystems. Auch Hessen leidet durch die Konkurrenz anderer Länder, die gleich England mit so überwiegenden Vorteilen uns gegenüber ausgerüstet sind, daß es für uns unter den heutigen Verhältnissen unmöglich ist, gegen dieselben anzukämpfen. Zu befürchten bleibt, daß, wenn diese Wahrheit nicht erkannt wird, wenn man sich nicht dazu entschließen sollte, durch mäßige Schutzzölle unsere süddeutsche Industrie gegenüber der auswärtigen Konkurrenz gleichzustellen, daß für die Industrie unseres Hessens die Höhe, auf welche sie mühsam und größtenteils durch eigene Kraft gehoben wurde, auch ihren Kulminationspunkt bedeutet. Auch in Hessen ist neuerdings ein Stillstand, teilweise sogar ein Rückgang der gewerblichen Tätigkeit eingetreten gleichwie er auch in anderen Teilen Deutschlands, in Württemberg, Rheinland, Westfalen und Elsaß-Lothringen in noch erschreckenderem Maße zutage getreten. Unserer deutschen Industrie drohen schwere Gefahren, deren furchtbare Folgen nicht verfehlen können, nicht nur den

Wohlstand und den Erwerb der verschiedenartigsten Berufszweige auf das Höchste zu gefährden, sondern welche auch die politische Entwicklung unseres Vaterlandes zu stören drohen. Für diejenigen, welche es mit unserer vaterländischen Industrie wohlmeinen, muß die heutige Lage derselben eine Mahnung sein, soviel als möglich zu helfen. Fern bleibe dabei das kleinliche Abwiegen einzelner lokaler Vorteile und Nachteile. Unser Vaterland bedarf einer bedeutenden Zufuhr materieller Kraft und gesunder Säfte, wenn es den schweren Aufgaben und Prüfungen, die seiner aller Wahrscheinlichkeit nach noch warten, gewachsen sein, wenn es die großen Anforderungen, welche unser Militär-Budget stellt, ohne zu seufzen tragen soll. Einen innerlich schwachen, kranken Organismus müßte die schwere Eisen-Rüstung erdrücken, welche man ihm aufläd. Eine gesunde, blühende Industrie, wie sie England, Frankreich und Nordamerika aufweisen, erscheint uns aber als die Grundlage jeder nationalen Größe. Sorgen wir daher dafür, daß durch ein System gemäßigter Zölle unsere nationale Industrie den nationalen Industrien anderer Länder ebenbürtig wird, damit wir aus ihr die Kraft schöpfen, auch die Stellung ferner behaupten zu können, die wir uns vor kaum sechs Jahren errungen.

Ferdinand Dieffenbach, 1877

Portefeuille – Brieftasche, Mappe / Ohm – altes hessisches Hohlmaß / Staffiersaal – Ausstattungssaal

Burg Königstein

Vom Falkenstein ist wenig übrig; desto großartiger sind ihm zu Füßen
die Ruinen der ehemaligen Reichsburg – zuletzt kurmainzischen Festung – Königstein. Der Weg dahin führt an dem sogenannten Falkensteiner Häuschen vorbei, das einem Frankfurter Kaufmann gehört, der
auch um die Trümmer vor Königstein einen Garten angelegt hat. Aus
der Falkensteinischen Erbschaft kam es an die Eppsteiner, und nach dem
Tod Eberhards von Eppstein, der zum Grafen von Königstein erklärt
worden war, an die Stolberger, denen es Mainz „per fas et nefas" zu entreißen wußte. In den neunziger Jahren des vorigen Jahrhunderts wurde
es erst von den Preußen, dann von den Franzosen belagert und genommen, letztere schleiften 1800 die noch in den Trümmern gewaltige Festung. Von einem gewissen Joseph Rohwald, der bei der letzteren Belagerung als ein doppelter Verräter Deutschen und Franzosen zugleich
zum Spion diente, wird erzählt, er habe nach der Zerstörung die Fremden in den zerfallenen Gängen und Kasematten umhergeführt und so
sein Leben gefristet, bis einst ein Stein, auf den er deutete, herabfiel und
ihn erschlug.

Karl Simrock

per fas et nefas – zu Recht oder Unrecht

Hessische Bäder

In Königstein hatte das Frankfurter Patriziat seinen Sommersitz. Die Strecke nach Falkenstein, das nur einen Kilometer entfernt ist, gehört zu den schönsten Landschaften im Taunus. Man sieht über Kronberg hinweg in die Mainebene, wo Frankfurt, in Silberdunst gehüllt, sich ausstreckt. Hans Thoma hat diesen Blick auf Kronberg gemalt.

Von Bad Soden mit seinen 26 Quellen schrieb schon Goethes Zeitgenosse Gerning:

> Mögen andere sich umlärmte Brunnen erkiesen,
> an Sodenias Quellen schöpf' ich Genesung und Ruh.

Bad Homburg mit seinem Schloß war beinahe 250 Jahre die Residenz der Landgrafen von Hessen Homburg, es wurde ein Weltbad, das auf eine lange Tradition zurückschaut. Der 60 Meter hohe „Weiße Turm" des Schlosses wurde von „Prinz von Homburg", Kleists Held, seinerzeit erbaut. In der gesellschaftlichen Geschichte Homburgs erscheinen viele berühmte Persönlichkeiten, die an der Spielbank des bekannten Pächters Blanc saßen. Unter ihnen auch Dostojewski, der auf Grund seiner Homburger Erfahrungen das Buch „Der Spieler" schrieb. Hier ging der englische König Eduard zum Staunen der Welt zum ersten Male mit Hosen, die auf eine Falte hin gebügelt waren, spazieren.

Die größten der zum Teil recht reizvollen Badeorte sind Bad Nauheim und Wiesbaden. Nauheim war lange Zeit ein Lieblingsplatz der kurmachenden russischen Aristokratie. Seine mächtigen Salinen standen in meiner Kinderphantasie als schreckliche Gestalten.

Kasimir Edschmid

Der Prinz von Homburg

„Ziehet, Prinz von Hessen-Homburg, unserem kleinen Heer voraus",
Sprach der große Friedrich Wilhelm, „nehmt den besten Reiterhauf,
Spähet nach den Feindesscharen; aber laßt Euch nicht verleiten,
Schnell und wagend wie Ihr immer, mit der Übermacht zu streiten."
An der Spitze seiner Scharen treibt er durch das grüne Feld,
Über Berg und Wiesentalen und erspäht des Feindes Zelt.

Hei! da blickt es ihm herüber, und die hellen Waffen blitzen,
O wie winkt es ihm hinüber lockend mit den Schwerterspitzen!
Fern herüber fliegt verwegen mordbegieriges Geschoß;
Und es streift des kühnen Helden kampfbegierig Schlachtenroß;
Und der Ritter spornt den Rappen, und es folgen ihm die Scharen,
Und vermessen stürzen alle in die tödlichen Gefahren.
Schwingen sie behend die Schwerter, fällt auch mancher Helden-
streich,
Sinkt auch mancher kühne Schwede auf die Wiese, tot und bleich,
Zehne fechten gegen tausend, die an ihrem Blut sich letzen,
Ihres Ruhmes junge Scharten an den Siegern auszuwetzen.
Armer Prinz von Hessen-Homburg, arme notgedrängte Schar,
Mitten unter Feindeskugeln aller Hilf und Rettung bar!
Oh, wer möchte da die Streiche, die an ihre Panzer schlugen,
Und die roten Wunden zählen, so die tapfern Streiter trugen.
Armer Prinz von Hessen-Homburg, arme notgedrängte Schar,
Jetzo bist du überwunden und verloren immerdar. –
Doch den Donner des Geschützes hört der Kurfürst in der Weite,
Und er ahnet, was geschehen, und er fliegt zu Kampf und Streite.
Wie die graugepeitschte Woge an die Felsgestade braust,
Wie der Sturmwind in den Wipfeln aller Eichenwälder saust,
Flog herbei mit seinem Volke Friedrich Wilhelm wohlgerüstet,
Wie Orions Sterne funkeln, wenn er durch die Nacht sich brüstet.
Und der Feinde dichte Rotten seh'n den starken Helden nah'n,
Seh'n die tapfern Brandenburger, und ein Zittern faßt sie an.
Tausend heiße rote Quellen fließen plötzlich nach dem Sande:
Flieht, ihr kühnen Schweden, fliehet, fliehet schnell in eure Lande.
„Großer Kurfürst Friedrich Wilhelm, der den großen Sieg gewonnen,
Der das Werk zu Ende brachte, das bei Rathenow begonnen,
Sei gepriesen, Landesvater, Landesretter immerdar!"
Ruft ihm jubelvoll entgegen seine Brandenburger-Schar.
„Lebt der Prinz von Hessen-Homburg?" fragt er ernst, und voller
Bangen
Kommt der Ritter schuldig, reuig, totenbleich herbeigegangen.
„Prinz, Ihr habt den Tod verdienet für die übereilte Tat."
Tod verdient von seinen Brüdern, ruft der ganze Kriegesrat.
„Aber soll mich Gott behüten, diesen Tag, der Feinde Schrecken,
Mit dem Blute eines Prinzen meines Stammes zu beflecken.
Tretet her und dankt dem Himmel, daß der Sieg der unsre war!"
Und es knieten alle nieder, und es dankte Gott die Schar.

„Der Große Kurfürst", aus „Romanzen" von Julius Curtius.

Der Spieler

(Auszug)

Offen gestanden, das war mir unangenehm. Ich hatte mich zwar bereits entschlossen gehabt zu spielen, nicht aber daran gedacht, daß ich damit beginnen würde, für einen anderen zu spielen. Dies durchkreuzte eigentlich meine Pläne. Daher betrat ich denn auch die Spielsäle mit einem etwas sehr ungemütlichen Gefühl.

Der erste Blick bereits genügte: mir mißfiel alles. Widerlich ist mir der Lakaienton in den Pressefeuilletons der gesamten Welt und besonders der unserer russischen Zeitungen, in denen unsere Feuilletonisten alljährlich im Frühjahr über zwei Dinge schreiben: vom unglaublichen Prunk und Luxus der Spielsäle in den Roulettstädten am Rhein und von den Goldhäufchen, die sich angeblich auf den Tischen auftürmen. Sie schreiben dies nicht, um einen finanziellen Vorteil daraus zu erzielen, sondern einfach aus uneigennütziger Dienstfertigkeit. Pracht, Luxus, Gold in Haufen und ähnliche Märchen habe ich in diesen schmutzigen Sälen nie in Wirklichkeit erlebt. Hin und wieder erscheint ja vielleicht irgendein Sonderling, ein Engländer oder ein Asiat, oder, wie es in diesem Sommer der Fall war, ein Türke und gewinnt auf einmal sehr viel, das er aber alles in der nächsten Minute ebenso schnell wieder verliert. Alle anderen spielen aber nur um ein paar elende Gulden. Auf den Tischen selbst liegt lächerlich wenig Geld.

Ich betrat den Spielsaal. Es war das erste Mal in meinem Leben – und ich konnte mich lange, lange nicht dazu aufraffen, selbst zu spielen. Es war ein wüstes Hin und Her. Selbst wenn ich vielleicht ganz allein gewesen wäre, wäre ich wohl am liebsten wieder weggelaufen, statt zu spielen. Offen gesagt, mir schlug das Herz, ich war nicht kaltblütig genug. Ich fühlte, und zwar schon längst, erschreckend klar, daß ich Roulettenburg nicht verlassen werde, ohne hier etwas – für mein ganzes ferneres Leben – Tiefeinschneidendes zu erleben, etwas, das meinem Schicksal eine ganz andere Richtung geben werde. So wird es kommen und ich werde ihm nicht ausweichen können.

So lächerlich es auch klingt, denn ich erwarte viel für mich vom Roulett, so erscheint mir doch die üblich vertretene Ansicht, dumm und unsinnig sei es, überhaupt etwas vom Spiele zu erwarten, als noch viel lächerlicher. Ist denn etwa das Spiel schlechter als eine andere Art des Geldverdienens, beispielsweise des Handels? Es mag ja richtig sein, daß von hundert nur einer gewinnt – aber was geht das mich an?

Ich beschloß also zunächst, mir erst einmal nur das Spiel anzusehen und an diesem Abend nichts Aktives zu unternehmen. Geschah an diesem Abend überhaupt etwas, so sollte es nur zufällig und nebenbei geschehen, das hatte ich mir fest vorgenommen. Außerdem mußte ich ja doch auch das Spiel erst einmal kennenlernen, denn trotz aller theoretischen Kenntnisse, die ich mir zur Genüge aus Beschreibungen angeeignet hatte, war mir die Praxis davon doch völlig unverständlich.

Zunächst einmal erschien mir alles so grenzenlos schmutzig – nicht etwa äußerlich, sondern gleichsam innerlich, moralisch. Ich denke jetzt nicht an jene unruhig gierig starrenden Gesichter, die zu Dutzenden, ja zu Hunderten die Spieltische umlungern. Ich sehe absolut nichts Schmutziges in dem Wunsche, möglichst schnell und möglichst viel Geld zu gewinnen. Dumm erscheinen mir die Worte eines Moralisten, der auf jemandes Rechtfertigung, man spiele doch nur mit geringen Einsätzen, geantwortet hatte, das sei um so schlimmer, weil es ein kleinlicher Eigennutz sei. Als ob es einen innerlichen Unterschied gäbe zwischen einem kleinlichen und einem großzügigen Eigennutz. Alles ist doch relativ. Was für Rothschild klein ist, bedeutet für mich etwas sehr Großes; und was Gewinn und Profit betrifft, so trachten die Menschen doch nicht nur beim Roulett danach, sondern überall, gegenseitig wegzunehmen oder abzugewinnen. Ob der Gewinn und Profit überhaupt als etwas Schmutziges bezeichnet werden kann, ist eine andere Frage, auf die ich hier nicht eingehen will. Da ich selbst von dem Wunsche beseelt war zu gewinnen, so hatte diese ganze Habgier und der Schmutz beim Betreten des Saales für mich etwas Anheimelndes. Am vorteilhaftesten ist es ja, keine Komödie voreinander zu spielen, sondern frank und frei zu handeln. Warum auch sollte man sich selbst betrügen? Es wäre ja das dümmste und unvorteilhafteste. Einen besonders häßlichen Eindruck machte beim ersten Anblick auf mich die Gespanntheit und der respektvolle Ernst des Spielergesindels, das die Tische umlagerte. Man unterscheidet zwei Arten des Spiels: ein gentlemanhaftes und ein plebejisches, ein gewinnsüchtiges. Hier werden beide scharf voneinander getrennt, doch wie irrsinnig ist in Wirklichkeit der Unterschied. Der Gentleman kann zum Beispiel fünf oder zehn Louisdor setzen, selten mehr. Auch tausend Franken, wenn er sehr reich ist, aber nur des Spieles wegen, zum Zeitvertreib; eigentlich nur, um den Vorgang des Gewinnens und Verlierens zu studieren; der Gewinn selbst darf ihn nicht interessieren. Hat er gewonnen, so darf er beispielsweise hell auflachen, zu einem der Umstehenden eine Bemerkung machen, er kann sogar nochmals setzen und den Einsatz verdoppeln, aber nur der Neugierde halber, um die Chancen zu studieren, nicht aber aus plebejischer Gewinnsucht. Mit einem Worte: alle Spieltische, Rouletts und Trente-et-quarante-Spiele dürfen für ihn nur Dinge des Zeitvertreibs sein – geschaffen zu seinem Vergnügen.

Ich sah, wie viele Mütter ihre unschuldigen, hübschen, fünfzehn- oder sechzehnjährigen Töchter an die Tische herandrängten, ihnen einige Goldstücke gaben und sie belehrten, wie man spielen müsse. Die jungen Mädchen gewannen oder verloren, lächelten in beiden Fällen und traten befriedigt vom Tisch zurück.

Unser General trat gelassen, in würdiger Haltung zum Spieltisch, ein Diener eilte herbei, ihm einen Stuhl zu bringen; er aber sah diesen Menschen überhaupt nicht. Gemächlich zog er seine Börse aus der Tasche, nahm dreihundert Goldfranken, setzte sie auf Schwarz und gewann. Er nahm den Gewinn nicht an sich, sondern ließ ihn auf dem Tische liegen. Wieder kam Schwarz, er ließ das Geld abermals liegen, und als beim dritten Male Rot kam, da verlor er mit einem Schlage zwölfhundert Franken. Lächelnd, aber völlig beherrscht entfernte er sich. Ich bin fest überzeugt, es hat ihm unendlich weh getan, und er hätte sich nicht beherrscht, sondern seine Erregung gezeigt, wäre der Einsatz zwei- oder dreimal größer gewesen. Übrigens gewann in meiner Gegenwart ein Franzose gegen dreißigtausend Franken, die er sofort wieder verlor, beides mit heiterer, belangloser Miene. Der wirkliche Gentleman darf keine Miene verziehen, selbst wenn er sein gesamtes Vermögen verspielt. Das Geld muß so tief unter seiner Würde stehen, daß es nicht der Mühe wert erscheint, daß er sich darum kümmere. Es wäre natürlich höchst aristokratisch, den ganzen Schmutz dieses Packs und der Umgebung einfach zu übersehen. Nicht weniger aristokratisch wirkt mitunter die Gegenmethode, nämlich alles zu sehen, dieses ganze Gesindel durch die Lorgnette zu betrachten, lediglich um den Pöbel und den Schmutz als eine Art Zerstreuung zu betrachten, als eine für den Gentleman gleichsam zur Unterhaltung veranstaltete Vorstellung. Man kann sich natürlich auch selbst mit in diese Menge hineindrängen, muß sich aber immer dessen bewußt sein, daß man nur Zuschauer ist und in keiner Weise zu dieser Klasse von Menschen gehört. Wiederum wäre es sehr ungehörig, dieses Volk zu aufmerksam zu betrachten, denn dieses Schauspiel verdient wirklich keine eingehendere und besonders interessierte Stellungnahme. Überhaupt gibt es nur sehr wenige Schauspiele, die eine allzu aufmerksame Betrachtung von seiten eines Gentlemans verdienen. Mir persönlich war dieses alles doch einer sehr aufmerksamen Betrachtung wert, besonders für denjenigen, der nicht nur um des Schauspiels willen gekommen ist, sondern sich selbst ehrlich und unumwunden zu diesem Pöbel zählt. Was jedoch meine innerlichsten, ritterlichen Überzeugungen anbetrifft, so ist in diesen meinen Erörterungen für sie kein Platz. Mag es meinetwegen so sein, ich spreche nur zur Erleichterung meines Gewissens. Aber eines möchte ich doch aussprechen: In der ganzen letzten Zeit war es mir äußerst zuwider, meinen Gedanken und Handlungen einen moralischen Maßstab zugrunde zu legen. Etwas ganz anderes hat meine Seele ergriffen ... Der Pöbel spielt tatsächlich in höchst unsauberer Weise. Ich möchte sogar behaupten, daß dort am Tische mitunter einfach Diebstahl verübt wird. Die Croupiers, die am Ende der Tische sitzen, die Einnahmen nachprüfen und die Zahlungen berechnen, sind vollauf beschäftigt und gehören natürlich auch mit zu dem Gesindel. Größtenteils sind es Franzosen. Übrigens beobachte ich hier all das nicht etwa, um eine Beschreibung des Rouletts zu geben, sondern ich mache diese Studien nur für mich speziell allein, um zu wissen, wie ich mich künftig zu verhalten habe. So bemerkte ich zum Beispiel folgenden, sehr häufig wiederkehrenden Vorgang: Plötzlich streckte jemand von hinten den Arm aus, um fremden Gewinn als eigenen einzustecken. Hieraus entsteht naturgemäß Streit und Geschrei, und dann soll einmal jemand beweisen und Zeugen aufbringen, daß der Einsatz der seinige gewesen sei! Anfangs kam mir die Sache ganz spanisch vor. Ich hatte nur herausgefunden, daß auf Zahlen, auf Paar und Unpaar und auf Farben gesetzt wird. Von Polina Alexandrownas Gelde wollte ich an diesem Abend hundert Gulden aufs Spiel setzen. Der Gedanke, daß ich das Spiel nicht für mich selbst riskierte, machte mich ziemlich unruhig. Ekelhaft war dieses Gefühl; wenn ich es nur erst wieder los wäre. Mir war es, als untergrabe ich durch das Spiel für Polina mein eigenes Glück. Kann man denn wirklich nicht an einen Spieltisch herantreten, ohne vom Aberglauben gepackt zu werden? Ich fing an, fünf Friedrichsdor, also fünfzig Gulden, herauszunehmen und setzte sie auf Paar. Das Rad drehte sich, es blieb auf Dreizehn; – ich hatte also verloren. Mit einem unheimlichen, eigenartig schmerzhaften Gefühle setzte ich noch weitere fünf Friedrichsdor und zwar auf Rot. Es kam Rot. Ich setzte alle zehn Friedrichsdor, und wieder kam Rot. Nachdem ich vierzig Friedrichsdor gewonnen hatte, setzte ich zwanzig auf zwölf mittlere Ziffern, ohne zu wissen, was sich daraus ergeben würde. Ich bekam das Dreifache. So waren plötzlich aus meinen zehn Friedrichsdor achtzig geworden. Mir wurde so unheimlich, daß ich beschloß, sofort aufzubrechen. Hätte ich für mich selbst gespielt, würde ich zweifellos anders gespielt haben, ich glaube es wenigstens. Noch einmal setzte ich alle achtzig Friedrichsdor auf Paar. Diesmal kam Vier. Mir wurden noch weitere achtzig Friedrichsdor hingeschoben. Ich raffte den ganzen Berg der hundertsechzig Friedrichsdor zusammen und ging, um Polina Alexandrowna aufzusuchen.

Alle gingen im Park spazieren, so daß ich erst nach dem Abendessen

Gelegenheit hatte, sie allein zu sprechen. Diesmal war der Franzose beim Abendessen nicht anwesend, so daß der General freier aus sich herausging. Unter anderem gab er mir wiederum zu verstehen, daß er nicht wünsche, mich am Spieltische zu sehen. Denn seiner Meinung nach würde es ihn stark kompromittieren, wenn ich viel verspielen würde. „Auch wenn Sie sehr viel gewinnen sollten, würde mich das gleichfalls stark kompromittieren", fügte er bedeutsam hinzu. „Natürlich habe ich kein Recht, Ihnen ihre Handlungen vorzuschreiben; aber Sie werden ja selbst zugeben . . ." Hier brach er nach seiner Gewohnheit den Satz plötzlich ab. Ich antwortete gelassen, ich besäße nur sehr wenig Geld und könne folglich keine übermäßig hohen Summen verlieren, selbst wenn ich wirklich spielen sollte. Als ich nach meinem Zimmer ging, bot sich mir die Gelegenheit, Polina das Gewonnene zu übergeben. Gleichzeitig aber teilte ich ihr mit, daß ich ein zweites Mal nicht für sie spielen werde.

„Warum nicht?" fragte sie erregt.

„Weil ich für mich selbst spielen will," antwortete ich, sie verwundert anschauend, „denn es verwirrt mich."

„Sie sind also nach wie vor fest davon überzeugt, daß das Roulett Ihr letzter Ausweg der Rettung ist?" fragte sie ironisch. Sehr gelassen, aber bejahend, anwortete ich ihr darauf und fügte hinzu, was meine feste Überzeugung, daß ich gewinnen werde, betreffe, so könne ihr diese ja lächerlich erscheinen, aber man möge mich in Ruhe lassen.

Polina Alexandrowna drang darauf, daß ich den heutigen Gewinn mit ihr teilen sollte. Sie bot mir achtzig Friedrichsdor an und schlug mir vor, ich möchte doch auch künftighin das Spiel unter diesen Abmachungen fortsetzen. Ich weigerte mich aufs entschiedenste, diese Summe anzunehmen, und erklärte, ich könne für Fremde nicht spielen. Nicht, weil ich es nicht wolle, sondern weil ich dann aller Wahrscheinlichkeit nach verlieren würde.

„Und doch," sagte sie nachdenklich, „so dumm es auch vielleicht klingen mag, erwarte ich vom Roulett fast meine einzige Hoffnung. Schon aus dem Grunde müssen Sie unter allen Umständen weiterspielen, zu halbem Gewinn mit mir, und Sie werden es auch tun. Selbstverständlich!"

Damit verließ sie mich, ohne meine weiteren Einwendungen abzuwarten.

Fjodor Michailowitsch Dostojewski

Lorgnette – Stielbrille / Croupier – Angestellter einer Spielbank / kompromittieren – bloßstellen

Eschborn

Eschborn ist eins der ältesten Dörfer des Niddagaues und geschichtlich der interessanteste Ort des ganzen Kreises. Seine früheren Namen waren Aschenbrunne, Aschenburne, Askobrunne, Asceburne und ähnliche Formen, welche den großen Forscher auf dem Gebiete der Geschichte des Herzogtums Nassau, Pfarrer Vogel in Kirberg, veranlaßten, der Entstehung des Ortes eine religiöse Bedeutung beizulegen. Derselbe bringt nämlich die Namen in ihren alten Formen mit den „Asen", einem mächtigen Göttergeschlecht, bestehend aus zwölf Göttern und zwölf Göttinnen, dessen Kultus bei allen deutschen Völkerschaften stark verbreitet war, in Verbindung: Brunnen der Asen; allein nach dem Wissen bedeutender Germanisten müßte dann der Namen „Ansenburnen" heißen, und es ist deshalb die Abstammung des Namens von dem in der gemanischen Mythologie eine große Rolle spielenden Baume, der Esche, die sprachlich gerechtfertigtere. Auch ist die Annahme Vogels, daß in der Gemarkung Eschborn das alte Tidenheim gelegen habe, nicht mehr haltbar, nachdem Kofler diesen Ort vor den Toren Homburgs nachgewiesen hat.

Die ersten urkundlichen Nachrichten stammen aus dem Jahre 770, und zwar schenkten am 12. Juni des Jahres Risolf und sein Bruder Hadalwar in pago Nitachgowe (im Niddagau) in Aschenbrunne dem Kloster Lorsch einen Weinberg und eine Hube, d. h. circa 30 Morgen Land. Dieser Schenkung folgten bis zum Jahre 804 noch elf weitere.

Die Kirche zu Eschborn ist wohl die älteste der Gegend; denn in den Fuldaschen Annalen wird erwähnt, daß im Jahre 875 der Ort Eschborn mit seiner Kirche durch die Hochgewitter derart sei zerstört worden, daß keine Spur des Ortes übriggeblieben sei und sämtliche Einwohner, 88 an der Zahl, ihren Tod gefunden hätten. Der Ort und die Kirche wurden jedoch bald wieder aufgebaut und wir finden die letztere durch das ganze Mittelalter hindurch als Sitz des Ruralkapitels und des Erzpriestertums.

In Eschborn, in einer längst zerstörten Burg, welche urkundlich nur einmal, und zwar 1367 erwähnt wird, hatten die Herrn von Eschborn ihren Stammsitz und residierten hier durch das 12. und 13. Jahrhundert als Reichsministerialen, d. h. sie saßen auf Königsgut zu Lehen. Die Stätte, wo die Burg stand, wird heute noch „Hofgraben" genannt. Derselbe grenzt an die Besitzungen der Herren C. Jung und P. Müller, und man stieß hinter diesen Gehöften schon öfters auf altes, circa 0,75 m dickes Mauerwerk. Auch sollen in den vierziger Jahren einem Landwirt beim Bestellen des Feldes die Kühe in einen ausgemauerten Gang gefallen sein, welcher sich in der Richtung nach dem Hofgraben hinzog. Dieser Gang war gewölbt und so hoch, daß ein Mann in gebückter Stellung in ihm gehen konnte. Er wurde eine Strecke weit verfolgt, dann aber wegen der schlechten Luft in ihm wieder zugeworfen.

In Eschborn hatte auch das Stephansstift in Mainz 1008 durch einen Tausch mit König Heinrich II. Besitzung erworben und ließ diese durch eine Vogtei verwalten. 1581 riß das Mainzer Erzstift diese Besitzungen an sich, fand sich dieserhalb 1592 mit dem Stephansstift ab und war von da ab im alleinigen Besitz des Ortes.

1622 wurde der Ort zum zweiten Male und zwar durch eine Feuersbrunst zerstört, dann in seiner jetzigen Form wieder aufgebaut und kam 1803 an Nassau.

Die Kirche, deren Schiff von der Kirchengemeinde und deren Chor zu fünf Sechstel von der Domäne und zu einem Sechstel von den Grafen von Bassenheim unterhalten werden muß, hat nach Westen einen romanischen Turm und nach Süden zwei kleine gotische Türmchen. Das Erdgeschoß besteht aus einem niedrigen kuppelartigen Kreuzgewölbe, zu welchem von Süden her eine romanische Rundbogentüre führt.

Der Ort liegt im Tale des Westerbaches, dehnt sich mit einer schmalen Häuserreihe zu beiden Seiten dem gewundenen Ufer desselben entlang aus und wird in der Mitte von der Höchst-Homburger Chaussee durchschnitten. Die Talsohle besteht aus kiesigen und sandigen Absätzen, das rechte Ufer aus Sirenenmergel, das linke aus Taunusgeschiebe und Lehm. Unter den Alluvionen des Tales sowie stark verbreitet in einem großen Teile der Gemarkung liegt auf Ton sogenannter Litorinellenkalk, d. h. Kalksteine, welche reich an Versteinerungen einer Schneckenart, Litorinella acuta, sind. Früher schürfte man nach diesen Kalksteinen; man gab es auf, weil dieselben zur Ausbeute zu tief lagen, und ebnete die Aufschlüsse wieder ein. Lose Schalen von Litorinellen, welche man im Felde findet, bezeichnen die Stellen dieser früheren Aufschlüsse.

Dr. Grandhomme

Annalen – geschichtliche Jahrbücher / Ruralkapitel – fürs Land zuständige geistliche Körperschaft / Ministeriale – dienender Adel / Allovionen – angeschwemmtes Land

Fuchs und Hund

In der Nähe von Niedernhausen liegt ein Teich, darin wohnt ein Wassergeist.

Die beiden Dörfer Obern- und Niedernhausen liegen nur einen Büchsenschuß voneinander entfernt und haben deshalb einen gemeinschaftlichen Nachtwächter, der zuerst in Obernhausen die Stunden ausbläst und dann zu demselben Zwecke nach dem andern Orte hinübergeht.

Auf diesem Wege begegnete es ihm eine Nacht, daß noch ungefähr 50 Schritte vor Niederkausen sein Hund ihm plötzlich erschreckt zwischen die Beine kroch. Er sah sich verwundert um und bemerkte in einiger Entfernung ein Ding gleich einem Fuchs, das am Fuße eines Baumes hockte. Er beschwichtigte seinen Hund und ging nach Niedernhausen und blies die zwölfte Stunde richtig ab. Als er zurückkam, saß dasselbe Ding wieder da. Da ward es ihm denn doch zu arg und er hetzte seinen Hund darauf. Das Ding sprang auf, der Hund ihm nach über Feld und Graben, über Stock und Stein. Umsonst rief und pfiff der Nachtwächter, der Hund kam nicht wieder.

Nach drei Tagen fand man den Hund ersoffen in jenem Teiche, denn der Fuchs war der Wassergeist gewesen.

Mündlich überliefert

Ein kleines, aber reiches Land

Die starke Stunde Wegs von Hochheim bis nach Mainz war eine der angenehmsten auf meinen deutschen Reisen. Erst geht es den goldnen Hügel auf eine Viertelstunde durch ununterbrochene Weingärten herab, die an der Straße stark von Obstbäumen beschattet werden. Auf diesem Abhang beherrscht man eine unvergleichliche Aussicht über ein kleines, aber ungemein reiches Land, welches die nördliche Erdzunge bei dem Zusammenfluß des Rheins und Mains bildet. Die Blume des Hochheimer Weines wächst nicht auf dieser Seite des Hügels, die gegen die Morgensonne zu sehr gedeckt ist, sondern auf der Südseite. Hierauf kommt man in eine Tiefe, welche von einem kleinen Bach bewässert wird, und wo Wiesen Felder und Obstgärten die schönsten ländlichen Szenen darstellen. Zur Linken schimmert nahebei durch einen Wald von Obstbäumen das wirkliche prächtige Dorf Kostheim. Die schöne Straße windet sich dann durch die Obst- und Weingärten des großen Flecken Kastel, welcher am Ende der mannigfaltigsten und natürlichsten Allee am Ufer des Rheines, grade Mainz gegenüber, zum Vorschein kommt.

Sowie man auf die Schiffbrücke kommt, welche über den Rhein führt, wird man von dem prächtigsten Anblick überrrascht, den man sich denken kann. Der stolze Strom, welcher soeben das Gewässer des Mains verschlungen und hier gegen 1400 Fuß breit ist, kommt aus einer Ebene herab, die am Horizont den Himmel berührt. Abwärts stellen sich hohe Berge seinem Lauf entgegen und zwingen ihn, indem er einige Inseln bildet, sich gegen Westen zu wenden, nachdem er von Basel her immerfort gegen Norden geflossen ist. Diese Berge, zu deren Füßen und auf deren Abhängen man einige Örter schimmern sieht, bilden amphitheatralisch das sogenannte Rheingau, welches der Thron des deutschen Bacchus ist. Der Rhein hat hier immer noch die schöne grünliche Farbe, die man in Helvetien an ihm bewundert, und noch auf eine weite Strecke hinab unterscheidet er sein Gewässer sorgfältig von dem trüben Main.

Aus: Briefe eines reisenden Franzosen über Deutschland

Der Feldberg

Das Taunusgebirge fällt gegen den Main am schroffsten und schönsten ab, gegen die Lahn hin lehnt es sich an das nassauische Hochland zwischen Main und Lahn; von dem Rhein und der Wetterau, seinen äußersten Enden her, hebt es sich sanft und allmählich empor, bis es etwa in der Mitte seine Höhepunkte in drei Gipfeln erreicht, von denen der Feldberg der höchste und somit die Krone des Ganzen ist. Die beiden anderen, Kleiner Feldberg und Altkönig genannt, lassen ihm wenig nach. Der Feldberg mit 2700 Fuß absoluter Höhe ist der höchste Berg des mittleren Deutschland, und obgleich nur ein Zwerg gegen seinen gleichnamigen Bruder im Schwarzwald – und selbst dem Brocken, dem König des Harzes, bei weitem nicht gewachsen –, gewährt er doch von seinem Gipfel einen viel schöneren und anziehenderen Umblick als jene, deren Ersteigung lange nicht so lohnend gefunden wird. Wenn wir überhaupt zugeben müssen, daß die Aus- und Fernsichten, die man auf höheren Gebirgen genießt, den Charakter des Schönen selten an sich tragen, und daß es dem Auge keinen Genuß gewährt, weit zu sehen oder gar durch Fernrohre nach entlegeneren Punkten zu spähen, für die wir schon ein Interesse mitbringen, ihre Entfernung berechnen und erwägen müssen, um dann über den weitreichenden Gesichtskreis in Erstaunen zu geraten, so sind dies doch Betrachtungen, die man etwa auf dem Brocken anstellen wird, die uns aber auf dem Feldberg so wenig als auf dem Rigi in den Sinn kommen. Auf dem Rigi freilich sind sie nicht einmal wahr; denn so hoch er ist, stellt er uns doch einer Doppelkette mit ewigem Schnee bedeckter Gebirge gegenüber – mitten in die erhabene Alpenwelt, deren Panorama, ohne alle Rücksicht auf Entfernung und Höhe, einen unauslöschlichen Eindruck gewährt. Auf dem Brocken begegnet der Blick nirgends einem bedeutenden Gegenstand, er verliert sich nach allen Seiten in das endlose Nichts, und es ist gar nicht befremdend, wenn das personifizierte Nichts, der Geist, der stets verneint, eben hier seine Walpurgisfeste feiert. An der Aussicht, die wir auf dem Feldberg genießen, würde ich nicht hervorheben und rühmen, daß sie so weit reicht – von Straßburg bis zum Siebengebirge und so nach allen Richtungen –; wichtiger scheint mir zu ihrer Empfehlung, daß sie nicht ein einzelnes Gebirge überschauen läßt, sondern die großen Massen aller bedeutendsten Bergzüge am Rhein und Main sich von diesem Standpunkt vollkommen deutlich gegeneinander abheben und um so besser übersehen lassen, als die breiten Täler beider Flüsse sie auseinanderhalten.

Die Gegenstände, die man deutlich und bestimmt sieht, sind nach Kriegk folgende: Im Süden der Main und der Rhein mit den Städten Frankfurt, Mainz, Worms, Mannheim und Speyer; die Ebene des letzteren Flusses entlang verliert sich das Auge nach Karlsruhe und Straßburg hin zum Horizont; links erblickt man die Bergstraße mit dem Melibokus und dem Ölberg als besonders hervorstechende Punkte an ihr, und weiter nach Süden sieht man den Königsstuhl bei Heidelberg und die zum Schwarzwald gehörenden Höhen der Gegend von Baden-Baden. Im Südosten der Odenwald mit seiner höchsten Höhe, dem Katzenbuckel, bis in das Fränkische hinein, der Main mit Hanau und Aschaffenburg bis über letztere Stadt hinaus, der Spessart und das nordwestlich von ihm liegende Freigericht. Im Osten die Wetterau, der Vogelsberg und etwas nach Ostsüdosten, hinter dem letzteren, das Rhöngebirge sowie etwas nordöstlich ein Teil des Thüringer Waldes. Gerade im Nordosten die Hochebene des Taunus und die Gebirge von Niederhessen bis zum Meißner hin; die Gegend von Kassel bleibt durch die Höhen bei Hilsenberg und Fritzlar verdeckt. Im Norden die Hochebene des Taunus, die in der Gegend von Gießen, Wetzlar und Weilburg, dies- und jenseits der Lahn liegenden Höhen, die Gebirge zwischen Dill und Lahn, die Grafschaft Wittgenstein links der oberen Lahn und das zu Westfalen gehördende Rothaargebirge, das sich von Winterberg über Astenberg und

Berleburg gegen die obere Sieg und die Bigge hinzieht. Etwas im Nordwesten der Taunus, der Westerwald und hinter ihm das Siebengebirge bei Bonn. Westlich der Taunus und die Gebirge der unteren Mosel jenseits des Rheins. Südwestlich die Westhälfte des Maintaunus, der Hunsrück, der Donnersberg und mehr im Süden die Haardt und in blauer Ferne die Vogesen.

Wie das Taunusgebirge kuppenförmige Bergspitzen liebt, einige Berge sogar in kleinen Ebenen endigen, so bildet eine hundert Morgen große Fläche den Gipfel des Feldbergs, dessen Name von dieser feldartigen Gestalt seines Gipfels abgeleitet wird. Letzterer trägt keine Bäume, sondern wie die Brockenhöhe nur Heide-, Heidelbeer- und Preiselbeersträucher. Ein mächtiger, zerklüfteter Quarzfelsen, dreizehn Fuß hoch, zwanzig Schritt im Umkreis haltend, ragt auf der Nordostseite hervor als das einzige ausgehende Gestein. Er ist nach allen Seiten vom Rauch der Feuer geschwärzt, durch welche die Besucher, indem sie dem Aufgang der Sonne entgegenharrten, der Kälte der Nacht und des Tagesanbruchs zu trotzen hofften. Der Name dieses Felsens Brunhildenstein oder Brunhildenbett (Lectulus Brunihildae, wie er schon in einer Urkunde von 1043 heißt) ragt aus dem frühesten Altertum herüber, wenn er nicht einen mythischen Ursprung hat. Der Name wird nämlich bald auf die historische, bald auf die mythische Brunhild bezogen. Von der ersten, jener unseligen Frankenkönigin, behauptet man, wiewohl ohne Beweis, sie habe oft die Nacht auf diesem Felsen zugebracht und von da bei Sonnenaufgang einen Teil von Ostfranken – ihr und der Ihrigen Reich – überschaut:

Den Feldberg klimmt eine Schar hinan,
Durch finsteren Wald auf felsiger Bahn,
Zwölf Reisige sind es, in Waffen rauh,
Und auf weißem Roß eine hohe Frau.
Sie trägt eine goldene Kron im Haar,
Ihr Aug' blickt hell und falkenklar,
Bald schaut es hinab in die Waldesnacht,
Bald zum Himmel auf nach der Wolkenpracht.
„Hinan! Solang noch die Sonne blinkt,
Und wenn auch mein Roß zusammensinkt,
Im Abendstrahl will ich schauen Burgund.
Da droben vom luftigen Bergesrund."

Karl Simrock

Bad Soden

Soden war eine Kolonie von Sulzbach und gleich diesem vormals ein freies Reichsdorf. Es kommt urkundlich 1191 zum erstenmale vor, wo das Kloster Retters hier einen Weinberg besaß. Wenn aber schon 773 zwei Salzquellen im Niddagau an Lorsch geschenkt werden und Kaiser Ludwig eine solche daselbst von Fulda ertauscht und zur Pfalz in Frankfurt schlug, so ist die letztere davon wohl hier zu suchen, da Frankfurt die hiesige warme Quelle, so ein gesunder Brunnen und eine Salzsude, 1437 und 1483 von den Kaisern Sigmund und Friedrich III. zu Lehen trug. Es ließ auch 1486 eine Salzsode hier erbauen und 1494 den Gesundbrunnen mit einer Einfassung umgeben. Eine Untersuchung der Baumeister dieser Stadt im Jahr 1567 ergab, daß Salzbrunnen hier waren, drei außerhalb und einer innerhalb des Ortes, und außerdem eine warme Quelle zum Baden. 1582 wurde die Salzsode wiederhergestellt und 1605 erblich verliehen. Sie ist 1816 eingegangen, dagegen hat man von den vorhandenen Quellen jetzt neunzehn gefaßt, um die sich jährlich ein zahlreiches Kurpublikum versammelt. Im Begriff, immer mehr neue Gast- und Badehäuser anzulegen, wird sich dieses einfach und freundlich gelegene Dorf bald zu einem ansehnlichen Kurort entwickeln.

C. D. Vogel

Aus Ludwig Börnes Tagebuch

Soden, den 9. Mai

Ich bin erst drei Tage hier, und schon ist mir die Zeit über den Kopf gewachsen. Lang, lang, lang! Ich war der erste und bin noch der einzige Brunnengast; ich bin der Kurfürst von Soden. In einigen Wochen nennt man mich den Nestor unter den Kurgästen. Doch was wird mir das nützen bei den künftigen Damen, flösse mir auch die Weisheit süß wie Honig von den Lippen? Man kann, gleich Mahomet, noch im vierzigsten Jahre ein Held werden und Länder erobern; aber nach der Ansicht aller weiblichen Historiker endet das heroische Zeitalter der Männer mit dem dreißigsten Jahre. Schlimm! Ich werde ein geistlicher Kurfürst bleiben.

Aus meinem Fenster übersehe ich den Hof, und zwar genauer und besser als andere Fürsten den ihrigen, und ich erfahre alles, was darin vorgeht, ganz der Wahrheit gemäß. Er hat einen großen Vorzug vor dem alten Hofe von Versailles: dieser hatte nur ein Œil-de-bœuf, meiner aber hat viele. Er besteht übrigens wie gewöhnlich aus wenigen Menschen und zahlreichem Vieh. Unser Hofleben ist keineswegs ohne Abwechslung; außer dem Alltäglichen geschieht auch täglich etwas Neues. Ich passe sehr auf und werde gleich St. Simon Memoiren schreiben.

Gestern in der Nacht war der Hof sehr unruhig. Das große Tor wurde auf- und zugeschlossen, es wurde geschrieen und geflüstert, und viele Menschen gingen mit Lichtern hin und her. Ich konnte erst spät einschlafen. Heute morgen erfuhr der Hof und zwei Stunden nachher das Dorf die höchst erfreuliche Nachricht, daß kurz vor Mitternacht die Kuh glücklich gekalbt habe. Die hohe Kalbbetterin befindet sich so wohl, als es unter solchen Umständen möglich ist. Es ist keine Schmeichelei, wenn ich sie die hohe nenne. Sie ist eine Schweizerkuh und so hoch und stattlich als mir je eine vorgekommen; sie ist die Königin des Stalles. Ich wurde ihr gestern nach dem Diner von der Viehmagd präsentiert. Ich begnügte mich, sie zu bewundern, sprach aber nicht mit ihr, da sie nicht mit mir zu reden anfing. Mir fiel zu rechter Zeit ein, was vor zwanzig Jahren an einem Hofe, der später im Brande von Moskau zerstört worden ist, einem ehrlichen Deutschen von meinen Bekannten begegnet ist. Er wurde der Königin präsentiert, machte die üblichen drei Bücklinge und begann seine wohleinstudierte Rede mit sanfter Stimme herzusagen. Da trat der Zeremonienmeister hervor, fiel ihm in das Wort und sagte zurechtweisend: „On ne parle pas à la reine!" Daran dachte ich im Stalle.

Heute früh fand ein Zweikampf zwischen einer Hofgans und einer aus dem Dorfe statt, die obzwar nicht hoffähig, sich eingedrungen hatte. Die Hofgans packte die Zudringliche am Flügel, diese machte es eben-

553

so mit ihrer Gegnerin, so daß die beiden zusammen ein Oval bildeten. Sie drehten sich einander festhaltend im Kreise herum und walzten auf diese Weise, Brust an Brust gelehnt, Haß atmend, miteinander. Der Staub wurde aufgewühlt, die Federn stoben. Der Kampf dauerte über eine Viertelstunde lang. Endlich mußte die eitle Bauerngans, tüchtig gerupft, mit Schmach bedeckt und von Spott verfolgt, die Flucht ergreifen. Die übrigen Hofgänse hatten natürlich die Partei ihrer Standesgenossin genommen. Es war ein Geschnatter, ein Gepfeife und ein Flügelschlagen, daß es gar nicht zu beschreiben ist. Besonders zeichnete sich eine alte Gans mit gelbem Halse durch ihre Heftigkeit und Bosheit aus; sie schnaufte vor Wut und kam dem Ersticken nahe. Sie schnatterte dabei mit solchen ausdrucksvollen Gebärden, daß ich, ob mir zwar die Gänsesprache fremd ist, jedes ihrer Worte verstehen konnte.

Was man sich seit einigen Tagen zugeflüstert, ist endlich laut und kund geworden: Der Hofhund ist in Ungnade gefallen und hat seine Stelle verloren. Seine Knochen bezieht er als Pension fort und kann sie verzehren, wo er will. Man begreift nicht, was er in seinem Amte verschuldet haben kann. Er hatte nichts zu tun, als, so oft einer kam und ging, zu bellen und jeden Ein- und Austretenden einige Schritte zu begleiten. Er war gleichsam ein Oberzeremonienmeister. Einige behaupten, er habe ein Hühnchen gebissen; andere sagen, er sei der Lieblingsgans der Wirtstochter auf verbotenen Wegen begegnet und habe nicht zu schweigen gewußt. Mehrere sind der Meinung, er habe mit dem Reitpferde des Herrn einen Streit gehabt und sei durch dessen Einfluß gestürzt worden. Wieder andere wollen wissen, er habe treuloserweise einem fremden Hofe alles zugeschleppt, was er in dem seinigen erwischen konnte. Wohlwollende sagen dagegen, an dem allem sei kein wahres Wort, sondern der neue Wirt habe seinem Lieblinshunde die Stelle des Hofhunds geben wollen, und darum habe der alte Platz machen müssen.

Ein liberales Rind hat mit seinem Kopfe ein Loch in die Mauer gestoßen, so groß, daß es Stirn und Schnauze hindurchstecken kann. Jetzt brummt es den ganzen Tag in den Hof hinaus und genießt unbeschränkte Brummfreiheit. Der Wirt als ein kluger Mann hat es wohl berechnet, daß dem liberalen Ochsen der Verstand nicht hinreicht, sich auch mit Leib und Füßen aus dem Stalle zu befreien, läßt darum das Loch unbesorgt offen und bekümmert sich gar nicht um das Brummen.

Den ganzen Tag, von Morgen bis Abend, spaziert die Truthenne im Hof herum und wirft, ungemein kokett, den Hals herüber und hinüber. Zwei Truthähne folgen ihr beständig, und vor Eifersucht und Ärger blähen sie sich auf und werden blau im Gesichte. Sie sind so argwöhnisch, daß keiner den andern nur einen Hühnerschritt vorausgehen und der Gebieterin näherkommen läßt. Diese sieht sich nie nach ihnen um, und als wollte sie ihre Liebe und Geduld auf die Probe stellen, geht sie nie gerade, sondern bewegt sich in den launenhaftesten Quadrillenfiguren. Aber die Anbeter treten unermüdlich in ihre Spur. Wie unmännlich, albern und verächtlich mir das Betragen dieser Truthähne vorkommt, das kann ich gar nicht beschreiben.

– Ach! Ach! Die Zeit wird mir erschrecklich lange. Wie einsam ist der Mensch unter Vieh! Doch wollte ich gern allen menschlichen Umgang entbehren, wäre nur wenigstens Adel hier.

Was ist ein Badeort ohne Adel?
Was der Zwirn ist ohne Nadel,
Was die Nähnadel ohne Zwirn,
Was ein Kopf ist ohne Gehirn,
Was die Kartoffel ohne Salz,
Was Baden ist ohne die Pfalz.

Soden, den 27. Mai

Wo Weiber einkehren, da folgt auch bald Vokalmusik. Schon frühe morgens hörte ich zwei angenehme weibliche Stimmen „Konrad, Konrad" durch das Haus tönen. Die eine Stimme betonte die letzte Silbe und rief „Kon*rad*" die andere die erste und rief „*Kon*rad." Wie ungeduldig! Wenn das die Stimme der Witwe ist, wird sie mir viel zu schaffen machen. Ich bin aber auch für mein Alter noch ziemlich dumm. Ein erfahr'ner Mann würde eine Witwenstimme von hundert anderen Stimmen unterscheiden; denn sie hat gewiß etwas Eigentümliches.

– Nein, Madame Molli ist nicht die Heftige. Ich begegnete ihr im Gange. Eine edle, schlanke Gestalt mit etwas blassem Gesichte. Das ist eine schöne Blässe! Das schüchterne Blut meidet die freien Wangen; aber im häuslichen Herzen, da zeigt es sich freudenrot und liebeswarm.

Sie hat eine Art, sich zu verneigen, die mir ungemein gut gefällt. Es ist, als wenn ein Lüftchen sich beugte, es ist, als wenn uns eine Blume begrüßte.

– Während die Frauenzimmer ausgegangen waren, trat ich in das offenstehende Zimmer, worin das Mädchen säuberte. Dreizehn ausgeleerte Wasserflaschen standen umher. Ich stellte sie in Reihe und Glied vier Flaschen hoch und die dreizehnte als Leutnantin voraus. Kämen sie nur zurück und sähen die Parade!

Sie haben auch Bücher. Die Stunden der Andacht. Was schadet's? Der Tag hat vierundzwanzig Stunden und Zeit für alles. Heines Reisebilder. Ossian. Volneys Ruinen aus der Leihbibliothek. Ist das Ernst oder glaubten sie, es sei eine Räubergeschichte? Abraham a Sancta Clara. Das wunderte mich etwas von Frauenzimmern, die dreizehn Flaschen Wasser verbrauchen: jeder Humor hat doch etwas Unreinliches. Laßt die Toten ruhen von Raupach. Uhlands Gedichte. Der liebe Uhland! Er begleitet mich auf allen meinen Wegen. Ja, so laß ich mir es gefallen! Das ist auch alte Zeit, aber sie ist kindlich, nicht kindisch; sie ist heiter, keift nicht mit der Jugend, sondern spielt mit ihr. Das ist auch süße Minne, aber süß wie Zucker, nicht wie Sirup. Das sind auch treue Bürger, aber demütig sind sie nicht. Das sind auch mutige Ritter, aber hochmütig sind sie nicht. Das ist auch Königsglanz, aber er blinkt nicht wie kalte Sterne, er strahlt wie die Sonne herab und erwärmt die niedrigste Hütte, Golden und warm ist Uhland, wie die Krone in der Schäferin Hand.

Nestor – ältester anerkannter Gelehrter / Œil-de-bœuf – Ochsenauge; rundes (Dach-) Fenster / on ne parle pas à la reine – man spricht die Königin nicht an / Quadrille – Tanzfigur

Eine fast vollkommene Regierung

Ich besuchte zu Höchst die Porzellanfabrik. Ihre ökonomischen Umstände sind jetzt nicht die besten. Sie war in eine große Zahl Aktien verteilt, und die Herren Aktionärs waren die Leute nicht, auf das gemeinschaftliche Beste zu sehen. Man macht jetzt Pläne, um ihr wieder aufzuhelfen. Unter andern lernte ich in derselben Herrn Melchior kennen, den man immer unter die jetzt lebenden großen Bildhauer setzen kann und der mit einer unbeschreiblichen Wärme seine Kunst studiert. Große Arbeiten hat man wenige von ihm; aber alles, was man in dieser Art von ihm hat, ist vortrefflich. In kleinen Modellen ist er unnachahmlich, wie er denn vorzüglich durch seine Figuren diese Porzellanfabrik in ihren Ruf gebracht hat.

Die Dörfer und Flecken, welche man auf dem Weg von Frankfurt hieher erblickt, würden in Bayern oder Norddeutschland Städte heißen. Alle sprechen von einem hohen Wohlstand der Einwohner, und die Bettler, welche einen von Zeit zu Zeit anfallen, sind eine Folge von der Sinnesart der deutschen Katholiken und den Grundsätzen ihrer Regenten. Der Bauer findet sich überhaupt genommen in diesem Strich Landes äußerst wohl. Er ist fast durchaus ein freier Eigentümer, der von keinen zu harten Auflagen gedrückt wird. Mit ein wenig mehr Bestrebung, die Hände, welche zum Bau des Landes überflüssig sind, nützlich zu beschäftigen und durch die Erziehung der untersten Klasse der Landsleute etwas mehr Ekel gegen die Bettelei beizubringen, würde die Regierung allerdings vollkommen sein. In den benachbarten darmstädtischen Landen, die ich von Frankfurt aus besuchte, ist der Bauer im ganzen nicht so reich als der mainzische, weil ihm die Natur nicht so günstig war und er vielleicht auch etwas mehr Auflagen hat; allein er ist reinlicher und reger. Auch sieht man im Darmstädtischen fast gar keine Bettler.

Aus: Briefe eines reisenden Franzosen über Deutschland

Die Geschäfte des Herrn Bolongaro

Wir kamen durch das artige Städtchen Höchst, welches zwei Stunden von Frankfurt auf einer Anhöhe eine vortreffliche und sehr gesunde Lage hat ... Ich würde von diesem Ort keine Meldung getan haben, wenn ich nicht eine Bemerkung des Herrn Moore über denselben berichtigen müßte und ich dir nicht ein seltenes Beispiel falscher politischer Grundsätze von zwei verschiedenen Regierungen bei diesem Anlaß zu geben hätte.

Nahe bei diesem Städtchen erblickt man einen prächtigen Palast, dessen Bauart aber nicht sehr schön ist. Der Erbauer war ein gewisser Italiener namens Bolongaro, der sich ohne Kreuzer und Pfennig, bloß durch seine Industrie ein Vermögen von wenigstens eineinhalb Millionen Gulden zu erwerben wußte. Er hat bloß durch den Schnupftabak, der seinen Namen trägt und noch durch ganz Deutschland sehr bekannt und beliebt ist, sein Glück gemacht. Ich weiß nicht, wollte er wegziehen oder wollte der Rat von Frankfurt ihn als einen Ausbürger von neuem taxieren; kurz, es kam darauf an, der Regierung den Zustand seines Vermögens vorzulegen. Er bot dem Rat eine ungeheure Summe Geldes an, um seine Forderungen überhaupt und ohne genaue Untersuchung seines Vermögens zu befriedigen. Dieser beharrte aber mit einer sehr kleinstädtischen und unverzeihlichen Hartnäckigkeit auf einem Inventarium. Der Fürst von Mainz und die Stadt Frankfurt haben ihren Untertanen durch einen Vertrag einen ganz freien Abzug gestattet, wenn sie sich in einem der gegenseitigen Gebiete niederlassen. Herr Bolongaro, ein trotziger und rachsüchtiger Mann, ergriff diese Gelegenheit, um sich an dem Magistrat zu rächen. Er baute sich zu Höchst an, ward ein mainzischer Untertan, braucht nun dem Rat von Frankfurt kein Inventarium seines Vermögens vorzulegen und kann dasselbe aus dieser Stadt ziehen, ohne einen Kreuzer zurückzulassen. Herr Moore sagt, der ungeheure Palast, den er zu Höchst gebaut habe, stünde ganz leer; allein, wie viel darin gearbeitet werde, läßt sich zur Genüge daraus schließen, daß Herr Bolongaro jetzt der Stadt Frankfurt wenigstens 8000 Gulden jährlich an Zöllen weniger bezahlt als ehedem, wo seine ganze Handlung noch daselbst war. Nebstdem hat er einen guten Teil der Speditionen der Güter, welche von Bremen, Hamburg, aus dem Hessischen und Hannovrischen nach Schwaben, dem Elsaß, der Schweiz usw. gehen, von Frankfurt nach Höchst gezogen, welches ihm die Regierung von Mainz durch Erbauung eines sogenannten Kranen am Main vor seinem Palast ungemein erleichterte. Herr Bolongaro trieb seine Rache noch weiter. Er nahm einen seiner Landsleute namens Boggiora, einen feinen, fleißigen und sehr geschickten Mann, aus dem Komptoir eines der besten Handelshäuser von Frankfurt und trat mit ihm in Gesellschaft zur Errichtung einer besonderen Spezereihandlung zu Höchst, welcher Handlungszweig der wichtigste von Frankfurt ist. Bloß die Firma des Herrn Bolongaro war für diese neue Handlung, welche bei demselben offene Kasse hat und ihm die Summen, welche sie daraus nimmt, zu gewissen Prozenten verinteressiert, ein unschätzbarer Vorteil. Nebstdem hat sie aber auch die Zollfreiheit zu genießen, welche Herr Bolongaro in dem Vertrag mit der Regierung von Mainz auf zwanzig Jahre für sich bedungen hat. Durch diese ansehnlichen Vorteile unterstützt, ward diese neue Spezereihandlung mit einer solchen Lebhaftigkeit eröffnet, daß sie nun schon gegen 160 000 Gulden aus der Kasse des Herrn Bolongaro umsetzt. Alles das beweist sattsam, daß der Rat von Frankfurt durch seine Härte gegen einen seiner reichsten Untertanen sich sehr gegen das Wohl seiner Vaterstadt versündigt hat, und daß Herr Moore, welcher ohne Zweifel das Gebäude des Herrn Bolongaro in Gesellschaft einiger Herren von Frankfurt und durch die Brille derselben besichtigt, dasselbe eben nicht so ganz leer würde gefunden haben, wenn er von seinen eignen Augen einen bessern Gebrauch gemacht hätte.

Die Regierung von Mainz beging aber noch einen viel größeren Fehler bei der Aufnahme des Herrn Bolongaro als die Stadt Frankfurt durch Vertreibung desselben. Millionärs sind, besonders für einen kleinen Staat, eben nicht allzeit Gewinn, und ein paar Dutzend Weberstühle, die einige Bürger redlich nähren, sind allzeit mehr wert als ebenso viele Paläste von der Art des bolongarischen. Der Hof von Mainz bezahlte die Ehre, einen Millionär zum Untertan zu haben, sehr teuer. Er bewilligte ihm Bedingungen, die überwiegend zu seinem Vorteil sind, ohne daß das Land etwas dabei gewinnt. Herr Bolongaro verpflichtete sich, zwanzig Jahre lang jährlich eine gewisse Summe, ich glaube 20 000 Gulden, zu Höchst zu verbauen. Dagegen gestattete ihm die Regierung von Mainz eine zwanzigjährige Zollfreiheit, ganz freien Handel und Wandel, die unerschöpflichen Steine aus den Trümmern eines alten Schlosses und vier freie Pferde zu seinem Gebrauch. Der ersparte Zoll und der freie Abzug von Frankfurt allein wogen die Anerbietungen des Herrn Bolongaro, jährlich 20 000 Gulden zu verbauen, auf. Allein dieser wußte den Vertrag vollends bloß zu seinem Vorteil geltend zu machen. Nach seiner prahlerischen Art machte er die Regierung von Mainz glaubend, er würde in den bedungenen zwanzig Jahren eine ganz neue und ansehnliche Stadt bauen, welche er selbst zu Ehren des verstorbenen Kurfürsten Emmerichsstadt nennte. Er baute zwar einige Häuser an seinen Palast an, die Herr Moore ohne Zweifel für Flügel desselben ansah, die aber nun als Bürgerhäuser von dem Eigentümer vermietet werden. Allein es ist doch zuverlässig, daß Herr Bolongaro jährlich kaum die Hälfte von der bedungenen Summe Geldes verbaute, und sein Komptoir machte viele Jahre lang die ganze Emmerichsstadt aus, woraus er seine Briefe in die ganze Welt datierte.

Es wäre immer noch zu verzeihen, daß sich's die Regierung von Mainz so viel kosten ließ, einen Millionär zu akquirieren, wenn er wenigstens doch einige Hände im Land nützlich beschäftigt und einen beträchtlichen Teil seines Vermögens zu einem festen und dauerhaften Gewerbe in demselben angelegt hätte. Allein, die wenigen Maurer und Zimmerleute abgerechnet, zieht sonst kein mainzischer Untertan nur einen Kreuzer von Herrn Bolongaro. Fast all sein Tabak wird außer Landes gemahlen und der größte Teil desselben auch aus Frankfurt verschifft, wie denn sein Hauptkomptoir und Magazin immer noch in dieser Stadt ist. Er zog nur den Teil seines Gewerbes nach Höchst, den er zu Frankfurt nicht so vorteilhaft betreiben konnte, und machte die Rechte eines mainzischen Untertans nur insoweit geltend, als er dieser Reichsstadt schaden konnte, ohne seinem neuen Souverän nur das geringste zu nutzen. Es stand auch ihm und seinen Erben frei, sich mit Frankfurt auszusöhnen und augenblicklich Höchst zu verlassen. Alsdann hätte er sich auf die wohlfeilste Art einen Sommerpalast, wozu sein Gebäude eine unvergleichliche Lage hat und auch eigentlich bestimmt zu sein scheint, nebst einigen Bürgerhäusern gebaut, deren Miete ihm das kleine Kapital, welches sie gekostet, reichlich verinteressiert, oder die er mit ansehnlichem Gewinn verkaufen könnte.

Allein das alles war noch läßliche politische Sünde der Regierung von Mainz. Eine unverzeihliche Todsünde im politischen und moralischen

Betracht war es aber, daß man Herrn Bolongaro eine ganz unbedingte Handlungsfreiheit gestattete. Dieser Mann, der nun im Grabe Staub und Asche geworden ist, war ein Original von pöbelhaftem Geiz. Man hat Züge von Filzigkeit von ihm, die fast allen Glauben übersteigen und mit einer gewissen groben und beleidigenden Prahlerei, die ihm eigen war, einen seltsamen Konstrast machten. Ein schadenfroher Stolz trieb ihn an, auch die kleinsten seiner Mitbürger das Übergewicht seines Geldes fühlen zu lassen und alles zu tun, was ihn auf Kosten derselben nur um einige Pfennige bereichern konnte. In dem Städtchen Höchst waren acht bis neun Krämer, die sich redlich nährten und auch einige Handlungsgeschäfte im großen machten. Es war Herrn Bolongaro nicht genug, unter dem Schutz des Hofes von Mainz einen Teil seines großen Handels mit so überwiegenden Vorteilen betreiben zu können, sondern er war auch stolz darauf, durch diese Vorteile einen Teil der Krämer von Höchst wo nicht ganz zugrunde zu richten, doch sehr zurücksetzen zu können. Er eröffnete eine Spezereibude, wo er im kleinsten Detail verkaufte. Die Regierung von Mainz, die sich sonst von den geistlichen Regierungen Deutschlands sehr zu ihrem Vorteil auszeichnet, bedachte nicht, daß acht mittelmäßig wohlhabende Bürger einem Staat viel werter sein müssen als ein sehr reicher, wenn auch das Kapital des letztern jenes der erstern tausendmal aufwiegen sollte, und sah beim Detailhandel des Herrn Bolongaro durch die Finger, der über lang oder kurz ihr doch einige schätzbare Untertanen auffressen wird. In jedem wohleingerichteten Staat unterscheidet man sorgfältig die Kaufleute von den Krämern. Die Dinge, welche im Lande verzehrt werden, ernähren auf diese Art einige Bürger mehr, und durch die Verteurung, welche diese Einrichtung veranlaßt, wird die Verzehrung zum Vorteil des Staats vermindert. Auch kann der große Kaufmann, wenn er zugleich den Krämer macht, die Regierung viel leichter um die Akzise betrügen als der bloße Detailleur. Noch mehr! Die Krämer, welche sich zu Höchst angebaut und ihr Bürgerrecht erkauft hatten, bildeten eine Art von geschlossener Zunft. Sie dachten nicht daran, daß die Landesregierung so unklug sein würde, ihre Anzahl so zu vermehren, daß sie einander aufreiben müßten; aber noch viel weniger konnten sie daran denken, dieselbe würde ungerecht genug sein und den gesellschaftlichen Vertrag so sehr brechen, daß sie einem neuangekommenen Fremdling Vorteile gestattete, die sie, wenigstens zum Teil, zugrunde richten müssen. Die Niederträchtigkeit des Herrn Bolongaro ging noch weiter. Er wollte sogar die wichtigsten Artikel der Krämer von Höchst zu einem Monopolium seiner Bude machen und bot in dieser Absicht der Regierung eine gewisse Summe Geldes, wozu sich aber der jetzige, sehr einsichtsvolle Kurfürst nicht verstehen wollte. Um das Maß aller Niederträchtigkeit voll zu machen, brachte Herr Bolongaro bei der Regierung eine Klage gegen die sehr zahlreichen Fischer von Höchst an, einige derselben hätten, ich weiß nicht, eine Statue oder einen Baum seines Gartens beschädigt, und drang darauf, man sollte denselben die Fischerei auf dem Nidfluß, welcher an der Mauer seines Gartens sich in den Main ergießt, verbieten. Diese Fischerei machte einen wichtigen Teil der Nahrung dieser armen Leute aus. Die Regierung, welche sich schon in so vielen Fällen äußerst schwach in Rücksicht auf Herrn Bolongaro gezeigt hatte, nahm wegen einer zufälligen Beschädigung seines luxuriösen Gartens auch noch den Fischern von Höchst ein Teil ihres Brotes.

Aus: Briefe eines reisenden Franzosen über Deutschland

Ausbürger – Ausländer/ taxieren – zur Steuer einschätzen / Inventarium – Vermögensverzeichnis / Komptoir – Büro / Spezereienhandlung – Kolonialwarenhandlung, Gemischtwarenhandlung / verinteressieren – verzinsen / akquirieren – erwerben / Filzigkeit – Geiz / Akzise – Verbrauchssteuer, Zoll / Detailleur – Einzelhändler

Feuerjo

Feuerjo! Beim Burgemeister brennt's!
Spritzern herbei und Schläuche!
Erwacht doch drin, Euer Eminenz!
Heraus, ihr faulen Gäuche!

„Kerl, was heulst du drunten so?
Ich glaube, du bist betrunken!" –
Nein, am Fenster sah ich ein Bündel Stroh
Und darin einen roten Funken.

„Bleib' zu Hause, du versoffner Tropf,
Mit deinem verwünschten Spaße!" –
Verzeiht, Eminenz! Es war Euer Kopf
Und darinnen Euere Nase!

Franz Dingelstedt

Gäuche – Narren

Frankfurt am Main

Die besten seiner Helden, sie lagen in Sachsen tot,
Da flohe Karolus Magnus der Kaiser in großer Not.
„Laßt eine Furt uns suchen längshin am schönen Main:
O weh, da liegt ein Nebel, der Feind ist hinterdrein!"
Nun betete Kaiser Karol auf Knien an seinem Speer:
Da teilte sich der Nebel, eine Hirschin ging daher.
Die führte ihre Jungen hinüber zum andern Strand:
So machte Gott den Franken die rechte Furt bekannt.
Hinüber zogen alle wie Israel durchs Meer,
Die Sachsen aber fanden im Nebel die Furt nicht mehr.
Da schlug der Kaiser Karol mit seinem Speer den Sand:
„Die Stätte sei hinfüro der Franken Furt genannt."
Er kam da bald zurücke mit neuer Heeresmacht,
Damit er der Sachsen Lande zu seinem Reich gebracht.
Doch dort am Main erpranget nun eine werte Stadt,
Die reich ist aller Güter und edle Bürger hat.
Es ward da mancher Kaiser gekrönt mit Karols Kron,
Und feierlich gesetzet auf goldgestickten Thron.
Da briet man ganze Rinder, es strömte der Fülle Horn,
Es schöpfte jeder Arme Wein sich aus reichem Born.
Im Römer füllte dem Kaiser der Erzschenk den Pokal:
Mit Kaiserbildern wurden bedeckt alle Wänd' im Saal.
Bedeckt sind alle Wände bis an den letzten Saum:
Kein neuer Herrscher fände zu seinem Bildnis Raum.
Der erste deutsche Kaiser gab Namen dieser Stadt,
Die auch den letzten Kaiser in ihr gekrönet hat.

August Kopisch

Doktor Faustus in Frankfurt

Doktor Faustus kam in der Fasten gen Frankfurt in die Messe. Da berichtete ihm sein Geist Mephostopheles, wie in einem Wirtshause bei der Judengasse vier Zauberer wären, die einander die Köpfe abhieben und zum Balbierer schickten, sie zu balbieren, welchem viele Leute zusähen. Das verdroß den Faustus, weil er meinte, er wär allein des Teufels Hahn im Korb; er ging also dahin, solches auch anzusehen, und fand die Zau-

berer schon beisammen, die Köpfe abzuhauen, und den Balbierer bei ihnen, der sie putzen und waschen sollte. Auf dem Tisch aber hatten sie
ein Glasgefäß mit destilliertem Wasser. Einer unter ihnen, welcher der
vornehmste Zauberer war, machte den Nachrichter und zauberte dem
ersten eine Lilie in das Glas, die grünte und blühte, und er nannte sie
Wurzel des Lebens. Darauf richtete er den ersten, ließ den Kopf balbieren und setzte ihn hernach ihm wieder auf, und alsbald verschwand die
Lilie und hatte er seinen Kopf wieder ganz. Das tat er dem andern und
dritten gleichergestalt, die auch ihre Lilien im Wasser hatten, worauf die
Köpfe balbiert und ihnen wieder aufgesetzt wurden. Als es nun am obersten Zauberer und Nachrichter war und seine Lilie im Wasser auch blühte und grünte und man seinen Kopf balbierte und wusch in Fausti Gegenwart, stach ihm solche Buberei in die Augen und verdroß ihn der
Hochmut des Prinzipalzauberers, wie er so frech und gotteslästerlich
mit lachendem Munde sich den Kopf herunterhauen ließ. Da geht Doktor Faustus zu dem Tisch, worauf das Gefäß mit der Lilie stand, nimmt
ein Messer, haut damit nach der Blume und schlitzt den Blumenstengel
voneinander, dessen niemand gewahr wurde. Als nun die Zauberer den
Schaden sahen, ward ihre Kunst zunichte und konnten sie ihrem Gesellen den Kopf nicht wieder aufsetzen. Also mußte der böse Mensch in
seinen Sünden sterben und verderben, wie denn der Teufel allen seinen
Dienern letztlich solchen Lohn gibt und sie also abfertigt. Keiner der

Zauberer wußte aber, wie es mit dem geschlitzten Stengel zugegangen war, meinten auch nicht, daß es Doktor Faustus getan hatte.

Aus: Karl Simrock, Die deutschen Volksbücher

balbieren – rasieren / Prinzipalzauberer – oberster Zaubermeister

Von der Belagerung der Stadt Frankfurt

Ein Lied im Ton
„Frisch auf in Gottes Namen". 1552

(Fliegendes Blatt, gedruckt in Frankfurt)

Die Sonn' mit klarem Scheine
Erglastet überall,
Die kühlen Brünnlein reine
Erlusten Berg und Tal,
Viel süßer Lüftlein Güte
Von Auf- und Niedergang,
Aus freier Stimm', Gemüte,
Der hell Waldvöglein Blüte
Frau Nachtigall erklang.

Des Walds, der Blümlein Ziere
Gab Wonn' und Freudigkeit,
In deutschem Landreviere
War stille Sicherheit.
Der gütig Herr und Gotte
Sohn, Vater, heilger Geist
Erlöst aus aller Note,
Aus Teufels Macht und Tode
Sein göttlich Gnad' uns reißt.

Stadt Frankfurt an dem Maine!
Dein Lob ist weit und breit,
Treu', Ehr' und Glauben reine,
Mannliche Redlichkeit
Hast du mit deinem Blute
Erhalten ritterlich.
Vertrau' dem Herrn, du Gute,
Er hilft unschuldgem Blute,
Des sollst du freuen dich.

Ich ritt an einem Morgen
Mit Lust in grünem Wald,
Nach Wildes Spur ohn' Sorgen,
Da sah ich mannichfalt
Von fernen einherbrechen
Viel Reiter und Landsknecht gut,
Mit Schießen, Rennen, Stechen,
Daß mancher zahlt die Zechen
Gar teuer mit seinem Blut.

Die Stadt si täten beschießen
Des achten wir gar klein,
Man ließ sie's wieder genießen,
Schenkt ihnen tapfer ein.
Aus Stücken, neuen und firnen
Hieß sie Gott willkommen sein;
Es gab Köpf', Bein' und Hirnen,
Ich mag nicht solcher Birnen,
Gott helf ihnen all aus Pein!

Der *Rehbock* sein Gehürne
Männlichen richtet auf,
Zerstieß manch harte Stirne
So fern in schnellem Lauf.
Der *Kauz* in grüner Auen
Auf seinem Zweiglein schön,
Tät manchen Vogel krauen,
Daß er sich mußte rauen,
Die Federn lassen gehn.

Ein *Landsknecht* schrie von ferne
Jetzt wehr' dich unser *Hahn*,
O Bruder und Schwester gerne
Ist Beistand euch getan,
Es fliehen *Stephans* Pfeile
Viel scharfer Nadeln geschwind,
Die alte *Schlang* mit Weilen
Tut 's *Öchslein* übereilen:
Her, her ihr bösen Kind!

Der *Singerin* Stimm' so reine,
Ihres Liedleins Anefang
Hört man am *Affensteine*,
Am *Mühlenberg* entlang.
Mit ihren Gespielen allen
Hält sie den Abendtanz,
Tät mancher übel fallen
Von Bollwerken und Wallen,
Erwart't nit dieser Schanz.

Es währt manch Nacht und Tagen,
Ist unsrer Sünden Schuld,
Dem Herren wollen wir's klagen
Und warten mit Geduld.
Frankfurt mit den Genossen
Warst du so gar verlor'n,
Mit Feuer und Kugel beschossen,
Allein du trägst entschlossen
Die kaiserliche Kron'.

Aus: Des Knaben Wunderhorn

Die kursiven Worte sind Namen von Schanzen und Geschützen.

Franckfurt.

A. Der Weinmarckt.	E. Metzger port.	I. Heilig Geÿst
B. Der Mayn fluß.	F. Spital.	K. S. Leonharts
C. Die Fahr port.	G. Brücken thúrn.	L. S. Bartolomæ
D. Leonharts port.	H. Leonharts thúrn	M. S. Nicolai kirc

Sachsenhausen.

Volksbelustigung

Von den wenigen Volksbelustigungen, welche sich aus der Vorzeit bis auf unsere Tage erhalten haben, gehört die Verfertigung eines Fasses auf dem zugefrorenen Main, welches demnächst in feierlichem Umzuge durch die Stadt geführt zu werden pflegt. Seit einem Zeitraum von beinahe anderthalb Jahrhunderten war jedoch nur drei Mal Veranlassung zu dieser Feierlichkeit angegeben.

Auf den Neujahrstag 1695 setzte sich nämlich das Eis am Main fest, und zu Ende des Januars stieg die Kälte bis auf 17 Grad. Am 5. Februar verfertigten die Küfergesellen und Lehrlinge zwei Fässer von zehn Ohm auf dem Main; damit zogen sie in der Stadt herum und erhielten von E. E. Rath ein Geschenk von 20 Reichstalern und eineinviertel Ohm Wein. Auf dem Faß der Küfergesellen war auf dem vorderen Boden der städtische Adler ausgeschnitten nebst den Wappen der beiden regierenden Herren Bürgermeister und der Herren Ratsdeputierten; an der Seite des Fasses stand:

> Die gesamt' Gesellschaft g'schwind gemacht
> Und kurz bedacht in einem Tag der Faßnacht.
> Zu diesem Faß und der löblichen Benderzunft zu Ehren,
> Tut Herr Albertus Sommer fünfzig Taler verehren,
> Das wir jetzt verehren tun
> Dem ganzen Rat zum Eigentum.
>
> *1695. Febr. 5.*

Auf dem Faß der Lehrlinge stand am vorderen Boden der Adler, um denselben Weinreben ausgeschnitten mit folgenden Reimen:

> Der Benderjungen Fröhlichkeit
> Zeigt bei der alten Fastenzeit,
> Daß Bacchus sich noch nicht verlor'n,
> Obschon der Main ist zugefror'n.
>
> *1695. Febr. 5.*

Am 1. März 1740 verfertigten die Bendergesellen und Lehrlinge zwei Fässer von neun Ohm auf der Eisdecke des Mains. Das Faß der Gesellen hatte die Aufschriften:

> 1. Aus rauhem Holz ward ich gemacht,
>   Dem ersten März auf Fastennacht.

568

In dem 1740ten Jahr mit Fleiß,
In einem Tag wohl auf dem Eis.
2. Dem ehrsamen Benderhandwerk zu Ehren,
Tut Joh. Georg Nies diesen Boden und Spangen verehren.
3. Ich bin vollbracht wohl auf dem Eis,
Diesen Winter gedenket fast kein Greis,
Die Bendergesellschaft tat mich zu ehren
Einem hochedlen Magistrat verehren.

Auf dem Faß der Lehrlinge stand:

Sollt' ich ein Wunderfaß nicht sein!
Die Werkstatt war das Eis im Main,
Wie man mich sieht, so ist den Jungen
Dies Werk in einem Tag gelungen,
ZVr FastnaChts LVst In IeneM Iahr,
VVorInn DIe raVhe KäLte VVar.

Übrigens erschien bei jener Gelegenheit damals eine Druckschrift,
worin über den Ursprung dieser Volksbelustigung folgende possierliche
Notizen enthalten sind, die wir zur Ergötzlichkeit unserer Leser mitzuteilen nicht ermangeln. Im Eingange wird nämlich gesagt:

„Wo ist der Farben Unterscheid?
Wo ist des Himmels Heiterkeit?
Wo trifft man jetzt nur etwas an,
Woran sich sonst das Auge laben kann?
Es fehlt ja jeder Kreatur
Jetzt Bildung, Ansehn und Figur,
Und alles scheint noch unerschaffen,
Roh, ungeformt, unausgeziert,
Wüst, traurig, wild und ungeziert;
Weil Kälte, Schnee und Dunkelheit
Die angeborne Herrlichkeit
Von allen Dingen zu sich raffen.“

Hierauf fährt der Verfasser so fort:
„Eben diese Gedanken mußte man damals hegen, als die sogenannte
Fastnachten in diesem jetzt lauffenden 1740ten Jahre eintraten. Sonst
pfleget man diese Zeit und etliche Wochen vorhero, nämlich von Heiligen drei Könige an, in lateinischer Sprache Bacchanalia zu nennen; weil

Frankfurt am Main

nämlich die Heiden in selbiger ihrem Saufgott Bacchus zu Ehren ein grosses Fest anzustellen pflegten. Sonderlich taten sich in dessen Begehung die Athenienser von andern hervor, indem sie nicht nur lange Zeit vorher viele Zubereitungen dazu machten, sondern auch sogar von demselben, ehe die bei ihnen nachhero eingeführte Zeitrechnung, so durch Olympiades geschahe, eingeführte wurde, ihr Jahre zählten. Gleichwie nun schon damals viele Ausschweifungen und Üppigkeiten dabei vorgingen, also geschiehet auch noch heutzutage ein gleiches während dem so betitelten Karneval, welches gemeiniglich um diese Zeit angestellet wird. Mit Recht kann man daher unterweilen diese Bacchanalia oder Fastnachten mit den Griechen, von dem alten griechischen Wort Ὀργή, welches eine Raserei und aberwitziges Bezeigen andeutet, Orgia nennen.

Den Ursprung solcher Bacchanalien will man insgemein von den Ägyptern herleiten ... Die ganze Einrichtung und Veranstaltung der Bacchanalien beruhete bei den Atheniensern einzig und alleine auf der Verordnung des hohen Rats zu Athen. Es waren dieselben anfänglich ganz schlecht und ohne sonderliche Üppigkeit, nachhero aber überschritten sie die Regeln der Wohlanständigkeit dermaßen, daß auch die gewissenhaften Römer darüber erröteten und sie dahero in ganz Italien ernstlich untersagten. Nicht weniger haben die alten Kirchenväter den Heiden die Unordnungen und Abscheulichkeiten der bei ihnen üblichen Bacchanalienfeier ohne Unterlaß und mit vielem Nachdruck vorgerükket. Und nachdem sich dieselben auch unter den Christen nach und nach eingeschlichen hatten, wurden sie auf verschiedenen Kirchenversammlungen als bloße der christlichen Reinigkeit und Sittsamkeit zuwiderlaufende Ergötzlichkeiten gänzlich verboten.

Da nun aber diese Zeit von uns Christen, die wir aus Gottes Wort eines Bessern belehret sind, zu etwas wichtigern Sachen als zur Wollust und Üppigkeit angewendet werden soll, so hat auch E. Hochedler und Hochweiser Rat dieser hochansehnlichen Kaiserlichen Freien Reichs- und Wahlstadt Frankfurt vermöge seiner weltkundigen weisen Vorsicht allen unchristlichen Ausschweifungen wie zu andern Zeiten also auch zu dieser ruhmwürdigst und einer christlichen Obrigkeit höchstanständigst durch preiswürdige Verordnungen vorgebeuget.

Damit jedoch die seit vielen Jahren unerhörte und dieses Ortes nicht weniger als an andern Orten sich dieses Mal ereignende große, durchdringende und so lange Zeit mit gleicher Strenge anhaltende Kälte einigermaßen teils zur Nachricht, teils zur Warnung der Nachwelt in eine Unvergessenheit möge gestellet werden; als hat Derselbe auf vorgängiges untertäniges Ansuchen, so den 10. Februar dieses Jahres bei Demselben von einem ehrsamen hiesigen Benderhandwerk geschehen, dessen Knechten und Jungen vergönnt, auf den bei dieser Stadt sonst schnell vorbeifließenden, vorjetzo aber durch den Grimm der Kälte in eine erstaunliche Unbeweglichkeit gesetzten Mainstrom zweene große Fässer in Reif und Boden zu stellen."

Ein ähnliches Faß wie im Jahre 1740 wurde sodann den 27. Februar 1827 von den hiesigen Küfergesellen auf dem zugefrorenen Main verfertigt.

Auf dem vorderen Boden desselben befanden sich ebenfalls die Wappen der beiden regierenden Herren Bürgermeister und in deren Mitte der Frankfurter Adler; um diese Insignien eine Inschrift von 112 Buchstaben folgenden Inhalts:

> Auf Eis im Main entstand
> Dies Faß durch Benderhand
> Nichts Gleiches war geschehn
> Seit 17 hundert 4 mal zehn.
> Heil dem Senat!
> Frei blüh' der Staat!

Am 6. März 1827 ward dieses Faß durch die Hauptstraßen der Stadt gefahren. Vor dem Römer sprach der Redner vor dem versammelten Senate wie folgt:

> Dem hohen Senate verehrend zu danken,
> Sind der Bender herzliche Gedanken.
> Auf der Eisdecke des Mains ein Faß gemacht
> Wird jetzt dem hohen Senat gehorsamst dargebracht.
> Gott behüte und erhalte Sie uns allen
> Und möge Ihnen auch dieses Faß gefallen;
> Daß Sie in Gesundheit noch lange genießen
> Der edlen Säft', die aus den Reben fließen.
> Es lebe hoch der hohe Senat,
> Die Bürgerschaft und der freie Staat!

Hierauf ging der Zug weiter, hielt vor den Wohnungen der beiden Herren Bürgermeister und begrüßte im Laufe des Tags die Innungsgeschwornen, die vornehmsten Weinhandlungen und die Vorsteher der Sonntagsschule. Das Faß selbst kam in den Ratskeller, die bei dem Zuge gebrauchte Fahne zu dem Altgeschworenen der löblichen Benderinnung.

Am 26. Februar d. J. verfertigten nun die Bendergesellen abermals ein solches Faß von acht Ohm auf dem Main, dessen Eisdecke kaum zwei Stunden nach dessen Vollendung abends um sechs Uhr brach.

Auch auf diesem Fasse ist zwischen den Wappen der regierenden beiden Herren Bürgermeister der Stadtadler und über dem messingenen Kranen der Flußgott in schönem Schnitzwerke angebracht mit der Inschrift:

Verfertiget von den sämtlichen Küfergesellen am 26. Februar 1838. Ratsküfer Konrad Falk.

Um den Rand des Bodens herum sind folgende Zeilen eingegraben:

> Aus rauhem Holz ward ich gemacht,
> Sorgsam und mit Fleiß,
> Im Jahre 18 hundert 30 und acht
> Auf des Maines Eis.
> Der gebeut den Elementen,
> Half das seltene Werk vollenden.

Auf beiden Seiten des Fasses sind im Gebinde zwei Frankfurter Adler von weißen Weiden eingebunden.

Dieses Faß wurde gestern unter klingendem Spiel und Anordnung ähnlicher Feierlichkeiten wie im Jahre 1827 in festlichem Zuge durch die Straßen der Stadt gefahren.

Aus: Frankfurter Jahrbücher, Band XI

Bacchanalia – ausschweifende Trinkgelage / Bacchus – Gott des Weines / Athenienser – Einwohner Athens / Olympiades – Olympische Spiele / Orgia – Orgie / gebeut – gebietet

Bei der Musterung
Hessisches Rekrutenlied aus alter Zeit

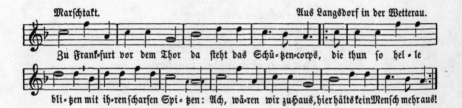

1. Zu Frankfurt vor dem Tor
   Da steht das Schützencorps,
   Die tun so helle blitzen
   Mit ihren scharfen Spitzen:
   Ach, wären wir zu Haus,
   Hier hält's kein Mensch mehr aus!

2. Nach Darmstadt kamen wir
   Recht fröhlich ins Quartier,
   Und was uns da begegnet?
   s' hat Tag und Nacht geregnet.
   Ach, wären wir zu Haus,
   Hier hält's kein Mensch mehr aus.

3. Der Vater weinet sehr,
   Die Mutter noch viel mehr.
   Die Tochter spricht zur Mutter:
   Ach Gott, wo bleibt mein Bruder?
   Gott, wo bleibt mein Kamerad?
   Spricht so mancher junge Soldat.

4. Der Unteroffizier
   Der tut uns kommandieren,
   Er tut uns kommandieren
   Bald links, bald rechts marschieren:
   „Legt an! Gebt Feuer! und ladet schnell!"
   Wir weichen nicht von der Stell'.

5. Jetzt kommt der General,
   Schaut seine Leutchen an:
   „Ihr Bürschchen, laßt euch waschen.
   Eure Hosen und Gamaschen
   Eure Säbel blank poliert,
   Daß man kein Fehler spürt."

6. Schreibfeder und Papier
   Die trag ich stets bei mir;
   Das Bierglas ist mein Leben,
   Das Branntweinglas daneben,
   Schön Schätzlein an der Hand,
   Das heißt Soldatenstand.

Frühe Erinnerungen

Eine andere, noch viel seltsamere Feierlichkeit, welche am hellen Tage das Publikum aufregte, war das Pfeifergericht. Es erinnerte diese Zeremonie an jene ersten Zeiten, wo bedeutende Handelsstädte sich von den Zöllen, welche mit Handel und Gewerbe in gleichem Maße zunahmen, wo nicht zu befreien, doch wenigstens eine Milderung derselben zu erlangen suchten. Der Kaiser, der ihrer bedurfte, erteilte eine solche Freiheit, da wo es von ihm abhing, gewöhnlich aber nur auf ein Jahr, und sie mußte daher jährlich erneuert werden. Dieses geschah durch symbolische Gaben, welche dem kaiserlichen Schultheißen, der auch wohl gelegentlich Oberzöllner sein konnte, vor Eintritt der Bartholomäi-Messe gebracht wurden, und zwar des Anstands wegen, wenn er mit den Schöffen zu Gericht saß. Als der Schultheiß späterhin nicht mehr vom Kaiser gesetzt, sondern von der Stadt selbst gewählt wurde, behielt er doch diese Vorrechte, und sowohl die Zollfreiheiten der Städte als die Zeremonien, womit die Abgeordneten von Worms, Nürnberg und Alt-Bamberg diese uralte Vergünstigung anerkannten, waren bis auf unsere Zeiten gekommen. Den Tag vor Mariä Geburt ward ein öffentlicher Gerichtstag angekündigt. In dem großen Kaisersaale in einem umschränkten Raume saßen erhöht die Schöffen und eine Stufe höher der Schultheiß in ihrer Mitte; die von den Parteien bevollmächtigten Prokuratoren unten zur rechten Seite. Der Aktuarius fängt an, die auf diesen Tag gesparten wichtigen Urteile laut vorzulesen; die Prokuratoren bitten um Abschrift, appellieren oder was sie sonst zu tun nötig finden.

Auf einmal meldet eine wunderliche Musik gleichsam die Ankunft voriger Jahrhunderte. Es sind drei Pfeifer, deren einer eine alte Schalmei, der andere einen Baß, der dritte einen Pommer oder Hoboe bläst. Sie tragen blaue, mit Gold verbrämte Mäntel, auf den Ärmeln die Noten befestigt, und haben das Haupt bedeckt. So waren sie aus ihrem Gasthause, die Gesandten und ihre Begleitung hinterdrein, Punkt zehn ausgezogen, von Einheimischen und Fremden angestaunt, und so treten sie in den Saal. Die Gerichtsverhandlungen halten inne, Pfeifer und Begleitung bleiben vor den Schranken, der Abgesandte tritt hinein und stellt sich dem Schultheißen gegenüber. Die symbolischen Gaben, welche auf das genauste nach dem alten Herkommen gefordert wurden, bestanden gewöhnlich in solchen Waren, womit die darbringende Stadt vorzüglich zu handeln pflegte. Der Pfeffer galt gleichsam für alle Waren, und so brachte auch hier der Abgesandte einen schön gedrechselten hölzernen Pokal mit Pfeffer angefüllt. Über demselben lagen ein Paar Handschuhe, wundersam geschlitzt, mit Seide besteppt und bequastet, als Zeichen einer gestatteten und angenommenen Vergünstigung, dessen sich auch wohl der Kaiser selbst in gewissen Fällen bediente. Daneben sah man ein weißes Stäbchen, welches vormals bei gesetzlichen und gerichtlichen Handlungen nicht leicht fehlen durfte. Es waren noch einige kleine Silbermünzen hinzugefügt, und die Stadt Worms brachte einen alten Filzhut, den sie immer wieder einlöste, so daß derselbe viele Jahre ein Zeuge dieser Zeremonien gewesen.

Nachdem der Gesandte seine Anrede gehalten, das Geschenk abgegeben, von dem Schultheißen die Versicherung fortdauernder Begünstigung empfangen, so entfernte er sich aus dem geschlossenen Kreise, die Pfeifer bliesen, der Zug ging ab, wie er gekommen war, das Gericht verfolgte seine Geschäfte, bis der zweite und endlich der dritte Gesandte eingeführt wurden: Denn sie kamen erst einige Zeit nacheinander, teils damit das Vergnügen des Publikums länger daure, teils auch weil es immer dieselben altertümlichen Virtuosen waren, welche Nürnberg für sich und seine Mitstädte zu unterhalten und jedes Jahr an Ort und Stelle zu bringen übernommen hatte.

Wir Kinder waren bei diesem Feste besonders interessiert, weil es uns nicht wenig schmeichelte, unsern Großvater an einer so ehrenvollen Stelle zu sehen, und weil wir gewöhnlich noch selbigen Tag ihn ganz bescheiden zu besuchen pflegten, um, wenn die Großmutter den Pfeffer in ihre Gewürzladen geschüttet hätte, einen Becher und Stäbchen, ein paar Handschuh oder einen alten Räder-Albus zu erhaschen. Man konnte sich diese symbolischen, das Altertum gleichsam hervorzaubernden Zeremonien nicht erklären lassen, ohne in vergangene Jahrhunderte wieder zurückgeführt zu werden, ohne sich nach Sitten, Gebräuchen und Gesinnungen unserer Altvordern zu erkundigen, die sich durch wieder auferstandene Pfeifer und Abgeordnete, ja durch handgreifliche und für uns besitzbare Gaben auf eine so wunderliche Weise vergegenwärtigten.

Solchen altehrwürdigen Feierlichkeiten folgte in guter Jahreszeit manches für uns Kinder lustreichere Fest außerhalb der Stadt unter freiem Himmel. An dem rechten Ufer des Mains unterwärts, etwa eine halbe Stunde vom Tor, quillt ein Schwefelbrunnen, sauber eingefaßt und mit uralten Linden umgeben. Nicht weit davon steht der Hof zu den guten Leuten, ehemals ein um dieser Quelle willen erbautes Hospital. Auf den Gemeinweiden umher versammelte man zu einem gewissen Tage des Jahres die Rindviehherden aus der Nachbarschaft, und die Hirten samt ihren Mädchen feierten ein ländliches Fest mit Tanz und Gesang, mit mancherlei Lust und Ungezogenheit. Auf der andern Seite der Stadt lag ein ähnlicher, nur größerer Gemeindeplatz, gleichfalls durch einen Brunnen und durch noch schönere Linden geziert. Dorthin trieb man zu Pfingsten die Schafherden, und zu gleicher Zeit ließ man die armen verbleichten Waisenkinder aus ihren Mauern ins Freie: denn man sollte erst später auf den Gedanken geraten, daß man solche verlassene Kreaturen, die sich einst durch die Welt durchzuhelfen genötigt sind, früh mit der Welt in Verbindung bringen, anstatt sie auf eine traurige Weise zu hegen, sie lieber gleich zum Dienen und Dulden gewöhnen müsse und alle Ursach habe, sie von Kindesbeinen an sowohl physisch als moralisch zu kräftigen. Die Ammen und Mägde, welche sich selbst immer gern einen Spaziergang bereiten, verfehlten nicht, von den frühsten Zeiten uns an dergleichen Orte zu tragen und zu führen, so daß diese ländlichen Feste wohl mit zu den ersten Eindrücken gehören, deren ich mich erinnern kann.

Johann Wolfgang Goethe, Aus meinem Leben

Prokurator – Statthalter, Vertreter / Aktuarius – Gerichtsangestellter, Schriftführer

Allerlei Gedanken

Lasse dich leben wie du bist ohne Kunststücke mit dir zu probieren, d. h. ohne dich zwingen zu wollen, Dinge zu lieben, die du nicht lieben kannst; Dein Klagen, daß du nicht liebtest ist eine Sehnsucht nach Liebe, diese Sehnsucht ist ein Gedanke, der (weil er keinen Gegenstand hat auf dem er ruhe) ins unendliche starrt; jetzt begegnet mein Gedanke deinem gestaltlosen Hinaufstarren und bildet es, gibt ihm seine Form, ihren Grund und Zweck im Bewußtsein, wenn ich nun allen deinen Gedanken, die noch keine Forme haben, mit den meinigen begegnet bin und sie geformt habe, dann nehme ich mit meinen Gedanken eine andere Richtung, du glaubst dann, ich habe dich verlassen, aber ich müßte hoffärtig sein, wollte ich mich zu den Glücklichen drängen, die mich nicht bedürfen.

Karoline von Günderode

Es wohnte ein Meister
zu Frankfurt an dem Maine

Es wohnte ein Meister zu Frankfurt an dem Maine,
Der hielt sich Gesellen zu zweien und zu dreien.
Der erste der sprach, es ist mir gar nicht wohl,
Der zweite war besoffen, der dritte, der war voll.

Gesellen, Gesellen, es bleibt unter uns verschwiegen,
Wir wollen dem Meister die Arbeit lassen liegen,
Und wir wollen ein wenig spazierenzieren gehn
Zu Frankfurt an dem Maine, wo schöne Mädchen stehn.

Und als wir Gesellen zur Herberg' sind gekommen,
Da hat uns der Vater ganz freundlich aufgenommen:
Seid willkommen, seid willkommen, ihr Gesellensellen mein!
Was wollt ihr essen und trinken, was wollt ihr für ein Wein?

Wir trinken einen bayrischen, wir trinken einen sächsischen,
Wir trinken einen bayrischen, wir trinken einen sächsischen,
Und der fränkische Wein ist auch ein guter Wein,
Denselben woll'n wir trinken und dabei lustig sein.

Und als wir Gesellen gegessen und getrunken,
Da schickt uns der Meister seinen dummen Lausejungen:
Ihr Gesellen, ihr Gesellen, nach Hause sollt ihr komm'n,
Den Abschied sollt ihr haben in einer Viertelstund'.

Und als wir Gesellen zum Meister sind gekommen,
Da fing nun der Meister gar trotzig an zu brummen:
Und ihr scheint mir die rechten Gesellenselln zu sein
Zum Fressen und Saufen! Zu der Arbeit hab ich kein.

Da schnürten wir Gesellen das Felleisen auf den Rücken
Und reisten wohl über die Sachsenhäuser Brücken.
Da begegnet uns des Meisters Töchter Töchterlein:
Gesellen, wollt ihr wandern, so bleib ich nicht allein.

Der erste, der faßte sie beim Zippel-Zappel-Röckchen,
Der zweite, der faßte sie beim Zippel-Zappel-Hemdchen,
Und der dritte, der legte sich oben-oben drauf,
Da kam der Meister gelaufen und deckt sein Schurzfell drauf.

Felleisen – Reisesack, Ranzen

Frankfurter Bethmännchen

Zutaten: 250 g Marzipanrohmasse; 80 g Puderzucker; 40 g Mehl; 1 Ei; 65 g gemahlene Mandeln; etwas Fett; 50 g ganze Mandeln; 1 Eßlöffel Wasser.
Die Marzipanrohmasse mit dem Puderzucker, Mehl, Eiweiß und den gemahlenen Mandeln zu einem glatten Teig verkneten. Kleine Kugeln formen und auf ein gefettetes Backblech setzen. Die Mandeln mit kochendem Wasser überbrühen und ca. zehn Minuten stehenlassen. Danach häuten und halbieren und jeweils drei Mandelhälften senkrecht in jede Kugel drücken. Das Eigelb mit dem Wasser verrühren und die Kugeln damit bepinseln. Bei 150° C 15 Minuten backen.

Goethes Mutter, Frau Aja

Ein Brief der Frau Rat Goethe

den ersten August 1796

Lieber Sohn!

Du verlangst die näheren Umstände des Unglücks unserer Stadt zu wissen. Dazu gehört eine ordentliche Rangordnung, um klar in der Sache sehen zu können. Im engsten Vertrauen sage dir also, daß die Kaiserlichen die erste Ursach gewesen sind – da sie nicht imstande waren, die Franzosen zurückzuhalten, da diese vor unseren Toren stunden. Da Frankfurt keine Festung ist, so war es Unsinn, die Stadt, ohne daß sie den minsten Vorteil davon haben konnten, ins Unglück zu bringen – mit alledem wäre aller Wahrscheinlichkeit nach kein Haus ganz abgebrannt! Wenn der fatale Gedanke, den sich niemand ausreden ließe, die Franzosen würden plündern, nicht die Oberhand behalten hätte, – das war das Unglück von der Judengasse – denn da war alles ausgeräumt – beinahe kein lebendiges Wesen drinnen – der Unsinn ging so weit, daß sie vor die leeren Häuser große Schlösser legten. Da es nun anfing zu brennen, so konnte erstlich niemand als mit Gewalt in die zugeschlossenen Häuser – zweitens waren keine Juden zum Löschen da – drittens waren ganz natürlich in den Häusern nicht die minste Anstalt – wenn es die Chri-

579

sten ebenso horndumm angefangen hätten, so wäre die halbe Stadt abgebrannt – in allen Häusern – waren die größten Bütten mit Wasser oben auf die Böden der Häuser gebracht – sowie eine Kugel zündete, waren nasse Tücher – Mist u. d. g. bei der Hand – so wurde Gott sei Dank – die ganze Zeil – die große und kleine Eschenheimer Gasse – der Roßmarkt – die Tönges und die Fahrgasse gerettet – daß nicht ein Haus ganz niedergebrannt ist – ja besser zu sagen gar nichts das der Mühe wert wäre zu sehen. – Der andre Teil der Stadt, der Römerberg, Mainzergasse undsoweiter kam ohnehin wenig hin – und tat gar nichts. Auf der Frieburger Gasse ist unser ehemahliges Haus abgebrannt – auch der gelbe Hirsch hintenhinaus. Von unsern Bekannten und Freunden hat niemand etwas gelitten – nur ein Bekannter von mir, Kaufmann Graff, der in unserm Sonntagskränzchen bei Stocks ist – hat durch die Einbildung, es würde geplündert, einen großen Verlust gehabt. – Er glaubte nämlich, wenn er sein ganzes Warenlager bei jemand, der in preußischen Diensten wäre und wo der preußische Adler über dem Eingang angebracht wäre; so sei alles gerettet – In unserm alten Haus auf der Frieburger Gasse wohnte nun ein preußischer Leutnant – also brachte der gute Mann sein Hab und Fahrt in dieses Haus in hölzerne Remisen – nun ist ihm alles verbrannt – und die vielen Ölfässer – der ungeheure Vorrat von Zucker, er ist ein Spezerei-Händler, machte zumahl das Öl das Feuer noch schrecklicher – noch andre Leute folgten dem unglücklichen Beispiel – trugen aus ihren sicheren Wohnungen alle ihre Sachen – Geld – Silber – Betten – Geräte – Möbel – in dieses unglückselige Haus – und verloren alles. Überhaupt hat der Gedanke der Plünderung der Stadt mehr Geld entzogen – als selbst die Brandschatzung – denn es sind Häuser, die das Packen – Fortschicken 600 – 1 000 und noch mehr gekostet hat – daß der gute Hetzler und Schlosser als Geisel sind mitgenommen worden, wirst du aus den Zeitungen wissen. Unsere jetzige Lage ist in allem Betracht fatal und bedenklich – doch vor der Zeit sich grämen oder gar verzagen, war nie meine Sache – auf Gott vertrauen – den gegenwärtigen Augenblick nutzen – den Kopf nicht verlieren – sein eignes wertes Selbst vor Krankheit: denn so was wäre jetzt sehr zur Unzeit: zu bewahren – da dieses alles mir von jeher wohlbekommen ist, so will ich dabei bleiben. Da die meisten meiner Freunde emigriert sind – kein Komödienspiel ist – kein Mensch in den Gärten wohnt; so bin ich meist zu Hause – da spiele ich Klavier, ziehe alle Register, pauke drauflos, daß man es auf der Hauptwache hören kann – lese alles untereinander Musenkalender, die Weltgeschichte von Voltaire – vergnüge mich an meiner schönen Aussicht – und so geht der gute und mindergute Tag doch vorbei. So wie weiter was Wichtiges vorgeht – das sonderlich Bezug auf mich hat, sollst du es erfahren. Küsse deinen lieben August in meinem Namen – grüße deine Liebste – von

deiner treuen Mutter
Goethe

minsten – geringsten / emigriert – ausgewandert

Würstchen mit Lauch

Zutaten: 4 große Stangen Lauch; 4 Eßlöffel Öl; 4 Eßlöffel Essig; Salz; Pfeffer; Zucker; 60 g durchwachsenen Speck; 4 Paar Frankfurter Würstchen.

Vom Lauch nur das Weiße waschen, der Länge nach halbieren und 15 Minuten im kochenden Salzwasser garen. Aus Öl, Essig, Salz, Pfeffer und Zucker eine Marinade rühren. Den Speck fein würfeln und in der Pfanne ausbraten. Den heißen Lauch aus dem Wasser nehmen, mit der Marinade begießen und die Speckwürfel – ohne das Fett – darübergeben. Die Frankfurter Würstchen in heißem Wasser zehn Minuten ziehen lassen, aber nicht kochen! Lauch und Würstchen zusammen mit Kartoffelbrei servieren.

Zur Frankfurter Märzfeier 1873

Ein Häufchen Treuer ist der Rest,
In Ehren grau, in Ehren fest,
Die nie vor Fürsten kreuchten,
Und denen bei der Freiheit Klang
Die alten Augen leuchten.

Es ist kein Lorbeer grün genung,
Ist keine Ros' so rot und jung,
Zu schmücken diese Alten.
O Jugend, komm', sieh' her und lern'
Der Freiheit Treue halten!

Friedrich Stoltze

Bettina an Goethe

Lieber Goethe! Lieber Freund!

Heute hab' ich mit der Mutter Wahl gehalten, was ich Ihnen für einen Titel geben darf; da hat sie mir die beiden frei gelassen, – ich hab sie beide hingeschrieben; ich seh' der Zeit entgegen, wo meine Feder anders dahintanzen wird, – unbekümmert, wo die Flammen hinausschlagen; wo ich Ihnen mein verborgenes Herz entdecke, das so ungestüm schlägt und doch zittert. Werden Sie mir solche Ungereimtheiten auch auflösen? – Wenn ich in derselben Natur mich weiß, deren inneres Leben durch Ihren Geist mir verständlich wird, dann kann ich oft beide nicht mehr voneinander unterscheiden; ich leg' mich an grünen Rasen nieder mit umfassenden Armen und fühle mich Ihnen so nah wie damals, wo Sie den Aufruhr in meinem Herzen zu beschwichtigen, zu dem einfachen Zaubermittel griffen, von meinen Armen umfaßt, so lange mich ruhig, anzusehen, bis ich von der Gewißheit meines Glückes mich durchdrungen fühlte.

Lieber Freund! wer dürfte zweifeln, daß das, was einmal so erkannt und so ergriffen war, wieder verlorengehen könnte? – Nein! – Sie sind mir nimmer fern. Ihr Geist lächelt mich an und berührt mich zärtlich vom ersten Frühlingsmorgen bis zum letzten Winterabend.

So kann ich Ihnen auch das Liebesgeheimnis mit der Bärenmütze für Ihren leisen Spott über meine ernste Treue auf das beschämendste erklären. – Nichts ist reizender als die junge Pflanze in voller Blüte stehend, auf der der Finger Gottes jeden frischen Morgen den zarten Tau in Perlen reihet und ihre Blätter mit Duft bemalt. – So blüheten im vorigen Jahr ein paar schöne blaue Augen unter der Bärenmütze hervor, so lächelten und schwätzten die anmutigen Lippen, so wogten die schwanken Glieder, und so schmiegte sich zärtliche Neigung in jede Frage und Antwort und hauchten in Seufzern den Duft des tieferen Herzens aus wie jene junge Pflanze. – Ich sah's mit an und verstand die Schönheit, und doch war ich nicht verliebt; ich führte den jungen Husaren zur Günderode, die traurig war; wir waren jeden Abend zusammen, der Geist spielte mit dem Herzen, tausend Äußerungen und schöne Modulationen hörte und fühlte ich, – und doch war ich nicht verliebt. – Er ging – man sah, daß der Abschied sein Herz bedrängte; wenn ich nicht wiederkehre, sagte er, so glauben Sie, daß die köstlichste Zeit meines Lebens diese letzte war. – Ich sah ihn die Stiegen hinabspringen, ich sah seine reizende Gestalt, in der Würde und Stolz seiner schwanken Jugend gleichsam

einen Verweis geben, sich aufs Pferd schwingen und fort in den Kugelregen reiten, – und ich seufzte ihm nicht nach.

Dies Jahr kam er wieder mit einer kaum vernarbten Wunde auf der
Brust; er war blaß und matt und blieb fünf Tage bei uns. Abends, wenn
alles um den Teetisch versammelt war, saß ich im dunkeln Hintergrund
des Zimmers, um ihn zu betrachten, er spielte auf der Gitarre; – da hielt
ich eine Blume vors Licht und ließ ihren Schatten auf seinen Fingern
spielen, – das war mein Wagstück; – mir klopfte das Herz vor Angst, er
möchte es merken; da ging ich ins Dunkel zurück und behielt meine
Blume, und die Nacht legte ich sie unters Kopfkissen. – Das war die
letzte Hauptbegebenheit in diesem Liebesspiel von fünf Tagen.

Dieser Jüngling, dessen Mutter stolz sein mag auf seine Schönheit,
von dem die Mutter mir erzählte, er sei der Sohn der ersten Heißgelieb-
ten meines geliebten Freundes, hat mich gerührt.

Und nun mag der Freund sich's auslegen, wie es kam, daß ich dies
Jahr Herz und Aug' für ihn offen hatte und im vorigen Jahre nicht.

Du hast mich geweckt mitten in lauen Sommerlüften, und da ich die
Augen aufschlug, sah ich die reifen Äpfel an goldnen Zweigen über mir
schweben und da langt ich nach ihnen.

Adieu! in der Mutter Brief steht viel von Gall und dem Gehirn; in dem
meinigen viel vom Herzen.

Bettine

Dein Kind, dein Herz, dein gut Mädchen, das den Goethe über alles
lieb hat und sich mit seinem Andenken über alles trösten kann

Aus: Bettina von Arnim, Sämtliche Werke

Kleine Frankfurter Pasteten zu machen

Nimm ¾ Pfd. Rindfleisch, mit Essig gehackt und Salz und Muskaten-
blumen, 20 Lot Mark, ein Milchbrötchen in fett Fleischbrüh geweicht,
nicht ausgedrückt, durch ein Seihe geschütt und ablaufen lassen, 1½ Zitronen dazugetan, und wann alles zusammen ganz klein gehackt ist, in
ein flüssig Töpfchen auf's Feuer gestellt, gerührt bis es weiß wird, hernach kalt lassen werden und in die Formen geschüttet; zum Teig nimmt
man ein Pfd. Mehl und ein halb Pfd. Butter.

Aus dem Kochbuch von Goethes Großmutter, 1724.

Seihe – Sieb

E hiesig Borjerschkind

E hiesig Borjerschkind, des uff drei Dichterleiern
So großes hat geleist wie kääner mehr hernach,
Den Sohn von der „Frau Rath" kann merr net scheener feiern,
Net sinniger als wie in seiner Muttersprach . . . .
Was mit der Muttermilch er bei uns eingesoge,
Gefühls- und Denkungsweis und Reddensarte-Flor,
In seine Werke find't merr des uff jedem Boge,
Wann sozusage ääch mit annern Worte nor . . . .
Vom Oste bis in West, vom Norde bis in Side
Hatt err mit seim Gesang des ganze Land erfräät,
Hat iwwersch ganze Volk die scheenste Geistesblitze,
En hunnertfache Lenz mit voller Hand gesträät . . .
Doch stann bei uns sei Wieg; sei frohe Kinnerzeite,
Sei ehrschte Jinglingsjahrn hat err bei uns verbracht!
Bei uns griff err zuehrscht als Sänger in die Saite,
Dem Gretche hat err hie zuehrscht die Kur gemacht.
Von Frankfort zog err aus, aus unsre Dorn und Porte,
Als wie e Sonnegot, der aus dem Oste bricht;
Erfüllt hat err die Welt mit himmlische Akkorde,
Und Deutschland hat gestrahlt in seiner Dichtung Licht . . .

Friedrich Stoltze

Friedrich Hölderlin
an Susette Gontard

Es ist wohl der Tränen alle wert, die wir seit Jahren geweint, daß wir die Freude nicht haben sollten, die wir uns geben können, aber es ist himmelschreiend, wenn wir denken müssen, daß wir beide mit unsern besten Kräften vielleicht vergehen müssen, weil wir uns fehlen. Und sieh! das macht mich eben so stille manchmal, weil ich mich hüten muß vor solchen Gedanken. Deine Krankheit, Dein Brief – es trat mir wieder, so sehr ich sonst verblinden möchte, so klar vor die Augen, daß Du immer, immer leidest, – und ich Knabe kann nur weinen drüber! – Was ist besser, sage mir's, daß wir's verschweigen, was in unserm Herzen ist, oder daß wir uns es sagen! – Immer hab ich die Memme gespielt, um

Dich zu schonen, – habe immer getan, als könnt ich mich in alles schikken, als wär ich so recht zum Spielball der Menschen und der Umstände gemacht und hätte kein festes Herz in mir, das treu und frei in seinem Rechte für sein Bestes schlüge, teuerstes Leben! habe oft meine liebste Liebe, selbst die Gedanken an Dich mir manchmal versagt und verleugnet, nur um so sanft wie möglich um Deinetwillen dies Schicksal durchzuleben, – Du auch, Du hast immer gerungen, Friedliche! um Ruhe zu haben, hast mit Heldenkraft geduldet, und verschwiegen, was nicht zu ändern ist, hast Deines Herzens ewige Wahl in Dir verborgen und begraben, und darum dämmerts oft vor uns, und wir wissen nicht mehr, was wir sind und haben, kennen uns kaum noch selbst; dieser ewige Kampf und Widerspruch im Innern, der muß Dich freilich langsam töten, und wenn kein Gott ihn da besänftigen kann, so hab ich keine Wahl, als zu verkümmern über Dir und mir, oder nichts mehr zu achten als Dich und einen Weg mit Dir zu suchen, der den Kampf uns endet. Ich habe schon gedacht, als könnten wir auch von Verleugnung leben, als machte vielleicht auch dies uns stark, daß wir entschieden der Hoffnung das Lebewohl sagten.

Susette Gontard an Hölderlin

Du kamest nach F . . . und ich sah Dich nicht einmal von weitem, das war mir sehr hart! Ich hatte immer auf den Sonnabend gerechnet, doch mußte ich eine Ahnung von Dir haben, denn ich öffnete am Abend wie Du vorbeigingest, ungefähr um halb neun Uhr das Fenster und dachte, wenn ich Dich doch im Schein der großen Laterne erblickte. . .

Schon oft habe ich es bereut, daß ich Dir beim Abschied den Rat gab, auf der Stelle Dich zu entfernen, noch habe ich nicht begriffen, aus welchem Gefühl ich so dringend Dich bitten mußte, ich glaube aber, es war die Furcht vor der ganzen Empfindung unserer Liebe, die zu laut in mir wurde bei diesem gewaltigen Riß, und die Gewalt welche ich fühlte, machte mich gleich zu nachgiebig, wie manches, dachte ich nachher, hätten wir noch für die Zukunft ausmachen können? Hätte nur unser Auseinandergehen nicht diese feindselige Farbe angenommen, niemand hätte Dir den Zutritt in unser Haus wehren können, aber jetzt, O! sage mir, Du Guter, wie gehet es wohl an, das wir uns wiedersehen? Sei es auch noch so entfernt? – Dem ganz entsagen kann ich nicht! Es bleibt immer meine liebste Hoffnung! – – Sinne darauf. . .

So weit schrieb ich am Mittwoch.

Der Main

Wohl manches Land der lebenden Erde möcht
Ich sehn, und öfters über die Berg enteilt
Das Herz mir, und die Wünsche wandern
Über das Meer, zu den Ufern, die mir

Vor andern, so ich kenne, gepriesen sind;
Doch lieb ist in der Ferne nicht eines mir,
Wie jenes, wo die Göttersöhne
Schlafen, das trauernde Land der Griechen.

Ach! einmal dort an Suniums Küste möcht
Ich landen, deine Säulen, Olympion!
Erfragen, dort, noch eh der Nordsturm
Hin in den Schutt der Athenertempel

Und ihrer Götterbilder auch dich begräbt;
Denn lang schon einsam stehst du, o Stolz der Welt,
Die nicht mehr ist! – und o ihr schönen
Inseln Ioniens, wo die Lüfte

Vom Meere kühl an warme Gestade weh'n,
Wenn unter kräftger Sonne die Traube reift,
Ach! wo ein goldner Herbst dem armen
Volk in Gesänge die Seufzer wandelt,

Wenn die Betrübten itzt ihr Limonenwald
Und ihr Granatbaum, purpurner Äpfel voll,
Und süßer Wein und Pauk und Zithar
Zum labyrinthischen Tanze ladet –

Zu euch vielleicht, ihr Inseln! gerät noch einst
Ein heimatloser Sänger; denn wandern muß
Von Fremden er zu Fremden, und die
Erde, die freie, sie muß ja, leider!

Statt Vaterlands ihm dienen, solang er lebt,
Und wenn er stirbt – doch nimmer vergeß ich dich,
So fern ich wand're, schöner Main! und
Deine Gestade, die vielbeglückten.

Gastfreundlich nahmst du, Stolzer! bei dir mich auf
Und heitertest das Auge dem Fremdlinge.
Und still hingleitende Gesänge
Lehrtest du mich und geräuschlos Leben.

O ruhig mit den Sternen, du Glücklicher!
Wallst du von deinem Morgen zum Abend fort,
Dem Bruder zu, dem Rhein, und dann mit
Ihm in den Ozean freudig nieder!

Friedrich Hölderlin

Sunium – Kap Sunion / Olympion – Olympia / Ionien – Küstenlandschaft Kleinasiens /
Limonen – Zitronen

Die Borjer

Bild aus Frankfurt von G. Beurmann

In Freistädten gibt es eigentlich nur einen Stand, den der Bürger. Ihm soll alles angehören: Adeliger, Kaufmann, Handwerker; Bürgersinn soll alle verschiedenen Klassen zu einer vereinen. Das ist nun aber im Laufe der Zeit häufig anders geworden.

Das Original des „Bürgers" ist wohl eigentlich Antiquität geworden. Ich kenne es nur aus dem „Borjerkabbedehn Kimmelmeier", welchen der Schauspieler Hassel so meisterhaft darstellt. Wer in Frankfurt hat jedoch diesen „Frankforter Borjer" nicht noch vor einem Dezennium in den Weinhäusern bei seinem Schoppen Wein und seiner Spansau sitzen sehen!? Ein Hannibal auf den Ruinen von Karthago schaute er umher, stolz und borjerlich; denn es gab nur einen Himmel über der Erde, nur ein Frankfort in Deutschland und nur eine echte Borjergattung in diesem Frankfurt, wie es in Rom nur einen Papst gibt. Wenn ich sage: stolz und borjerlich, so heißt das so viel, als in dem echten Borjercharakter, in dem Charakter, der sich nur eben unter den Frankforter Borjern und nirgends anders vorfand, und dessen erstes ein Schoppen Wein und Frankfurt, dessen zweites ein Schoppen Wein und Frankfurt, dessen drittes ein Schoppen Wein und Frankfurt war. Alles Große und Erhabene, was sich auf Frankfurt bezog, wurde von dem Frankforter Borjer bei einem Schoppen Wein verhandelt und zwar oft mit einem Witz, welchen außer ihm nur Saphir aufzuweisen hat; nur daß er bei dem Frankforter Borjer nach dem Schoppen und der Spansau schmeckte und mehr schlug als stach, doch stets den rechten Fleck traf. Großes und Erhabenes war dem Borjer das Intelligenzblatt, genannt das Blättchen, das Laternengeld, eine Prügelei und ein blutiger Kopf, die Feuerspritzeneinrichtung, eine Hochzeit, ein Sterbefall, ein Begräbnis, die Sterbekasse, sein Haus, „seine Fra" und was daran klebte. Ein Borjer war gemütlich und poliert; er sprach frankfortisch und beim zweiten Schoppen auch französisch; er war gegen die Emanzipation der Juden und haßte die Franzosen; er radebrechte die Welthändel aus den Zeitungen heraus und sprach von einer Schlägerei in Bornheim wie von der Schlacht bei Borodino; er wunderte sich, daß in Paris „Borjer" sich totschlagen und ging ohne Nachtmütze zu Bette. Seine Miene war geheimnisvoll und wichtig; selbst wenn er nichts wußte, wußte er alles. Kam er in sein Weinhaus, so legte er Hut und Stock mit großer Würde ab, freundlich erhaben sagte er: „Kellner, e Schoppe Wein", oder „wie gewehneglich, und e Brehdge mit Umstände." Wenn er sich gesetzt und die anderen „Borjer" begrüßt hatte, fing er an, Witze zu reißen, die er selbst am ersten belachte, oder er verhandelte die oben angeführten wichtigen Dinge. Geriet er in Feuer, so wurde aus dem ersten „Schoppe" hernach „e Botell", er ließ „seine Fra" ruhig zu Bett gehen und kam, statt um neun Uhr, um Mitternacht nach Hause, nachdem er verschiedentlich bemerkt, „seine Fra werd ferchterlich brumme, daß er so spät komme."

Das ist der „Frankforter Borjer", nicht wie er leibte und lebte, sondern wie ihn ungefähr ein kalter Norddeutscher erfassen kann. Wie er leibte und lebte, steht der „Frankforter Borjer" in dem „Borjerkabbedehn" von Malß oder vielmehr auf dem Frankfurter Theater, wenn die Herren Hassel, Becker, Linker, Just, Padjera bei „ihre Schoppe Wein" zusammensitzen.

Wie gesagt, das originellste Stück dieses Borjers ist in neuester Zeit verlorengegangen, nachdem die alten „Kabbedehns" von ihrem Glanze manches eingebüßet, die „Fennerichsmahlzeit", die „Leibschitze" und so viele alte Herrlichkeiten verlorengegangen sind, und man vom Turme der Bartholomäuskirche der Juliusrevolution mit zugesehen hat.

Indes ist der „Frankforter Borjer" der treue, ehrliche Menschenschlag geblieben, der er war; „Bierkeit und Geradheit" ist sein Wahlspruch; seine Schale ist Kraft und Derbheit. Man kann hier mit allem Grund von einem deutschen Nationalcharakter sprechen, der, wenn er sich ganz frei bewegt und von allen Schlacken des reichsstädtischen Unwesens gereinigt ist, allen Deutschen zum Vorbild dienen kann. Ein „Borjer" ist zwar oft mit dem Maule vornweg – das läßt sich nicht leugnen – und führt bei seinem „Schoppe Wein" gar manche Heldentat aus, die er jedoch immer nachts beschläft und häufig verschläft; aber ein „Borjer" ist nicht ohne Intelligenz, er hat einen scharfen, lebenspraktischen Blick, und da er mit diesem einfachen Rechtsinn und jene bürgerliche Geradheit verbindet, die man in den alten Reichsstädten so häufig vorfindet, so fördert er in Wort und Tat meistens Gutes zutage.

Was den Mittelstand in Frankfurt betrifft, den eigentlichen Bürgerstand, der sich dadurch gebildet, daß das pudelnärrische Original, welches uns Malß bietet, mehr oder weniger an dem Zeitgeiste und fortschreitender geistiger Bildung abgeschliffen ist, so schließt sich die Mehrzahl der Bevölkerung ihm an. Er ist der Kern der Population, Lehr- und Wehrstand sind ihm entsprossen und trennen sich nicht von ihm. Mag der eigentliche Geldstand, der luxusumhüllte, die Arme sehnsüchtig nach dem Thurn- und Taxischen Palais ausstrecken und sich brüsten, wenn die Gesandten an seiner Tafel Platz nehmen, – der Frankfurter Bürger: (ich nenne ihn nicht mehr „Borjer") Advokat, Schulmann, Arzt, Handwerker, Handelsmann spottet dieser nichtigen Prunksucht und schließt sich desto inniger seinesgleichen an. In keiner der freien Städte findet eine so feste Verzweigung der Gelehrten mit Handwerkern statt wie in Frankfurt.

Aus: Phönix No. 2

Dezenium – Zehn Jahre / Saphir – österreichischer humoristischer Schriftsteller

Der Gefangene und der Sänger

Ich wallte mit leichtem und lustigem Sinn
Und singend am Kerker vorüber;
Da schallt aus der Tiefe, da schallt aus dem Turm
Mir Stimme des Freundes herüber.

„Ach Sänger! verweile, mich tröstet dein Lied,
Es steigt zum Gefangnen herunter,
Ihm macht es gesellig die einsame Zeit,
Das krankende Herz ihm gesunder."

Ich horchte der Stimme, gehorchte ihr bald,
Zum Kerker hin wandt' ich die Schritte,
Gern sprach ich die freundlichsten Worte hinab,
Begegnete jeglicher Bitte.

Da war dem Gefangenen freier der Sinn,
Gesellig die einsamen Stunden. —
„Gern gäb ich dir Lieber! so rief er: die Hand,
Doch ist sie von Banden umwunden.

Gern käm' ich Geliebter! gern käm' ich herauf,
Am Herzen dich treulich zu herzen;
Doch trennen mich Mauern und Riegel von dir,
O fühl' des Gefangenen Schmerzen.

Es ziehet mich mancherlei Sehnsucht zu dir;
Doch Ketten umfangen mein Leben,
Drum gehe mein Lieber und laß mich allein,
Ach Armer, ich kann dir nichts geben."

Da ward mir so weich und so wehe ums Herz,
Ich konnte den Lieben nicht lassen.
Am Kerker nun lausch' ich von Frührotes Schein
Bis abends die Farben erblassen.

Und harren dort werd' ich die Jahre hindurch,
Und sollt' ich drob selber erblassen.
Es ist mir so weich und so sehnend ums Herz
Ich kann den Geliebten nicht lassen.

Karoline von Günderode

Die Frankfurterinnen

Wenn Frauen und Mädchen aus dem Bürger- und Mittelstande, deren Vermögensverhältnisse und häusliche Stellung mehr oder minder beengt sind und die dem Manne beim Gelderwerbe behilflich sein müssen, von den Sorgen und Mühen des praktischen Lebens ganz in Anspruch genommen werden, so wird uns dies nicht befremden. Wo das schöne Geschlecht von der ernsten Notwendigkeit nur auf die Küche, die Gerätekammer und die Kinderstube angewiesen ist und wo ihm diese Kleinkrämerei des Haushaltes kaum ein Feierstündchen übrig läßt, um die Hände ein wenig in den Schoß zu legen, da darf man nicht erwarten, daß den Musen und Grazien gehuldigt werde. Unseren guten Frankfurterinnen, welche zu so strenger, ihre ganze Kraft in Anspruch nehmender

Tätigkeit angefesselt sind, wollen wir keinen Vorwurf daraus machen, wenn sie sich um geistige Tendenzen nur wenig kümmern und wenn ihnen ein Spaziergang nach Bockenheim oder Hausen zur Erholung lieber ist als ein geistreiches Buch.

Es gibt aber auch andere, denen Fortuna freundlicher lächelt und deren Hilfsmittel reichhaltiger sind. Aller niederdrückenden oder beengenden Haushaltungssorgen sind sie überhoben. In ihrem Hause wohnen Wohlstand und Behaglichkeit; die niederen zeitraubenden Arbeiten werden von anderen verrichtet; ihre Wohnung ist geschmackvoll oder gar reich eingerichtet; was Luxus und Mode Neues bringen, das steht ihnen zu Gebote. Sie geben und empfangen Gesellschaften, verwenden Geld und Zeit auf ihre Toilette, führen ein feineres, heiteres Leben. An sie können wir schon größere Anforderungen machen. Wie in England und Frankreich die Damen eine Zierde des geselligen Lebens zu sein streben, wie sie stolz darauf sind, in ihren Salons Künstler und Gelehrte zu versammeln, so wäre ein Ähnliches auch von unseren Frankfurter Damen zu wünschen.

Jene Frankfurterinnen aus dem Bürger- und Mittelstande sind ganz treffliche Hausfrauen. Während der Mann aufs eifrigste bedacht ist, Geld zu verdienen, versäumen sie nichts, das Erworbene nutzbringend anzuwenden und zu erhalten. Sie lassen stricken und spinnen; sie stopfen alle Schränke voll Geräte und Linnen; sie garnieren die Küche aufs allervollständigste; sie halten ihren großartigen Bohnenschnitt und ihre noch großartigere Wäsche; sie gehen selbst auf den Markt und handeln um einen Kreuzer auf oder ab eine Viertelstunde lang; sie führen im Hause ein strenges Regiment und das Gesinde wohnt bei ihnen nicht im Paradiese; sie haben alles in bestimmte Bahnen gebracht, und wie man die Tage vorausweiß, wo der Mond voll wird, oder wo er abnimmt, so kann man auch mit Bestimmtheit voraussagen, was es heute über vier Wochen zu essen geben wird, ob Sauerkraut oder ob Kalbsragout. Die bürgerlichen Frauen unserer Stadt haben wirklich noch das Solide und Kernhafte vergangener Zeiten in ihrem Hauswesen, noch die alte Sparsamkeit und Einfachheit, noch den alten Fleiß. Indessen sind sie auch mit der Zeit in mancher Beziehung wenigstens forgeschritten und Mode und Luxus sind ihnen keineswegs fremd. Wenn man sie an Sonn- und Feiertagen auf der Mainlust oder auf einem benachbarten Dorfe sieht, so erscheinen sie ganz modern. Sie sparen in Bezug auf ihre Toilette nichts, und wer sie hier betrachtet, der würde sie nicht für dieselben halten, welche am Tage zuvor mit der Magd einen Hausskandal wegen eines zerbrochenen Groschentöpfchens aufführten. Außer ihrer Häuslichkeit und Sparsamkeit haben die Frankfurterinnen auch noch andere

Vorzüge. Sie besitzen einen gewissen klaren und praktischen Verstand und haben, wie man es zu nennen pflegt, Charakter; auch wird ihre Gutherzigkeit, wo es Leidende und Arme zu unterstützen gilt, mit Recht gerühmt. Was man aber an ihnen vermißt, ist jene natürliche und leichte Grazie, jene Zuvorkommenheit und Freundlichkeit, jene muntere unbefangene Liebenswürdigkeit im Umgang mit Männern, die man beim schönen Geschlechte so gerne antrifft. Sie können eine gewisse Schwerfälligkeit und hausbackene Tugendängstlichkeit nicht verleugnen. Man muß sie achten und schätzen, ohne sie eben liebenswürdig nennen zu können. Die bezeichneten Vorzüge der Frankfurterinnen halten wir wohl in Ehren, aber etwas mehr leichte, liebliche Beweglichkeit möchte man ihnen wohl wünschen. Sind die Frankfurterinnen nicht oft so derb, daß man glauben möchte, sie verständen keinen Spaß? Wie leicht kann man sie verletzen! Wie unversöhnlich sind sie, wenn man irgendeine ihrer Lieblingsideen in Zweifel stellt oder das Muster nicht schön findet, welches sie sich auf der neuen Kräme für ihre Winterrobe ausgewählt haben!

Wir treten nun in den Kreis derjenigen, welche man zum Unterschiede von den bürgerlichen Frauen Damen zu nennen pflegt. Was geschmackvoll und mit der allerneusten Mode immer gleichen Schritt haltende Einrichtung der Zimmer und Säle, was elegante und reiche Toiletten, was äußeren Glanz und Luxus betrifft – so bleiben unsere wohlhabenden und reichen Frankfurterinnen nicht zurück. Vielleicht keine Stadt in Deutschland steht in dieser Hinsicht, etwa Wien und Berlin ausgenommen, der unsrigen voran. An schönen Equipagen, an Dienern in solider Livree, an prächtiger Hauseinrichtung fehlt es nicht. Es werden glänzende Diners, Soireen und Bälle veranstaltet und der Reichtum versorgt die Tafel mit allem, was nur aufzutreiben ist. Auch waltet in diesen Zirkeln ein heiterer, fröhlicher Sinn und viel Kordialität. Die Geldaristokratie weist zwar sorgsamlich alle zurück, welche nicht auf gleicher arithmetischer Stufe stehen – wer aber einmal ebenbürtig erfunden und rezipiert worden ist, der wird sich ganz behaglich fühlen.

Welches ist wohl die Schuld, wenn die Frankfurterinnen aus den höheren Ständen nicht so viel Geist entwickeln, als sie Anlagen haben? Einesteils die Erziehung, andernteils das gesellschaftliche Leben Frnkfurts. Früher war es Sitte, die Erziehung durch häuslichen Unterricht zu beginnen und zu beenden. Jetzt fängt man mit häuslichem Unterricht an, hört aber mit der Pension auf. Wir erklären hiermit offen, daß es wenig weibliche Erziehungsinstitute gibt, die das leisten, was sie leisten sollten. Diejenigen, welche wir kennenzulernen Gelegenheit hatten, stehen weit hinter öffentlichen Lehranstalten, z. B. der Musterschule zurück. Ein größerer Ernst und Eifer waltet da, wo Männer das Regiment führen. In den Pensionen ist eine Dame gewöhnlich die Hauptperson, nämlich eine französische Schweizerin, die die Mädchen parlieren lehrt, aber selbst so wenig tüchtige anderweitige Kenntnisse hat, daß sich die Gespräche, welche sie führen kann, nur auf die gewöhnlichsten und fadesten Gegenstände beschränken ... Die Pensionen hintertreiben die wahre und echte Bildung. Die Mädchen kommen höchst oberflächlich gebildet aus ihnen hervor. Das geringe Wissen, was sie sich erworben haben, ist nur leicht ihrem Gedächtnis angetüncht: einige Bälle – und die alten nackten Wände der Unwissenheit stehen wieder da. In Frankfurt hat das Pensionenwesen auf betrübende Art eingerissen. Man macht sich die Erziehung der Töchter leicht, indem man sie nach Offenbach, Wiesbaden, Worms und Straßburg schickt. Sie kommen mit einer gewissen Routine zurück, die eher alles, nur keine gründliche Bildung ist. Jetzt müßte der Unterricht erst recht beginnen. Allein einige französische Stunden bei Herrn Rod, einige englische bei Herrn Hamburger, einige Musikstunden bei Herrn Aloys Schmitt: damit soll nun alles getan sein. Musik und Sprachen sind unerläßlich für die Bildung; allein es ist damit nicht alles geschehen. Echte Bildung heißt: Kenntnis der Geschichte, der Länderbeschreibung, Kenntnis der Literatur, der Kunstgeschichte, Kenntnis der Gesetze des Geschmackes und der Schönheit. In Berlin und Hamburg wird eifrig dafür gesorgt, daß die Frauen in diesen Zweigen taktfest werden und erst durch Sicherheit in ihrem Bereiche lernen, die Gesellschaft beherrschen und den Ton angeben.

Sodann aber will das geistig-gesellschaftliche Leben in den höhern Ständen Frankfurt aus dem Grunde nicht recht gedeihen, weil die Familien nicht recht warm gegeneinander werden. Eine traurige Isolierung führt die Gesellschaft auseinander. Diese Familien hängen mit dem Römer, jene mit der Diplomatie zusammen, andere wohnen lieber in ihren Landhäusern; alle begnügen sich, nur zuweilen Haupt- und Staatsfeste auszuschreiben, wo eine lydische Pracht entwickelt wird. Nach Beendigung der Tafel, des Balles kehrt wieder jeder in seinen blutsverwandschaftlichen Kreis zurück und lebt gewiß glücklich, aber nicht so, wie große Reichtümer zu leben auffordern sollten ... Jedenfalls könnte darin viel geändert werden, wenn ein Haus sich entschließen wollte, den Ton anzugeben und den Mut hätte, die verschiedenartigsten Elemente in sich zu vereinigen, dieselben Elemente, welche sich jetzt noch wechselseitig ausschließen.

W. Wagner

Aus: Beurmanns Telegraph, No. 1 und No. 2

Kordialität – Herzlichkeit / parlieren – sprechen (besonders französisch)

Der Frankfurter Felsenkeller

Jetzt haben wir endlich etwas, was in Frankfurt bisher unmöglich schien, eine bayerische Bierwalhalla, einen Hopfentempel mitten auf dem Mühlberge. Die schönste Aussicht, die Frankfurt hat, (sie liegt der sogenannten schönen Aussicht grad gegenüber), der Mühlberg, der einzige Ort, wo in Frankfurt guter Wein wächst, ist eine Bierniederlage, ein wahrer Au- und Volksgarten der sommerlichen Erquickung geworden. Terrassenförmig erheben sich Nischen und Lauben an dem Berge, tiefe Gruben in seinem Schoße sind zu kühlen Bierzisternen umgewandelt, ein einfaches Haus mit einem natürlichen Eingange durch die Tür und einem unnatürlichen, romantischen durchs Fenster bildet den Mittelpunkt der reizenden Anlage. Drüben schlängelt sich der Main, lacht die „schöne Aussicht", ragt in stolzer Majestät der alte Dom, dicht am Fuße rollen die Eilwägen über Offenbach nach Wien und Konstantinopel, und Wiesen und Gärten liegen weithin ausgebreitet mit ihren lachenden Salatbeeten, reifenden Kirschbäumen und weißen Erbsenblüten. Leider ist die Anlage noch neu und ermangelt des Schattens. Allein der bayerische Nektar hat kühlende Eigenschaften, er labt und lindert innerlich, sollte man auch äußerlich an der Sonne verschmachten. Auf der höchsten Terrasse ist es offenbar am reizendsten und frischsten, weil die dortigen Anlagen aus lauter hölzernen Verschlägen bestehen; allein man hat dort oben die Gallerie, das Amphitheater anbringen wollen und mein Freund, der mich begleitete, sagte: „Hier ist ja Krethi und Plethi versammelt". Allerdings hatte er recht; der scharfsinnige Erfinder des Felsenkellers kennt seine Frankfurter. Er hat die ganze Anlage in drei Terrassen eingeteilt, je nach den drei Ständen. Das Obehaus ist dem Charakter nach, dem bürgerlichen nämlich, eher das Unterhaus. Die bunteste Demokratie schlürft dort bayerisches Bier aus Normalgläsern mit Zinndeckeln. Es fehlte nichts, als daß der Rettich dort allgemein eingeführt würde, dieses notwendige Surrogat eines guten echt bayerischen Biergenusses. „Rettich", sagt' ich dem Wirt, „und frisches Schwarzbrot mit Salz, das ist unumgänglich, um dem Gerstensafte mit Muße zusprechen zu können". „Ach", klagte er, „mit den Frankfurter Bäckern ist nur nichts anzufangen; die backen, wenn der Ofen warm ist und nicht, wenn's einer gern haben möchte". – Die ganze Kunst des Biertrinkens oder eigentlich des Bierschenkens besteht darin zu bemerken, wo ein Deckel niedergeklappt ist. Wer das Glas offen stehenläßt, muß nach bayerischem Bier-Komment das zweite Glas wagen. In all diesen Sachen wünscht ich den Kellnerinnen mehr Gewandtheit. Doch grade weil es Frauenzimmer sind, so wird sie sich bald einfinden: mit ihr auch viel-

leicht eine idealische Tracht und, wenn's nur nicht zu teuer wäre, Münchner Riegelhäubchen aus Silber nebst Grazie dazu und vor allen Dingen – Schönheit. Wunderlich ist es, daß auf der Gallerie des Felsenkellers es doch ziemlich bunt herging und unten an der Pforte ein Wächter steht, der sich die Leute ansieht und nur, was anständig ist, einlassen darf. Man darf nämlich im Felsenkeller einen schlechten Rock tragen, muß aber kein Loch darin haben. Man darf auch zerrissene Hemdärmel haben, allein etwas Ganzes darüber. Dieser Sitten- und Anstandsmesser an der Tür ist, wie der Wirt meint, für Frankfurt durchaus nötig, denn er rechne freilich mehr darauf, daß Leute kommen, die nicht bloß trinken, sondern sich auch betrinken; jedoch wäre ihm der Besuch hoher Herrschaften nicht unerwünscht. In der Tat führt manche Karrosse vor und entladet sogar zarte Damen, die, wenn sie auch selber kein Bier trinken, doch wenigstens sehen wollen, wie es andern schmeckt. Das Bier ist auch wahrhaft klassisch. Es ist unverfälschter, echt bayerischer Gerstensaft und spiegelt auch im Glase die bayerischen Nationalfarben wieder, blau und weiß. Man trinkt es erst, um den Durst zu löschen, wird es aber bald so lockend finden, daß man es auch ohne Durst trinkt. Der bittere Beigeschmack hält, wie es grade sein muß, die Mitte zwischen Pech und Hopfen. Die Farbe ist dunkel und der Geschmack so kühl wie beim Champagner, der in Eis gestanden hat. So ist der Felsenkeller allerliebst und aller Welt, selbst der gebildeten und eleganten, zu empfehlen. Wahrhaft erhoben hat mich der Gedanke, daß um fünf Uhr nachmittags an einem Wochentage mehr als fünzig Menschen in Frankfurt so genial sind, Bier zu trinken und Rettich zu essen. Wie stolz und glücklich ist man, wenn man hinüberblickt nach Frankfurt und denkt: „Gott, da sitzen jetzt Tausende in den Komptoirs und schwitzen über die Handelskrisis bei zwanzig Grad Hitze Reaumur!" Fünfzig gemütliche Vagabunden und Felsenkellerschleicher um fünf Uhr nachmittags und an einem Wochentage ohnehin, täglich ein kleines „Wäldchen", ein kleines Lamboifest mit Bier und Rettich! Es gibt keine größre Freude, als geniale Menschen, wo möglich in Hemdsärmeln, zu sehen. Und es sind nicht bloß Schauspieler, Literaten und einige idealische Maler, die ihre Münchner Studien hier fortsetzen wollen, die man auf dem Felsenkeller sieht, sondern ich habe überall Hampelmann gesehen, der mit seiner Familie und mit Nerochen die Steintreppe heraufgekeucht kam und für fünfunddreißig Kreuzer einen Lärm verführte, als sollte der Felsenkeller umgegraben werden. Er war glücklich im Schoße der Seinigen und Kind und Kegel tranken Bier, bis ich fürchtete, sie würden umfallen. Also wer Frankfurter Volksstudien machen will und Durst hat bei der Hitze, der gehe auf den Felsenkeller!

Aus: Frankfurter Telegraph No. 45

Krethi und Plethi – gemischte Gesellschaft / Surrogat – Ersatzstoff / Komment – Brauch, Sitte / Komptoir – Büro

Straßenkampf in Frankfurt

Die Musketenschüsse knatterten fortwährend, und ein elegant geklei-
deter junger Mann trat zu uns auf der Zeil mit dem Bemerken, wir
möchten die Biegung der Straße nicht überschreiten, denn auch außerhalb der vermutlichen Richtung irrten gedankenlose Kugeln umher.
Zum Beweise zeigte er seine angerauchte Zigarre vor, welche ihm soeben durch eine solche Kugel aus dem Munde gerückt und verdorben
worden sei. Sie hatte, wie man zu sagen pflegt, zu viel Luft bekommen,
und der junge Mann war bei dieser heiteren Wendung doch ziemlich erregt. Man sah Verwundete vorübertragen, man sah Adjutanten sprengen, namentlich einen jungen, schlanken Österreicher, welcher wie zum
Tanze geputzt schien mit dem engen weißen Leibrocke, mit der
schwarzgoldenen Schärpe darüber, mit dem Federhute und mit weißen
Glacéhandschuhen in den Zügeln des Pferdes. Auch Boddien hoch zu
Rosse flog einmal vorüber die Zeil hinunter mitten ins Kugelfeuer hinein, und man hörte, daß er auf dieser Seite den Angriff leiten helfe. Man
rücke langsam vor, entweder weil man schonen wolle, oder weil man zu
wenig Truppen habe. (Von Darmstadt wurde Artillerie erwartet. Sie
kam am Spätnachmittag, griff aber wegen der vereinbarten Waffenruhe
nicht sofort ein.) Die Darmstädter Geschütze kamen an und fuhren auf
am Roßmarkte und an der Hauptwache; Darmstädter Truppen, aufge-
weckte, intelligent aussehende, fixe Leute, kamen aus einer anderen
Straße an und begrüßten ihre Geschütze mit brausendem Hurra. Die
Geschütze machten sich fertig, die Zeil hinunterzurasseln. Es entstand
eine ängstliche Pause, der Tag sank immer mehr. Alles harrte gespannt,
ob die Waffenruhe wirklich länger dauern und die Entscheidung knik-
ken solle. Die Artilleristen saßen zu Pferd vor und neben den Kanonen
und harrten ebenfalls, da hörte man auf einmal das Kommando „Vorwärts!" und weiterhin ebenfalls „Vorwärts!" und noch einmal „Vorwärts!" und in vollem Trabe ging's mit den Kanonen und mit der Bedek-
kung die Zeil hinab. Der Eindruck nach solcher Spannung war so groß,
daß die zahlreichen Zuschauer, allerdings wohl meist Feinde des Auf-
standes, in ein allgemeines Bravoschreien ausbrachen. Man hörte, daß
die Kanonen still hielten unten an der Zeil, man erwartete, ob der don-
nernde Schuß folgen werden. Gleichzeitig glaubte man auch weit drüben südlich, etwa nach der alten Brücke zu, neues Musketenfeuer zu hören. „Das sind die Darmstädter Schützen", rief unser von der Eschenheimer Gasse zurückkehrender Kundschafter, „sie arbeiten sich mit bewun-
dernswerter Bravour und Geschicklichkeit durch die Barrikaden der
Fahrgasse herauf, um den Unsrigen die Hand zu bieten!" – „Also die

Waffenruhe ist aus?" – „Aus!" Die Linken drohten mit Himmel und Hölle, wenn neues Bürgerblut vergossen werde und schoben Schmerling die ganze Verantwortung zu; „ich werd's verantworten", erwiderte er trocken österreichisch hinter dem Tische vor ...

Da donnerte der erste Schuß des hessischen Geschützes ...

Es war die wunderlichste Lage einer Revolutionsschlacht, die man sich denken kann. Die Aufständischen fochten gegen Behörden, welche eben erst aus allgemeinem Stimmrecht der Nation hervorgegangen waren; es fehlte ihnen also ganz und gar der Schimmer und Duft eines gekränkten, zur Gewaltsamkeit gezwungenen Rechtsgefühls. Die Angegriffenen aber verteidigten sich mit Truppen, deren ursprüngliche Befehlshaber kurz vorher noch Widersacher der jetzt Angegriffenen waren, und – wahrscheinlich in kurzem wieder sein würden.

Heinrich Laube, Das erste deutsche Parlament. II.

Die Nationalversammlung in der Frankfurter Paulskirche

Der Struwwelpeter

„Habent sua fata libelli!" „Bücher haben ihre Schicksale!" – und dies gilt in vollem Maße von dem kleinen bunten Hefte.

In den Jahren 1840 bis 1843 hatte ich sehr viel der poetischen Produktion gefrönt, und wenn auch meine Sachen nur einen bescheidenen Erfolg hatten, so muß ich doch gestehen, daß dies die glücklichsten Jahre meines Lebens waren. Ich hatte von je ein schlechtes Gedächtnis und kann noch nicht und konnte niemals nur vier Zeilen des von mir geschriebenen im Gedächtnis behalten. Wenn ich nun ein Lied oder eine Ballade geschrieben hatte, so steckte ich das Blatt in die Westentasche, ging hinaus vor die Stadt, las und besserte mein Opus und hatte meine reine Herzensfreude dran. Nun ließ ich im Jahre 1842 die Gedichte drucken und bei Sauerländer hier erscheinen. Ein paar gute Kritiken wohlwollender Freunde und ein sehr geringfügiger Absatz waren die Folge. Von Honorar konnte natürlich gar keine Rede sein. Ich aber pfiff und sang, skandierte und reimte fröhlich darauf los und war guter Dinge.

Im Winter nun versuche ich mich mit einem etwas größeren Wurfe. Ich war nie ein Freund der systematischen Philosophie; Schelling hatte uns die Naturphilosophie gebracht, und als ich nun Hegels Naturphilosophie in die Hände bekam, da standen mir förmlich die Haare zu Berg; ich wollte dem Unsinn in aristophanischer Schärfe zuleibe gehen und schrieb: „Die Mondzügler". Ich habe mir alle Mühe gegeben und mit viel Liebe daran gefeilt. Es ward hie und da gelobt, aber die Form ist keine für einen größeren Leserkreis. Ich mußte, da ich ein Halbpartgeschäft mit dem Verleger gemacht hatte, schließlich etwa 80 Gulden Druckkosten zahlen. –

Der Erfolg kommt immer da, wo wir ihn am wenigsten erwartet hatten. –

Wir hatten im Jahr 1843 die Wohnung an der Brücke verlassen und waren in das neuerbaute Haus des Ratsmitgliedes Herrn Ohlenschlager in der Nähe am neuen Mainkai gezogen. Anfangs bewohnten wir den ersten und dritten Stock des Hauses, später den zweiten und dritten Stock; es waren im ganzen sieben Stuben und Küche. Am 11. Dezember des Jahres 1844 nun schenkte mir meine Frau das zweite Kind, unsere Tochter Lina. Um diese Zeit wollte ich unserem Sohne Karl die Weihnachtsbescherung vorbereiten und suchte in den Buchläden nach einem Bilderbuch, wie es für einen solchen kleinen Weltbürger sich schicken mochte; aber alles, was ich da zu sehen bekam, sagte mir wenig zu. Endlich kam ich heim und brachte ein Heft mit, welches ich meiner Frau mit den Worten überreichte: „Hier habe ich, was wir brauchen." Verwundert öffnete sie die Blätter und sagte: „Das ist ja ein leeres Schreibheft!", worauf sie die Antwort erhielt: „Jawohl, aber da will ich dem Jungen schon selbst ein Bilderbuch herstellen!"

Ich hatte in den Buchläden allerlei Zeug gesehen, trefflich gezeichnet, glänzend bemalt, Märchen, Geschichten, Indianer- und Räuberszenen; als ich nun gar einen Folioband entdeckte mit den Abbildungen von Pferden, Hunden, Vögeln, von Tischen, Bänken, Töpfen und Kesseln, alle mit der Bemerkung „⅓, ⅛, ⅒ der Lebensgröße", da hatte ich genug. Was soll damit ein Kind, dem man einen Tisch und einen Stuhl abbildet? Was es in dem Buche sieht, das ist ihm ein Stuhl und ein Tisch, größer oder kleiner, es ist ihm nun einmal ein Tisch, ob es daran oder darauf sitzen kann oder nicht, und von Original oder Kopie ist nicht die Rede, von größer oder kleiner vollends gar nicht.

Das Kind lernt einfach nur durch das Auge, und nur das, was es sieht, begreift es. Mit moralischen Vorschriften zumal weiß es gar nichts anzufangen. Die Mahnung: sei reinlich! sei vorsichtig mit dem Feuerzeug und laß es liegen! sei folgsam! – das alles sind leere Worte für das Kind. Aber das Abbild des Schmutzfinken, des brennenden Kleides, des verunglückenden Unvorsichtigen, das Anschauen allein erklärt sich selbst und belehrt. Nicht umsonst sagt das Sprichwort: „Gebrannter Finger scheut das Feuer."

Ich machte mich nun in freien Stunden ohne viel Vorbereitungen ans Werk, hatte aber leider nicht bedacht, daß die Arbeit viel Zeit und Mühe erforderte, und mehrmals verwünschte ich es, die Geschichte angefangen zu haben. Ich hatte zu den Versen und den Zeichnungen dieselbe Feder und dieselbe gewöhnliche Tinte benutzt; als ich nun an das Kolorieren ging, flossen die Konturen in die Farben. Nun, was tat es! Es mußte fortgefahren werden! Damals hielt ich fest an dem Grundsatz: Begonnenes muß fertiggemacht werden! Ich hatte schon öfters im Leben unangenehme Folgen des Gegenteils an mir selbst erlebt. Die Bilder zeichnete ich leicht in flüchtiger Weise, und die kindlichen Verse fügten sich folgsam in kecken Reimen einer an den anderen, und so ward das Ganze fertig.

So ganz aus der Luft gegriffen war übrigens die Geschichte doch nicht, ein und das andere war doch auf praktischem Boden aufgewachsen, so namentlich der Hauptheld. Als Arzt bin ich oft einem störenden Hindernis bei der Behandlung kranker kleiner Kinder begegnet. Der Doktor und der Schornsteinfeger sind bei Müttern und Pflegerinnen zwei Popanze, um unfolgsame Sprößlinge zu schrecken und zu bändigen. „Wenn du zu viel issest, kommt der Doktor und gibt dir bittere

Arznei oder setzt dir Blutegel an!" Oder: „Wenn du unartig bist, so kommt der schwarze Schlotfeger und nimmt dich mit!" Was folgt dann? Sowie der Doktor an das Bett des kleinen Patienten tritt, weint, brüllt, schreit dieser mörderlich. Wie soll man da die Temperatur prüfen, wie den Puls fühlen, wie den Leib bestasten! Stundenlang dasitzen und abwarten, bis der Tumult sich gelegt hat und der Ermüdung gewichen ist, kann man auch nicht!

Da nahm ich rasch das Notizbuch aus der Tasche, ein Blatt wird herausgerissen, ein kleiner Bube mit dem Bleistift schnell hingezeichnet und nun erzählt, wie sich der Schlingel nicht die Haare, nicht die Nägel schneiden läßt; die Haare wachsen, die Nägel werden länger, aber immer läßt er sich dieselben nicht schneiden, und immer länger zeichne ich Haare und Nägel, bis zuletzt von der ganzen Figur nichts mehr zu sehen ist als Haarsträhne und Nägelklauen. Das frappiert den kleinen Desperaten derart, daß er schweigt, hinschaut, und mittlerweile weiß ich, wie es mit dem Pulse steht, wie seine Temperatur sich verhält, ob der Leib oder die Atmung schmerzhaft ist – und der Zweck ist erreicht.

Als das Buch fertig war bis auf das letzte Blatt, da war auch mein Bilderschatz zu Ende. Was sollte ich nun auf dies letzte leere Blatt bringen? Ei nun, da setzen wir den Struwwelpeter hin! So geschah es, und deshalb stand dieser Bursche in der ersten Auflage des Buches auf der letzten Seite. Aber die Kinderwelt traf das Rechte und forderte das Buch einfach: „Ich will den Struwwelpeter!" Nun rückte das Blatt auf den Ehrenplatz vorn, und der frühere Titel machte dem jetzigen Platz. Also hieß es auch hier: „Die Letzten sollen die Ersten werden!"

Das Originalexemplar kam auf den Weihnachtstisch, mein Söhnchen hatte seine helle Freude daran. Nach einigen Tagen fand die Taufe des Mädchens statt, und da bekamen auch die eingeladenen Familienglieder des Vaters Wunderwerk zu sehen. Nun hieß es hier: „Das mußt du drucken lassen; das darf der Junge nicht, wie zu erwarten ist, in ein paar Tagen zerreißen!"

Ich aber lachte und frug, ob man denn von mir erwarten könne, daß ich ein Kinderbilderbuchfabrikant werde. Ähnliche Anforderungen kamen noch in den nächsten Tagen.

Nun blühte damals gerade die von mir und meinem Freund, dem Musiker Schnyder von Wartensee gegründete Gesellschaft der „Tutti Frutti mit ihren Bädern im Ganges". Hier zeigte ich meine Kinderei vor – derselbe Beifall. Unter den Versammelten war auch der Buchhändler Dr. Löning, der mit seinem Freunde J. Rütten erst vor kurzem eine Buchhandlung unter der Firma „Literarische Anstalt" gegründet hatte. Löning sagte sogleich, ich solle ihm das Buch geben, er wolle es drucken lassen. Nun, in heiterer Weinlaune vergaß ich die frühere Weigerung und erwiderte scherzend: „Meinetwegen! Geben Sie mir 80 Gulden und versuchen Sie Ihr Glück!" Das war gerade der Betrag, den ich meinem Verleger noch für die „Mondzügler" schuldig war. Ich war froh, diese Schuld tilgen zu können. – Löning nahm das Heft, und so war ich nachts elf Uhr, fast ohne recht zu wissen, was ich getan hatte, mit einem Male ein Jugendliterat geworden! Meinen kleinen Sohn daheim tröstete ich dann mit der Aussicht, daß er bald durch zwei neue Bücher, viel schönere als das weggegebene, entschädigt werden sollte.

Nun aber kam die Ausführung. Meine Freunde, die Verleger, waren in solchen Dingen eben noch nicht sehr erfahren. Die Bilder wurden lithographiert; ich mußte aber den Zeichner täglich überwachen, daß er meine Dilettantengestalten nicht etwa künstlerisch verbesserte und in das Ideale hineingeriet, er mußte Strich für Strich genau kopieren, und ich revidierte jede Steinplatte. Dann gab ich den Herrn noch einige praktische Ratschläge. Kinderbücher, sagte ich, müssen solid aussehen aber nicht sein, sie sind nicht allein zum Betrachten und Lesen, sondern auch zum Zerreißen bestimmt. Das ist kindlicher Entwicklungsgang und darin liegt ein Vorteil solcher Fabrikation, die Kinderbücher vererben sich nicht, sondern sie müssen neu angeschafft werden; dies zu fördern, gehören starke Pappdecken und schwache Rücken. Und dann muß das Buch billig sein, mehr als 59 Kreuzer darf es nicht kosten, dann heißt es: „Das kostet ja nicht einmal einen Gulden!" Kostet es aber 60 Kreuzer, so sagt man: „Das Ding ist zu teuer; es kostet ja einen Gulden!" Alles dies wurde beachtet und befolgt, und der Struwwelpeter betrat die Bühne der jugendlichen Welt. Es waren 1 500 Exemplare hergestellt worden.

Nach etwa vier Wochen kam Löning zu mir mit der Mitteilung, daß wir einen glücklichen Gedanken gehabt hätten, die Exemplare seien alle fort, sie seien verschwunden wie ein Tropfen Wasser auf einem heißen Stein. Nun machten wir einen förmlichen Vertrag; ich war in meinen Ansprüchen bescheiden, um den Preis des Büchleins nicht zu erhöhen. Niemand war, das kann ich ehrlich versichern, über das blitzähnliche Einschlagen der bunten Geschichten mehr überrascht als ich; das hätte ich mir im Traum nicht eingebildet. Später hat man auch sogenannte „unzerreißbare" Exemplare gefertigt; sie mögen wohl recht wetterhart sein, ich bezweifle aber, daß sie je die Dauer ägyptischer Papyrusrollen erreichen werden, denn Kinderbücher gehen ja „reißend" ab. Der Absatz wuchs mit jedem Jahre und steht jetzt nach 47 Jahren auf einem jährlichen Verbrauch von etwa 30 000 Exemplaren der fünf Bilderbücher zusammen. Ja, ich kann mir mit Befriedigung sagen, der Schlingel hat sich die Welt erobert, ganz friedlich, ohne Blutvergießen, und die

bösen Buben sind weiter auf der Erde herumgekommen als ich; in ganz
Europa sind sie heimisch geworden, ich habe gehört, daß man ihnen in
Nord- und Südamerika, am Kap der guten Hoffnung, in Indien und Au-
stralien begegnet ist. Sie haben allerlei Sprachen gelernt, die ich selbst
nicht verstehe, denn ich habe eine russische, schwedische, dänische, englische, holländische, französische, italienische, spanische und portugiesi-
sche Übersetzung in Händen; daß man sie in Nordamerika lustig nach-
druckt, ist ganz selbstverständlich.

Dr. Heinrich Hoffmann

Opus – Werk / skandieren – taktmäßig nach Versen lesen / Aristophanes – Lustspieldich-
ter / frappieren – überraschen / Desperater – Verzeifelter / revidieren – prüfen

Das Flüchtlingslied

Wenn die Fürsten fragen:
Was macht Absalon?,
Könnt ihr ihnen sagen:
Ei, der hänget schon.
Doch an keinem Baume
Und an keinem Strick,
Sondern an dem Traume
Einer Republik.

Wollen sie gar wissen,
Wie's dem Flüchtling geht,
Sprecht: Er ist zerrissen
Wo ihr ihn beseht.
Gebt nur eure großen
Purpurmäntel her,
Das gibt gute Hosen
Für das Freiheitsheer.

Fragen sie gerühret:
Will er Amnestie?
Sprecht, wie sich's gebühret:
Er hat steife Knie;
Ihm blieb nichts auf Erden
Als Verzweiflungsstreich'
Und Soldat zu werden
Für ein freies Reich.

Wilhelm Sauerwein

Ist es für Frankfurt notwendig,
Eisenbahnen anzulegen?

Eisenbahnen gewähren den Gegenden, zwischen welchen sie bestehen, neben der größtmöglichsten Erleichterung des persönlichen Verkehrs den überwiegenden Vorteil, ihre Produkte und Handelsgüter so schnell gegeneinander austauschen zu können, daß, um ein Bedürfnis zu befriedigen, es hinsichtlich der Zeit kaum einen Unterschied macht, ob die dazu geeigneten Gegenstände an diesem oder jenem Orte ihres Bereichs vorhanden sind. Es ist somit einleuchtend, daß Eisenbahnverbindungen zwischen Ländern, deren jedes einen anderen, ihm eigentümlichen Überfluß an Kunst- oder Bodenerzeugnissen hat, für den Handel den ersprießlichsten Nutzen haben und die Anschaffung von Utensilien oder Lebensbequemlichkeiten unendlich erleichtern.

Für Frankfurt hingegen, das auf seinem kleinen Gebiete beinahe nichts im Überfluß produziert und rein vom Zwischenhandel mit Erzeugnissen anderer Länder lebt, ist dies etwas ganz anderes.

Eisenbahnverbindungen, die es anknüpft, schaffen für die Folge nur denen seiner Bürger einen wesentlichen Nutzen, die bloß als Konsumenten erscheinen; der Seele seines Staatslebens, dem Handelsstande, bringen sie Nachteil, sobald sie sich auf die Gegenden erstrecken, deren Produkte oder Warenvorräte als Artikel seines Handels gegeneinander auszutauschen, bisher sein Geschäft und seine Nahrungsquelle war.

Wenn man einmal heute in Paris und morgen in Wien sein kann, wird man weder in Paris noch in Wien den Frankfurter Kaufmann mehr als Zwischenhändler gebrauchen wollen. Unser Großhandel würde infolgedessen notwendig eine bedeutende Reduktion erleiden, für die wir uns mit dem begnügen müssen, was uns die Eisenbahnen im Detailverkehr mit der Umgegend dann mehr bieten, indem die reich sortierten hiesigen Warenlager die Bewohner benachbarter Städte wohl veranlassen dürften, ihren persönlichen Bedarf lieber hier als zu Hause zu kaufen, weil sie mittels der Eisenbahn fast ebenso schnell zu einem Kaufmann in Frankfurt als zu Fuß zu einem Detaillisten ihres Orts gelangen können.

Nichtsdestoweniger möchte es sehr ratsam sein, den Eifer, mit dem man sich jetzt überall in Deutschland bemüht, Eisenbahnen anzulegen, wohl ins Auge zu fassen und zu berücksichtigen, daß, da die Eisenbahnverbindungen nun einmal doch ins Leben treten, Frankfurt zur Erhaltung seines Handels, und um sich ferner die Vorteile seines Reichtums und seiner geographischen Lage zu sichern, notwendig daran denken muß, sich in die Zeit zu schicken und durch zeitige Anlegung von Eisenbahnen zu verhindern, daß man uns nicht statt eines halben Eis wohl gar eine leere Schale hinwirft.

In Rücksicht dessen war es sehr erfreulich, in diesen Blättern zu vernehmen, daß bereits am 20. Januar d. J. mehrere hiesige Bankiers bei hohem Senate mit der Anzeige, daß sie mittels Aktienverteilung die Anlegung einer Eisenbahn nach Mainz beabsichtigen, die Bitte gestellt haben, hochderselbe wolle, um die Ausführung ihres Vorhabens möglich zu machen, für ein Expropriationsgesetz zu sorgen geruhen.

Was hoher Senat auf diese Eingabe erwiderte, ist bis jetzt nicht bekannt, doch hört man, daß kürzlich diese höchste Staatsbehörde auf eine andere Vorstellung, welche am 27. Februar von einer Anzahl sehr achtbarer Männer verschiedenen Standes zu gleichem Zweck bei hochderselben eingereicht wurde, unterm 22. März dekretiert hat: daß man nach Erledigung der Vorarbeiten ihre Anträge einer genauen Prüfung unterwerfen und nächstens einen Vortrag an die gesetzgebende Versammlung wegen eines Expropriationsgesetzes gelangen lassen werde.

Und so steht denn zu erwarten, daß es mit Anlegung der Eisenbahn nach Mainz bald Ernst werde, und daß namentlich die Unterzeichner der letztbesagten Vorstellung nicht länger säumen, etwas Werktätiges von sich hören zu lassen.

Sie haben sich die Eisenbahn, auf der man fährt, nicht Aktienspiel, von dem man zährt – zum Wahlspruch genommen. Ihr Streben ist ebenfalls kein egoistisches; es bezweckt den Nutzen aller, das Wohl der Vaterstadt. Aber warum sind sie so langsam!? Warum hört man nicht, daß sie die Kosten berechnen lassen und wenigstens mit denjenigen Vorarbeiten beginnen, bei welchen sie die Mitwirkung der Staatsbehörden erst später bedürfen?

In Nassau, Baden und Darmstadt ist man bereis am Nivellieren, und hier stehen die Meßinstrumente noch ruhig im Winkel!

Ist vielleicht im Stillen schon etwas geschehen, oder woran liegt's, daß man von wirklichen Vorarbeiten noch gar nichts vernommen hat?

Möge man doch nicht außer acht lassen, daß Unternehmungen, die wahrhaft gemeinnützig werden sollen, auch öffentlich sein müssen! –

Aus: Frankfurter Jahrbücher, Band VII

Reduktion – Verringerung / Detaillist – Einzelhändler / Expropriationsgesetz – Enteignungsgesetz / dekretieren – anordnen / Nivellieren – Höhenunterschiede bestimmen

Auf des Maines Eisdecke

Am 26. Januar 1854

Das Land liegt rings so silberweiß,
Der stolze Strom erstarrt zu Eis,
Und keine Schiffe seh' ich fliegen
Und sich auf seinen Wellen wiegen;
Dafür auf der gebannten Flut
Webt es und tobt's voll Übermut,
Da eilet, rennt die frohe Menge,
In reicher Lust, ein bunt Gedränge.

Der Läufer pfeilschnell fliegt die Bahn,
Im Bogen er durcheilt den Plan,
Die Zigarr dampfend in dem Munde,
Nach hübschen Mägdlein macht die Runde,
Bis er die Schönste sich erkührt
Und sie in rascher Fahrt entführt,
Ob seinem seltenen Geschicke
Belohnt mit einem süßen Blicke.

Und heiter auf das Tun der Welt
Lacht selbst die Sonn' am Himmelszelt.
O, Luft, mit Scherz und Seligkeiten,
Bei solchen Winterfröhlichkeiten!
Die Großen wie die Kleinen all'
Belebt solch selt'ner, toller Schwall;
Denn Bacchus gar, der holde Knabe,
Beut seine flüssig-goldne Labe.

Von morgens früh bis abends spat,
Bis daß das Heer der Sterne naht,
Treibt's so den Main hinauf, hinunter,
In Purzelbäumen auch mitunter.
Zum Sklav' ward die gebannte Flut,
Und so, voll heitrem Übermut,
Besingen Frankfurts frohe Kinder
In lustgem Reigen gar – den Winter!

Georg Listmann

Vom Eschenheimer Turm

Zu Frankfurt steht noch gar ein alter Turm von der ehemaligen Stadtmauer. Einst hatten die Frankfurter einen Wilddieb gefangen, des Name
war Hänsel Winkelsee, und der saß schon neun Tage im finstern Loch,
ehe Spruch und Urteil über ihn erging, und hörte allnächtlich die Wetterfahne kreischen hoch oben im Eschenheimer Turme, und sprach:
„Wär ich frei und dürft' ich schießen nach meinem Wohlgefallen, so
schöß' ich dir, du lausige Fahn', so viel Löcher durchs Blech, als Näch'
ich hier gesessen hab." Diese Rede hörte der Kerkermeister und trug sie
vor den Stadtschultheißen der freien Stadt, und dieser sagte: „Dem Kerl
gehört keine Gnad' als der lichte Galgen; wenn er aber so ein gar guter
Schütz sein will, so wollen wir ihn sein Glück probieren lassen." – Und
da ward dem Winkelsee seine Büchse gegeben, und gesagt, nun solle er
tun, wes er sich vermessen; wenn er das könne, solle er frei von dannen
gehen, wenn aber auch nur eine Kugel fehlgehe, so müsse er baumeln.
Da hat der Wildschütz seine Büchse genommen und hat sie besprochen
mit guten Waidmannssprüchlein und hat angelegt, nach der Fahne ge-
zielt und losgedrückt. Da saß ein Löchlein im Blech, und alles hat ge-
lacht und bravo gerufen. Und nun noch achtmal so und jede Kugel an
die richtige Stelle, und mit dem neunten Schuß war der Neuner fertig,
der heute noch in der Fahne auf dem Eschenheimer Turm zu sehen ist.
Der Stadtrat aber dachte bei sich: „O weh, unsere armen Hirsche und
sonstiges Wild, wenn dieser Scharfschütze und Gaudieb wieder hinaus
in die Wälder kommt", – und beriet sich, und der Stadtschultheiß sagte:
„Höre Hänsel, daß du gut schießen kannst, haben wir schon lange an
gemeiner Stadt Wildstand verspürt und jetzt auch deine Kunst mit Augen gesehen. Bleibe bei uns, du sollst Schützenhauptmann bei unserer
Bürgerwehr werden." – Aber der Hänsel sprach: „Mit Gunst werte Herren, ins Blech hab' ich geschossen und schieß euch auch auf euern
Schützenhauptmann. Eure Dachfahnen trillen mir zu sehr und euer
Hahn kräht mir zu wenig. Mich seht ihr nimmer und mich fangt ihr nimmer! Dank für die Herberge!" – Und nahm seine Büchse und ging trut-
ziglich von dannen.

Mit dem Hahn hatte der Hänsel aber nur einen Spott ausgeredet, er
meinte das Frankfurter Wahrzeichen, den übergüldeten Hahn mitten
auf der Sachsenhäuser Brücke, die der Teufel hatte fertig bauen helfen.
Denn als sie der Baumeister nicht fertigbrachte, rief er den Teufel zu
Hilfe und versprach ihm die erste Seele, die darüber laufen werde, und
jagte dann in der Frühe zu allererst einen Hahn über die Brücke. Da ergrimmte der Teufel, zerriß den Hahn und warf ihn durch die Brücke

mitten hindurch; davon wurden zwei Löcher, die können bis heute nicht zugebaut und zugemauert werden, und fällt bei Nacht alles am Tag Gemauerte wieder ein. Auf der Brücke aber wurde der Hahn zum ewigen Wahrzeichen aufgestellt.

Aus: Ludwig Bechstein, Deutsche Sagen

Alter Wein

Ein edler Wein wird nicht erst gut im Alter,
Er ist's schon in der Jugend, schmeckt er auch
Noch herb; der Wein, im Alter reich bezahlt,
War einst im Keller doch kein schlecht'rer Wein;
Doch muß man selber mit dem jungen altern;
Das fühlt ihr Alten nicht beim jungen Wein:
Ihr denkt, der alte, der euch jetzt erquickt,
War niemals jung; ihr wuchst mit dem doch auf,
Was scheltet ihr den armen jungen Wein?
Ihr Jungen aber, wenn der junge Wein,
Euch herb dünkt, schüttet nur getrost ihn aus,
Und zuckert, wenn ihr Süßes wollt – das Wasser.

Eduard Duller

Uhrenmangel in Sachsenhausen

Da nun ganz Sachsenhausen nur eine Uhr auf der Dreikönigskirche besitzt, welche man jedoch im obern Teil Sachsenhausens weder bei Tag noch bei Nacht schlagen hört, während ehemals vor der Schleifung der Festungswerke sich am Affentor eine Uhr befand, welche aber bis jetzt nicht durch eine andere ersetzt wurde, so wäre sehr zu wünschen, daß hohe Obrigkeit auch diesem Übel abhelfen möge, indem durch Errichtung einer Uhr an jenem Tore den Beamten und der Wache daselbst wie auch den Bewohnern des 13. Stadtquartiers, welche meistens Weingärtner sind und den ganzen Tag in ihren Gütern vor dem Affentor arbeiten, ohne eine Uhr schlagen zu hören, etwas sehr Notwendiges und Nützliches geschaffen würde.

Aus: Frankfurter Jahrbücher, Band XI

Ein Tag in Frankfurt

Endlich brach der zwanzigste Tag und mit lachendem Sonnenschein an. Es war ein Sonntag. Ein leichter Frost hatte die Chausseegräben mit dünnen Eisdecken überzogen. Die Sträucher und Zweige zahlloser Obstbäume schimmerten in der Sonne vom Reif, der sie bezog. In Frankfurt merkte man kaum, daß der Winter schon erschienen war. Die Kirchen entleerten sich grade, während ich meiner Kasse zutraute, die für mich klassische Stätte des „Weißen Schwanen" für einen Tag als Wohnung zu wählen. Mußte es doch am folgenden Tage weitergehen, und wie lockten nicht die Namen: die Bergstraße und Heidelberg! Sauber gekehrt und sogar hier und dort mit Sand bestreut waren Frankfurts damals noch durch geschlossene Tore eingefriedigten Gassen. Die Kirchen hatten sich durch quer über die Nachbarstraßen gezogene Ketten Ruhe verschafft. An der ominösen Konstablerwache auf der Zeil gab es schon jene Fensterblenden von Gefängnissen, die zwei Jahre später erstürmt werden sollten. Die Volkshaufen, die jedoch in friedlicher Absicht zugegen waren und vor dem ungeschickt gelegenen Gefängnis auf- und niederzogen, gehörten den umliegenden Dörfern an und waren Eingepfarrte der Stadt, die sonntags zur Kirche kamen. Zum Besichtigen der Stadt, zum Aussuchen etwa der Stelle, wo sich in Goethes „Märchen" die Stadtmauer zum Durchlaß des „Götterknaben" geöffnet hatte – (solchen Bildern der Erinnerung jagte ich sofort nach) –, war meine Zeit zu gemessen. Doch umschritt ich die Stadt, betrachtete mir das damals für Besuch verschlossene Goethehaus und erfreute mich den Abend am „Politischen Zinngießer" im Theater. Im Rahmhof nahm die Thurn- und-Taxische Post die Passagiere nach Stuttgart nummernweise auf. Mir fiel ein Coupéplatz zu. So konnte ich desto besser jene Berstraße überblicken, von welcher Kaiser Joseph gesagt haben soll: „Hier bin ich ja in Italien!"

Karl Gutzkow

Berühmter Spruch

Es is kää Stadt uff der weite Welt,
Die so merr wie mei Frankfort gefällt,
Un es will merr net in mein Kopp enei:
Wie kann nor e Mensch net von Frankfort sei!

Friedrich Stoltze

609

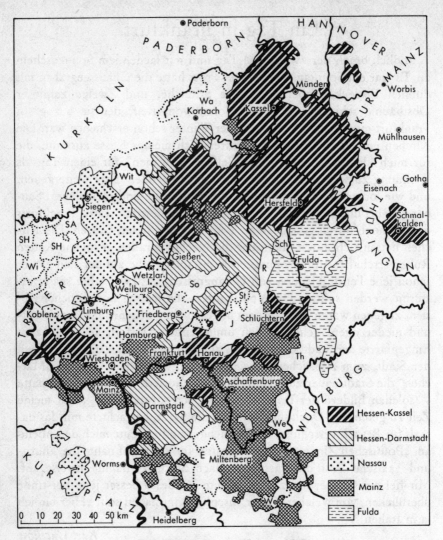

Die Territorien in Hessen 1789

E	= Erbach	St	= Stolberg
I	= Isenburg	Th	= Thüngen
R	= Riedesel	Wa	= Waldeck
SA	= Sayn-Altenkirchen	We	= Wertheim
SH	= Sayn-Hachenburg	Wi	= Wied
Sch	= Schlitz	Wit	= Wittgenstein
So	= Solms		

Einige Daten zur Geschichte

I. Die hessischen Länder

1263	einigen sich nach langjährigen Kämpfen der Markgraf Heinrich von Meißen und Sophia, die Tochter des Landgrafen Ludwigs des Frommen von Thüringen, über das Erbe von deren Onkel, Heinrich Raspe, der sowohl in Thüringen wie in Hessen als oberster Landesherr anerkannt war: Sophia erhält Hessen und vererbt es auf ihren Sohn Heinrich das Kind, der als Landgraf und Reichsfürst bestätigt wird und in Kassel seinen Sitz nimmt.
1328 – 77	herrscht Heinrich II. (der Eiserne), des ersten Heinrich Enkel; er erwirbt Treffurt, einen Teil der Herrschaft Itter, die Hälfte von Schmalkalden u. a. Sein Neffe Hermann der Gelehrte,
1377 – 1413,	kauf die Herrschaft Wolkersdorf und die halbe Grafschaft Lisberg und kann sich auch die Schutzgerechtigkeit über die Abtei Hersfeld verschaffen. Sein jüngster Sohn Ludwig I. (der Friedsame) folgt ihm
1413 – 1458,	erwirbt Ziegenhain und Nidda, die Vogtei über Corvey und die Lehnsherrschaft über Waldeck.
1450 – 1500	besteht Landesteilung zwischen seinen Nachkommen: Ludwig II. (der Freimütige, 1488 – 71) erhält Niederhessen mit Kassel, Heinrich III. (der Reiche, 1458 – 83) Oberhessen mit Marburg und später Ziegenhain. Beim Tod Ludwigs wird Heinrich – der die Grafschaft Katzenelnbogen erheiratet – Vormund über dessen Söhne, die – wie sein eigener Sohn! – beide Wilhelm heißen. Ludwigs jüngerer Sohn, Wilhelm II. oder der Mittlere genannt, vereinigt von 1500 an wieder alle Teilgebiete in seiner Hand und vererbt sie
1509	an Philipp I. (den Großmütigen), der wiederum bei seinem Tode
1567	das Land unter seine vier Söhne teilt; da aber
1583/1604	zwei davon ohne Erben sterben, verbleiben die nun im folgenden gesondert geführten Länder Hessen-Kassel (das spätere Kurfürstentum) und Hessen-Darmstadt (das spätere Großherzogtum).

611

1567–1592	herrscht als erster Landgraf Wilhelm IV. (der Weise), dem zunächst sein Vater die Hälfte seines Landes vererbt hatte und der neben einem Teil von Rheinfels Hoya, Plesse und Henneberg erwirbt. Ihm folgt sein Sohn Moritz, der sich der reformierten Lehre zuwendet,
1604	den Landesteil Marburg erbt, aber (zermürbt durch die langen Streitigkeiten darum mit Hessen-Darmstadt)
1627	die Regierung seinem Sohn Wilhelm V. überläßt. Dieser legt
1628	das Erstgeburtsrecht fest, kämpft im Dreißigjährigen Kriege auf Schwedens Seite und stirbt, fünf Jahre nach seinem Vater, 1637 in der Acht. (Sein Bruder Hermann begründet die Linie Hessen-Rotenburg, der jüngste Bruder die Linie Hessen-Rheinfels). Sein Sohn und Nachfolger Wilhelm VI.,
1637–1663,	steht zunächst bis 1650 unter Vormundschaft seiner Mutter Amalie Elisabeth, die für die Schäden des Dreißigjährigen Krieges entschädigt wird durch den größeren Teil der Grafschaft Schaumburg und das zum Fürstentum erhobene Gebiet der Abtei Hersfeld und auch den Marburger Erbfolgestreit endlich erfolgreich beenden kann.
1670	folgt auf Wilhelms VI. Sohn Wilhelm VII., der noch minderjährig stirbt, sein Bruder Karl, wiederum unter Vormundschaft seiner Mutter Hedwig Sophie; ein dritter Bruder, Philipp, stiftet die Linie Hessen-Philippsthal.
1675	übernimmt Karl selbst die Regierung; sein Sohn Friedrich vermählt sich 1715 mit Ulrika Eleonora, der jüngsten Schwester und Nachfolgerin des Schwedenkönigs Karl XII. und kommt 1720 selbst auf den schwedischen Thron. Er wird beim Tode seines Vaters
1730	zugleich Landgraf von Hessen, bestimmt aber seinen Bruder Wilhelm (VIII.) zum Statthalter, der
1736	die Grafschaft Hanau-Münzenberg erwirbt und
1751	als Landgraf seinem Bruder folgt. Schon er kämpft im Siebenjährigen Krieg als britischer Bundesgenosse; noch stärker engagiert sich sein zum Katholizismus übergetretener Sohn Friedrich II.,
1760–1785,	der für Zahlungen von über 21 Millionen Taler in den Jahren 1776–1784 12.000 Mann in englischem Sold in Nordamerika kämpfen läßt.

1785–1821	herrscht sein Sohn Wilhelm IX., seit 1760 Graf und dann Fürst von Hanau.
1803	wird er Kurfürst (Wilhelm I.) und erhält im Reichsdeputationshauptschluß verschiedene vormals Mainzer Ämter und Städte.
1806	besetzt jedoch Napoleon sein Gebiet und schlägt es im Frieden von Tilsit zu dem für seinen Bruder Jérôme geschaffenen Königreich Westfalen.
1815	auf dem Wiener Kongreß kämpft Wilhelm vergeblich um den Königstitel und behält den (bedeutungslos gewordenen) eines Kurfürsten bei; er erhält jedoch u. a. einen Teil der isenburgischen Besitzungen und den größten Teil des Fürstentums Fulda, nach welchem er sich auch „Großherzog von Fulda" nennt.
1821–1847	folgt ihm sein Sohn Wilhelm II., der 1831 seinen Wohnsitz nach Hanau verlegt und den Kurprinzen Friedrich Wilhelm zum Mitregenten erhebt. In erster Ehe verheiratet mit Auguste, der Tochter König Friedrich Wilhelms II. von Preußen, vermählt er sich nach deren Tod 1841 mit seiner Geliebten Emilie Ortlöpp, die er – was zu viel bösem Blut geführt hatte – schon 1830 zur Gräfin von Reichenbach-Lessowitz erhoben hatte, und
1843	nochmals mit Karoline, Baronin von Bergen.
1847	stirbt er, und der bisherige Mitregent wird Kurfürst Friedrich Wilhelm I.
1848	ist die Revolution nur der Beginn jahrelanger Auseinandersetzungen um Parlament und Verfassung; 1850 erreicht der Kurfürst zur Sicherung seiner angeblich bedrohten Autorität den Einmarsch preußischer und bayrischer Truppen. Durch wiederholte Parlamentsauflösungen, einschränkende Wahlverordnungen, Entwurfsablehnungen und Tricks aller Art gelingt es dem Herrscher und der ihm gefügigen Regierung, das Inkrafttreten der vom Landtag gewünschten Verfassung bis 1862 zu verzögern. Dazu bedarf es jedoch erst der Mobilisierung von preußischen Truppen im Bundesauftrag, und überdies sucht auch weiterhin die Regierung die Verfassung einzuschränken, einseitig auszulegen oder zu unterlaufen (indem sie z. B. alle vorherigen Erlasse für rechtmäßig erklärt).
1866	endet durch den Deutschen Krieg die Selbständigkeit Hessen-Kassels: der Kurfürst stellt sich neben Österreich ge-

gen Preußen, wird rasch besiegt und sein Land wird am 17. August gemäß einer Erklärung des preußischen Königs „mit der preußischen Monarchie vereinigt" (im Prager Frieden bestätigt); mit Nassau zusammen dann im preußischen Staate bis 1918 die Provinz Hessen-Nassau. Er selbst erhält als Abfindung 600.000 Taler und das Nutzungsrecht der Schlösser in der Provinz Hanau. Das ihm zunächst ebenfalls bewilligte Nutzungsrecht am Fideikommißvermögen des Kurfürstlichen Hauses (also dessen gemeinschaftlichen, unteilbaren und unverkäuflichen Besitzungen) wird ihm wegen ständiger Agitation gegen Preußen aberkannt, doch geht es später an den Landgrafen Friedrich von Hessen (Rumpenheim) über. Seine morganatische Gemahlin Gertrude Falkenstein erhob der letzte hessische Kurfürst, der 1875 in Prag starb, erst zur Gräfin von Schaumburg und dann zur Prinzessin von Hanau.

Hessen-Darmstadt

1567	erhält Philipps des Großmütigen Sohn Georg I. (der Fromme, 1547 – 1596) die sieben Ämter Auerbach, Darmstadt, Dornberg, Lichtenberg, Reinheim, Rüsselsheim und Zwingenberg, etwa ein Achtel des ursprünglich landgräflichen Gebietes.
1583	kommen durch den Tod seines kinderlosen Bruders Philipp die Ämter Schotten und Stornfels, Homburg und ein Teil von Braubach dazu. Seinem Sohn und Nachfolger Ludwig V. (dem Getreuen),
1596 – 1626,	kann er eine halbe Million hinterlassen, die dieser u. a. zu Gebietskäufen (z. B. das Amt Kelsterbach) nutzt. Beim Tod seines kinderlosen Onkels Ludwig kommt
1604	(wenn auch lange umstritten) das Marburger Gebiet dazu.
1607	stiftet Ludwig die lutherische Universität Gießen,
1608	schließt er mit seinen Brüdern Philipp (der Butzbach erhielt, aber 1643 kinderlos starb) und Friedrich ein die Erstgeburtsnachfolge bestimmendes Erbstatut ab;
1622	erhält Friedrich das Amt Homburg und wird damit Begründer der Linie Hessen-Homburg.
1626 – 1661	herrscht Ludwigs Sohn Georg II. (der Gelehrte), unter dem im Dreißigjährigen Kriege 1618 – 1648 das Land viel erdulden muß. Ihm folgt

1661–1678	sein Sohn Ludwig VI., diesem wiederum (nach wenigen Monaten Regierung des ältesten Sohnes Ludwig VII., schon 1678 gestorben)
1678–1737	der zweite Sohn, Ernst Ludwig, unter dem wiederum französische Heere mehrfach das Land verwüsten und der zunächst unter Vormundschaft seiner Mutter Elisabeth Dorothea, Prinzessin von Sachsen-Gotha, steht. Seinem Sohn und Nachfolger Ludwig VIII.,
1737–1778,	gelingt die Erwerbung der Herrschaft Lichtenberg und durch die Heirat mit der Erbgräfin von Hanau die Beendigung des langjährigen Streites mit Hessen-Kassel wegen der hanauischen Erbfolge. Doch die Finanzverhältnisse werden so schwierig, daß sogar eine kaiserliche Exekutionskommission angedroht werden muß. Sein Sohn und Nachfolger
1778–1790,	Ludwig IX., verlegt die Residenz vorübergehend nach Pirmasens;
1790–1830	folgt ihm sein Sohn Ludwig X., in dessen Zeit
1801	der Frieden von Luneville fällt (Verlust des linksrheinischen Teils von Lichtenberg) und der Reichsdeputationshauptschluß. Dieser bringt
1803	zwar den Verlust der Ämter Lichtenau und Willstädt (an Baden) sowie der Ämter Katzenelnbogen, Ems, Epstein und Kleeberg (an Nassau-Usingen), aber auch den Ausgleich durch das Herzogtum Westfalen, die fünf mainzischen Ämter Heppenheim, Gernsheim, Lorsch, Fürth und Steinheim, die pfälzischen Ämter Lindenfels und Ulmstadt, die Reste des Hochstifts Worms, die Abtei Seligenstadt, die Stadt Friedberg, die Propstei Wimpfen und die Zisterzienserabtei Marienschloß bei Rockenberg (Gesamtgewinn etwa 6000 qkm mit 220.000 Einwohnern gegenüber einem Verlust von etwa 2200 qkm mit 100.000 Einwohnern).
1806	tritt Ludwig X. dem Rheinbund bei und wird Großherzog Ludwig I.; durch den Wiener Kongreß muß er Westfalen und Wittgenstein an Preußen abtreten, Alzenau, Amorbach, Miltenberg und Heubach an Bayern, dafür erhält er aber Mainz mit Kastel und Kostheim, die Kantone Worms und Pfeddersheim und einen Teil des Kantons Alzey, insgesamt 4600 qkm – Verringerung an Fläche, Zuwachs an Einwohnern. Die 1806 zu Hessen-Darmstadt

geschlagene Landgrafschaft Hessen-Homburg wurde dagegen wieder selbständig.

1830	stirbt Ludwig I. (der sich seit 1816 „Großherzog von Hessen und bei Rhein" nannte und als einer der ersten deutschen Fürsten 1820 seinem Lande eine Verfassung gab); ihm folgt sein Sohn Ludwig II., diesem wiederum
1848	dessen Sohn Ludwig III. Das Revolutionsjahr bringt u. a. Bauernunruhen im Odenwald.
1866	fällt beim Tod des letzten Landgrafen von Hessen-Homburg dessen Land an Hessen-Darmstadt, das im Deutschen Kriege zwar auf der Seite Österreichs steht, den raschen Sieg Preußens aber glimpflich übersteht: Hessen-Homburg, die Kreise Biedenkopf und Vöhl, der Nordwestteil des Kreises Gießen, Rödelheim und Niederursel (soweit hessisch) fallen an Preußen, das jedoch vom annektierten Kurfürstentum Hessen dem Großherzogtum – das allerdings auch drei Millionen Gulden Kriegsentschädigung zahlen und sein Postwesen Preußen überlassen muß – das Amt Nauheim und von Nassau das Amt Reichelsheim abtritt.
1877	folgt auf Ludwig III., der in zwei Ehen kinderlos blieb, sein ältester Neffe Ludwig IV., seit 1862 verheiratet mit Alice, der Tochter der englischen Königin Viktoria, und im Kriege 1870/71 erfolgreicher Kommandeur der mit den Preußen in Frankreich einmarschierten hessischen Division. Sein Nachfolger wird
1892	Ernst Ludwig, der als großer Förderer der Künste (Jugendstil, Künstlerkolonie Mathildenhöhe) sein Land regiert bis
1918,	als nach der Revolution das bisherige Großherzogtum ein Volksstaat wird.

Die Landgrafschaft Hessen-Homburg

1622 erhält Friedrich I. von seinem Bruder Ludwig V. von Hessen-Darmstadt die Herrschaften Homburg vor der Höhe und Meisenheim; 1638 folgt ihm sein Sohn Wilhelm Christoph, der 1643 beim Tode seines Onkels Philipp von Butzbach das Amt Bingenheim erbt. Sein jüngerer Bruder Friedrich II., der 1681 zur Regierung kommt, ist der berühmte Prinz von Homburg „mit dem silbernen Bein"; dessen Sohn Friedrich III. Jakob wiederum (1708 – 1746) stirbt kinderlos, zur Regierung gelangt sein Neffe Friedrich

IV., der aber schon 1751 stirbt. Für seinen erst 1748 geborenen Sohn Friedrich V. übernimmt – was bald zu Streitigkeiten führt – neben der Mutter auch der Landgraf von Hessen-Darmstadt die Vormundschaft. Die Folgen der französischen Revolution bzw. der Umbruch unter Napoleon führen dazu, daß vorübergehend Hessen-Homburg unter die Souveränität Hessen-Darmstadts gerät und erst 1817 wieder ein unabhängiger Staat und Mitglied des Deutschen Bundes wird. Nacheinander kommen Friedrichs V. Söhne zur Regierung: Friedrich VI. 1820 – 1829, Ludwig Friedrich Wilhelm bis 1839, Philipp August Friedrich bis 1846, Gustav Adolf Friedrich bis 1848, Ferdinand Heinrich Friedrich bis 1866. Da auch dieser kinderlos stirbt, erfolgt, allerdings nur für wenige Monate, die Vereinigung mit Hessen-Darmstadt; als Ergebnis des Deutschen Krieges kommt das Land dann zur neuen preußischen Provinz Hessen-Nassau bzw. (Herrschaft Meisenheim) zur Rheinprovinz.

Hessen-Philippsthal

(noch heute als Linie bestehend) wurde als Nebenlinie von Hessen-Kassel ohne eigene Landeshoheit begründet von Philipp, dem dritten Sohn Landgraf Wilhelms VI. bei dessen Tod 1663. 1678 erhielt er das Dorf Herleshausen, 1685 Kloster Kreuzberg an der Werra mit seinem Besitz, das er in ein Schloß umwandelte und in Philippsthal umtaufte. Seine Mutter hinterließ ihm die halbe Erbvogtei Barchfeld, nach der sich wiederum die mit Philipps jüngerem Sohn Wilhelm begründete Linie Hessen-Philippsthal-Barchfeld nannte.

Hessen-Rheinfels-Rotenburg

wurde begründet durch des Landgrafen Moritz von Hessen jüngeren Sohn Ernst 1627, der zunächst Rheinfels erhielt und nach dem Tode seiner Brüder die sogenannte „Rotenburger Quart" innehatte: die Niedergrafschaft Katzenelnbogen mit Stadt und Festung Rheinfels, Amt und Stadt Rotenburg, Wanfried, Eschwege, Treffurt, Ludwigstein, Amt Gleichen und Herrschaft Plesse. Nach seinem Tod bestand die Nebenlinie Wanfried bis 1755; 1754 war Rheinfels an Hessen-Kassel gekommen. Im Frieden von Luneville 1801 ging der linksrheinische Teil von Katzenelnbogen an Frankreich, die Gebietsentschädigungen im Reichsdeputationshauptschluß von 1803 wurden von Hessen-Kassel mit 1 Million Taler abgegolten, wofür die später zum Herzogtum erhobene Herrschaft Ratibor in Schlesien angekauft wurde.

Um 1100	erbauen die Grafen von Laurenburg die Burg Nassau, nach der sich seit 1160 ihre Nachkommen nennen.
1225	teilen die beiden Söhne des um 1247 verstorbenen Grafen Heinrich II. die Lande und begründen die walramische Linie (in Nassau bis 1866, in Luxemburg 1890 zur Herrschaft gelangt und dort noch heute regierend) und die ottonische (die noch heute, wenn auch in weiblicher Thronfolge, das Herrscherhaus der Niederlande stellt). Walram II. erhält die Besitzungen südlich der Lahn: Idstein, Wiesbaden, Sonnenberg, Weilburg, sein jüngerer Bruder Otto den Nordteil: Dillenburg, Beilstein, Siegen.

Die Walramische Linie teilt sich 1355 in Nassau-Idstein (bis 1605) und Nassau-Weilburg, von der sich wiederum von 1442 bis 1574 die (alte) Linie Nassau-Saarbrücken abspaltet.

1605	vereinigt Ludwig von Nassau-Weilburg wieder alle Gebiete der Walramischen Linie in seiner Hand;
1629/1632/ 1651	erfolgen jedoch neue Teilungen in Nassau-Idstein (erloschen 1721), Nassau-Saarbrücken (neu, nach abermaliger Spaltung als Nassau-Usingen bis 1816 blühend) und Nassau-Weilburg (bis 1866).
1803	werden im Reichsdeputationshauptschluß die Linien Usingen und Weilburg für die linksrheinischen Verluste durch beträchtliche geistliche Gebiete rechts des Rheines entschädigt;
1806	tritt Fürst Friedrich August von Nassau-Usingen frühzeitig dem Rheinbund bei, was ihm die Souveränität und den Herzogstitel bringt sowie eine Vergrößerung seines Landes um 1700 qkm mit 84.500 Einwohnern. Auch Nassau-Weilburg tritt dem Rheinbund bei (belohnt durch Gebietserweiterungen); gleichzeitig werden sämtliche Besitzungen der walramischen Linie für ein unteilbares Herzogtum erklärt.
1815	spricht der Wiener Kongreß auch Dillenburg, Hadamar und Diez (die Besitzungen der ottonischen Linie) dem Herzogtum Nassau zu, das
1816	noch um die Niedergrafschaft Katzenelnbogen erweitert wird. Im gleichen Jahr wird durch den Tod seines Vaters Friedrich Wilhelm von Nassau-Weilburg sowie des Her-

	zogs Friedrich August von Nassau-Usingen des ersteren Sohn Wilhelm alleiniger Regent und Herzog von Nassau,
1839	folgt ihm sein Sohn Adolf.
1866	tritt dieser im Deutschen Kriege auf die Seite Österreichs, was zur Annektion des Landes und zum Aufgehen in der preußischen Provinz Hessen-Nassau führt.
	Die ottonische Linie teilt sich schon
1303	in die Linien Hadamar (erloschen 1394) und Dillenburg,
1343	spaltet sich davon weiter ab die Linie Nassau-Beilstein (erloschen 1561) sowie
1530/1544	Nassau-Oranien: Fürst Philibert von Orange (Oranien) vererbt sein Fürstentum in Südfrankreich seiner mit Heinrich III. von Nassau-Dillenburg vermählten Schwester Claudia und ihrem Sohn Renatus, bei dessen Tod es an seinen Vetter, den nachmaligen Generalstatthalter der Niederlande Wilhelm von Oranien geht; von einem seiner Nachfolger, Wilhelm III., der 1674 Erbstatthalter der Niederlande, 1689 auch König von England wurde und 1702 kinderlos starb, ging es weiter an Brandenburg-Preußen und im Utrechter Frieden 1713 an Frankreich.
1606	entstehen beim Tode des Grafen Johann von Dillenburg durch seine Söhne die Linien Nassau-Siegen (unter Johann dem Mittleren; erloschen 1743), Nassau-Dillenburg, auch Nassau-Beilstein genannt (unter Georg; erloschen 1739), Nassau-Hadamar (unter Johann Ludwig; erloschen 1711) und Nassau-Diez (unter Ernst Kasimir).
1711	stirbt der Erbstatthalter von Friesland und Fürst von Nassau-Diez, Johann Wilhelm Friso, beerbt von seinem Sohn Wilhelm IV., der – 1748 dann Erbstatthalter, Generalkapitän und Admiral der Vereinigten Niederlande – bis zu seinem Tode 1751 alle Besitzungen der ottonischen Linie in seiner Hand vereinigen kann. Sein Sohn Wilhelm V. kann
1783	eine Erbvereinigung zwischen allen nassauischen Linien herbeiführen, muß aber 1802 allen Würden und Besitzungen in den Niederlanden entsagen und wird durch das Bistum Fulda, Dortmund und die Abteien Corvey und Weingarten nur karg entschädigt. Bei seinem Tode
1806	folgt ihm sein Sohn Wilhelm, der war als Wilhelm I.
1815	König der Niederlande und Großherzog von Luxemburg wird, dessen deutsche Länder jedoch teils an das Herzogtum Nassau, teils an Preußen fallen.

III. Sonstige historische Territorien
auf dem Gebiet des heutigen Landes Hessen

Die Grafschaft Erbach führt ihren Besitzstand zurück auf das ihrem großen Vorfahren Einhard, dem Biographen Karls des Großen, von Kaiser Ludwig dem Frommen überlassene Gebiet und umfaßte 1806 bei Verlust der Unabhängigkeit 523 qkm. Die Reichsgrafschaft wurde 1532 zugestanden, 1541 das Münzrecht. Unter den Söhnen von Georg Albrecht II. (gest. 1717) teilte sich das Haus in drei Linien: Erbach-Erbach, Erbach-Fürstenau und Erbach-Schönberg. Durch die Rheinbundsakte 1806 wurde Erbach als Standesherrschaft der hessischen Provinz Starkenburg eingegliedert.

Die Stadt Frankfurt geht auf eine römische Militärstation zurück und wird 876 Hauptstadt des ostfränkischen Reiches genannt. Die Selbständigkeit der Stadt beginnt wohl mit der Beseitigung des kaiserlichen Vogtes 1220 unter Friedrich II., weitere Frei- und Gunstbriefe späterer Kaiser kommen hinzu. Das schon seit Friedrich Barbarossa (1152) bestehende Recht, Wahlstadt der deutschen Kaiser zu sein, wird in der Goldenen Bulle von 1352 bestätigt; seit Maximilian II. (1562) sind auch alle Kaiser in der Stadt gekrönt worden, die 1372 zur Bekräftigung der Reichsunmittelbarkeit auch das kaiserliche Schultheißenamt ablösen konnte. Der Wohlstand der Stadt ergab sich mehr aus ihrer Bedeutung als Messe- und Handelsstadt als aus Landbesitz, der – wenn man etwa mit Nürnberg oder Ulm, ja selbst Rothenburg und Schwäbisch Hall vergleicht – nicht allzu bedeutend war. Stadt und Gebiet werden 1806 von Napoleon dem Fürst-Primas von Dalberg übergeben, 1810 erfolgt die Vergrößerung um Hanau, Fulda, Wetzlar und Aschaffenburg und die Erhebung zum Großherzogtum (5230 qkm, über 300.000 Einwohner), weiterhin unter Dalberg. 1815 wird Frankfurt wieder Freie Stadt, 1816 Sitz des Deutschen Bundes; im Deutschen Krieg von 1866 steht die Stadt auf Seiten Österreichs, wird von Preußen mit einer Kriegssteuer von sechs Millionen Gulden belegt und dem preußischen Staat einverleibt.

Das Bistum Fulda, im Mittelalter eine der größten Grundherrschaften des Reiches, besaß im 18. Jahrhundert als weltlichen Besitz etwa die heutigen Kreise Fulda, Hünfeld, Brückenau und Hammelburg, einen großen Teil des Kreises Eisenach und zahlreiche Exklaven, wie etwa Johannisberg im Rheingau. Kernzelle ist das Benediktinerkloster, 744 begründet; seit 1220 ist der Abt Reichsfürst. 1631 schenkt Gustav Adolf von Schweden das eroberte Territorium den Landgrafen von Hessen-Kassel, doch kehrt der Fürstabt drei Jahre später in sein Land zurück. 1803 wird das Stift säkularisiert und im Reichsdeputationshauptschluß Wilhelm von Oranien zugesprochen, doch 1806 schon französischer Herrschaft unterstellt (vorübergehend beim Großherzogtum Berg), um 1810 dem neu errichteten Großherzogtum Frankfurt zugeschlagen zu werden. 1815 wird das Gebiet von Preußen besetzt und später (mit Ausnahme der an Bayern erfolgenden Abtretung von Hammelburg, Brückenau, Hilders und Weyhers) an Kurhessen abgetreten, mit diesem aber 1866 wieder preußisch.

Die Grafschaft Hanau-Münzenberg erlangte 1429 die Reichsunmittelbarkeit. Im 15. Jahrhundert wurde die Herrschaft Lichtenberg im Elsaß ererbt; dieser neuen Linie Hanau-Lichtenberg fielen beim Tode Johann Ernsts von Hanau-Münzenberg 1642 auch dessen Besitzungen zu. 1736 erlosch das regierende Haus, und erbvertragsgemäß kamen die ehemals hanau-münzenbergischen Gebietsteile an Hessen-Kassel, die hanau-lichtenbergischen an Hessen-Darmstadt. 1785 erfolgte die gesamte Vereinigung mit Hessen-Kassel, 1803 die Erhebung zum Fürstentum. 1806 besetzten die Franzosen das Land und schlugen es 1809 zum Großherzogtum Frankfurt; 1813 kam es wieder an Hessen-Kassel und mit diesem 1866 an Preußen.

Die Abtei Hersfeld, um 770 von Lullus, Erzbischof von Mainz gestiftet, gelangte bald zu ausgedehntem Grundbesitz und führt ihre Reichsunmittelbarkeit auf ein Schutzprivileg Karls des Großen im Jahre 775 zurück, das sich noch heute im Staatsarchiv Marburg befindet. Unter Abt Albrecht (1417 – 1438) wird den hessischen Landgrafen die erbliche Schutzherrschaft übertragen; im Westfälischen Frieden 1648 wird ihr Gebiet mit 570 qkm ausdrücklich als „Fürstentum Hersfeld" den Landgrafen bestätigt.

Die isenburgischen Besitzungen waren auf zahlreiche Linien und Unterlinien verteilt, als Wolfgang Ernst I. von Isenburg-Birstein, der von seinem Onkel auch das Gebiet der Linie Isenburg-Offenbach geerbt hatte, 1744 von Kaiser Karl VII. in den Reichsfürstenstand erhoben wurde. Sein Nachkomme Fürst Karl erlangte 1806 durch seinen Beitritt zum Rheinbund nicht nur für sich selbst die Souveränität, sondern zugleich die Oberhoheit über die Besitzungen aller Grafen von Isenburg-Büdingen (der zweiten Hauptlinie) sowie die der Grafen von Schönborn-Heusenstamm und Lerchenfeld. Der Wiener Kongreß 1815 unterstellt die Gebiete jedoch der Souveränität des österreichischen Kaisers, und 1816 gelangen sie an das Großherzogtum Hessen bzw. zur Entschädigung für hanauische Ämter an Kurhessen.

Die Grafschaft Katzenelnbogen (deren Name eine unverständige Eindeutschung der lateinischen Bezeichnung Cattimelibocus, d. h. Melibokus der Chatten, ist) spielte im Mittelalter eine gewichtige Rolle. Ihr Gebiet von etwa 1100 qkm zerfiel in die Obergrafschaft an der Bergstraße, im Odenwald und um Dreieich und die Niedergrafschaft in der Wetterau. Die Grafschaft gelangte nach dem Tode des letzten Grafen Philipp 1479 an Hessen. 1567 kam die Obergrafschaft zu Hessen-Darmstadt, die Niedergrafschaft zu Hessen -Rheinfels und ein Teil hiervon 1815 dann an Nassau.

Die Gebiete des Hauses Solms wurden beim Tode des Grafen Otto, 1409, in die Hauptlinien Solms-Braunfels und Solms-Lich geteilt. Die erstere teilte sich weiter in die Linien Braunfels, Greifenstein und Hungen (erloschen 1678); beim Erlöschen von Braunfels 1693 übernahm Greifenstein deren Namen. 1742 erfolgte die Erhebung in den Reichsfürstenstand. Solms-Lich zerfiel in Solms-Hohensolms-Lich (seit 1792 Reichsfürstenstand) und Solms-Laubach mit den Unterlinien Solms-Sonnenwalde und Solms-Baruth, welch letzteres sich weiter zersplitterte in die Zweige Rödelheim-Assenheim, Laubach, Wildenfels und Baruth. Im Jahre 1803 wurde die gräfliche Linie Laubach für den Verlust der linksrheinischen Gebiete Rohrbach, Scharfenstein und Hirschfeld entschädigt durch die in solmsischem Gebiet liegenden Abteien Altenburg und Arensberg; 1806 verloren bei der Errichtung des Rheinbundes alle Linien ihre Selbständigkeit und wurden den hessischen Territorien als Standesherrschaft einverleibt.

Das Fürstentum Waldeck geht zurück auf die reichen Güter der Grafen von Schwalenberg; der getrennte Landesteil Fürstentum Pyrmont ist heute in Niedersachsen aufgegangen. 1397 erfolgt eine erste Landesteilung der Grafschaft in Waldeck und Landau. Unter dem Reichsfeldmarschall Georg Friedrich von Waldeck, 1664 – 1692, der seit 1682 als erster den Fürstentitel trug, kommt 1685 ein Erstgeburtsvertrag zustande; demzufolge blieben, nachdem Christian Ludwig (gestorben 1706) die Eisenbergische und die Wildungische Linie vereinigen konnte, die Lande stets ungeteilt. Sein Nachfolger Anton Ulrich, Erbauer des Schlosses zu Arolsen, wurde 1712 in den Reichsfürstenstand erhoben. Fürst Friedrich überläßt 1805 seinem Bruder Georg Pyrmont und tritt 1807 widerwillig dem Rheinbund bei; er stirbt 1812. Im Kriege von 1866 stand Waldeck auf preußischer Seite, 1867 trat es dem norddeutschen Bunde bei. Im gleichen Jahr kommt der sogenannte Akzessionsvertrag zustande, demzufolge die Fürsten nominell Souveräne bleiben, die Verwaltung jedoch an Preußen übergeht. Waldeck blieb auch nach der Revolution von 1918 selbständig – es wurde Freistaat, und erst 1929 erfolgte der Anschluß an Preußen.

Stichworte zu den Autoren dieses Bandes

Unter den einzelnen Autoren-Stichworten folgt in Klammern und kursiv die Angabe der Seiten, auf denen sich im vorliegenden Band Beiträge aus ihrer Feder finden. Am Schluß dieses Registers sind zum einen jene Autoren verzeichnet, zu denen keine genaueren biographischen Angaben ermittelt werden konnten; zum anderen die Beiträge, die aus Sammelbänden und anderen Quellen übernommen wurden.

Alberus, Erasmus (dtsch. Alber)
geb. um 1500 wahrscheinlich in Sprendlingen (Wetterau), gest. 1553 in Neubrandenburg
Studierte Theologie in Wittenberg und wurde Schüler Luthers. Führte 1528 in Sprendlingen die Reformation ein. 1539–40 Hofprediger in Berlin.
Autor von Flugschriften, Kirchenliedern und gereimten Fabeln. 1542 schrieb er sein satirisches Gedicht gegen die Franziskanermönche „Der Barfüßer Mönche Eulenspiegel und Alcoran". Beschreibung seiner Heimat.
(224ff.)

Arnim, Elisabeth von, gen. Bettina
geb. 1785 in Frankfurt, gest. 1859 in Berlin
Enkelin von Sophie von Laroche und Schwester Clemens Brentanos. Erziehung im katholischen Kloster zu Fritzlar. Verehrerin Goethes und mit dessen Mutter befreundet. 1811 Bruch mit Goethe, im gleichen Jahr Heirat mit Achim von Arnim. Vor allem Engagement für die Bildung der Frauen.
Wichtige Werke: „Goethes Briefwechsel mit einem Kinde" (1835), „Die Günderode" (1840), „Dies Buch gehört dem König" (1843).
(582f.)

Börne, Ludwig (eigentlich Löb Baruch)
geb. 1786 in Frankfurt, gest. 1837 in Paris
In Berlin und Halle Studium der Medizin, in Heidelberg und Gießen Studium der Staatswissenschaften. Danach Polizeiaktuar in Frankfurt, 1813 als Jude entlassen. 1818 Übertritt zum protestantischen Glauben, um weitere Schwierigkeiten zu vermeiden. Seit 1822 zeitweise, seit 1830 dauernd in Paris. Seine „Briefe aus Paris" wurden vom Frankfurter Bundestag verboten. Beziehungen zum Salon Hertz in Berlin, literarische Fehde mit Heine, scharfer Kritiker Goethes.
Wichtige Werke: „Gesammelte Schriften", acht Bde. (1829–34), „Briefe aus Paris", zwei Bde. (1832), „Menzel der Franzosenfresser" (1837).
(18ff., 23f., 88, 552ff.)

Büchner, Georg
geb. 1813 in Goddelau bei Darmstadt, gest. 1837 in Zürich
Studium der Naturwissenschaften, Medizin und Philosophie in Straßburg und Gießen. Schloß sich der radikalen politischen Freiheitsbewegung an, gründete in seiner Heimat die „Gesellschaft für Menschenrechte" und gab als erste sozialistische Kampfschrift den „Hessischen Landboten" heraus.
Wichtige Werke: „Dantons Tod" (1835), „Sämtliche Werke" mit dem Nachlaß (Leonce und Lena, Lenz, Woyzeck) hrsgg. von K. Franzos (1879).
(180ff.)

Bunsen, Christian Carl Josias Freiherr von
geb. 1791 in Korbach, gest. 1860 in Bonn, 1808–13 in Marburg und Göttingen Studium der Philologie, anschließend Kollaborator am Göttinger Gymnasium. Seit 1818 preußischer Gesandtschaftssekretär und Ministerialresident in Rom, 1839 Gesandter der Schweiz, 1841 in London. 1857 Freiherr, 1860 Übersiedelung nach Bonn. Verfasser geschichtlicher und theologischer Werke.
(423ff.)

Curtze, Louis
geb. 1807 in Korbach, gest. 1870 ebenda
Ab 1825 Studium der Theologie in Göttingen, 1828 Kollaborator am Landesgymnasium in Korbach, 1832 dort Konrektor und Prediger in den umliegenden Dörfern (u. a. Lengfeld). 1837 Promotion in Göttingen. 1842 auf eigenen Wunsch von den Pfarrgeschäften entbunden, 1860 Beurlaubung vom Schuldienst, 1861 Ruhestand.
Werke u. a.: „Geschichte und Beschreibung des Fürstentums Waldeck" (1850), „Volksüberlieferungen aus dem Fürstentum Waldeck" (1860).
(426)

Dieffenbach, Ferdinand
geb. 1821 in Schlitz, gest. 1861 in Manchester, USA
Werke: „Fünfzig neue Lieder für die Jugend" (1847), „Das Großherzogtum Hessen in Vergangenheit und Gegenwart" (1877).
(104f., 108ff., 114f., 128f., 141ff., 212ff., 482ff., 526ff.)

Dingelstedt, Franz Freiherr von
geb. 1814 in Halsdorf, gest. 1881 in Wien
Studierte als Korpsstudent in Marburg Theologie und Philologie, dann Privatlehrer in Ricklingen bei Hannover, seit 1836 Lehrstelle in Kassel. Wegen seiner freimütigen Äußerungen in seinen „Spaziergängen eines Kasseler Poeten" (1837) und „Satirischen Bildern aus Hessen" Strafversetzung nach Fulda. Befreundet mit Heinrich König. Nach Entzug seines Doktortitels und Sperrung seines Gehaltes durch die Regierung 1841 Übersiedelung nach Stuttgart. Als Korrespondent der Cottaschen Blätter in Paris und London. Politischer Gesinnungswandel. 1843 Bibliothekar des Königs von Württemberg, 1846 Dramaturg des Hoftheaters, 1851 Indentant des Hoftheaters in München und als Mitglied der literarischen Tafelrunde des Königs Max II. von diesem geadelt. Seit 1857 in Weimar, 1871 Direktor des Burgtheathers in Wien.
Wichtige Werke: „Lieder eines kosmopolitischen Nachtwächters" (1840), „Das Haus der Barneveldt" (1850), „Nacht und Morgen" (1851), „Novellenbuch" (1856), „Die

Amazone" (1868), „Münchner Bilderbogen" (1897).
(387, 391ff., 561, 613)

Dithmar, Georg Theodor
geb. 1810 in Homberg/Westerwald, gest. 1901 in Marburg
1828–32 Studium der Theologie in Marburg, 1837–75 Lehrer und Oberlehrer am Marburger Gymnasium.
Werke u. a.: „Historienbuch. Bilder und Denkmale der vaterländischen Vorzeit" (1851), „Schatzkästlein evangelischer Christen" (1851), „Aus der Vorzeit Marburgs und seiner Umgegend. Denkwürdige Sagen und Geschichten" (1872).
(286f., 437, 469f.)

Dostojewski, Fedor Michailowitsch
geb. 1821, gest. 1881
Als Sozialrevolutionär 1849 zum Tode verurteilt, nach Begnadigung nach Sibirien verbannt. Lebte 1867–71 im Ausland, kehrte schließlich von Krankheit und Armut zermürbt wieder nach Rußland zurück und schilderte seine Heimat in großen Romanen („Schuld und Sühne", „Die Brüder Karamasow", „Die Dämonen" u. a.). Im Roman „Der Spieler" verarbeitet er seine Erlebnisse während eines Kuraufenthaltes in Bad Schwalbach.
(541ff.)

Duller, Eduard
geb. 1809 in Wien, gest. 1853 in Wiesbaden
Studium der Rechte und Philosophie in Wien, schrieb mit siebzehn Jahren das Drama „Meister Pilgram" nach einer Wiener Sage. Wegen der Zensurverhältnisse Übersiedelung nach Bayern, seit 1830 in München Mitarbeit an der „Donauzeitung". 1834 in Frankfurt Gründung der Zeitschrift „Phönix", 1836 Übersiedelung nach Darmstadt, dort Mittelpunkt eines literarischen Kreises und Herausgabe der Zeitschrift „Das Vaterland". Verfechter des Deutschkatholizismus, Prediger in Wiesbaden und Mainz.
Werke u. a.: „Meister Pilgram" (1829), „Die Wittelsbacher" (1831), „Franz von Sickingen" (1833), „Der Antichrist", zwei Bde. (1833), „Freund Hein", zwei Bde. (1833), „Geschichten und Märchen", zwei Bde. (1834), „Geschichte des deutschen

Volkes" (1840), „Die malerischen und romantischen Donauländer" (1840–42), „Gedichte" (1845).
(608)

Edschmid, Kasimir
geb. 1890 in Darmstadt, gest. 1966 ebenda
Studium in München, Genf, Straßburg, Paris. Lebte als freier Schriftsteller zuerst in Darmstadt, dann Ruhpolding und Südtirol, zuletzt wieder in Darmstadt. Ausgedehnte Reisen durch mehrere Kontinente.
Werke: Neben vielen Reiseschilderungen auch Romane, Novellen, Erzählungen und Biographien, u. a. „Die sechs Mündungen" (Novellen, 1915), „Der Zauberfaden" (1949), „Wenn es Rosen sind, werden sie blühen" (1950), „Hessen, Portrait eines Landes" (1967).
(40f., 107, 486, 539)

Glaeser, Ernst
geb. 1902 in Butzbach, gest. 1963 in Mainz
Studium in Freiburg und München, Dramaturg am Neuen Theater in Frankfurt, Mitarbeiter der Frankfurter Zeitung. 1933 Emigration in die Schweiz, 1939 Rückkehr nach Deutschland, 1941 Hauptschriftleiter der Zeitung „Adler im Süden" (dt. Soldatenzeitung in Sizilien). Nach 1945 freier Schriftsteller.
Wichtige Werke: „Jahrgang 1902" (1928), „Frieden" (1930), „Der letzte Zivilist" (1936), „Das Unvergängliche" (1938), „Die deutsche Libertät – ein dramatisches Testament" (1948), „Das Kirschenfest" (1953), „Glanz und Elend der Deutschen" (1960).
(30ff.)

Goethe, Johann Wolfgang
geb. 1749 in Frankfurt, gest. 1832 in Weimar
Jugend im Elternhaus am Hirschgraben in Frankfurt. Nach dem Studium der Rechte 1765–71 in Leipzig und Straßburg Advokatur in Frankfurt. 1772 am Reichskammergericht in Wetzlar. 1774 Rheinreise mit Lavater und Basedow. Im November 1775 Übersiedelung nach Weimar. Dort am Hofe tätig, 1786 in den Adelsstand erhoben.
Seine Kindheits- und Jugendjahre in Frankfurt hat Goethe in „Aus meinem Leben. Dichtung und Wahrheit" (1811–33) festgehalten.
(299, 574ff.)

Grimm, Jakob
geb. 1785 in Hanau, gest. 1863 in Berlin
Studium der Rechtswissenschaft, seit 1808 Bibliothekar in Kassel. 1829 Professur in Göttingen, 1837 wegen Protesten gegen die Aufhebung der Hannoveranischen Verfassung amtsentsetzt („Göttinger Sieben"). Seit 1841 Professor in Berlin und Mitglied der Akademie der Wissenschaften, 1848 Abgeordneter im Frankfurter Parlament.
Zeitlebens intensive Zusammenarbeit mit seinem Bruder Wilhelm. Die Brüder gelten als die Begründer der Germanistik als Sprach- und Literaturgeschichte. Wichtige Studien zur Altertumskunde. Neben vielen wissenschaftlichen Abhandlungen sind die Gebrüder Grimm vor allem durch die Sammlung deutscher Märchen bekannt, vor allem die Sammlung „Kinder und Hausmärchen" (1812–15).
(21, 240f., 398, 466f.)

Grimm, Wilhelm
geb. 1786 in Hanau, gest. 1859 in Berlin
Studium der Rechtswissenschaft in Marburg. Seit 1814 Bibliothekar in Kassel. 1830 Übersiedelung nach Göttingen, dort 1835 zum ordentlichen Professor ernannt. 1837 ebenfalls amtsentsetzt. Seit 1841 Mitglied der Akademie der Wissenschaft in Berlin.
(240f., 388f.)

Grimmelshausen, Hans Jakob Christoffel von
geb. 1622 (1610, 1625?) in oder bei Gelnhausen, gest. 1676 in Renchen (Baden)
Nach dem Tod der Eltern 1634 in Hanau. Seit 1635 Soldat in der schwedischen und kaiserlichen Armee, etwa seit 1643 Kanzleischreiber beim Obersten von Schauenburg, später Regimentssekretär. Nach seiner Heirat 1649 Schaffner auf Schloß Gaisbach, 1662–65 Burgvogt auf Schloß Ullenburg, 1665–67 Gastwirt zum „Silbernen Stern" in Gaisbach. Seit 1667 bischöflich straßburgischer Schultheiß in Renchen.
Trat zum katholischen Glauben über. Neben seinem Hauptwerk „Simplicissimus" Autor zweier höfisch galanter Romane, au-

ßerdem Verfasser von Moralschriften und Kalenderbüchern.
(248ff., 268f.)

Günderode, Karoline von (Pseudonym Tian)
geb. 1780 in Karlsruhe, gest. 1806 in Winkel/Rheingau (Selbstmord)
Wuchs in Hanau auf, befreundet mit Clemens Brentano und dessen Schwester Bettina. Seit 1797 Stiftsdame in Frankfurt. Unglückliche Liebe zu dem Heidelberger Philologen Creuzer.
Wichtige Werke: „Gedichte und Phantasien" (1804), „Poetische Fragmente" (1805).
(577, 589f.)

Gutzkow, Karl
geb. 1811 in Berlin, gest. 1878 in Sachsenhausen
Studium in Berlin, wandte sich unter dem Eindruck der Pariser Julirevolution der Politik zu und zählte bald zu den führenden Köpfen der Jungdeutschen. 1835 Verbot seiner Schriften durch Bundestagsbeschluß. Sein Roman „Wally, die Zweiflerin" trug ihm drei Monate Gefängnis in Mannheim ein. Danach gründete und redigierte er in Frankfurt den „Telegraphen für Deutschland". Seit 1837 in Hamburg, 1840 in Paris und 1842 wieder in Frankfurt. 1847–50 Hoftheaterdramaturg in Dresden, 1861–64 Generalsekretär der Schiller-Stiftung in Weimar. Nach versuchter Selbsttötung ruhelos wechselnde Aufenthalte, u. a. in Kesselstadt bei Hanau, Frankfurt und Sachsenhausen. Dort erlag er einer Kohlenoxydvergiftung.
Gutzkows große Zeitromane sind heute so gut wie vergessen („Ritter vom Geist", 1850, „Briefe aus Paris"). Bekannter sind seine Dramen „Zopf und Schwert" (1844), „Uriel Acosta" (1846), „Das Urbild des Tartüffe" (1847), „Der Königsleutnant" (1849), „Der Zauberer von Rom" (1858–61).
(264ff., 297, 609)

Hoffmann, Heinrich (genannt Hoffmann-Donner)
geb. 1809 in Frankfurt, gest. 1894 ebenda
Studium in Halle, seit 1834 Arzt in Frankfurt, 1845 Lehrer am Senckenberg-Institut und seit 1851 Direktor der Irrenanstalt. Seit 1850 Herausgeber des „Frankfurter Hinkenden Boten". Bekannt vor allem durch den „Struwwelpeter", der in verschiedene Sprachen übersetzt wurde und allein schon bis zum Erlöschen der Lizenzrechte über eine halbe Million Auflage hatte.
Außer fachwissenschaftlichen Schriften veröffentlichte Hoffmann u.a.: „Gedichte" (1842, Neuauflage 1872 als „Auf heiteren Pfaden"), „Struwwelpeter" (1847), „Heulerspiegel" (1849), „König Nußknacker und der arme Reinhold" (1851), „Der Badeort Salzloch" (1861), „Liederbuch für Naturforscher und Ärzte" (1867).
(599ff.)

Hölderlin, Friedrich
geb. 1770 in Lauffen, gest. 1843 in Tübingen
Studium der Theologie in Tübingen, dort Freundschaft mit Hegel und Schelling. 1794/95 Privatgelehrter in Jena, seit 1796 Hauslehrer im Hause des Bankiers Gontard in Frankfurt. Mit Susette Gontard, der Frau des Bankiers („Diotima"), verbindet ihn eine schwärmerische Liebe. 1798–1800 hält sich Hölderlin in Homburg v.d.H. auf, 1801 Hauslehrer in Hauptwil in der Schweiz und 1802 in Bordeaux. Nach ersten Anzeichen einer Erkrankung bis 1804 in Nürtingen, im gleichen Jahr erhält er durch Vermittlung eines Freundes eine Stelle als Bibliothekar in Homburg. Seit 1806 in der Irrenanstalt in Tübingen, seit 1808 als unheilbar in der Pflege eines Tischlermeisters.
Wichtige Werke: „Hymnen und Elegien" (1793), „Hyperion oder Der Eremit in Griechenland" (1797–99), „Gedichte", hrsgg. von Ludwig Uhland und Gustav Schwab (1826), „Sämtliche Werke", hrsgg. von Chr.T. Schwab (1846).
(584f., 586f.)

Jung-Stilling, Johann Heinrich
geb. 1740 in Grund (Westfalen), gest. 1817 in Karlsruhe
Ärmliche Herkunft; zunächst Schneider, Landwirt, Lehrer, seit 1769 Studium der Medizin in Straßburg; dort mit Goethe befreundet. Von 1772 an Arzt in Elberfeld, 1778 Professor für Ökonomie und Kame-

ralwissenschaft in Kaiserslautern, 1784 Professor für Landwirtschaft in Heidelberg, seit 1787 Professor der Ökonomie und Kameralwissenschaft in Marburg.
Vorwiegend autobiographischer Schriftsteller: „Heinrich Stillings Jugend" (1777), „Heinrich Stillings Jünglingsjahre" (1778), „Heinrich Stillings Wanderschaft" (1778). Daneben auch pietistisch-mystische Schriften.
(463ff.)

Koch, Ernst (Pseudonym Ernst Helmer, Leonhard Emil Hubert)
geb. 1808 in Singlis, gest. 1858 in Luxemburg.
Studium der Rechtswissenschaft in Marburg und Göttingen, 1831 Referendar und Mitarbeiter des „Verfassungsfreundes". Verlor durch Förderung von oben die Gunst des Publikums. 1835 Fremdenlegionär. Trat 1837 nach schwerer Krankheit zum katholischen Glauben über und kehrte in seine Heimat zurück. Durch Vermittlung Stelle als Regierungssekretär in Luxemburg und seit 1850 dort Lehrer am Athenäum.
Wichtige Werke: „Prinz Rosa Stramin" (1834), „Erzählungen" (1847).
(368ff., 471)

König, Heinrich Joseph
geb. 1790 in Fulda, gest. 1869 in Wiesbaden
Verheiratete sich schon während seiner Studienzeit; eine unglückliche Ehe, die sehr prägend wirkte. Wurde Schreiber, 1832 hessischer Landtagsabgeordneter der freisinnigen Opposition, 1833 Obergerichtssekretär, 1847 wurde er verabschiedet.
König war Romanschriftsteller und Dramatiker, der sehr stark von den radikalen Tendenzen seiner Zeit beeinflußt wurde. Auch als Publizist, Historiker und Literaturhistoriker brachte er es zu zahlreichen Veröffentlichungen.
(287ff., 291ff.)

Kreuder, Ernst
geb. 1903 in Zeitz, gest. 1972 in Darmstadt
Jugend in Offenbach, Banklehre, Studium der Philosophie in Frankfurt. Fabrikarbeiter, Wanderungen auf dem Balkan, seit

1932 in der Redaktion des „Simplicissimus". Soldat im Zweiten Weltkrieg. Lebte als freier Schriftsteller in Darmstadt-Eberstadt.
Einige seiner Werke: „Die Gesellschaft vom Dachboden" (1946), „Die Unauffindbaren" (1948), „Tunnel zu vermieten" (1970), „Der Mann im Bahnwärterhaus" (1973).
(220ff.)

Krolow, Karl
geb. 1915 in Hannover
Studium der Germanistik, Romanistik, Philosophie und Kunstgeschichte in Göttingen und Breslau. Freier Schriftsteller seit 1942. Seit 1956 in Darmstadt ansässig.
Einige Werke: „Wind und Zeit" (1954), „Tage und Nächte" (1956), „Fremde Körper" (1959).
(179, 313)

Landau, Johann Georg
geb. 1807 in Kassel, gest. 1865 ebenda
Besuch der Bürgerschule. 1821–27 Schreiber bei zwei Obergerichtsanwälten in Kassel. Studien in Bibliotheken und Archiven zur hessischen Geschichte, nebenbei Aushilfe als Bibliothekar. 1834 Gründung des Vereins für hessische Geschichte und Landeskunde. 1835 Ernennung zum Archivar, 1846 Ehrendoktor der Philosophischen Fakultät der Universität Marburg.
Zahlreiche Veröffentlichungen in der „Zeitschrift des Vereins für hessische Geschichte und Landeskunde", außerdem: „Hessische Ritterburgen und ihre Besitzer" (1832–39), „Beschreibung des Hessengaues" (1857).
(7ff., 21f., 76ff., 269ff., 302ff., 314f., 337f., 346f., 353ff., 366ff., 373ff., 438f, 442ff., 454f., 457ff., 471f., 480f.)

Laube, Heinrich
geb. 1806 in Sprottau (Schlesien), gest. 1884 in Wien
Studium der Theologie in Halle. Wurde dann Literat und Journalist. Seit 1833 Redakteur der „Zeitung für die elegante Welt" in Leipzig. Verhaftung in Berlin und Gefängnisstrafe im alten Schloß des Fürsten Pückler-Muskau. Danach Aufenthalte in Paris und Algier. 1842–44 wieder für die „Zeitung für die elegante Welt" tätig. 1848

Mitglied des Frankfurter Parlaments. 1850–67 Direktor des Wiener Burgtheaters, danach Leiter des Leipziger und des Wiener Stadttheaters.
Wichtige Werke: „Graf Essex" (1856), „Böse Zungen" (1860), „Der deutsche Krieg" (1865), „Erinnerungen" (1875).
(597f.)

Lichtenberg, Georg Christoph
geb. 1742 in Ober-Ramstedt bei Darmstadt, gest. 1799 in Göttingen
Physiker und seit 1775 ordentlicher Professor für Naturwissenschaften in Göttingen. Philosophisch-satirischer Schriftsteller. 1778–99 Herausgeber des „Göttingischen Taschenkalenders", in dem er zahlreiche satirische Aufsätze und philosophische Aphorismen veröffentlichte. Hauptziele seiner spitzen Feder waren Sturm und Drang, Empfindsamkeit und die Physiognomik Lavaters.
(158, 190f., 219, 298f., 414)

Lichtwark, Alfred
geb. 1852 in Hamburg, gest. 1914 ebenda
Direktor der Hamburger Kunsthalle und Kunstschriftsteller.
Werke u. a.: „Die Grundlagen der künstlerischen Bildung" (1894), „Park- und Gartenstudien" (1909).
(192f.)

Merck, Johann Heinrich (Pseudonym J. H. Reimhart d. J.)
geb. 1741 in Darmstadt, gest. 1791 ebenda
Studium in Gießen, danach Hofmeister in der Schweiz. Seit 1767 Geheimer Sekretär in Darmstadt, 1768 Kriegszahlmeister, 1774 Kriegsrat. Befreundet mit Herder, Nicolai, Wieland, Lavater und Goethe, Mittelpunkt des sentimentalen Freundeskreises „Gemeinschaft der Heiligen". Übersetzungen aus dem Englischen, Mitarbeit an den „Frankfurter Gelehrten Anzeigen", der „Allgemeinen Deutschen Bibliothek" und am „Deutschen Merkur".
Werke u. a.: „Rhapsodie" (1773), „Lindor", drei Bde. (1781).
(158ff., 316f., 322f.)

Niebergall, Ernst Elias (Pseudonym E. Streff)
geb. 1815 in Darmstadt, gest. 1843 ebenda

Studium in Gießen, befreundet mit Karl Vogt und Georg Büchner. Trotz ausgeprägten Kneipenlebens als Burschenschaftler Abschluß des theologischen Fachexamens. Lehrberuf in Dieburg und Darmstadt.
Obwohl Niebergall auch dramatische Werke verfaßte, ist er vor allem als Komödien- und Mundartdichter bekannt: „Des Burschen Heimkehr oder Der tolle Hund" (1837), „Datterich" (1841). Viele Redensarten, die Niebergall im „Datterich" prägte, fanden Eingang in den täglichen mundartlichen Sprachgebrauch.
(170ff.)

Riehl, Wilhelm Heinrich
geb. 1823 in Biebrich, gest. 1897 in München
Studium der Theologie in Marburg, Tübingen und Gießen. In Herborn Kandidat der evangelischen Theologie. Studium in Bonn. Seit 1845 als Journalist tätig. 1846 bei der „Frankfurter Oberpostamtszeitung". 1848 Gründung der „Nassauischen Allgemeinen Chronik" in Wiesbaden und Mitglied des Frankfurter Parlaments, anschließend Leiter des Hoftheaters in Wiesbaden. Seit 1851 in Augsburg, 1854 Übersiedelung nach München. Dort Ordinarius für Kulturgeschichte an der Universität und seit 1885 Leiter des Nationalmuseums.
Riehl gilt als Begründer der sozialen Volkskunde und bedeutendster deutscher Kulturhistoriker des 19. Jahrhunderts. Er trat mit einer großen Zahl fachwissenschaftlicher Veröffentlichungen hervor, gilt aber zugleich als meisterhafter Verfasser realistischer Erzählungen.
(494ff.)

Schenkendorf, Max von
geb. 1783 in Tilsit, gest. 1817 in Koblenz
Studium in Königsberg, Referendar in seiner Heimatstadt. Seit 1807 mit Arnim, Fichte und Gries Herausgabe der Zeitschrift „Vesta", 1808 Herausgabe der Zeitschrift „Studien". Durch Pistolenduell am Arm gelähmt, trotzdem 1813 Teilnahme am Krieg im Preußischen Generalstab. Half in Frankfurt bei der allgemeinen Volksbewaffnung, zuletzt Regierungsrat in Koblenz. Bekannt von seinen volkstümlichen Liedern ist vor allem „Freiheit, die ich meine".

Werke u. a.: „Christliche Gedichte" (1814), „Gedichte" (1815), „Poetischer Nachlaß" (1832).
(273f.)

Simrock, Karl
geb. 1802 in Bonn, gest. 1876 ebenda
Studium der Rechtswissenschaft und Germanistik in Bonn und Berlin. Seit 1823 in preußischem Staatsdienst, 1830 Entlassung. Seit 1850 Professor für deutsche Sprache in Bonn. Übersetzte u. a. das Nibelungenlied, die Edda und einige der Minnesänger.
Werke: „Rheinsagen" (1836), „Deutsche Volksbücher" (1839–42), „Die deutschen Volkslieder" (1851), „Die geschichtlichen deutschen Sagen aus dem Munde des Volkes und der Dichter" (1850).
(41ff., 45, 52f., 54f., 57ff., 72ff., 80, 89ff., 96f., 100f., 409ff., 510, 518ff., 522ff., 525f., 538, 549ff., 562ff.)

Stoltze, Friedrich
geb. 1816 in Frankfurt, gest. 1891 ebenda
Kaufmannslehrling, Reise nach Frankreich, Hauslehrer, nahm 1848 an der revolutionären Bewegung in der Pfalz teil. Gab 1852–66 die „Frankfurter Krebbelzeitung" heraus, 1860 Verhaftung in Königstein. Nach gelungener Flucht 1860–66 Herausgeber der „Frankfurter Latern", danach Aufenthalt in der Schweiz. Seit 1872 wieder Schriftleiter der „Frankfurter Latern".
Werkauswahl: „Gedichte" (1841), „Skizzen aus der Pfalz" (1849), „Gedichte" (1855), „Gedichte in Frankfurter Mundart", zwei Bde. (1864–71), „Schwarz-Weiß-Braun" (1868), „Novellen und Erzählungen in Frankfurter Mundart", zwei Bde. (1880–85).
(581, 584, 609)

Weber, Carl Julius
geb. 1767 in Langenburg, gest. 1832 in Kupferzell
1785–89 Jurastudium in Erlangen und Göttingen. Seit 1792 Sekretär in Mergentheim. Lebte 1804–1830 als Privatier in Jagsthausen, Weikersheim und Künzelsau, das er 1820–24 als Abgeordneter in der württembergischen Ständekammer vertrat.
Werke: „Die Möncherei, oder geschichtliche Darstellung der Klosterwelt" (1818–20), „Das Ritterwesen und die Templer, Johanniter und Marianer oder Deutsch-Ordensritter insbesondere" (1822–24), „Deutschland, oder Briefe eines in Deutschland reisenden Deutschen" (1826–28).
(24ff., 490ff., 508f.)

Weitzel, Johann Ignaz
geb. 1771 in Johannisberg, gest. 1837 in Wiesbaden
Schneiderlehre, dann Studium in Mainz, Jena und Göttingen, danach Reise in die Schweiz. 1801 Gründung der politischen Zeitschrift „Egeria" in Mainz, später Leitung der „Mainzer Zeitung". Seit 1816 herzoglich nassauischer Hofrat. 1817 Gründung der „Rheinischen Blätter" in Wiesbaden. Seit 1820 dort Direktor der Landesbibliothek.
Werke u. a.: „Geist der fränkischen Revolution" (1795), „Der unsichtbare Bund" (1805), „Hat Deutschland eine Revolution zu fürchten" (1819), „Das Merkwürdigste aus meinem Leben und aus meiner Zeit", zwei Bde. (1821–23), „Die Rheinreise" (1825), „Über die kurhessische Verfassung" (1831), „Briefe vom Rhein" (1834).
(36ff.)

Wohmann, Gabriele (geb. Guyot)
geb. 1932 in Darmstadt
Pfarrerstochter, Studium der Pädagogik in Frankfurt. Anschließend (1953–56) Lehrerin in Langeoog und Darmstadt. Mitglied der „Gruppe 47", lebt als freie Schriftstellerin in Darmstadt.
Zahlreiche Fernsehspiele und Erzählungen, u. a. „Sonntag bei den Kreisands" (1970), „Ernste Absicht" (1970), „Selbstverteidigung" (1971).
(193ff.)

Zimmermann, Wilhelm
geb. 1807 in Stuttgart, gest. 1878 in Mergentheim
Schüler auf dem Seminar in Blaubeuren, anschließend Studium der Philosophie mit Doktorabschluß im Tübinger Stift. Als Pfarrer in Hülben tätig, seit 1847 Professor in Stuttgart. 1848 Mitglied des Frankfurter Parlaments. 1851 aus dem Staatsdienst entlassen, bis 1864 Pfarrer in Leonbronn, Schnaitheim und Owen.
Werke: „Gedichte" (1831), „Franziska von Hohenheim" (1833), „Geschichte Würt-

temberg nach seinen Sagen und Taten",
zwei Bde. (1836–37), „Geschichte der Hohenstaufen oder Kampf der Monarchie gegen Papst und republikanische Freiheit",
zwei Bde. (1838), „Geschichte des großen
Bauernkrieges", drei Bde. (1841–44), „Geschichte der deutschen Nationalliteratur"
(1846), „Geschichte der Poesie aller Völker" (1847).
(281ff.)

Außerdem finden sich Beiträge folgender Autoren:

Ludwig Bechstein (*606f.*), Eduard Beurmann
(*378ff.*), G. Beurmann (*587ff.*), Ludwig
Bocle (*125ff., 130f., 160f., 162ff., 166ff.,
230ff., 311ff., 318f., 324f.*), Bodmann (*81*),
F. Bossong (*488f.*), Julius von und zu Buchenau (*302*), Julius Curtius (*539f.*), G. Ernst
(*60ff.*), Dr. Falckenheiner (*399ff., 402f.*),
Dr. U. Gabert (*415ff.*), Wigand Gersten-
berg (*434ff.*), Frau Rat Goethe (*579ff.*),
Susette Gontard (*585*), Dr. Grandhomme
(*546*), Friedrich August Katzner (*111f.*),
August Kopisch (*562*), Paul Landau (*176ff.*),
Georg Listmann (*606*), Karl Lyncker (*91ff.*),
J. Rullmann (*304ff.*), Wilhelm Sauerwein
(*603*), J. Ph. Schmelzeis (*85f.*), Julius
Schmincke (*343ff., 359f., 380ff.*), C. Scriba
(*138*), H. Steubing (*479f.*), Adelheid von
Stolterfoth (*522ff.*), C.D. Vogel (*12ff.*),
J.N. Vogl (*144*), W. Wagner (*590ff.*).

Aus Sammelbänden u.ä.:

Aus „Briefe eines reisenden Franzosen über
Deutschland": (*156ff., 200f., 280f., 383,
515ff., 548f., 556ff.*).

Aus „Frankfurter Jahrbücher": (*568ff., 604f.,
608*).
Aus „Frankfurter Telegraph" (*594ff.*).
Aus „Geschichtsblätter für Waldeck und Pyrmont": (*430ff.*).
Aus „Das Großherzogtum Hessen": (*119f.,
123f., 135f., 148ff., 151ff., 233ff., 315f.,
320ff.*).
Aus „Hessische Chronica": (*298, 452, 489,
498, 499f.*).
Aus „Hessische Landes- und Volkskunde":
(*275ff., 278ff., 300ff., 304ff., 347ff., 350ff.,
422f., 449ff., 468*).
Aus „Hessisches Sagenbuch": (*524f.*).
Aus „Des Knaben Wunderhorn": (*140, 165,
191, 396f., 564f.*).
Aus „Das Kurfürstentum Hessen": (*48ff.,
241ff., 326ff., 340ff., 355ff., 426ff., 444f.,
456f.*).
Aus „Politisches Schatzkästlein": (*233, 267*).
Aus „Zeitschrift des Vereins für hessische
Geschichte und Landeskunde": (*343ff.,
360ff., 364ff., 385f., 398f., 406ff., 413f.,
434, 439ff., 441, 446f., 448, 452, 462, 474ff.,
502*).

Rezepte:
(*18, 29, 35, 53, 55, 56, 79, 81, 97, 137, 162,
191, 222, 297f., 319, 359, 394, 401f., 418,
434, 437, 466, 470, 493, 511, 578, 581, 583*).

Volkslieder:
(*17, 36, 46, 54, 70, 71, 84, 87, 111, 146, 211,
223, 384, 394, 399, 433, 489, 505, 511, 514,
573*).

Quellenverzeichnis

Alberus, Erasmus, Lob der Wetterau (Kurze Beschreibung der Wetterau 1552),
    Frankfurt 1978
Arnim, Bettina von, Sämtliche Werke, Berlin 1920
Bechstein, Ludwig, Deutsches Sagenbuch, Leipzig 1853
Bechtelsheimer, Heinrich, Dietrich, Julius Reinhard, Strecker, Kurt, Beiträge
    zur Rheinhessischen Geschichte, Festschrift der Provinz Rheinhessen zur
    Hundertjahrfeier 1816–1916, Mainz 1916

Beck, Adolf und Paul Raabe (Hrsg.), Hölderlin, Eine Chronik in Text und Bild, Frankfurt 1970

Bocle, Ludwig, Beschreibung einer Schülerwanderung im Jahre 1813, in: Diehl, Wilhelm, Hessische Volksbücher, Bd. 9

Bodenstedt, Friedrich, Erinnerungen aus meinem Leben, Berlin 1890

Bodmann, Rheingauische Altertümer, Mainz 1819

Börne, Ludwig, Sämtliche Schriften, Dreieich 1977

Briefe eines reisenden Franzosen über Deutschland an seinen Bruder in Paris, übersetzt von K. R., 1784

Büchner, Georg, Gesammelte Schriften, hrsgg. von Paul Landau, Berlin 1909

Buderus Post, Jubiläumsausgabe 1731–1981, Wetzlar

Bunsen, Christian Carl Josias Freiherr von, Aus seinen Briefen und nach eigener Erinnerung geschildert von seiner Witwe, durch neue Mitteilungen vermehrt von Friedrich Nippold, 1868

Curtze, Louis, Geschichte und Beschreibung des Kurfürstentums Waldeck, Arolsen 1850

Deutscher Liederhort, hrsgg. von Ludwig Erk und Franz M. Böhme, Leipzig 1893

Deutsche Volkslieder aus Oberhessen, hrsgg. von Dr. Otto Böckel, Marburg 1885

Dieffenbach, Ferdinand, Das Großherzogthum Hessen in Vergangenheit und Gegenwart, Darmstadt 1877

Diehl, Robert, Frankfurt im Spiegel alter Reisebeschreibungen vom 15. bis zum 19. Jahrhundert, Frankfurt 1939

Diehl, Wilhelm, Hessische Volksbücher, Darmstadt 1908–1911

Dillich, Wilhelm, Hessische Chronica, Frankfurt 1617

Dingelstedt, Franz, Lieder eines kosmopolitischen Nachtwächters, Tübingen 1978

Dingelstedt, Franz, Das Wesertal von Münden bis Minden, in: Das malerische und romantische Deutschland

Dithmar, G. Theodor, Deutsches Historienbuch, Frankfurt 1860

Dostojewski, Fedor Michailowitsch, Der Spieler, übersetzt von A. A. Fiedler, Berlin 1925

Edschmid, Kasimir, Hessen. Portrait eines Landes, Hannover 1967

Enslin, Karl, Frankfurter Sagenbuch, Frankfurt 1856

Fabrikzeitalter. Dokumente zur Geschichte der Industrialisierung am Beispiel Rüsselsheim, Gießen 1976

Festbuch zur Ausstellung in Offenburg, Grimmelshausen und die Ortenau, Offenburg 1925

Frankfurter Jahrbücher. Eine Zeitschrift für die Erörterung hiesiger öffentlicher Angelegenheiten, Frankfurt 1836–1838

Die Frankfurter Märzfeier zum Gedächtnis der Bewegung des Jahres 1848, abgehalten in Frankfurt a. M. am 26. und 27. März 1898, Frankfurt 1898

Frankfurter Telegraph. Blätter für Leben, Kunst und Wissenschaft, Frankfurt 1837

Gerstner, Hermann, Die Brüder Grimm. Ihr Leben und Werk in Selbstzeugnissen, Briefen und Aufzeichnungen, Ebenhausen bei München 1952

Geschichtsblätter für Waldeck und Pyrmont, Hrsg. Geschichtsverein für Waldeck und Pyrmont, Mengeringhausen 1910–1938

Gesprächsbüchlein Ulrichs von Hutten, Vollständige Ausgabe nach der im Jahre 1521 vom Ritter selbst besorgten Verdeutschung, hrsgg. und in der Sprache erneuert von Richard Zoozmann, Dresden 1905

Glaeser, Ernst, Jahrgang 1902, Berlin 1930

Goethe, Johann Wolfgang von, Aus meinem Leben, Dichtung und Wahrheit, Berlin 1970

Grandhomme, Dr., Der Kreis Höchst a. M. in gesundheitlicher und gesundheits-polizeilicher Beziehung, Frankfurt 1887

Grimm, Brüder, Deutsche Sagen

Grimm, Brüder, Die Kinder und Hausmärchen der Brüder Grimm, hrsgg. von Friedrich Panzer, Wiesbaden/Berlin

Grimm, Jacob, Reden und Aufsätze, hrsgg. von W. Schoof, München 1966

Grimmelshausen, Hans Jakob Christoffel von, Der abenteuerliche Simplicissi-mus in drei Bänden, Leipzig

Das Großherzogtum Hessen in malerischen Originalansichten, Darmstadt 1849

Grundlage zu einer Hessischen Gelehrten-, Schriftsteller- und Künstlergeschichte vom Jahre 1806 bis zum Jahre 1830, von Dr. Karl Wilhelm Justi, Fortsetzung von Strieders Gelehrten- und Schriftstellergeschichte, Marburg 1831

Günderode, Karoline von, Der Schatten eines Traumes. Gedichte, Prosa, Briefe, Zeugnisse von Zeitgenossen, hrsgg. von Christa Wolf

Gutzkow, Karl, Auswahl in 12 Teilen, hrsgg. von Reinhold Gensel, Berlin, Leip-zig, Wien, Stuttgart

Hansult, Moritz, Vogelsberg und die Wetterau in alten und neuen Zeugnissen für Sinn und Art ihrer Bauern, Gießen 1940

Helm, Rudolf, Das Bürgerhaus in Nordhessen, Tübingen 1967

Hessenberg, Eduard, Struwwelpeter-Hoffmann, Lebenserinnerungen Dr. Hein-rich Hoffmanns. Frankfurt 1926

Hessische Ortsgeschichten, Friedberg 1924

Heßler, Carl (Hrsg.), Hessische Landes- und Volkskunde, Marburg 1904, 1906, 1907

Hölderlin, Friedrich, Sämtliche Werke, hrsgg. von Friedrich Beißner, Frankfurt

Hölderlin, Friedrich, Werke und Briefe, hrsgg. von Friedrich Beißner und Jochen Schmidt, Frankfurt 1969

Hutten, Ulrich von, Deutsche Schriften, hrsgg. von Peter Ukena, München 1970

Jordan, Sylvester, Sylvester Jordans politische Erinnerungen aus der Zeit seiner Gefangenschaft 1839–1845, Aus dem literarischen Nachlasse seiner Tochter Henriette Keller-Jordan, hrsgg. von Paul Tesdorpf, München 1912

Jung-Stilling, Johann Heinrichs Lebensgeschichte, hrsgg. vom Evangelischen Bücherverein, Berlin 1878

Kirsch, Erich, Rohbeck, Paul (Hrsg.), Lebensgut. Ein deutsches Lesebuch für höhere Schulen, Frankfurt 1956

Klein, Tim (Hrsg.), 1848 – Der Vorkampf deutscher Einheit und Freiheit, Erin-nerungen, Urkunden, Berichte, Briefe, München und Leipzig 1914

Koch, Ernst, Prinz Rosa-Stramin, Marburg 1965

Koenig, Heinrich, Gesammelte Schriften, Leipzig 1861

Köster, Albert (Hrsg.), Die Briefe der Frau Rat Goethe, Leipzig 1904

Kreuder, Ernst, Tunnel zu vermieten. Kurzgeschichten, Grotesken, Glossen, Erzählungen, Mainz 1970

Krolow, Karl, Gesammelte Gedichte, Frankfurt 1965

Landau, Georg, Beschreibung des Hessengaues, Kassel 1857

Landau, Georg, Die hessischen Ritterburgen und ihre Besitzer, Kassel 1832–1839

Landau, Georg, Sitte und Brauch in Hessen vor hundert Jahren, Kassel 1959

Lange, Gustav Georg, Das Kurfürstentum Hessen in malerischen Originalansichten, Darmstadt 1852

Laube, Heinrich, Gesammelte Werke in 50 Bänden, hrsgg. von Heinrich Hubert Houben, Leipzig 1909

Lewalter, Johann, Deutsche Volkslieder in Niederhessen. Aus dem Munde des Volkes gesammelt, Hamburg 1890

Lichtenberg, Georg Christoph, hrsgg. von Wolfgang Promies, Darmstadt 1972

Lichtwark, Alfred, Briefe an die Kommission für die Verwaltung der Kunsthalle, hrsgg. von Gustav Pauli, Hamburg 1923

Lindenheimerin, Anna Margaretha Justina, Anno 1724, Das Kochbuch von Goethes Großmutter, hrsgg. von Manfred Lemmler, Frankfurt 1980

Listmann, Georg (Hrsg.), Sagenbuch der freien Reichsstadt Frankfurt am Main, Frankfurt 1856

Meißner, Daniel (Hrsg.), Politisches Schatzkästlein, Frankfurt 1628

Merck, Johann Heinrich, Werke, Frankfurt 1868

Niebergall, Ernst Elias, Dramatische Werke, hrsgg. von Georg Fuchs, Darmstadt 1894

Phönix. Frühlingszeitung für Deutschland, hrsgg. von Eduard Duller, mit einem Literaturblatt, Redaktion Karl Gutzkow, Frankfurt 1835

Piderit, Auguste, Hartwig, Otto (Hrsg.), Charlotte Diede. Lebensbeschreibung und Briefe, Halle 1884

Pinthus, Kurt (Hrsg.), Georg Büchner, „Friede den Hütten! Krieg den Palästen!", Berlin 1919

Proelß, Johannes, Friedrich Stolze und Frankfurt am Main, Frankfurt 1905

Riehl, Wilhelm Heinrich, Geschichten und Novellen, Stuttgart 1899/1900

Rölleke, Heinz (Hrsg.), Des Knaben Wunderhorn. Alte deutsche Lieder, gesammelt von Clemens Brentano und Achim von Arnim

Rumpoldt, M. Maxen, Churf. Meintzischer Mundtkoch. Ein new Kochbuch. Das ist ein gründliche Beschreibung wie man recht wol kochen und zubereiten solle. Franckfurt am Main 1581

Simrock, Karl, Der Rhein. Das malerische und romantische Deutschland, München

Simrock, Karl (Hrsg.), Die deutschen Volksbücher, Frankfurt 1845–1856

Simrock, Karl (Hrsg.), Die geschichtlichen deutschen Sagen aus dem Munde des Volkes und der Dichter, Frankfurt 1850

Schenkendorf, Max von, Gedichte, hrsgg. von Dr. A. Hagen, 3. Auflage, Stuttgart 1862

Schmelzeis, Joh. Phil., Rüdesheim im Rheingau von seinen Anfängen bis zur Gegenwart, Rüdesheim 1881

Schneider, Emil (Hrsg.), Hessisches Sagenbuch, Marburg 1918

Steubing, Johann Hermann, Topographie der Stadt Herborn, Marburg 1792

Strack, Adolf (Hrsg.), Hessische Blätter für Volkskunde, Gießen 1902

Vogel, C. D., Beschreibung des Herzogthums Nassau, Wiesbaden 1843

Wagner, Georg Wilhelm Justin, Statistisch-topographisch-historische Beschreibung des Großherzogtums Hessen, Darmstadt 1829–1830

Weber, Carl Julius, Deutschland oder die Briefe eines in Deutschland reisenden Deutschen, Stuttgart 1834

Weitzel, Johann Ignaz, Das Merkwürdigste aus meinem Leben, Leipzig 1821

Weitzel, Johann Ignaz, Die Rheinreise, Wiesbaden 1825

Wohmann, Gabriele, Sonntag bei den Kreisands, Düsseldorf 1970

Wolf, J. W. (Hrsg.), Hessische Sagen, Leipzig 1853

Wolfram, Ernst H. (Hrsg.), Nassauische Volkslieder. Nach Wort und Weise aus dem Munde des Volks gesammelt, Berlin 1894

Zeitschrift des Vereins für hessische Geschichte und Landeskunde, Kassel 1837–1865, mehrere Bände

Zimmermann, Wilhelm, Der große deutsche Bauernkrieg, 5. Auflage, Berlin 1978

Für die freundliche Erteilung von Abdrucksgenehmigungen bedanken wir uns herzlich bei Frau Elisabeth Edschmid, Darmstadt (für die Texte von Kasimir Edschmid), beim Verlag Eremiten-Presse in Düsseldorf (für Wohmann, „Schlachten" aus „Sonntag bei den Kreisands"), beim Hase und Koehler Verlag in Mainz (für Kreuder, „Die Tür im Schnee"), beim Gustav Kiepenheuer Verlag, Leipzig (für Glaeser, „Die Kniebeugen" aus „Jahrgang 1902"), beim Suhrkamp-Verlag in Frankfurt/Main (für die Gedichte von Karl Krolow, aus „Gesammelte Gedichte") und beim Verlag der Schillerbuchhandlung, Köln (für den Textauszug von Dostojewski aus dessen Roman „Der Spieler", übertragen von A.A. Fiedler). Außerdem ist es uns ein Bedürfnis, nicht nur den Mitarbeitern der Bibliotheken zu danken, die uns bei der Beschaffung der Texte und Illustrationsvorlagen so freundlich behilflich waren, sondern auch den Mitarbeitern jener Firmen, die zur mit nicht wenig Mühen und Aufregungen verbundenen Herstellung dieses Bandes beitrugen.

Alphabetisches Ortsregister

Dörfer und Kleinstädte, die im 19. Jahrhundert noch selbständig waren, in der Zwischenzeit aber in größere Städte eingemeindet wurden, werden wie selbständige Gemeinden behandelt und hier aufgeführt. Die in kursiver Schrift abgesetzten Seitenzahlen verweisen auf Stadtansichten.

Abterode 502
Adolfseck 39, 43, 380
Albungen 68
Allendorf 455
Allendorf (Werra) 355, *356f.*, 358f., 361
Alsbach 124, 131
Alsfeld 318, 322, 324f.
Altenburg 277, 325, 442, *443f.*
Altenhasungen 8
Altenstatt 128
Altenschlirf 325
Altenstein 355ff.
Altenweilnau 225
Altheim 199
Altmorschen 444
Alt-Weilnau 227
Amöneburg 453, 472
Angersbach 316
Antwerpen 407
Arnesburg 226
Arnstadt 407
Arolsen 77, 415ff., 418ff., 424
Asbach 95, 355
Aschaffenburg 37, 160, 210, 213, 263, 515f.
Assenheim 226
Assmannshausen 89, 96, 98, 100
Astenberg 550
Augsburg 407
Aulhausen 100

Babenhausen 225
Bacharach 100
Baden-Baden 550
Badenburg 480
Basel 549
Battenberg 461
Bellersheim 498
Bensheim 117, 120ff., *122*, 130, 153, 533ff.
Bergen 209, 225, 227, 231f., 265
Bergheim 425
Berkach 113
Berleburg 551
Berlin 264f., 392, 424, 593
Besse 442
Bessungen 123, 169, 535

Bezingen 123
Biblis 118
Bieber 60, 67, 208, 210
Biebesheim 115
Biebrich 20, 24f., *38*, 59, 72, 513
Biedenkopf 459ff.
Bingen 24, 36, 45, 55, 72, 88, 96
Bingenheim 225, 240f.
Birstein 224
Bischofsheim 104
Bleidenstatt 98
Bleidenstedt 43
Blumenstein 335
Bodenrod 233
Bologna 278
Bommersheim 226
Bonn 551
Boppard 100
Bornheim 232
Bramburg 404f.
Brandenfels *353f.*
Brandoberndorf 232
Braunfels 225, 499f.
Braunshardt 113
Bremen 294, 406f., 558
Breuna 398
Brilon 416
Bründersen 8
Brungershausen 502
Buchenau 302, *303f.*
Büdingen 224, 228f., 271
Bürgel 210
Büttelborn 113
Burghasungen 8

Caldern 462
Charlottenburg 232
Cleeberg (Kleeburg) 224, 227
Cork 214f., 216

Darmstadt 12, 26, 113, 117, 121, 156, *157f.*, *159ff.*, *168f.*, 178ff., 204, 215, 217f., 247, 264, 515, 519, 526f., 529, 532ff., 597, 605
Dauernheim 226
Dieburg 128f., 168f., 196ff., 202

Dietzenbach 225
Diez 477, 508
Dillenburg 24, 473f.
Dinkelsbühl 491
Dirlammen 315
Ditkirchen 502
Döffingen 525
Dornberg 103, 113, 115
Dornheim 115
Dornholzhausen 520f.
Dreckershausen 460
Düppenhausen 100

Eberbach 13, 24, 80, 98, 502, 508
Eberstadt 123
Ebsdorfergrund 455
Ehlen 8
Ehlsen 422
Ehrenfels 89ff., *90*, 97
Eibingen 73, 82
Eichsfelde 366
Eisenach 353
Eisenbach 314, *315*
Elberfeld 51, 392
Elfershausen 9
Ellfeld (Eltville) 24, 52f.
Eltville 52f.
Elz 508
Emden 407
Ems 298
Engelrod 325
Engeltal 226
Eppstein 18, 37, 225, 227, 525
Erbach 117, 136, 145, 148ff., *149*, *150f.*, 154, 530
Erfelden 120
Erfurt 348
Erfurtshausen 472
Erlangen 531
Erlenbach 226
Ernsthausen 502
Ersrode 338
Eschborn 525, 546f.
Eschenstruth 355
Eschhofen 506
Eschwege 10, 347, *350ff.*, 353

Falkenstein 37, 226f., 522ff., 525, 538f.
Fechenheim 208
Fehrbellin 519
Feldbach 473f.
Fetzburg 226, 480
Fischbeck 92
Flochheim 115

Florstadt 226f.
Fortlouis 157
Frankenberg 51, 60, 67, 324, 433ff., *436f.*, 458, 502
Frankfurt 15, 27, 103, 108f., 113, 156, 160f., 163, 167, 169, 177, 199, 201ff., 204f., 208ff., 216, 224, 226, 230ff., 246, 259f., 263, 266, 269, 294, 319, 378ff., 407, 424, 435, 491, 498, 511, 515f., 519, 521, 525, 527, 539, 550, 552, 556ff., 562, *563*, *564ff.*, *566*, *567ff.*
Frauenberg 10, 458, 472
Frauenburg 480
Frauenstein 55
Freckenhausen 422
Fredegassen 422
Freiendiez 506
Freiensteinau 325
Freudental 374
Friedberg 224, 226f., 233, *234ff.*, *239f.*, 247, 325
Friedewald 340ff.
Friedrichsdorf 515, 520
Friedrichstal 277
Friedrichstein 415
Frielendorf 65
Fritzlar 326, 438ff., 550
Fulda 97, 250, 277, 280f., 285ff., *288*, *289ff.*, 297, 301, 316, 320, 327, 329, 498, 513, 520, 552
Fürstenau 154f.
Fürsteneck 101

Gasterfeld 422
Geisenheim 72f., 80
Gelheim 43
Gelnhaar 229
Gelnhausen 52, 67, 224, 226, 264, 267ff., *271ff.*, *273*, *274*, 301
Gemünden 10
Germersheim 109
Gernsheim 117f., *118*
Gerstungen 300, 360
Gießen 177, 198, 224ff., 228, 246, 480, 482, *483*, *484ff.*, 499, 526, 550
Gimbach 19
Glauburg 284f.
Gleiberg 225
Gleiburg 480
Goddelau 120
Goldstein 226
Gonsrod 270
Goslar 109
Gottesbüren 401

Göttingen 418, 424, 471
Götzenhain 204, 225
Gräfenhausen 113
Gran 422
Grebenstein 77f., 399ff., 409
Greifenstein 225, 499
Grinda 270
Großalmerode 60, 64f., 68f., 360, 362, 364, 373
Großauheim 259
Großbieberau 534
Großendorf 228
Groß-Gerau 104, 113f., 157, 168
Grünberg 224ff., 325
Grüningen 225
Gudensberg 441f.
Gunzenheim 521
Gunzhausen 460
Gustavsburg 534

Haarhausen 472
Hadamar 473, 502ff.? 508
Haina 51
Haitz 272
Hambach 137
Hamburg 215, 294, 558, 593
Hanau 224ff., 228, 231, 248ff., *253, 254, 255ff., 258ff., 261ff.,* 269, 273, 275, 279, 297, 411f., 515, 522, 550
Handschuhsheim 133
Hannover 424
Hanstein 358, 366, *367f.*
Harleshausen 338
Hartershausen 322
Haselstein 300f.
Hattenbach 9
Hattstein 226f., 525
Haubern 60
Heddernheim 524
Hedemünden 9
Heidelberg 37, 40, 123, 133, 141, 161, 167, 198, 278, 550, 611
Heilbronn 148, 491
Helmarshausen 404ff., 409f.
Helsen 417
Heppenheim 134ff.
Herborn 473, 479f.
Heringen 343
Herleshausen 478
Herolz 280
Hersfeld 94, 250, 286, 326ff., *329ff.*
Herzberg 315, 329
Hessisch Lichtenau 347ff.
Hilgershausen 359f.

Hilsenberg 550
Himmelau 226
Hintersteinau 304ff.
Hirschhorn 141ff., *142*
Hirsten 226
Hirzenhain (Hertzenhain) 226
Hochheim 232, 548
Höchst 153, 209, 226f., 556ff.
Hochweisel 224, 227, 245
Hofbieber 291
Hofgeismar 48f., 385, 400, 402f., 409f., 411, 438, 441, 502
Hofheim 19f., 23, 119f., 225, 227
Hohenberg 227
Hohenkirchen 66
Hohenstein 39, 44
Höhnebach 336
Hohstad 225
Holzhausen 226
Homberg 65f., 448f., *450f.*, 456
Homburg vor der Höhe 206, 225, 266, 515f., 518ff., 521, 539, 546
Hopfmannsfeld 315
Höxter 409
Hoya 406
Hünfeld 299ff., 302
Hünfelden 512
Hungen 225, 325, 498f.
Hünhan 300f.
Hüninghausen 416
Hüttengesäß 270

Idstein 227
Ilbenstadt 226
Ingelheim 109, 380
Ippinghausen 8
Isenburg (Eisenberg) 224
Istha 8

Jägersburg 415
Johannisberg 23, 72ff., 80
Johanniswiese 374
Jugenheim 122f., 127
Jülich 406, 427

Kammerbach 360
Karlsdorf 411
Karlshafen 385, 409, *410ff.*
Karlruhe 550
Karmshausen 68
Kassel 64f., 68, 69, 232, 251, 264, 276, 280, 319, 325, 347f., 352, 362, 378ff., *382ff., 386,* 388, 391ff., 400, 406f., 410ff., 418, 424, 441, 515, 550

Kastel 224, 226, 549
Kaub 109
Kaufungen 354
Kiedrich 54f.
Kirberg 546
Kirchberg 480
Kirchhain 456f., 472
Kirchhasel 300f.
Kirchhausen 136
Kirdorf 521
Kitzingen 531
Klarentahl (Kloster) 39
Kleba 9
Kleingerau 113
Kloppenheim (Klopheim) 227
Köln 100, 427, 508
König 153
Königstein 40, 224ff., 525, *538f.*
Konradsdorf 226
Konstantinopel 594
Kopenhagen 519
Korbach 415, 423ff., 432
Kostheim 213f., 548
Kreuch 506
Kreuznach 36
Kronberg 225, 227, 516, 525f., 539
Krukenburg 404f.
Krumstadt 120
Kulmbach 531

Landau 37, 157
Langela 422
Langen 161
Langenselbold (Selbet) 226, 258
Langenstein 456
Langenwinkel 72
Langsdorf 225
Laubach 206, 224f., 488, 498f.
Laudenbach 135, 345
Lauterbach 311, 314ff., 318f., 325, 532
Leipzig 257, 265, 279
Lendershasel 300f.
Leusel 325
Leustadt (Laustadt) 226
Lich 225, 227, 498f.
Liebenau 49
Limburg 506ff., *509*, 511
Lindenfels 141, 153
Lindheim 226
Lippe 406
Lißberg 225

Lorch 55, 98f., 100f.
Lorsch 109, 117, 122, 132f., 134ff., 150, 154f., 246, 498, 520, 546, 552

Lüdermünd 322
Ludwigseck 325, *337f.,*
Ludwigstein 355f., *357f.*
Lütter 283
Lützelbach 152

Maar 315
Mainz 24, 27, 41, 45, 52, 55, 82f., 96, 98, 103, 110, 113, 117, 122, 131, 134ff., 139, 141, 153, 202f., 213, 224, 232, 246, 260, 340, 407, 427f., 438, 456f., 494ff., 498, 516, 526, 529, 533f., 538, 548ff., 557ff., 605
Malsfeld 65
Mannheim 550
Marburg 10, 77f., 92, 278, *378ff.,* 385, 401, 424, 437, 447, 456f., 458, 462ff., 466, *467ff.,* 480, 485f., 502
Mardorf 66, 472
Marienborn 229
Marienhausen 100
Markershausen 353
Massenhausen 416
Meisenheim 518
Meißen 139
Melnau 457, *458f.*
Melsungen 444, *445*
Mengeringhausen 417
Mergenborn 226
Meringhausen 415
Merlitz 226
Michelstadt 151f., *153ff.*
Minden 406
Mitlau 270
Mittelsteden 521
Mönchehof 66
Montabaur 508
Mosbach 25
Mühlhausen 524
Mühlheim 210
Mümling-Krumbach 153
Münden 8, 380, 409f.
Münster 498
Münzenberg 225

Nauheim 224ff., *241f., 243, 244f.,* 508, 539
Naumburg 226, 426ff., *429*
Neckarsteinach 139, 141ff., *143*
Neiskirchen 482
Nentershausen 68, 346
Netra 353
Neuenberg 280
Neuenhain (Nawenhain) 225
Neuenhaus 55

Neu-Isenburg 161, 203
Neustadt 37
Neuweilnau 225, 227, 513
Nidda 225, 227
Nieder-Beerbach 196
Niederelsungen 9
Niederjossa 9
Niederklein 92, 472
Nieder-Lochheim 115
Nieder-Mockstadt 226
Niedernhausen 548
Niederofleiden 472
Niederwalddenkmal 88f.
Niederweisel 245
Nieder-Wöllstadt 228
Nierstein 116
Notfelden 8

Oberellenbach 94
Oberelsungen 8
Obereschenbach 521
Obergrenzebach 502
Oberhambach 136
Oberkaufungen 65, 373f.
Oberkleen 247
Ober-Lochheim 115
Ober-Mockstadt (Moxstadt) 226
Obernhausen 548
Obernkirchen 65
Oberofleiden 472
Oberohmen 325, 498
Ober-Rosbach (Rosbach) 225, 227
Obersimtshausen 459
Oberursel (Ursell) 225, 227, 516, 518, 520f.
Oberwesel 100
Ockershausen 463
Ockstadt (Ogstadt) 226
Offenbach 177, 204ff., 207f., 209f., 212ff., 224, 231, 264, 515, 527, 529, 533, 593f.
Öhlshausen 8
Ohmes 325
Oldendorf 79, 92
Oppenheim 110, 113, 131, 407
Orb 224f., 275ff.
Ortenberg 271
Osnabrück 407
Oßberg 103

Petersberg 285, 293, 332
Peterstal 55
Petterweil 224
Pfungstadt 114, 527, 530f., 533
Philippinenburg 422
Philippinendorf 422

Philippinental 422
Philippsburg 219
Pirmasens 157
Plausdorf 472
Pyrmont 415, 419

Quedlinburg 91

Rainburg 224
Ramstadt 133
Ranstadt (Ranstat) 226
Rauschenberg 456f.
Rechberg 321
Reichenbach 120f., 355
Reifenberg 226f., 518, 525
Reichelsheim 225
Reimbers 322
Retters 226, 552
Rheinstein 96
Richelsdorf 60, 67f., 502
Rimbach 321, 366
Rimmels 322
Rinteln 485
Rockenberg 225
Rockenburg 226
Rödelheim 225, 516
Rodensteit 499
Rohrbach 332, 338
Rosdorf 227
Rosental 10, 43
Roßbach 300f.
Roßdorf 472
Rotenburg 67, 335f.
Rotenstein 358
Rückingen 226
Rüdesheim 18, 73, 81ff., 85f., 88f., 96, 98
Rüdigheim (Rödigckheym) 227, 472
Rudlos 312
Ruhrbach 226
Rüsselsheim 103ff., 107f., 114

Sababurg 404, 405
Sachsenhausen 160, 226, 608
Salzschlirf 315
Seeheim 196, 200
Seilfurt 103
Selbold 270
Seligenstadt 129, 201, 202f., 205, 224, 226f., 502
Sempach 525
Siburg 410ff.
Soden 526, 539, 552ff.
Solms 225
Sonderbach 136

Sondershausen 386
Sonnenberg 23, 39, 55
Sontra 340f., 346
Sooden a.d. Werra 60, 67, 355, *356f.*, 361, 364
Spielberg 224
Sprendlingen 225
Sulzbach 526, 552

Scharfenstein 55
Schaumburg 48, 65, 406
Schenklengsfeld 51
Schiffenberg 480
Schlangenbad 28, 38ff., 41ff.
Schlechtenwegen 313
Schlitz 315, 320ff.
Schloßborn (Born) 225
Schlüchtern 225, 264, 278ff., 304
Schmalkalden 60f., 63, 66ff., 478
Schmalnau 283
Schönborn 502
Schöneberg 411
Schröck 472
Schützeberg 422
Schwabsburg 116
Schwalbach 28, 38f., 40, *41ff.*, 500
Schweinsberg 471, 472

Staden 226, 230, 232, 240
Staffel 508
Starkenburg 135f., 532
Staufenberg 226, 480, *481*
Steinau 225, 277f.
Steinbach 152, 154
Steinheim 226
Stettbach 127
Stockhausen 311ff., 314
Stockheim 150, 284f.
Streitheck 233

Tannenberg 346, *347*
Thale 91
Thron 226
Tidenheim 546
Todenhausen 422
Trebur 108ff., 114
Treffurt 352
Trefurt 114
Trendelburg *404f.*, 409
Treysa 452, *453f.*
Trunsbach 338

Umstadt 103
Unterhambach 136

Usingen 15, 225, 227, 513f., 520
Uttershausen 502

Vacha 300
Veckerhagen 385
Viernheim 134, 534
Volkmarsen 413ff.
Vollrats 72

Wabern 450
Wächtersbach 271
Wahlheim 490
Waldeck 77, 426
Walderlenbach 136
Wallenrod 315
Wallerstädten 113
Wambach 42
Wartenbach 316
Wasserbiblos 114
Wehen 43
Wehrheim 225, 227
Weidelberg 428
Weilburg 500f., 550
Weilnburg 225
Weiterstadt 113
Wenigenhasungen 8
Wenings (Wenix) 224
Westerbach 224
Wetter 459, 461
Wetzlar 224, 227, 489ff., 550
Wickstadt (Wixstadt) 227
Wiesbaden 12f., *14ff.*, 18, 23ff., *25ff.*, 36ff., 41ff., 107, 224, 226f., 298, 513, 539, 593
Wildbad 25
Wildungen 430ff.
Willofs 315
Windecken 225
Winterberg 550
Wittenberg 278, 282
Witzenhausen 68, 95, 359, 364, 366, 368ff.
Wixhausen 113
Wölfersheim 499
Wolfgang-Kloster 226
Wolfhagen 9, 48f., 413, 422f.
Wolfsanger 94
Worfelden 113
Worms 131f., 134f., 139, 283, 407, 500, 525, 529, 550, 593
Wülmersen 405

Zell 153
Ziegenhain 324, 502
Zierenberg 8, 77
Zwingenberg 123